TANT DE CHOSES À SAVOIR

For Dad and Jerusha,

with much love,

Ann

(opting for verbal multum in parvo)

31 July 2020

ANN BLAIR

TANT DE CHOSES À SAVOIR

Comment maîtriser l'information à l'époque moderne

TRADUCTION DE L'ANGLAIS
PAR BERNARD KRESPINE, REVUE PAR ANN BLAIR

PRÉFACE DE ROGER CHARTIER

ÉDITIONS DU SEUIL
57, rue Gaston-Tessier, Paris XIXe

Ce livre est publié dans la collection
L'UNIVERS HISTORIQUE
fondée par Jacques Julliard et Michel Winock
et dirigée par Patrick Boucheron.

Une première version de ce livre a été publiée en anglais,
chez Yale University Press, en 2010, sous le titre :
Too Much to Know: Managing Scholarly Information Before the Modern Age.
L'auteure en propose ici une édition mise à jour et entièrement revue.

ISBN 978-2-02-130847-1

www.seuil.com

Préface

Entre la perte et l'excès

Lorsqu'il fut publié aux États-Unis sous le titre *Too Much to Know*, le livre d'Ann Blair reçut un accueil dont les ouvrages savants sont très généralement privés. Il fit l'objet d'un programme de *Talk to the Nation* de la National Public Radio, reçut un compte rendu très élogieux dans le *Washington Post* et prit place dans la sélection des livres de l'année publiée par *The New Yorker*[1]. Une telle réception pouvait paraître surprenante pour un livre dont les principaux protagonistes sont Theodor Zwinger, Francesco Sacchini, Jeremias Drexel ou Vincent Placcius et qui est, comme l'écrivait le critique du *Washington Post, a deeply scholarly book*, « un livre très érudit ». L'étonnement disparaît rapidement dès que le lecteur en commence la lecture. Il y retrouve, en effet, les inquiétudes de notre présent. En s'attachant aux techniques intellectuelles et aux ouvrages qui, entre 1500 et 1700, recueillent, mettent en ordre et rendent accessibles les connaissances accumulées au fil des siècles dans les livres des Anciens et des Modernes, Ann Blair propose, en fait, une généalogie de notre anxiété face à une information incessante, incontrôlable, angoissante.

Son livre est inscrit dans une double crainte, présente en des modalités diverses dans les passés et dans notre présent. La peur de la perte et de l'oubli a hanté les sociétés. Le rêve de la bibliothèque universelle qui rassemblerait tous les livres a exprimé cette inquiétude muée en désir de sauvegarder tout ce qui devait ou pouvait l'être. L'obsession des humanistes pour les livres perdus de l'Antiquité, connus seulement par des extraits ou des références, témoigne pour cette lutte contre la « disparition traumatisante », selon l'expression d'Ann Blair. Mais l'effort a produit son contraire : l'effroi devant un excès de livres ou d'écrits, qui rend impossible la connaissance véritable. Celui qui veut savoir se trouve désemparé devant une prolifération textuelle indomptable, le désordre des discours et la multiplication des livres que personne ne peut ou ne devrait lire.

Les genres qu'étudie Ann Blair – dictionnaires, florilèges, miscellanées, recueils, bibliographies – voulurent apaiser ces deux craintes. Dans leurs milliers de pages, ils s'efforcèrent de préserver, classer et résumer les savoirs transmis au fil des siècles. Ils tentaient ainsi de conjurer la peur de la perte tout en exorcisant l'angoisse de l'excès puisqu'ils conservaient les mots et les choses les plus essentiels, séparés de l'inutile et sagement ordonnés. Paradoxalement, ils favorisaient ainsi l'oubli ou l'effacement, qui sont des conditions nécessaires pour la mémoire. Le monde numérique, qui est celui des lecteurs d'Ann Blair, porte à son paroxysme les tensions qu'elle décrit. Il promet l'archive absolue, la conservation sans manque, une mémoire sans limites, et, dans le même temps, de ce fait même, il produit le désarroi devant l'impossibilité de maîtriser, d'évaluer ou d'organiser cette surabondance de l'information.

En traçant la généalogie des instruments écrits qui ont affronté dans le passé cette tension fondamentale, Ann Blair montre avec une superbe érudition leur longue durée et leur universalité. Longue durée, puisque dans l'Antiquité comme au Moyen Âge, compilations, florilèges et concordances ont multiplié les ouvrages de référence. Universalité, puisqu'ils ont existé dans le monde byzantin, en terre d'Islam ou dans la Chine des encyclopédies et des morceaux choisis (les *leishu* utilisés par les candidats des concours administratifs). Pour autant, son livre n'efface pas la spécificité de « la culture intellectuelle de l'Europe au début de la modernité ». Comment comprendre cette spécificité ?

Une première réponse a souvent associé la multiplication et la diffusion des ouvrages proposant « fleurs » et « leçons », citations et extraits, sentences et exemples, à l'invention de l'imprimerie. Peu convaincue par les révisions qui ne considèrent plus l'invention de Gutenberg comme une « révolution », Ann Blair en souligne l'importance, y compris pour la circulation des sommes médiévales, mais elle attribue la prolifération des ouvrages de référence à une autre mutation : celle qui a introduit le papier en Occident. Une thèse centrale du livre soutient, preuves à l'appui, que les notes manuscrites, établies par les lecteurs au fil de leurs lectures, ont été la matrice des compilations médiévales et modernes. Le papier offrait un support matériel permettant une accumulation et un archivage impossibles avec le parchemin, trop coûteux, ou sur la cire ou l'ardoise, où les écrits ne peuvent être qu'éphémères. La prise de notes devint à partir du XIIIe siècle et, plus encore, aux XVIe et XVIIe siècles, une obligation pédagogique, un exercice enseigné par les manuels (par exemple, ceux de Sacchini ou Drexel) et, souvent, le matériau premier des ouvrages de référence.

Divers dans leur organisation, alphabétique ou systématique, proposant, selon les différents genres, définitions, citations, extraits ou références, tous ces livres ont un trait en commun : ils furent les produits et les supports de la technique intellectuelle dominante à la Renaissance, celle des « lieux communs ». Ann Blair a été l'une des premières à indiquer l'importance de cette manière de lire et d'écrire qui repère dans les textes lus (mais aussi les paroles entendues et les choses vues) des faits particuliers, des exemples rhétoriques et des sentences universelles qui doivent être copiés et placés dans les rubriques d'un cahier organisé thématiquement[2]. La mémoire peut être ainsi soulagée, en même temps que peut être satisfait l'idéal de la *copia verborum ac rerum*, de l'abondance des mots et des choses qui doivent nourrir tous les discours. C'est en mobilisant cette technique que Jean Bodin a composé l'ouvrage de philosophie naturelle, qui fut l'objet du premier livre d'Ann Blair, le *Universae naturae theatrum*, et c'est ainsi qu'il fut lu en son temps[3].

Son livre aujourd'hui traduit donne une forme achevée à plusieurs années de recherche[4] et il déplace l'attention sur les ouvrages qui, comme le *Dictionarium* de Calepino, la *Polyanthea* en ses multiples éditions, la *Bibliotheca universalis* de Gessner ou le *Theatrum humanae vitae* de Theodor Zwinger, ont facilité le travail des professeurs et des étudiants, des prédicateurs et des avocats. D'imposantes collections d'exemples et de sentences leur étaient ainsi accessibles sans qu'ils aient eu à les prendre en notes eux-mêmes ni à les conserver dans des *gardoires* (selon l'expression de Montaigne qui, d'ailleurs, n'en avait pas, préférant copier directement dans ses *Essais* des extraits des livres de sa bibliothèque).

Le livre d'Ann Blair est une magnifique contribution à deux histoires. L'histoire de la matérialité du travail intellectuel, tout d'abord. En s'attachant aux objets, les livres, bien sûr, mais aussi les notes manuscrites, ou les meubles imaginés pour les ranger et les retrouver, en portant l'attention sur les pratiques les plus humbles (copier, découper, coller, classer, relier), elle rappelle, à distance d'une histoire des idées réduite aux concepts, que les intellectuels pensent aussi avec leurs mains et que, dans cette tâche, ils ont besoin de l'aide des familiers, des disciples, des secrétaires, des copistes, de toutes ces mains invisibles qui disparaissent derrière les noms des auteurs imprimés sur les pages de titre[5]. Une seconde histoire est celle des manières de lire. L'étude des livres de référence de la première modernité montre, en effet, l'association nécessaire entre deux pratiques : la lecture continue, qui, en suivant l'ordre du livre lu, identifie les extraits bons à copier, et la lecture discontinue, qui est celle attendue et permise par les ouvrages que la précédente rend possible. Il ne faut donc pas opposer les deux pratiques puisque le même lecteur peut, successivement ou simultanément, lire pour compiler et lire pour consulter, accompagner le flux du discours ou rechercher des fragments textuels. C'est ainsi que l'on peut lire le livre d'Ann Blair qui est, à la fois, une histoire de longue durée, dont il faut suivre pas à pas le déploiement, et un livre-bibliothèque qui extrait pour son lecteur les « fleurs » ou l'« esprit » (comme on disait au XVIIIe siècle) des œuvres majestueuses lues pour lui.

Dans chacun de ses chapitres, elle introduit des comparaisons entre les ouvrages de référence du passé et les instruments d'archivage et de recherche offerts par le monde numérique. Fondés en histoire, ses jugements sont sages et avisés. Contre l'exaltation enthousiaste du nouveau monde du « management de l'information », elle rappelle que ses dispositifs essentiels (index, listes, références croisées, liens) ont une très longue histoire. Contre les déplorations angoissées dénonçant la capture des esprits par des pratiques qui dispersent l'attention et empêchent de penser, elle souligne la puissance des outils qui disciplinent et organisent la prolifération d'écrits et d'images qui saisit le monde numérique.

Elle invite ainsi à une réflexion sur ce qui est la nouveauté du temps présent et qui tient, sans doute, à la disparition du codex, du livre manuscrit ou imprimé qui fut (et est encore malgré les concurrences électroniques) le support des instruments textuels et des techniques intellectuelles qu'elle décrit si minutieusement. Dans les efforts faits pour maîtriser l'information et trier les choses qu'il faut vraiment savoir, les parentés morphologiques sont évidentes. Doit-on pour autant en conclure que les opérations cognitives qui articulent les extraits proposés par les compilations avec la totalité du livre dont ils sont tirés sont identiques dans le monde de l'imprimé, où la matérialité du livre ou du journal indique, ou impose, la compréhension de la place et du rôle de chaque fragment, et dans celui des écrits d'écrans, qui fait de ces fragments des unités autonomes séparées du contexte qui leur donne sens ? Ann Blair ne le pense pas, notant, peut-être avec une mélancolique inquiétude, qu'« avec la digitalisation de quantités massives d'imprimés il sera utile (et peut-être de plus en plus difficile aux jeunes générations) de comprendre les outils et les catégories du monde de l'imprimé, comme les livres de référence, les catalogues, les index, rendus opaques par leur présentation sous forme électronique ».

Roger Chartier

Introduction

Nous pensons vivre dans une société de l'information radicalement nouvelle. En réalité, nombre de nos façons de penser l'information et de la traiter sont issues de cadres de pensée et de pratiques qui remontent à des siècles. Ce livre explore l'histoire d'une méthode de gestion de l'information de longue durée, consistant dans la collecte et l'organisation d'extraits de textes en vue de leur consultation, dans ce que j'appelle, pour abréger, des « livres de référence[1] ». De grandes collections de textes, rassemblant des citations, des exemples, ou des références bibliographiques, furent conçues dans de multiples contextes historiques différents pour faciliter l'accès aux sources qui faisaient alors autorité. Ces ouvrages ont quelquefois été exploités par des chercheurs en tant que documents historiques, pour rendre compte d'opinions largement répandues en leur temps sur tel ou tel sujet, ou bien pour mener des recherches lexicales. Quelques-uns (surtout les encyclopédies) ont été également étudiés pour les cerner en tant que genre[2]. Mon propos, en examinant la conception, la production et l'utilisation d'outils de référence et de leurs dispositifs de recherche, est d'analyser les concepts et les pratiques de ce que l'on peut qualifier de « gestion de l'information » dans des périodes bien antérieures à la nôtre. À cette fin, j'ai constitué un corpus qui provient de périodes, de lieux différents, et constitué de divers types d'ouvrages, pour compléter une analyse plus approfondie des principaux livres de référence généraux en latin, imprimés entre 1500 et 1700.

Le terme « information » relève d'une longue histoire. Il a d'abord un sens juridique, désignant depuis le XIIIe siècle en vieux français une enquête judiciaire, puis (souvent au pluriel) un savoir sur un sujet. Les dictionnaires de l'époque moderne (concentrés sur le langage relevé) ne mentionnent que le sens judiciaire jusqu'en 1740 lorsque le *Dictionnaire de l'Académie française* (3e édition) rapporte ce qui était peut-être une expression courante depuis longtemps : « Dans le style familier, Aller aux informations, pour dire simplement, Faire des recherches, afin de découvrir la vérité de quelque fait, de quelque bruit qui court[3]. » Nous utilisons le terme aujourd'hui dans de nombreux contextes, de la biologie, qui étudie la transmission de l'information à plusieurs niveaux – de l'ADN aux processus neuronaux – jusqu'à l'informatique, qui opère une analyse purement mathématique de l'information, sans tenir compte de son aspect sémantique[4]. Dans le langage courant, la notion d'« âge de l'information » (expression inventée en 1962) vient de l'idée que les ordinateurs modifient radicalement le stockage et les méthodes de traitement des informations humaines, notamment linguistiques ou numériques[5]. J'utilise ici le terme d'« information » dans son sens courant, distinct de « données » (qui, pour être signifiantes, exigent des procédures plus élaborées), et de « savoir » (qui implique un sujet qui sait). Nous parlerons ainsi de stocker, de sérier (ou classer), de sélectionner, et de synthétiser de l'information ; il en résulte que celle-ci peut alors être conservée pour être réutilisée à volonté, de différentes façons, par de nombreux acteurs, comme un bien commun, à la différence du savoir individuel. Elle se présente en général sous la forme d'éléments de petite taille, isolés de leur contexte, rendus ainsi disponibles comme des briques prêtes à être assemblées[6].

En appliquant ce terme à des contextes prémodernes, je rejoins d'autres chercheurs (prudemment à cause du risque d'anachronisme), car il permet de décrire la façon dont les auteurs et les lecteurs des livres de référence maniaient les textes, même s'ils exprimaient leurs desseins non pas en termes d'information, mais de connaissances et de morale. Dans les termes en usage à l'époque, ces ouvrages et les méthodes de travail qui en étaient issues s'occupaient de « mots et de choses » (*verba* et *res*[7]). Ils étaient organisés à partir de définitions et de descriptions du monde naturel (telle plante présente telle propriété, tel phénomène provient de telle cause), d'actions et de discours (X a écrit tel livre, Y a dit ceci dans telles circonstances, ceci est arrivé à Z). Leurs auteurs se présentaient comme des compilateurs, responsables de l'exposé précis de ce que d'autres avaient exprimé ailleurs, non de la véracité des faits eux-mêmes. Ils étaient les vecteurs d'informations plutôt que de leurs propres opinions ou conceptions (comme je le montrerai au chapitre 4). Ils mettaient en avant les sources nombreuses et diverses d'où ils tiraient leur matériau ; ils les nommaient et les énuméraient, mais ne les critiquaient pas et n'en offraient aucune interprétation. Ils exhortaient plutôt leurs lecteurs à faire preuve d'esprit critique pour choisir parmi ces trésors ce qui convenait à leurs besoins afin de l'intégrer à leur propre production intellectuelle, orale ou écrite en tout genre (oraison, lettre, traité). Pour toutes ces raisons, je pense qu'auteurs et usagers des livres de référence étaient investis dans une forme de « gestion de l'information » avant la lettre.

Nous sommes aujourd'hui particulièrement sensibles aux difficultés de la gestion de l'information, suite à son accroissement sans précédent, résultant de l'informatique, de l'internet et des médias sociaux. La croissance constamment accélérée de l'information ne fait aucun doute, même si les méthodes pour la mesurer sont multiples[8]. Nous nous plaignons dans presque tous les domaines d'une surcharge d'informations, que ce soit dans un catalogue de quincaillerie ou dans des catalogues de bibliothèques, ou une recherche sur internet[9]. Une recherche Google (en anglais) pour « surcharge d'informations » (*information overload*), faite le 9 janvier 2020, génère près de 4,3 millions de réponses, dont toutes sortes de remèdes proposés, souvent contre paiement – par des fournisseurs de logiciels et matériel de bureau, de conseillers en gestion, des services d'aide au stress… Mais cette sensation de surinformation et les craintes exprimées à son sujet ne sont pas propres à notre époque. Des auteurs antiques, médiévaux, et de la première modernité en Europe et ailleurs ont exprimé les mêmes craintes à propos de la surabondance de livres, et de la faiblesse des ressources dont l'homme dispose pour la maîtriser (mémoire, temps, accès aux livres…).

Cette sensation de surinformation s'explique mieux dès lors, non comme l'effet d'un état objectif, mais plutôt comme un phénomène résultant de la combinaison de plusieurs facteurs – des instruments disponibles, des attentes personnelles et culturelles, et de la croissance quantitative de l'information à absorber et à gérer. Il y a aussi une hypothèse, plausible et intéressante (mais je n'ai pas l'expertise suffisante pour l'évaluer), selon laquelle ce que nous pensons être des capacités innées de mémoire et de restitution évoluent dans le temps, par l'effet conjugué des modèles culturels et des technologies dont nous disposons[10]. Nous avons souvent le sentiment que la sensation de surinformation est un phénomène complètement nouveau. En tout cas l'impression prédomine aujourd'hui que notre sensation de surinformation n'a aucun précédent[11]. Nous faisons face sans nul doute à pléthore d'informations, bien plus que nos prédécesseurs, et nos technologies sont sujettes à de très fréquents renouvellements. Néanmoins, les méthodes de base que nous déployons pour y faire face sont en grande partie les mêmes que celles qui sont en usage depuis de nombreux siècles notamment dans les ouvrages de référence. Les premières compilations étaient élaborées à partir de combinaisons de quatre opérations cruciales : stocker, sérier (ou classer), sélectionner, et synthétiser (ou résumer), opérations qui pour moi sont les quatre points cardinaux, les quatre « S » de la gestion de l'information. Nous aussi stockons, sérions, sélectionnons et synthétisons de l'information, même si nous ne dépendons plus aujourd'hui de la seule mémoire humaine, du manuscrit et de l'imprimé, car nous disposons aussi d'outils électroniques (moteurs de recherche, *data mining*, Wikipédia).

Bien entendu, les ouvrages de référence ne constituaient qu'une forme de gestion de l'information, qui concernait les textes – mots, phrases, ou détails bibliographiques, sélectionnés, rassemblés, et rendus accessibles selon un ordre donné. Plusieurs autres sortes d'information furent également gérées dans les cultures prémodernes et modernes – dans des collections d'objets naturels et artificiels (cabinets de curiosités, musées, jardins botaniques et jardins zoologiques), des registres de transactions commerciales ou d'actes administratifs (archives), et la transmission orale ou personnelle de savoirs et de compétences dans le quotidien le plus ordinaire – à la maison, sur la place du marché, dans l'atelier. La recherche récente a commencé à s'intéresser aux formes que prend la gestion de l'information dans ces différents domaines et aux pratiques qui y sont spécifiques. À terme, j'espère que nous pourrons établir des comparaisons et identifier le passage de certaines méthodes d'un domaine à l'autre – par exemple entre les pratiques érudites, le commerce et l'administration[12]. Dans ce livre, je me concentre sur deux pratiques d'accumulation textuelle particulièrement actives à la Renaissance : les notes manuscrites, et les ouvrages de référence imprimés issus de l'étude humaniste des langues et des cultures antiques. Les deux phénomènes sont étroitement liés : les livres de référence étaient initialement issus de notes de lecture prises par leurs compilateurs ; et ils offraient en retour à leur acheteur des recueils de notes prêtes à l'usage, lui évitant la peine d'avoir à les prendre lui-même.

Élaborés à partir de modèles médiévaux et antiques, ces ouvrages de référence couvraient une large variété de genres qu'il est parfois malaisé de distinguer avec précision. Je mets de côté les travaux spécialisés en théologie, en droit, et en médecine, et me concentre sur des catégories d'ouvrages qui donnaient accès à une information considérée comme essentielle pour des lettrés dans le cadre de toute activité professionnelle. Soit principalement (en usant des termes courants aujourd'hui) : les dictionnaires de mots (monolingues et multilingues), de choses (dictionnaires biographiques et géographiques), les collections de citations ou d'anecdotes historiques, et les commentaires arrangés sous forme de mélanges à consulter par un ou plusieurs index. De plus, j'examine différents types de « livres au sujet des livres » : bibliographies, catalogues de bibliothèques et de libraires. Selon leur organisation (alphabétique, systématique, ou sous forme de mélanges), les livres de référence proposaient une ou plusieurs portes d'entrée : tables des matières, index alphabétiques, plans du contenu, diagrammes, renvois, et une mise en page rendant visible la division du texte en chapitres et sous-chapitres, grâce à des symboles, ou différentes polices de caractères. Bien sûr, plusieurs autres types de livres de cette époque, dont les livres de recettes et de secrets et divers livres pratiques, étaient conçus pour être consultés, mais j'ai resserré mon enquête sur les genres humanistes majeurs, car leur taille exceptionnelle et leur vaste portée en font des sujets d'étude idéaux pour montrer la gestion de l'information dans leur composition, leur classement et leur utilisation[13].

L'approche par les quatre « S » (voir *supra*, p. 16) pour gérer cette surabondance de textes ne fut pas la seule réponse à l'explosion d'information en Europe moderne. Face à ces méthodes qui tentaient courageusement de la maîtriser, René Descartes (1596-1650) par exemple préconisait d'ignorer ces masses de textes accumulés et de reconstruire la philosophie à partir des premiers principes en faisant table rase du passé :

> Il me suffit de remarquer que, quand bien mesme toute la science qui se peut désirer seroit comprise dans les livres, si est ce que ce qu'ils ont de bon est meslé parmy tant de choses inutiles, et semé confusément dans un tas de si gros volumes, qu'il faudroit plus de temps pour les lire, que nous n'en avons pour demeurer en cette vie, et plus d'esprit pour choisir les choses utiles, que pour les inventer de soy mesme[14].

L'accumulation des auteurs du passé étant devenue chaotique, il lui semblait plus simple de faire sans. Bien que d'autres aient partagé ce dédain des autorités anciennes (y compris Francis Bacon dans quelques textes), la prééminence des cultures et des littératures antiques demeurait le pivot de l'éducation européenne, et le principal critère de distinction de l'homme éduqué. Mais ce rejet de l'information accumulée et la tentation de la réduire de façon drastique furent revendiquées de manière intermittente : les mystiques, par exemple, insistaient sur l'inspiration divine plutôt que sur la maîtrise d'une masse de connaissances. À la suite de Descartes, qui rapportait que sa nouvelle philosophie lui était venue en rêve, ce rejet des opinions reçues devint une posture commune dans la seconde moitié du XVIIe siècle. Au XVIIIe siècle, plusieurs auteurs exprimèrent leur volonté de détruire les livres inutiles pour faire cesser cette progression sans fin. Pour Gibbon, les livres à détruire comportaient toute cette « lourde masse de la controverse entre Arianistes et Monophysites » ; d'Alembert trouvait souhaitable « que tous les cent ans on fît un extrait des faits historiques réellement utiles, et qu'on brûlât le reste[15] ». Un critique a identifié le sublime comme une autre forme de réponse à la surabondance. Kant et Wordsworth, parmi d'autres, décrivirent l'expérience d'un blocage temporaire dû à un « pur épuisement cognitif », ou résultant d'une surcharge mentale ou sensorielle[16]. Dans ces cas, une fois dépassé le blocage, qu'il fût sublime ou destructeur, le philosophe reviendrait à des méthodes de travail plus traditionnelles, fondées sur l'usage d'informations accumulées. Si les livres de référence ne représentent certes pas la totalité des réponses aux défis lancés par une information foisonnante, ils offrent en revanche quelques-unes des meilleures sources pour examiner la façon dont l'information textuelle était gérée dans les périodes prémodernes et modernes.

Je propose non seulement un retour historique à partir de nos préoccupations actuelles, mais aussi un éclairage nouveau sur la culture intellectuelle de l'Europe au début de la modernité. À la Renaissance, ni la perception d'un excès d'informations ni les méthodes élémentaires de gestion des textes (les quatre « S », que j'évoquais plus haut) n'étaient des nouveautés. Plus encore, de nombreuses caractéristiques des ouvrages de référence imprimés, telles que l'ordre alphabétique, une mise en page adaptée à la lecture, furent empruntées à des pratiques médiévales. C'est plutôt la masse des extraits rassemblés dans les manuscrits et imprimés qui fut unique à la Renaissance. L'imprimerie facilita la prolifération et la croissance du volume des ouvrages de référence. Elle allégea les coûts de production, y compris pour des livres volumineux, favorisa la compilation en accroissant le nombre de livres à résumer, et stimula la production de papier, support idéal pour stocker les notes manuscrites. Mais ces facteurs n'expliquent pas à eux seuls le désir des lettrés d'investir tant d'efforts et de ressources matérielles pour rassembler d'aussi grandes collections textuelles, par leurs notes manuscrites, puis leurs livres. La découverte de textes anciens et de terres inconnues offrit, en plus de sources plus traditionnelles, une matière nouvelle à classer et à stocker. En arrière-plan, un facteur plus important encore peut être décelé : un appétit puissant d'informations.

En effet, les preneurs de notes, ces innombrables compilateurs qui font l'objet de mon livre, firent preuve d'un grand enthousiasme à prendre connaissance de chaque nouveau livre, en quête de la moindre information potentiellement utile. Ils cherchaient aussi à sauvegarder le matériau collecté pour éviter de nouvelles pertes, comme celle du savoir antique, qu'ils regrettaient si vivement. De plus, ils voyaient dans leur travail une contribution au bien commun car ils rassemblaient une matière variée utile à un public aux intérêts divers.

Mon analyse se limite aux compilations à grande échelle, manuscrites ou imprimées ; elle n'est pas exhaustive. Quelques auteurs de la Renaissance plaidèrent pour la constitution d'un corpus restreint de textes et d'extraits, à la différence de ceux qui amassèrent de plus larges collections[17]. Ces dernières permettent d'examiner cependant de manière exceptionnelle les méthodes de travail textuel, banales ou surprenantes, les retombées de l'imprimerie, la nature et la diffusion de la lecture de consultation parmi les lettrés, et les inquiétudes que cette diffusion suscita. Les grands ouvrages de référence en latin que j'ai étudiés étaient rédigés pour faciliter la lecture et la composition de textes latins, oraux et écrits ; ils furent utilisés par des étudiants, des enseignants, des prêcheurs, et par des érudits, des écrivains et des « hommes d'action ». La plupart de ces ouvrages étaient fortement influencés, dans leur forme et leur contenu, par des modèles médiévaux dont on peut fixer l'origine au XIIIe siècle. Mais, au tournant du XVIe siècle, nombre de nouveaux livres de référence étaient déjà plus volumineux et plus variés que ces modèles. Ceux d'entre eux qui eurent le plus grand succès connurent des douzaines d'éditions, de fréquentes modifications et additions, jusqu'aux dernières décennies du XVIIe siècle, moment où furent imprimés pour la dernière fois la plupart des ouvrages de référence en latin.

Ces grands in-folio représentent un formidable investissement collectif, matériel et humain, de la part des auteurs et des imprimeurs – des 430 000 mots de la *Polyanthea* de Domenico Nani Mirabelli de 1503, jusqu'aux 10 millions de mots des huit volumes du *Magnum theatrum humanae vitae* publié en 1631 par Laurentius Beyerlinck. Les institutions et les particuliers qui les achetaient réalisaient également un investissement notable. Bien sûr, comme l'a remarqué un historien du livre, un grand nombre d'exemplaires ne furent jamais lus, les imprimeurs ayant toujours effectué par spéculation des tirages supérieurs au nombre d'exemplaires qu'ils pourraient vendre[18]. Quoi qu'il en soit, ces gros livres de référence se vendaient bien, surtout si l'on considère leur taille et leur prix, et je montre comment ils furent utilisés, même si peu d'auteurs les citaient explicitement. Je conclus que leurs acheteurs y cherchaient le type de notes de lecture qu'ils eussent aimé prendre eux-mêmes, s'ils avaient eu les ressources (temps, énergie, argent) pour lire les textes originaux. En cherchant à savoir comment ces ouvrages de référence étaient constitués, des notes manuscrites au produit final, je mets en évidence quelques-unes des méthodes quelquefois singulières employées par les compilateurs pour alléger les tâches fastidieuses, dont la manipulation de notes sur des feuillets de papier, et le couper-coller de manuscrits et d'imprimés pour éviter le recopiage.

Ces méthodes de travail correspondent aux ambitions des humanistes, qui cherchaient à mettre en valeur leur maîtrise de la littérature et de la culture antiques. Longtemps, le principal groupe de chercheurs qui s'occupa de notes manuscrites et de brouillons venait des domaines littéraires et pratiquait la « critique génétique », traitant des auteurs majeurs du XIXe et du XXe siècle pour lesquels subsistent des manuscrits abondants. Quelques médiévistes se sont également penchés sur cette question, notamment parmi les scolastiques[19]. Mais le nouvel intérêt pour les méthodes de travail à l'époque moderne a émergé de travaux récents en histoire des sciences qui analysent l'interdépendance des idées et de leur contexte social et matériel. Quelques études se sont intéressées aux lieux du travail scientifique, comme le laboratoire, le théâtre d'anatomie, le jardin botanique, ou l'observatoire. D'autres ont exploré plus largement l'environnement du travail érudit, comme le cadre domestique où ces intellectuels poursuivaient leurs études, ou l'économie du manuscrit et du livre, cruciale à la formation et la diffusion des idées. Cette focalisation a également mis en évidence la présence de nombreux collaborateurs, femmes et enfants des auteurs, assistants de laboratoire, secrétaires, tous considérés comme de « petites mains » ne méritant pas mention et qui sont de ce fait difficiles à identifier précisément[20]. Les ouvrages de référence permettent d'explorer les méthodes de collaboration impliquées dans la production d'un gros livre, puis de ses éditions ultérieures, ainsi que les emplois qu'en font leurs lecteurs.

Pour comprendre le travail des humanistes, qui s'efforçaient principalement de produire du savoir à partir de l'étude des textes anciens, il est utile d'en savoir plus sur les lectures dans lesquelles ils étaient engagés. Nous disposons d'études sur leur mobilier, les locaux dans lesquels ils travaillaient, et sur la façon dont les plus connus lisaient et annotaient les textes anciens[21]. Mais les ouvrages de référence, de plus en plus nombreux entre 1500 et 1700, permettaient aux humanistes, et aux lecteurs de latin moins connus, d'accéder aux textes par la consultation, avec ou sans un crayon à la main[22]. Tout livre muni d'un index, ou pour lequel quelqu'un a une référence précise à un chapitre ou une page, peut être consulté pour trouver une information. Mais les genres conçus pour être consultés plutôt que lus de bout en bout nous permettent mieux d'étudier les méthodes de consultation. Les énormes livres de référence en latin que j'examine ici accumulaient des myriades de petites unités d'information (citations, définitions, ou exemples), que les lecteurs étaient invités à sélectionner en lisant le texte ou en utilisant ses outils d'accompagnement. Les ouvrages de référence offraient des réservoirs d'information factuelle, précisément à une époque où le concept du « fait » se répandait dans de nombreux domaines, selon les recherches de plusieurs spécialistes de la culture moderne en Angleterre[23]. Selon les circonstances la consultation de ce type d'ouvrages pouvait se substituer à la lecture ou à la relecture, ou y apporter des compléments d'information. Nous aurons ainsi une image plus complète des méthodes de lecture des érudits, et d'un plus large public lettré, en examinant ces ouvrages qui furent rarement cités explicitement mais qui étaient devenus incontournables, si l'on en juge par le grand nombre d'exemplaires imprimés et achetés entre 1500 et 1700.

Ces ouvrages donnent un nouveau point de vue sur l'influence de l'imprimerie naissante. Dès son origine comme sous-discipline dans les années 1980, l'histoire du livre a généré de nombreux travaux sur l'impact de l'imprimerie et la notion de « culture de l'imprimé ». Elizabeth Eisenstein a formulé les affirmations les plus fortes sur l'influence de l'imprimerie, en mettant l'accent sur l'amélioration cumulative des livres par des éditions successives, et sur leur diffusion rapide et géographiquement étendue. Une réponse critique a mis en doute la possibilité que l'imprimerie du temps de la presse à bras, du fait de sa diversité artisanale, et de ses pratiques commerciales peu scrupuleuses, ait pu encourager la standardisation et l'efficacité que nous associons aujourd'hui à l'imprimerie de l'âge industriel[24]. Une autre objection aux thèses d'Eisenstein nuance la rapidité des changements amenés par l'imprimerie, en montrant que les manuscrits du Moyen Âge tardif présentaient déjà de nombreux traits du livre moderne, notamment des index alphabétiques, une mise en page conçue pour faciliter la consultation, et dans certaines circonstances une production commerciale, plutôt que réalisée sur commande préalable[25]. De mon examen des ouvrages de référence composés dans de nombreux contextes prémodernes, y compris l'Europe antique et médiévale, et dans les aires de l'Islam et de la Chine, je retiens que plusieurs aspects essentiels des livres de référence, comme la compilation à grande échelle, les dispositifs de recherche et les mises en page destinées à faciliter la consultation, se sont développés indépendamment de l'imprimerie. Mais je montre également comment l'imprimerie a façonné dans une large mesure la forme, le contenu et la réception de ces ouvrages en Europe à l'époque moderne.

La diffusion des ouvrages de référence provoqua tout au long de cette période un flot ininterrompu de critiques, qui devinrent de plus en plus aiguës à la fin du XVIIe siècle, lorsque le savoir de langue latine fut menacé par la domination des langues vernaculaires (particulièrement en Angleterre et en France), et par le sentiment croissant que les auteurs et les idées antiques devraient être abandonnés au profit d'auteurs plus récents. Je considère pour ma part que ces expressions d'anxiété sont autant d'indices supplémentaires de la diffusion de plus en plus large des pratiques de consultation chez les lecteurs éduqués. Au moment où les ouvrages de référence en latin cessèrent d'être imprimés, vers 1700, les méthodes de consultation, qui étaient à leur origine au Moyen Âge l'apanage d'une petite élite intellectuelle, s'étaient répandues à un plus large lectorat latiniste. Le XVIIIe siècle fut l'« âge des dictionnaires », car les compilateurs et les lecteurs pouvaient compter sur les outils et les méthodes de lecture développés par ces grands ouvrages de référence en latin, même si ces derniers étaient alors oubliés, et que leur impact sur les genres modernes en langues vernaculaires du XVIIIe siècle fut seulement indirect.

Ce livre avance du général au particulier en dessinant les éléments de contexte général dans les chapitres 1 à 3, avant de passer, aux chapitres 4 et 5, à quelques ouvrages spécifiques. Dans le chapitre 1, j'examine les genres d'ouvrages de référence produits dans divers contextes prémodernes, pour mettre en lumière la remarquable similarité des méthodes et des problèmes de gestion du texte, à travers de nombreuses cultures, mais aussi les caractéristiques particulières à l'Europe moderne. Dans le chapitre 2, je montre que les méthodes de prise de notes servirent de cadre au développement des livres de référence européens, cela de deux façons : les compilations imprimées provenaient généralement des collections de notes personnelles d'un ou de plusieurs compilateurs, puis une fois publiées elles présentaient des notes toutes faites, sous une forme que les lecteurs désiraient avoir à leur disposition, même s'ils ne les avaient pas prises eux-mêmes. L'accumulation de notes manuscrites posait les mêmes problèmes de gestion, de collaboration et de partage qui caractérisaient aussi les compilations imprimées. Dans le chapitre 3, j'examine les genres de références latins encyclopédiques (c'est-à-dire non spécialistes), imprimés entre 1500 et 1700, et leurs dispositifs de recherche, en prêtant une attention particulière aux termes utilisés pour les décrire à l'époque et depuis par les historiens (dont celui d'« encyclopédie »). Dans le chapitre 4, je me concentre sur l'histoire et la composition de quelques ouvrages de référence majeurs (comme la *Polyanthea* et le *Theatrum*), en décrivant les textes, l'histoire de leur édition, et les notes de travail de Conrad Gessner de Zurich et de Theodor Zwinger de Bâle. Dans le chapitre 5, j'analyse la réception de ces ouvrages de référence à travers les exemplaires qui sont parvenus jusqu'à nous et les annotations de leurs lecteurs, les citations explicites et les usages implicites qu'on en fit, et enfin les critiques émises à leur propos. Bien qu'ils n'aient plus été imprimés après 1710, et qu'ils fussent rarement cités comme modèles, les ouvrages de référence en latin ont préparé le terrain à l'explosion des ouvrages de référence publiés dans les langues vernaculaires au XVIIIe siècle. Pendant quelque deux siècles, les ouvrages de référence humanistes imprimés ont propagé l'utilisation de méthodes de plus en plus sophistiquées dans la gestion de l'information parmi les compilateurs, les imprimeurs, et les lecteurs. Ces techniques furent aisément adaptées aux langues modernes, et aux contenus des ouvrages de référence des Lumières, et elles nous sont assez familières aujourd'hui pour nous rappeler que de nombreuses habitudes que nous considérons comme évidentes sont redevables à la transmission de pratiques développées dans l'Europe médiévale et renaissante.

Chapitre 1

La gestion de l'information dans une perspective comparative

Les historiens de l'Europe moderne (dont je suis) ont montré que la Renaissance éprouvait un sentiment de surinformation à une échelle jusque-là inconnue et ont ouvert une comparaison avec l'impression que nous pouvons avoir aujourd'hui. Nous avons mis en évidence trois grandes sources à cette prolifération aux XVe et XVIe siècles : la découverte de nouveaux mondes, la redécouverte de textes antiques, et la multiplication des livres imprimés[1]. Dans ce chapitre, je cherche à affiner notre compréhension de cette explosion, et cela de deux manières. Premièrement, cette impression ne fut ni nouvelle ni spécifique à la Renaissance européenne. Même une brève enquête de profane révèle que, dans de nombreux autres contextes, les lettrés ont exprimé une telle perception de surabondance et ont conçu pour y faire face des méthodes de gestion de l'information encore employées aujourd'hui. En plus des solutions trouvées dans l'Antiquité ou au Moyen Âge qui eurent, ou furent perçues pour avoir eu, un impact direct sur ces méthodes, je considérerai aussi des exemples issus de cultures ayant entretenu des contacts limités, voire inexistants, avec l'Europe, notamment Byzance, le monde islamique et la Chine, bien que d'autres puissent être également éclairants[2].

En second lieu, je mettrai l'accent sur le rôle des facteurs culturels en expliquant la préoccupation des lettrés de l'Europe moderne pour l'accumulation et la gestion de l'information. En effet, l'accumulation de nouvelles espèces, de nouveaux textes et de nouveaux livres n'était pas une conséquence nécessaire des découvertes de la Renaissance, géographiques, textuelles ou technologiques. Elle résultait surtout d'un ensemble d'attitudes culturelles et de comportements dont certains étaient inédits, d'autres déjà enracinés dans les siècles précédents, et que l'on peut résumer comme un désir d'information (*infolust*). Brian Ogilvie décrit par exemple l'explosion du nombre des espèces de plantes connues, depuis les 500 espèces décrites par le botaniste ancien Dioscoride – ce qui représentait en 1550 le sommet de la science botanique –, jusqu'aux 6 000 espèces recensées par Caspar Bauhin dans son *Pinax theatri botanici* (1623). Ogilvie observe que les espèces du Nouveau Monde ne figurent pas pour beaucoup dans cette explosion. Elle s'explique plutôt par le souci des naturalistes de la Renaissance de décrire en détail les plantes non encore identifiées en Europe (surtout en Europe de l'Est et du Nord), et dans des contrées plus lointaines explorées de longue date, par exemple au Levant[3]. Mon étude des compilations textuelles m'a poussée à une conclusion similaire. Ce ne sont pas les textes antiques récemment retrouvés (Lucrèce ou Sextus Empiricus) qui expliquent la taille toujours croissante des citations et des florilèges à la Renaissance, mais bien plutôt une attention plus vive prêtée aux auteurs anciens connus de longue date et considérés comme essentiels pour l'éducation humaniste (comme Ovide, Horace et Cicéron) et à un certain nombre d'œuvres récentes issues de la réflexion sur ces classiques (Pétrarque, les emblèmes d'Alciat ou de Camerarius). C'est donc un nouveau zèle pour la recherche et la collecte d'informations, plutôt que telle ou telle découverte, qui fut la cause fondamentale de cette explosion de l'information.

L'ambition d'embrasser toutes les connaissances et la technique qui consistait à juxtaposer des extraits de sources d'autorité pour appréhender le paysage universel du savoir ne sont pas spécifiques à la Renaissance. Plusieurs ouvrages antiques et médiévaux avaient cette même ambition ; ils sont couramment dénommés « encyclopédies » mais seulement depuis le XIXe siècle. Le terme « encyclopédie » fut créé au XVIe siècle sur l'interprétation erronée d'une expression grecque, tenue pour signifier le « cercle de l'apprentissage » (de *kyklos* pour cercle). Les spécialistes modernes ont démontré que l'expression grecque en question était en fait *enkuklios paideia*, qui désignait « savoir commun », connaissance commune, ou éducation générale, mais l'image du cercle demeure, encore évoquée dans les encyclopédies modernes[4]. Aux XVIe et XVIIe siècles, le terme désignait les relations entre les disciplines et n'a été associé à une sorte d'ouvrage de référence qu'au XVIIIe siècle, lorsque la *Cyclopaedia* d'Ephraïm Chambers (1728) et l'*Encyclopédie* de Diderot et d'Alembert, qu'elle inspira, lancèrent la popularité du titre et de ce genre nouveau, le dictionnaire des arts et des sciences. Il est néanmoins raisonnable d'évoquer l'ambition encyclopédique comme l'élément central de l'obsession de la Renaissance pour l'accumulation de l'information. Bien que cette aspiration ne fût pas nouvelle, elle conduisit certaines figures de cette époque (Theodor Zwinger par exemple) à des sommets inégalés de mégalomanie informationnelle.

En revanche, ce qui est neuf à la Renaissance, c'est la conscience d'un grand trauma culturel provoqué par la disparition du savoir antique, durant ce que Pétrarque fut le premier à appeler le Moyen Âge. Bien que les humanistes fussent fiers d'avoir retrouvé de nombreux textes perdus, par des recherches acharnées dans les bibliothèques byzantines et européennes, suivies de révisions philologiques, ils étaient parfaitement conscients que la grande majorité des textes anciens avaient été perdus[5]. Nombre d'entre eux exprimaient l'espoir que, par le biais d'une conservation et d'une gestion appropriées, l'information accumulée dès lors serait sauvée d'une autre perte catastrophique. Cette obsession explique une autre attitude frappante chez les humanistes : la volonté de sauvegarder chaque note prise, de sauver et d'utiliser chaque texte. Bien que cette position ne fût pas partagée universellement (quelques auteurs mettaient au contraire l'accent sur la conservation d'un corpus plus ou moins restreint d'ouvrages recevables), ceux qui se livraient à des compilations de grande ampleur reprenaient l'assertion de Pline selon laquelle « il n'y a pas de livre si mauvais qu'on ne puisse en tirer quelque profit[6] ». Ainsi les compilations de la Renaissance surpassèrent rapidement en taille leurs équivalentes médiévales. Leurs auteurs affirmaient contribuer au bien commun en rassemblant de l'information sur toutes sortes de sujets pour plaire à de nombreux publics. La croissance de la compilation et l'étendue accrue de ses sources inspirèrent à leur tour de nouvelles méthodes de travail et de nouveaux outils de recherche que nous examinerons dans les chapitres suivants.

L'imprimerie créa également de nouvelles possibilités et de nouvelles contraintes pour la production et la diffusion de l'information. Elle eut pour principal effet de réduire les coûts et le temps nécessaires à la production de livres. Ces conséquences ont été bien étudiées concernant les ouvrages largement distribués. Les indulgences, par exemple, furent imprimées en quantités massives, à un faible coût, en feuillets simples, mais un très petit nombre d'entre elles ont été conservées jusqu'à nous. Des 200 000 indulgences imprimées entre 1498 et 1500 à la demande des bénédictins de Montserrat en Catalogne par exemple, ne subsistent que six exemplaires[7]. L'impact de l'imprimerie sur la production de livres volumineux a été moins souvent analysé, mais il fut significatif, de manière quelquefois évidente, parfois surprenante. Un gros manuscrit coûtait très cher à copier, et encore plus en de nombreux exemplaires ; l'imprimerie rendit possibles la diffusion et la conservation de livres imposants, à une échelle inédite. Elle créa aussi de nouvelles contraintes : les livres devaient, pour que l'imprimeur puisse rentrer dans ses frais, se vendre à des centaines d'exemplaires. Dès lors, les compilateurs de livres importants et coûteux, tels les livres de référence, travaillèrent à attirer un lectorat aussi large et varié que possible, en élargissant le type de sources utilisées ainsi que les sujets traités.

Même si la nécessité de trouver acheteur créait des limites sur le prix qu'on pouvait demander, le volume maximal d'un livre a beaucoup augmenté entre la période des incunables, quand les plus grands in-folio tournaient autour de 1 500 pages, et le milieu du XVIIe siècle, quand on s'est mis à publier des livres en plusieurs gros volumes[8]. Mais les plus gros livres produits avant l'ère moderne n'étaient pas viables commercialement. C'étaient des ouvrages commandités par les empereurs de Chine, souvent manuscrits, pour l'usage de la cour plutôt que pour des acheteurs. En Europe, en revanche, même les plus gros ouvrages étaient produits pour une diffusion commerciale. L'imprimerie a contribué à la prolifération de l'information en rendant accessibles à plus de lecteurs davantage de livres sur un plus grand nombre de sujets, mais elle a aussi propagé une large palette de méthodes pour faire face à cette explosion, parmi lesquelles de gros ouvrages de référence. Elle a diffusé plus largement les techniques existantes en ce domaine, et a encouragé l'expérimentation de nouvelles techniques de recherche, de mise en page, et de composition.

La gestion de l'information dans l'Antiquité

Avec une acception large on trouve des méthodes de gestion de l'information dans toutes les cultures depuis les temps les plus reculés. L'invention de l'écriture fut certainement l'une d'elles. Ses premières manifestations furent destinées à garder trace de transactions commerciales de grains – informations qu'il était utile de conserver, souvent pendant de longues périodes, étant donné la défaillance des mémoires individuelles et les enjeux concernés. Ces premiers documents étaient souvent archivés, et quelques-uns d'entre eux (sur tablettes d'argile par exemple) comprenaient des listes de centaines d'éléments ; mais ces listes n'offraient pas de système de recherche, il fallait les parcourir pour retrouver quelque chose de précis[9]. Les cultures orales elles aussi gèrent l'information, notamment par le récit répété ou le rappel en mémoire de transactions commerciales complexes. Le point de vue naguère largement répandu selon lequel seule la naissance de l'alphabet rendit possibles certains types de pensée (historique et logique entre autres) est aujourd'hui contesté[10]. Mais c'est seulement lorsque l'écriture dépassa ces fins étroitement utilitaires que nous pouvons identifier un corpus de témoignages sur les attitudes envers la gestion de l'information ; celles-ci furent souvent contradictoires.

Le célèbre réquisitoire de Platon contre l'écriture offre un des plus anciens exemples des sentiments ambivalents qui ont souvent accompagné l'adoption d'une nouvelle technique. Alors que la pratique de l'écriture s'étendait dans Athènes, Platon (vers 428-348 av. J.-C.) fit précisément usage de l'écriture (dont il loue l'invention par ailleurs) pour la critiquer. Il craint que les mots écrits, en circulant au-delà du contrôle de leur auteur, soient plus sujets à une interprétation abusive que la parole vive[11]. À la même époque, un regret, qui a encore la vie dure, déplorait un sentiment de surcharge, mais sans évoquer particulièrement les livres. Plus connu dans sa forme latine abrégée, *ars longa, vita brevis*, le premier des aphorismes attribués à Hippocrate (460-370 av. J.-C.) notait :

> La vie est courte, l'art est long, l'occasion est prompte à s'échapper, l'empirisme est dangereux, le raisonnement difficile. Il faut non seulement faire soi-même ce qui convient, mais encore être secondé par le malade, par ceux qui l'assistent et par les choses extérieures[12].

Cette remarque, concernant à l'origine la réussite en médecine, fut réduite en un cliché encore bien connu aujourd'hui dans sa forme latine diffusée par le moraliste romain Sénèque (4-65 apr. J.-C.). L'aphorisme *Ars longa, vita brevis* s'est révélé être particulièrement versatile, invoqué à propos de l'accumulation des connaissances aussi bien par les pessimistes que par les optimistes[13].

L'argument de Sénèque était que la vie est suffisamment longue, mais elle nous semble courte car nous la gaspillons dans le luxe et l'insouciance. Il regrettait par exemple que ses riches contemporains dilapident du temps et de l'argent à accumuler de trop nombreux livres. Il dénonçait leur façon de lire indiscriminée et superficielle avec l'expression « abondance de livres tiraille l'esprit » (*distringit librorum multitudo*) qui eut aussi une longue fortune. Sénèque recommandait au contraire de se concentrer sur un nombre limité de bons livres et de les lire intégralement et sans cesse : « Lis donc toujours des auteurs d'une autorité reconnue ; et si l'envie te prend de pousser une pointe chez les autres, reviens vite aux premiers[14]. » Ce conseil constitue une des méthodes efficaces et souvent dominantes en gestion de l'information, laquelle consiste à se limiter à un canon d'ouvrages choisis. Cet avis de Sénèque trouva écho chez nombre d'auteurs de l'époque moderne, comme le pédagogue jésuite Francesco Sacchini (1570-1625) que j'évoque au chapitre 2[15]. En revanche, son contemporain Francis Bacon (1561-1626) réagit à la maxime d'Hippocrate en proposant une nouvelle science qui « condense l'étendue infinie de l'expérience des choses individuelles », et qui commence par une vaste accumulation d'observations, une étape essentielle vers la maîtrise et la connaissance de la nature[16].

La période hellénistique vit s'exprimer d'autres arguments en faveur de l'accumulation mais aussi contre elle : une condamnation biblique, d'une part, et d'autre part des modèles de collection de livres et de textes à une échelle auparavant inconnue. Le verset de l'Ecclésiaste 12:12 « À faire des livres il n'y a pas de fin » (dans la vulgate *faciendi plures libros nullus est finis*) est probablement la plus ancienne condamnation de la surabondance, qui date du Ve ou du VIe siècle av. J.-C., bien qu'il soit difficile de s'entendre sur la date de composition de ce livre de la Bible[17]. Dans ce passage, le sage range les livres et l'étude parmi les nombreuses vanités de la vie humaine. On ne peut mesurer combien ce verset a pu décourager les auteurs mais son impact sur ceux qui ont écrit semble limité. Il n'a pas engendré beaucoup de commentaires, ni chrétiens, ni juifs, au Moyen Âge, bien que plusieurs auteurs aient cité ce verset sans adopter son ton de condamnation[18]. En 1255, le grand compilateur Vincent de Beauvais remarqua par exemple que la production incessante de livres était stimulée par la curiosité insatiable des lecteurs et des auditeurs, et Richard de Bury (1281-1345) ne voyait rien de péjoratif à citer le passage de l'Ecclésiaste dans son chapitre intitulé « Des livres nouveaux qu'il faut écrire et des livres anciens qu'il faut réparer[19] ». Aujourd'hui ce verset est cité comme une réponse à nos angoisses modernes concernant la surinformation.

Ce message n'a pas freiné l'enthousiasme pour l'accumulation qui se poursuivait alors à la Bibliothèque d'Alexandrie. Peu après sa fondation, en 331 av. J.-C., les pharaons ptolémaïques conçurent le projet de rassembler à Alexandrie dans une bibliothèque royale des copies de toutes les œuvres jamais composées en grec ; cette bibliothèque fut surtout un outil pour les chercheurs qui travaillaient au Mouseion mitoyen. Ces pharaons usèrent de méthodes d'acquisition agressives, comme celle qui consistait à confisquer les manuscrits trouvés dans les navires qui mouillaient au port et de retourner en lieu et place au propriétaire une copie effectuée à la hâte, l'original restant dans la bibliothèque. La Bibliothèque d'Alexandrie était renommée dans l'Antiquité comme la plus importante au monde, bien que d'autres grandes bibliothèques aient été créées sur ce modèle. Les estimations de la taille de ses collections ont varié mais elles se situent aujourd'hui autour de 500 000 rouleaux de papyrus, le nombre total des titres étant plus modeste ; effectivement un rouleau ne contenait pas autant de texte qu'un codex (ou format du livre relié que nous connaissons aujourd'hui) et beaucoup de textes anciens nécessitaient de nombreux rouleaux (que l'on appelait volumes, *volumina*). La destruction de la Bibliothèque devint légendaire, mais elle a probablement résulté d'une succession de dégradations plutôt que d'une catastrophe unique, et s'acheva aux environs du ve siècle de notre ère. Bien que la plupart des œuvres qui y furent produites aient été perdues, on sait que les chercheurs actifs au Mouseion et à la Bibliothèque y ont réalisé des éditions et des commentaires d'Homère et d'autres auteurs grecs, des études en astronomie et en médecine, des travaux lexicographiques en tout genre (concernant les mots rares, les vocables locaux, les concepts hippocratiques...)[20].

Le rassemblement d'une telle quantité de livres entraîna la rédaction de ce qui fut probablement le premier ouvrage de référence à grande échelle : une biobibliographie de la littérature grecque fondée sur la totalité des collections de la Bibliothèque. Les *Pinakes* (du grec *pinax*, « liste », « registre » ou « tableau ») comprenaient à l'origine quelque 120 rouleaux mais ne subsistent plus qu'en fragments cités par d'autres auteurs anciens. De ces derniers nous apprenons que les *Pinakes* offraient des informations biographiques et bibliographiques sophistiquées, le titre, l'incipit, et le nombre de lignes de chaque œuvre, et que ces entrées étaient classées par forme littéraire ou par domaine de recherche, et, dans chaque catégorie, par ordre alphabétique des auteurs[21]. Les *Pinakes* n'étaient ni un inventaire ni un catalogue exhaustifs de la Bibliothèque ; ainsi ils ne recensaient pas toutes les copies possédées par la Bibliothèque, ni la localisation d'un ouvrage dans les fonds ; l'accès aux volumes nécessitait la consultation du bibliothécaire. Les *Pinakes* étaient construits à partir de modèles antérieurs de listes (comme les *pinakes* de poètes par Aristote) et de classements par sujets et chronologie (comme les doxographies de Théophraste) ; ces principes étaient déjà connus, mais n'avaient jamais été utilisés auparavant dans de telles proportions[22].

L'élaboration des *Pinakes* exigeait de nombreuses étapes préparatoires, à commencer par un inventaire de la Bibliothèque, puis des brouillons intermédiaires pour classer les entrées par sujets et par ordre alphabétique[23]. Ils sont attribués à un seul homme, Callimaque, actif à Alexandrie vers 240-280 av. J.-C., mais ils représentent sans doute le travail collectif de nombreux collaborateurs du Mouseion, où les chercheurs étaient secondés par plusieurs secrétaires qui écrivaient sous la dictée et copiaient[24]. Callimaque est bien connu aujourd'hui pour sa remarque « un grand livre est un grand mal » (*mega biblion mega kakon*), mais cette expression était probablement l'éloge du court poème lyrique et des élégies qu'il composait de préférence aux longs poèmes épiques considérés alors comme plus prestigieux[25]. Tout cela ne l'empêcha pas de diriger (comme directeur d'ouvrage, dirions-nous aujourd'hui) l'un des plus importants travaux de son époque, un outil pour maîtriser les textes que la Bibliothèque accumulait à grande échelle. À Alexandrie, loin de se plaindre de surcharge, les chercheurs semblent avoir apprécié le défi consistant à maîtriser un nombre toujours croissant de livres.

On retrouve un enthousiasme similaire parmi les *polygraphoi* (« polygraphes ») hellénistiques. Dès l'Antiquité on rapporte que le plus fécond d'entre eux, Didymus Chalcenterus, a rédigé plus de 3 500 livres dans l'Alexandrie du Iᵉʳ siècle av. J.-C. Même si l'on garde en mémoire le flou du terme « livre » (qui pouvait désigner aussi bien un rouleau qu'un ouvrage entier), nous pouvons présumer qu'écrire à cette échelle-là consistait essentiellement à copier et à compiler, sans que nous connaissions les modalités précises d'un tel travail[26]. Comme très peu d'œuvres des polygraphes nous sont parvenus, nos sources principales sont les doxographies de l'Antiquité, qui rassemblaient les vies et les opinions des philosophes. Diogène Laërce par exemple (IIIᵉ siècle apr. J.-C.) rapporte que Théophraste écrivit 300 livres, totalisant 238 808 lignes ; et Chrysippe 705. Les premiers pédagogues modernes ont repris ces chiffres, surtout pour encourager les étudiants à prendre des notes qui les aideraient, eux aussi, à écrire abondamment[27].

Le premier exemple de polygraphie ancienne bien conservée, à une échelle plus modeste de trente-huit volumes, est l'*Histoire naturelle*. Pline l'Ancien (23-79 apr. J.-C.) annonce qu'il y a rassemblé quelque 20 000 *res* (« sujets ») issus de 2 000 volumes écrits par une centaine d'auteurs. L'œuvre de Pline était en partie connue au début du Moyen Âge (par des résumés des sections médicales par Serenus et des sections géographiques par Solinus), et elle circula dans une forme à peu près intégrale dès le XIIe siècle[28]. En opposition à Sénèque Pline célébrait l'abondance et l'accumulation et servit de modèle de la compilation encyclopédique pendant des siècles et des siècles. À la Renaissance, les partisans de l'accumulation de livres et de contenus citaient fréquemment l'exemple de Pline qui, selon son neveu, lisait tout et étudiait sans cesse[29]. Bien que Pline le Jeune décrive ces habitudes de travail avec quelque perplexité, les humanistes et les premiers pédagogues modernes y voyaient l'idéal de la lecture et de la prise de notes abondantes.

L'*Histoire naturelle* de Pline est remarquable parmi les œuvres antiques qui sont parvenues jusqu'à nous, car son premier livre consiste en une table des matières détaillée. Pline l'a probablement composée pour faciliter le repérage de sujets particuliers, même s'il organisait son contenu par association, dans un ordre qui invitait à une lecture séquentielle. La table des matières de Pline ne fut probablement pas aussi singulière en son temps que nous la percevons aujourd'hui : ces dispositifs de recherche, situés au début d'un livre, se retrouvaient dans les couches extérieures du rouleau, particulièrement vulnérables à la détérioration et à la perte[30]. Une autre table transmise depuis l'Antiquité, celle des *Nuits attiques* d'Aulu-Gelle (vers 180 apr. J.-C.), rendait possible une recherche spécifique dans un texte présenté comme une collection dispersée de notes de lecture. En fait les miscellanées d'Aulu-Gelle étaient soigneusement construites pour servir de porte d'entrée à la masse accumulée des littératures grecque et latine, que tout Romain éduqué désirait maîtriser. Même dénués de table des matières, de nombreux textes de l'Antiquité et de l'Antiquité tardive comprenaient des têtes de chapitres (*tituli)* et des résumés (*capitula*) pour chaque livre ou chapitre, facilitant ainsi l'accès au texte. Bien que nous ne puissions être sûrs de leur date de rédaction, ou savoir s'ils furent modifiés dans le processus de transmission, on a récemment trouvé de tels éléments paratextuels dans quelques papyrus, confirmant l'existence de ces dispositifs de consultation dans le monde ancien[31].

Les difficultés dues à leur transmission ont considérablement freiné notre connaissance des outils de travail conçus par les Anciens pour gérer des volumes croissants de textes. Dans des conditions normales, le papyrus se dégrade naturellement en quelques centaines d'années[32]. Par conséquent, pour qu'un texte nous soit parvenu, il lui faut le plus souvent avoir été copié plus d'une fois pendant l'Antiquité, et au moins une fois encore sur du parchemin, support plus durable, et dont l'utilisation devint courante à la transition au codex entre le IIe et le IVe siècle de notre ère. À la différence du rouleau de papyrus, le manuscrit sur parchemin pouvait être oublié pendant des siècles et revenir en circulation beaucoup plus tard. Les humanistes des XIVe et XVe siècles furent ainsi émerveillés de trouver sur parchemin des manuscrits de textes antiques longtemps oubliés dans les bibliothèques monastiques tout en déplorant la perte de nombreux textes anciens célèbres dont ils ne retrouvaient plus trace. En effet, les copistes des premiers temps de notre ère préservèrent seulement une petite fraction de la littérature antique. Bien sûr, ils ne pouvaient copier que les textes qui se trouvaient à leur disposition et de nombreux textes plus anciens qui n'avaient pas été copiés entre-temps étaient déjà perdus. De plus, de nombreux copistes travaillaient dans les *scriptoria*, établissant et copiant les textes qui leur semblaient utiles pour l'enseignement ou le prêche, ou pour les préserver, eu égard à leur réputation parmi les païens. Étant donné ces critères, les copistes préféraient des œuvres finies aux outils de travail utilitaires.

Nous en sommes réduits à déduire l'existence de tels outils à partir de quelques textes parvenus jusqu'à nous. Des recherches récentes montrent par exemple qu'Athénée de Naucratis se tourna vers des collections de références littéraires pour rédiger son *Deipnosophistae* (Banquet des savants) vers l'an 192. Ses quinze livres (peut-être trente à l'origine) sont riches d'allusions littéraires complexes et de jeux de mots lardés de citations précises et détaillées, qu'il aurait été difficile de retenir de mémoire. Athénée, comme ceux dont il décrit les conversations savantes, s'appuyait probablement sur des glossaires et des lexiques qui regroupaient par thèmes des exemples ou des commentaires de mots. Certains de ces ouvrages ont pu rester à l'état de notes privées, d'autres ont pu circuler dans des cercles amicaux restreints. Athénée en cite quelques-uns (apparemment mis en circulation par leurs auteurs), mais aucun ne subsiste[33]. Il est possible de déduire l'existence de collections grecques d'extraits littéraires dans l'Antiquité tardive par des compilations moins anciennes qui ont été transmises jusqu'à nous ; ainsi les *Sentences* et l'*Anthologie* de Jean Stobée composées au début du ve siècle furent probablement fortement redevables à des compilations antérieures[34]. Un autre travail de compilation remarquable de cette période fut la composition des dix livres de l'*Histoire ecclésiastique* d'Eusèbe de Césarée (260-339) qui travailla avec une équipe de collaborateurs à compiler des extraits de textes parmi les riches collections de la Bibliothèque de Césarée. Cette œuvre nous est parvenue entière, y compris ses tables chronologiques ; de nombreux autres travaux d'érudition produits dans cette ville ne furent transmis que par parties, ou pas du tout. Notamment les *Hexaples* d'Origène – Bible polyglotte des premiers temps du christianisme –, où l'on pouvait lire sur six colonnes des versions de l'Ancien Testament (hébreu et diverses traductions grecques), ne subsistent aujourd'hui que par fragments[35].

Les ouvrages de grande envergure ont particulièrement souffert de la difficulté de leur transmission, car les copier exigeait la mise en œuvre de moyens plus importants que pour des ouvrages plus modestes. Pline n'était pas le seul en son temps à avoir écrit un texte encyclopédique – nous savons que Varron et Celse en ont rédigé aussi –, mais l'*Histoire naturelle* fut la seule à être transmise, portée de manière décisive, selon un chercheur, par le soutien de l'empereur Vespasien, auquel Pline s'employa à plaire par sa dédicace soigneusement rédigée[36]. Les humanistes ont commenté la perte de grandes œuvres historiques, que certains ont attribuée à l'existence de résumés qui circulaient au lieu des originaux. Érasme regrettait par exemple la perte de la plus grande partie de l'*Histoire de Rome* de Tite-Live, *Ab urbe condita* (dont seuls 36 des 142 livres ont survécu), en y voyant l'effet néfaste du résumé qu'en avait fait Lucius Annaeus Florus (vers le milieu du IIe siècle de notre ère)[37]. Il affirmait corroborer ainsi la conclusion de « certains auteurs latins » que je n'ai pas pu identifier. En 1685, un écrivain rejeta l'idée que le résumé de Florus, étant « de si petite conséquence », ait pu être à l'origine de la perte d'une œuvre aussi importante que celle de Tite-Live, mais les chercheurs modernes trouvent l'idée plausible dans d'autres cas[38].

Les techniques de gestion de textes que les auteurs anciens pratiquèrent le plus efficacement, et qu'ils léguèrent au Moyen Âge latin, furent le résumé et la compilation. Le résumé fut en usage tout au long de cette période comme une méthode pour réduire les textes afin de les maîtriser et fut appliqué aussi bien aux pièces du théâtre attique (du IVe siècle av. J.-C.) qu'aux longues œuvres en prose. D'autre part la compilation à grande échelle devint une forme dominante d'activité littéraire, spécialement au IIe siècle, aussi bien en latin (Pline et Valère Maxime déjà au Ier siècle, puis Aulu-Gelle) qu'en grec (Claude Élien, Athénée de Naucratis, et, plus tard, Stobée) et parmi les chrétiens (par exemple les *Stomates* ou miscellanées de Clément d'Alexandrie, vers 200 de l'ère chrétienne)[39]. Les miscellanées littéraires s'adressaient à une élite cultivée, à une époque où le volume des écrits grecs et latins avait déjà dépassé les capacités d'un lecteur moyen[40]. La collection est aussi caractéristique d'autres genres, comme les collections de vies (Diogène Laërce, Eusèbe de Césarée, Jérôme) et les collections de merveilles (dites « paradoxographies »), païennes ou chrétiennes. La compilation et le travail de résumé furent essentiels pour la conception des textes sacrés juifs et chrétiens, du Deutéronome jusqu'à Matthieu et Luc, issus de l'Évangile de Marc et d'autres sources[41]. De même, la codification de la loi romaine, ordonnée par l'empereur Justinien (527-565), entraîna la condensation de 1 500 œuvres de droit romain en cinquante livres organisés par sujets, le *Digeste* ou *Pandectes*. Trente-neuf érudits travaillèrent quatre ans durant pour rassembler les sources souvent fragmentaires, puis pour sélectionner et résumer ce qu'ils avaient estimé valable, en éliminant répétitions et contradictions, puis en organisant ces sélections systématiquement. Le *Digeste* de Justinien eut pour conséquence à la fois la préservation de lois plus anciennes dans cette collection, mais aussi la destruction de celles qui n'y furent pas intégrées, car Justinien bannit tous les codes de lois autres que le sien[42]. Même lorsque l'Empire romain occidental perdit contact avec les compilations et résumés grecs, suite aux invasions et à la séparation croissante d'avec le monde byzantin, les formes de l'accumulation et du résumé étaient déjà si bien ancrées en latin que leur pérennité était assurée.

Ainsi les érudits dans de nombreux contextes anciens, dont l'Alexandrie de Callimaque, la Rome de Pline ou la Césarée d'Eusèbe ont accumulé l'information sur une grande échelle et développé de nouvelles méthodes pour gérer l'abondance de textes. Pour des raisons diverses (difficultés de transmission, particulièrement pour les œuvres monumentales, perte de la maîtrise du grec), peu d'exemples de ces méthodes furent transmis directement à l'Occident latin. Les *Pinakes* furent imités dans les plus grandes bibliothèques de l'Empire romain d'Orient pendant la période hellénistique et favorisèrent l'usage de l'ordre alphabétique dans les collections lexicographiques byzantines[43]. Alors qu'un de ces *lexica*, la *Souda*, était bien connu par les humanistes, le souvenir des *Pinakes* s'était perdu en Occident, même après les redécouvertes humanistes : Conrad Gessner n'en fit pas mention en 1545 dans son essai de bibliographie universelle, citant seulement les œuvres poétiques de Callimaque[44]. De même, les compilations et les glossaires conçus par des chercheurs autour d'Athénée (et d'autres) n'ont laissé de traces que dans des compilations ultérieures auxquelles ils servirent de modèle. Parmi eux, Jean Stobée fut redécouvert par les humanistes, et Gessner présenta ses *Sentences* comme un modèle d'anthologie d'extraits à imiter lorsqu'il les publia en 1543[45]. Les éléments essentiels de la compilation et du résumé furent transmis directement au Moyen Âge par les œuvres latines de l'Antiquité et de l'Antiquité tardive, comme celle de Pline, mais aussi les traités de Boèce (480-524), et les compendiums encyclopédiques de Cassiodore (490-585) et d'Isidore de Séville (600-636). Une œuvre antique, les *Nuits attiques* d'Aulu-Gelle, inspira un nouveau genre d'outil de référence à la Renaissance : le commentaire sous forme de miscellanées accompagné d'un index pour faciliter les recherches (que je traiterai au chapitre 3). Dans ce genre les *Adages* d'Érasme jouirent d'une longue postérité mais le format des miscellanées ne s'avéra pas influent parmi les ouvrages de référence après le XVIe siècle.

Malgré la perte de nombreux outils de référence de l'Antiquité, leur héritage, ou plus exactement ce que les scolastiques et les humanistes pensaient en avoir hérité, était un ensemble d'exemples et d'aphorismes qui pouvaient être invoqués pour justifier deux types de réponses à l'explosion de la connaissance[46]. D'une part, on pouvait se référer à Sénèque (et à Hippocrate qu'il reprenait) pour appeler à une concentration intense sur quelques livres et pour rejeter toute une masse d'ouvrages présumés mauvais. D'autre part, Pline et son ardeur à compiler, le souvenir de la Bibliothèque d'Alexandrie et une interprétation nouvelle de l'aphorisme d'Hippocrate furent de plus en plus souvent mis à profit, quelquefois au Moyen Âge, et plus encore à la Renaissance, pour justifier la réalisation de compilations et de la prise de notes de grande envergure. Les humanistes purent ainsi se référer à l'Antiquité pour fonder leur réponse à l'explosion de la connaissance, même s'ils s'appuyaient principalement sur des techniques développées au XIIIe siècle. Mais, pendant qu'ils sortaient de l'oubli de nombreux textes anciens, ils gagnaient aussi une plus forte conscience de la fragilité de la transmission du savoir, si souvent marquée de dégradations et de pertes. Je vois là l'origine du nouvel engagement des humanistes à sauvegarder l'information, en l'accumulant, en la faisant circuler, par manuscrits et imprimés, pour leurs contemporains et leurs descendants, et en suscitant la fondation de grandes bibliothèques par de riches mécènes.

Une étude comparative : Byzance, le monde islamique, et la Chine

Dans de nombreuses cultures, la transmission des sources anciennes alimenta une accumulation croissante de textes anciens et nouveaux, ainsi que des stratégies pour les organiser, les stocker, les sélectionner, et les résumer. En considérant les formes de profusion textuelle et de leur gestion dans quelques contextes autres que l'Occident latin, je cherche à montrer la complexité et la diversité des interactions entre les facteurs culturels et les techniques, comme la transmission orale, l'écriture, le papier, ou l'imprimerie, dans l'élaboration de ces méthodes de gestion. Ni l'abondance textuelle ni les ouvrages de référence ne furent propres à l'Occident. Nous pouvons mieux comprendre ce qui caractérise les débuts de la modernité européenne – y compris l'impact qu'a eu l'imprimerie en Europe avec sa diffusion commerciale rapide et sa technique typographique à caractères mobiles – en examinant les ouvrages de référence dans d'autres contextes. Byzance, le monde islamique, et la Chine offrent des terrains de choix, non seulement en raison d'une historiographie de longue date de la tradition encyclopédique dans ces cultures, mais aussi parce que le développement récent de l'histoire du livre nous permet d'étudier les multiples facteurs qui façonnèrent les technologies dans ces régions. L'imprimerie naquit plus tôt en Chine (au VIIIe siècle), mais se répandit au cours de plusieurs siècles ; elle ne fut adoptée que bien plus tard (en 1795) dans le monde islamique, qui avait entre-temps absorbé Byzance. Dans chacun de ces cas, de multiples technologies (dont les transmissions manuscrites et orales) furent impliquées dans la formation et la transmission de textes et d'outils de référence. Une vue comparative sur les ouvrages de référence dans d'autres cultures nous montre en tout cas qu'une gestion performante de l'information ne dépend pas de l'imprimerie, ni de la période moderne ou du monde occidental.

Byzance

Tandis que l'Occident latin s'éloignait de ses sources grecques, entraînant un profond sentiment de perte, ce ne fut pas le cas de l'Empire romain d'Orient qui produisit un courant continu de commentaires sur les classiques grecs, comme Homère. Dans le monde musulman, le contact avec Byzance alimenta aux IXe et Xe siècles un mouvement de traductions de la philosophie grecque, qui influença le développement de la philosophie musulmane et des institutions d'enseignement supérieur. De plus, la diffusion du papier dans la direction inverse, à peu près à la même période (fin du VIIIe siècle), de la Chine vers le monde islamique vint remplacer et le papyrus plus fragile et le parchemin plus coûteux, facilitant la multiplication de manuscrits. À Byzance, le papier était importé plutôt que produit sur place ; il était donc relativement coûteux et coexista jusqu'au XIIe siècle avec le parchemin[47].

En dépit de la continuité linguistique, l'érudition à Byzance souffrit d'un déclin du VIIe au IXe siècle, qui coïncida avec les pressions générées par l'expansion de l'Islam et les conflits intestins dus à la querelle des icônes. Dès la fin du IXe siècle, une renaissance byzantine dans l'éducation suscita l'étude des textes anciens et encouragea l'écriture de nouveaux textes, perpétuant par exemple une longue tradition de commentaires ou de scholies sur Homère[48]. L'empereur Constantin VII Porphyrogénète (905-959), un des mécènes de cette renaissance, auteur de nombreux traités (sur l'histoire de sa famille, sur ses campagnes militaires, et sur l'administration impériale) projeta de rechercher tous les textes grecs accumulés depuis l'Antiquité dans l'*oïkoumènè* (le « monde habité »), pour en sélectionner les parties les plus utiles :

> Mais au cours de tant de siècles le nombre des événements est devenu infini comme celui des ouvrages qu'on a composés [...]. C'est pourquoi Constantin [...] a jugé que le mieux, pour l'utilité de tous et pour l'avantage de la vie pratique, était, d'abord, de faire activement rechercher et de rassembler de tous les coins de l'*oikoumènè* les livres de toute sorte, ces livres tout gonflés d'une science diverse et variée. Ensuite, l'immensité de ces écrits dont on se fatigue rien que d'y penser et qui paraît généralement fastidieuse et pesante, il a pensé qu'il convenait de la diviser et de la fractionner, pour mettre largement à la disposition de tous ce qu'elle contient d'utile : en

pratiquant un choix, on excitera une attention plus soutenue chez les nourrissons des lettres, et on imprimera plus fortement en eux la noble et efficace justesse de ces écrits[49].

Pour Constantin, l'abondance était le fait de l'accumulation constante d'œuvres au cours des siècles. Pour la gérer il recommande de faire des sélections, ainsi qu'il le fit dans ses églogues, classées en cinquante-cinq chapitres thématiques pour en faciliter la consultation[50].

Une œuvre plus singulière, produite en réponse à la profusion de la littérature grecque, fut la *Bibliotheca* de Photius (810-893) qui, avant de partir pour une mission diplomatique dangereuse, écrivit à la demande de son frère ses commentaires sur quelque 280 livres qu'il avait lus. Il en indiquait l'auteur, le titre, le résumé et y ajoutait quelques remarques personnelles, sous une forme que l'on a comparée aux recensions de livres développées, à la fin du XVIIe siècle, dans la presse littéraire. Ces entrées variaient en longueur, de quelques lignes à soixante-dix pages, pour un total d'environ 500 000 mots. Photius rapporte qu'il composa son livre à la hâte et de mémoire, sans ordre, avec l'aide d'un secrétaire, mais il a pu aussi utiliser des notes de lecture prises auparavant, surtout pour les livres qu'il ne possédait pas. Sa *Bibliotheca* évoque de nombreux textes hellénistiques et byzantins qui furent perdus depuis, dont certains livres qui pourraient être considérés comme des ouvrages de référence, notamment un dictionnaire de dates par Phlegon de Tralles (IIe siècle de notre ère) et les *Notes historiques* de Pamphila, une érudite qui vivait sous le règne de Néron (Ier siècle de notre ère)[51].

Encore plus important en volume, et clairement conçu pour la consultation, le lexique de la *Souda* fut composé anonymement à la fin du Xe siècle en reprenant de multiples compilations lexicographiques et historiques de la Renaissance byzantine (comme les églogues de Constantin VII). C'était un dictionnaire encyclopédique de proportions gigantesques (31 342 entrées, plus de 1,5 million de mots), qui combinait des informations historiques, biographiques et lexicographiques sous des entrées alphabétiques de noms propres et de noms communs. Peut-être issue du travail d'un groupe d'auteurs, la *Souda* apportait des informations et des évaluations d'un point de vue chrétien orthodoxe sur la littérature grecque et romaine, de l'Antiquité à la moitié du IXe siècle[52]. On rapporte aussi qu'une concordance grecque de la Bible fut conçue par le moine Euthalius de Rhodes, de l'ordre de Saint-Basile vers 1300, mais elle ne fut jamais imprimée (elle est inconnue de Gessner)[53]. L'existence des ouvrages byzantins a été probablement sous-estimée dans le Moyen Âge latin : Robert Grosseteste (v. 1175-1253) traduisit par exemple des sélections substantielles de la *Souda* dans un manuscrit à son usage personnel. Néanmoins les humanistes furent responsables d'une circulation plus large des œuvres de référence byzantines. La *Souda* fut imprimée pour la première fois en 1499 et la *Bibliotheca* de Photius en 1601, même si Gessner, qui les admirait au plus haut point, exprima le souhait de voir cette dernière imprimée quelque cinquante années plus tôt[54].

Le monde islamique

Le monde islamique développa également pléthore de textes, alimentée par la traduction de textes grecs et par la croissance des disciplines vouées à l'étude du Coran. À partir du VIIe siècle, les textes sacrés furent d'abord transmis par un enseignement oral dans les mosquées, puis dans de nombreuses *medersas* à partir du XIe siècle. La transmission orale était considérée comme essentielle pour une compréhension correcte des textes sacrés, étant donné les ambiguïtés potentielles résultant d'une écriture sans voyelles. Les étudiants voyageaient au loin et s'acquittaient de frais de scolarité élevés pour étudier auprès d'un maître renommé ; le « certificat d'audition » qu'ils recevaient à l'issue de cet apprentissage les autorisait à enseigner à leur tour. Maîtres et disciples utilisèrent d'abord des notes informelles manuscrites comme support de leur enseignement et de leur apprentissage des textes récités, mais la pression des califes, puis d'un public croissant, composé de lecteurs éduqués, accéléra à partir du IXe siècle la publication de livres de littérature sacrée et profane[55]. La vaste collection des hadiths, paroles relatives au prophète transmises avec la chaîne des autorités responsables pour leur transmission, fut publiée au IXe siècle, ordonnée par matières, ce qui rendait une recherche plus aisée en cas d'une défaillance de la mémoire[56]. Les disciplines profanes comprenaient la *falsafa,* fondée sur la philosophie naturelle et l'astronomie grecque, et l'*adab*, comportant les disciplines littéraires : grammaire, rhétorique et poésie en arabe classique. Plusieurs genres donnaient accès à cette matière pour une élite cultivée, tout en dessinant les rapports entre les disciplines et leurs contenus, notamment des compilations d'histoires et de faits organisées par ordre alphabétique, des manuels de tout genre, et des œuvres variées appelées par commodité encyclopédies par l'historiographie occidentale[57]. Une des motivations de ces compilations fut, comme en Occident, la crainte d'une perte possible des savoirs comme l'exprime l'un des premiers collecteurs de l'*adab*, Al-Jahiz (781-869)[58].

On peut constater le nombre et la diversité des livres produits dans la culture musulmane classique centrée sur Bagdad dans le *Fihrist*, achevé en 938 par Ibn al-Nadīm, libraire dans cette ville. Cette première tentative de bibliographie des ouvrages en arabe était organisée en chapitres par disciplines ou par sujets (auteurs sur les écritures sacrées, grammairiens, historiens, poètes, philosophes…) suivant la classification des disciplines d'Al-Farabi (872-951). Ibn al-Nadīm aspirait à l'exhaustivité ; il décrivit plus de 3 500 auteurs, énumérant toutes leurs œuvres, même des textes courts ou éphémères écrits par des auteurs obscurs, et des livres qu'il n'avait pu voir lui-même, pour lesquels il sollicita des informations de ses lecteurs. Ibn al-Nadīm a pu connaître les réalisations bibliographiques byzantines, surtout par l'intermédiaire d'un abrégé de l'*Onomatologus* d'Hésychios de Milet (de la fin du VIIIe ou début du IXe siècle), qui est cité comme source de la *Souda.* La plupart des œuvres recensées par le *Fihrist* ne survivent pas, mais cette bibliographie précieuse subsista par plus d'une copie partielle, et parvint à la connaissance des érudits européens à la fin du XVIIe siècle[59].

Parmi les genres destinés à la consultation dans le monde islamique, les bibliographies et les dictionnaires biographiques suivaient l'ordre alphabétique, souvent à l'intérieur de classements thématiques ou systématiques ; dans les dictionnaires, l'ordre alphabétique adoptait souvent l'ordre de la dernière plutôt que de la première lettre de la racine (ce qui aidait à trouver des rimes). Cet ordre n'était généralement pas strict (il tenait compte seulement des premières lettres) et pouvait introduire des raisons d'ordre religieux par exemple en plaçant les Mohammed à la tête d'une liste de noms[60]. Une indexation alphabétique était en usage dans les collections de hadiths, mais était rare par ailleurs, probablement à cause du rôle de la mémorisation comme forme d'apprentissage idéale ; cependant, les tables des matières étaient plus courantes[61].

Les lecteurs expérimentés pouvaient pratiquer une lecture de consultation sans index ou table des matières car l'ordre des sujets était en général prévisible dans les différents genres. Al-Juzjani, le biographe du grand médecin Ibn Sina (Avicenne, 980-1037), rapporta ceci des habitudes de lecture de cet autodidacte :

> Une des choses les plus remarquables à propos du Maître, durant les vingt-cinq ans que je fus son compagnon et serviteur, c'est que je ne l'ai jamais vu une seule fois, alors qu'il prenait connaissance d'un livre, l'examiner du début à la fin. Il préférait plutôt aller directement vers les passages difficiles et les problèmes complexes, et voir ce que son auteur avait à dire à leur sujet[62].

Bien qu'Al-Juzjani décrivît comme exceptionnelle la méthode d'Avicenne, de nombreux ouvrages traditionnellement appelés encyclopédies pouvaient être consultés de la même façon car ils présentaient une synthèse des savoirs organisés selon un ordre thématique ou systématique déjà établi par la tradition.

Les encyclopédies de la période classique (du IXe au XIe siècle) n'excédaient généralement pas un volume (soit quelques centaines de pages dans les éditions imprimées ultérieurement) mais durant la seconde période d'activité encyclopédique (du XIIIe au XVe siècle) les compilations pouvaient être beaucoup plus longues et des mises en forme nouvelles en facilitaient la consultation[63]. Dès les premiers manuscrits arabes on employait des encres de couleurs diverses pour les têtes de chapitre, les noms propres, et d'autres termes à signaler. À partir du XIIIe siècle, en Égypte, les manuscrits présentaient de nouveaux éléments de mise en page, avec des divisions hiérarchiques et chiffrées du texte, des titres courants et des tables des matières. Un traité de quatorze volumes, rédigé à l'attention des clercs par Ahmad al-Qalqashandi (1355-1418) dans l'Égypte des mameluks, contenait par exemple une table des matières détaillée et des renvois pour faciliter la recherche dans ses 6 500 pages de grand format, même s'il n'avait pas d'index alphabétique. Dans quelques manuscrits, la structure des divisions du texte était mise en évidence par l'usage de la couleur, d'espaces, et des changements dans la taille et le style des caractères choisis[64]. Aussi l'éventualité qu'un contact avec les manuscrits arabes ait inspiré le développement de techniques semblables en Europe au XIIIe siècle devrait être soigneusement étudiée[65].

Les livres furent produits uniquement sous forme de manuscrits en terre d'Islam jusqu'à l'introduction de l'imprimerie après 1795. Les craintes d'impressions erronées du Coran (exclu de l'impression jusqu'à une date plus tardive), la haute valeur attribuée à la calligraphie, le pouvoir des scribes et leur succès à subvenir à la demande de livres, aident à expliquer la persistance remarquable de la production de livres manuscrits jusqu'au XXe siècle[66]. Dans le monde musulman comme dans l'Antiquité et à Byzance, mais avec une meilleure conservation des sources textuelles et contextuelles, une culture manuscrite n'empêcha ni la polygraphie ni la production d'ouvrages destinés à être consultés. À l'érudit religieux Ibn Asakir (1105-1176) on attribue 100 titres, beaucoup en plusieurs volumes, dont une *Histoire de Damas* en quatre-vingts volumes (dont une copie résulta du travail de dix scribes pendant deux ans)[67]. Quand Haji Khalifa également connu sous le nom de Kâtip Çelebi (1609-1657) composa la première grosse bibliographie postérieure au *Fihrist* du Xe siècle, l'œuvre comprenait 15 007 entrées alphabétisées pour un total de plus de 800 000 mots en traduction latine[68]. L'analyse des brouillons qui subsistent de cette bibliographie (*Kashf*) et du dictionnaire biographique qui l'accompagnait (*Sullam*) montre que Kâtip Çelebi écrivit certaines parties de son brouillon sur de petits feuillets de papier collés ensemble et qu'il y insérait d'autres textes en y collant d'autres feuillets. Les historiens supposent qu'il utilisait également des feuillets pour mettre en ordre alphabétique la matière de ses livres, uniques par leur organisation alphabétique stricte, qui contraste avec l'alphabétisation par les deux premières lettres, employée auparavant[69]. Il n'y a pas d'autre exemple encore identifié de ce type d'usage de feuillets dans le monde musulman, et Kâtip Çelebi n'avait aucune raison d'être informé de l'emploi de feuillets mobiles au XVIe siècle en Europe, aussi a-t-il probablement inventé cette technique lui-même.

Comme en Occident, l'accumulation de textes, de résumés, et de manuels, provoquait l'anxiété des lettrés. Le médecin Ali Ibn Ridwan (988-1061) jugeait que les compilations entraînaient « la disparition et la destruction des éléments de valeur de la science médicale » chez les médecins musulmans. De même, mais dans une optique différente, le compte rendu de la transmission de la médecine par Ibn Jumay, médecin de la cour fatimide en Égypte au XIe siècle, critiquait les premiers chrétiens pour avoir travaillé avec des manuels et des compendiums, au détriment de l'étude des originaux antiques que seuls les médecins musulmans étudiaient de près[70]. Ibn Khaldoun (1332-1406), érudit et historien prolifique, insista sur les conséquences négatives du « trop grand nombre d'ouvrages » disponibles dans tous les domaines et qu'une vie ne suffirait pas à lire. Il notait que cette surabondance provoquait une confiance croissante accordée aux manuels au détriment de l'acquisition par les étudiants de bonnes habitudes de recherche[71]. Comme à l'aube de la modernité en Europe, toutes ces critiques de la surabondance coexistaient avec des plaintes sur le manque d'accès à certaines œuvres. Dans l'Empire ottoman, au XVIIe siècle, la crainte d'un manque de livres, surtout sur les sujets profanes, provoqua une interdiction d'exporter des manuscrits[72].

Les méthodes de gestion de l'information dans le monde islamique comportaient des outils répandus dans les contextes antique et byzantin : compilations et résumés, tables des matières, et une organisation thématique de sujets selon un ordre prévisible. De plus on trouve une organisation alphabétique dans les bibliographies et les dictionnaires biographiques, et des éléments de mise en page qui facilitaient la consultation. Ces outils bien développés dans certains cas restèrent cependant utilisés par les élites spécialisées et ne furent pas diffusés plus largement[73]. La valeur attribuée à la mémorisation et à la transmission du savoir de maître à disciple limitait l'utilité des index. Puisque les manuscrits circulaient pour la plupart de personne à personne parmi ceux qui étaient déjà initiés aux textes qu'ils lisaient, les outils de recherche n'étaient pas essentiels pour le travail des experts. Dans une culture manuscrite jusqu'à la fin du XVIIIe siècle, les grands ouvrages de référence étaient particulièrement difficiles et coûteux à copier[74]. Cependant, la passion des érudits et l'intérêt de lecteurs spécialisés générèrent une production remarquable de livres de référence au Moyen Âge et au début de l'époque moderne dans le monde islamique, et quelques-uns atteignirent des proportions monumentales. Du fait de continuités culturelles et linguistiques impressionnantes propres à l'Islam, certaines de ces œuvres, non seulement les bibliographies comme le *Fihrist* et le *Kashf*, mais aussi des compendiums encyclopédiques, sont encore disponibles sous forme imprimée et en usage aujourd'hui[75].

Chine

La tradition chinoise de gestion textuelle, développée sans contact avec les traditions grecque, latine ou musulmane (alors que les technologies comme le papier et la poudre à canon s'étendirent à partir de la Chine vers l'ouest), permet des comparaisons éclairantes[76]. Comme ailleurs, la culture savante se consacrait en Chine à l'étude de textes canoniques – les classiques confucéens tels qu'ils furent codifiés au IIe siècle av. J.-C. – et généra une énorme accumulation d'anthologies, de commentaires, et de compilations. Comme ailleurs aussi, ces genres reposaient sur une combinaison de sélections et de résumés de textes existants, puis sur l'organisation de textes ainsi assemblés, le plus souvent selon un ordre par sujets. Mais ces méthodes bien répandues de gestion de l'information prirent des formes propres à la Chine. D'une part, les empereurs commanditaient de vastes projets collectifs d'anthologies pour organiser la tradition tout entière ; ceux-ci atteignaient des dimensions inconnues partout ailleurs. D'autre part la préparation des examens civils alimentait une production commerciale de *leishu*, qui rassemblaient des citations utilisables par les candidats dans leurs réponses. La xylographie, technique la plus courante en Chine (bien adaptée à l'écriture logographique, même si des caractères mobiles avaient été en usage occasionnellement à partir du XIe siècle), facilita la production de livres de petit tirage, puis des réimpressions ultérieures, et cela de manière décentralisée[77]. L'imprimerie se répandit en Chine par vagues successives, servant d'abord au VIIIe siècle à reproduire les textes bouddhistes, puis du XIe au XIIIe siècle la xylographie s'étendit à un large éventail de genres, dont des textes gouvernementaux ou d'érudition souvent commissionnés. Dès le XVIe siècle, toutes sortes de textes étaient imprimés et circulaient commercialement ; cependant les élites n'abandonnèrent jamais leur admiration pour la calligraphie et les notes soigneusement écrites au pinceau (*biji*)[78].

Les empereurs chinois soutinrent financièrement la recherche, au moins depuis les débuts de l'époque des Han (de 206 av. J.-C. à 220 de notre ère) et maintenaient une bibliothèque impériale (dont il nous reste un inventaire). Le fait que 153 des 677 textes qui y sont énumérés subsistent aujourd'hui atteste du grand soin donné à la transmission des textes par copies régulières, d'abord sur bambou, puis, à partir du IIIe siècle de notre ère, sur papier[79]. Les plus vieux livres sur papier que nous conservons datent seulement du IXe siècle et la plupart des anciens textes chinois sont connus par les impressions xylographiques datant de l'ère des Song (960-1279) ou après. Un sens aigu de la fragilité des livres, manuscrits ou imprimés, qui pouvaient être facilement détruits lors de guerres ou de catastrophes naturelles, motiva de nombreux empereurs à commanditer d'importantes compilations. Ces anthologies garantissaient la disponibilité des textes sélectionnés dans la bibliothèque impériale, pour l'empereur et sa cour. Elles témoignaient aussi de la grandeur de l'empereur, en lui donnant un pouvoir de contrôle sur les textes : ceux qu'il avait fait rassembler resteraient en circulation alors que les textes rejetés par les compilations couraient un risque accru d'être perdus pour la postérité[80].

Une des plus anciennes collections d'importance encore disponible aujourd'hui fut commanditée par l'empereur Taizong (976-997) de la dynastie des Song du Nord. Pour marquer la fin d'une période de guerre, il fit rassembler dans une anthologie les savoirs littéraires et scientifiques conservés malgré le conflit. Une équipe de fonctionnaires travailla sur ce projet de 977 à 983, prenant leur matière dans les histoires et les encyclopédies de la dynastie précédente des Tang, entre autres sources. Ce *Taiping Yulan* (« Ce qu'a examiné l'empereur pendant l'ère de la Grande Paix », ou « Digeste impérial » pour faire bref) comprenait 1 000 *juan* – une unité de texte équivalent au rouleau ou *volumen* ancien dans cette période et par la suite plutôt à un chapitre[81]. Le texte était réparti sous plus de 5 000 rubriques organisées en cinquante-cinq catégories. Cet ouvrage ne fut pas imprimé avant le XIe siècle, mais il était présent sous sa forme manuscrite dans les bonnes bibliothèques privées. Le fils et successeur de Taizong, l'empereur Zhenzong (968-1022), supervisa également pendant son règne une compilation qui intégrait des sujets laissés de côté par son père[82]. La plus grande compilation qui lui succéda est le *Yongle Dadian* (*Le Grand Canon de l'ère Yongle)*. Commandité par l'empereur Yongle (1402-1424) de la dynastie des Ming (de son nom personnel Zhu Di), il atteignait la taille énorme de 370 millions de caractères. Compilé par plus de 2 000 fonctionnaires impériaux sous la direction de lettrés de haut rang, ce vaste ouvrage drainait toute l'accumulation de textes des siècles précédents, dont 400 sont aujourd'hui connus uniquement parce qu'ils y sont reproduits. Avec ses 22 877 chapitres en plus de 10 000 volumes, son impression s'avéra trop onéreuse, même pour l'empereur. Le texte demeura sous forme manuscrite, et fut copié en deux exemplaires au XVIe siècle, dans le but de le préserver. Mais, en raison de pertes ultérieures, seuls 865 chapitres, moins de 4 % de l'original, sont conservés aujourd'hui[83]. Il fut surpassé en taille au XVIe siècle par le *Siku Quanshu* (« Bibliothèque complète des quatre magasins ») commandité par l'empereur Qianlong, de la dynastie Qing (mandchoue), qui ordonna à ses fonctionnaires de détruire les ouvrages anti-Mandchous tout en rassemblant des manuscrits et des imprimés issus de nombreuses bibliothèques afin de les examiner et de les inclure dans la compilation. Le *Siku Quanshu* comprenait 79 000 chapitres en 36 000 volumes et fut reproduit en sept copies manuscrites entre 1773 et 1782 (par le travail de plus de 3 800 copistes). Une de ces copies demeure intacte à la Cité interdite, à partir de laquelle l'ouvrage fut photolithographié dans les années 1980 ; il est désormais accessible en ligne. Avec ses 800 millions de mots, il est aujourd'hui dépassé par Wikipédia (23 milliards de mots répartis en 291 langues en juillet 2018) mais au XVIIIe siècle il surpassait de loin les 40 millions de mots de la 15e édition (et la dernière sur papier) de l'*Encyclopaedia Britannica* de 1985[84].

Comme ces trois exemples en témoignent, le manuscrit fut le support de choix des plus grandes compilations produites sous patronage impérial en Chine. D'autres compilations impériales importantes furent imprimées, dont la plus longue fut le *Gujin tushu jicheng* (*Grande Encyclopédie impériale illustrée des temps passé et présent*), imprimée en 1729 en 750 000 pages. Cette impression par une typographie à caractères mobiles de cuivre peu habituelle en Chine a peut-être résulté de l'influence des jésuites. Seuls quelque soixante-quatre exemplaires furent imprimés à l'époque. Un si petit tirage pouvait être, pour une impression sur bois, une stratégie financièrement sûre car les blocs une fois taillés pouvaient être conservés et servir à des impressions ultérieures, mais, avec des caractères mobiles, il était au contraire impératif d'imprimer autant de copies que nécessaire dès le début du projet pour rentabiliser l'investissement dans la production, car une fois les caractères utilisés, chaque réimpression exigeait le même travail que l'impression originale. En l'occurrence, dans ce cas la trésorerie impériale se dispensait de la nécessité d'un retour sur cet investissement[85]. Dans ces compilations massives, le principal instrument de recherche était la table des matières, elle-même très longue (elle comprenait par exemple soixante chapitres pour le *Yongle Dadian*, quarante pour le *Gujin tushu jicheng*). Le texte était organisé soit par un ordre systématique de sujets (cieux, terre, homme, cérémonies et ainsi de suite), soit par formes phonétiques (comme le *Yongle Dadian* dont les entrées étaient classées par rimes ou syllabes initiales) ou graphiques (selon les radicaux ou le nombre de traits du sinogramme, ordre qui devint la norme pour les dictionnaires au XVIIIe siècle)[86].

Une autre raison pour le développement d'aides à l'étude en Chine fut l'institution, sous la dynastie des Tang (618-907), d'un système de concours destiné à sélectionner les fonctionnaires gouvernementaux, au niveau local aussi bien que national. Les avantages sociaux et financiers élevés découlant du succès à ces examens entraînèrent la formation d'un marché important et croissant pour les ouvrages conçus pour aider les candidats à les préparer et qui contenaient des collections de citations, des résumés des sujets à maîtriser, et des modèles de compositions. Le succès de ces genres ne fit qu'exacerber le problème qu'ils étaient destinés à régler et alimenta d'autant leur réussite ; comme ils permettaient à un plus grand nombre de candidats de préparer les examens, les examens devenaient plus difficiles et sélectifs et exigeaient de mémoriser encore plus de textes (jusqu'à 500 000 caractères), et donc motivaient l'achat de nouveaux livres à étudier. Ces livres furent produits et vendus en quantités massives jusqu'au XIXe siècle, moment où ils furent discrédités comme favorisant la tricherie et bannis[87].

Un des ouvrages les plus courants conçus pour la préparation des examens fut le *leishu* ou « écrits classés par catégories », genre qui apparaît pour la première fois dans une bibliographie achevée en 945[88]. Le *leishu* était une compilation de citations, d'anecdotes, et d'informations issues d'un large éventail de sources, organisées par sujets et subdivisions de sujets, de sorte que le candidat puisse les mémoriser efficacement pour les citer dans ses compositions. Il pouvait être lu cursivement, ou consulté ponctuellement. Le développement des *leishu* et d'autres ouvrages de consultation au IXe siècle (par exemple des dictionnaires de rimes) coïncida avec une rupture dans le format du livre, qui passa de l'ancien rouleau à la reliure papillon, proche du codex, plus à même d'être consulté[89]. Vers le XIIe siècle, le codex développa de nouveaux éléments qui facilitaient la consultation : des rubriques pour les différentes sections, des notes marginales, l'usage de deux registres pour séparer le texte en haut de la page d'annotations en dessous, différentes tailles et couleurs de police, et des informations courantes comme le titre de l'ouvrage ou les chapitres, placées de façon facilement accessible sur le bord externe de la feuille. Au XVIe siècle le souci de lisibilité de la page et de clarté des caractères avait conduit à une standardisation des pratiques d'impression des caractères, et un style de sinogramme plus régulier et plus carré[90].

Les *leishu* suivaient diverses classifications thématiques et fournissaient souvent des renvois ; à l'intérieur d'un sujet, ils citaient les auteurs dans l'ordre décroissant de leur autorité, avec les classiques confucéens en premier. De ce fait, ils pouvaient être consultés assez facilement par un lecteur qui maîtrisait les repères culturels requis. La plupart des *leishu* étaient des entreprises commerciales fondées par des imprimeurs dans l'espoir de ventes importantes. Ils étaient rédigés par des lettrés, qui travaillaient souvent en équipe, et qui déclaraient qu'ils visaient l'édification morale ainsi que l'instruction littéraire[91]. Ils étaient fréquemment répétitifs : ils se copiaient les uns les autres et empruntaient à d'autres ouvrages sans mentionner leurs sources. Étant donné la facilité de réimpression à partir de vieilles matrices en bois, mais aussi la possibilité d'y introduire des variations, et par ailleurs le faible taux de conservation, on n'a pas tenté d'estimer le nombre d'éditions de *leishu*, ni d'autres livres d'ailleurs, publiés en Chine. Des estimations de tirage sont également difficiles ; pour la période Song on considère un tirage de 100 à 600 exemplaires comme typique, mais en cas de forte demande un bloc de bois pouvait probablement produire 10 000 copies avant de nécessiter une restauration[92]. Alors que la typographie se répandit rapidement en Europe entre 1450 et 1500, la xylographie mit des siècles (du VIIIe au XVIe siècle) à se répandre aussi largement en Chine ; toutefois, une fois établie, l'imprimerie xylographique facilita le développement d'une myriade d'ateliers d'imprimeurs dans les provinces, si bien qu'un historien a pu estimer que « plus de documents furent imprimés en Chine que partout ailleurs dans le monde entre 1600 et 1800[93] ».

Les lettrés chinois étaient confrontés à une tradition d'accumulation textuelle particulièrement longue et continue et contribuèrent à développer les ouvrages de référence pour la maîtriser – des immenses compilations impériales, d'une part, aux *leishu* promettant un abrégé de l'érudition, de l'autre. Ces deux solutions suscitèrent toutes deux des récriminations, spécialement lorsque l'imprimerie entra en jeu à l'ère des Song. Ye Mengde (1077-1148) se lamentait des conséquences de l'édition impériale des classiques en 990-994, en des termes très proches de ceux des humanistes européens du XVe siècle :

> Comme il était si facile aux étudiants d'acquérir des livres imprimés, ils perdaient leur aptitude à les réciter de mémoire. De plus, les matrices de bois n'étaient pas correctes pour commencer, aucune n'est exempte d'erreur. Mais cette génération accepte ces textes comme corrects tandis que les manuscrits des auteurs se perdent de jour en jour. Ainsi les erreurs ne pourront jamais être corrigées. Quel dommage[94] !

Ye Mengde craignait que la disponibilité des textes imprimés ne minât les méthodes traditionnelles des lettrés, en transformant la collecte, la mémorisation et la correction des manuscrits, et en rejetant dans l'oubli les variantes ou les textes omis par les éditions impériales.

Les *leishu* furent aussi l'objet de plaintes régulières. Suivant Ye Mengde sur de nombreux points, Zhu Xi (1130-1200) affirma que les *leishu* encourageaient une lecture fragmentée, négligente et rapide, tandis que l'érudition véritable exigeait une lecture lente, une mémorisation fréquente, et une compréhension profonde des classiques dans leur contexte original. Zhu Xi recommandait le genre de lecture que les historiens ont appelée intensive par opposition à la lecture extensive :

> Lisez peu mais devenez intimement familier avec ce que vous lisez ; faites l'expérience du texte encore et encore... Ne recherchez pas la quantité à tout prix. Je ne veux surtout pas que l'on papillonne en lisant. La raison pour laquelle les gens lisent négligemment aujourd'hui est qu'il y a pléthore de textes imprimés[95].

Zhu Xi voyait dans l'abondance des livres à son époque la cause de mauvaises habitudes de lecture, et proposait d'y remédier par son programme d'éducation. Mais, tout comme les critiques de la surinformation en Europe, Zhu Xi se fiait à l'imprimerie pour répandre son message et sa réputation aussi loin que possible. L'imprimerie continua à s'étendre après Zhu Xi, et avec elle la production de *leishu* et de plaintes à leur sujet. Cinq cents ans après, Gu Yanwu (1613-1682) souleva de nouveau cette crainte : à cause des manuels pour examens, les étudiants « se limitaient à survoler des ouvrages tout faits », et rompaient la tradition des débats lettrés qui les avaient précédés[96]. En Chine comme en Europe, ces récriminations apportent une preuve indirecte de l'emploi courant des ouvrages de référence, qui ne sont que rarement cités explicitement.

L'abondance textuelle, et les plaintes qu'elle engendrait, scande les périodes et les lieux où l'étude de textes généra une succession de textes complémentaires à étudier à leur tour. La grande variété d'aides à la gestion des textes conçues dans les différentes cultures abordées dans ce chapitre décline quelques méthodes élémentaires qui sont encore fondamentales aujourd'hui : extraire et résumer, puis classer et stocker ces sélections. Les résultats dans chaque cas étaient déterminés par de nombreux facteurs : les institutions politiques, éducatives et religieuses ; les techniques de reproduction des textes ; et les traditions culturelles (langage, écriture, idéaux pédagogiques).

On ne peut analyser la nature et l'histoire des ouvrages de référence dans ces cultures différentes en invoquant un seul facteur, une seule technique, ou une seule tradition, et j'espère que ces quelques éléments de comparaison l'ont illustré. J'espère également qu'une réflexion comparative plus ample à l'avenir pourra introduire d'autres éléments de complexité.

Les livres de référence au Moyen Âge latin

La Renaissance s'est inspirée de modèles anciens mais a hérité ses méthodes de travail surtout du Moyen Âge. Pline, Diogène Laërce, et Jean Stobée ont servi de sources et de modèles pour plusieurs sortes de compilations à la Renaissance, et Aulu-Gelle pour le genre des miscellanées. Les historiens de l'Église, sous le choc du schisme du XVIe siècle, virent en Eusèbe de Césarée un idéal pour leurs projets d'histoire collective et de tables chronologiques. Mais les sources les plus importantes pour les premières méthodes modernes de gestion de l'information ont été médiévales, bien que les humanistes n'en aient pas été conscients, et n'aient certainement pas reconnu leur être redevables. La plupart des instruments de référence produits dans la première modernité européenne ont pour origine des pratiques médiévales, établies au XIIIe siècle au plus tard : les florilèges et les dictionnaires alphabétiques, les compendiums et les encyclopédies classés systématiquement ; les tables des matières ; les concordances bibliques et les index alphabétiques ; les citations précises par livre et numéro de chapitre (par exemple pour la Bible) ou autres subdivisions textuelles, et les mises en page qui facilitaient la consultation, avec des titres courants, des sections numérotées, des lettrages de différentes tailles et couleurs, des annotations-guides en marge. On peut même trouver foliotage et pagination dans quelques manuscrits du Moyen Âge tardif[97]. Je reviendrai plus tard en détail sur la façon dont ces sources et ces modèles médiévaux ont été transformés à l'époque moderne, mais nous devons tout d'abord comprendre comment ces techniques « modernes » ont eu leur origine au Moyen Âge.

Pendant la transition entre Antiquité tardive et Moyen Âge le compendium reste le genre principal à transmettre les savoirs antiques, aussi bien chez les païens (Macrobe, ou Martianus Capella au ve siècle) que chez les chrétiens (Cassiodore et Isidore de Séville). Cassiodore écrivit ses *Institutions des lettres divines et humaines* (début du VIe siècle) pour les moines du monastère qu'il fonda après s'être retiré de ses charges officielles sous les Ostrogoths, et Isidore, évêque de Séville, destinait en priorité ses *Étymologies* aux prêtres de son diocèse (début du VIIe siècle). Les deux œuvres furent conçues pour répandre la connaissance de livres devenus alors rares et difficiles d'accès, après la dislocation de l'Empire romain et le déclin de son système éducatif[98]. D'abord conçues à l'usage d'une communauté réduite, elles furent diffusées par de fréquentes copies et connurent une large diffusion.

Isidore disait avoir compilé ses *Étymologies* à partir de ses souvenirs de lectures de textes anciens ; il a pu se faire aider par des assistants dans son travail d'extraction et de résumé d'ouvrages disponibles sur les arts libéraux, l'histoire naturelle, et les affaires humaines. Son jeune collègue Braulio prépara le manuscrit pour la publication (c'est-à-dire, pour ce contexte sans imprimerie, une circulation publique d'exemplaires copiés), et expliqua que puisque l'ouvrage était « énorme » il l'avait divisé en vingt livres ; il ajouta également une table des matières qui reprenait l'ordre plutôt flou des sujets traités. Les *Étymologies* d'Isidore circulèrent pendant tout le Moyen Âge : on en trouvait des exemplaires dans chaque grand centre culturel européen vers 800, et elles continuèrent à être copiées jusqu'au XVe siècle, y compris dans dix éditions imprimées avant 1500. Un millier de manuscrits subsistent, mais vu la taille de l'ouvrage (autour de 250 000 mots en traduction anglaise) les commanditaires de copies préféraient souvent choisir les parties qui les intéressaient et seuls soixante d'entre eux reprennent l'ouvrage au complet[99]. D'autres auteurs recyclèrent librement des éléments de l'ouvrage, comme Raban Maur (*De naturis rerum*, au IXe siècle), Alexandre Neckam (*De naturis rerum libri duo*, vers 1195) et Thomas de Cantimpré (*De natura rerum*, vers 1245). Les *Étymologies* restèrent longtemps un modèle de gestion de l'information, fondé sur le résumé de livres, surtout de livres difficiles d'accès, suivant un ordre par sujets qui n'était pas évident mais qui pouvait être appréhendé grâce à une table des matières donnant les titres des livres et des chapitres[100].

L'autre genre qui servit à pallier la rareté des livres durant le premier Moyen Âge fut le florilège, lequel, plutôt que de résumer, sélectionnait les meilleurs passages ou « fleurs », tirés de sources faisant autorité.

Le terme « florilegium » (de *flores* pour « fleurs » et de *legere* dans le sens de « sélectionner ») date de la Renaissance ; il fut probablement utilisé pour la première fois par Alde Manuce pour une traduction latine d'épigrammes grecs, mais la pratique qui consistait à collecter ainsi les éléments mémorables d'un texte avait certainement cours dans l'Antiquité[101]. Cependant le manque de copies médiévales des collections anciennes d'aphorismes indique que celles-ci ne jouèrent pas un grand rôle comme sources pour les florilèges médiévaux[102].

Le plus ancien florilège médiéval est probablement le *Liber scintillarum* composé par Defensor de Ligugé à la fin du VIIe siècle ; il présentait un classement des extraits sous des chapitres par sujets dans l'ordre descendant de l'autorité des sources, d'abord les Évangiles, puis Paul et les autres apôtres, les autres livres de la Bible, et enfin les docteurs de l'Église[103]. Sous l'influence de la Renaissance carolingienne, les florilèges commencèrent à citer des auteurs antiques, souvent classés simplement dans l'ordre où ils avaient été lus. Quelques florilèges se spécialisaient dans les extraits poétiques et servaient à enseigner la prosodie, d'autres dans la prose. Ces deux genres étaient utilisés probablement pour enseigner à plusieurs niveaux, depuis les jeunes garçons *(pueri)* mentionnés dans l'*Opus prosodiacum* de Micon (milieu du IXe siècle) jusqu'au jeune homme de 20 ans qui écrivit sous la dictée de Loup de Ferrières, vers 859-862, une *Collectanea* comprenant des extraits de Valère Maxime et de Suétone suivis de *sententiae* philosophiques et théologiques[104].

D'une part les florilèges diffusaient des sélections d'un corpus d'auteurs canoniques bien connus au Moyen Âge, et contribuaient par là même à renforcer leur autorité ; ce canon comprenait la Bible et les Pères de l'Église mais aussi quelques Anciens tels Ovide, Virgile, Horace, Cicéron, Juvénal, Lucain et Sénèque (dans l'ordre décroissant des citations)[105]. D'autre part les florilèges pouvaient inclure des extraits d'auteurs à peine connus à l'époque. Par exemple le *Florilegium Gallicum* (XIIe siècle), dont subsistent de nombreuses copies, fut le principal vecteur de la lecture de Tibulle, dont les extraits furent diffusés encore dans des florilèges ultérieurs, puis chez Vincent de Beauvais[106]. De même, l'*Anthologia Valerio-Gelliana* proclama son utilité du fait qu'elle rassemblait des passages de Valère Maxime et d'Aulu-Gelle, qui étaient particulièrement difficiles à trouver[107]. Les florilèges médiévaux ont ainsi longtemps été appréciés par les lettrés, de Joseph Justus Scaliger et Janus Dousa au XVIIe siècle jusqu'aujourd'hui, pour les passages de textes rares et uniques qu'ils contiennent, même si aujourd'hui on s'interroge sur leur fiabilité[108]. Que les auteurs cités fussent bien connus ou pas, les premiers florilèges rendirent leurs textes plus largement accessibles dans une période où les bibliothèques étaient rares, petites, et généralement fermées à tous sauf aux membres privilégiés d'une communauté monastique. Les florilèges eurent probablement pour origine des notes de lecture d'abord personnelles visant à retenir certains passages, puis celles-ci furent partagées avec d'autres qui, sans cela, n'auraient pas eu accès à ces textes ; ils servaient donc de palliatif à la rareté de l'information.

Durant le haut Moyen Âge, de nombreux événements politiques et sociaux contribuèrent à un usage croissant de l'écriture dans les activités juridiques et administratives, religieuses et intellectuelles[109]. Dès le XIIIe siècle les florilèges invoquent comme justification la multitude plutôt que la rareté des textes. Le prologue du *Libri deflorationum* (Livre de fleurs cueillies), plus connu par sa copie manuscrite de Douai au XIIe siècle sous le titre de *Florilegium Duacense*, annonçait épargner au lecteur la dispersion des textes en de trop nombreux livres qui eût affaibli une juste mémorisation :

> En vérité la multitude des livres fait distraction, et personne ne peut les retenir tous. Plus encore, quiconque essaie de tout retenir ne retiendra rien de solide[110].

Faisant allusion à l'aphorisme de Sénèque, ce florilège, comme d'autres, promettait de choisir seulement des passages dignes d'attention. Les compilateurs christianisaient également des passages d'auteurs anciens lorsque cela leur semblait nécessaire[111]. Les florilèges épargnaient aussi à leurs propriétaires la charge d'acheter et de stocker ces ouvrages massifs, ainsi que le proclamait *Flores paradysi* (Fleurs du paradis), le florilège cistercien des débuts du XIIIe siècle :

> Vous avez là au bout de vos doigts, brièvement et en résumé, tout ce que vous pourriez trouver sur de nombreuses étagères pleines d'énormes volumes.

En effet, les manuscrits de ces florilèges étaient souvent de petit format pour les rendre facilement transportables, si on les compare aux manuscrits des textes dont ils présentaient des extraits[112].

Les florilèges furent partie prenante de l'explosion d'ouvrages de référence au XIIIe siècle : ils furent produits en beaucoup plus grand nombre et étaient plus soigneusement classés qu'aux siècles précédents. Des 1 000 manuscrits de florilèges conservés aujourd'hui, seuls 10 % sont antérieurs au XIIIe siècle. Dès le début du XIIIe siècle les citations dans les florilèges furent généralement organisées pour faciliter la recherche ; auparavant, le lecteur devait parcourir tout le texte pour y trouver un terme. Sur le modèle de l'ordre alphabétique pratiqué par les concordances de la Bible, les citations furent de plus en plus souvent classées par ordre alphabétique d'incipit (premiers mots d'un texte), ou groupés sous des rubriques thématiques organisées dans un ordre alphabétique ou systématique. Quelques florilèges étaient même indexés, vraisemblablement pour en faciliter l'usage par les prêcheurs en recherche de matière pour rédiger un sermon[113].

Parmi les réalisations les plus frappantes de cette période, on peut compter trois projets collectifs de grande ampleur : les concordances bibliques qui indexaient tous les mots des Saintes Écritures (la première fut achevée vers 1247) ; le *Speculum maius* de Vincent de Beauvais (rédigé entre 1240 et 1260) qui compilait résumés et extraits à une échelle sans précédent dans l'Occident latin (quelque 4,5 millions de mots) ; et un catalogue collectif des bibliothèques franciscaines d'Irlande, d'Angleterre et d'Écosse élaboré au début du XIVe siècle. Richard et Mary Rouse se sont consacrés à l'étude de ces innovations et des facteurs qui les expliquent[114]. Tout d'abord, ces ouvrages et d'autres innovations furent construits sur la base d'outils, moins formalisés et restés inédits, réalisés aux XIe et XIIe siècles. Ensuite, des institutions nouvelles favorisèrent une expansion considérable des sermons et de l'enseignement, les deux principales activités auxquelles servaient ces ouvrages. Les ordres mendiants furent fondés (franciscains en 1210, dominicains en 1216) pour combattre l'hérésie par des prêches efficaces. Pendant que le cistercien Bernard de Clairvaux (1090-1153) donne l'exemple d'une abondante production des sermons (377 de ses sermons nous sont parvenus), les ordres mendiants prononçaient à travers l'Europe des milliers de prêches. À la même époque, dans les grands centres intellectuels, des écoles cathédrales informelles furent formalisées comme universités, à commencer par celles de Bologne, d'Oxford et de Paris à la fin du XIIe siècle, suivies par d'autres au XIIIe siècle. Les universités accélérèrent rapidement l'accumulation de textes en recrutant des professeurs et des étudiants pour les commenter, les citer, et débattre les textes faisant autorité, ainsi que les arguments des uns et des autres[115]. Dans l'un et l'autre cas (et à leur intersection, car les ordres mendiants étaient fortement présents dans de nombreuses universités), prêcheurs et enseignants étaient soucieux de pouvoir repérer des passages significatifs sur un thème donné, plus systématiquement et plus directement que les florilèges ne le permettaient.

Au centre de la scolastique figuraient les autorités textuelles qui inspiraient commentaires et disputes. L'enseignement en droit canon et en théologie se concentrait sur quelques textes, composés pour les écoles cathédrales au XIIe siècle, qui par une combinaison de résumés et de sélections distillaient le matériau à maîtriser par les étudiants dans ces disciplines. Le *Decretum* de Gratien en droit, et en théologie les *Sentences* de Pierre Lombard et la *Glossa ordinaria,* avec ses commentaires sur la *Vulgate*, compilaient les commentaires antérieurs et les organisaient dans un ordre systématique (suivant un ordre établi des sujets légaux ou théologiques, ou dans l'ordre de la Bible respectivement). Comme on attendait des étudiants qu'ils en mémorisent l'ordre, ils pouvaient ainsi chercher dans ces textes en l'absence d'outils de recherche[116]. Vers le XIIIe siècle, la traduction en latin de textes d'Aristote et de textes arabes (vers 1130-1230) ajouta aux sources et aux interprétations que l'on pouvait citer, ainsi qu'à la richesse des arguments théologiques ou philosophiques. Les œuvres scolastiques purent alors atteindre des proportions monumentales ; la plus spectaculaire d'entre elles, la *Somme théologique* de Thomas d'Aquin, comptait environ 2,2 millions de mots[117].

Pour en faciliter l'accès, les ouvrages scolastiques présentaient des divisions soigneuses, en livres et en chapitres, mais aussi en diverses questions, objections et réponses, souvent numérotées. Leur marque de fabrique était une mise en page incitant à l'exactitude de la citation et à la consultation précise : des titres courants à chaque ouverture qui annonçaient la section du texte ; rubrication, numérotation et variations dans la taille et la disposition du script signalaient les distinctions entre les diverses parties du texte : objections et réponses, ou source, commentaire, et commentaire sur le commentaire. Ces pratiques visuelles étaient inspirées de modèles antérieurs. Mary Carruthers a montré comment l'usage de couleurs et d'enluminures servait à rendre chaque page d'un manuscrit médiéval plus mémorable, déjà du temps des manuscrits monastiques. Les mises en page scolastiques donnaient aussi à chaque page une disposition différente et de plus facilitaient la localisation d'un passage par la numérotation (les chiffres arabes devinrent courants au XIIIe siècle) et l'emploi de divisions et subdivisions du texte[118].

La concordance biblique fut l'outil le plus significatif développé au XIIIe siècle et sert de modèle pour l'indexation d'autres ouvrages de référence fondée, comme elle, sur un travail collectif, la citation précise, et l'ordre alphabétique. La concordance biblique fut réalisée sur la base d'outils antérieurs. Au XIIe siècle Pierre Comestor et Alain de Lille avaient « publié » des *distinctiones,* qui inventoriaient par ordre alphabétique quelques mots de la Bible (mots d'action, mots abstraits, et mots concrets), avec des explications de leurs sens allégoriques, pour aider les prêcheurs à la recherche d'un passage pertinent sur un thème donné[119]. Si l'on en juge par de nombreux cahiers de notes qui nous sont parvenus, les étudiants et les maîtres dressaient aussi des listes d'allégories et de mots rares trouvés dans la Bible, ou dans des index partiels d'œuvres intéressantes, à leur usage personnel. Signe supplémentaire de l'intérêt largement répandu pour l'indexation de la Bible, des concordances bibliques furent composées en même temps à Paris et en Angleterre, même si la concordance parisienne a éclipsé la concordance anglaise (dont il ne nous reste qu'une copie partielle). Vers 1230, les dominicains de la maison de Saint-Jacques à Paris entreprirent un projet qui fut achevé aux environs de 1247 : chaque membre de l'équipe notait les mots commençant par la lettre (ou les deux premières lettres) qui lui avait été assignée(s), rencontrés dans sa lecture de la Bible et les accompagnait d'une brève indication du contexte et de l'endroit précis dans le texte. Cette version nous est parvenue en vingt-deux manuscrits, la plupart datant du XIIIe siècle, de présentation simple et de petit format, pour en faciliter le transport. D'une version plus tardive de cette concordance sont parvenus jusqu'à nous 80 manuscrits, produits entre 1280 et 1330, sous forme de grands et beaux volumes avec rubrication pour en faciliter l'usage, dont quelques-uns portent des signes d'usage comme *exemplars* pour la copie à l'université suivant le système de la *pecia*. Par ce système ingénieux, particulièrement développé à Paris, l'étudiant louait chez un libraire les sections successives du texte à copier, pour posséder à la fin son propre exemplaire de l'ouvrage copié directement sur l'original déposé par le maître ; on pouvait produire ainsi plusieurs exemplaires relativement fiables en même temps[120].

La méthode utilisée pour faire référence à la Bible se devait d'être indépendante de la mise en page, car chaque manuscrit variait selon le nombre de mots inclus sur une page. La division de la Bible en livres avait été établie par les premiers conciles, mais il n'y eut pas de numérotation standardisée de chapitres bibliques chez les chrétiens jusqu'à ce que la concordance dominicaine adopte et diffuse la numérotation de 1203 du cardinal anglais Stephen Langton. La numérotation des versets fut introduite au XVIe siècle pour la première fois dans les éditions imprimées de la Bible[121]. Avant cette numérotation des versets, pour faire référence à un endroit spécifique dans un chapitre de la Bible, la concordance dominicaine introduisait une nouvelle façon de localiser un passage en subdivisant chaque chapitre en sept sections égales désignées par une lettre entre A et G. Ces divisions n'apparaissaient jamais dans le texte écrit, le lecteur était censé les opérer mentalement. Chaque sous-section marquée représentait un septième de chapitre et variait en longueur avec la taille du chapitre, mais les usagers de la concordance, étant déjà familiers de la Bible, avaient probablement peu de difficulté à effectuer le calcul requis pour localiser un passage[122]. Ce système s'étendit des concordances aux autres manuscrits et fut peut-être à l'origine de la pratique qui consista, pour de grands ouvrages imprimés, à ajouter des lettres-guides dans la marge divisant une page in-folio en plusieurs parties auxquelles l'index faisait référence (par exemple dans les *Adages* d'Érasme) ; dans l'imprimé, les lettres destinées à la localisation plus détaillée figuraient régulièrement sur chaque page et étaient donc faciles à utiliser même si on ne connaissait pas déjà le texte.

Les chrétiens n'étaient pas les seuls à pratiquer une étude et un commentaire minutieux de la Bible. L'enseignement des *yeshiva* juives est généralement connu pour l'accent mis sur la mémorisation des textes les plus importants, mais il repose aussi sur des générations de travail textuel écrit. Quelques manuscrits hébraïques du XIIe ou du XIIIe siècle comportent des exemples de listes alphabétiques de mots liés aux phrases bibliques où ils apparaissent, mais sans localisations précises dans la Bible – les lettrés étant sans doute censés les connaître. L'un d'entre eux au moins fut un précurseur de la concordance dominicaine, qui a pu à son tour stimuler le développement d'outils similaires en hébreu au XVe siècle[123]. Dans la préface à la première concordance biblique en hébreu (*Me'ir nativ*) composée entre 1437 et 1445, Isaac Nathan ben Kalonymus d'Arles expliquait qu'il espérait réfuter ses contradicteurs chrétiens en usant des mêmes outils qu'eux. En fait, il pensait qu'en utilisant la concordance chrétienne « il n'y avait aucun argument que je n'étais capable de contrer ». Plutôt que de traduire la concordance chrétienne, il conçut une concordance directement à partir de la Bible hébraïque mais suivit la division chrétienne en chapitres, qui devint la norme également dans les éditions imprimées de la Bible juive[124]. Plus généralement, de nombreuses encyclopédies juives furent composées aux XIIIe et XIVe siècles dans des contextes chrétiens aussi bien que musulmans (par exemple à Tolède et Arles)[125].

Parmi les chrétiens, la concordance des mots de la Bible fut bientôt suivie par d'autres ouvrages similaires pour les notions et les choses. Nous avons des traces de concordances thématiques dès 1240, bien qu'aucune ne subsiste. Ces concordances (appelées comme telles à l'époque) présentaient par ordre alphabétique, non les mots eux-mêmes mais des concepts théologiques rencontrés dans la Bible (*realia*) ; en termes modernes, c'étaient des index par sujets[126], et, très rapidement, leur succédèrent des index alphabétiques par sujets, pour des auteurs majeurs comme Aristote (indexé anonymement vers 1250 à Paris), Augustin (par le dominicain Kilwardby à Oxford 1256-1261), ou Thomas d'Aquin (indexé par Godefroid de Fontaines, d'abord pour lui-même puis pour une diffusion plus large). Ces index usaient d'un système de classement clair (l'alphabet) et de mots matières courants dans les cercles scolastiques, et donc pouvaient servir à travers l'Europe de ressource commune aux étudiants et aux érudits qui y avaient accès, circulant indépendamment des œuvres qu'ils indexaient[127]. Ils offraient une solution générale à un problème que d'aucuns avaient résolu de façon plus individuelle auparavant. Robert Grosseteste (1175-1253) par exemple annota ses copies de la Bible et des Pères de l'Église à l'aide de plus de 400 symboles (lettres grecques, symboles mathématiques et autres) pour signaler la présence de divers thèmes dans le texte ; il laissa même une clé à son système de symboles dans un de ses manuscrits. Aidé probablement par d'autres (dont l'éminent franciscain anglais Adam Marsh, 1200-1259), il travaillait apparemment à un index de sujets théologiques pour de nombreux textes. Cet index resta inachevé ; l'utilité de ce travail pour d'autres aurait dépendu de la manière dont les entrées par sujets auraient été explicitées et organisées[128].

L'ordre alphabétique n'était pas inconnu avant la concordance. Un herbier latin tiré de Dioscoride nous est parvenu sous la forme d'un manuscrit classé par ordre alphabétique ; il date de la fin du XIe siècle. Mais la concordance inspira un usage plus étendu de l'ordre alphabétique : un florilège de 1306, le *Manipulus florum* (Bouquet de fleurs) dans lequel les sujets étaient classés par ordre alphabétique, annonçait qu'il était classé « à la manière d'une concordance » [*more concordantiae*][129]. Quelques brouillons de la première concordance parisienne ont été retrouvés : ils furent réutilisés pour relier des manuscrits copiés à l'abbaye Saint-Jacques au XVe siècle. Ils mettent en évidence que la concordance était classée par ordre alphabétique de la manière que les chercheurs ont retrouvée communément dans l'Antiquité et au Moyen Âge et qui donnait une alphabétisation partielle par la première ou les deux premières lettres. Le compilateur entrait les mots sur une feuille réservée aux mots commençant par telle ou telle lettre, dans l'ordre où il les rencontrait, et le terme pouvait être classé plus finement dans un deuxième temps, quand la page était recopiée. L'ordre alphabétique était déjà la norme dans les premiers dictionnaires latins au XIe siècle : par les trois premières lettres dans l'*Elementarium doctrinae erudimentum* de Papias (vers 1053), par la première lettre seulement dans les *Derivationes* attribuées à Huguccio de Pise (XIIe siècle). L'alphabétisation de Huguccio était si faible qu'au XIIIe siècle des index alphabétiques furent composés pour accompagner les *Derivationes*, dont le plus répandu était celui de Petrus de Alingio. Le *Catholicon* de 1286 du dominicain Giovanni Balbi fut le premier dictionnaire latin à être classé dans un ordre alphabétique strict. Balbi en donna une explication détaillée (expliquant par exemple que *justicia* vient avant *justus*), ce qui suggère qu'il était conscient que c'était là une nouveauté pour le genre[130]. Balbi se présentait comme un auteur à l'usage des dominicains, mais son ouvrage nous est parvenu sous la forme de 190 manuscrits, et il fut possédé par de nombreuses autres institutions ecclésiastiques, dont cinq copies faites à la *pecia* qui témoignent de son usage par des étudiants ; il fut parmi les premiers livres imprimés par Gutenberg, en 1460[131].

La création d'index alphabétiques pour des textes faisant autorité (de la Bible aux Pères de l'Église) peut en partie seulement être expliquée par le fait qu'ils offraient des aides aux prêcheurs. Pour le prêcheur moyen, les sermons modèles, les florilèges, les collections de *distinctiones* (qui notaient les différents niveaux de sens de mots dans la Bible) et d'*exempla* (anecdotes illustrant un point de morale) étaient les outils principaux dont on trouvait de multiples exemplaires dans les bibliothèques ecclésiastiques[132]. L'autre facteur qui motivait l'usage d'ouvrages exhaustifs et plus onéreux fut le milieu scolastique, où l'on pratiquait le prêche, mais aussi la dispute. Dans un environnement universitaire, le public des sermons était particulièrement expérimenté et exigeant. Les maîtres demandaient à tous les étudiants de théologie d'écrire une fois par an un sermon ; les étudiants, quant à eux, devaient assister, pendant la même période, à une centaine de sermons, pas nécessairement avec plaisir[133]. Dans ce contexte, s'appuyer sur des florilèges ou des extraits s'avérait insuffisant. Un maître parisien des années 1270 possédait par exemple un dictionnaire alphabétique, une concordance biblique et deux collections de *distinctiones* bibliques, en plus des index de divers ouvrages qu'il avait acquis ou qu'il avait confectionnés lui-même[134]. Plus généralement, le terme *originalia* (œuvres originales) fut inventé au XIIIe siècle pour mettre en valeur la supériorité des sources entières sur les extraits, au moment même où ces derniers étaient plus largement diffusés et les plaintes à leur sujet plus fréquentes[135]. Un florilège répandu répondait à l'accusation selon laquelle ce genre encourageait leurs lecteurs à se contenter d'extraits. Le *Manipulus florum* (1306) de Thomas d'Irlande offrait les extraits habituels, mais exhortait également les lecteurs à lire les *originalia* après avoir trouvé une citation intéressante ; pour les aider dans cette tâche, il donnait en annexe une liste des auteurs et des œuvres cités. La liste circula aussi séparément du florilège comme une sorte de guide bibliographique par ceux qui, suivant le conseil de Thomas, chercheraient à lire les originaux[136].

Outre la concordance biblique, l'autre ouvrage de grande importance conçu pour aider les prêcheurs, mais qui excéda de loin leurs besoins, fut la plus grande et la plus célèbre des « encyclopédies » médiévales, le *Speculum maius* de Vincent de Beauvais (composé en 1244-1255). Avec un texte d'environ 4,5 millions de mots divisés en quatre parties (dont la dernière fut rédigée après la mort de Vincent) et en un total de 80 livres et 9 985 chapitres, c'est le plus gros ouvrage de référence en Europe avant 1600. Un manuscrit complet représentait au moins sept volumes in-folio de 500 pages chacun[137]. Vincent consacra un important prologue à expliquer son travail, qui commence par un constat aigu de la perception de « surcharge » :

> Comme la multitude des livres, la brièveté du temps et la volatilité de la mémoire ne permettent pas à toutes les choses qui ont été écrites

d'être également retenues par la mémoire, il m'est finalement venu à l'esprit, à moi, le plus humble des frères, depuis longtemps absorbé dans la lecture assidue de livres (et sur avis de mes supérieurs), d'assembler quelques fleurs choisies selon mon talent en un volume et de les réduire dans une sorte de compendium ordonné, de presque tous les auteurs que je pouvais lire, issus de notre tradition, c'est-à-dire les docteurs catholiques, ou bien des gentils, à savoir les philosophes, les poètes, et les historiens des deux types [ecclésiastique et profane][138].

Vincent décrivait là éloquemment les contraintes du temps et de la mémoire face à la surabondance de livres et avançait son *Speculum* comme une solution classique : la sélection des meilleurs morceaux mais à une échelle (auteurs et sujets couverts) sans précédent. Il s'appuyait sur une large sélection de sources bien connues – Anciens, Pères de l'Église – et aussi sur des sources nouvellement accessibles, comme Aristote et Avicenne, et sur d'autres encyclopédies, des *Étymologies* d'Isidore de Séville au récent *De natura rerum* de Thomas de Cantimpré[139]. Mais il ne se contenta pas de compiler ce qui était aisément disponible, il rechercha des sources pour combler les manques qu'il voyait dans ses sources principales. Arno Borst montre qu'il fit confectionner par ses assistants un « index par sujets » de Pline, pour en repérer les lacunes dans le traitement du monde naturel, et se tourna vers d'autres auteurs pour y pallier (ainsi il cita Isidore de Séville pour traiter du Vésuve, que Pline n'évoque pas)[140].

À l'instar des ouvrages de référence étudiés par les Rouse, le *Speculum maius* était conçu comme une aide aux prêcheurs. Vincent faisait allusion dans son prologue à l'origine institutionnelle de l'ouvrage que les spécialistes ont décrite en détail. L'ordre mendiant prescrivait la formation des frères dans chaque monastère par un lecteur ; ces lecteurs rédigeaient souvent des collections de notes qu'ils faisaient circuler à l'intérieur de l'ordre et au-delà. Ses supérieurs demandèrent à Vincent d'écrire pour les lecteurs un *opus universale* qui leur soit utile, surtout ceux qui exerçaient dans des monastères sans bibliothèque adéquate[141]. Le *Speculum maius* se développa au cours de cinq versions différentes par accroissements successifs, dus sans doute en partie à la possibilité pour Vincent ou ses collaborateurs d'avoir accès à de nouveaux livres. Outre les bibliothèques des abbayes de Saint-Victor à Paris, de Royaumont où il fut lecteur, et de Beauvais dont il était originaire, il se peut que Vincent ait eu accès à la bibliothèque du roi Louis IX[142].

Vincent revendiquait l'utilité de cette œuvre monumentale pour des lecteurs des ordres mendiants comme lui, mais aussi pour une grande variété d'activités pieuses :

> Mais je suis certain, et je fais confiance en Dieu, que cet ouvrage sera utile non seulement pour moi, mais pour tout lecteur studieux, non seulement pour connaître Dieu lui-même et ses créatures visibles et invisibles, et à travers cette connaissance pour aimer Dieu et susciter la dévotion par les récits et les exemples de charité de nombre de docteurs, mais aussi pour prêcher, lire, disputer, trancher, et plus généralement pour expliquer clairement sur chaque point toutes sortes d'arts[143].

Le *Speculum* contenait beaucoup plus que ce qu'il fallait au lecteur ou au prêcheur moyens, pouvant servir de ressource dans de nombreuses occupations. Vincent reconnaissait qu'il espérait satisfaire « d'autres, qui, peut-être par curiosité, et travaillant sur des sujets qu'ils ignorent, seraient intéressés par la connaissance de telles choses[144] ».

Anticipant des accusations de prolixité et d'originalité excessives, Vincent affirme que l'ouvrage est en fait bref et ancien :

> Ce nouvel ouvrage est en même temps ancien, et il est aussi également bref et prolixe. En vérité il est ancien par sa matière et par ses sources, mais nouveau par sa compilation et l'organisation de ses éléments. Et il est bref par la réduction de nombreux récits et paroles. Néanmoins, il est long par la multitude de ses matériaux[145].

Certes, la vision de Vincent était universelle : son objectif était d'amener à la lumière l'omniprésence de Dieu dans la nature (dans la partie 1, *Speculum naturale*), dans les arts et les sciences (partie 2, *Speculum doctrinale*), et dans l'histoire universelle (partie 4, *Speculum historiale*, qui s'avéra la plus longue et la plus fréquemment copiée). La partie 3, le *Speculum morale*, fut ajoutée après sa mort, apportant une dimension plus philosophique à ce projet par ailleurs orienté plutôt vers l'histoire[146]. Vincent s'accuse à un moment du péché de curiosité ainsi que d'avoir outrepassé les limites de ce qui était nécessaire pour sauver les âmes, mais, ce faisant, il insiste sur le fait que toutes les choses contenues dans cette œuvre « sont bonnes en elles-mêmes et utiles pour ceux qui s'appliquent à l'étude[147] ». En fin de compte, il semble plutôt regretter d'avoir lu trop peu que pas assez :

> Je sais que je n'aurais pas été capable de trouver ou de lire tout ce qui a été écrit. Et je ne revendique pas d'avoir rapporté tout ce qui était digne d'intérêt, même parmi ce que j'ai pu lire, sinon, j'aurais dû ajouter encore un énorme volume. Mais, des bonnes choses, j'ai rassemblé, je pense, les meilleures, et en tout cas quelques-unes des meilleures[148].

Le projet de Vincent était de couvrir autant de matériaux le plus complètement possible, avec l'ambition d'une maîtrise encyclopédique exhaustive.

La recherche sur la réception du *Speculum* de Vincent a recensé seulement deux copies entières subsistant depuis le Moyen Âge. Il circula pour l'essentiel sous forme de copies partielles, dont 300 sont conservées aujourd'hui. Une majorité d'entre elles concerne le *Speculum historiale*. De ce dernier lui-même, il ne subsiste que trente-sept copies intégrales. Vu sa taille, le *Speculum* était très coûteux à copier, si ce n'est partiellement. L'imprimerie fut la clé de sa circulation en version intégrale, soit en parties séparées durant la période des incunables, soit en deux éditions complètes en 1591 et 1624[149]. Mais la matière présentée par Vincent circula aussi dans des compilations encyclopédiques plus modestes et abordables, comme le *Livre des propriétés des choses* de Barthélemy l'Anglais qui fut diffusé en de nombreuses copies manuscrites et neuf impressions en latin jusqu'à 1491, puis en diverses langues vernaculaires jusqu'à 1582[150]. Une étude des réactions des prédicateurs aux trois principales encyclopédies du XIIIe siècle, de Thomas de Cantimpré, de Vincent de Beauvais et de Barthélemy l'Anglais suggère qu'ils n'utilisèrent vraiment aucune des trois. Les ambitions encyclopédiques ainsi que les affirmations sur l'harmonie énoncées dans ces œuvres ne correspondaient pas à l'expérience de la souffrance et de la lutte que la plupart des prédicateurs soulignaient dans leurs sermons[151]. Ces œuvres, initialement justifiées comme aides aux prédicateurs, formaient en fait un genre singulier, avec des ambitions et un ton propres. Cependant, une majorité des manuscrits de ces encyclopédies qui nous sont parvenus proviennent de bibliothèques de monastères (souvent cisterciens et bénédictins) où elles donnaient un accès nouveau à un large éventail de sujets et de textes.

Le *Speculum maius* pouvait être consulté séquentiellement, même sans index. Seule la partie historique (*Speculum historiale*), la plus fréquemment copiée, fut indexée, d'abord dans une table brève par Vincent lui-même, puis de façon détaillée quelque soixante-dix ans après sa composition vers 1320-1323 par Jean de Hautfumey (plus tard évêque d'Avranches)[152] (voir les figures 1.1 et 1.2). Mais le texte entier était organisé de façon systématique, ainsi que l'expliquait Vincent, pour faire en sorte que le lecteur puisse s'y retrouver. Le *Speculum naturale* suivait l'ordre hexaméral de la création tel qu'il figure dans la Bible, le *Speculum historiale* l'ordre chronologique ; les sujets, pour quelques sections (les minéraux, les plantes et les animaux) étaient classés dans un ordre alphabétique strict. Vincent indiquait qu'en divisant l'œuvre en de nombreux courts chapitres il avait pour but d'en faciliter la consultation :

> De telle sorte que chacune des parties de ce travail apparaisse plus facilement au lecteur, j'ai tenu à diviser toute l'œuvre en livres et en chapitres[153].

Les manuscrits du *Speculum* comportaient systématiquement, au début ou à la fin de chaque livre, une liste des chapitres. De plus, Vincent rédigea un résumé pour chaque livre. C'est seulement avec les éditions imprimées que le texte entier fut doté d'un index[154].

Les raisons pour l'apparition au XIIIe siècle de ces nouveaux instruments de référence de grandes dimensions, tels que la concordance de la Bible ou le *Speculum maius* de Vincent de Beauvais, sont complexes. D'un point de vue pratique, le contexte institutionnel d'un ordre religieux, dans ces deux cas l'ordre dominicain, a procuré les ressources nécessaires pour qu'une équipe de clercs se consacre pendant de nombreuses années au travail minutieux de résumer, sélectionner, et compiler des textes[155]. Cet investissement était justifié en alléguant la valeur de ses résultats pour les prédicateurs et d'autres objectifs pieux. D'un point de vue intellectuel, des raisons étaient aussi à l'œuvre, qui dépassaient le souhait d'améliorer la qualité des prêches et d'en faciliter la composition. Les concordances et les index pour les textes d'autorité témoignent d'une conscience nouvelle des limites des florilèges, qui semblaient inadéquats pour l'enseignement et le prêche universitaires. Vincent de Beauvais se plaignait des compilations existantes qui ôtaient, ajoutaient, ou changeaient des mots de leurs sources sans le signaler et corrompaient ainsi leur sens[156]. La réception d'Aristote ajoutait à la conscience de la complexité de la philosophie et des risques de transmissions fautives, même si la majorité des étudiants de la fin

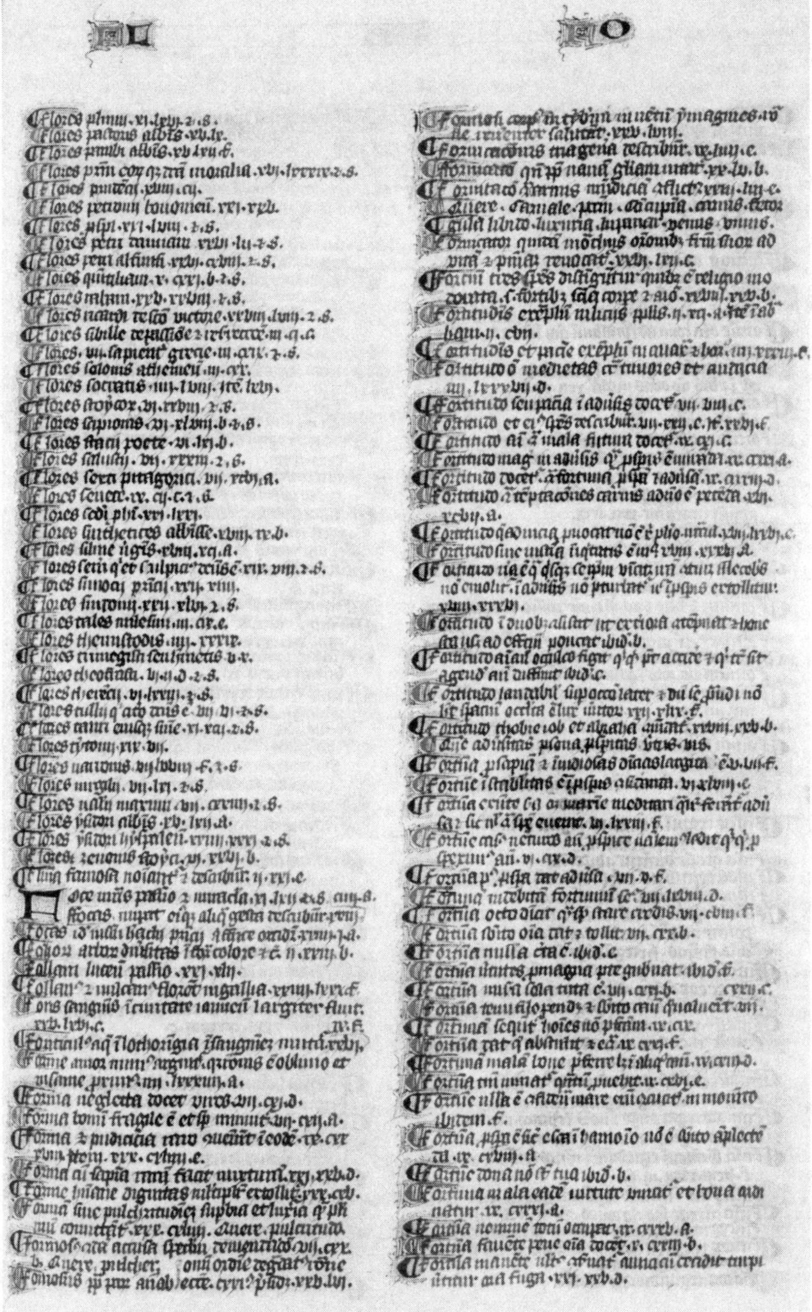

FIGURE 1.1. Un manuscrit du XIVe siècle de l'index du *Speculum historiale* de Vincent de Beauvais (1255) établi par Jean de Hautfumey. La rubrication en rouge et bleu ajoutait au coût du manuscrit mais le rendait également plus facile à consulter. Reproduit avec l'autorisation de la Bibliothèque nationale de France, Paris MS Lat 14355 f. 355r.

FIGURE 1.2. Autre manuscrit de l'index de Hautfumey pour le *Speculum historiale* de Vincent de Beauvais. L'absence de rubrication et les colonnes plus étroites rendent les entrées plus difficiles à identifier bien que les deux index contiennent les mêmes informations. Reproduit avec l'autorisation de la Bibliothèque nationale de France, Paris MS Latin 14356 f.17 v.

du Moyen Âge ne connaissait les philosophes que par des extraits tels qu'on les trouvait dans les *Parvi flores* (Petites fleurs)[157]. Mais l'intérêt pour les concordances fut antérieur à la réception d'Aristote, et les plus récentes études sur Vincent de Beauvais montrent à quel point celui-ci se tenait prudemment à distance d'Aristote et des controverses à son sujet[158].

Même avant la découverte de nouveaux textes d'Aristote, Hugues de Saint-Victor (1078-1142) défendait une approche encyclopédique des Saintes Écritures – « apprenez tout, vous verrez ensuite que rien n'est superflu » – et du savoir en général – « ne tiens aucun savoir en mépris car tout savoir est bon ». Des variations similaires sur l'adage de Pline « aucun livre n'est si mauvais » apparaissent dans les prologues d'autres encyclopédies médiévales[159]. Cette nouvelle attitude, plus que n'importe quel cas de surcharge d'information, fut, à mon sens, le facteur principal motivant livres de référence les plus ambitieux du XIIIe siècle[160]. Même si, comme l'indiquent Mary et Richard Rouse, les premiers index mettaient en valeur un canon étroit d'auteurs et de sujets, ces outils pouvaient être appliqués à une variété croissante de matériaux[161]. Bien que le *Speculum* ne fût copié que partiellement, Vincent de Beauvais exposait le lecteur à de multiples opinions sur tous les sujets évoqués par son œuvre. Ni la concordance ni le compendium encyclopédique ne venaient à bout des difficultés textuelles ou des contradictions qu'ils aidaient à mettre en lumière. Vincent laissait explicitement au lecteur la tâche de tirer ses propres conclusions des diverses opinions qui pouvaient coexister sur une question :

> Je n'ignore pas que les philosophes ont dit de nombreuses choses contradictoires, spécialement sur la nature des choses… J'avertis le lecteur, de peur qu'il ne soit horrifié s'il trouve quelques contradictions de cette sorte entre divers auteurs, en maints endroits de cette œuvre, spécialement parce que j'ai œuvré non comme auteur mais comme compilateur (*excerptor*), que je n'ai pas essayé de réduire les discours des philosophes à une harmonie, mais que j'ai rapporté ce que chacun avait dit sur chaque sujet, laissant au lecteur le soin de décider quelle opinion était préférable[162].

De cette manière, le problème de la multitude et de la diversité des opinions faisant autorité, déjà traité au siècle précédent par Pierre Abélard (1079-1142), fut intensifié par le développement des livres de référence – parmi lesquels les concordances qui invitaient à la recherche de mots dans les *originalia,* et d'énormes compilations qui juxtaposaient extraits et résumés de sources très diverses.

Au milieu du XIIIe siècle, les principaux constituants de la surinformation, mais aussi de ses solutions, étaient en place. Avant même la réception d'Aristote et de ses commentateurs arabes, mais d'autant plus après celle-ci, une élite d'universitaires cultiva l'accès à un corpus vaste et croissant d'opinions et de commentaires bibliques, patristiques, anciens, arabes et scolastiques. Elle inventa de nouveaux outils de gestion textuelle tels que l'indexation alphabétique, l'organisation systématique, les divisions logiques d'un texte, et des mises en page pour s'y repérer, et cultiva l'ambition encyclopédique d'accumuler des textes bien au-delà des nécessités d'une profession particulière. Durant le Moyen Âge tardif une croissance remarquable de la production de manuscrits, facilitée par l'usage du papier, accompagna un grand élargissement du nombre de lecteurs au-delà des contextes monastiques et scolastiques[163]. La rhétorique de la surcharge, « des volumes infinis », de la « variété des écrivains et des livres » et des « infinis constats de l'histoire » s'étendit à d'autres genres, comme les *compendia* historiques[164]. Si l'on en juge par les copies qui nous sont parvenues, le nombre de compilations, florilèges et compendiums historiques continua à croître du fait que de plus en plus d'écrivains s'engagèrent dans la sélection et le résumé de textes pour leur propre usage et pour autrui[165]. Combinées avec les techniques de résumé et de sélection héritées de l'Antiquité, ces nouvelles méthodes constituèrent une série efficace et sophistiquée d'outils, qui resta le pivot de la gestion de l'information à l'époque moderne, et au-delà.

Impacts de l'imprimerie

Ce bref survol révèle que de nombreuses caractéristiques des ouvrages de référence modernes et contemporains étaient déjà présentes dans les cultures manuscrites, notamment des compilations monumentales (comme Vincent de Beauvais, la *Souda*, Al-Qalqashandi ou le *Yongle Dadian)* avec différents systèmes de classement (systématique, alphabétique, ou en forme de mélanges) souvent rendus visibles par la mise en page. Avec ces exemples à l'esprit, nous pouvons exclure toute relation causale simple entre l'invention de l'imprimerie et la nature des ouvrages de référence de l'Europe moderne. L'indexation alphabétique, les compilations de grande ampleur, et la lecture de consultation sont toutes présentes bien avant Gutenberg. L'imprimerie a permis d'étendre ces pratiques à un plus large public et à de plus nombreux ouvrages, mais seules certaines caractéristiques des premiers livres imprimés furent des innovations : la page de titre, devenue nécessaire pour un objet produit par spéculation commerciale plutôt que par commandite, et le signalement des subdivisions du texte sans recours à la couleur d'encre car la rubrication, ajoutée soit à la main, soit par un deuxième passage sous la presse, sapait le prix avantageux de l'imprimé.

Les historiens du livre ont débattu l'influence de l'imprimerie sur divers plans, des habitus culturels aux conséquences techniques. Les retombées culturelles sont particulièrement difficiles à distinguer de l'effet de multiples changements en cours à l'époque[166]. En Europe occidentale, contrairement à ce qui se passa en Chine, l'invention de l'imprimerie coïncida avec des innovations majeures de provenances différentes – l'humanisme et la redécouverte des textes de l'Antiquité, les voyages et la découverte du Nouveau Monde, et les schismes religieux – qui provoquèrent chacune à la longue de nouvelles habitudes de réflexion critique, et de nouveaux systèmes philosophiques, célèbres pour leurs argumentaires empiriques et rationnels. Autant ces mouvements variés se seraient développés différemment sans l'imprimerie, autant l'impact de cette technologie eût été différent s'il n'avait coïncidé avec ces mouvements. Au lieu d'essayer de réduire à l'impact de la technologie, ou d'une quelconque configuration d'idées, le nœud complexe des causes qui expliquent le passage de la Renaissance aux Lumières, nous examinerons la réponse que firent les contemporains à l'abondance croissante et variée de sources d'information, aussi bien en théorie qu'en pratique.

Tout d'abord, la réaction dominante à l'imprimerie fut une grande admiration pour cette « invention divine[167] ». Les contemporains étaient impressionnés par le travail que l'imprimerie épargnait, bien que les estimations quantitatives fussent variées, et plus d'ordre rhétorique que liées à une observation précise : un contemporain s'émerveilla de ce « qu'un homme puisse imprimer en un jour ce que plusieurs copistes faisaient en un an[168] ». Observant de manière plus objective l'infrastructure d'une imprimerie où l'on employait en général plus d'une personne, un Anglais estima en 1630 que quatre hommes pouvaient imprimer en un jour ce qui prenait à dix hommes écrivant à la plume une année entière[169]. Un autre érudit nota que les imprimeurs n'avaient même pas besoin d'être forts en lettres[170]. Les contemporains remarquèrent également une chute notable du prix des livres due à la nouvelle invention. Celle-ci rendait les livres abordables à un plus grand nombre qu'auparavant, comme l'observèrent de nombreux humanistes, soit pour considérer que c'était pour le meilleur (Andrea de Bussi, Ludovico Carbone), soit pour le pire (Hieronymo Squarciafico)[171]. Finalement, l'imprimerie apportait l'espoir de conserver les œuvres : si les Anciens avaient disposé de cette technique, leurs œuvres n'eussent pas été perdues. Ce commentaire de Ludovico Domenichi était si persuasif qu'il fut plagié par son grand rival Anton Francesco Doni[172].

Parallèlement aux éloges on trouve aussi des récriminations contemporaines. D'abord les humanistes se plaignaient de la mauvaise qualité des livres imprimés, et des erreurs qu'ils contenaient, parce qu'ils avaient été composés ou corrigés soit à la hâte, soit sur la base d'un manuscrit mal choisi. Dans tous les cas, la nécessité et l'appât du profit étaient perçus comme nuisibles à la qualité du produit final, de même qu'aujourd'hui on s'inquiète de motifs commerciaux dans la numérisation de livres. Quelques humanistes préconisèrent des règles pour garantir la qualité des imprimés. L'un des premiers édits de censure, promulgué par l'archevêque de Mayence en 1485, fut d'ailleurs une mise en garde non seulement contre les outrages envers l'Église, mais aussi contre les impressions fautives et les fausses attributions d'auteurs[173]. Ces efforts eurent peu d'effet cependant et furent bientôt éclipsés par une censure plus étroitement religieuse suite à la Réforme, dans les régions aussi bien protestantes que catholiques. À partir du milieu du XVIe siècle, les commentaires sur l'impact de l'imprimerie évoquèrent un autre problème, soit la croissance énorme et cumulative du nombre des livres. La « multitude des livres » devint un *leitmotiv* des auteurs d'ouvrages de référence pour justifier leurs projets, que ce soit dans l'esprit de Pline ou de Sénèque, car cet argument tiré de l'expérience la plus quotidienne leur semblait un argument de poids.

Les conséquences les plus facilement identifiables de l'imprimerie sont de celles que les contemporains ne commentèrent pas, mais qui établirent les caractéristiques du livre que nous connaissons encore aujourd'hui, notamment la page de titre, la pagination, et les dispositifs de recherche. Les premiers livres imprimés étaient des textes déjà disponibles au Moyen Âge et imprimés de façon à imiter les manuscrits médiévaux. Le *Catholicon*, volumineux dictionnaire latin soigneusement classé par ordre alphabétique, composé en 1286, fut le premier ouvrage de référence à être imprimé, par Gutenberg en 1460 puis en 1469 et par d'autres au moins neuf fois encore jusqu'à 1500 – signe clair du fort potentiel commercial des ouvrages de référence dès les débuts du livre imprimé. Le dictionnaire resta le mieux vendu des genres référentiels. Le *Dictionarium* d'Ambrogio Calepino de 1503, qui poussa le *Catholicon* hors du marché, se vendit encore mieux, avec une édition tous les deux ans en moyenne jusqu'à 1700 (contre une tous les quatre ans pour le *Catholicon* avant 1500)[174].

Les premiers livres imprimés ressemblaient à leurs équivalents manuscrits, mais dès environ 1500 l'imprimerie avait entraîné des changements dans la mise en page des ouvrages de référence. Notamment les espaces blancs remplacent la rubrication, pour signaler au lecteur les divisions du texte ; et la numérotation des folios ou des pages (plutôt que des numéros de chapitres) sert de système de repère dans les index et les listes d'errata[175]. Dans les ouvrages de référence manuscrits, la présence de la couleur rendait un texte ou un index plus aisément consultables (comme dans les figures 1.1 et 1.2). Dans la plupart des manuscrits les entrées dans un dictionnaire ou un florilège se suivaient sans rupture du cours du texte, pour optimiser l'espace sur la page et minimiser la dépense en parchemin ; dans ces cas la rubrication ajoutée à chaque nouvelle entrée jouait un rôle essentiel pour faciliter la consultation du texte. Elle entraînait néanmoins une dépense supplémentaire, celle de recruter un rubricateur en plus du copiste. Ainsi certains exemplaires restaient sans rubrication, et plus difficiles à consulter par conséquent.

De l'imprimerie résultait un texte noir sur blanc. L'impression en deux couleurs, rouge et noir, occasionnellement utilisée dans cette période, notamment pour des pages de titres et des almanachs, exigeait un travail et une dépense supplémentaires : il fallait mettre sous presse une seconde fois toute page contenant un passage à imprimer en rouge. Durant la période des incunables (jusqu'à 1500), les acquéreurs d'imprimés pouvaient encore s'attacher les services d'un rubricateur pour ajouter de la couleur au texte à la main. Mais cette profession, liée à la production de manuscrits, disparut peu à peu[176]. L'imprimerie invente alors d'autres moyens d'augmenter la lisibilité de la page : usage d'espaces, variations de taille et de forme des caractères, symboles typographiques, initiales et décorations gravées, ou illustrations.

Les ouvrages de référence furent le premier terrain pour nombre de ces innovations qui facilitaient la consultation. En revanche, d'autres types d'œuvres longues n'en bénéficièrent pas. Ainsi, les *Essais* de Montaigne, en 1580, ne comprenaient pas d'alinéas à l'intérieur des chapitres, même lorsque ceux-ci comptaient plus de 100 pages de prose continue. Par contre on y trouve des espaces plus larges après certaines phrases, qui correspondent aux alinéas insérés par la suite pour indiquer les paragraphes selon la pratique encore en vigueur aujourd'hui[177].

Les ouvrages de référence ont aussi innové dans les repères textuels. Dès ses débuts, l'imprimerie entraîna la numérotation des feuilles imprimées sous la forme de signatures situées sur le recto des premières pages de chaque cahier, à l'usage des imprimeurs et des relieurs. Les historiens y font référence aujourd'hui lorsqu'il n'y a pas d'autre numérotation disponible, mais à l'époque personne ne s'en servait de cette façon[178]. Le système de repère destiné au lecteur était le numéro de folio (figurant au recto seulement) ou de page (sur le recto et le verso). Les tables des matières, les index, ou les listes d'errata, ont tout de suite adopté ce système-là (par opposition aux systèmes de repère des manuscrits médiévaux) même si les références devaient être renouvelées avec chaque nouvelle édition qui introduisait une nouvelle pagination[179]. La pagination en chiffres arabes sur les deux côtés de la feuille fut probablement utilisée pour la première fois dans l'édition de 1513 de la *Cornucopiae* de Niccolo Perotti. Ce commentaire des épigrammes de Martial était un vaste commentaire de chacun des mots utilisés par Martial, considéré comme le dictionnaire latin le plus sophistiqué de son temps. Mais comme les mots étaient expliqués dans l'ordre dans lequel ils apparaissent dans le poème de Martial, un index alphabétique performant était un outil de consultation essentiel. L'imprimeur Alde Manuce, de Venise, explique la nouveauté d'utiliser des numéros de page dans ses index :

> Un très copieux index dans lequel chacun des mots que l'on trouve puisse être aisément trouvé. En effet chaque page de toute l'œuvre et chaque côté de chaque page sont numérotés.

Ce n'est pas un hasard si Alde fut lui-même érudit et acquit une grande réputation pour des impressions de haute qualité. Un autre grand imprimeur humaniste, Johannes Froben, de Bâle, introduisit des raffinements supplémentaires. Les errata de l'édition de 1528 des

Adages d'Érasme par Froben renvoyaient aux passages par page et par numéro de ligne, probablement pour la première fois. Les index de cette édition se référaient aux numéros de page et spécifiaient *p*, *m*, ou *f* pour indiquer le début (*principium*), le milieu ou la fin de la page respectivement, et, dans les éditions ultérieures des *Adages,* les passages étaient identifiés par le numéro de page auquel s'ajoutait une lettre capitale, de « A » à « F » imprimée dans la marge des colonnes du texte[180].

L'imprimerie transforma surtout les enjeux économiques de la production du livre. Les manuscrits étaient le plus souvent produits sur commande, le paiement ou la promesse de paiement précédant ainsi l'investissement du producteur en temps et en matériel. Par contraste, les imprimeurs effectuaient l'essentiel de leurs travaux dans un mode spéculatif. Ils investissaient d'abord des capitaux considérables dans la fabrication de caractères métalliques, l'achat de vastes quantités de papier et le temps de travail requis pour imprimer un livre, et ils cherchaient ensuite à amortir ces dépenses et réaliser des profits par des ventes. Ils ne faisaient de bénéfices que si suffisamment d'exemplaires étaient vendus, et dans le cas contraire ils pouvaient facilement se trouver endettés, voire en faillite. Les ouvrages d'érudition se vendaient particulièrement lentement et les imprimeurs négociaient entre eux des échanges d'invendus pour tenter d'atteindre de nouveaux marchés et diversifier leur offre[181]. Pour modérer ces risques et générer le capital nécessaire pour imprimer un gros livre, ils réalisaient de petits travaux, souvent réglés d'avance – décrets gouvernementaux, formulaires d'indulgences par exemple, ou pamphlets ou almanachs qui étaient produits et vendus rapidement[182]. Nous n'avons que peu de preuves solides des tirages de l'imprimerie aux XVe et XVIe siècles – ils variaient selon le genre de livre et les attentes pour leur succès de vente, mais l'économie de l'imprimerie créa un seuil en deçà duquel investir dans une publication n'était pas commercialement viable. Certains incunables mentionnent un tirage de 300 exemplaires, bien que ce chiffre puisse être devenu une simple formule. C'est probablement un tirage minimal (après les premiers essais, nous savons par exemple que la Bible de Gutenberg fut imprimée à 150 exemplaires). La plupart des chercheurs soutiennent qu'en dépit de variations ponctuelles, les tirages augmentèrent durant le XVIe siècle : un tirage de 1 000 exemplaires sert d'estimation communément admise[183].

Les ouvrages onéreux (que ce soit à cause de leurs illustrations ou de leur grande taille) exigeaient de réaliser un plus grand tirage pour générer éventuellement des profits, vu les capitaux engagés. La *Cosmographia* de Sebastian Münster, richement illustrée, s'avéra particulièrement coûteuse pour son imprimeur bâlois, malgré les contributions volontaires de plusieurs villes qui y étaient énumérées ; il connut de nombreuses éditions néanmoins, dont celle de 1550 fut tirée à 3 600 exemplaires[184]. Bien que je n'aie aucune indication des tirages effectués pour les ouvrages de référence imprimés que j'ai étudiés, il est raisonnable d'admettre que, dès lors que ces livres avaient une certaine envergure, le tirage en était relativement plus élevé (au moins 1 000 exemplaires pour une édition). Même s'il y eut des *scriptoria* commerciaux qui produisaient des manuscrits en quantité spéculative dans certains centres universitaires comme Paris, l'imprimerie multiplia les livres à une échelle sans comparaison avec l'économie des manuscrits[185]. Les différences entre production de manuscrits et d'imprimés furent spécialement apparentes pour ces livres de grande dimension. Dans l'économie du manuscrit les livres de grande taille étaient très coûteux à copier intégralement et donc souvent seulement copiés par parties sélectionnées pour répondre aux demandes du commanditaire[186]. À l'opposé les imprimeurs avaient intérêt à produire les gros ouvrages dans des tirages plus élevés pour accroître l'éventualité de bénéfices, étant donné les coûts de production ; et ils se devaient de les imprimer en entier pour qu'ils puissent attirer un public aussi large et diversifié que possible.

La nécessité de vendre le livre après sa production explique aussi l'apparition de la page de titre. Les manuscrits médiévaux n'en avaient pas et sont souvent identifiés par les bibliographes par leurs incipit (premiers mots) ; aucun titre n'était nécessaire pour reconnaître un livre que l'on avait commandité et attendu[187]. Le livre imprimé, en revanche, devait attirer des acheteurs qui n'en avaient pas connaissance au préalable ; aussi la page de titre servait de publicité, annonçant le titre, l'auteur, l'imprimeur et/ou le libraire chez qui l'on pouvait trouver l'ouvrage, en général la date de publication, et également des éloges additionnels à propos du livre doté « de très copieux index » ou d'un texte « corrigé et considérablement augmenté ». Les pages de titre décevaient quelquefois, annonçant par exemple de la nouveauté là où il n'y en avait aucune, ou très peu[188]. Mais les différences constatées par les bibliographes entre des exemplaires d'une même édition n'attiraient aucune remarque : elles résultaient de corrections généralement mineures introduites au cours de l'impression, les pages défectueuses étant utilisées comme les pages correctes pour les exemplaires d'une même édition[189]. Dans le cas d'une correction plus radicale, les imprimeurs pouvaient aussi remplacer une page ou un cahier (contenant plusieurs pages) par un carton qui donnait la version améliorée. Parfois l'imprimeur introduisait par cette technique une nouvelle page de titre, annonçant une deuxième édition augmentée, pour remettre en selle et pousser la vente d'exemplaires d'une édition restée invendue (dans de tels cas les bibliographes parlent d'une nouvelle émission plutôt que d'une nouvelle édition)[190].

Les pages de titre nous révèlent que les index furent pour les acheteurs du XVIe siècle de bons arguments de vente. Au Moyen Âge, les index étaient peu nombreux, conçus et diffusés séparément des ouvrages qu'ils indexaient. Dans les ouvrages de référence imprimés, chaque exemplaire combinait texte et index, même si quelquefois des index d'œuvres majeures (la Bible, Galien, Aristote) furent imprimés séparément. Les index médiévaux utilisaient des méthodes de référence tout à fait efficaces par livre, chapitre, et section, que l'on aurait pu reprendre dans les éditions imprimées de ces textes, et réemployer dans des éditions successives, mais les imprimeurs firent plutôt le choix de faire référer l'index à la page ou au folio, et donc de dresser un nouvel index pour chaque édition qui présentait une pagination différente. Il est possible que les imprimeurs aient cherché ainsi, en évitant de publier des index indépendants, à inciter les acheteurs à acquérir une nouvelle édition, pour obtenir l'index « nouveau et augmenté » qui pouvait l'accompagner. En tout cas le livre imprimé étendit la pratique des index à un public bien plus large que les livres médiévaux. Même les ouvrages en langues vernaculaires, et les genres destinés à un public relativement large, comme les dialogues, comportaient des index. Tout cela laisse penser que les imprimeurs investissaient dans la dépense supplémentaire d'un index car ils y voyaient des arguments de vente qui attireraient des acheteurs : l'index dénotait soit le sérieux de l'ouvrage, soit son utilité pour les lecteurs potentiels[191].

Tandis que ces changements dans la présentation du livre se manifestaient dans les cinq à sept décennies après Gutenberg, l'impact quantitatif de l'imprimerie suscita des commentaires à partir du XVIe siècle. De toute évidence l'imprimerie augmentait considérablement le nombre de livres disponibles à la vente. Évaluer précisément cette croissance s'avère cependant particulièrement difficile, étant donné la variation des tirages de livres et d'autres caractéristiques de la presse à bras. Grâce à un catalogue quasi exhaustif des incunables nous estimons qu'environ 27 000 titres étaient imprimés avant 1500, soit un nombre total d'exemplaires imprimés entre huit et 20 millions selon les estimations des tirages[192]. Après la période des incunables, nous ne disposons pas d'une bibliographie exhaustive des impressions européennes, mais un catalogue digital collectif récent rapporte un total de 350 000 titres imprimés jusqu'en 1600[193]. Les estimations fondées sur les catalogues des bibliothèques supposées recevoir des exemplaires de tous les ouvrages imprimés, comme la Bibliothèque royale à Paris, sont sujettes à caution, car le système du dépôt légal était loin de produire tous ses effets ; on suppose qu'en réalité moins de la moitié de la production parisienne était déposée, sans compter les ouvrages issus des presses provinciales[194]. Le *Short-Title catalog* des ouvrages britanniques qui subsistent (1475-1800) est aussi difficile à utiliser comme outil statistique fiable, dans la mesure où il ne distingue pas entre les premières éditions et les réimpressions. Néanmoins il révèle une croissance impressionnante : de 416 titres imprimés en Angleterre avant 1500 à 4 373 titres imprimés entre 1500 et 1550. Au XVIIe siècle la production s'éleva de 500 ouvrages par an jusqu'à 2 000 par an durant la période chaotique de la guerre civile (1643-1660), un niveau qui ne fut à nouveau atteint qu'après 1685. La production grimpa encore beaucoup jusqu'à près de 4 000 imprimés par an vers 1775 et environ 8 000 par an vers 1800 dans le monde anglais[195].

En dépit de l'absence de chiffres incontestables, nous pouvons conclure que l'impact quantitatif de l'imprimerie fut massif, et la production imprimée en croissance constante. Les nouveaux ouvrages avaient tendance à s'additionner aux précédents, plutôt qu'à les remplacer. Seules les productions éphémères et peu chères, comme les almanachs et les pamphlets, conçus pour une vente à court terme, étaient susceptibles d'être réemployées, comme papier d'emballage par exemple. Certains imprimés étaient destinés à en remplacer d'anciens, mais ces derniers pouvaient trouver de nouveaux acquéreurs à travers le marché de l'occasion[196]. On peut suivre l'accumulation des imprimés en mesurant l'augmentation des bibliothèques du XVe au XVIIIe siècle. Les plus grandes collections privées atteignaient de 3 000 à 4 500 volumes à la fin du XVIe siècle, et des dizaines de milliers de volumes au milieu du XVIIIe siècle (par exemple Hans Sloane possédait 45 000 livres et 4 000 manuscrits à sa mort en 1753)[197]. Il y avait donc certainement des fondements objectifs à cette perception d'une abondance nouvelle de livres à l'époque moderne. Mais cette perception fut également intensifiée pour de nombreux érudits par leur ambition de lire aussi complètement que possible, de sauvegarder et d'accumuler le plus d'information possible (dont je parlerai au chapitre suivant). D'autres réactions qui ignoraient ou minimisaient cette abondance, auraient pu être plausibles en des circonstances culturelles différentes, particulièrement si les humanistes n'avaient pas été si vivement conscients de la perte catastrophique des savoirs de l'Antiquité et si soucieux de prévenir toute perte future.

Le thème de l'abondance des livres

Comme on l'a déjà précisé, les références à l'abondance de livres étaient apparues bien avant les débuts de l'ère moderne, qu'elles fussent orientées favorablement (l'abondance cornucopienne) ou défavorablement (surabondance)[198]. Étant donné l'accumulation rapide de matière imprimée au XVIe siècle, la *multitudo librorum* fut traitée comme une expérience commune, et un argument déployé pour étayer diverses thèses, aussi bien familières qu'innovatrices. La critique moralisatrice de la possession ostentatoire de livres exprimée par Sénèque au Ier siècle fut au cœur des doléances de Sébastien Brant dans sa *Nef des fous* (1494)[199]. Et en 1566 Jean Bodin faisait écho aux auteurs de *compendia* historiques médiévaux lorsqu'il observait « qu'une vie tout entière, si longue qu'un homme puisse la recevoir, suffirait à peine à parcourir [les livres d'histoire][200] ». Les auteurs de livres de référence (compilations, bibliographies, guides de bibliothèques) invoquaient sans cesse la *multitudo librorum* pour justifier leur travail dans un registre plutôt positif. D'autres en prenaient prétexte pour rejeter des écrits qui les choquaient d'une manière ou d'une autre.

Érasme articule très clairement une des anxiétés humanistes suscitées par l'imprimerie dans son fameux commentaire digressif sur l'adage *festina lente* (« hâte-toi lentement »), publié en 1526 :

> Y a-t-il un seul endroit sur terre à l'abri de ces essaims de nouveaux livres ? Même si, pris un à un ils apportent quelque chose d'utile, leur masse empêche sérieusement d'étudier, ne serait-ce que par satiété, ce

qui est très pernicieux pour les bonnes choses, ou simplement du fait que les esprits humains se lassent facilement et aspirent avidement à du neuf ; ainsi ces appas le détournent de la lecture des auteurs anciens, que rien ne peut surpasser.

Érasme regrette ici un afflux de nouveaux livres qui non seulement sont de piètre valeur en eux-mêmes mais de plus détournent les lecteurs des textes anciens nécessaires à la vraie érudition. Il déclare l'imprimerie responsable de cette situation alarmante. En partie pour faire l'éloge d'Alde Manuce comme imprimeur idéal, il note en revanche que la plupart des imprimeurs, étant donné l'absence de règles légales, « remplissent le monde avec des livres, je ne dirais pas futiles, tels qu'il peut m'arriver d'en écrire moi-même, mais ineptes, incultes, méchants, médisants, enragés, impies et subversifs ; et leur flot est tel que même ceux qui pourraient apporter quelque chose d'utile en perdent leur utilité[201] ». La surabondance de mauvais livres noie même tout élément positif qu'ils pourraient contenir. De même qu'Érasme cherchait à promouvoir la publication et l'étude de textes humanistes de qualité, mais avec des critères un peu différents, le réformateur Jean Calvin (1509-1564) se plaignait de « cette forêt confuse de livres » pour préconiser la rédaction de « commentaires graves, érudits et solides venant d'hommes pieux et bien-pensants, doués d'autant d'autorité que de jugement[202] ». Chacun des deux évoquait la pléthore de mauvais livres pour exiger plus de livres de qualité, pleins de piété ou d'érudition humaniste, qu'il espérait écrire lui-même et promouvoir.

Une attaque plus spécifiquement dirigée contre cette grande quantité de livres fut exprimée en 1522 par le juriste Giovanni Nevizzano d'Asti (mort en 1540) qui observa que le nombre des livres disponibles causait des difficultés pour trouver le titre dont on avait besoin. Une sélection judicieuse parmi la multitude des livres disponibles devenait cruciale car « si le docteur ne possède pas des ouvrages adaptés à son sujet, il ne peut se prévaloir des privilèges de son titre[203] ». Quelques genres nouveaux répondaient précisément à cette demande en orientant le lecteur dans le choix des livres : c'étaient des bibliographies ou des livres sur la manière de former une bibliothèque. Les auteurs de ces « livres au sujet des livres » feignaient souvent la frustration devant la surabondance – dans la première bibliographie publiée en langue vernaculaire Anton Francesco Doni louait le bonheur des illettrés, qui échappaient à la

« malédiction des livres » –, mais ils l'invoquaient aussi pour justifier leurs ouvrages et susciter pour eux une demande[204]. Dans la monumentale *Bibliotheca Universalis* (1545) qui recensait toute la littérature connue dans les langues anciennes (latin, grec et hébreu), Conrad Gessner (1516-1565) réprouvait également « la sottise des écrits inutiles de notre temps » et « cette abondance de livres, confuse et nuisible », mais il laissait explicitement le soin de résoudre ce problème aux rois et aux princes. Citant Pline, « il n'y a pas de livre si mauvais... », il se faisait fort d'accumuler des informations sur tout texte dont il pouvait avoir connaissance, païen ou chrétien, manuscrit ou imprimé, qu'il subsiste ou qu'il ait disparu, sans séparer le bon grain de l'ivraie. « Nous désirons seulement en faire la liste et laissons aux autres la liberté de sélectionner et de juger[205]. » Dans les *Pandectae* (1548) associées à ce livre, Gessner conçut un ambitieux index thématique des livres de la *Bibliotheca* (bien que l'index des œuvres théologiques soit paru en 1549, et que l'index pour la médecine n'ait jamais été réalisé). Ces index, expliquait-il, aideraient les lecteurs à identifier plus facilement un ou deux livres utiles sur un sujet, entre quantité d'autres, et décourageraient ainsi la production de nouveaux ouvrages inutiles[206]. Même s'il critiquait la multitude des livres, Gessner n'en profitait pas moins, y recherchant une exhaustivité de thèmes et d'œuvres parmi lesquels les lecteurs pourraient choisir au gré de leurs besoins et de leurs curiosités.

À l'aube du XVIIe siècle, le nouveau genre des guides pour former et classer une bibliothèque évoquaient aussi la surabondance comme justification : « En notre temps [la multitude des livres] devient immensité, de sorte qu'il coûte plus d'efforts pour trouver et distinguer les livres qu'il en faut pour les obtenir et les lire » – et un lecteur d'annoter au regard du mot plus : « ou au moins autant ». C'est ainsi que Francisco Araoz, fonctionnaire royal à Séville, expliquait l'utilité de son guide pour la sélection et le classement des bons livres pour une bibliothèque privée (publié en 1631)[207]. Dans son livre appartenant au même genre, Gabriel Naudé, en 1627, légitimait une pratique qui consistait à se fier aux catalogues d'autres propriétaires de bibliothèques respectables pour s'orienter dans la sélection

> à cause que nous ne pouvons pas par nostre seule industrie sçavoir et cognoistre les qualitez d'un si grand nombre de livres qu'il est besoin d'avoir.

Pour des raisons similaires, les deux auteurs recommandaient également l'acquisition et l'usage d'ouvrages de référence pour aider à une étude adaptée, car

> la briefveté de nostre vie et la multitude des choses qu'il faut aujourd'huy sçavoir pour estre mis au rang des hommes doctes ne nous permettent pas de pouvoir tout faire de nous-mesme[208].

Le problème de l'abondance concernait non seulement le nombre des livres, mais également le fait que ces livres véhiculaient de trop nombreuses sources, opinions et expériences différentes, nouvelles, et en conflit les unes avec les autres. Le livre était certes seulement un des vecteurs de ce foisonnement d'idées ; les lettres, les conversations, entre autres formes de communications orales et manuscrites, et l'expérience directe, y contribuaient aussi. Les livres étaient sources d'expérience par substitution, en diffusant des récits de voyage en des lieux exotiques ou européens, en relatant également des visites de bibliothèques ou de cabinets de curiosités. De plus, dans une culture fondée sur la maîtrise d'une longue tradition textuelle, aussi bien en philosophie (autour d'Aristote) qu'en religion (autour de la Bible et des Pères de l'Église), l'édition de nouvelles conceptions ou de positions anciennes récemment redécouvertes posait avec force l'épineux problème de concilier des autorités en désaccord. Les réactions variaient du syncrétisme (qui s'attachait à présenter les diverses opinions comme participant d'une même vérité), à des pensées militant en faveur d'une seule autorité contre les autres (Aristote, Platon, les épicuriens, ou les stoïciens) jusqu'à un scepticisme généralisé qui questionnait la possibilité d'atteindre une certitude fondée sur aucune autorité textuelle ou humaine (posture qui avait aussi derrière elle une longue tradition antique). La critique de la surinformation faisait souvent partie de cette posture sceptique. Francisco Sanchez, par exemple, s'exclamait que 10 millions d'années ne suffiraient pas à lire tous les livres existants, dans lesquels rien d'utile ne pouvait d'ailleurs se trouver ; cette conclusion était explicite dans le titre de son livre selon lequel « On ne sait rien » (*Quod nihil scitur*, 1581)[209].

Les références à la surabondance étaient également nombreuses chez les Modernes qui affirmaient la supériorité des œuvres récentes sur les œuvres antiques. Ils répondirent à la crise sceptique par une invitation à abandonner le savoir accumulé dans les textes pour construire une nouvelle philosophie issue de l'expérience et des principes de la raison. D'un côté, Descartes (1596-1650) jugeait inefficace de consulter tant d'ouvrages pour acquérir le savoir. De l'autre, Francis Bacon s'inquiétait du risque qu'on cesserait d'écrire à cause de la multitude des livres :

> Car le fait de croire qu'il y a abondance est parmi les causes de la carence, et la grande quantité de livres montre plutôt qu'on en fait trop, non qu'il n'y en eût pas assez ; cet excès néanmoins ne doit pas être corrigé en s'abstenant de faire davantage de livres, mais en faisant de meilleurs livres, qui, à l'instar du serpent de Moïse, puissent dévorer les serpents des enchanteurs[210].

De même, François de La Mothe Le Vayer (1558-1672) s'alarmait que « la grande abondance de livres que l'on peut voir accumulés en tant de lieux » puisse décourager de nouveaux auteurs d'écrire ; il espérait au contraire que les auteurs modernes ne fussent pas dégoûtés par une abondance de livres de rivaliser avec les Anciens et de les surpasser[211].

Dans la seconde moitié du XVIIe siècle, les Modernes l'emportèrent dans leur conflit plus ou moins direct avec les Anciens (qui considéraient comme supérieures les œuvres antiques), mais cela n'apporta aucun soulagement à la surinformation. Même dans des domaines comme la physique, où les autorités de l'Antiquité étaient mises de côté (Aristote et Ptolémée, pour Newton et sa mécanique), il y avait déjà une quantité accablante d'autorités et d'œuvres. Les ouvrages de référence centrés sur les nouveaux savoirs clamaient leur utilité à réduire cette matière pour la rendre gérable[212]. Dans d'autres domaines, comme l'histoire, la modernité menait de nouvelles recherches archivistiques et archéologiques, et publiait des collections massives de documents et de manuscrits. Les critiques de la saturation informationnelle devenaient une rengaine partout dans la République des Lettres. Les éditeurs de correspondances exprimaient le besoin d'élaguer la masse de documents, par des sélections et des extraits, et de travailler plus vite[213]. Les périodiques fondés dans cette période se présentaient comme une réponse au problème. Henri Basnage de Beauval (1656-1710), éditeur de l'*Histoire des ouvrages des savants* de 1687 à 1709 évoquait une République des Lettres submergée par « une espèce de déluge et un débordement de livres » et proposait comme remède la recension de livres[214]. Mais les périodiques, dont les hebdomadaires comme le *Spectator* et le *Tatler*, et les quotidiens qui furent créés en Angleterre au début du XVIIIe siècle, ajoutèrent d'autant à la masse des imprimés.

Ces mises en garde devenaient plus alarmistes que jamais, presque toujours mises au service d'une solution proposée par leur auteur. En 1680, Gottfried Wilhelm Leibniz stigmatisait « cette horrible masse de livres, qui va toujours augmentant [...] Car [...] la multitude des auteurs qui deviendra infinie en peu de temps, les exposera tous ensemble au danger d'un oubli général ». Il concluait qu'un retour à la « barbarie » ne pouvait être évité que par une coordination des énergies, sous le patronage par exemple d'un grand législateur comme Louis XIV. Bien que les circonstances de la composition de ce manuscrit soient inconnues, ici comme dans d'autres écrits, Leibniz en appelait à soutenir un de ses nombreux projets de travail collaboratif[215]. Ce thème de la barbarie imminente fut exprimé par Adrien Baillet (1649-1706), auteur d'une biographie de Descartes, au début de son œuvre en plusieurs volumes *Jugemens des sçavans* (1685), conçue comme une série d'observations sur les livres à l'usage de son fils :

> On a sujet d'apprehender que la multitude des Livres qui augmentent tous les jours d'une maniere prodigieuse, ne fasse tomber les siecles suivans dans un état aussi fâcheux qu'estoit celui où la barbarie avoit jetté les precedens depuis la decadence de l'Empire Romain, si l'on ne tâche de prevenir ce danger par le discernement de ceux qu'il faut rejetter ou laisser dans l'oubly, d'avec ceux que l'on peut retenir : et si l'on ne fait encore dans ceux-cy le choix de ce qui peut estre utile d'avec ce qui ne l'est pas[216].

La solution offerte par Baillet était une collection de « jugements » (courtes recensions de livres) en neuf volumes (et restée inachevée). Tandis que Baillet était durement critiqué par des contemporains sur de nombreux points spécifiques dans ces volumes, personne ne mit en cause son interprétation dramatique de la gravité de la crise provoquée par la surabondance de livres[217]. C'était de toute évidence un point sur lequel les contemporains étaient en accord.

Les historiens ont parlé un temps d'une « révolution de la lecture » dans l'Europe du XVIIIe siècle, une transition allant d'une lecture intensive – méticuleuse et répétitive – d'un petit nombre de textes qui faisaient autorité, à une lecture extensive plus rapide et plus largement distribuée sur une grande quantité et variété de textes. Les lecteurs dans ce mode feuilletaient et survolaient les livres ; et les genres nouveaux comme les périodiques et les ouvrages de référence en langue vernaculaire donnaient un accès indirect à encore d'autres publications, à travers des recensions, des résumés, des débats, et de brèves références. Un travail plus approfondi en histoire de la lecture a écarté cette périodisation stricte et la soudaineté du changement implicite dans cette notion d'une « révolution de la lecture[218] ». Plutôt que des changements brusques, je mets en évidence le développement de ces nouvelles méthodes de lecture, parallèlement à la poursuite de pratiques plus anciennes. La lecture de consultation avait existé chez les lettrés dans une tradition ininterrompue depuis le XIIIe siècle, de sorte que le type de lecture novateur au XVIIIe siècle était plutôt la lecture du roman, genre nouveau et à la mode. En revanche, la « lecture intensive », classiquement identifiée à la méditation répétitive sur la Bible, fut aussi pratiquée au XVIIIe siècle, au moins dans les cercles religieux, parmi les piétistes, les méthodistes, et les ordres monastiques catholiques entre autres. (Je citerai pour preuve la republication en 1786 de la recommandation de Sacchini en faveur de la lecture intensive, que j'analyserai au prochain chapitre.) Les lecteurs experts déployaient différentes sortes de lecture en fonction du texte et de leurs objectifs en entreprenant sa lecture. Cela est vrai aujourd'hui, comme au XIIIe siècle, bien que la variété des choix de lecture ne fût pas aussi large à cette époque-là (pas de romans, pas de périodiques) ; de même les lecteurs moins experts, dans le passé comme de nos jours, avaient moins de choix de textes à lire et de façons de les lire.

Une étude de Samuel Johnson (1709-1784) a décrit les quatre manières de lire qu'il pratiquait selon ses propres descriptions : *hard study* (« l'étude acharnée ») pour les livres d'érudition, qu'il faisait le crayon en main, *perusal* pour la lecture dont l'objectif était la recherche d'information, *curious reading* quand il était absorbé dans un roman et *mere reading* qui consistait à passer rapidement sur des textes « sans la fatigue due à une attention soutenue[219] ». Plus allègrement que ceux qui prédisaient le déclin de la civilisation en raison de la profusion de livres, James Boswell (1740-1795), ami de Samuel Johnson, défendit l'état de l'étude en son temps :

> On a soutenu que cette surproduction, cette omniprésence de la production imprimée dans les temps modernes, est préjudiciable à la

> bonne littérature, car elle nous oblige à lire tant de choses de valeur inférieure, pour être à la mode, de sorte que les meilleures œuvres sont négligées par manque de temps, car un homme sera plus valorisé dans la conversation par la lecture de livres modernes qu'en ayant lu les meilleures œuvres de l'Antiquité. Mais l'on doit considérer que la connaissance est maintenant plus largement diffusée ; nos dames lisent de nos jours, ce qui est un grand progrès.

Boswell faisait écho à l'une des plaintes d'Érasme, mais concluait avec satisfaction que la qualité de l'apprentissage s'était améliorée.

> Les hommes des temps anciens osaient vivre avec un degré d'ignorance que personne ne pourrait montrer aujourd'hui [...]. Il y a aujourd'hui dans le monde un plus grand désir de la connaissance qu'auparavant, car elle est universellement diffusée[220].

Quelle que soit la période que Boswell entende par « temps anciens » (entre Antiquité et Renaissance), sa remarque sur la diffusion de la connaissance dans la société comme apport caractéristique du XVIIIe siècle synthétise les principales conclusions du survol opéré dans ce chapitre.

Des références à l'abondance des livres étaient apparues dans de multiples cultures prémodernes plutôt comme des critiques morales ou des justifications pour des ouvrages nouveaux. Mais cette perception fut limitée à une élite étroite de lettrés jusqu'à ce que l'impact cumulatif de l'imprimé, combiné à divers autres facteurs, l'amène à la conscience d'une grande partie des gens éduqués. Malgré les désaccords sur la signification de ce phénomène, ses avantages ou désavantages, et les solutions proposées pour y remédier, il n'y eut aucun désaccord aux XVIIe et XVIIIe siècles sur sa réalité, même si, comme l'a signalé Richard Yeo, on pouvait encore se plaindre de l'absence de livres sur certains sujets (comme nous pouvons d'ailleurs le faire aujourd'hui, sans pour autant nier le phénomène général de surinformation)[221]. La *multitudo librorum* n'était pas une conséquence inévitable d'une nouvelle technologie – la perception de la surabondance avait précédé l'imprimerie en Europe et ailleurs, et en Chine l'imprimerie existait depuis des siècles sans avoir été considérée comme cause d'abondance. L'invention de l'imprimerie en Europe a coïncidé avec un enthousiasme, sensible dans les siècles précédents, mais revitalisé par les humanistes, pour l'accumulation de l'information. Des compilations à grande échelle, imprimées et manuscrites, contribuèrent dès la fin du Moyen Âge à cette surinformation, mais elles constituaient également des modèles de gestion. Dans le prochain chapitre, je traiterai des origines de ces compilations dans les méthodes de prise de notes par lesquelles les lettrés faisaient des extraits de leurs lectures et les stockaient pour dresser des réservoirs d'informations utiles à eux-mêmes et à d'autres.

Chapitre 2

La prise de notes comme gestion de l'information

L'imprimerie a contribué à produire des ouvrages de référence plus volumineux, à permettre leur diffusion plus large et leur relative bonne préservation jusqu'à nos jours. Mais l'imprimerie n'explique ni la demande suscitée par ces ouvrages ni l'ampleur de leur production. Pourquoi les compilateurs et les auteurs ont-ils produit de si grandes collections de citations avant même que le succès commercial des compilations ne fût clairement établi ? Pourquoi ces genres eurent-ils un tel succès ? Pourquoi tant de lettrés furent-ils désireux d'acquérir ces grands ouvrages plutôt onéreux ? Pour répondre à ces questions, je propose d'examiner le rôle d'un phénomène peu étudié, mais très répandu : la prise de notes de lecture. Celle-ci est étroitement liée à la gestion de l'information dans les ouvrages de référence, de deux manières au moins. Premièrement, les compilations imprimées n'auraient pas été possibles sans un auteur, et bien souvent plusieurs, pour accumuler de grandes quantités de notes de lecture permettant de composer l'œuvre finale. Deuxièmement, ces ouvrages n'auraient pas trouvé acheteur s'ils n'avaient répondu à une attente. Ces compilations imprimées offraient, toutes faites et prêtes à l'usage, exactement le genre de notes dont nombre d'étudiants et de clercs désiraient disposer, mais qu'ils ne pouvaient prendre eux-mêmes, par manque de temps, d'énergie, ou d'accès aux livres voulus. Conrad Gessner observait ainsi dans son édition des sentences de Stobée : « Je [vous] le demande, quel lettré ne prend-il pas de notes, ou ne veut-il pas en prendre, [...] lors de sa lecture quotidienne[1] ? » Les ouvrages de référence offraient aussi des collections plus importantes que celles que la plupart des individus pouvaient amasser par eux-mêmes au long d'une vie.

Les méthodes de prise de notes courantes en Europe moderne expliquent pour beaucoup les formes des ouvrages de référence ainsi que les usages qu'on en fit. Elles mettent en lumière le processus par lequel la matière lue était transformée en éléments utiles pour toutes sortes de compositions, orales ou écrites. Aujourd'hui, la prise de notes revêt diverses formes – de l'écriture à l'encre en marge des livres, sur des carnets, ou des feuilles volantes, comme à l'époque moderne, jusqu'aux méthodes électroniques d'origine récente. Les blogs permettent au blogueur ou à la blogueuse de partager ses observations de lecture, ou ses expériences, avec autrui, tout comme les pédagogues du XVIIe siècle conseillaient à leurs étudiants de faire circuler leurs notes entre camarades d'étude. Mais la prise de notes aujourd'hui, plus personnelle, ne suit plus les catégories de sujets que les pratiques pédagogiques et les ouvrages de référence imprimés ont aidé à standardiser à l'époque moderne.

De temporaires qu'elles étaient le plus souvent au Moyen Âge, les notes sont devenues un objet d'investissement considérable en vue d'un emploi à long terme par soi-même ou par d'autres (collaborateurs dans un projet, collègues, ou héritiers, par exemple). Les collections de notes étaient valorisées comme des réservoirs d'informations, même si elles ne servaient pas dans l'immédiat. Cette approche nécessitait de prêter attention à leur organisation et à l'élaboration d'outils de recherche, car l'échelle de l'accumulation rendait difficile la mémorisation et on ne savait pas au préalable à quoi ces notes allaient servir.

Une des conditions nécessaires à cette accumulation de notes abondantes à la Renaissance fut la disponibilité du papier, moins onéreux que le parchemin, mais aussi plus durable et facile à conserver que les supports de notes temporaires, comme les tablettes de cire. Une étude récente a montré que l'expansion du papier dans le monde islamique entraîna une croissance d'écrits en tout genre. En Europe, l'expansion de la manufacture de papier (qui se produisit plus tard que son apparition initiale), depuis l'Italie, au milieu du XIIIe siècle, jusqu'à l'Allemagne à la fin du XIVe siècle, a facilité la production et la conservation d'écrits qui, jusqu'alors, ne méritaient pas la dépense nécessaire pour le parchemin. Ainsi le papier fut d'abord utilisé pour les correspondances personnelles et diplomatiques (qui se firent plus abondantes), les documents notariaux et gouvernementaux, les registres commerciaux, les notes de cours, et les brouillons universitaires[2]. Pour la circulation de livres, le papier et le parchemin restèrent tous deux en usage selon les lieux et la disponibilité du papier jusqu'au milieu du XVe siècle. La montée rapide de l'imprimerie entraîna alors une explosion dans la production du papier[3]. Cette disponibilité croissante du papier (qui alla de pair avec une chute des prix) sonna le déclin du parchemin, qui fut alors employé surtout pour la reliure, et pour seulement un très petit nombre de volumes de luxe, manuscrits ou imprimés. Les imprimés sur parchemin consistent en un ou deux exemplaires de prestige parfois imprimés à côté de centaines d'exemplaires en papier, pour être présentés à un dédicataire ou patron éminents. La corrélation chronologique entre les premières grandes collections de notes manuscrites humanistes et la naissance de l'imprimerie s'explique par le rôle qu'a joué l'imprimerie en stimulant la production de papier. Mais ce développement technique ne rend pas compte des motivations derrière la nouvelle attention portée à la prise de notes.

La production de notes participa d'un vaste phénomène de thésaurisation en Europe moderne, qui s'est manifesté dans les compilations textuelles, manuscrites et imprimées, mais également dans les collections d'objets, naturels ou artificiels, des plantes aux minéraux, en passant par les médailles, les peintures, et les « curiosités[4] ». Il n'est pas simple d'expliquer le nouvel intérêt porté par les élites à la collecte, à la sauvegarde et à la gestion d'informations concernant des lieux, des objets, et des auteurs, bien connus ou nouvellement découverts. Dans le cas des compilations textuelles, la perte des œuvres de l'Antiquité et le désir de prévenir de telles catastrophes à l'avenir furent une préoccupation centrale de certains grands compilateurs. D'autres accumulaient des notes en vue de les publier, pour bénéficier de retours financiers ou pour en retirer une forme de prestige. L'imprimerie et les progrès du système postal intensifièrent probablement le sentiment qu'avaient les érudits de travailler pour le bien d'une République des Lettres internationale, en participant à la circulation formelle et informelle de l'information. Si multiples qu'aient été ses motivations, l'intérêt pour ces grandes compilations mena à l'amélioration d'anciennes techniques, et à la conception de méthodes nouvelles de gestion des textes. Dans ce chapitre, j'examine les méthodes de prise de notes à l'époque moderne en prêtant attention, dans une optique comparative, à la prise de notes dans l'Antiquité et au Moyen Âge, et je montre quelle utilité en attendaient non seulement ceux qui prenaient ces notes mais aussi ceux qui espéraient en tirer profit.

Les sources pour une histoire de la prise de notes

La « prise de notes » est un terme générique qui recouvre des types d'écriture de natures diverses associées à l'écoute, à la lecture, à la réflexion, et souvent de façon plus ou moins directe à la préparation d'une rédaction ou d'un exposé (oral ou écrit). Seule une minorité de notes prises dans des contextes historiques subsistent aujourd'hui. De nombreuses notes, par le passé comme aujourd'hui, furent prises pour un usage à court terme et ne furent pas conservées. Même les notes que l'on a sauvegardées à l'époque furent le plus souvent détruites plus ou moins longtemps après leur rédaction, intentionnellement ou non. Écrire une histoire de la prise de notes demande donc de tirer des conclusions à partir de sources éparses et de plusieurs sortes : des notes qui ont été conservées, mais aussi des manuels consacrés à ces méthodes, des descriptions de méthodes de travail, et des œuvres finies dont on peut déduire leur méthode de composition[5].

Une caractéristique essentielle de la prise de notes prémoderne, généralement perdue de vue aujourd'hui, est l'usage de supports effaçables sur lesquels on prenait des notes temporaires. Souvent ces notes étaient simplement détruites après usage ; quelquefois, dans un deuxième temps, elles étaient recopiées au propre sur des supports plus durables, puis conservées. Cette technique fut essentielle pour la prise de notes lors d'événements oraux tels que cours, sermons, discours, qui nous sont parvenus grâce à leurs auditeurs. Les notes de premier ordre, prises à la hâte, servaient de base aux textes plus élaborés mis en circulation, ceux-ci étant souvent (mais pas toujours) des versions révisées, et autorisées à circuler par l'orateur. Plusieurs œuvres d'Aristote ont probablement pour origine des notes prises par ses étudiants lors de ses enseignements oraux, qu'il autorisa à circuler. Pour recueillir les 300 sermons qui nous sont parvenus, Bernard de Clairvaux ordonna à ses secrétaires de prendre des notes, qu'il révisa et publia. Mais d'autres auditeurs pouvaient aussi prendre des notes, dont circulèrent des versions non autorisées[6]. La prise de notes joua ainsi un rôle important dans la composition de plusieurs sortes de textes, dont les grandes compilations, comme je le montre au chapitre 4.

Les surfaces d'écriture effaçables furent surtout utilisées pour des notes éphémères ; seule la dernière série de notes peut être récupérée dans les rares cas où ces supports fonctionnels ont subsisté. La tablette de cire fut le support effaçable le plus répandu de l'Antiquité à la Renaissance ; une ou plusieurs tablettes, souvent reliées en codex, étaient couvertes de cire, on y écrivait avec un stylet, puis on les effaçait pour les réutiliser[7]. En Angleterre, vers 1600, on pouvait aussi se procurer des tablettes de poche, composées d'un papier traité de façon à présenter une surface rigide sur laquelle on pouvait inscrire des mots à l'aide d'un stylet de métal et ensuite les effacer avec un peu d'humidité[8]. Le tableau d'ardoise est également connu en Europe au XVIe siècle dans l'enseignement musical, pour un groupe ou à usage individuel (comme c'est encore le cas aujourd'hui) ; on sait qu'il fut utilisé au moins depuis le XVIIIe siècle pour enseigner l'astronomie. Le plateau de sable sur lequel on écrivait avec un bâton et que l'on pouvait facilement effacer fut un support d'écriture dans la Babylone antique et le monde arabe médiéval pour les calculs, et en Europe, pour les enfants apprenant à écrire, les artistes pour l'apprentissage du dessin jusqu'à l'époque victorienne[9]. Ces notes éphémères ne laissèrent pas de trace, à moins d'avoir été recopiées sur un autre support.

Si l'historien regrette à juste titre la perte de ces notes temporaires, la prise de notes a toujours impliqué une certaine destruction de matière. En jetant ce qui est superflu ou périmé on rehausse l'utilité de ce qui est conservé. Déjà dans le monde islamique médiéval on citait l'exemple d'un savant musulman qui détruisait ses brouillons pour empêcher qu'ils ne tombent entre les mains de copistes qui les feraient circuler concurremment avec la version autorisée de ses écrits[10]. Aujourd'hui, alors qu'il est techniquement possible de ne rien perdre et de conserver des traces quasi exhaustives de notre expérience, nous écrivons les versions successives de nos textes en détruisant les précédentes, nous jetons les Post-it, et enregistrons notre expérience de manière sélective[11]. La disparition et l'oubli sont nécessaires à une gestion de l'information efficace. L'oubli n'est pas encouragé ou entraîné de la même façon que la mémorisation (et ne peut pas toujours être effectué, par exemple dans le cas de puissantes expériences émotionnelles), mais se produit plutôt par défaut, lorsqu'on n'enregistre pas ou qu'on ne tente pas de retenir[12]. En jetant des notes on facilite l'oubli, oubli qui peut être avantageux pour le processus intellectuel ou pour la gestion d'une réputation ultérieure. Ainsi certains preneurs de notes, anticipant le fait que leurs notes pussent être conservées, opéraient un tri. Robert Boyle (1627-1691) jeta les notes préparatoires de ses publications et donna des instructions pour en détruire d'autres (qui survécurent néanmoins lorsque l'instruction ne fut pas suivie), probablement parce qu'il trouvait que ses travaux plus récents devaient les remplacer[13].

Dans d'autres cas, les notes ne subsistent pas parce qu'elles ont été physiquement intégrées (plutôt que recopiées) dans le manuscrit destiné à l'impression. Cette réutilisation, qui dispensait de l'effort de les copier, pouvait également provoquer leur destruction, car les manuscrits destinés à l'imprimeur étaient généralement biffés par ce dernier, puis détruits. C'est surtout les compilateurs à grande échelle qui pratiquaient cette technique de cannibalisation des notes, que je décris en détail au chapitre 4. Pierre Bayle (1647-1706) par exemple laissa à sa mort des notes subsistant de la période précédant la rédaction de son imposant *Dictionnaire historique et critique* mais aucune des notes qu'il prit par la suite. Celles qu'il prit tout en écrivant le *Dictionnaire* ont probablement été intégrées directement dans le manuscrit qu'il soumit à l'imprimeur, tout comme les lettres de correspondants dont il voulait extraire des passages[14]. De même parmi les manuscrits de Samuel Johnson (1709-1784), on trouve seulement des notes destinées à la 4e édition de son *Dictionary of the English Language* qui furent accidentellement omises lors de la publication. C'étaient des notes prises sur des morceaux de papier collés par ordre alphabétique sur des feuilles, qui étaient ainsi prêtes pour l'impression[15].

Dans de nombreux cas bien sûr, des pertes se produisaient lorsque des notes soigneusement rassemblées et gardées par leur auteur étaient jetées par des héritiers qui les trouvaient sans valeur, ou, avec des résultats également dévastateurs, dispersées en une ou plusieurs ventes aux enchères[16]. Des notes marginales, ou prises sur des feuilles volantes insérées dans des livres ont pu être conservées accidentellement dans ces livres. Mais les grandes collections de notes consistaient généralement en feuilles volantes, souvent rassemblées en liasses, et en carnets ou cahiers, reliés ou pas, dont la survie dépendait du bon vouloir de nombreux intermédiaires. De nombreuses conditions étaient nécessaires pour assurer la transmission de papiers de travail comme une forme d'archive personnelle. Parmi celles-ci on compte la durabilité physique du papier de cette époque (qui était, sauf exceptions, excellente), l'existence continue d'institutions (bibliothèques, académies telle la Royal Society, familles) qui prirent en charge leur préservation et, à l'origine, la volonté des auteurs et de leurs héritiers immédiats de conserver ces traces de leur travail, reconnues comme présentant un intérêt pour la postérité familiale ou pour la communauté internationale des savants.

L'étude des papiers personnels fut l'initiative de la critique génétique, une école de critique littéraire qui se concentra d'abord sur les auteurs célèbres des XIXe et XXe siècles qui avaient déposé leurs manuscrits dans les bibliothèques nationales. Son but est de reconstruire le processus créateur par l'examen de la succession des papiers préparatoires, des notes de lecture aux brouillons, puis aux modifications éditoriales. Cette approche est particulièrement fructueuse pour les auteurs du XIXe siècle, quand de grandes figures littéraires, pénétrées du sens de leur propre génie, léguèrent leurs manuscrits aux bibliothèques pour contribuer au patrimoine national[17]. Pour les périodes antérieures, la conservation de manuscrits d'auteurs s'avère plus hasardeuse. Les premiers manuscrits d'auteurs qui nous restent proviennent d'Italie à la fin du XIe siècle, puis nous avons quelques manuscrits de Pétrarque du XIVe siècle ; mais les grandes collections de papiers de lettrés ont commencé à être conservées à partir du XVe siècle, et en nombre croissant aux XVIe et XVIIe siècles. Dans de nombreux cas, ces papiers ont été étudiés pour mettre en lumière l'évolution de la pensée d'un individu et ses procédés d'écriture, mais des approches récentes ont commencé à s'intéresser à ces archives personnelles pour ce qu'elles peuvent nous apprendre des méthodes de travail intellectuel dans des milieux divers[18].

De l'Antiquité, quand le papyrus était le seul support durable, les manuscrits ne survivent que par petits fragments, ou bien dans des conditions très particulières. Des notes et brouillons de traités du philosophe épicurien Philodème (110 av. J.-C.-40) ont été retrouvés à Herculanum, préservés sous 25 mètres de débris volcaniques. Un autre papyrus, mis au jour à Toura, en Égypte, contenait des notes sur une œuvre polémique d'Origène (185-254), avec des extraits et des résumés de diverses longueurs tirés de son *Contre Celse*[19]. Alors que de nombreux textes antiques ont été conservés grâce à des copies sur parchemin, aucun ensemble de notes n'a survécu de cette façon. L'étude des méthodes de travail des Anciens s'appuie donc surtout sur des analyses des textes achevés parvenus jusqu'à nous et sur de rares descriptions de leurs habitudes de travail, comme le fameux passage sur les lectures et notes abondantes de Pline dans une des lettres de son neveu (dont je traite plus loin).

Depuis le Moyen Âge, des notes de travail ont pu traverser les siècles jusqu'à nos jours. Mais il est plus délicat dans un monde de manuscrits qu'à l'ère de l'imprimerie d'identifier une note par opposition à un travail fini car les deux sortes de textes sont manuscrits. La note est une pièce d'écriture destinée non à la circulation mais à l'usage privé, et peut-être préparatoire à une œuvre publiée. Ainsi le théologien scolastique Godefroid de Fontaines (avant 1250-après 1305) laissa une collection de résumés et d'extraits de lectures que l'on peut sans hésitation considérer comme une collection de notes. D'autres manuscrits dont il ne subsiste qu'une copie peuvent avoir été des carnets de notes personnels compilés en vue d'un projet précis[20]. Les miscellanées manuscrites, où l'on trouve des extraits de différents textes (souvent difficiles à identifier, et dans des configurations difficiles à comprendre), peuvent quelquefois être plutôt considérées comme des collections de notes prises sur parchemin en vue d'une préservation à long terme. En effet, comme pour une collection de notes, l'unité des miscellanées est construite par l'individu qui les crée ou les finance, pour des raisons et sur des critères qui ne sont en général pas exprimés. Des annotations sur la Bible ou sur des textes de loi, accumulées par les générations successives, pouvaient aussi être rassemblées dans des collections de gloses sur la Bible ou le *Decretum* de Gratien[21]. Malheureusement, il ne reste du Moyen Âge que très peu de documents de travail. Les écrivains travaillaient sur des supports d'écriture éphémères – Baudri de Bourgueil, poète du XIIe siècle, consacre un poème à ses tablettes de cire. Des parchemins employés pour prendre des notes ont pu être recyclés pour le matériau, comme les brouillons de concordances de la Bible qui furent réutilisés pour relier des manuscrits au XVe siècle[22]. Les auteurs rédigeaient souvent en dictant à un secrétaire et, lorsqu'ils rédigeaient eux-mêmes, le manuscrit autographe que nous avons ne comportait pas les matériaux préparatoires, mais les versions définitives ou presque du texte[23].

Les notes médiévales les plus faciles à identifier sont les annotations en marge de manuscrits, qui peuvent être de la main de scripteurs différents. Une première série d'annotations peut avoir été le fait d'un lecteur professionnel recruté pour ajouter des repères pour la lecture à l'usage du possesseur ; ce genre d'annotations ajoutait des aides à la mémorisation ou à la contemplation, ou à la clarté de la présentation, mais parfois aussi des observations personnelles ou des critiques[24]. Ensuite des propriétaires successifs pouvaient avoir superposé leurs commentaires et annotations. Dans ces notes marginales on peut trouver des éléments des systèmes de prise de notes qui ont construit les concordances et les pratiques scolastiques de la citation, comme des renvois à d'autres passages, des symboles ou des mots indiquant les sujets traités (par exemple chez Robert Grosseteste). Nous avons aussi de bonnes études sur les *reportationes*; notes prises au cours de prestations orales (sermons, cours...)[25].

Un genre alternatif de prise de notes fut encouragé à la fin du Moyen Âge parmi les membres de nouveaux mouvements spirituels, comme les Frères de la vie commune (qui fleurirent dans les années 1380-1500). Leurs *rapiaria* étaient constitués de notes personnelles, de réflexions spirituelles, et d'extraits de textes dévotionnels. La longue tradition du journal personnel, bien que distincte, croise souvent celle du carnet contenant des notes de lecture[26]. Les marchands italiens des XIVe et XVe siècles tenaient des *ricordanze*, mélanges d'informations personnelles et pratiques. À la même période les *zibaldone* étaient des carnets tenus par des écrivains, artistes et commerçants, pour enregistrer une grande variété d'informations : le courrier envoyé, des copies de documents, des listes de tableaux, des index de livres, et des extraits de poésies, de textes en prose, de manuels de commerce ou de droit, et de tables de poids et mesures[27].

La prise de notes ne fut jamais limitée aux érudits. Les activités commerciales, médicales et juridiques (entre autres) généraient leurs propres méthodes. Aux médecins on conseillait de prendre note des observations et des découvertes effectuées au cours du traitement des patients, mais aussi de faire des extraits de textes faisant autorité. La prise de notes juridiques mérite une étude spécialisée car elle est une source essentielle des longues listes de références caractéristiques des livres de droit depuis le Moyen Âge[28]. En Angleterre plusieurs systèmes de sténographie furent développés à partir de 1588 ; ils servirent à prendre note des débats au Parlement, par exemple. La plupart des notes sténographiques furent utilisées pour effectuer des transcriptions complètes, puis détruites. Cependant Samuel Pepys reste célèbre car il a, pour le garder secret, tenu son journal intime en sténo[29].

Les érudits de la période moderne citaient comme modèle la méthode des commerçants qui consistait à tenir deux registres : l'un quotidien (le journal) pour enregistrer les transactions par ordre chronologique, et l'autre (un « grand registre ») où les transactions étaient classées en catégories, comme dans la comptabilité à double entrée. Francis Bacon compara un de ses carnets à un grand livre de commerce « où entrer toutes sortes de souvenirs de matière, de forme, de commerce, d'études, concernant moi-même, mon travail, les autres, de manière soit éparse, soit ordonnée, et cela sans aucune contrainte[30] ». Un manuel de comptabilité du XVIIIe siècle énumérait les trois étapes à suivre par le commerçant : un grand livre, un journal classé par ordre systématique, et enfin un livre en colonnes pour indexer les noms de personnes, les lieux et les marchandises. Ce système de notes en trois parties fut préconisé par Georg Christoph Lichtenberg (1742-1799), bien que ses propres notes, publiées après sa mort sous le titre de *Sudelbücher*, représentent seulement la première étape, dans une collection désordonnée de pensées aphoristiques et d'extraits[31]. L'idée de prendre pour modèle le registre de commerce (évoquée déjà par Cicéron dans l'un de ses discours) se perpétua bien au-delà de l'époque moderne, moyennant de nouvelles techniques : un partisan de l'index sur fiches du début du XXe siècle en conseilla l'usage, par exemple à l'imitation des « comptables de l'école moderne[32] ».

Malgré ces références au modèle mercantile, la principale source de l'intérêt nouveau porté à la prise de notes à cette époque fut la pédagogie humaniste. Dans leur effort pour susciter un retour à la pureté de la langue latine, les humanistes encourageaient une étude assidue de la rhétorique antique, et engageaient chacun à copier dans un carnet de notes, où il pourrait les retrouver pour les imiter ou les citer, les meilleurs passages de ses lectures. Le carnet de notes servait donc de source toute prête de *copia* élégante, hautement valorisée tant à l'oral qu'à l'écrit. De nombreux pédagogues humanistes, comme Guarino de Vérone (1374-1460), Érasme (1466-1536), Juan Luis Vives (1492-1540), expliquèrent les principes du livre de lieux communs, qui rassemblait sous des rubriques par sujets des phrases dignes d'imitation, mais ils ne rédigèrent pas de manuels avec des conseils pratiques détaillés[33]. Le premier manuel consacré entièrement au recueil d'extraits et à la prise de notes fut composé pour les étudiants de la classe avancée ou classe de rhétorique des collèges jésuites, par Francesco Sacchini (1570-1626), professeur de rhétorique au Collegio Romano. Son *De ratione libros cum profectu legendi libellus* (Un petit livre sur les méthodes pour tirer profit de ses lectures), publié en 1614, connut six éditions ultérieures, suivies d'une traduction en français en 1786 (à l'usage des calvinistes, à juger par la dédicace à un pasteur genevois), et en allemand en 1832[34].

Un autre manuel connut une postérité tout aussi longue et des réimpressions plus fréquentes, c'est celui de Jeremias Drexel (1581-1638), jésuite également (né à Augsbourg) et prêcheur célèbre ; il publia plus de deux douzaines de traités de morale, dont un grand nombre d'entre eux furent abondamment réimprimés. Une de ses dernières œuvres, intitulée *Aurifodina* ou *La Mine de tous les Arts et Sciences, ou l'habitude de recueillir des extraits*, fut imprimée à 2 000 exemplaires en 1638 puis connut quatorze éditions jusqu'à 1695 tout en donnant lieu à des abrégés en latin (1658), en allemand (1684) et en anglais. Ce dernier abrégé, cinq pages attribuées à l'évêque George Horne, fut publié au moins deux fois, en 1795 et en 1814 (accompagné des conseils de John Locke sur la prise de notes datant de 1686)[35]. En mettant l'accent sur la valeur de la prise de notes pour les princes et les rois comme pour les étudiants pauvres, Drexel comparait cette pratique à la meilleure espèce de mine qui ne manquerait jamais de récompenser un travail consciencieux[36]. Dans la seconde moitié du XVIIe siècle, au moins quatre autres manuels furent publiés par des professeurs de rhétorique allemands (généralement protestants), plusieurs se réclamant de Drexel. Ces manuels formaient un sous-ensemble de livres expliquant comment étudier qui étaient apparus au milieu du siècle. Ces manuels rédigés en latin ignoraient les barrières nationales et confessionnelles, mais ils apparurent surtout en région de langue allemande, où de nombreuses universités avaient été fondées dans les siècles précédents, qui se disputaient étudiants et renommée. Dans les dernières décennies du siècle, on trouve aussi des manuels en langues vernaculaires, destinés à des lecteurs extérieurs au cursus universitaire ; parmi ceux-ci, je citerai *De la connaissance des bons livres* de Charles Sorel (vers 1602-1674), historiographe du roi, polygraphe, auteur en particulier de satires sur les mœurs littéraires de son temps[37].

Cette multiplication de manuels au XVIIe siècle procédait peut-être en partie des études extra-curriculaires, dont il nous reste des traces dans les notes de cours qui survivent du XVIIe siècle, par exemple à Helmstedt ou à Paris. Les professeurs à cette époque arrondissaient leurs revenus en donnant des cours privés sur des sujets qui n'étaient pas au programme mais qui intéressaient leurs étudiants, parce qu'ils étaient à la mode ou utiles ; parmi ces derniers on trouve des cours sur les méthodes de travail et sur la prise de notes[38]. Ces méthodes pratiques ont sans doute longtemps été enseignées par contact personnel avec les professeurs et les condisciples ; et même lorsqu'il y avait de tels manuels sur le marché, la transmission directe continua à être une méthode de transmission privilégiée. On opposait par ailleurs à la publication de ces méthodes l'argument selon lequel elles devaient être tenues secrètes pour être plus efficaces. L'auteur d'une thèse sur le sujet a noté que la plupart des chercheurs se refusaient à partager leurs secrets en la matière. C'est ce que recommandaient certains manuels : en gardant ses méthodes pour soi, on susciterait d'autant plus l'admiration du public par des résultats dont personne ne connaissait les causes[39]. Les manuels de prise de notes n'étaient sans doute pas complets, même pour présenter les méthodes de leurs auteurs, et bien sûr ils présentaient un idéal qui n'était pas toujours suivi en pratique même si certains comportent des pages d'extraits comme modèle[40].

On peut examiner les manuels en parallèle avec les notes modernes relativement abondantes (comparativement aux périodes antérieures), autant des *marginalia* que des notes prises sur des manuscrits séparés. La pratique de l'annotation des livres n'est certes pas spécifique à l'époque de l'imprimé : les manuscrits médiévaux présentaient souvent de larges marges propices à des annotations ; nous avons également des preuves que quelques utilisateurs de rouleaux de papyrus y portaient des notes marginales, introduisant des symboles pour signaler un passage pour son contenu, ou pour des changements à apporter[41]. L'imprimerie produisit quantité de livres dotés de marges et de pages de garde qui pouvaient aisément recevoir des notes. En effet beaucoup d'exemplaires de cette époque contiennent des annotations ou des traces d'annotations qui avaient été effacées par la suite par des collectionneurs désireux de rendre l'ouvrage à son état premier[42]. Ces annotations n'étaient pas toutes des notes de lecture ; dans les éditions de textes pour étudiants (reconnaissables à l'espace à double interligne qui permettait des notes interlinéaires) les élèves notaient souvent des commentaires dictés en classe. On trouve aussi dans les livres de toutes sortes des notes sans rapport avec le texte : des mémentos familiaux introduits sur la page de garde pour les conserver, des griffonnages, des exercices d'écriture, des recettes, des prières, ou de la poésie, ajoutés dans le livre apparemment parce qu'il était commode d'y écrire[43]. Pour la plupart, cependant, surtout dans les marges et les pages de garde des ouvrages en latin, les annotations étaient bel et bien des notes de lecture. Plutôt que des commentaires personnels comme on en trouve régulièrement au XIXe siècle et depuis, les annotations de l'époque moderne étaient généralement destinées à faciliter le repérage et la maîtrise de passages intéressants. Elles pouvaient apporter des corrections au texte, ajouter des renvois à d'autres passages dans le même ouvrage ou dans d'autres textes, et contribuer à l'occasion un bref commentaire élogieux ou critique, mais avant tout elles signalaient des passages remarquables, soit par des signes graphiques (soulignements ou divers repères marginaux), soit en recopiant dans la marge des mots clés identifiant les sujets traités, ou des exemples ou des sources tirés du texte parce qu'ils semblaient dignes d'intérêt. Certains annotateurs assidus ont créé de cette façon un index courant de tout un ouvrage en relevant des mots clés dans la marge, ou en dressant une liste de passages intéressants avec leur numéro de page sur une page de garde.

Les pédagogues considéraient les annotations marginales comme la première étape (facultative d'ailleurs) vers l'objectif principal de se constituer une collection autonome d'extraits. En pratique, les lecteurs pouvaient annoter leurs livres sans passer à l'étape suivante, celle de recopier les passages dans un carnet de notes. En 1671, Charles Sorel recommandait de prendre des notes dans des carnets pour les livres que l'on ne possédait pas, et de prendre des notes dans les marges des livres que l'on possédait sans les transcrire, en évitant ainsi cette interruption agaçante pendant la lecture. Le jésuite Francesco Sacchini, en revanche, l'approuvait car s'arrêter pour copier un passage dans son carnet de notes ralentissait la lecture et facilitait la mémorisation[44]. Les lecteurs pouvaient copier les extraits soit pendant leur lecture, soit après coup, guidés par leurs notes marginales, ou ils pouvaient payer quelqu'un pour le faire. En tout cas, le nombre et la taille des collections de notes qui survivent témoignent (en dépit de pertes inévitables) de l'enthousiasme avec lequel nombre de gens éduqués accumulèrent des notes au-delà des pages de leurs livres imprimés.

« *Adversaria* » était un terme de l'époque désignant les notes de lecture, qui soulignait leur rapport au texte annoté (sans connotation d'opposition)[45]. Francis Bacon expliquait que les notes pouvaient être produites « par résumé ou abréviation » (en synthétisant le texte source), ou « par mots clés ou lieux communs » (en copiant un passage *verbatim*, c'est-à-dire textuellement, ou à peu près, et en le copiant dans un carnet de notes, sous un en-tête particulier, pour pouvoir le retrouver et l'utiliser). Il estimait la seconde méthode « de loin la plus profitable et la plus efficace » ; la plupart des manuels mettaient aussi l'accent sur la méthode des extraits[46]. Les pédagogues apprenaient à leurs élèves à recopier des passages choisis de leurs lectures, organisés par sujets appelés *lieux communs* (*loci* en latin ou *topoi* en grec) et ils leur enjoignaient de persister dans cette pratique, une fois devenus adultes. Quelques-uns recommandaient de noter des choses « vues et entendues » autant que lues, notamment pendant les voyages, posant ainsi des jalons vers le récit de voyage et la description d'expériences personnelles[47]. Les notes consistaient parfois aussi en pensées originales comme dans les *Pensées* de Pascal, le livre des lieux communs du philosophe anglais George Berkeley, ou les *Sudelbücher* de Georg Lichtenberg. Les chercheurs ont observé au XVIIIe siècle une préférence croissante pour les réflexions personnelles plutôt que des extraits de textes[48]. Néanmoins les extraits de lecture restèrent une pratique largement répandue tout au long du XIXe siècle et au-delà, chez les étudiants, les érudits et les gens de lettres ; pour un exemple tardif, on se reportera à la publication en 1970 par le poète anglais W. H. Auden de son livre de lieux communs qui consiste en extraits de ses lectures[49].

Nous ne pouvons attribuer l'extension de la pratique des livres de lieux communs et des résumés à la Renaissance à l'influence des seuls pédagogues. Nous pouvons présumer plutôt que leurs conseils furent suivis parce qu'ils surent adapter les pratiques déjà présentes (par exemple dans les florilèges) aux nouvelles circonstances des élites éduquées de la Renaissance. Ces circonstances comptent des nouveautés techniques – une plus grande disponibilité du papier et l'abondance de textes imprimés, antiques et modernes –, mais aussi de nouvelles attitudes culturelles telles que le désir d'imiter la culture antique et un enthousiasme singulier à recouvrer des textes de l'Antiquité et à les préserver de futures pertes. Former une collection durable des meilleurs extraits de toutes les lectures, comme ils le prescrivaient, promettait une méthode efficace pour gérer toutes les informations nouvelles et en tirer profit.

Les premières grandes collections de notes et de papiers de travail qui ont été transmises jusqu'à nous datent de la fin du XIVe siècle et du XVe siècle et on en trouve un nombre croissant datant des siècles suivants. Ce ne sont pas les papiers d'écrivains chers à la critique génétique littéraire, mais les notes d'humanistes consacrés aux études philologiques, ainsi que de naturalistes, d'historiens, de philosophes de la nature, parfois de théologiens, mais aussi, au XVIIe siècle, de simples gentilshommes qui lisaient abondamment avec une plume à la main. À sa mort le grand humaniste italien Ange Politien (1454-1494) laissa de nombreux volumes de notes et de papiers. Ceux-ci furent rapidement dispersés entre ses disciples ou ses pairs, qui voulurent les garder, les lire ou les publier, sous le nom de Politien, mais quelquefois sans les lui attribuer. Aujourd'hui des dizaines de ces volumes sont éparpillés dans les bibliothèques européennes, et on a encore assez récemment redécouvert un important manuscrit de ses *Miscellanées*. Du plus grand humaniste français, Guillaume Budé (1468-1540), il subsiste sept volumes de notes (qui représentent une petite fraction de sa production à l'époque), agrémentés d'encres de couleurs codées et de symboles marginaux qui demeurent inexpliqués. Des notes abondantes de Joseph Justus Scaliger (1540-1609) nous avons quelques douzaines de volumes. Ulisse Aldrovandi (1522-1605), naturaliste de Bologne, laissa plus de 400 volumes de manuscrits qui témoignent de ses efforts pour réunir et classer une masse énorme de données. Nicolas-Claude Fabri de Peiresc (1580-1637), polymathe et collectionneur à Aix-en-Provence, accumula également des notes abondantes[50].

La prise de notes fut particulièrement florissante dans certains milieux, par transmission de maître à élève, et quelquefois pratiquée en groupe. Joachim Jungius (1584-1657), professeur de mathématiques, médecine, logique et d'histoire naturelle dans diverses universités allemandes, réunit une des plus grandes collections de notes de son temps, estimée à 150 000 pages, dont 45 000 nous sont parvenues[51]. Un groupe de ses étudiants, avec notamment Martin Fogel, Michael Kirsten et Vincent Placcius, demeurant tous à Hambourg, poursuivirent son œuvre en publiant des manuels de prise de notes, et en laissant à leur tour des notes abondantes. Le catalogue de vente aux enchères de la bibliothèque de Michael Kirsten établissait aussi une liste de ses manuscrits classés sous des rubriques intitulées index de livres, résumés de livres, listes de questions, et « arguments ou matériaux pour écrire ». Dans la préface, son rédacteur observait « qu'il n'y avait aucune discipline ou faculté dans laquelle Kirsten n'ait lu, pris des notes, et produit lui-même des écrits ou des commentaires ». Il suggérait, apparemment en vain, qu'un fils ou un ami jouissant de loisirs abondants se devait de les publier[52]. De même, une quantité remarquable d'archives personnelles survivent du cercle autour de la Royal Society à Londres, dont les papiers de Samuel Hartlib, puis de membres comme Robert Boyle, John Evelyn, Robert Hooke, John Locke et Isaac Newton[53].

Les collections de notes survivent et peuvent être étudiées avec grand profit bien au-delà des cas d'individus célèbres. Par exemple de récentes études portent sur les carnets de notes tenus par le marchand Clément Draper (v. 1541-1620) durant ses treize années d'incarcération pour dettes, ou les vingt volumes qui subsistent des notes de Sir William Drake (1606-1669), gentilhomme anglais obscur, confronté aux affres de la guerre civile[54]. Nous pouvons aussi étudier des notes qui furent publiées (avec des interventions éditoriales qu'il faut prendre en compte) ; les *Pensées* de Pascal (publiées pour la première fois en 1670) et les *Vies brèves* de John Aubrey (dont la première édition date de 1898) sont deux exemples célèbres[55]. Dans chacun de ces cas les notes originales subsistent ; dans d'autres non. Les notes d'où procèdent les premiers livres de référence modernes ont rarement survécu étant donné la technique des compilateurs qui consistait à les transformer en manuscrits utilisables par l'imprimeur (comme je montre au chapitre 4).

Jusqu'à récemment on a étudié ces collections de manuscrits pour analyser le parcours intellectuel de grandes figures : des papiers non publiés sont supposés offrir une vision plus juste sur la pensée et le cheminement de l'auteur. Michel Foucault voyait dans ces notes et ces cahiers de citations le développement d'une morale orientée vers le « souci de soi », et l'occasion d'examiner la pensée de l'auteur comme lecteur, observé dans l'exercice de sa liberté de choix[56]. Sans nier l'intérêt de ces carnets examinés dans cette optique, l'historien de la culture peut aussi étudier la prise de notes non comme un phénomène contingent et individuel, mais comme le résultat de pratiques de lecture et d'écriture largement partagées, enseignées à l'école, et renforcées par divers modèles culturels. Les théories sur la prise de notes peuvent révéler la façon dont la mémorisation et l'écriture étaient comprises, et les pratiques adoptées nous montrent quels outils ont servi à gérer l'information dans l'Europe moderne. Parmi ces derniers je signalerai les mots-matières ou rubriques thématiques, l'indexation alphabétique, l'aide d'assistants et le rôle des ouvrages de référence imprimés.

La prise de notes comme aide à la mémoire

De l'Antiquité à l'époque moderne, une mémoire vaste et vive était considérée comme un signe d'intelligence et une vertu morale[57]. À l'instar de leurs prédécesseurs, les érudits humanistes étaient fréquemment loués pour leur mémoire ; et on rapportait leurs hauts faits : le juriste Antoine Muret (1526-1585) pouvait mémoriser 36 000 noms dans l'ordre, Joseph Justus Scaliger avait appris l'*Iliade* et l'*Odyssée* en vingt et un jours, Érasme enfant pouvait réciter tous les vers d'Horace et de Térence[58]. Bien qu'on puisse considérer certaines de ces assertions comme exagérées ou apocryphes, on peut aussi penser que les capacités mnésiques varient d'un contexte à l'autre, sous l'influence de valeurs culturelles et des exercices pratiqués ; aussi nous ne pouvons simplement rejeter ces faits en nous fondant sur notre expérience actuelle. On réalise encore des exploits en matière de mémoire (se souvenir de l'ordre aléatoire de cinquante-deux cartes, ou de centaines de décimales de Pi) mais dans l'organisation actuelle du savoir la mémoire n'est plus hautement valorisée comme qualité intellectuelle[59]. À la fin du XVIIe siècle, la crainte que la mémoire puisse altérer la compréhension (quelquefois évoquée aux siècles précédents) prit une place croissante. Le cartésien Nicolas Malebranche (1638-1715) par exemple condamnait les sciences de la mémoire car elles « confondent l'esprit, troublent les idées claires et [...] inspirent aussi naturellement de l'orgueil : car l'âme se grossit et s'étend pour ainsi dire par la multitude des faits dont on a la tête pleine[60] ». À la même époque, Robert Hooke décrivait comme « presque proverbial » le dicton selon lequel « les grands esprits ont de faibles mémoires » – notion qui le réconfortait sans doute puisque Hooke disait de lui-même qu'il avait une mauvaise mémoire[61]. Les portraits satiriques de lettrés, notamment par Otto Mencke (« De la charlatanerie des érudits », 1715), ont contribué à une image négative de la mémoire[62]. La mémoire ne retrouva jamais la prééminence dont elle avait joui avant le XVIIe siècle. Au début du XXe siècle un pédagogue français put affirmer catégoriquement (même dans un système d'éducation qui favorisait la mémorisation plus que d'autres) : « Trop de mémoire nuit au développement des qualités intellectuelles supérieures[63]. »

Frances Yates fut la première à envisager les pratiques de mémorisation comme objets d'histoire, dans son étude pionnière sur la longue réception des arts de mémoire de l'Antiquité. Ceux-ci furent conçus pour faciliter la remémoration en associant les objets à mémoriser à des images frappantes, souvent en relation avec des lieux dans un bâtiment. Aristote et Cicéron faisaient remonter cette méthode à l'histoire de Simonide, qui pouvait se souvenir de tous les invités qui avaient été tués au cours d'un banquet auquel il était convié en se rappelant la place que chacun occupait autour de la table. Aujourd'hui encore, des manuels d'entraînement aux pratiques de mémorisation recommandent des techniques similaires[64]. Le livre de Yates a laissé l'impression que la mémoire des lieux fut la principale méthode de mémorisation en usage de l'Antiquité à la Renaissance. Sans contester l'importance de cette technique, surtout pour des objectifs de court terme (mémoriser un discours ou réaliser un exploit de mémoire), je trouve que, pour la rétention et l'accumulation d'informations à long terme, la prise de notes fut l'instrument de choix pour aider la mémoire pendant cette même période. La prise de notes est bien attestée dans l'Antiquité avec Pline et fut le principal moyen de composition des florilèges et des grandes compilations médiévales. Dès la Renaissance, on peut l'explorer en partant de sources multiples (présentées ci-dessus). Les images servaient comme outils mnémotechniques dans les manuscrits et les imprimés, mais la répétition et la copie restèrent les pierres de touche de la pédagogie à la Renaissance[65].

Comme Yates le note elle-même, les pédagogues et les clercs européens furent de plus en plus critiques envers la méthode des lieux (ou *topoi*). Bien qu'il reconnût l'utilité de lieux, Érasme soutenait qu'une excellente mémoire repose avant tout sur trois éléments : « la compréhension, l'ordre et l'application ». Le naturaliste Ulisse Aldrovandi (1522-1605) se plaignait de ce que l'énergie nécessaire à assimiler cette technique (appelée aussi « théâtre de mémoire ») était plus grande que le bénéfice qu'on en retirait, et Gabriel Naudé (1600-1653) la regardait comme parfaitement pernicieuse : « Car tout ainsi que pour trop presser l'anguille elle eschappe, […] la Mémoire artificielle gaste et pervertit la naturelle. » Dans le milieu académique allemand, Bartholomaeus Keckermann (1571-1608) considérait les arts de mémoire comme « philosophiquement confus et théologiquement blasphématoires[66] ». Tous ceux-ci et d'autres pédagogues préconisaient plutôt la prise de notes comme la meilleure aide à la mémoire.

Les manuels de prises de notes et les traités sur les arts de mémoire formaient deux traditions distinctes qui ne faisaient guère référence l'une à l'autre[67]. En pratique cependant, la prise de notes n'excluait pas le recours à des éléments graphiques comme outils mnémotechniques. Par exemple l'immense producteur de notes Conrad Gessner employait l'image d'une main pour retenir les cinq déclinaisons latines ; la main était une image mnémonique très répandue depuis le Moyen Âge, dont l'usage n'impliquait pas les méthodes des lieux[68]. La mise en page du manuscrit, comme celle du livre imprimé pouvaient faciliter aussi le repérage d'un sujet grâce à l'organisation de la page. Les contemporains ont rarement évoqué ces considérations, mais, au XVIIIe siècle, l'auteur religieux et pédagogique Isaac Watts (1674-1748) fit quelques observations perspicaces sur la valeur des repères visuels pour la mémoire :

> Dans les cas où la chose est possible, cherchez à vous faire une mémoire locale. C'est ainsi que l'on se rappelle ce qu'on a lu en pensant à l'endroit où on l'a vu écrit ou imprimé ; à la droite ou à la gauche ; au haut, au bas ou au milieu d'une page ; ou bien au commencement ou à la fin d'un chapitre ou d'un paragraphe.

Watts recommandait aussi aux imprimeurs de suivre la même mise en page des ouvrages d'une édition à la suivante, pour aider les lecteurs qui connaissent une édition précédente :

> Il serait à souhaiter par la même raison que dans les nouvelles éditions des grammaires, des pseautiers, des Nouveaux Testaments, etc., les imprimeurs observassent de copier exactement les éditions précédentes, afin que chaque chose se retrouvant précisément au même endroit, les disciples vissent et sentissent par leur propre expérience l'utilité d'une mémoire locale.

Cette notion de mémoire localisée chez Watts, différente des *topoi* évoqués par Yates, décrit la façon de retrouver un passage par sa place sur une page (et s'apparente plutôt à ce que Carruthers dit du rôle des repères visuels dans un manuscrit médiéval)[69]. Nous pouvons nous aussi avoir l'expérience de tels souvenirs de passages lus sur papier, mais cet effet disparaît dans les médias électroniques, étant donné la variabilité de la disposition de la page sur l'écran, et sur une page imprimée à partir de tels médias. C'est également un effet qui est sapé délibérément par les éditeurs de manuels scolaires aujourd'hui qui modifient la mise en page et la pagination pour lutter contre les reventes de copies d'occasion, car les enseignants citant la dernière édition demanderont aux étudiants de l'acheter.

Les pédagogues de l'époque moderne étaient généralement d'accord sur la théorie de la prise de notes, mais ils variaient sur les détails pratiques. Je vais me concentrer sur les manuels des jésuites

Francesco Sacchini et Jeremias Drexel, car ils furent les plus largement réimprimés depuis 1614 et 1638, jusqu'aux traductions vernaculaires et résumés publiés au début du XIXe siècle. Pour Sacchini et Drexel, la prise de notes aidait la mémoire de deux façons. Dans un premier temps, le fait de copier des extraits incitait à les retenir. Sacchini recommandait de copier deux fois chaque passage : la première dans un premier carnet, dans l'ordre de la lecture, la seconde dans un autre carnet classé par sujets. Drexel, quant à lui, conseillait de copier les extraits une fois seulement, dans l'ordre où on les avait rencontrés, mais de les indexer ensuite par sujets. Tous les deux s'accordaient pour affirmer que « ce qui a été recopié s'imprime plus profondément dans l'esprit » : ainsi prendre des notes empêchait une lecture trop hâtive, et aidait par là même à comprendre et à retenir. Sacchini citait le modèle de Démosthène, qui (selon Denys d'Halicarnasse) copia huit fois Thucydide, et de Jérôme, qui copia de nombreux volumes de sa main, « non parce que sa bibliothèque était pauvre, mais dans le but de tirer profit de l'exercice[70] ». Dans un second temps les notes aidaient la mémoire en créant une trace de la matière lue que l'on pouvait relire et étudier :

> Après quelque temps un petit volume de choses sélectionnées tiendra lieu d'une bibliothèque, que vous pourrez avoir auprès de vous lorsque les livres eux-mêmes ne seront pas là, et que vous pourrez aisément transporter où vous voudrez.

Sacchini recommandait de prendre ce carnet partout avec soi et de l'étudier dans les circonstances où une étude plus sérieuse n'était pas possible, à cause d'une grande chaleur ou d'un grand froid ou de la fatigue, ou pendant les heures de loisir imprévues dans la journée (*horae subsecivae*), heures passées par exemple à voyager, à manger ou à attendre. Le carnet de notes protégeait ainsi doublement contre l'oisiveté : le confectionner demandait du travail et de la persévérance (à l'instar des fourmis et des abeilles) et, une fois fait, il permettait d'étudier sous toutes les conditions. Les pédagogues moins exigeants recommandaient de relire au moins les rubriques de sujets fréquemment « pour exciter et irriter nos froides et languissantes mémoires[71] ».

Ces manuels encourageaient la prise de notes en réfutant les objections que leurs auteurs anticipaient. Dans le format du dialogue choisi par Drexel l'élève récalcitrant Faustinus s'exclame : « Mais je ne veux pas écrire de livres, [...] qu'ai-je à faire d'extraits ? » Son maître Eulogius (un nom qui signifie « la bonne parole ») réplique que les notes sont non seulement nécessaires pour écrire des livres, mais aussi pour bien parler et pour toutes les sortes de composition.

> Ce n'est pas une perte de temps que de prendre des notes, mais plutôt de lire sans en prendre. Si tu comprends la valeur du temps tu ne liras jamais sans prendre des notes en même temps. À moins que tu ne lises Thomas a Kempis ou de tels auteurs. Bien que je préfère que même ce type de lecture entraîne la prise de notes.

Ainsi même la lecture d'ouvrages de dévotion, comme l'*Imitation de Jésus-Christ* devait susciter la prise de notes, quoique Drexel ne précisât pas si les notes dans ces cas seraient de nature différente de la méthode qu'il décrivait pour les livres lus pour des faits ou des citations[72]. Sacchini traitait de paresseux ceux qui lisaient, même pendant leur temps de loisir, sans rien retenir dans leur tête ou leurs carnets. En un mot, les pédagogues jésuites n'accordaient aucune valeur à la lecture sans crayon à la main. En bref, *excerpendum est*[73].

L'objection la plus sérieuse était que la prise de notes était nuisible à la mémoire. Drexel et Sacchini devaient répondre à l'argument selon lequel Platon, les pythagoriciens, et les druides gaulois avaient écarté l'écriture de leurs enseignements précisément pour préserver la mémoire. Sacchini reconnaissait la justesse de la critique de Platon sur l'écriture et remarquait que ces inconvénients en étaient accrus par l'imprimerie, qui multipliait le nombre de ceux qui proclamaient une fausse sagesse. En réponse, Sacchini insistait pour que le contenu des notes fût mémorisé, de telle sorte que les étudiants remplissent non seulement leurs carnets, mais aussi leurs esprits. Drexel par contre contestait cette objection en mettant en doute la validité de la transmission orale de la sagesse des premiers temps (*prisca sapientia)* : « Comment donc leurs écrits nous sont-ils parvenus ? » Les Anciens écrivaient sur toutes sortes de surfaces, « la cire, le bois, l'écorce, les feuilles, le plomb, les peaux et les palimpsestes », mais difficilement et à grands frais. Drexel faisait par contraste l'éloge du papier, des imprimeurs, et d'une méthode très commode (*expeditissima*) d'écriture[74].

Finalement, Sacchini et Drexel répondaient tous les deux à l'objection selon laquelle les notes pourraient être sujettes à la perte et à la destruction par le feu, l'eau, le vol, les insectes et même les chiens[75].

Sacchini répondit d'abord en citant Antisthène, un disciple de Socrate, qui rétorquait à un élève qui se lamentait de la perte de ses notes : « Tu aurais dû les inscrire dans ton esprit plutôt que dans tes écrits. » Sacchini mettait de nouveau l'accent sur la mémorisation des notes. Mais ensuite il s'opposa aussi plus directement à cette objection en arguant que, dans toutes les affaires humaines, les avantages venaient avec les inconvénients. Sans faire de concession à cette objection (contrairement à Sacchini), Drexel observa que tous nos biens sont sujets à la perte et à la destruction, ce qui n'est pas une raison pour ne rien posséder[76]. Tous les deux mettaient en garde contre les prouesses de mémorisation comme modèle pour ses propres capacités. Ils soulignaient au contraire la faiblesse de la mémoire humaine qu'ils trouvaient limitée, changeante et peu fiable, à moins qu'elle ne s'appuie sur des aides, vulnérable à l'erreur si elle devient surchargée, et sujette à la perte par l'âge ou la maladie[77].

Malgré de nombreuses convergences, Sacchini et Drexel envisageaient différemment la quantité de notes à prendre et le rôle à accorder à la mémorisation ou aux outils de recherche. Sacchini recommandait de lire peu de livres mais de bout en bout, en copiant deux fois chaque passage sélectionné, une première fois dans un carnet organisé dans l'ordre de la lecture, et une seconde fois par sujets, puis, par une étude assidue, de mémoriser le contenu du second carnet[78]. Par contre Drexel se vantait d'extraire des notes de 100 et même jusqu'à 600 auteurs par jour, ce qui avait pour conséquence (même si l'on admet là une certaine exagération de sa part) une forme radicalement différente de lecture que celle conseillée par Sacchini. Drexel préconisait de tenir au moins trois cahiers de format in-quarto, l'un pour les références bibliographiques, un autre pour les passages d'intérêt rhétorique et un troisième pour les *exempla* historiques, chacun étant accompagné d'un index alphabétique, tenu dans un carnet séparé et plus petit. Il suggérait également de dresser deux index par carnet, de façon à séparer les sujets profanes des sacrés, et de tenir des carnets séparés pour des domaines annexes comme la médecine, le droit, les mathématiques, la philosophie ou la théologie[79]. Avec ce volume d'accumulation de notes extraites à partir de centaines d'auteurs dans de multiples cahiers, l'index jouait un rôle crucial pour retrouver un extrait. En renonçant à copier chaque texte deux fois Drexel comptait sur les index plutôt que sur la mémoire vive pour retrouver des informations voulues.

Drexel n'insistait pas sur ses divergences avec Sacchini, qu'il citait chaleureusement, et décrivait sa propre méthode comme une stimulation de la mémoire plutôt que comme un substitut à celle-ci :

> Personne n'a une mémoire suffisamment bonne pour comprendre et retenir tout ce qu'il lit. Par conséquent on doit s'aider d'extraits, non pas pour moins cultiver sa mémoire, mais pour la stimuler plus efficacement ; personne ne produit des extraits avec des index, si ce n'est pour entraîner sa mémoire ; il ne suffit pas d'extraire, si vous ne mémorisez pas ce que vous extrayez[80].

En dépit de ces principes, Drexel envisageait des notes emmagasinées sur une telle échelle qu'un index était nécessaire pour retrouver des notes qu'on risquait de ne pas se rappeler avoir prises. Sacchini représentait une tradition pédagogique plus classique, qui mettait l'accent sur la mémorisation, la copie, et la lecture dans leur intégralité d'une sélection étroite de livres canoniques, tandis que Drexel s'adressait à ceux qui lisaient de façon plus étendue et plus vorace en minimisant le rôle de la mémorisation et en privilégiant la copie sur de multiples supports et l'indexation. Si l'approche de Drexel nous paraît « moderne » car plus proche de la nôtre, nous devons reconnaître qu'elle ne fut pas la seule méthode conseillée et mise en pratique à la période moderne. Les livres de Sacchini furent réimprimés jusqu'au XIXe siècle, ses appels à une lecture intensive et suivie continuent de rencontrer des adeptes aujourd'hui. Le livre de Drexel eut une aussi longue postérité ; son modèle de lecture extensive et de prise de notes fut partagé par nombre d'auteurs qui contribuèrent à son succès. John Locke décrivit par exemple en 1686 un système d'indexation de notes qui fut fréquemment utilisé et largement réimprimé tout au long du XVIIIe siècle, conjointement avec les conseils de Drexel dans un cas au moins[81].

Ce dernier n'abandonnait pas l'idée que l'on devait se souvenir de ses notes, mais des auteurs plus tardifs considéraient les notes comme libérant la mémoire en permettant la conservation et la récupération systématique d'informations sans qu'il soit nécessaire de les mémoriser. Edgar Allan Poe attribua à l'écrivain du XVIIIe siècle Bernardin de Saint-Pierre ce bon mot : « Ce que je mets sur le papier, je l'ôte de ma mémoire et par conséquent je l'oublie[82]. » Aujourd'hui encore, qu'elles soient stockées sur des supports écrits ou électroniques, les notes sont souvent considérées comme un moyen de se décharger du fardeau de la mémorisation ; le problème est alors de se souvenir de récupérer ses notes et de savoir comment le faire quand elles s'avèrent utiles. Les experts en gestion de l'information personnelle rapportent qu'aujourd'hui les employés de bureau concentrent bien souvent leurs efforts non pas tant sur le souvenir du matériau qu'ils traitent, que sur les moyens de retrouver la matière voulue et les outils qui donnent accès aux informations stockées[83]. Malgré tous les changements dans les médias et les matières qu'on essaie de retenir, la mémoire vive reste un agent primordial de la productivité intellectuelle ainsi que l'accès à un stock de matière durable pour le long terme. L'une des réussites des pédagogues de l'époque moderne fut d'expérimenter les moyens de conserver des masses de notes et de les rendre utilisables par des méthodes de classement et de recherche.

La prise de notes comme aide à l'écriture

Pour motiver ses lecteurs dans leur accumulation des notes dans divers cahiers et carnets, Jeremias Drexel proclama l'utilité des extraits comme aides à la rédaction. Il affirmait que tous les écrivains prolixes s'appuyaient sur des collections de notes assemblées au long d'années de lecture. Les polygraphes de l'Antiquité, comme Didymus Chalcenterius, et tous les écrivains célèbres, comme Virgile, Pline, Thomas d'Aquin, et de nombreux auteurs récents en utilisèrent. Drexel n'apportait pas de preuves solides à propos des auteurs du passé, mais il raisonnait dans l'abstrait : comment auraient-ils pu écrire autant, si ce n'est à l'aide d'extraits ? *Contra* Drexel, il semble probable que nombre d'écrivains prolixes n'ont pas écrit à partir d'un stock de notes accumulées sur le long terme, mais plutôt en s'appuyant sur leur mémoire à court terme (avec ou sans notes temporaires) et sur un accès facile aux livres. Inversement on peut aussi citer des figures de la Renaissance qui prirent des notes abondantes mais n'en publièrent rien. Ainsi, malgré les affirmations des pédagogues, la prise de notes n'allait pas forcément de pair avec l'écriture. Deux auteurs offrent de riches exemples des méthodes de composition mises en œuvre avant l'ère moderne. D'une part, Pline est le prototype du preneur de notes abondantes même si aucune d'entre elles ne nous est parvenue, et que nous devons nous fier à la description de ses méthodes par son neveu. Thomas d'Aquin d'autre part, dont les méthodes de travail peuvent être étudiées en détail grâce à la conservation de manuscrits autographes ou écrits sous sa dictée, ne semble pas s'être appuyé sur des notes abondantes.

Malgré l'absence de notes anciennes qui nous sont conservées dans leur forme originale, les spécialistes de l'Antiquité sont arrivés, par une analyse minutieuse des textes survivants et de leurs lexiques, à dresser un tableau détaillé des méthodes de travail dont Pline l'Ancien représente l'exemple le mieux connu. Tandis qu'il lisait, ou qu'on lui faisait la lecture, il soulignait (en dictant, ou par lui-même) des passages d'intérêt (*adnotationes*) ; ces passages étaient copiés à la hâte sur des tablettes de cire, le plus souvent sous la dictée, par un esclave/secrétaire (*notarius*). Ces mêmes passages (*excerpta*) étaient transcrits au net plus tard sur des rouleaux de papyrus et sous des mots-sujets (ou rubriques) ; ces notes ainsi classées étaient dénommées *commentarii* et formaient probablement le matériau à partir duquel il rédigeait ses œuvres[84]. Pline fut sans aucun doute une figure exceptionnelle. Son neveu dit qu'il consacrait tout son temps à l'étude, qu'il dormait le moins possible, et s'arrangeait pour qu'on lui fît la lecture lorsqu'il mangeait, voyageait ou prenait un bain. Il prenait des notes sur chaque livre qu'il lisait et légua à son neveu 160 *commentarii*, volumes de notes classées, « d'une écriture minuscule, écrites sur les deux côtés de la page », de telle façon qu'ainsi le volume en était doublé[85].

De ces abondantes notes, Pline a aussi publié abondamment, non seulement son *Histoire naturelle* en trente-deux livres (la seule de ses œuvres qui nous soit parvenue) mais encore, selon les dires de son neveu, six autres œuvres, totalisant soixante-cinq livres[86]. La façon dont il utilisait ses notes en écrivant ne peut être vraiment clarifiée. Les *commentarii* étaient probablement organisés ou annotés en marge par sujets. L'étude du texte fini révèle des passages où Pline semble avoir inséré des extraits d'une même source dans l'ordre où ils apparaissaient dans ses notes ; dans d'autres cas il distribuait les passages provenant d'une même source sous différents chapitres. Ainsi son organisation lui permettait de suivre soit une source, soit un sujet[87].

Pline le Jeune décrivit les pratiques de son oncle (apparemment en réponse à une question de son correspondant, le sénateur romain Baebius Macer) comme un exemple de diligence extrême, mais les méthodes de travail de Pline étaient probablement représentatives des méthodes du travail érudit largement répandues dans l'Antiquité. Dicter à un secrétaire ou à un esclave était une méthode de composition courante dans l'Antiquité et l'Antiquité tardive, bien que quelques-uns aient écrit de leur propre main, comme Porphyre le rapporta à propos de son maître, le philosophe païen du IIIe siècle, Plotin. Plusieurs auteurs se sont plaints des dangers de la dictée[88]. De même, la lecture à haute voix coexistait avec la lecture silencieuse à cette époque, bien que l'équilibre entre les deux soit matière à débat parmi les spécialistes[89]. En tout cas, des méthodes orales de lecture et d'écriture ne faisaient pas obstacle à la prise de notes et à la rédaction à partir de notes accumulées comme on voit dans le cas de Pline. De Cicéron (103-44 av. J.-C.), qui se vantait d'avoir extrait les meilleurs passages de tous les auteurs, à Plutarque (50-120 de notre ère) dont les notes (*hypomnemata*) étaient vraisemblablement la source des nombreuses citations contenues dans ses œuvres, les auteurs anciens pratiquaient les extraits pour les utiliser dans leurs écrits. L'analyse des *Vies* de Diogène Laërce suggère que, comme Pline, il s'appuyait sur des notes prises à diverses sources sur les thèmes qui l'intéressaient[90].

Bien que les processus de rédaction à partir de notes n'aient pas été étudiés, nous avons dans deux cas au moins des œuvres qui revendiquent d'être, et furent peut-être vraiment, des notes rassemblées. Aulu-Gelle nomme ses *Nuits attiques* (publiées vers 180 de notre ère) *commentarii*, assemblés à partir de notes initiales (qu'il appelle *annotationes*) qu'il avait prises sur des livres qu'il avait lus, ou entendus, et qui lui semblaient mémorables.

> Selon que j'avais eu en main un livre, grec ou latin, ou que j'avais entendu un propos digne de mémoire, je notais ce qu'il me plaisait, de quelle sorte que ce fût, indistinctement et sans ordre, et je le mettais de côté pour soutenir ma mémoire, comme des provisions littéraires[91].

Que l'on prenne ou non cette affirmation à la lettre, elle nous montre au moins qu'il était raisonnable dans ce contexte qu'un auteur rassemble une collection de notes qui remplirait vingt livres d'anecdotes et d'observations sur le langage et les mœurs. Les nombreuses miscellanées littéraires de l'Antiquité tardive indiquent que la prise de notes était une pratique courante chez les auteurs, et probablement aussi les lecteurs de l'époque. Dans le second cas le texte connu sous le titre des *Méditations* de Marc Aurèle, empereur de 161 à 180, consiste en une série de notes personnelles, qui ne circulèrent que bien après sa mort (probablement au IVe siècle). Il y rassemble des réflexions personnelles, des maximes et des exhortations à la vertu, aussi bien de sa composition qu'empruntées à d'autres, illustrant le large éventail de matériaux compris dans la notion de « notes » (*commentarii* ou *hypomnemata*). Bien que la préservation de ces deux livres de notes jusqu'aujourd'hui soit exceptionnelle, la rédaction de notes dans leurs contextes ne l'était pas[92]. Nous avons ainsi quelques exemples dans l'Antiquité déjà d'écritures alimentées par la prise de notes.

Du Moyen Âge nous n'avons pas de grandes collections de notes, équivalentes par exemple aux 160 rouleaux de Pline l'Ancien ; le parchemin se conserve très bien, mais les notes médiévales n'étaient probablement pas écrites sur parchemin. Nous n'avons pas non plus d'étude qui mette en relation une œuvre avec des manuscrits qui auraient servi de notes préparatoires (comme des extraits rassemblés dans des miscellanées ou des florilèges, des index ou autres outils). Dans un cas, cependant, nous avons une quantité inhabituelle de documents pour analyser les méthodes d'un auteur scolastique, parmi lesquels des manuscrits autographes, des manuscrits dictés, et des récits de contemporains le concernant. Le profil particulièrement éminent de Thomas d'Aquin (1225-1274), de son temps et depuis, nous permet d'émettre des hypothèses sérieuses à partir de ce qui en a été préservé, et aussi ce qui ne l'a pas été. Drexel classe Thomas parmi ceux qui ont fait des extraits. Mais une analyse des manuscrits (quatre manuscrits autographes du début de sa carrière, et des manuscrits plus tardifs qu'il a dictés) et les récits de contemporains sur sa méthode de travailler laissent penser que Thomas d'Aquin ne travaillait pas, comme Pline, à partir d'un réservoir de notes, mais plutôt de mémoire et par accès direct aux livres[93].

Il rédigea ses premières œuvres de sa propre main, mais son écriture (considérée à l'époque comme inintelligible) était si difficile à lire que les copies en furent fautives, et qu'il dut en dicter les versions finales à partir de ses propres manuscrits ; dès lors il ne composa qu'en dictant[94]. L'argument pour la composition par la dictée repose sur l'absence de manuscrits autographes datant de sa maturité. On peut en effet penser que tout manuscrit autographe, comme celui de la *Somme théologique*, eût probablement été conservé si l'on pense à la valeur attachée aux autres de ses manuscrits moins significatifs ; ces derniers furent conservés avec respect, comme des reliques, et subirent de ce fait même l'amputation de fragments, maintenant conservés séparément (pratique qui accroît d'ailleurs nos chances d'en connaître l'existence)[95]. Si Thomas d'Aquin avait composé à partir de notes sur parchemin, on pourrait s'attendre que celles-ci subsistent, au moins par fragments. La reconstitution menée par Antoine Dondaine suggère, au contraire, que Thomas consultait des livres autant que de besoin tandis qu'il écrivait, et qu'il pouvait en permanence compter sur la présence d'un secrétaire au moins. Sa capacité à dicter simultanément sur des sujets différents à trois ou quatre secrétaires était rapportée de son temps comme relevant du miracle ; mais cette capacité a été attribuée à d'autres grandes figures comme Jules César et Winston Churchill. Thomas d'Aquin écrivait à tout moment, y compris en pleine nuit, réveillant son compagnon Raynald pour ce faire. Il travaillait également avec des livres à portée de main, et ses secrétaires pouvaient copier des textes qu'il réclamait[96].

Comme Pline, Thomas d'Aquin ne fut pas une norme mais une figure exceptionnelle, par la quantité et la qualité de sa production, et l'assistance continuelle de ses secrétaires. Mais l'absence d'un stock de notes accumulées sur le long terme, et à partir desquelles il aurait pu composer, n'était probablement pas exceptionnelle. Bien qu'il nous reste des inconnues dans les méthodes de travail scolastiques[97], l'explosion de livres de référence au XIIIe siècle indique que ceux qui travaillaient dans les meilleures conditions consultaient les livres quand ils en avaient besoin, utilisaient des instruments divers (concordances, index sujets, ou des systèmes d'annotations symboliques, comme celui de Grosseteste) pour retrouver des passages pertinents et pour élaborer des listes de citations. Au-delà de la compilation de florilèges et d'autres ouvrages pour prédicateurs, les érudits du Moyen Âge ne pratiquèrent pas souvent semble-t-il la copie d'extraits en nombre, comme Pline dans l'Antiquité et tant d'autres dès la Renaissance.

En revanche, à partir du XVe siècle nous est parvenue une formidable quantité de notes. Mais même à cette époque-là les écrivains prolixes ne furent pas tous de grands preneurs de notes. Dans certains cas, la prise de notes fut le fait de jeunes hommes sous l'impulsion de leurs maîtres, et elle cessa lorsqu'ils devinrent écrivains. Un bon exemple en est Michel Eyquem de Montaigne (1533-1592), bien qu'il fût exceptionnel de plusieurs points de vue. Très tôt dans sa carrière littéraire il annota ses livres ; les notes de son exemplaire de Lucrèce datent de 1564 – il était alors agé de 31 ans – et plus tard il annota son exemplaire des *Essais* afin d'en préparer les révisions ; toutefois aucune note de lui sur feuille volante ne nous est parvenue. Il disait lui-même qu'il butinait dans ses livres, ne lisant jamais plus d'une heure en continu, et qu'il écrivait dans sa bibliothèque, entouré de livres (un millier selon lui)[98]. Il insista sur le fait qu'il ne se fiait pas à la méthode des extraits, et exprimait son dédain pour ceux qui écrivaient à partir de « pastissages de lieux communs[99] ». Bien sûr ce que Montaigne rapporte de lui-même n'est pas nécessairement digne de foi, mais les chercheurs s'accordent sur le fait qu'il réemployait les citations prises de ses lectures de manière souvent surprenante. Sa méthode, aussi bien pour la rédaction initiale que dans les éditions successives des *Essais* était plutôt, selon les suppositions de Villey, de se fier à sa mémoire à court terme et à la consultation de livres qu'à des notes abondantes[100]. De la même façon, Caspar Barthius (1587-1658), un humaniste tardif qui, selon le mot d'un de ses contemporains, publia par « charretées », dont un livre volumineux intitulé *Adversaria* (signifiant « notes » ou « annotations ») se vantait d'écrire de mémoire, sans utiliser d'extraits, et sans apporter ni corrections ni révisions. En rapportant ces descriptions dans son *Dictionnaire* Pierre Bayle dénonçait aussi Barthius pour son manque de respect envers ses lecteurs, qui, selon Bayle, se manifestait dans les piètres méthodes de travail de Barthius[101].

L'affirmation de Drexel selon laquelle tous les auteurs abondants se fondaient sur des extraits se révèle donc inexacte, que l'on pense aux contre-exemples de Thomas d'Aquin, de Montaigne ou de Barthius entre autres ; néanmoins elle est tout à fait révélatrice de sa propre idée de la prise de notes. Drexel préconisait l'accumulation et la sauvegarde de notes pour former un trésor (ou pour employer sa métaphore, une mine) d'où on pourrait tirer de la matière pour rédiger avec facilité sur tout sujet, même sur un sujet que l'on n'avait pas à l'esprit lors de la prise de notes initiale. L'index permettrait de trouver des articles sur demande. Drexel était fier de fournir dans son manuel six pages de ses propres notes sur le thème des larmes, et des notes moins longues sur les bacchanales et la danse, comme exemples de notes qui pourraient s'avérer utiles de façon imprévue. Il s'exclama : « Vous ne trouverez cela dans aucun index [imprimé]. » Il se vantait également de pouvoir, grâce à ses notes, écrire deux livres par an sur n'importe quel sujet[102].

Les humanistes aimaient pouvoir produire des citations et des *exempla* sur toutes sortes de sujets imprévus, rhétoriques ou érudits, et voyaient donc l'utilité d'emmagasiner de la matière, même si on n'en avait pas l'usage dans l'immédiat[103]. De même, mais avec un but plus restreint, les ouvrages médiévaux à l'usage des prédicateurs réunissaient des passages pertinents pour leur permettre de composer des sermons sans lectures supplémentaires. Contrairement à ces modèles médiévaux et aux conseils de Sacchini de se limiter à quelques sources bien choisies, Drexel envisageait la prise de notes à grande échelle, bien au-delà des corpus pédagogique et religieux. Ses principes de sélection consistaient à éviter ce qui était « évident, quotidien, rebattu et mille fois répété ». Nos deux auteurs mettaient en garde contre le danger d'une accumulation stupide de contenus abondants ou « une diligence stérile qui collecte des sornettes, bagatelles et bavardages qui ne seront jamais utiles ». De même qu'Aulu-Gelle se moqua d'un ami qui lui apporta un gros livre de notes qui n'étaient que pures curiosités, Drexel se moqua d'un certain Thomas Hasselbach qui avait passé vingt-deux ans à commenter le premier livre d'Isaïe : ceci était selon lui « de la vanité de lettré et la diligence de quelqu'un qui n'avait rien à faire[104] ». Sacchini se demanda s'il était pire d'extraire trop ou trop peu ; pour trouver une voie moyenne, il recommandait d'ajuster la quantité de notes à la qualité de l'auteur, en privilégiant les auteurs reconnus ; mais il remarquait aussi que l'on pouvait omettre les dires d'hommes célèbres cités par tout un chacun. Drexel préférait extraire trop que pas du tout, mais exhortait à l'exercice du jugement. Il reconnaissait également que les preneurs de notes pouvaient développer des techniques individuelles en se détournant de ses conseils :

> Si ces préceptes et ces règles de prise de notes ne vous plaisent pas, écrivez-en d'autres pour vous-même, moins nombreux, plus courts, adaptés à vos études, tant que vous prenez des notes[105].

De nombreux preneurs de notes développèrent en effet leur propre technique pour gérer des quantités importantes de notes.

La gestion de notes abondantes

Les notes dont nous disposons aujourd'hui révèlent que les conseils de pédagogues comme Sacchini et Drexel correspondaient peu ou prou aux pratiques en cours. Nous avons par exemple un jeu exceptionnellement riche de livres annotés et de carnets de notes d'élève, dressés par le duc Auguste de Brunswick-Lunebourg (1579-1666), qui fonda la Herzog August Bibliothek à Wolfenbüttel autour du noyau de sa collection personnelle ; ceux-ci illustrent remarquablement bien la méthode de Sacchini. Il n'est pas nécessaire de supposer une influence du manuel jésuite sur des milieux luthériens pour expliquer cette corrélation. Sacchini exprimait des conseils probablement courants dans divers cadres pédagogiques, au-delà de divisions confessionnelles ou régionales ; plus généralement la pédagogie humaniste s'est répandue de façon similaire parmi les trois confessions établies au XVIe siècle (catholique, luthérienne et réformée)[106]. Auguste commença à prendre des notes à l'âge de 11 ans sous la direction de son précepteur, Martin Fabricius. Le futur duc soulignait des passages intéressants dans ses livres, puis les copiait dans un carnet, dans l'ordre où ils apparaissaient dans le texte ; ce premier carnet, le *Sentenzensammlung,* couvrait 435 pages. Dans une deuxième phase, il recopiait certains de ces passages dans un second cahier intitulé *loci communes* organisé par ordre alphabétique de sujets. En cinq ans, il accumula dans ce cahier 2 915 sentences d'auteurs classiques ; en 1591 il commença un carnet similaire consacré à des citations de la Bible, qui finit par atteindre 645 entrées[107].

Si le jeune Auguste suivait la méthode Sacchini sous la direction de son tuteur, celle de Drexel était mieux adaptée à des lecteurs adultes qui avaient accès à un grand nombre de livres. En dehors du milieu scolaire, la prise de notes était moins motivée par les conseils d'un maître que par les facteurs variés qui avaient inspiré les pédagogues eux-mêmes. L'abondance de livres et le principe qu'il n'y avait pas de livre dont on ne puisse tirer quelque chose en étaient les principaux facteurs sous-jacents. Des raisons plus spécifiques ont également été identifiées. Quelques chercheurs ont suggéré que la prise de notes chez des gentilshommes anglais dénués de toute ambition de publier (William Drake, ou le jeune Robert Sidney) leur servit de thérapie durant les fortes tensions de la guerre civile anglaise, une façon de cerner leurs valeurs et leurs attitudes pour eux-mêmes[108]. Pour des raisons quelque peu différentes, l'érudit Adrien Turnèbe déclara avoir compilé ses observations philologiques sur la littérature ancienne pendant la guerre civile en France car « les chagrins des temps et la destruction du pays en déclin » le rendaient incapable de se concentrer sur des « études sérieuses »[109]. Nombreux étaient ceux qui rassemblèrent des notes non seulement pour eux-mêmes, mais aussi pour leurs contemporains et leurs descendants. Les livres de lieux communs étaient souvent destinés à être transmis d'une génération à l'autre dans une famille. Par exemple Robert Sidney l'aîné espérait que le sien aiderait son fils à affronter la vie publique[110].

Un bel exemple d'une collecte de notes au service du « bien commun » est celui de Nicolas-Claude Fabri de Peiresc (1580-1637), déjà rencontré, abondant preneur de notes bien qu'il n'ait pratiquement rien publié. Son biographe Pierre Gassendi (1592-1655) rapporte qu'il lisait toujours crayon en main et

> couramment portait de sa propre main ce qu'il tenait de ses amis en matière de remarques, ou veillait à ce que ce fût inscrit sur ses volumes, soit par eux-mêmes, soit par d'autres personnes. Même attention à se saisir de la plume quand quelque chose de digne d'être noté lui venait à l'esprit, ou provenait d'autrui, ou était recueilli dans les livres ; il ne pouvait supporter que disparût un trait qu'il pensait devoir lui servir à lui-même ou à d'autres. Il le consignait parce qu'il considérait que seulement alors le fait était en sûreté et par suite ne pouvait disparaître de l'écrit ni de la mémoire.

Il diffusait ensuite la matière puisée dans ses notes par sa correspondance abondante, et servit de pivot pour les échanges d'informations de la République des Lettres. Il prenait des notes sur des feuilles volantes, une pour chaque sujet nouveau, de façon à réserver de l'espace pour des additions ultérieures, car il regrettait toute perte de temps ou d'effort (les siens ou ceux d'un secrétaire) entraînée par la recopie. Il assignait à chaque feuille un sujet en haut et à gauche, puis répartissait les feuilles en registres reliés ou bien en liasses, sur des étagères ou sur le sol. Il conservait également copie de toute sa correspondance, dans des collections auxquelles il assignait une liste des contenus. Il dressa un catalogue de ses papiers, qu'il légua à son frère à sa mort[111].

Ses papiers pouvaient paraître embrouillés, mais, selon Gassendi, lui-même pouvait s'y retrouver.

> Ce n'est pas hors de propos que j'ai insinué que ce qui pouvait paraître confus à autrui ne l'était pas à lui. […] [S]ur un ensemble grossier et désordonné, il ne mettait jamais longtemps à chercher, pourvu qu'il fût seul à fouiller parmi ses antiques, livres, papiers, etc., et que personne d'autre, sans ordre d'y faire une recherche, ne les bouleversât[112].

Peiresc se trouvait au confluent de toutes sortes d'informations, concernant la culture ancienne, les objets de collection ou la philosophie naturelle, qu'il enregistrait régulièrement et recherchait et qu'il partageait avec d'autres qui les lui demandaient. Il avait des assistants pour la copie, mais il était apparemment seul responsable du classement – aux dires de Gassendi il se fiait surtout à sa mémoire pour gérer ses notes. De même pour Isaac Casaubon (1559-1614), dont les notes étaient dispersées dans les marges de ses livres, la mémoire devait jouer un rôle important pour coordonner ses pensées au cours de ses vastes lectures[113].

Quelques érudits n'arrivaient pas à retrouver les informations dans leurs propres papiers. Bien qu'il ait conçu dans l'abstrait nombre de schémas organisationnels, Gottfried Wilhelm Leibniz (1646-1716) se disait incapable de se retrouver dans son accumulation de notes non classées :

> Quand j'ay fait quelque chose, je l'oublie presque entierement au bout de quelques mois, et plustost que de le chercher dans un chaos de brouillons que je n'ay pas le loisir de digerer, et de marquer par rubriques ; je suis obligé de faire le travail tout de nouveau.

Leibniz prenait des notes sur des feuilles ou des bouts de papier, suivant en cela la méthode de Martin Fogel (1634-1675), disciple de Joachim Jungius[114]. Robert Boyle également fut manifestement désordonné avec ses papiers. Il s'approvisionna en produits de papeterie de couleur, mais ne mit aucun système d'organisation en pratique. Ses papiers qui survivent comportent des livres de lieux communs littéraires des années 1640, des collections de recettes des années 1650, des registres et procédures d'expériences après 1662 (*work diaries*), et des extraits tirés de ces derniers pour préparer des publications[115]. Les érudits travaillant dans les papiers de Boyle après sa mort ne bénéficiaient pas bien entendu de sa mémoire pour les guider et appelèrent ces archives « un chaos sans forme et indigeste à plusieurs reprises comme Dieu le sait[116] ». Boyle composait également sur des feuilles volantes, qui pouvaient être réorganisées à l'intérieur d'un traité ou déplacées entre divers traités sur lesquels il travaillait en même temps. Ainsi ces feuilles étaient « souvent perdues ou égarées, par lui-même ou ses assistants », et leur ordre était seulement signalé par les réclames au bas de la page indiquant le premier mot de la page suivante. Ainsi,

Boyle dut s'excuser dans la préface d'un de ses livres car les parties avaient été imprimés en désordre à cause d'une « interversion des feuilles volantes envoyées à l'imprimeur[117] ».

Bien qu'il fût plutôt mis en évidence par défaut chez Leibniz et Boyle, le principal outil de gestion des notes au début de l'époque moderne fut l'emploi de rubriques, sous lesquelles on classait ses notes pour les retrouver. Assigner chaque note à une rubrique était précisément le travail que Leibniz se plaignait de ne pas avoir le temps de faire, si bien que ses notes s'avéraient vaines, même pour lui-même. Étant donné l'importance de cette procédure, il est étonnant que les pédagogues et les preneurs de notes traitaient rarement explicitement du choix des rubriques. Choisir ce qu'il fallait extraire d'un texte, et sous quelle rubrique classer l'extrait était l'effet d'un jugement (*judicium*) universellement considéré comme décisif pour une prise de notes efficace, mais cet art fut probablement plus souvent enseigné en personne que par les livres. Charles Sorel, par exemple, n'offrait pas d'enseigner ce choix, qu'il disait avoir acquis par voie orale et l'imitation des autres :

> La force et la clarté du jugement sont acquises par les preceptes qu'on a receus de vive voix, et par potentiel l'adresse qu'on a de remarquer ce que les habiles Gens estiment[118].

Mais les compilateurs pour leur part étaient bien conscients de l'arbitraire relatif à l'assignation de rubriques. Pierre Bayle organisa les entrées de son *Dictionnaire historique et critique* de manière à réduire l'espace pris par la lettre « A », devenu trop important ; ainsi l'article consacré à Alexandre le Grand figura sous l'entrée « Macédoine », avec seulement un renvoi sous « Alexandre »[119]. Néanmoins les contemporains ne débattirent que peu du choix des rubriques, évoquant surtout les cas où il y avait de multiples rubriques possibles, ou aucune.

Dans le cas de rubriques multiples, les renvois servaient à éviter de copier plusieurs fois le même passage. On en trouve au XIIIe siècle dans le système d'indexation de Grosseteste, et, dans un texte plus largement répandu, dans le *Manipulus florum* (1306) de Thomas l'Irlandais (Thomas Hibernicus). Mais ce n'est que dans le manuel de prise de notes de 1689 de Vincent Placcius que j'ai trouvé une description explicite de cette pratique, malgré l'absence d'un terme spécifique pour la désigner[120]. On pouvait bien sûr copier le même texte sous plusieurs sujets, comme le jeune Auguste de Brunswick le fit dans quelques cas dans ses notes. Au contraire lorsque aucun sujet ne semblait pertinent, soit parce que trop de sujets pouvaient l'être ou qu'aucun ne le semblait tout à fait, on préconisait de le classer dans la catégorie des mélanges. À ses lecteurs français Charles Sorel conseillait :

> Lorsqu'ils pourront s'accorder à des Titres differens, et que l'on craindra de les prendre souvent l'un pour l'autre, Il sera plus utile de ne les placer sous aucun Titre, et d'avoir un Recueil pour toutes les choses vagues et de Titre incertain.

Dans ce carnet de mélanges qui pourrait devenir long, Sorel recommandait de suivre un ordre alphabétique et d'en maîtriser les contenus par de fréquentes relectures. Le médecin danois Thomas Bartholinus recommandait de même de ne pas placer des extraits sous une rubrique mal seyante, et de les accumuler plutôt dans une section sans sujet dans l'ordre dans lequel ils avaient été lus[121]. Un extrait mal classé devient inutile si on ne peut le retrouver.

Le choix de la rubrique prenait place soit au moment de la lecture si l'on insérait immédiatement le passage dans un livre de lieux communs organisé, soit lors d'une étape ultérieure si l'on prenait ses notes d'abord dans l'ordre de sa lecture. Dans ce cas on pouvait assigner la rubrique en recopiant le passage (comme Sacchini le conseillait), ou en ajoutant une annotation en marge du premier carnet de notes (comme décrit plus bas), ou enfin en dressant un index pour le carnet (comme le préconisait Drexel). Une hésitation au moment d'assigner une rubrique peut être observée parfois dans les notes manuscrites, par exemple lorsque Montaigne remplace une rubrique par une autre en la raturant dans ses notes marginales. L'originalité de Montaigne consistait souvent à employer des citations d'auteurs à des fins inattendues, en particulier en leur assignant un sujet déroutant ; il évitait ainsi des « pastissages de lieux communs » dont il se moquait et créait plutôt une « leçon » hors norme[122]. Par exemple, pour illustrer le pouvoir des préjugés, Montaigne évoquait aussi bien les peurs associées au changement de calendrier (passage du calendrier Julien au calendrier Grégorien en 1582) que la persécution des sorcières, et l'idée que les femmes boîteuses sont meilleures au lit (III, 11)[123]. Comme Montaigne a probablement travaillé directement à partir de ses lectures plutôt qu'à partir d'un stock de notes, ses annotations de rubriques ont pu servir de stimulus à la créativité.

Si entrer un extrait sous une rubrique exigeait un certain discernement, le retrouver en demandait tout autant. Charles Sorel commentait les difficultés à les retrouver lorsqu'on accumulait trop de notes :

> Voilà un étrange malheur d'avoir tant de Biens que ne sçachant desquels il se faut servir on ne s'en sert point du tout ; C'est estre pauvre au milieu de ses Richesses. On dira que l'Abondance vaut toujours mieux que la Disette, et que si tout ce qu'on a est de grand prix, quelque chose qu'on ait amassé et quelque chose qu'on debite, cela sera toûjours agreable ; Neantmoins les choses extravagantes et hors de propos ne sont jamais guere à estimer[124].

Sorel rejoignait donc Sacchini et Drexel en condamnant des notes excessives et hors sujet, qui n'étaient qu'un étalage vide et déplaisant d'érudition.

Les contemporains ont rarement débattu du nombre de rubriques à déployer, mais ces décisions pouvaient s'avérer importantes. Des rubriques trop nombreuses risquaient de disperser des éléments convergents. C'est une difficulté de ce type qui a pu conduire Jean Bodin, par exemple, à affirmer, dans des passages de son livre sur la philosophie naturelle, que la sève abondante rendait plus doux le fruit des arbres greffés, et également que les vieux arbres portaient des fruits plus doux précisément parce qu'ils étaient moins emplis de sève. Ces deux positions contradictoires concernant l'effet de la sève sur la douceur des fruits ont pu être issues de différentes rubriques dans le cahier de lieux communs que Bodin recommandait de tenir sur ce sujet[125]. Par contre si on employait trop peu de rubriques, elles deviendraient trop pleines de matière et difficiles à consulter efficacement. Les manuels de conseils s'expriment peu sur le nombre optimal de rubriques. Érasme mettait en garde de façon générale contre une « excessive subdivision » des sujets et recommandait des rubriques qui seraient utiles dans les compositions orales et écrites « classées dans l'ordre que vous préférez ». Il mettait l'accent sur l'efficacité d'un classement par vices et par vertus, par semblables et opposés, et suivit ce précepte en indexant ses *Adages* selon 257 lieux communs pour l'édition de 1508[126]. Si les pédagogues jésuites recommandaient l'usage de 40 rubriques générales seulement, pour éviter la confusion engendrée par trop de *loci*, Thomas Harrison conçut en revanche une armoire à notes pouvant gérer jusqu'à 3 300 sujets. Nombreux sont ceux qui étaient opposés à l'introduction de trop de rubriques : Bacon conseillait d'employer « beaucoup moins de rubriques que ce que l'on trouve dans les modèles [imprimés] » et John Locke, qui réfléchit de près à ses méthodes de prise de notes, prescrivait l'usage d'une centaine de rubriques[127].

Les ouvrages de référence imprimés ont servi de modèle pour certains. Un manuel recommandait par exemple de compiler ses listes en copiant les rubriques du *Theatrum* de Zwinger et de la *Polyanthea* de Lange entre autres. Charles Sorel explique que certains érudits empruntaient aux dictionnaires les rubriques pour lesquelles ils espéraient rassembler des notes[128]. De même en dressant les rubriques pour ses *Pandectae,* ou index universel des livres, Conrad Gessner utilisait les index des livres qu'il lisait, en particulier les index de collections de lieux communs. En 1630, Johann Heinrich Alsted recommanda à ses lecteurs d'utiliser les sujets de son encyclopédie pour la collecte et le classement de leurs propres extraits[129]. De façon plus originale, le philologue zurichois Johann Caspar Hagenbuch recopiait dans ses cahiers les rubriques des livres qu'il lisait en reproduisant même la mise en page de sa source pour ensuite remplir les espaces blancs avec ses extraits du livre. Cette méthode-là resta probablement unique, mais les chercheurs décrivent une tendance générale vers des méthodes de prise de notes plus individualisées à partir du XVIIIe siècle[130].

Indexer des notes soulevait le même genre de questions que choisir des rubriques, car chaque passage était entré dans l'index sous un mot clé. En conseillant de concevoir un index pour chaque carnet de notes, Drexel recommandait de classer les passages par ordre alphabétique sous leur sujet principal (*caput rei*), par exemple « l'incroyable croissance de la grâce divine » sous G pour *grâce*. Drexel préconisait une feuille d'index pour chaque lettre de l'alphabet (une feuille pouvant être consacrée à plusieurs lettres peu utilisées comme « K », « Q », « X » et « Z » pour économiser le papier), avec des renvois aux cahiers qui contenaient les extraits (mais sans préciser la forme de ces références, qui étaient peut-être des numéros de page)[131]. Comme de nouvelles feuilles apporteraient de nouvelles rubriques, l'index ne serait alphabétisé que par la première lettre. Retrouver un sujet donné demanderait ainsi de parcourir les rubriques commençant par la même lettre. En dépit de ce conseil, publié pour la première fois en

1638, je n'ai trouvé que rarement des index de notes avant la fin du XVIIe siècle. Le *Nachlass* monumental de Joachim Jungius consistait en plusieurs centaines de liasses de feuilles in-octavo et in-quarto mais aucun outil de recherche, ni de page numérotée, de renvoi ou d'index. Le naturaliste italien Aldrovandi racontait qu'il avait demandé à un de ses assistants d'indexer ses collections de notes, mais percevant que ce travail était plus difficile que celui de rédiger quatre ou cinq histoires naturelles, il le fit cesser[132]. Plutôt que de dresser un index, de nombreux preneurs de notes géraient même de grandes collections en se souvenant des rubriques qu'ils avaient utilisées et de leur organisation dans les cahiers, les liasses ou autres ensembles, d'où le conseil avisé de relire régulièrement ses rubriques pour les garder en mémoire.

Plutôt que de constuire un index, certains preneurs de notes ajoutaient des rubriques dans les marges de leurs notes (comme certains lecteurs le faisaient dans les marges de livres imprimés). Samuel Hartlib (1600-1662), qui, inspiré par Francis Bacon, rassembla et transmit toutes sortes d'informations à un vaste réseau de correspondants, remplissait des journaux de notes totalisant environ 300 000 mots, où il ajoutait des notes marginales pour indiquer les contenus et les personnes qui y étaient mentionnés, en une sorte d'index courant. De même, Charles Sorel observa que des symboles utilisés pour représenter certaines matières dans les livres imprimés pouvaient être appliqués aussi bien en marge de notes manuscrites[133].

Les conseils de Locke jouèrent un rôle décisif dans l'extension de la pratique d'indexer des notes. Sa *Nouvelle Méthode de dresser des recueils* parut d'abord en français en 1686, puis en anglais en 1706, et fut souvent republiée pendant plus d'une centaine d'années. Locke conseillait de placer sur la première page du recueil de notes une liste des rubriques, classées alphabétiquement par leur initiale et la première voyelle, avec des renvois aux pages contenant de la matière relative. Il vantait les avantages de cette méthode qui permettait de remplir les pages successives du cahier en indiquant dans l'index les différentes pages sur lesquelles on trouverait la matière d'une rubrique, ces pages n'étant pas nécessairement consécutives. On évitait ainsi de gaspiller des feuilles du recueil pour des rubriques peu utilisées, et de manquer de place sur d'autres feuilles trop remplies. Locke fournissait dans son article une grille alphabétique imprimée comme modèle et un exemple d'extraits indexés de cette façon. Locke suivit en général sa propre méthode d'indexation, même si pour quelques-uns de ses carnets de notes, l'index initial est absent. John Evelyn (1620-1706), membre comme lui de la Royal Society, consacra un volume à l'index de ses trois volumes de lieux communs, dont les extraits étaient classés par mots clés et par sujets[134].

Au cours du XVIIIe siècle l'indexation des notes devint plus commune et parfois complexe. Les carnets de notes de Samuel Johnson comportaient un index pour un livre de lieux communs (aujourd'hui disparu) conçu sur le modèle de Locke. Le romancier érudit allemand Jean Paul (Johann Paul Friedrich Richter, 1763-1825) dressa un index thématique de 1 200 pages pour sa collection d'extraits. De même, le grand helléniste et théoricien du classicisme Johann Joachim Winckelmann (1717-1768) consacra les dernières années de sa vie à faire des extraits de second ordre à partir des extraits abondants qu'il avait compilés auparavant. Johann Caspar Hagenbuch (1700-1763), qui reproduisait dans ses cahiers la disposition des rubriques présentes dans le livre imprimé, compila douze volumes d'index manuscrits correspondant aux vingt-cinq index imprimés du *Thesaurus Inscriptionum* (un « trésor » d'inscriptions anciennes) de Jean Gruter et où il intercala ses observations relatives à certains passages[135].

Les difficultés posées par l'indexation et l'assignation de rubriques que connurent les preneurs de notes de l'époque moderne sont à l'ordre du jour encore aujourd'hui. La cohérence dans l'assignation de sujets est vitale pour les catalogues de bibliothèques, car, à la différence de l'index conçu pour un livre singulier, ceux-ci sont des entreprises collectives menées sur une longue période par d'innombrables individus travaillant aussi bien simultanément qu'à des époques et dans des espaces culturels qui évoluent. À la fin du XIXe siècle la formation des bibliothécaires s'est professionnalisée aux États-Unis, les listes de sujets à employer furent standardisées, à l'intérieur d'une bibliothèque d'abord (New York Public Library, et les grandes bibliothèques universitaires), puis plus largement (avec l'adoption de la classification décimale de Dewey), et enfin avec la publication régulière par la Library of Congress (Bibliothèque du Congrès) d'une liste standard de mots-matière (à partir de 1898). En dépit de ce vaste effort pour assurer des critères de catalogage constants, les rubriques-sujets varient avec la culture elle-même, et par ailleurs le choix de la rubrique repose sur un catalogueur dont le jugement (même s'il est bien formé) peut différer de celui de ses collègues. Ces rubriques peuvent aussi varier du trop générique au trop spécifique ; une entrée sujet qui n'est en relation qu'avec un livre ne vous aidera pas à repérer des ouvrages intéressants (ce qu'on appelle le « silence » dans une recherche documentaire), et d'autre part de trop nombreux résultats deviennent ingérables (on appelle cela le « bruit »). L'arrivée de la recherche par mots clés rendue récemment possible par l'informatique et l'internet a ajouté une strate supplémentaire de critères de recherche, et allégé la responsabilité des rubriques, mais l'assignation de mots sujets reste un point central du catalogage en bibliothèque (aujourd'hui centralisé, par exemple en France à la BnF, ou aux États-Unis par le Cataloging in Publication Program de la Library of Congress). Nous aurons besoin de ce travail aussi longtemps que le langage présentera plusieurs termes pour des notions identiques ou proches. Une recherche sur internet par mot clé ne peut aider aussi bien à repérer un concept que le catalogueur qui attribue un mot-matière en se fondant sur sa compréhension de l'ouvrage et sa formation professionnelle. Jusqu'à récemment il existait des systèmes de rubriques hiérarchisées similaires pour naviguer sur le web[136].

Du point de vue de l'usager, la rubrique optimale dépend des objectifs auxquels servira la matière que l'on garde. Étant donné la versatilité des livres et des notes, ces objectifs sont impossibles à prévoir au moment où l'on prend des notes à long terme. Effectivement, comme Leibniz l'observait à la fin du XVIIe siècle : « On voit par là qu'une même vérité peut avoir beaucoup de places selon les différents rapports qu'elle peut avoir[137]. » La conscience qu'avait Leibniz de la multiplicité des rubriques potentiellement pertinentes pour un extrait le prédisposa à s'enthousiasmer pour un outil de « haute technologie » de son temps, conçu pour classer une grande quantité de notes qui pouvaient être redistribuées à volonté entre diverses rubriques. Bien que les historiens pensent aujourd'hui qu'aucun exemplaire ne subsiste de ce mobilier, un clerc relata en 1779 que l'armoire à notes qui avait appartenu à Leibniz se trouvait alors à la Bibliothèque royale de Hanovre[138].

L'armoire à notes de Harrison et l'usage de feuillets dans la prise de notes

Ce meuble qui appartint à Leibniz, même s'il ne réussit pas à mettre en ordre la masse chaotique de ses papiers, fut décrit pour la première fois dans un manuscrit anonyme, conservé aujourd'hui à la British Library, et qu'un travail récent a identifié de façon convaincante comme étant de Thomas Harrison, un Anglais proche de Samuel Hartlib. Comme Noel Malcolm l'a montré, Harrison décrivit son « invention-livre » (*booke-invention*) ou « index » dans un manuscrit composé alors qu'il était en prison dans les années 1640 ; son but était, semble-t-il, d'en obtenir une gratification. Le Parlement anglais vota la publication des « tables » de Harrison, comprenant une description de son invention, et quelque 100 000 observations qu'il y avait accumulées, mais n'établit aucun crédit pour ce projet, de sorte qu'il n'en reste que le manuscrit de Harrison décrivant ce meuble, dénommé *arca studiorum* (ou « armoire d'études »). Ce texte vint à la connaissance de Leibniz par l'intermédiaire de Vincent Placcius, qui le publia dans son *De arte excerpendi*, accompagné d'améliorations qu'il avait mises en œuvre lorsqu'il s'était fait confectionner un tel meuble pour son propre usage[139]. Placcius donnait à ce luxueux mobilier de bureau le nom de *scrinium literatum* ou « armoire littéraire » (voir les figures 2.1 et 2.2).

Cette armoire était conçue pour garder des feuillets de papier fixés à des crochets, qui étaient chacun associés à une rubrique de lieux communs inscrite sur une petite plaque de plomb, les rubriques étant classées par ordre alphabétique. Placcius se félicitait du nombre quasi illimité de feuillets qui pouvaient ainsi être rattachés à un sujet. Les barres de métal qui formaient le support des rubriques, d'une part, et des crochets, d'autre part, se trouvaient alignés sur toute la longueur de l'armoire de façon que, le meuble ouvert, tous les sujets se présentaient, visibles d'un seul coup d'œil. Cette armoire était conçue pour 3 000 rubriques, avec 300 espaces laissés vacants pour en ajouter de nouvelles par la suite (même si Placcius ne mentionnait pas le problème posé pour l'ordre alphabétique par l'insertion de nouvelles rubriques). Comme Christoph Meinel l'a expliqué, ce système était novateur en proposant le feuillet fugitif comme support de notes à long terme. Mais cette innovation avait été préparée par les techniques pratiquées (et enseignées) par Joachim Jungius,

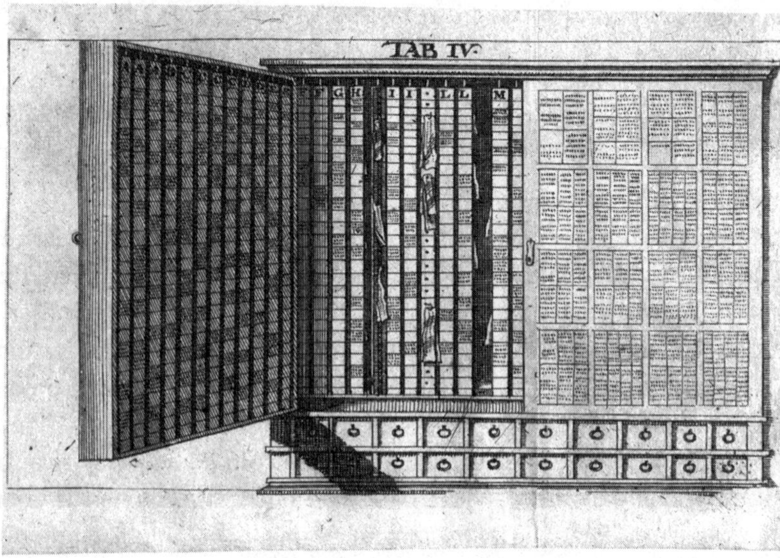

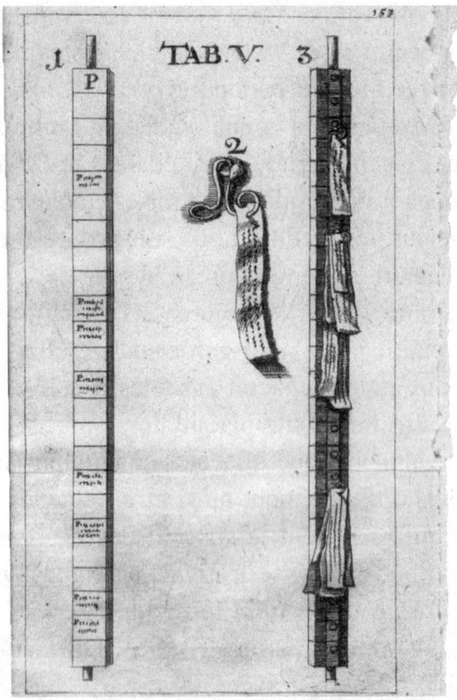

FIGURE 2.1 et 2.2. Meuble décrit dans *De arte excerpendi* de Vincent Placcius (1689), fondé sur le manuscrit de Thomas Harrison de 1640. Les notes, prises sur de petits feuillets, étaient groupées sur des crochets attachés à des plaques de métal ; chaque crochet est associé à une rubrique-sujet inscrite sur le devant de la plaque. Le meuble pouvait contenir jusqu'à 3 300 sujets. Deux meubles de ce type au moins furent construits, car Placcius et Leibniz en eurent un chacun. Mais il n'en subsiste aucun aujourd'hui. Reproduit avec la permission de la Houghton Library, Harvard University *GC6 P6904d tabula IV et V après la page 153.

qui employait des feuilles volantes, et enregistrait une seule observation ou un seul fait par feuille, de façon à pouvoir les reclasser aisément[140].

Nous en sommes encore aux débuts de l'étude des feuillets ou fiches de notes (celles-ci étant plus modernes, faites de carton et dans des formats standard)[141]. Ces supports mobiles de petit format jouèrent un rôle important dans de nombreux domaines de la gestion de l'information moderne. Les catalogues de bibliothèques passèrent du volume relié à la collection de fiches aux États-Unis au XIXe siècle ; les initiatives de Melvil Dewey en 1877 pour réformer les catalogues de bibliothèques inclurent la mise sur le marché de fiches standard conçues à cet effet[142]. Au début du XXe siècle, les manuels de méthodologie pour la recherche universitaire recommandaient de prendre des notes sur fiches[143]. Au XVIIIe siècle on ne produisait pas de fiches en tant que telles mais des cartes à jouer ou des cartes de visite. La prise de notes sur fiches commença par l'emploi de cartes à jouer, dont les dos étaient blancs et offraient ainsi un support d'écriture commode. Montesquieu (1689-1755) en utilisait occasionnellement pour ses notes. En 1755, l'abbé François Rozier, chargé de dresser un index des publications de l'Académie des sciences, expliqua qu'il avait employé le dos de cartes à jouer[144]. Le juriste allemand Johann Jacob Moser (1701-1785) et le physiognomoniste suisse Johann Kaspar Lavater (1741-1801) utilisaient aussi des cartes, qu'ils emmagasinaient dans des boîtes[145]. C'est probablement à la Bibliothèque impériale de Vienne que l'on utilisa des cartes comme catalogue de bibliothèque pour la première fois, vers 1780. Des cartes d'un format plus grand, présentant des images de sujets religieux, furent également mises sur le marché pour l'instruction des jeunes, et vendues sous forme de livres à partir desquels les fiches pouvaient être découpées puis conservées dans une boîte[146].

Avant que des fiches ne soient utilisées au XVIIIe siècle, des lamelles de bois ont pu remplir les mêmes fonctions, comme celles employées pour la *cista mathematica* conçue par le jésuite et polymathe Athanasius Kircher (1602-1680) et offerte à plusieurs princes allemands. La boîte contenait vingt-quatre lamelles de bois couvertes d'informations musicales et mathématiques servant à faciliter le calcul[147]. En 1653 dans un traité qu'il écrivit sur des curiosités mathématiques, le poète allemand Georg Philipp Harsdörffer (1607-1658) conseilla l'usage d'une boîte munie de vingt-quatre sections pour classer des mots clés par ordre alphabétique[148]. Plus communément des morceaux de papier, découpés à partir de feuilles, servaient pour les classements alphabétiques d'extraits à l'époque moderne. On a aussi émis l'hypothèse que cette méthode a servi au Moyen Âge, mais les reconstructions rationnelles de méthodes de travail qui nous paraissent évidentes peuvent s'avérer erronées historiquement (comme dans le cas des reconstructions de Drexel sur la relation entre la prise de notes et la prolixité dans l'écriture). Ici, et au chapitre 4 également, dans mon étude de l'emploi de feuillets mobiles pour compiler les ouvrages de référence, je cherche à éviter les reconstructions rationalisées après coup et me fonde plutôt sur des preuves qui subsistent aujourd'hui ou des descriptions de méthodes de travail rédigées à l'époque.

Les plus anciens manuscrits comportant des feuillets de papiers collés dont j'ai pu prendre connaissance sont des *rapiaria,* journaux tenus par les Frères et Sœurs de la vie commune au XVe siècle ; ces feuillets n'étaient pas employés pour classer du contenu mais comme des notes transitoires que l'on rendait durables en les collant dans un cahier[149]. Au XVIe siècle, on utilisait des feuillets pour classer alphabétiquement les index, ou créer des compilations classées par ordre alphabétique ou systématique. On trouve des exemples de cette méthode de travail dans des catalogues de bibliothèques, des collections de notes, et des manuscrits destinés à l'imprimeur. En 1548, le bibliographe Conrad Gessner fut le premier à recommander l'usage de feuillets pour créer un index alphabétique : chaque élément à classer étant copié d'un seul côté du papier pouvait être découpé en un feuillet mobile puis collé avec d'autres feuillets sur une page de matière alphabétisée (voir la figure 2.3). Plus radicalement, pour épargner le temps et l'effort de la copie, Gessner recommandait même de découper les passages à indexer directement dans les livres imprimés. Dans ce cas, remarquait-il, il fallait avoir deux exemplaires du livre pour découper des passages au verso et au recto de chaque page ; il ne semblait étonnamment pas soucieux de conserver un troisième exemplaire du livre intact. Il décrivait aussi une technique pour maintenir les feuillets en place temporairement, tout en les laissant mobiles, en utilisant une colle temporaire à base de farine (un précurseur du Post-it ?). Une fois la collecte et le classement finis, les feuillets étaient collés de façon permanente sur les pages pour les envoyer à l'impression ou les garder comme manuscrits. En effet, dans plusieurs cas ce travail de collage est encore intact aujourd'hui[150]. Si Gessner reconnaissait généralement sa dette envers Conrad Pellikan, bibliothécaire de Zurich, renommé pour son catalogage méticuleux des collections dont il avait la charge, nous ne connaissons aucune source directe pour cette technique remarquable[151].

L'usage de feuillets (manuscrits plutôt que découpés dans les imprimés) est largement attesté dans la période qui suivit[152]. De nombreux volumes des notes d'Ulisse Aldrovandi étaient constitués de feuillets collés sur des feuilles libres ou sur des pages de cahier. Le cartographe Abraham Ortelius (1527-1598) tint un « Thesaurus geographicus », qui consistait en extraits copiés sur des feuillets collés par ordre alphabétique, avec de larges marges pour recevoir des additions ultérieures[153]. Nombre de catalogues de bibliothèques classés par ordre alphabétique furent compilés au XVIIe siècle de cette façon (voir la figure 2.4)[154]. Dans tous ces cas la mobilité des feuillets facilitait le classement de listes, de catalogues, ou d'index alphabétiques, mais était abandonnée dès que l'ouvrage était considéré comme achevé et les feuillets collés de façon permanente. Les catalogues de bibliothèque ainsi élaborés étaient presque autant menacés d'obsolescence que ceux qui étaient rédigés en un registre manuscrit continu, et ils étaient pourvus de même de larges marges destinées à insérer des ajouts, dans l'attente du moment où un nouveau catalogue serait nécessaire.

Des feuillets subsistent aussi parfois sous forme volante dans les manuscrits de l'époque moderne ; ils étaient destinés à être enregistrés dans un livre de lieux communs, selon les recommandations de certains auteurs de manuels de prises de notes[155]. On en trouve quelques-uns insérés dans les livres dans les archives de Robert Sidney, le second comte de Leicester[156]. Une copie manuscrite d'un poème de John Donne comprend des feuillets sur lesquels des extraits avaient été copiés, accompagnés d'un chiffre qui correspondait peut-être à une rubrique de lieu commun, comme si ces extraits étaient destinés à être exportés dans un cahier de notes (ou peut-être une armoire à notes)[157]. Dans tous ces cas, le feuillet était une forme de note temporaire (sur le même support qu'une note permanente), qui serait transformée en note permanente soit par collage (comme cela se pratiquait dans les *rapiaria*) ou, plus souvent, en étant recopié dans un cahier. Il est difficile d'estimer combien de temps on gardait des feuillets à l'état mobile avant de les coller ou recopier. En 1657-1658, Blaise Pascal (1623-1662) accumula des notes pour une *Apologie de la religion chrétienne* qu'il ne composa jamais, sur des feuilles qu'il découpa plus tard en feuillets, un pour chaque pensée, qu'il enfilait en liasses identifiées par des titres

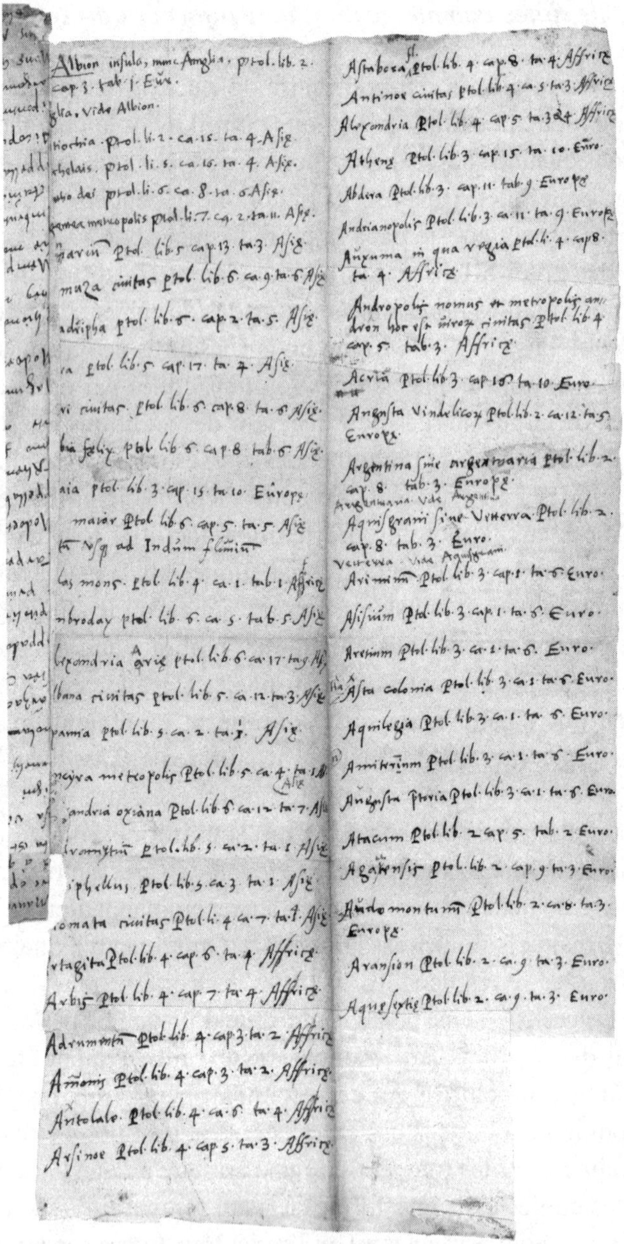

FIGURE 2.3. Parmi les manuscrits de Conrad Gessner, cette liste de références fut dressée en vue d'un classement alphabétique. Gessner a recopié des noms géographiques avec des références à la *Géographie* de Ptolémée indiquant les numéros de livre, de chapitre et de carte (*tabula*). Il a écrit seulement sur un côté de la feuille, avec l'intention de découper chaque élément en feuillets qui seraient associés aux éléments provenant d'autres sources pour en faire une seule suite alphabétique. Il se peut qu'il ait copié cette liste sur un index existant, étant donné son classement par initiales ; mais on remarque que l'ordre alphabétique de cette page et de cette section n'est pas strict : ainsi *Arbis* vient avant *Adrumentum*. Reproduit avec l'autorisation de la Zentral Bibliothek, Zurich MS C 50 a f. 348v.

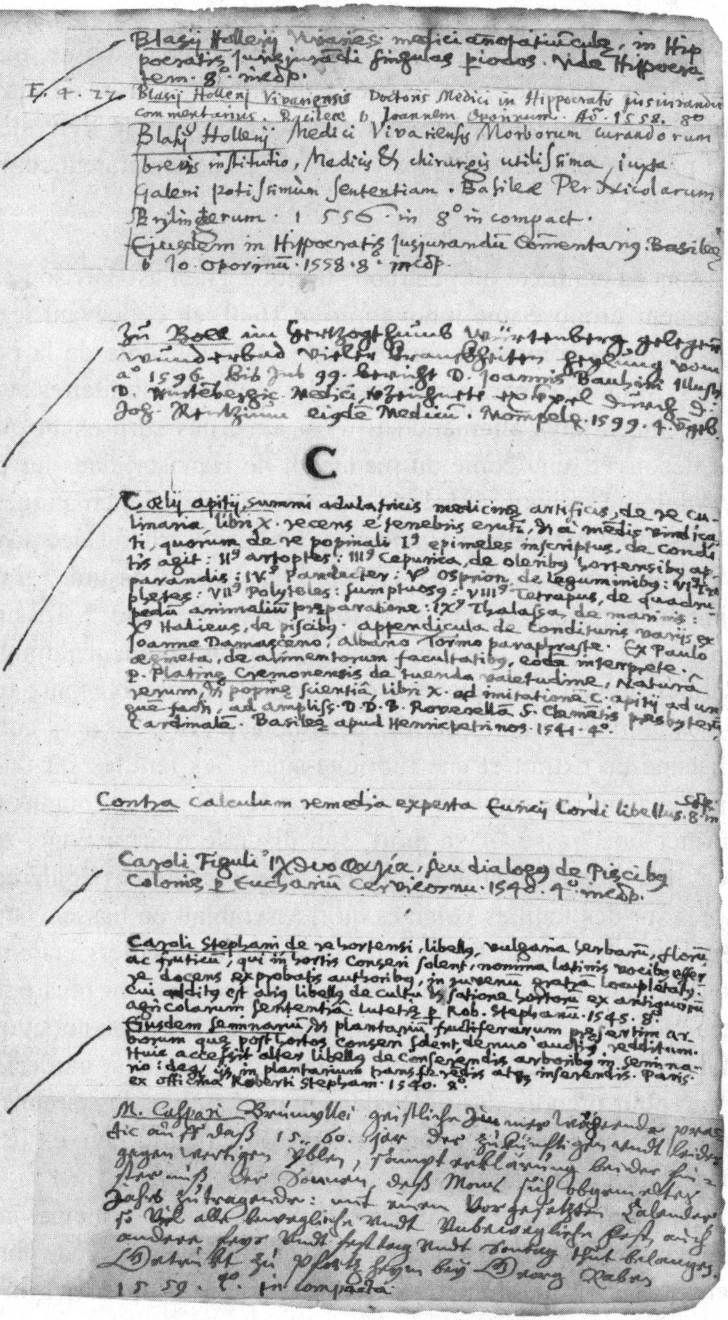

FIGURE 2.4. Une page du catalogue de la bibliothèque de la famille Amerbach de Bâle datant des années 1630, composé en collant des feuillets écrits de diverses mains dans l'ordre alphabétique ; quelques feuillets paraissent découpés d'un catalogue antérieur. Voir Roth (1935). Reproduit avec la permission de la Bibliothèque de l'université de Bâle MS ARI 7.

thématiques[158]. Il mourut avant de terminer cette œuvre, qu'il eût sans doute achevée en collant ces feuillets dans l'ordre de son choix. Aussi les nombreux éditeurs de ce texte depuis le XVIIe siècle en ont proposé des assemblages variés, qu'ils considéraient comme les meilleurs.

Dans ce contexte on peut conclure que Thomas Harrison a effectivement proposé une innovation en 1640, en concevant les feuillets mobiles comme la forme finale et permanente de la prise de notes. Mais on expérimentait avec des méthodes similaires au même moment en pays allemand ; il n'est ainsi pas surprenant que l'on ait découvert une copie du manuscrit de Harrison dans les papiers d'Adolph Tassius (1585-1654), professeur de mathématiques et de philosophie naturelle à Hambourg. Ce manuscrit fut découvert par Vincent Garmers, oncle de Vincent Placcius, qui assura la transmission du manuscrit anglais au livre imprimé allemand[159]. Tassius était un proche ami de Joachim Jungius, le grand preneur de notes. Ce dernier prenait des notes sur des supports semblables aux feuillets – des feuilles volantes de format in-octavo (16 × 10 cm), contenant chacune un extrait et une rubrique-sujet. Ses feuilles sur un même sujet étaient rassemblées et pliées par le milieu (en longueur) pour former une liasse. À sa mort, son disciple Martin Fogel dénombra 300 liasses ainsi constituées[160]. Peiresc prenait également ses notes sur des feuilles volantes qu'il assemblait en liasses, la plupart dans un plus grand format (in-quarto). Les feuillets étaient après tout seulement une variante de la feuille volante en plus petit. Les deux formats étaient faciles à reclasser, mais Harrison notait qu'étant donné leur taille, les feuillets étaient plus faciles à garder sous la main pour prendre des notes dans presque toutes les circonstances, « dans l'étude, dans une bibliothèque ou un autre lieu, en lisant, en pensant ou en parlant[161] ».

Cette petite taille pouvait cependant aggraver le principal inconvénient du feuillet ou de la feuille volante, qui en détourna de nombreux lettrés – le risque de perte ou de déclassement, qu'Harrison reconnaissait :

> Seul demeure cet inconvénient principal, qu'il nous faut éviter une dispersion ou confusion affligeante en employant ces feuilles sibyllines (ainsi qu'elles sont appelées par quelques contempteurs). J'ai

> fait quelquefois, avec grande lassitude, l'expérience [de cette dispersion], causée par un courant d'air venant d'une fenêtre ou d'une porte laissée ouverte par inadvertance[162].

Placcius évoqua la possibilité de grouper les feuillets en volumes d'où ils pourraient ensuite être déplacés puis reclassés. Mais le meuble conçu par Harrison résolvait le problème de manière plus élégante. L'« armoire littéraire » promettait de combiner les avantages de la flexibilité avec ceux d'un ordre bien maintenu, en conservant les feuillets attachés aux crochets correspondant aux rubriques choisies mais restant mobiles au besoin. Harrison remarquait aussi qu'on pouvait augmenter les dimensions de l'armoire pour pouvoir y insérer des feuillets plus grands, et même des feuilles entières[163].

Cette armoire permettait divers classements pour les rubriques (même si l'illustration de Placcius présente un ordre alphabétique) ; lorsque plusieurs rubriques étaient pertinentes, Harrison conseillait d'indiquer les renvois sur un feuillet pour éviter de recopier la matière. Professeur de rhétorique à Hambourg, Placcius vantait aussi l'utilité de l'armoire pour gérer l'afflux des textes encombrant la vie universitaire allemande.

> C'est aussi un avantage particulier de pouvoir mettre à leur place [dans ce meuble] des fragments entiers de livres, de programmes ou de disputes, pour être découpés (au cas où ils ne contiendraient rien de notable sauf les passages à extraire, ou bien si ce sont des doublons) ou encore mieux des programmes entiers […] Ce qui est spécialement utile pour les programmes qui sont imprimés dans de grands in-folio […] moins adaptés à la reliure.

Placcius envisageait ainsi d'interclasser des notes manuscrites et des imprimés, des textes entiers et des extraits (obtenus par extraction de pages entières ou par découpage d'extraits précis, Placcius ne précise pas). Il se plaignait d'être environné de papiers superflus, et recommandait de prendre des notes à la fois *lemmatice* (par simple référence bibliographique, suivant la terminologie de Drexel) et *verbotenus* (« mot à mot ») pour les insérer dans l'armoire[164].

Harrison aussi bien que Placcius insistaient sur l'intérêt de ce *scrinium* pour le travail collectif, pour partager le travail et les résultats de la prise de notes dans un groupe. Harrison décrivit éloquemment les difficultés éprouvées à partager son carnet de notes avec des amis désireux d'en tirer profit :

> Combien de fois quelque ami éloigné vous demande vos observations sur tel ou tel sujet et vous voudriez les partager avec lui, mais il demandera ou s'attendra à prendre les livres [d'extraits] eux-mêmes, mais vous ne pouvez vous en priver sans poser un grave inconvénient et un certain risque pour vos études.

Par contre cette armoire rend aisé d'échanger des extraits sans se départir de toute la collection :

> Sans aucun délai ou difficulté à les trouver ou les recopier, vous pouvez immédiatement transmettre les feuillets associés aux sujets désirés et les remettre en place au retour, dans l'espace resté vacant[165].

Pendant que les feuillets concernant ces sujets étaient prêtés, le reste des notes demeurait à disposition dans le meuble.

Harrison envisageait l'utilité de l'armoire pour un groupe d'étudiants dans un collège ou une société littéraire, par exemple de six personnes ou plus, qui pouvaient se répartir des livres à lire, des sujets à extraire, et en garder les résultats dans l'armoire. Ils pouvaient tous à tout moment et même ensemble examiner et comparer des opinions et des sources sur tout sujet, extraites d'une grande masse de livres[166]. L'armoire semblait rendre possible cet index complet de tous les livres qui restait l'ambition des érudits de l'époque moderne à travers l'Europe, comme Gessner, Leibniz, ou Samuel Hartlib, que Harrison louait chaleureusement[167]. Harrison recommandait d'une part de compter sur « les yeux et les mains d'un grand nombre [de personnes] pour lire des auteurs et faire des extraits », mais d'autre part, il conseillait de suivre le « jugement et la perspicacité d'un petit nombre ou même d'une seule personne dans le recensement, l'évaluation, et la composition suivant une méthode juste ». Malheureusement il n'entrait pas dans les détails d'une méthode qui permettrait à de multiples collaborateurs de suivre le jugement d'un seul[168].

Placcius disait également son enthousiasme pour ce qu'il nommait des « extraits sociaux », soit la prise de notes par un groupe, et l'usage qu'il en prévoyait, pour les sociétés savantes fondées « dans ce siècle », dont les académies officielles, les sociétés littéraires informelles ou les journaux savants. Quelques-unes existaient déjà lorsque Harrison écrivait (vers 1640), comme l'Accademia della Crusca et l'Accademia dei Lincei (fondées en 1583 et 1603 respectivement à Florence et à Rome), la Fruchtbringende Gesellschaft (à Weimar, 1617-1650), et, en Angleterre, Samuel Hartlib avait conçu l'idée d'un « collège invisible » qui contribuerait, par la circulation d'idées et de recherches nouvelles, au progrès moral et philosophique. Quelque cinquante ans plus tard, lors de la publication du texte par Placcius, la Royal Society à Londres et de nombreuses académies en France étaient bien établies, en même temps que paraissaient les premiers périodiques savants. Notamment les *Philosophical Transactions of the Royal Society* et le *Journal des sçavans* furent lancés en 1665, suivis par les *Acta eruditorum* (1682) et les *Nouvelles de la République des Lettres* publiées par Pierre Bayle, à partir de 1684[169]. Placcius mentionna aussi de nombreux travaux collaboratifs « mis en œuvre pour la plupart en ce siècle » : les commentaires de la Bible publiés dans les années 1590 par les jésuites de Coïmbra, une anthologie poétique éditée en 1657 par les professeurs de l'Académie de Giessen, les dictionnaires de l'Accademia della Crusca et de l'Académie française, et le périodique de Bayle. Mais il notait aussi que ces *libri sociale*s (« livres sociaux ») écrits de façon collaborative étaient rares, et souvent empêchés par la jalousie et la discorde humaines[170]. Aussi s'enthousiasmait-il de la possibilité d'une collaboration hiérarchique à travers l'utilisation du meuble conçu par Harrison ; après avoir pris des notes sur des feuillets auxquels on aurait attribué des rubriques, on pouvait confier à autrui (à quiconque pouvait lire) la tâche de placer les feuillets sur les crochets pertinents, ainsi que de les retirer pour en faire usage[171]. Ainsi cette armoire facilitait aussi bien les projets collaboratifs entre pairs, qu'une collaboration par division du travail (peut-être moins délicate) dans laquelle un assistant s'occupait de gérer les extraits dont le contenu et les rubriques avaient été choisis par un autre.

La prise de notes collaborative

L'intérêt considérable exprimé par Harrison et Placcius pour l'emploi collaboratif de l'armoire littéraire met en évidence les aspects sociaux du travail intellectuel en général et de la prise de notes en particulier à l'époque moderne. Tous deux vantaient les avantages de l'armoire pour la coopération entre pairs ; et Placcius évoquait aussi un modèle plus hiérarchique de collaboration, dans lequel certaines tâches, mécaniques pour ainsi dire, étaient déléguées aux moins qualifiés. Ces deux modèles de travail intellectuel contestent la conception largement répandue selon laquelle les érudits travaillaient seuls.

Les lettrés de la période moderne se décrivaient solitaires, avec leurs livres pour seule compagnie. Montaigne le fit en décrivant sa bibliothèque dans les *Essais*, même si des travaux récents ont révélé qu'il travaillait environné par une maisonnée très active, un secrétaire se tenant souvent à ses côtés. Des sources iconographiques représentent le plus souvent les érudits au travail seuls à une table de travail, en présence de livres et d'objets antiques, ou d'animaux emblématiques. Dans la mesure où nous projetons nos propres méthodes de travail sur le passé, nous avons également une vision de la recherche, et de la prise de notes en particulier, comme des activités silencieuses et solitaires[172]. Mais récemment les historiens cherchent derrière ces représentations et autoreprésentations, pour mettre en lumière les différentes sortes d'aide sur lesquelles s'appuyèrent les lettrés de l'époque moderne, venant d'une part de personnes qu'ils considéraient comme inférieures, socialement ou intellectuellement, tels les secrétaires, domestiques ou membres de la famille, et d'autre part de leurs égaux, comme des collègues ou des amis. De plus ils recevaient aussi le soutien (matériel ou moral) de contemporains qui leur étaient socialement supérieurs, dont je donne des exemples au chapitre 4.

Les historiens des sciences ont de longue date observé l'importance de l'idéal d'un travail hiérarchique collaboratif décrit par Francis Bacon (dans sa *Nouvelle Atlantide* de 1627 par exemple) comme source d'inspiration pour les sociétés scientifiques, formelles ou informelles, fondées au cours du XVIIe siècle[173]. Des études récentes ont examiné d'autres modèles de travail intellectuel collaboratif de l'époque qui ont pu inspirer Bacon et ses épigones ou d'autres formes de collaboration. Deborah Harkness a mis en évidence la coopération (mêlée de compétition) qui caractérisa l'interaction entre artisans et marchands à Londres à la fin du XVIe siècle dont la vie urbaine sert de modèle et de lieu de collaboration[174]. Comme au temps d'Eusèbe de Césarée, l'histoire ecclésiastique fut aussi un domaine de travail de groupe innovant au XVIe siècle. Les *Centuries de Magdebourg,* histoire luthérienne rédigée pour combattre les histoires ecclésiastiques catholiques, parurent entre 1559 et 1574 en treize volumes produits par une équipe de quinze personnes selon un plan hiérarchique et avec des fonds levés par Matthias Flacius. Du côté catholique, les ordres religieux fournirent, comme au Moyen Âge, un environnement institutionnel et intellectuel propice au travail en équipe. Au XVIIe siècle, les jésuites, les bollandistes, et d'autres ordres, entreprirent de massifs projets de compilation et d'édition de documents relatifs à l'Église[175]. Les valeurs du clergé favorisaient ce type de travail de groupe entrepris sans attente de reconnaissance ou de rémunération individuelles, mais pour le bien des frères et de l'Église.

Un espace de travail intellectuel collaboratif qui n'a pas encore été beaucoup étudié est le travail en groupe chez les étudiants. Placcius attribue la première évocation du sujet à Bartholomaeus Keckermann (1573-1609), professeur de physique, de logique et de théologie à Dantzig, qui notait les conditions pour le succès d'une telle entreprise : 1) que trois étudiants travaillent ensemble, qui ont les mêmes capacités, et la même expérience ; 2) que ces trois étudiants aient le même but, et étudient tous la théologie, la politique, le droit, ou une autre discipline ; 3) qu'ils soient également travailleurs et appliqués ; 4) qu'ils soient dévoués les uns aux autres et amis, de façon que chacun communique volontiers ses opinions sans jalousie ; 5) qu'ils prennent un lecteur à leur service, ou, s'ils ne le peuvent, qu'ils prennent eux-mêmes en charge la tâche [de lire] à tour de rôle ; 6) qu'ils aient des cahiers préparés pour noter ce qui en est digne ; 7) ils peuvent prendre des notes chacun à leur tour, mais, dans les cas douteux ou obscurs, quand le sujet auquel la note doit être associée n'est pas immédiatement clair, qu'ils échangent leurs opinions entre eux ; 8) ces volumes partagés peuvent être alors copiés par chacun, ou bien cette méthode peut être plus commode : que les deux qui ne lisent pas prennent des notes dans leurs volumes séparés, et que le troisième étudiant qui lit prend des notes pour lui-même ensuite, ou bien, s'ils recrutent un lecteur, ils peuvent chacun prendre des notes dans un volume séparé, brièvement si nécessaire, à partir de leurs opinions rassemblées[176].

Keckermann voyait un tel groupe débattre des décisions difficiles concernant l'assignation de rubriques, puis produire des notes collectives dont chaque membre garderait copie. Johann Heinrich Alsted (1588-1638), professeur à Herborn et auteur d'une grande *Encyclopedia*, continua le projet de Keckermann dans de nombreux domaines, y compris en recommandant aux étudiants de travailler dans des groupes de trois à six appelés *collationes* ou *collegia*[177].

L'étude en groupe ne fut pas le fait des seuls Allemands. Jean-Cécile Frey de l'université de Paris recommandait que

> la lecture ne soit jamais solitaire mais toujours avec un compagnon qui écoute : il vous répète ce qui est à noter, de la même façon que vous le faites lorsque c'est lui qui lit. Il arrive souvent lorsque nous étudions seuls que nous prouvions ce qu'il n'est pas nécessaire de prouver et ne prouvions pas ce qu'il l'est. Ce qui n'advient pas lorsque mon précepte est suivi.

En Angleterre, le pédagogue Charles Hoole (1610-1667) conseillait aux étudiants de transcrire les lieux communs collectés par d'autres dans leurs propres cahiers de notes pour accumuler des extraits, de la même façon que Harrison le proposait avec son *arca studiorum*[178]. La présence d'annotations identiques dans plusieurs exemplaires du *De revolutionibus* de Copernic (1543) témoigne de la circulation parmi les astronomes du XVIe siècle d'au moins deux ensembles d'annotations détaillées, qui apportaient des commentaires explicatifs éclairants sur cette œuvre difficile[179]. Bien que nous ne connaissions pas les circonstances dans lesquelles les annotations originales d'Erasmus Reinhold et Jofrancus Offusius furent copiées dans d'autres exemplaires du livre, on y voit un exemple de la copie des notes d'un autre comme le recommandait Hoole dans son manuel de 1660. Ces exemples de contextes divers suggèrent que ces pratiques pédagogiques jouèrent un rôle dans l'émergence de projets de travail collaboratif au XVIIe siècle ; Placcius, en tout cas, considérait les conseils de Keckermann pour le travail de groupe comme innovants et importants pour la naissance des sociétés savantes.

Si peu d'érudits de l'époque collaborèrent entre pairs, la plupart s'appuyaient sur des collaborateurs qu'ils considéraient comme inférieurs socialement et intellectuellement et qui n'étaient généralement pas mentionnés. Par exemple Keckermann mentionnait qu'un groupe d'étudiants pouvait recruter un lecteur pour les aider dans leurs études. Un article séminal de Steven Shapin montrait que les gens qui produisaient, entretenaient et faisaient fonctionner le matériel nécessaire aux expériences en physique, en particulier à la Royal Society, étaient absents des rapports de procédures expérimentales et des images représentant des expériences en cours, où l'on pouvait voir plutôt des angelots tournant des manivelles et manœuvrant des instruments. Les techniciens qui en étaient les véritables acteurs devenaient « invisibles[180] ». De même, en travaillant sur des textes, les érudits se reposaient souvent sur autrui, des « invisibles » également, pour lire, résumer, extraire, classer, indexer, prendre en dictée, et copier.

Qui étaient-ils ? Quelques-uns étaient des proches, notamment leurs femmes et leurs enfants. Le modèle du clerc célibataire commença à s'éroder au XVe siècle en Europe (même s'il se maintint jusqu'au XIXe siècle dans les universités d'Oxford et de Cambridge) quand les professeurs commencèrent à recevoir un salaire plutôt que de vivre d'un bénéfice ecclésiastique. Comme Gadi Algazi l'a montré, le mariage poussa les érudits à de nouveaux types d'obligations et de relations. Bien que le refrain le plus commun fût de se plaindre de la charge d'une femme et d'enfants, parfois les érudits reconnaissaient l'assistance de membres de leur famille. Même lorsque cette aide était passée sous silence, des études récentes fournissent des pistes pour entrevoir leur rôle[181].

Ainsi lorsque les *Adversaria* (« commentaires linguistiques ») du philologue français Adrien Turnèbe parurent en 1581 après sa mort par les efforts de son fils du même nom, celui-ci remercia sa mère de son zèle pour ce projet ainsi que Joannes Furdinus, le dernier secrétaire de son père[182]. Ulisse Aldrovandi fut plus explicite en remerciant sa femme d'avoir « assemblé » les cinq volumes de son *Lexique des choses inanimées*. Ce travail consista probablement à classer et coller dans l'ordre alphabétique de leurs rubriques les notes qu'il avait accumulées sur des feuillets et gardés en désordre dans des sacs de toile (un pour chaque lettre). Elle l'aida probablement aussi à copier des extraits d'auteurs anciens et modernes sur des sujets d'histoire naturelle, particulièrement pour le *Pandechion epistemonicon* en 64 volumes[183]. Au XIXe siècle, Émile Littré décrivit comment il avait composé son *Dictionnaire* (imprimé en 1859-1872) avec l'aide de son épouse et de sa fille. L'éditeur rétribuait quelqu'un pour faire les tâches ménagères qu'elles ne pouvaient assurer tandis qu'elles vérifiaient les citations et rédigeaient les articles à partir des contributions de lecteurs[184]. Le soutien de proches est sans aucun doute souvent resté invisible au-delà de la sphère privée[185]. Des procédures judiciaires mettent quelquefois en lumière une assistance sinon inconnue, comme le montre le cas d'Amelot de La Houssaye, qui produisit de nombreuses éditions avec l'imprimeur parisien Léonard dans les années 1660 et 1670, et résidait pendant des périodes de plusieurs semaines chez l'imprimeur. Pendant ces périodes, Amelot se faisait aider par la fille de Léonard, qui copiait des textes pour lui, et, dans le même temps, il entretenait avec elle une liaison adultérine (elle était mariée)[186].

Plus couramment les assistants n'étaient pas des proches, et ils étaient rémunérés pour leurs services. Érasme, qui adhérait au modèle du célibat, est un bon exemple pour étudier les différents types d'assistance dont les détails peuvent souvent être suivis dans sa correspondance[187]. Au début de sa carrière, alors qu'il vivait modestement comme précepteur de jeunes nobles, il ne pouvait rétribuer un domestique, et se faisait aider par un *puer*, un garçon entre 12 et 16 ans qui, en échange du gîte et du couvert (souvent pris en charge en partie par une pension versée par ses parents) et attiré par l'opportunité d'un apprentissage par la pratique, l'aidait à de menues tâches, comme de la copie. Puis, à partir de 1516, il put prendre à son service un vrai *famulus,* domestique (pour un salaire annuel allant de 20 à 24 florins, jusqu'à 32 florins à la fin de sa vie, en plus du logement chez Érasme) ; c'étaient surtout des étudiants, entre 20 et 24 ans, qui copiaient et écrivaient sous la dictée, corrigeaient aussi les épreuves, collationnaient et traduisaient des textes, et livraient des messages ou des paquets. En 1521, Érasme recruta une gouvernante qui prit la relève de ses *famuli* pour divers travaux domestiques. Il réserva à ses trois *famuli* favoris (Nicolaus Cannius, Quirinus Talesius, et Gilbert Cousin) le titre d'*amanuensis* (secrétaire). Ceux-ci remplissaient les mêmes tâches, au besoin domestiques, mais ils bénéficiaient de la pleine confiance du maître, et de meilleurs gages. Nous savons par exemple que Nicolaus Cannius travailla avec Érasme à améliorer l'index des *Adages* pour l'édition de 1526, grâce aux annotations de chacun d'eux qui survivent dans un exemplaire de l'édition de 1523[188].

Gilbert Cousin (*Cognatus* en latin) est le mieux connu de ses *amanuenses*, et Érasme essaya en vain de le retenir lorsqu'il le quitta, en 1525 après quatre ans de services, pour accepter une charge ecclésiastique dans sa ville natale ; Érasme fit miroiter de meilleures conditions de travail, dont une part des dons qu'il pourrait recevoir. Cousin écrivit des lettres pour Érasme lorsque ce dernier souffrait de la goutte, dressa un inventaire de ses biens, et contribua à quelques-uns de ses commentaires. Cousin publia de nombreuses œuvres personnelles, dont un livre de conseils sur les qualités d'un bon serviteur, bien qu'il n'y traitât pas du rôle de secrétaire en particulier[189]. Après le départ de Cousin, Érasme ajouta une clause de fidélité lors du recrutement

FIGURE 2.5. « Gilbert Cousin de Nozeroy [France] secrétaire de D. Érasme, âgé de 26 ans en 1530. Érasme de Rotterdam, âgé de 70 en 1530. » *Effigies Des Erasmi Roterodami* (Bâle : Oporinus, 1553). Reproduit avec l'autorisation de l'Universitätsbibliothek Basel AN VI 4a, 7-8.

de son successeur, Coomans, lui promettant une prime de 200 florins s'il restait jusqu'à sa mort, ce qu'il fit. Nous manquons de détails sur la façon dont les lettrés collaboraient avec leurs assistants, mais une gravure d'époque, sans doute conçue par Cousin, dépeint Érasme et Cousin travaillant face à face, sur une grande table (voir la figure 2.5).

Les secrétaires, bien que rémunérés pour leur travail, pouvaient aussi être traités comme des quasi égaux ; en effet pour certains du même milieu social que leur maître le travail de secrétaire représentait une étape de formation pour une future carrière. Pour la même raison un lettré pouvait traiter son fils un certain temps comme un *famulus* ; ainsi Jules César Scaliger (1484-1558) délégua certaines tâches comme celle de copier des vers sous la dictée à son fils Joseph Justus Scaliger qui devint érudit humaniste à son tour (1540-1609)[190].

Quelquefois les relations entre secrétaires et maîtres étaient chaleureuses et amicales : Joseph Scaliger par exemple légua tous ses biens (mis à part les 30 florins destinés à sa femme de chambre) et la plupart de ses papiers, à son secrétaire Jonas Rousse. De même, le secrétaire de William Drake, Thomas Ken, qui s'adapta si bien aux vues de Drake que les notes qu'il prenait différaient très peu de celles de son maître, devint son ami et son héritier après de nombreuses années passées à son service. Cette confiance pouvait dans quelques cas avoir été placée à mauvais escient. Les manuscrits de John Milton tombèrent entre les mains de celui qui fut pour un an son secrétaire, Daniel Skinner. Ce dernier tenta de faire avancer sa carrière en en publiant quelques-uns, puis changea d'avis de peur des idées hérétiques véhiculées par certains d'entre eux[191].

Ces relations pouvaient aussi être tendues. De nombreux lettrés se plaignaient d'erreurs et de maladresses qu'ils attribuaient à leurs aides, comme, par exemple, d'avoir abîmé certaines lettres en les ayant un peu trop approchées des flammes lorsqu'ils travaillaient au laboratoire[192]. Quelques-uns se plaignirent d'assistants qui introduisaient des ajouts non autorisés à leurs textes, ou les volaient. Joseph Scaliger dut payer une lourde rançon pour récupérer une édition de Plaute contenant ses annotations qu'un domestique avait dérobée ; un des secrétaires de Montaigne disparut avec une partie du manuscrit des *Essais*, qui ne fut jamais retrouvée[193]. Adrien Baillet rapporte qu'Érasme avait découvert, imprimé, un brouillon qu'il avait dicté à la hâte à un étudiant, qui l'avait publié sans autorisation. Érasme dit aussi avoir évité de justesse un vaste vol de biens dans sa maison, fomenté par un *famulus* avec la complicité d'une servante[194]. Ces relations étaient pleines de contraintes, d'insatisfactions, et d'aléas. Elles n'étaient pas nouvelles, mais devinrent plus courantes à l'époque moderne quand les secrétaires personnels se répandirent au-delà des cercles nobiliaires, dans les foyers de statuts plus ordinaires. Selon leurs besoins, les lettrés pouvaient employer plusieurs secrétaires ; en dépit du conseil qu'il donnait d'éviter de recourir à un nombre excessif de domestiques, Érasme eut à son service plus de huit personnes en même temps en 1528[195].

Que faisaient ces assistants ? Quelques-uns prenaient des notes sous la dictée, perpétuant des pratiques remontant à Pline et à Thomas d'Aquin. Dès le XIIIe siècle, un nombre croissant de manuscrits autographes et de commentaires épars indique que certains auteurs préféraient écrire eux-mêmes plutôt que de dicter. Pétrarque, par exemple, considérait la rédaction *sua manu* comme une aide à la rétention de la matière, avançant le même argument que les pédagogues jésuites qui mirent plus tard en valeur la prise de notes[196].

Néanmoins certains lettrés modernes rédigèrent en dictant, notamment pour des raisons de santé – comme Robert Boyle, dont la vue était défaillante, au service duquel on a dénombré onze assistants –, ou pour des raisons personnelles – Montaigne semble avoir dicté certains chapitres de ses *Essais*, à en juger par des erreurs à l'écoute qui nécessitèrent ensuite des corrections sur épreuves. Jean Calvin, au moins dans les dernières années de sa vie, aimait à dicter couché dans son lit, entouré de ses notes et de quelques livres ; il révisait ensuite le texte de sa main, puis confiait à d'autres le soin d'en établir une copie au propre pour l'imprimeur[197].

Le plus souvent, ces assistants copiaient. Ils recopiaient des textes entiers, comme le faisaient les scribes du Moyen Âge, si l'on ne trouvait pas le livre imprimé sur le marché. Ils recopiaient des notes prises par d'autres ou par leur maître (ou par eux-mêmes), si l'on en avait besoin à un autre endroit, sur un nouveau support, ou dans une nouvelle copie[198]. Ils copiaient les lettres envoyées pour en conserver un double. Et ils réalisaient des copies au propre de manuscrits devenus confus par des insertions et des révisions. Ce travail de copiste fut longtemps considéré comme un travail à déléguer. Dès le XIIIe siècle on mettait en garde les étudiants contre la perte de temps passé à écrire les sermons d'autrui ; un seul jour par semaine pouvait être consacré à la copie des sermons des autres[199]. Gabriel Naudé, qui fut le secrétaire et bibliothécaire de divers grands, mais nourrissait de hautes ambitions, fut peut-être soulagé que son écriture peu élégante lui épargnât cette tâche. Samuel Hartlib était exceptionnel dans la mesure où il se consacra lui-même à la copie, produisant une impressionnante collection de manuscrits, mais il délégua également cette tâche à des secrétaires et les manuscrits qu'il prêtait étaient généralement de leur main[200]. Bien que le métier de copiste soit demeuré important au XVIIe siècle, et que, dans certains contextes comme les colonies nord américaines, les étudiants aient jusqu'en 1735 copié leurs manuels eux-mêmes, la plupart des lettrés modernes se distanciaient de cette tâche en la déléguant à autrui ; ils considéraient que copier était une tâche mécanique et une perte de temps[201]. Cette attitude différait de celle des lettrés chinois, qui appréciaient à la fois la calligraphie et les manuscrits qu'ils avaient copiés de leur main[202].

Les pédagogues ne mentionnaient pas souvent la délégation de la copie et ne s'en plaignaient pas, même s'ils en connaissaient l'existence ; par contre beaucoup d'entre eux déconseillaient de compter sur autrui pour les tâches qui exigeaient du discernement, comme lire et extraire. En prenant pour modèle les méthodes de travail de Pline, Guarino de Vérone (1374-1460) suggéra que, durant ses études, un jeune noble pouvait rémunérer quelqu'un pour recopier des extraits dans ses cahiers, mais il devait sélectionner les extraits lui-même et les lui dicter[203]. Sacchini, pour qui l'acte de copier aidait à mémoriser, n'envisageait pas la possibilité de déléguer quoi que ce soit. Plus pragmatique, Drexel s'en préoccupait, mais déconseillait de déléguer le choix des notes. *« Notae propriae, notae optimae »* (« vos propres notes sont les meilleures ») expliquait-il ; il jugeait qu'une page de notes personnelles était l'équivalent de 10, 20, 100 pages de notes prises par autrui. Cette objection ne portait pas sur les vertus mnémotechniques de la copie, mais sur la valeur d'une lecture et d'une sélection d'extraits personnelles.

> Combien de choses d'autres copistes omettent dans leur étude, ou négligent par manque de curiosité, ou par intérêt pour d'autres sujets, ou bien, les ayant trouvées, les mutilent et les mettent en pièces, que le lecteur attentif recueillera lui-même d'un côté et d'un autre pour son grand profit[204] ?

La prise de notes ne devait pas être déléguée, car personne d'autre ne consacrerait l'attention appropriée à la tâche. Ainsi Drexel critiquait comme des ignorants les jeunes hommes qui pensaient qu'ils pouvaient obtenir tout ce dont ils avaient besoin dans les index et les livres de référence[205].

Quelque cinquante ans plus tard cependant, Daniel Georg Morhof adoptait une attitude plus tolérante envers la délégation.

> Si vous ne manquez pas de fonds, entretenez des *amanuenses* lettrés auxquels assigner la tâche [de prendre des notes] mais qu'ils appliquent votre jugement dans la collecte, à l'instar de Saumaise et d'autres hommes éminents.

Pour Morhof on pouvait se fier à un copiste de bon sens, formé au jugement de son maître, de la même façon que les usagers de l'armoire de Placcius se fiaient à des notes prises par des pairs dignes de confiance[206]. Bien qu'on ne puisse dire si les notes d'un copiste proviennent de son jugement ou de celui de son employeur, quelques copistes prirent des notes de leur propre chef. Dans la maison de Robert Cotton (1571-1631), érudit et collectionneur anglais, plusieurs personnes étaient employées par exemple à collecter et à classer plus de 20 000 documents concernant l'histoire des îles Britanniques, dont un copiste qui « se spécialisait dans les résumés, les listes de traités et de leurs contenus[207] ».

Dans les années 1620, en écrivant pour un public d'aristocrates plutôt que de lettrés et d'étudiants, Francis Bacon s'éleva également contre une délégation excessive.

> Il y a des livres qu'il faut goûter, d'autres avaler, et d'autres, en petit nombre, ruminer et digérer ; j'entends que certains livres ne doivent être lus qu'en partie, d'autres sans trop d'application, et d'autres, peu nombreux, en entier et avec une attention diligente. Il y a des livres aussi qu'on peut lire par délégué, à savoir dans des extraits faits par d'autres ; mais ce ne doit être que sur les sujets de moindre importance et pour les livres de moindre valeur ; sinon, les livres distillés, comme l'eau ordinaire distillée, sont choses fades.

Le critère était dans ce cas la qualité du livre, de sorte que seuls des ouvrages mineurs seraient confiés à autrui pour la lecture. Dans un conseil privé donné à son cousin, Bacon renouvelait cette mise en garde contre le concours d'autrui dans la prise de notes, mais il reconnaissait en même temps tacitement cette pratique en lui apportant ses conseils pour la sélection de « collecteurs » et de « rédacteurs de résumés »[208]. Déléguer de telles tâches était bien répandu dans tous ces cercles, même si la pratique était réprouvée. L'exemple de Gabriel Harvey illustre le type de prise de notes abondantes qui pouvait être confié à un lecteur professionnel dans les milieux politiques du début du XVIIe siècle en Angleterre. Harvey ne se contentait pas de résumer, mais réfléchissait également sur les leçons à tirer des *Histoires* de Tite-Live dans l'exemplaire du livre qu'il annota à l'usage de son patron, le comte de Leicester[209].

Les secrétaires étaient également chargés de la sélection, de l'achat, et du classement de livres de leurs maîtres. Gabriel Naudé publia le catalogue de la bibliothèque d'un de ses employeurs, Henri de Mesmes. Un bibliothécaire du XVIIIe siècle, Wilhelm Heinse, achetait des ouvrages pour son maître, l'archevêque de Mayence, puis en faisait des extraits, et sélectionnait ce que l'archevêque devrait lire[210]. John Locke contrôlait de près sa bibliothèque, et travailla avec son domestique Sylvester Brounower pour en composer le catalogue. L'acquisition de livres pour des bibliothèques privées fut confiée si régulièrement à autrui au XVIIe siècle, que les catalogues de vente annonçaient qu'ils facilitaient l'achat par des tiers[211].

Ces décisions sur les aspects du travail érudit à déléguer, ou à réaliser soi-même, étaient prises par de nombreux individus, qui se fondaient sur plusieurs critères, non seulement théoriques mais aussi pratiques (temps, ressources, ou aides disponibles). Ces critères étaient rarement exprimés mais au XVIIe siècle quelques auteurs identifièrent les tâches que l'on pouvait déléguer aux autres. Ainsi en 1664, Juan Caramuel y Lobkowitz, théologien espagnol polygraphe, décrivait des procédés très semblables à ceux de Gessner pour indexer un livre : signaler les passages à indexer dans les marges, les copier en utilisant un seul côté d'une feuille et découper les feuilles avec des ciseaux : « Ayez quelqu'un pour le faire, dis-je, ne le faites pas vous-même : en vérité ce travail est mécanique. Puis appelez quatre à six domestiques ou amis et faites-les distribuer les feuillets par lettres et par classes » sur de grandes tables[212]. Après une première décision concernant ce qu'il fallait indexer, Caramuel jugeait important de déléguer le reste de la tâche. De même, Joseph Scaliger se plaignit que, en préparant l'index pour la grande collection d'inscriptions antiques de Gruter, il avait travaillé « comme un domestique[213] ».

Nous pouvons entrevoir les indices d'un changement dans cette conception floue du travail « mécanique » dans l'érudition de l'époque moderne. Tandis qu'Érasme et ses copistes travaillaient ensemble à l'index alphabétique des *Adages* de 1526, et que Gessner était fier d'expliquer en détail comment améliorer les procédures d'indexation en 1548, au XVIIe siècle l'indexation était devenue plus courante, bien maîtrisée et ainsi « mécanique » aux yeux d'érudits comme Joseph Scaliger et Juan Caramuel. Bien sûr cette conception de l'indexation comme mécanique n'empêcha pas certains, comme Vincent Placcius, de continuer à pratiquer une indexation extensive et la confection de listes jusqu'à la fin du siècle. Placcius chercha néanmoins aussi à définir les activités qui pouvaient être confiées à autrui sans risque, et il apprécia en grande partie l'armoire à notes en ce qu'elle dissociait le processus de classement alphabétique des autres étapes si bien qu'on pouvait le confier à des domestiques peu qualifiés.

En dehors du domaine de la recherche textuelle, Leibniz décrivit avec fierté une machine à calculer de son invention qui libérerait les astronomes « du travail servile du calcul » en permettant de le confier à des assistants subalternes :

> Il est indigne d'hommes excellents de perdre des heures comme des domestiques à un labeur de calcul qui pourrait être sûrement confié à n'importe qui si une machine y était employée[214].

Cette conception ne s'imposa cependant pas, et, tout au long du XVIIIe siècle, des mathématiciens s'employèrent fréquemment à de nombreux calculs fastidieux. Mais les projets de calcul les plus vastes, dont les tables métriques de Gaspard de Prony (1755-1839) par exemple, employèrent toute une organisation hiérarchique « avec une poignée de mathématiciens à son sommet, puis ceux qui calculaient, et à la base soixante-dix à quatre-vingts personnes qui réalisèrent des millions d'additions et de soustractions[215] ». Comme pour les manipulations textuelles des *Centuries de Magdebourg*, ces opérations mathématiques étaient réparties en une succession de tâches, assignées selon une hiérarchie à une équipe qui œuvrait vers un résultat collectif.

Au XIXe siècle, les distinctions sociales et professionnelles se développèrent plus nettement. Autour de 1900, bien des tâches subalternes, telles que la copie, la prise de dictée, le classement, et le calcul routinier, se féminisèrent. En 1920, Chavigny expliquait à ses lecteurs que la sténographie était une « tâche auxiliaire » qui n'avait pas à être maîtrisée par un professionnel (bien que ce dernier puisse apparemment être tenté de le faire) et il insistait sur le fait que les machines à dicter, la sténographie et le calcul devenaient essentielles pour éviter de dépenser en vain « de l'énergie intellectuelle » dans des travaux de bureau de second ordre. Les femmes étaient alors employées comme secrétaires dans les bureaux, par les écrivains, et comme « calculatrices » (en anglais *computers* du verbe *compute*) pour effectuer de complexes et fastidieuses opérations, en astronomie par exemple[216].

À la Renaissance, les limites entre tâches nécessitant du discernement et tâches mécaniques étaient fluides, et chacun prenait ses propres décisions en la matière. Certains s'investirent dans la prise de notes et l'étude de groupe entre pairs. D'autres se faisaient aider par leurs proches – femmes et enfants. Presque tous ceux qui le purent s'offraient les services d'un ou plusieurs assistants, dans des relations plus hiérarchiques, dans lesquelles les tâches étaient mécaniques ou nécessitant discernement, et où les interactions variaient de la suspicion, ou l'hostilité, à la confiance et à l'amitié. Dans tous ces cas de figure, les lettrés ne travaillaient généralement pas seuls, mais en collaboration, ce qui ajoutait plusieurs strates de complexité au choix des sujets et à la gestion des notes. Bien que peu d'entre eux aient jamais pu utiliser une armoire à notes semblable à celle que Harrison et Placcius décrivirent, et qui était par ailleurs encombrante et coûteuse, l'idée de faciliter une entreprise collective de prise de notes à grande échelle était de toute évidence attractive.

Du privé au public :
des notes au service des autres

De même que les notes étaient souvent prises en collaboration, on les jugeait utiles, non seulement pour leurs propriétaires, mais aussi pour autrui. Cette notion n'était pas propre à la période moderne. Au dire de son neveu, Pline l'Ancien « racontait qu'il aurait pu, pendant sa procuratèle en Espagne, vendre ces cahiers [de ses notes ou *commentarii*] à Larcius Licinus pour 400 000 sesterces, et ils étaient un peu moins nombreux à l'époque ». L'anecdote que l'auteur de l'*Histoire naturelle* aimait raconter servait à mettre en lumière la grande valeur de cette collection, valeur qui faisait honneur aux deux Pline puisque Pline le Jeune reçut en legs la collection conservée précieusement. Effectivement 400 000 sesterces (ou 100 000 deniers) était une grosse somme, elle représentait la valeur de propriété foncière requise pour accéder à l'ordre équestre, une élite étroite et fortunée[217]. Placcius relate de son temps un autre achat de notes qui n'a pas abouti : vers 1660, quelqu'un offrit une forte somme pour les notes du célèbre médecin et juriste Hermann Conring, jusqu'à ce qu'il fût reconnu que Conring « ne s'appuyait pas tant sur des extraits (ce grand homme couchait hâtivement ses notes sur le papier, et l'on y comptait très peu d'*adversaria*) que sur sa mémoire et son jugement ainsi que sur une masse de livres, dont il montrait une connaissance sommaire, pour produire des livres qui donnaient l'illusion de se référer à une très vaste collection de notes[218] ». Bien que nous ne puissions le corroborer, le récit de Placcius indique au moins qu'il semblait raisonnable, dans ce contexte, de penser à acheter les notes d'un autre, en supposant qu'elles présentaient certains standards de qualité. Dans le manuel de Placcius cette anecdote apportait une exhortation implicite à prendre de bonnes notes afin de ne pas laisser échapper, comme Conring, l'occasion de les vendre à bon prix.

Les raisons pour lesquelles les auteurs refusaient, même pour des sommes impressionnantes, de vendre leurs notes, ne sont pas difficiles à imaginer. Dans de nombreux cas, ils les utilisaient encore activement et les considéraient donc comme des ressources précieuses, qu'ils préféraient plutôt léguer à leur famille (comme Pline le fit), que vendre prématurément à des étrangers. Certains voulaient bien prêter leurs notes ou bien des livres qui seraient utiles pour les annotations manuscrites qu'ils y avaient portées plutôt que le texte imprimé, mais seulement avec les plus grandes précautions. Érasme demanda ainsi à un ami de permettre à un de ses secrétaires de copier les notes manuscrites présentes dans les marges de son exemplaire de la *Souda,* car il désirait « bénéficier de ce travail[219] ». Cette procédure aurait été doublement substitutive, puisqu'il confiait à un secrétaire la tâche de copier des notes prises par un troisième. Érasme rapporte que l'ami refusa ses multiples demandes, préférant garder jalousement cette matière. Jean-Jacques Rousseau, lorsqu'il était dans le besoin, vendait des livres de sa bibliothèque, mais il interdisait à l'acheteur (son éditeur) de publier les annotations marginales qui s'y trouvaient[220]. Placcius remarquait que de nombreux auteurs de manuels recommandaient de garder leurs notes secrètes, pour éviter qu'elles soient volées, ou l'objet de mépris. Par contre Placcius se vantait d'avoir toujours partagé ses notes ouvertement et avec tous[221].

Le seul cas que j'ai trouvé d'un lettré vendant ses propres notes est celui de Conrad Gessner, qui, sur son lit de mort, vendit ses papiers (dont ses notes et dessins pour une histoire naturelle des plantes) à son ancien étudiant puis collaborateur Caspar Wolf. Il effectua cette transaction dans l'intention d'en assurer la transmission à quelqu'un qui les publierait. Wolf s'avéra inefficace en la matière. Il ne publia presque rien, vendit les dessins de plantes (avec l'assentiment des autres héritiers de Gessner), à Joachim Camerarius qui les employa pour illustrer des œuvres personnelles, sans en mentionner l'origine, puis les légua à son fils. Après être passée entre les mains de plusieurs propriétaires, l'*Historia plantarum* de Gessner fut finalement publiée entre 1753 et 1777 par Casimir Christoph Schmiedel, professeur de botanique à l'université d'Erlangen[222]. La vente peu commune effectuée par Gessner converge avec le comportement de nombreux preneurs de notes, qui accordaient à leurs collections une grande valeur, donnaient souvent la consigne qu'elles fussent les premières à être préservées en cas d'incendie, et tentaient de s'assurer qu'elles seraient conservées après leur décès[223].

La vente de notes obtenait plus de succès lorsque leur auteur était mort. Peiresc, par exemple, recherchait des manuscrits ou livres annotés par des lettrés : « S'il avait reçu ou acheté des livres ayant appartenu à des savants, il les estimait d'autant plus selon qu'ils étaient pleins de notes qu'ils y avaient insérées. » Il chercha aussi des manuscrits autographes pour les publier, si les héritiers y consentaient, ou, s'ils n'y consentaient pas, pour en faire faire une copie pour lui-même[224]. Il cherchait peut-être à posséder par ses notes quelque chose de la main d'un érudit célèbre, étant donné son intérêt particulier pour les autographes. Néanmoins, sa motivation à publier, ou à effectuer du moins une copie des annotations, démontrait également son intérêt pour leur contenu.

À leur tour les livres annotés par Joseph Scaliger furent très estimés par ses contemporains. On dit que Nicolas Heinsius (1620-1681) possédait 200 livres annotés par Scaliger, achetés aux enchères ou à des particuliers ; c'était lui aussi un grand érudit et il a probablement cherché à faire usage de ces notes pour élargir sa propre culture. Ce n'est pas par hasard non plus que le livre qu'un domestique déroba, et que Scaliger ne récupéra que six mois après en échange d'une substantielle rançon, était densément annoté – les annotations accroissaient la valeur du livre, aussi bien pour les acheteurs potentiels que pour l'auteur prêt à payer le prix pour le récupérer[225]. Un possesseur de livres annotés par John Dee au XVIIe siècle affirmait que ces annotations les rendaient « beaucoup plus précieux[226] ». On pouvait aussi trouver des cahiers de notes dans des catalogues de livres mis aux enchères : un catalogue de vente de la bibliothèque de la famille Bigot (les frères Jean, Nicolas Luc et leurs fils et neveu Emeric, 1626-1689) comprenait non seulement des manuscrits médiévaux (annoncés sur la page de titre et mis en vente une fois tout le lot écoulé), mais aussi des notes manuscrites : ainsi, de la bibliothèque de Jean Bigot, trois volumes in-folio « d'extraits, de lieux communs et d'annotations concernant la pratique du droit civil et du droit canon », dix volumes in-octavo « de lieux communs divers et de divers genres », et sept volumes in-octavo d'« éléments collectés dans les Écritures saintes et les écrivains sacrés et profanes »[227]. En dépit de ces ventes, le legs était le principal moyen par lequel les notes étaient transmises. Même en dehors des milieux intellectuels, les cahiers de notes faisaient souvent l'objet de mentions dans les testaments, afin d'assurer leur conservation, en les léguant à un fils ou à un petit-fils. Ces cahiers pouvaient être précieux pour les héritiers, s'ils contenaient par exemple des relevés de propriétés et d'activités commerciales de la famille, comme le cahier que Locke hérita de son père et qui concernait les propriétés que ce dernier avait gérées[228]. On peut supposer aussi que des centres d'intérêt et des tournures d'esprit partagés avec le testateur ont pu rendre ces notes utiles à l'héritier dans ses recherches ou ses activités professionnelles. Les plus jeunes membres des familles avec plusieurs générations de lettrés (dont les Scaliger, Zwinger, Vossius, Estienne, ou Casaubon) avaient sans doute hérité non seulement d'un *habitus* par l'éducation et la disposition familiales, et de livres (avec leurs annotations), mais aussi de volumes de notes qu'ils pouvaient mettre à profit. Bien que je n'aie guère de preuves à l'appui de cette hypothèse en ce qui concerne les familles évoquées plus haut, on peut voir dans quelques-uns des livres de lieux communs que Robert Sidney (1563-1626), le premier comte de Leicester, légua à son fils Robert (1595-1677), des indices de l'utilisation qu'en fit le fils en y ajoutant des renvois et des contenus de sa main[229]. On peut entrevoir par cet exemple comment les générations successives d'une famille pouvaient poursuivre un projet cumulatif, surtout si les fils exerçaient le même métier que leur père. Certaines transcriptions de textes effectuées par des étudiants à Harvard College pendant la période coloniale furent transmises aux générations suivantes, et contiennent des additions opérées par un fils, ou bien le fils d'un ami du premier scripteur. Quelques décennies plus tard, Benjamin Franklin décrivit dans son autobiographie comment il se servait des notes conservées par son oncle, qui offrit aussi de lui léguer « tous ses volumes de sermons sténographiés, comme un stock pour m'établir [comme prêcheur] si je voulais apprendre à lire son écriture[230] ». Mais Franklin suivit une autre voie professionnelle.

Les legs en dehors de la famille, à des pairs ou à des collègues, sont un signe encore plus clair de l'attente qu'on avait que les notes du défunt pourraient servir à un membre de la même profession (et aussi la réputation du défunt, comme Gessner l'avait clairement souhaité). Un juriste anglais qui mourut en Virginie légua ses notes prises à la cour de Westminster et son livre de lieux communs, huit volumes in-folio, à un collègue en Angleterre[231]. Des naturalistes du cercle de Luca Ghini (1490-1566) entrèrent en concurrence au sujet de son héritage, pour le contrôle de ses notes et de ses spécimens, qui pouvaient élever le statut et accélérer la carrière d'un autre naturaliste, particulièrement si celui-ci publiait cette matière sans citer ses sources. En revanche, certains collectionneurs de *naturalia* en particulier craignaient au contraire que leurs héritiers ne voient aucun intérêt à conserver leurs collections, et refusent les dépenses nécessaires pour ce faire ; ils liaient donc leurs testaments à des contraintes légales complexes pour les obliger, le plus souvent en vain d'ailleurs, à préserver la collection intacte[232]. Les legs de matériel scientifique ne tombaient pas toujours en de bonnes mains. Et quelquefois ces mains en étaient trop avides et les publiaient sans citer leurs sources. Ainsi Raffaele Regio dans son commentaire de 1493 de l'*Institutio oratoria* de Quintilien, plagia les annotations marginales de Lorenzo Valla et Pomponio Leto (1407-1457)[233]. Alde Manuce, le grand imprimeur humaniste, émit en 1498 le soupçon que quelques-uns de ses contemporains avaient subtilisé des manuscrits égarés d'Ange Politien afin de les publier à leur nom[234].

Tous ces legs ou projets d'achats de notes étaient fondés sur l'espoir que des notes initialement prises à l'usage d'un seul pouvaient être utilisées par d'autres. De nombreux obstacles s'opposaient à la réussite de ces transactions ; le preneur de notes refusait généralement de vendre, et les héritiers n'avaient souvent ni le désir ni la capacité d'en faire usage. Les notes étaient plus souvent efficaces pour d'autres ou à des fins collectives quand elles avaient été initialement prélevées ou modifiées à l'usage d'autrui par le compilateur. Les projets collectifs à grande échelle (comme les *Pinakes,* ou les concordances bibliques du XIIIe siècle) développèrent probablement une pratique collective de prise de notes, bien que nous connaissions peu les étapes constitutives de ces travaux. La circulation des florilèges engageait souvent, si l'on prend leurs prologues au sérieux, la décision prise par le compilateur original de partager les résultats de son travail dans son ordre monastique et au-delà. Ces deux manières de produire des notes à l'usage d'utilisateurs multiples eurent des équivalents dans le monde de l'imprimé. Comme des contemporains tel Placcius le faisaient remarquer, divers projets collaboratifs furent lancés et même achevés à l'époque moderne grâce à une prise de notes coordonnée. Mais la pratique la plus courante d'accéder aux notes d'autrui passait par les ouvrages de référence imprimés qui compilaient des notes de lecture, sur une grande échelle, souvent par les efforts de plusieurs personnes, et qui par divers outils les rendaient accessibles aux lecteurs.

Chapitre 3

Les genres de référence et leurs outils de recherche

Les premiers nouveaux livres de référence imprimés parus vers 1500 s'inspiraient de sources et de modèles médiévaux et antiques, mais ils constituèrent aussi le point de départ d'une période d'expérimentation et de multiplication rapide des méthodes de gestion de l'information. Ces compilations étaient plus volumineuses que leurs équivalents médiévaux, et le devinrent encore plus au fil de leurs nombreuses rééditions. Néanmoins elles s'avérèrent viables commercialement ; les ouvrages de référence se vendaient bien en dépit de leur taille considérable, de leurs coûts de production, et malgré le fait qu'ils n'étaient accessibles qu'aux seuls lecteurs de latin[1]. Le nombre étonnamment important de livres de référence est révélateur de la même mentalité d'accumulation qui fut à l'origine des énormes collections de notes de lecture. Mais si les preneurs de notes pouvaient se fier à leur mémoire pour se retrouver dans leurs notes, les ouvrages de référence exigeaient des outils de recherche formalisés, afin de permettre aux lecteurs de naviguer dans des contenus qu'ils n'avaient pas eux-mêmes produits et organisés. Ces outils furent souvent accompagnés de modes d'emploi, ce qui indique que, en dépit de précédents médiévaux, on ne s'attendait pas que les lecteurs des premiers livres imprimés fussent en mesure de les maîtriser. Conrad Gessner, par exemple, expliquait ainsi la fonction de référence de son histoire des animaux en cinq volumes classée alphabétiquement (*Historia animalium*, 1551) :

> L'utilité des *lexica* [comme celui-ci] vient de la possibilité de les lire, non pas du début à la fin, ce qui deviendrait plus fastidieux qu'utile, mais en les consultant de temps en temps [*ut consulat ea per intervalla*][2].

Ici, le terme de latin classique *consulere*, qui désigne habituellement la consultation de personnes ou d'oracles pour obtenir des conseils, était appliqué aux livres ; conscient d'introduire un nouvel usage du terme, Gessner ajoutait *per intervalla* pour insister sur la forme de lecture discontinue qu'il avait à l'esprit. Par la suite, de telles explications perdirent de leur utilité : la diffusion d'ouvrages de toutes sortes, la plupart du temps en latin, à la fin du XVIe et au début du XVIIe siècle habitua une grande partie des lecteurs éduqués à ces techniques de lecture de consultation et à l'usage de l'ordre alphabétique et d'instruments de recherche variés.

Dans ce chapitre, je propose une galerie de portraits des grandes catégories d'ouvrages de référence généralistes en latin, imprimés entre 1500 et 1650. J'exclus les livres pour spécialistes, en droit, en médecine et en théologie, bien que ceux-ci aient comporté les mêmes dispositifs de recherche et parfois même des dispositifs plus complexes car ils s'adressaient à un public plus étroit dont les exigences professionnelles étaient spécifiques[3]. Les ouvrages de référence généralistes, en revanche, donnaient accès à des contenus que chacun devait maîtriser pour être considéré comme lettré – la langue latine et la culture antique, la sagesse accumulée dans les *sententiae* et les exemples historiques (chrétiens ou païens) depuis l'Antiquité. Tels étaient les genres savants les mieux vendus à leur époque, mais ils n'ont que peu attiré l'attention des chercheurs qui ont l'habitude de les exploiter pour y trouver des exemples de croyances populaires, plutôt que d'analyser leurs méthodes de gestion de l'information.

En regroupant différents genres dans cette catégorie d'ouvrages de référence, j'emploie un terme moderne. « Ouvrage de référence » paraît sous « référence » dans le dictionnaire de Littré en 1874 ; en anglais *books of reference* est attesté en 1859 pour désigner des « collections, encyclopédies, lexiques, dictionnaires, etc. » suivi de *reference book* en 1899[4]. Étant donné la variété de termes et de notions proches, il est utile de se demander dans quelle mesure l'équivalent du concept que nous employons aujourd'hui – « livre de référence » – existait à l'époque moderne.

De nos jours, nous pourrions définir les livres de référence simplement comme des livres présents dans la salle des usuels d'une bibliothèque (en dépit de la récente explosion des outils de référence en ligne). Il n'y avait certes pas de salle de référence dans les bibliothèques médiévales ou de l'époque moderne – la première remonte au milieu du XIXe siècle[5]. De nombreuses bibliothèques médiévales et modernes enchaînaient certains livres aux tables jusqu'à l'abandon de cette pratique (dès 1615 à la Sorbonne et jusqu'en 1757 à la Bodleian) ; mais le fait qu'un livre soit attaché par une chaîne n'en faisait pas pour autant un livre de référence. Il s'agissait d'une mesure de sécurité destinée à éviter qu'il ne soit dérobé subrepticement (dans certains cas, les livres étaient prêtés avec leurs chaînes)[6]. Certaines bibliothèques moins importantes, celles des collèges parisiens par exemple, enchaînaient toute leur collection. C'étaient fréquemment les ouvrages plus onéreux qui étaient ainsi protégés : tous les in-folio de la Bodleian par exemple ou tous les manuscrits de la bibliothèque de l'abbaye Saint-Victor à Paris. Dans les collèges d'Oxford, les livres non enchaînés (même des doubles d'exemplaires enchaînés) pouvaient être « élus » ou empruntés pour l'année par les membres du collège, et cela valait pour des livres de référence[7]. En raison de leur taille, de leur valeur et de leur attrait, les livres de référence faisaient souvent partie des livres enchaînés mais ils n'étaient pas traités différemment des autres livres de valeur, et, à l'inverse, des ouvrages de référence (les doubles en particulier) pouvaient se trouver disponibles pour le prêt. Le catalogue de la Bodleian établi par Thomas Hyde en 1674 comportait une section couvrant les livres « tels que les lexiques, les concordances, les lois, les conciles : je propose une grande abondance de livres de ce genre, et cela du fait de leur usage très courant[8] ». L'usage fréquent était pour lui ainsi que pour d'autres contemporains le principal critère qui caractérisait les ouvrages de référence, non seulement les genres humanistes (tels que les lexiques), mais aussi les gros ouvrages de droit et de théologic.

Il y a peu d'autres exemples de catégories d'ouvrages comparables aux livres de référence dans les catalogues de bibliothèques et autres listes structurées de livres (les catalogues de ventes par exemple). Le catalogue d'une bibliothèque médiévale (vers 1389) approchait implicitement cette catégorie en consacrant la dernière de ses huit sections aux livres d'instruction, comprenant les classiques, les grammaires et les dictionnaires ; mais la catégorie de livres « didactiques » n'apparaît explicitement qu'au XVIIe siècle[9]. Dans les catalogues de livres de l'époque moderne (dans les bibliothèques ou les ventes aux enchères), les ouvrages étaient classés par format, par langue et par discipline (rhétorique, philosophie, poésie, etc.), même s'il n'y avait pas de normes fixes dans l'usage de ces catégories. Les ouvrages que je définis comme « livres de référence » étaient tous des in-folio en latin, diversement classés comme livres de grammaire, rhétorique ou philologie (pour les dictionnaires ou les florilèges), ou « œuvres latines mélangées » (pour les œuvres classées sous forme de mélanges dont il sera question plus tard), ou histoires (le *Theatrum humanae vitae* de Zwinger[10]), mais les catégories exactes et le classement d'ouvrages individuels en leur sein pouvaient varier selon chaque catalogue[11].

Une catégorie proche de nos livres de référence se manifeste au XVIIe siècle avec l'émergence d'un genre nouveau de livres sur la façon de constituer une bibliothèque, mais aussi à travers des plaintes sur l'emploi excessif des ouvrages de référence (que j'évoque de manière plus détaillée au chapitre 5). L'*Advis pour dresser une bibliothèque* de Gabriel Naudé (1600-1653), secrétaire et bibliothécaire de plusieurs personnalités françaises de haut rang, dont Mazarin, est publié en 1627. Cet ouvrage, l'un des premiers livres de ce type et des plus influents, fut réimprimé en 1644, et en 1661. John Evelyn (1620-1706), l'un des membres fondateurs de la Royal Society, en publia une traduction anglaise intitulée *Advice on Erecting a Library*. Dans son *Advis*, Naudé évoquait les différentes catégories de livres à rassembler dans une bibliothèque, qui devait inclure : les principaux auteurs anciens et contemporains, dans les meilleures éditions, ainsi que leurs commentateurs ; ceux qui avaient le mieux traité d'une science ou d'un sujet particuliers ; mais aussi ceux qui avaient critiqué ces principaux auteurs, ou bien écrit sur des sujets moins bien connus, et même les hérétiques les plus importants. Naudé précisait ensuite :

> Il ne faut aussi oublier toutes sortes de lieux communs, Dictionaires, Meslanges, diverses Leçons, Recueils de sentences, et telles autres sortes de Repertoires, parce que c'est autant de chemin faict et de matiere preparee pour ceux qui ont l'industrie d'en user avec advantage. […] Et pour moy je tiens ces collections grandement utiles et necessaires, eu esgard que la briefveté de nostre vie et la multitude des choses qu'il faut aujourd'huy sçavoir pour estre mis au rang des hommes doctes ne nous permettent pas de pouvoir tout faire de nous mesme[12].

Le terme de répertoire employé par Naudé et la traduction qu'en donne Evelyn (*repertory*) sont des termes qui correspondent bien à notre concept de « livre de référence » ; ils embrassent les catégories de livres que Naudé a énumérées – livres destinés à être consultés pour des informations linguistiques et culturelles.

« Répertoire » et *repertory* étaient directement formés à partir du mot médiéval *repertorium*, du latin *reperire* pour « trouver ». *Repertorium* se généralise à la fin du Moyen Âge pour désigner les index, les glossaires et les catalogues de livres. Si l'on en juge par les définitions des premiers dictionnaires modernes, ce terme latin et ses équivalents dans les langues vernaculaires ont conservé le même champ de significations aux siècles suivants[13]. Ce terme était polysémique, mais Naudé l'employait en un sens bien précis et tout à fait courant alors. À la même époque, le jésuite français Étienne Molinier se moquait des sources utilisées pour compiler les sermons qui enfilaient d'interminables suites d'exemples et de références, en proposant une énumération très similaire :

> Et apres tout, il n'y a pas manque de repertoires, Calepins, thresors, lieux communs où les esprits steriles en inventions ou foibles en scavoir, peuvent supleer à leur indigence[14].

Bien que les livres de référence aient fait plus souvent l'objet de critiques que d'éloges, d'autres auteurs de méthodes pour constituer une bibliothèque exprimèrent à leur égard la même approbation que Naudé. Dans son manuel de 1631, Francisco de Araoz célébrait les « dictionnaires de choses » comme des outils qui soulagent le travail acharné ; il les considérait donc comme utiles même pour des érudits sérieux, car ces dictionnaires proposent « un savoir concis et substantiel des choses et des sciences[15] ». De même, lorsque Johannes Lomeier dédia son *De bibliothecis* (*Sur les bibliothèques*, 1669) aux édiles de la ville de Zutphen aux Pays-Bas (pour les encourager sans doute à investir dans une bibliothèque), il proposa un choix de deux projets d'organisation qui comprenaient tous deux une catégorie de « livres universels » ou *encyclia*, avec notamment des « thesaurus, outils de bibliothèque [et] dictionnaires[16] ». Les « livres universels » de Lomeier, comme les répertoires de Naudé, se concentraient sur les disciplines comme la grammaire, la rhétorique ou l'histoire qui avaient un intérêt général plutôt que spécialisé – ils étaient doublement « universels » ou « communs » (les sens de *enkuklios*) en ce que leur portée était encyclopédique et qu'ils pouvaient attirer un lectorat latiniste étendu.

La conception qu'avait Naudé du « répertoire » comme livre de référence semble familière car cette catégorie et les pratiques de lecture de consultation ont survécu à la transition à la modernité en restant relativement inchangées. Mais nombre de genres assimilés par Naudé aux livres de référence en 1627 n'ont pas aussi bien survécu à la transition entre une attention portée à la langue et à la culture antiques typiques de l'époque prémoderne et moderne, et les genres vernaculaires, les thèmes et les questions chers aux Modernes dès la fin du XVIIe siècle. L'énumération de répertoires fournie par Gabriel Naudé peut servir de guide des genres qui jouaient le rôle d'ouvrages de référence aux XVIe et XVIIe siècles. Ces ouvrages imposants écrits en latin disséminèrent dans une large élite éduquée l'expérience de l'usage de nombreux outils et méthodes de consultation, essentiels au succès des ouvrages de référence modernes au XVIIIe siècle et au-delà.

Les genres de référence selon Naudé

Les dictionnaires

Le dictionnaire est un genre remarquablement stable, depuis ses origines médiévales jusqu'aujourd'hui, et il a généré une bibliographie spécialisée dont je n'essaierai pas de rendre compte ici. Comparé aux autres genres de référence, il fut le premier (en Europe et dans d'autres cultures), comme on pouvait s'y attendre, à être auto-indexé. Son contenu était classé de telle façon que les objets d'une recherche (les mots à définir) pouvaient être aisément localisés (par ordre alphabétique) sans aucune autre aide. Les autres ouvrages organisés alphabétiquement ne sont pas tous aussi auto-indexés que les dictionnaires : un index alphabétique peut renvoyer à des éléments qui se trouvent à l'intérieur d'un article, mais ne figurent pas comme rubrique ; ainsi de nombreuses éditions de l'*Encyclopaedia Britannica* (dont les articles sont tous alphabétisés) ont conseillé aux lecteurs de « consulter d'abord l'index ».

Le mot *Dictionarium* est attesté dès le XIIIe siècle, mais ne fut pas employé communément avant le XVe siècle. Parmi les premiers dictionnaires, les *Derivationes* de Huguccio de Pise (fin du XIIIe siècle) n'étaient pas classés par ordre alphabétique, mais l'*Expositionum vocabulorum Bibliae* (Explication des mots de la Bible, vers 1248-1267), ou le *Catholicon* de Giovanni Balbi (1286) l'étaient. Quelques dictionnaires médiévaux furent sélectionnés pour être imprimés au XVe siècle, mais des dizaines d'autres subsistent sous forme de manuscrits, quelques-uns à des centaines d'exemplaires[17].

À l'époque moderne comme au Moyen Âge, le dictionnaire était, parmi les genres de référence, le plus facilement disponible. Un chercheur a dénombré quelque 150 dictionnaires imprimés entre 1450 et 1650, dont beaucoup connurent quantité d'éditions[18]. Certains étaient monolingues (en latin ou dans les principales langues vernaculaires) et dispensaient le plus souvent des informations encyclopédiques aussi bien que linguistiques. D'autres étaient multilingues, proposant des traductions de, ou vers, deux ou plusieurs langues ; c'étaient tous des dictionnaires du latin vers les langues vernaculaires, jusqu'à ce qu'un *Promptorium* anglais-latin fût compilé en 1440 et imprimé en 1499. Des dictionnaires par sujets, portant sur des termes spécifiques dans une discipline, se multiplièrent également entre le XVIe et le XVIIIe siècle. Les dictionnaires imprimés étaient plus systématiquement classés par ordre alphabétique que leurs équivalents médiévaux, mais avec des niveaux de précision variables, puisque certains dictionnaires regroupaient les mots en fonction de leurs racines[19]. Comme l'imprimerie coïncida en général avec le développement de l'humanisme, après environ l'an 1500 les dictionnaires médiévaux (tels que le *Catholicon*) cessèrent d'être publiés et furent remplacés par des dictionnaires centrés sur une conception plus humaniste et moins médiévale du latin.

Le dictionnaire le plus important et l'ouvrage de référence le plus réimprimé au début de la période moderne fut le *Dictionarium* d'Ambrogio Calepino de 1502, qui connut 165 éditions au XVIe siècle, 32 au XVIIe siècle et 13 encore au XVIIIe siècle. Moine augustinien de Bergame, Calepino (1440-v.1510) avait reçu une formation humaniste complète de philologie grecque et latine. Il consacra quelque trente ans à la composition de son dictionnaire, qui se concentrait sur les usages de la langue latine classique ainsi que sur des informations encyclopédiques et des exemples littéraires tirés de la culture antique[20]. Dans les années qui suivirent sa mort, de nombreux éditeurs, pour la plupart anonymes, y apportèrent des modifications, des corrections, et surtout des ajouts, souvent par le biais d'emprunts à d'autres dictionnaires (ce dont Robert Estienne, par exemple, se plaignait amèrement)[21]. Le *Calepino* fut tout d'abord un dictionnaire encyclopédique latin-latin, assorti de quelques équivalents grecs dès ses débuts, auquel s'ajouta une dimension polyglotte lorsqu'une traduction grecque, et au moins une vernaculaire furent ajoutées pour chaque entrée dès 1545, l'italien dans les éditions italiennes, le français, l'allemand et le flamand dans les éditions flamandes. Des éditions ultérieures ajoutèrent à ces langues l'espagnol, l'hébreu, le polonais, le hongrois et l'anglais, dans des combinaisons diverses, pour un total pouvant s'élever à onze langues, ainsi que les pages de titre s'en glorifiaient. Cette association du *Calepino* avec des dictionnaires latins multilingues persista sous le même titre de *Calepino,* dans des dictionnaires latin-japonais et latin-magyar jusqu'en 1870 et 1912[22]. À l'époque moderne le *Calepino* ne devint pas seulement la marque la plus universellement reconnue de dictionnaire, toujours utilisée au début du XXe siècle, il finit par devenir une métonymie du genre lui-même, comme l'atteste l'usage du jésuite Molinier (cité plus haut) parmi bien d'autres. Un auteur inventa même le terme *calepinare,* et le mot *calepin* subsiste dans le français d'aujourd'hui avec la signification un peu différente de carnet de notes[23]. En même temps, le succès du *Calepino* a consolidé l'association entre le titre *dictionarium* et le genre « dictionnaire » – seuls quelques grands dictionnaires ont pu être intitulés autrement, le plus souvent « trésor » (terme encore en usage aujourd'hui)[24].

En 1685, Adrien Baillet remarquait que tant de mains expertes avaient concouru à la modification et l'amélioration de l'original du *Calepino* (qu'il considérait comme « pitoyable ») « qu'il n'y a presque plus que le nom et le titre du livre qui soient de Calepin[25] ». Étant donné la nature fondamentalement collective de l'ouvrage, ses auteurs divers et ses multiples sources, le *Calepino* variait d'une édition à la suivante. Néanmoins, son programme resta cohérent tout au long de ses éditions successives : offrir une large couverture des termes classiques, en ignorant souvent les termes en usage au Moyen Âge ou à l'époque moderne. Ainsi « *typographia* » bien que paraissant dans les pages liminaires de presque toutes les éditions, n'apparut dans les définitions qu'en 1616, et « *imprimere* » resta toujours défini comme l'impression sur cire (comme dans l'Antiquité, en ignorant la technique de l'impression sur papier). En plus d'informations grammaticales au sujet du lexique (génitif, formes verbales), le *Calepino* apportait des informations encyclopédiques, tirées de sources antiques, et utiles à leur compréhension. Sous « éléphant » par exemple le dictionnaire expliquait qu'ils vivaient trois cents ans, et que Pyrrhus les employait dans les batailles. Cette information n'évoluait que lentement par rapport aux événements politiques ou intellectuels ; ainsi, « Hollandia » entra pour la première fois au *Calepino* cent cinquante ans après son indépendance politique. Et jusqu'aux dernières éditions du XVIIIe siècle la définition de *terra* resta inchangée : « Élément sec et froid [...] Varron livre 4 [...] La terre est entourée par l'univers, se tient au milieu du monde, solide et sphérique, Cicéron, *Tusculanes* 1[26]. » Même dans un livre de référence soumis régulièrement à des changements et révisions, le recyclage des contenus précédents représentait la plus grande partie de chaque nouvelle édition. En plus des avantages pratiques de cette inertie d'écriture, dans un ouvrage à destination d'un public catholique (on peut évoquer les éditions du XVIIIe siècle, destinées au séminaire de Padoue) la définition orthodoxe de *terra* était nécessaire pour éviter une possible censure ; et de toute façon, c'était l'exacte description de ce que *terra* signifiait pour les auteurs antiques, comme le *Calepino* était précisément conçu pour accompagner la lecture de leurs ouvrages.

Dès 1544, les éditions du *Calepino* imprimées à Bâle comprenaient aussi un dictionnaire distinct de noms propres, l'*Onomasticon* de Conrad Gessner[27]. Dans sa préface particulièrement détaillée, Gessner expliqua qu'il en avait compilé le contenu avec des amis, surtout à partir des noms propres que l'on trouvait dans d'autres dictionnaires, dont le *Calepino* et l'*Elucidarius carminum* (L'élucidateur de poèmes), produit en 1541 par Robert Estienne. Dans le même temps, le frère de Robert Estienne, Charles (qui imprima aussi l'*Elucidarius* en 1559) compilait un autre dictionnaire important de noms propres, le *Dictionarium historicum ac poeticum* (1553), réimprimé de nombreuses fois jusqu'en 1693. Même sans nous pencher en détail sur l'histoire complexe de l'édition de dictionnaires, nous apercevons un réseau complexe d'interconnexions entre les différents dictionnaires, et entre les personnes qui les rédigeaient en pillant sans hésitation les œuvres existantes pour concevoir de nouvelles publications[28].

Comme le *Calepino*, dont il était explicitement issu, l'*Onomasticon* et d'autres dictionnaires de noms propres répartissaient les noms trouvés dans la littérature antique en une multitude de catégories : « hommes et femmes, peuples, idoles, villes, rivières, montagnes et autres lieux », mais aussi dieux païens, régions, îles, plaines, baies, collines et ports, tels qu'on les trouvait dans la littérature sacrée ou profane[29]. Gessner expliquait que son œuvre était triplement utile : elle apportait des informations véridiques et toujours d'actualité en histoire et en géographie ; elle commentait les noms propres employés par les Anciens et qui n'étaient plus en usage (par exemple de leurs « fables et bagatelles ») ; enfin

> les auteurs qui écrivent des commentaires et des scholies, peuvent y renvoyer leurs lecteurs, comme nous le fîmes dans nos annotations du *Discours de Tatien contre les Grecs*, pour éviter qu'ils aient à répéter souvent de nombreuses choses et que les mêmes choses soient dites dans chaque commentaire de chaque auteur, de sorte que ce livre est comme un commentaire commun [*communis commentarius*] sur la plupart des auteurs[30].

En décrivant ainsi son dictionnaire de noms propres, Gessner mettait l'accent sur l'ampleur des domaines qu'il couvrait et son intérêt pour de nombreux utilisateurs, qui pouvaient s'épargner l'effort de commenter un contenu qui y était déjà expliqué. Il établissait implicitement ainsi une relation de proximité entre les genres du dictionnaire et du commentaire (sur laquelle je reviendrai), même si les deux genres étaient organisés différemment.

Les dictionnaires, du fait de leur organisation en auto-indexation, constituent le seul genre à ne pas offrir d'outils de recherche supplémentaires[31]. Leur lisibilité était assurée par une organisation en paragraphes et la diversité des polices et de leurs tailles. Ce qui les différencia principalement des dictionnaires médiévaux fut l'usage constant de sauts de lignes (plutôt que de la rubrication) pour signaler des nouvelles entrées.

Les florilèges ou « collections de sentences »

Un autre genre d'ouvrage de référence, déjà bien défini au Moyen Âge, et qui se diffusa largement avec l'imprimerie, était le florilège. Plus encore que les autres ouvrages de référence, les florilèges variaient considérablement en taille, en prix, et la nature de leurs dispositifs de recherche. J'étudie surtout ici des exemples d'in-folio en latin car ils déployaient les outils d'organisation et de recherche les plus sophistiqués, et se présentaient clairement comme des livres de référence à consulter plutôt qu'à lire d'un bout à l'autre. Dc nombreux florilèges furent aussi publiés en latin et dans les langues vernaculaires en in-octavo beaucoup moins chers, qui présentaient surtout des sentences morales et théologiques classées par sujets. Les rubriques étaient classées alphabétiquement mais le plus souvent ces florilèges in-octavo ne proposaient pas d'autres outils de recherche. Les plus courts ont pu aussi être lus à d'autres fins que la consultation, comme source de réflexion pieuse ou morale. Essayer de quantifier la production de florilèges imprimés est particulièrement délicat si l'on considère la diversité des ouvrages à prendre en considération, et la fluidité des frontières avec des genres voisins, qui rassemblaient des citations ou des exemples historiques. Suivant en cela l'énumération de Naudé, je traite plus bas des collections de proverbes et de commentaires organisés comme miscellanées, comme les *Adages* d'Érasme, et des livres de lieux communs organisés de manière systématique, comme le *Theatrum humanae vitae* de Theodor Zwinger. Une étude récente a estimé qu'environ un million d'exemplaires de collections diverses de dictons et d'*exempla* étaient disponibles à la vente au XVIe siècle[32]. Malgré les difficultés que comporte toute estimation de ce genre, on peut considérer que ces collections de citations connurent un très vif succès.

Pour les florilèges, la transition du manuscrit au livre imprimé ne s'est pas nettement alignée avec un passage vers les textes humanistes comme c'était le cas pour les dictionnaires. Les florilèges médiévaux contenaient surtout des passages de la Bible et des docteurs de l'Église, porteurs d'inspiration spirituelle et morale, et ce genre se perpétua dans les imprimés. En particulier deux florilèges attribués à Thomas d'Irlande (auteur du *Manipulus florum* de 1306) furent régulièrement réimprimés entre le milieu du XVIe et celui du XVIIIe siècle. Les « Fleurs de presque tous les docteurs qui se sont distingués jusqu'à aujourd'hui dans la théologie aussi bien que dans la philosophie » et les « Fleurs de la Bible » contenaient beaucoup plus en 800 pages in-octavo que ce que Thomas lui-même avait compilé, mais le fait d'attribuer l'ouvrage à un auteur médiéval était vraisemblablement considéré comme un argument de vente[33]. Parallèlement, des humanistes publièrent des collections de dictons antiques, comme les *Disticha moralia* de Caton, également dans un in-octavo largement réimprimé (de 136 pages environ)[34]. Le marché était également inondé de florilèges nouvellement composés, souvent spécialisés dans un certain type de citation : par exemple la *Margarita poetica* (Perle poétique) d'Albert de Eyb (1472, in-folio) ou le *Viridarium illustrium poetatum* (Le jardin des plaisirs des poètes illustres) par Octavianus Mirandula (1507, in-quarto)[35]. *Adagia, apophtegmata, parabolae, proverbia, sententiae, similia*, étaient des termes spécialisés qui apparaissaient dans de nombreux titres, bien qu'ils ne fussent pas toujours clairement distingués dans la pratique : *parabolae* et *similia* se concentraient sur les comparaisons ; les adages et les proverbes sur des affirmations considérées comme faisant autorité par leur ancienneté ou leur répétition ; les *sententiae* étaient une vaste catégorie couvrant les « dits » ; et l'apophtegme désignait un trait d'esprit, explicité par une anecdote présentée comme historique[36]. Naudé embrassait toutes ces sortes d'œuvres dans la catégorie « collections de sentences ».

Le florilège in-folio qui connut le plus grand succès fut aussi le plus volumineux et le plus généraliste : il s'agit de la *Polyanthea* de Domenico Nani Mirabelli, publiée pour la première fois en 1503, et qui connut au moins quarante-quatre éditions jusqu'en 1686, avec des ajouts successifs qui multiplièrent la taille de l'œuvre par six, de 430 000 mots en 1503 à quelque 2,5 millions en 1619[37]. Domenico Nani Mirabelli (appelé aussi Nani, né vers 1455, mort après 1528) fut recteur d'écoles, archiprêtre de la cathédrale de Savone (Ligurie) et aussi secrétaire du pape[38]. Il attribuait l'origine de cette œuvre à son goût pour la cueillette « des fleurs parmi une si grande masse » lorsque jeune homme il étudiait les humanités grecques et latines. Ces fleurs s'accrurent de contributions issues de ses conversations quotidiennes et de l'étude de la philosophie, jusqu'à ce qu'il se décide à les mettre en ordre et à les publier plus tard, « pour le bien commun[39] ». Non content de mettre en ordre ses propres sélections accumulées pendant de nombreuses années d'étude et de conversation, Nani Mirabelli s'appuya aussi sur le *Manipulum florum* de Thomas d'Irlande, dont il tira la plupart de ses titres de sujets et près de la moitié de leur contenu, sans en faire état[40]. Bien plus que les autres auteurs de florilèges de son temps, Nani Mirabelli juxtaposa les autorités religieuses traditionnelles et les thèmes en usage chez les prêcheurs, avec des autorités plus récemment reconnues qui séduisaient professeurs et étudiants humanistes. Il indiqua aussi ses intentions humanistes en choisissant pour titre les termes grecs à la place des termes latins alors courants pour « De nombreuses fleurs[41] ». Des ajouts insérés dès le milieu du XVIe siècle, provenant d'autres collections aussi bien publiées qu'inédites, apportèrent des contenus nouveaux et substantiels, entre autres des emblèmes, des fables, et des *exempla,* ce qui fit de l'ouvrage la plus vaste et la plus variée de toutes les collections de citations. Le matériau de nombreuses rubriques était devenu si abondant qu'en

1604 un des éditeurs, Joseph Lange, en donna une révision majeure en reclassant le contenu de chaque rubrique par types de citation (la Bible, les Pères de l'Église, les poètes, les philosophes, les fables, les emblèmes, et ainsi de suite). Bien que la *Polyanthea* n'ait sans doute pas eu l'influence du *Calepino*, elle servit de modèle pour les collections de dictons classés par ordre alphabétique. Par exemple, la page de titre du *Magnum theatrum vitae humanae* (publié pour la première fois en 1631) justifiait la réorganisation alphabétique de l'ordre systématique de Zwinger en affirmant qu'il « suivait la norme de la *Polyanthea*[42] ».

Bien qu'une œuvre organisée selon un ordre alphabétique puisse être considérée comme auto-indexée de ce fait, la *Polyanthea* comprenait trois améliorations supplémentaires dont je parlerai ultérieurement : une liste alphabétique des auteurs cités (présente dans les premières éditions mais pas dans toutes les éditions ultérieures) ; une liste alphabétique des rubriques sous lesquelles était organisé le contenu, incluant les numéros des pages où commençait chaque entrée (cette liste devint de plus en plus longue à mesure que la *Polyanthea* se voyait adjoindre de nouvelles entrées) ; et pour une douzaine d'articles, les plus longs, un diagramme arborescent représentant l'organisation conceptuelle du sujet traité (qui fut reproduit sans aucune modification dans les éditions ultérieures).

« Mélanges » et « plusieurs leçons »

Naudé intégrait à sa liste de répertoires des livres qui (jusque très récemment au moins) sembleraient devoir être exclus de la catégorie des ouvrages de référence, car ils se présentaient explicitement sans ordre : les miscellanées. L'ordre aléatoire des miscellanées a été largement ignoré dans les études de l'organisation des livres de l'époque moderne, qui ont généralement préféré décrire la concurrence entre ordres systématique et alphabétique, résolue au fil du temps au profit du dernier. Mais les collections classées dans un tel ordre aléatoire pouvaient également servir d'ouvrages de référence efficaces s'ils étaient pourvus d'un bon index alphabétique comme outil de recherche. Aujourd'hui, nous pouvons en juger encore mieux qu'il y a dix ans vu notre recours croissant aux outils de référence électroniques qui en général ne sont pas organisés alphabétiquement mais consultables par un moteur de recherche. Ainsi le web lui-même est un vaste ensemble de miscellanées auquel nous accédons par des moteurs de recherche qui mettent en œuvre une grande variété d'algorithmes (souvent tenus secrets)[43].

À l'époque moderne, l'ordre alphabétique lui-même était perçu comme un ordre aléatoire : en effet l'ordre arbitraire des lettres avait pour conséquence une disposition de mots (et de leurs contenus sémantiques) l'un à côté de l'autre qui n'avaient aucune correspondance conceptuelle. Pour la *Polyanthea* alphabétique par exemple, les sujets se succèdent sans aucun ordre logique sous-jacent : « admiration », « admonition », « adolescence », « adoption », « adoration », etc. *A contrario*, les ordres systématiques étaient appréciés car ils prétendaient faire apparaître les relations naturelles entre les choses en traitant ensemble de sujets liés entre eux (ainsi, l'adoration associée aux autres vertus, l'adolescence aux autres âges de la vie). En pratique, bien sûr, il y avait très peu de consensus sur la meilleure façon de représenter ces relations, ou sur l'ordre systématique optimal. Un historien a dénombré dans les ouvrages encyclopédiques de l'époque moderne dix-neuf ordres systématiques différents dont : l'ordre de la création, du Décalogue, du récit biblique ou du catéchisme ; des ordres chronologiques et géographiques variés ; et l'ordre hiérarchique des disciplines ou de la chaîne des êtres[44]. Mais, au cas où cet ordre aurait semblé opaque aux lecteurs, les livres de référence organisés systématiquement étaient en général pourvus d'un ou de plusieurs index alphabétiques conçus pour en faciliter l'accès. De fait, un lecteur contemporain éminent déclara avoir trouvé impénétrable le classement systématique complexe du *Theatrum humanae vitae* de Theodor Zwinger, et par conséquent s'être fié à l'index afin de l'utiliser[45]. Les distinctions entre ces différentes formes de classement furent rendues obsolètes par l'usage généralisé des index alphabétiques dans les premiers ouvrages de référence imprimés. Néanmoins les compilateurs continuèrent à expliciter leur mode de présentation avec autant de soin que de détermination.

Les livres de référence expressément conçus comme des miscellanées furent une particularité de la Renaissance (par opposition à des ouvrages qui pouvaient être pris pour des miscellanées par des lecteurs, contemporains ou d'époques plus récentes, qui n'appréciaient pas le plan du compilateur). À la différence des dictionnaires et des florilèges, les livres que Naudé désignait comme des « mélanges » ou « diverses leçons » ne s'inspiraient pas de modèles médiévaux mais imitaient des exemples antiques, comme les *Nuits attiques* d'Aulu-Gelle qui prétendait avoir suivi l'ordre du hasard de ses lectures[46]. Cette mise en valeur explicite d'un ordre désordonné inspira des épigones humanistes qui vantèrent les vertus de l'*ordo fortuitus,* ou « ordre fortuit » (utilisant le terme qu'employa l'auteur ancien).

Comme les florilèges, les miscellanées se présentaient sous des formes variées, des ouvrages en langue vernaculaire de petit format aux volumineux in-folio en latin. Parmi les premiers, le *Silva de varia leccion* de l'historien espagnol Pedro Mexia (1496-1552 ?) était largement connu à travers l'Europe grâce à des traductions, des imitations et des continuations – le plus souvent sous forme de volumes trapus de petit format sans index[47]. Vu les autres éléments de sa liste, Naudé se référait plutôt à un certain nombre de vastes ouvrages en latin intitulés *variae lectiones* (équivalent latin de *diverses leçons*) ou *commentarii,* ou des variantes de ces termes, qui se composaient de discussions de la langue latine et grecque et de leurs usages, organisées de différentes manières. Une cinquantaine d'années plus tard, Adrien Baillet employait le même terme (avec moins d'enthousiasme pour le genre) lorsqu'il évoquait les *Adversaria* d'Adrien Turnèbe, qu'il jugeait « solides sans vanité » contrairement aux livres « de la pluspart de ces faiseurs de diverses Leçons ». Le gros in-folio de Turnèbe consistait en de courts chapitres classés au hasard qui proposaient des commentaires philologiques de groupes de mots latins, prétendument extraits tels quels des notes de lecture de l'auteur, ainsi que le titre le suggère[48]. Même si le titre s'appliquait aussi à des ouvrages en langues vernaculaires, les *diverses leçons* étaient bien un genre littéraire du latin savant, caractérisé par des commentaires sur la langue et la culture anciennes sous forme de miscellanées[49].

Un des principaux exemples de ce genre, qui contribua sans doute à l'emploi du mot *leçons* pour le décrire, fut les *Lectiones antiquae* (Lectures antiques) de Cœlius Rhodiginus, également connu sous le nom de Ludovico Ricchieri (1469-1525), professeur de rhétorique à Ferrare[50]. Rhodiginus dit avoir entrepris ce projet, un commentaire de proverbes antiques, en 1491. Mais la parution des *Adages* d'Érasme, tout d'abord en un volume modeste en 1500, puis dans une édition in-folio plus étendue en 1508, l'incita à refondre plus largement le contenu en un commentaire collectif de la littérature antique. Son titre renvoyait à une œuvre de Caesellius Vindex citée par Aulu-Gelle et qui avait déjà disparu à la Renaissance[51]. Invoquant le modèle d'Aulu-Gelle, Rhodiginus expliquait qu'il « avait réduit en un seul corps tout ce qu'il avait rassemblé dans ses lectures » et « mélangé merveilleusement diverses libations en un seul tirage, tout comme les abeilles font le nectar à partir des sèves diverses des fleurs »[52]. La variété annoncée dans la préface se présentait sous forme d'une vaste collection de petits chapitres, chacun consacré à une expression de l'Antiquité, et aux mœurs ou *res* qui l'expliquaient. Les chapitres étaient soit sans relation les uns avec les autres, soit associés suivant tout au plus une vague association d'idées (par exemple un groupe de chapitres sur les odeurs suivi de chapitres sur le nez et l'éternuement)[53]. Les *Lectiones* de Rhodiginus furent publiées pour la première fois en 1516 (puis en 1517) sous la forme d'un in-folio de 860 pages muni d'un index de quatre-vingts pages ; puis en 1542 en une version posthume considérablement augmentée, préparée par son neveu, qui totalisait 1 182 pages avec un index bien plus long de 260 pages. Cette version élargie reparut en sept éditions supplémentaires sans autre modification jusqu'en 1666[54].

Dans sa première édition, Rhodiginus s'est vanté d'avoir conçu trois index : une liste des titres de chapitres dans l'ordre d'apparition (et non pas un index selon notre emploi de ce terme aujourd'hui) ; une liste d'auteurs pour lesquels il proposait des émendations, qui incluait des références précises au texte (par livres et chapitres) ; et un index général par sujets, intitulé « liste de choses dignes d'attention qui sont contenues dans ces *lectiones* afin que chacun puisse trouver sans difficulté ce qu'il désire ». Les éditions postérieures à 1542 comprenaient également une liste alphabétique des auteurs cités dans le texte[55], mais sans références spécifiques, donc distincte de la liste des auteurs pour lesquels il avait proposé des émendations. Rhodiginus était bien conscient de l'importance des instruments qui faciliteraient l'accès à son ouvrage monumental et proposait des index aussi bien pour les spécialistes, avides d'émendations nouvelles de textes anciens, que pour un public plus large à la recherche d'un commentaire érudit du savoir antique. L'un de ces lecteurs consulta Rhodiginus en recontrant dans ses lectures une référence à Taraxippos, l'esprit dont on dit qu'il terrifiait les chevaux dans les courses de chars antiques ; il nota alors le passage correct du Rhodoginus dans la marge du livre où ce nom apparaissait, sans doute après avoir repéré le passage dans l'index[56]. Les *Lectiones* de Rhodiginus avaient une portée et une résonance plus larges (car elles apportaient une multitude d'informations générales) que beaucoup d'autres *lectiones variae* de taille moindre s'adressant à un public d'érudits intéressés par des corrections philologiques[57].

Sous le terme de « mélanges », Naudé annexait d'autres ouvrages organisés de différentes manières, mais qui ne portaient pas le titre de *lectiones*. Le premier humaniste à attirer l'attention sur cette forme fut Ange Politien, en publiant son commentaire philologique sous le titre de *Miscellanea* en 1489[58]. Le *Cornucopiae* de Niccolò Perotti (1430-1438), publié après sa mort par son neveu en 1489, n'était pas classé aléatoirement puisqu'il proposait un commentaire des mots utilisés dans les vingt-huit épigrammes du *De spectaculis* de Martial, dans l'ordre de leur apparition. Mais les dimensions du commentaire de Perotti, avec ses 389 pages in-folio dont quarante-huit pages pour les huit lignes de la première épigramme étaient écrasantes par rapport au texte commenté. Le seul terme *ferant,* du vers n° 6, donnait lieu à 700 exemples d'usage du verbe *fero* (« porter ») dans la littérature latine[59]. Le *Cornucopiae* de Perotti parut dès sa première édition pourvu d'un index alphabétique de 100 pages (avec 200 entrées par page), qui rendait le livre utilisable en consultation comme l'équivalent d'un dictionnaire de 20 000 entrées. Dans son *Pandectae* (1548) Conrad Gessner présentait le *Cornucopiae* avec les autres dictionnaires dans la section « sur les auteurs qui publient des miscellanées », car « la plupart des dictionnaires grecs et latins qui suivent l'ordre alphabétique ne suivent aucun ordre systématique (ou bien ils ne suivent même pas l'ordre alphabétique, comme les *Cornucopiae* de Perotti et les *Commentaires sur la langue grecque* de Budé) »[60]. Le statut de dictionnaire du *Perotti* se manifesta aussi par le degré auquel les dictionnaires plus tardifs, y compris les *Calepino*, et ceux de Robert Estienne (1531), et de Forcellini au XVIIIe siècle (*Lexicon totius latinitatis*) lui empruntèrent tacitement[61]. Le succès du *Calepino* et du *Thesaurus linguae latinae* (1531) de Robert Estienne, qui parut cinq ans avant la dernière édition de *Cornucopiae,* ont probablement joué un rôle dans l'éclipse du *Perotti* après une carrière d'au moins vingt-quatre éditions jusqu'en 1536.

Les auteurs de dictionnaires et de commentaires faisaient explicitement le rapprochement entre les deux genres. Dans la préface d'une édition tardive de Perotti, l'imprimeur évoquait la supériorité du *Cornucopiae* sur le *Calepino* dans sa manière de regrouper des discussions sur des mots d'une même famille en évitant la dispersion occasionnée par l'ordre alphabétique du *Calepino*. À l'inverse, les préfaces du *Calepino* ou du *Dictionarium* de Robert Estienne appelaient ces ouvrages des « sortes de commentaires », de la même façon que Gessner qualifiait son *Onomasticon* de « commentaire commun »[62]. La différence entre le dictionnaire et le commentaire n'était pas une différence de méthode ou de but, mais d'exhaustivité et de système. Tandis que les dictionnaires consacraient une entrée à presque tous les termes du latin classique, les auteurs de commentaires divers ou de *variae lectiones* ne faisaient pas cet effort, mais exploitaient plutôt le format des miscellanées pour commenter des termes et des passages de leur choix, ignorant les mots qu'ils jugeaient trop difficiles, ou trop banals. Les *Variae lectiones* étaient l'endroit idéal où aller chercher de brèves observations ou des émendations de textes courts ou fragmentaires qui ne justifiaient pas une édition à part ou un commentaire[63]. Perotti adossait son commentaire aux épigrammes de Martial, mais il s'en éloignait beaucoup ; de la même manière, d'autres auteurs de commentaires divers se sentaient libres de digresser et vantaient le plaisir accru procuré par une présentation inattendue des sujets. Un ouvrage de ce type proposait même parmi ses outils de recherche une liste des digressions, anticipant ainsi l'intérêt de certains lecteurs pour ces passages[64].

L'un des livres les mieux vendus de l'époque moderne (pour sa taille et son coût) avec 163 éditions jusqu'en 1696, peut être considéré comme un « commentaire collectif » bien qu'il se situe aussi à la frontière du genre du « recueil de sentences ». Les *Adages* d'Érasme proposaient non seulement une collection de plus de 4 300 dictons ou expressions empruntés aux littératures latine et grecque, présentés sans ordre, mais également un commentaire avec des explications linguistiques ou culturelles riches et variées et des digressions restées célèbres[65]. Son succès remarquable fut sans doute en grande partie le fait des qualités exceptionnelles d'Érasme – la verve de son style latin et son extraordinaire célébrité – mais de plus le genre même de l'ouvrage, si étrange que cela puisse paraître aujourd'hui, avait de toute évidence de l'attrait pour ses contemporains. De fait, Rhodiginus lui-même avait envisagé de publier une œuvre très similaire. Le choix par Érasme de la forme des miscellanées a été interprété comme le signe de sa volonté d'écarter tout souci utilitaire au profit d'objectifs esthétiques et littéraires. En réalité, Érasme s'était également adapté à une lecture de consultation utilitaire de son œuvre en proposant deux index de grande qualité (par adages et par rubriques de lieux communs) pour permettre que le livre, volumineux, puisse aussi servir d'ouvrage de référence[66].

Les miscellanées se prêtant à la consultation n'étaient pas forcément toutes tournées vers la littérature et la culture antiques. L'ordre aléatoire était assez courant dans les compilations historiques et d'histoire ou de philosophie naturelles de la Renaissance. Deux d'entre elles jouaient implicitement avec le titre d'Aulu-Gelle : *Dies geniales* (Jours de fête) d'Alexander ab Alexandro, un juriste napolitain (1522), et les *Dies caniculares* (Jours de canicule, car l'œuvre comportait des dialogues tenus dans la chaleur de l'été) de Simone Maioli, evêque de Vulturara en Apulie (1597). Maioli expliquait qu'il avait « assemblé ces écrits à partir de presque tous les auteurs qui ont écrit sur ces sujets et tissé entre eux dans le plus grand ordre en un seul corps ». Le résultat prenait la forme d'une conversation qui se perdait en méandres dans une suite de chapitres sur des sujets très généraux s'étalant sur plus de 1 000 pages in-folio. Les *Dies geniales* d'Alexander ab Alexandro, organisés en courts chapitres vaguement groupés par sujets, furent encore plus largement imprimés (souvent en format in-octavo) et cités[67]. Tous deux étaient pourvus d'un index très complet.

Bien que de nombreuses miscellanées fussent conçues comme des livres de référence, d'autres, dont quelques-unes très vastes, n'invitaient pas à la consultation en proposant un index. Ainsi les *Essais* de Montaigne, qui figuraient dans nombre de catalogues de bibliothèques et de ventes de l'époque moderne sous la catégorie des « mélanges », ne parurent avec un index que quelque cinquante ans après leur première édition[68].

Livres de lieux communs

Naudé et Molinier distinguaient tous les deux les « lieux communs » en les mentionnant séparément dans leur énumération de genres référentiels, traçant ainsi une frontière avec les « collections de sentences » qui peut sembler surprenante car ces dernières et les florilèges en général étaient le plus souvent organisés en rubriques de lieux communs. Alors que la plupart des florilèges peuvent être classés parmi les livres de lieux communs, les « lieux communs » étaient également utilisés pour organiser un contenu qui n'était pas constitué de citations d'auteurs mais, par exemple, de préceptes ou d'*exempla*. Ainsi, des œuvres intitulées *Loci communi theologici*, de Philippe Mélanchthon ou Johannes Henri Alsted, consistaient en un mélange de définitions et de préceptes, de citations et d'exemples, et d'argumentations philosophiques réunis sous de larges rubriques telles que *« De dei providentia »* (Sur la providence de Dieu), classées systématiquement ou alphabétiquement[69].

Un des premiers livres imprimés de lieux communs fut l'*Officina* (Atelier) de Johannes Ravisius Textor (1520, in-quarto) qui proposait des listes d'exemples de toutes sortes mais sans aucun index ni rubriques de sujets ; des éditions ultérieures fournissaient ces deux types d'accès. L'un des plus grands livres de lieux communs, avec un classement des plus élaborés, fut le *Theatrum humanae vitae* (1565) de Theodor Zwinger (1533-1588), professeur à l'université de Bâle, d'abord en rhétorique, puis en éthique, et enfin en médecine théorique. Dans de nouvelles éditions en 1571 et 1586, Zwinger en augmenta et réorganisa tellement le contenu que l'ouvrage s'accrut de 1 500 à 4 500 pages in-folio. À la différence des florilèges, le *Theatrum* rapportait des exemples de comportements humains tirés des Anciens, mais aussi des auteurs médiévaux, et même de l'histoire récente, classés en un système complexe et hiérarchisé de rubriques. Zwinger expliquait que son but était de guider les lecteurs dans leur comportement face à n'importe quelle situation, à l'aide d'exemples aussi bien positifs que négatifs. Chaque rubrique contenait un court récit qui donnait l'exemple d'un comportement humain, comme l'oubli ou la force, et incluant tous les vices et vertus. En pratique, le *Theatrum* accumulait aussi une masse immense d'informations peu en lien avec le raisonnement moral, comme des listes d'empereurs, de saints et de papes, de plantes qui poussent en différents lieux, ou bien de plus de 200 façons de mourir[70]. On pouvait trouver là des citations plutôt sous forme d'apophtegmes, c'est-à-dire des traits d'esprit introduits par une petite anecdote (qui démontrait par exemple la cruauté, la stupidité ou l'esprit). Zwinger présentait son « théâtre » comme un étalage de la totalité des expériences humaines, présentées suivant un schéma d'organisation ambitieux et très personnel qu'il affina de manière importante à chaque édition. Pour structurer ce schéma, il poussa l'arborescence jusqu'à des niveaux de complexité inouïs ; celle-ci finit par s'étendre sur une douzaine de pages liées par des symboles les unes aux autres.

Bien que Zwinger ne reconnût nulle part que son système pouvait ne sembler guère supérieur à celui des miscellanées aux yeux de certains de ses lecteurs, l'ouvrage offrait tout de même des outils de recherche plus conventionnels. La première édition comportait une table des matières avec une liste des rubriques dans l'ordre de leur apparition dans le texte ainsi qu'un index alphabétique de ces rubriques. Mais Zwinger et son imprimeur étaient conscients des limites d'un index ne donnant que les titres des rubriques et pas leurs contenus. Ainsi, la première édition présentait des excuses pour l'absence d'un index plus substantiel ; celles-ci expliquaient que cet index n'avait pu être complété à temps pour la Foire de Francfort à cause d'« une peste très sérieuse »[71]. Dans la seconde édition, Zwinger y ajouta un *index exemplorum* contenant les noms propres qui apparaissaient dans presque chaque exemple ou anecdote. Les deux éditions suivantes de 1586 et de 1604 (la dernière posthume, et préparée par son fils Jacob) ajoutaient respectivement aux paratextes une liste alphabétique des auteurs cités (à laquelle je reviendrai), et un index alphabétique des « mots et des choses mémorables ». En 1631 le *Theatrum* formait le noyau d'une suite monumentale, le *Magnum theatrum vitae humanae,* compilé par le clerc flamand Laurentius Beyerlinck, en sept volumes in-folio totalisant 7 400 pages et plus de 10 millions de mots, accompagné d'un index contenu dans un huitième volume. Cette compilation encyclopédique, la plus vaste avant le XVIIIe siècle, proposait de longs articles (jusqu'à cent pages in-folio dans certains cas) sous des rubriques thématiques classées par ordre alphabétique ; mais à l'intérieur de chaque rubrique une grande partie de l'organisation hiérarchique de Zwinger par subdivisions avait été conservée. En plus d'une liste sophistiquée des rubriques dans l'ordre de leur apparition, un énorme index alphabétique unique, combinant noms propres et « mots et choses mémorables », était un point d'accès important à une œuvre qui n'était que partiellement auto-indexée.

Les outils de recherche modernes

Les genres référentiels énumérés par Naudé présentaient généralement de multiples éléments de paratexte (en préambule ou à la fin) conçus pour aider le lecteur à comprendre les qualités et l'utilisation de chaque livre[72]. Ces outils suivaient souvent les modèles médiévaux, mais ils étaient plus développés, plus nombreux, plus complexes et généralement plus faciles à employer que dans les manuscrits. Imprimeurs et auteurs investirent des ressources considérables, aussi bien en créativité qu'en capitaux, dans ces fonctionnalités qui devaient à la fois attirer les lecteurs et, si l'on en croit les textes d'accompagnement, les initier aux techniques de la lecture de consultation.

La liste des auteurs (catalogus auctorum)

Le plus ancien des paratextes joints aux compilations fut probablement la liste d'auteurs. Elle existait déjà dans l'Antiquité et fut imitée au Moyen Âge, surtout dans le domaine du droit. Au VIe siècle de notre ère, Justinien avait ordonné que le *Digeste* comporte une liste des auteurs des extraits utilisés, afin de légitimer la compilation qui en avait été faite. Les manuscrits médiévaux du *Digeste* comprenaient généralement une telle liste de trente-huit auteurs avec les titres de leurs œuvres[73]. Les auteurs furent souvent cités dans les marges des manuscrits à partir du XIIe siècle, même si Vincent de Beauvais a préféré les citer directement dans le texte de peur qu'ils ne soient ignorés par un copiste ultérieur[74]. Une fois mis en évidence d'une façon ou d'une autre, les noms pouvaient aisément être rassemblés en une liste. Des manuscrits du *Catholicon*, dictionnaire du XIVe siècle, comprenaient des listes d'auteurs et de quelques-uns des titres cités. Ces listes pouvaient servir à garantir la valeur des extraits utilisés, ou bien à encourager le lecteur à consulter les sources originales. Ainsi la préface du *Manipulus florum* se terminait par une liste de vingt-quatre auteurs et de leurs 376 œuvres ; de manière inhabituelle, cette liste circula aussi sous une forme séparée du florilège comme une bibliographie de sources qui faisaient autorité[75].

La *Polyanthea* imprimée imitait ses sources médiévales en proposant une liste alphabétique des auteurs mais sans les titres des œuvres. Comme dans nombre de listes d'auteurs de l'époque moderne, les noms sont parfois difficiles à identifier, ce ne sont pas des références précises que l'on va exploiter pour retrouver l'ouvrage en bibliothèque, mais des listes destinées à inspirer le respect pour une œuvre composée à partir de tant d'*auctores*, terme latin qui signifie à la fois « auteur » et « autorité ». Certains auteurs figuraient sur ces listes que les compilateurs n'avaient sans doute lues qu'à partir de sources intermédiaires qu'ils ne mentionnaient pas. Les listes d'auteurs furent omises dans la *Polyanthea* de 1539 et dans nombre d'éditions ultérieures. Ce changement coïncida avec l'augmentation rapide du volume de l'ouvrage, mais pouvait aussi tenir du fait que sa réputation était assez bien établie pour se passer de cette revendication de fiabilité appuyée sur les auteurs. Des considérations pratiques, telles que le nombre de pages laissées blanches dans un cahier, ont pu aussi jouer un rôle dans la décision d'imprimer ou non une telle liste. Dans la version considérablement augmentée de la *Polyanthea* de 1604, la liste fut rétablie ; elle comptait alors 630 auteurs (par comparaison avec les 170 de l'édition de 1507).

La forme la plus commune de la liste d'auteurs était celle que l'on trouvait dans la *Polyanthea*, c'est-à-dire une liste alphabétique de noms sans autres références, ni aux œuvres citées ni aux passages dans lesquels ils apparaissaient. Ces listes n'étaient pas des outils de recherche, mais une sorte de publicité pour la qualité de l'œuvre. Conscient des abus possibles, Theodor Zwinger fit précéder son *Catalogus auctorum* de 1571 et 1586 d'une justification :

> C'est faire montre de vanité que de citer comme preuve les noms des auteurs très anciens dont vous n'avez jamais lu les écrits, et bien que vous ne soyez pas honteux d'apprendre ces mêmes choses d'auteurs plus récents, vous l'êtes d'admettre avoir appris quelque chose d'eux. Mais c'est une noble honnêteté que de préserver et de célébrer avec gratitude la mémoire de ceux que vous avez trouvés utiles. Pour cette raison nous avons donné en une brève liste le catalogue de ces auteurs à l'autorité desquels nous nous sommes fiés de bonne foi dans ce *Theatrum,* soit parce que la méthode des index l'exigeait, soit en tout cas pour éviter de paraître le premier à abandonner une coutume que tous pratiquent[76].

Zwinger cherchait à se différencier de ceux qui cachaient les sources qu'ils avaient employées en citant des auteurs antiques dont les écrits ne leur avaient pas été accessibles. Ce que Zwinger signifiait par « méthode des index » est obscur – ses notes subsistantes attribuent presque chaque citation à une source, mais il semble aussi se fonder sur l'idée qu'une telle liste était attendue de toute compilation aussi massive que la sienne.

Quelquefois les listes d'auteurs déviaient de la liste alphabétique standard pour servir à des fonctions complémentaires. Deux éditions des *Adages* en offrent l'exemple. D'une part une édition abrégée in-octavo de 1530 proposait un catalogue des principaux auteurs cités, classé par catégories d'auteurs : historiens, poètes, orateurs, etc.[77].

Cette liste par catégories, typique d'un ouvrage abrégé de petit format, était susceptible d'aider les lecteurs sans grands moyens ni érudition à mieux comprendre la gamme d'auteurs antiques utilisée. D'autre part, pour un public très lettré, l'imprimeur Froben publia, dans l'édition de 1551 des *Adages,* un index inhabituel, qui recensait tous les auteurs « analysés ou corrigés » dans l'œuvre avec renvoi aux pages correspondantes. Ce nouvel index que vantait la page de titre était un vrai outil de recherche sans rapport avec les listes d'auteurs ordinaires[78]. Il était si exceptionnel qu'il ne fut réimprimé qu'une seule fois par Froben en 1559, puis jamais plus (en tout cas à ma connaissance), même si la plus grande partie du travail de fabrication de l'index était facilement accessible pour ceux qui auraient voulu la copier. Les imprimeurs moins érudits que Froben ne voulaient pas investir le temps ou les moyens requis pour adapter cet index à leurs éditions. Seul le genre des *lectiones antiquae* présentait régulièrement les auteurs cités avec un renvoi aux pages où se trouvaient les citations, et même ces ouvrages n'incluaient dans ces index que les œuvres des auteurs pour lesquelles les humanistes apportaient des corrections – une contribution dont ceux-ci étaient particulièrement fiers. Dans son édition des *Lectiones* de Rhodiginus de 1542, Froben proposait ainsi un index d'auteurs corrigés avec un renvoi à la page correspondante, parallèlement à une liste alphabétique classique, sans renvois, des auteurs cités par Rhodoginus[79].

Dans la plupart des catégories de compilations, les listes d'auteurs sans renvois servaient à en valoriser le crédit et l'autorité. Mais cette coutume tomba en désuétude, peut-être sous la pression du nombre d'auteurs à prendre en compte, et plus seulement les auteurs antiques, mais aussi les contemporains, que des omissions pouvaient offenser. Si Alsted proposait en 1630 une liste d'auteurs cités, Beyerlinck en 1631 ne le faisait pas, pas plus que les grands compilateurs du XVIIIe siècle tels Chambers, Zedler, ou Diderot. Les listes alphabétiques d'auteurs réapparurent dans les ouvrages de référence de l'époque contemporaine, mais à des fins différentes, pour donner une liste des abréviations désignant les auteurs des articles (*Encyclopaedia Britannica*) ou bien des auteurs cités comme exemples (*Oxford English Dictionary*).

La liste des rubriques
(elenchus ou series titulorum)

Parallèlement aux listes d'auteurs, l'autre type de listes communément rencontré dans les premières compilations modernes était une liste des rubriques dans l'ordre d'apparition dans le livre. Ces listes étaient souvent appelées « index » à l'époque, mais elles ne le sont pas selon le sens qu'a ce terme aujourd'hui. Pour éviter toute confusion j'utiliserai le terme « index » dans son sens actuel plutôt que de suivre les termes flous de l'époque. Cette différence terminologique peut entraîner des divergences entre le nombre d'index mentionnés sur la page de titre d'un ouvrage et le nombre d'index que le lecteur compte aujourd'hui. Ces listes servaient de table des matières et donnaient souvent les numéros de page pour les différentes rubriques. Lorsque les références à la page n'étaient pas données dans l'imprimé, le lecteur les rajoutait parfois à la main[80]. Mais, même sans numéros de page, ces listes des *tituli* restaient un instrument utile pour parcourir en peu d'espace tous les sujets couverts par une compilation, afin que le lecteur puisse sélectionner les rubriques les plus pertinentes pour sa recherche. Étant donné la variété des termes sous lesquels le contenu pouvait être rassemblé, ces listes permettaient au lecteur de maîtriser l'emploi d'un ouvrage de référence, de la même manière que l'on conseillait aux preneurs de notes de relire régulièrement les rubriques de leurs livres de lieux communs.

On pense généralement que les listes par matières étaient rares dans l'Antiquité et au début du Moyen Âge, bien qu'elles aient été présentes dans certaines compilations de cette période, comme l'*Histoire naturelle* de Pline et les *Étymologies* d'Isidore de Séville. Les œuvres majeures du XIIe siècle, notamment le *Decretum* de Gratien et les *Sentences* de Pierre Lombard, présentaient des listes de matières qui devinrent courantes à partir de 1250 surtout dans les manuscrits produits par les libraires des quartiers universitaires. Le *Speculus Maius* de Vincent de Beauvais s'ouvrait sur une liste des *tituli* qui figuraient tout au long du texte comme titres des différentes parties[81]. Cette méthode pour annoncer les sujets d'une œuvre fut justifiée par au moins un compilateur, Godefroi de Viterbe, au tournant du XIIIe siècle, pour guider les lecteurs d'un gros livre comme « des rameurs à travers les mers vers le port désiré[82] ». Au XIIIe siècle des listes de chapitres étaient fréquemment ajoutées aux manuscrits qui n'en avaient pas[83].

Domenico Nani Mirabelli imitait ainsi ses prédécesseurs médiévaux en offrant une liste de rubriques sans renvois aux pages correspondantes dans la première édition de la *Polyanthea*. Mais la liste de Nani Mirabelli indiquait aussi (d'un astérisque simple ou double) si une rubrique avait reçu un traitement court ou long, et si elle comprenait un diagramme arborescent (désigné par *cum arbore*). Cette liste comportait également quelques termes qui ne méritaient pas un traitement propre, soit parce qu'ils apparaissaient dans un article proche (exemple *« abominor »* sous *« abominatio »*), ou bien parce qu'un renvoi était fourni dans une autre rubrique pertinente (par exemple *« absolvere »* voir *« perfectio »*). Dans la 2e édition et dans de nombreuses éditions ultérieures, la liste comprenait des numéros de page, mais certaines éditions du XVIe siècle l'omettaient et la remplaçaient par un chapitre de six pages en prose intitulé *« Definitiones »* dans lequel les termes relatifs aux vices et aux vertus (nombre d'entre eux étaient présents comme rubriques) étaient définis en relation les uns avec les autres[84]. Dans les éditions postérieures à la révision de 1604, la liste de rubriques s'était allongée jusqu'à atteindre quelque 840 entrées.

Pour les *Adages*, délibérément présentés sans ordre, Érasme rédigea lui-même une liste de 257 lieux communs indiquant quels adages

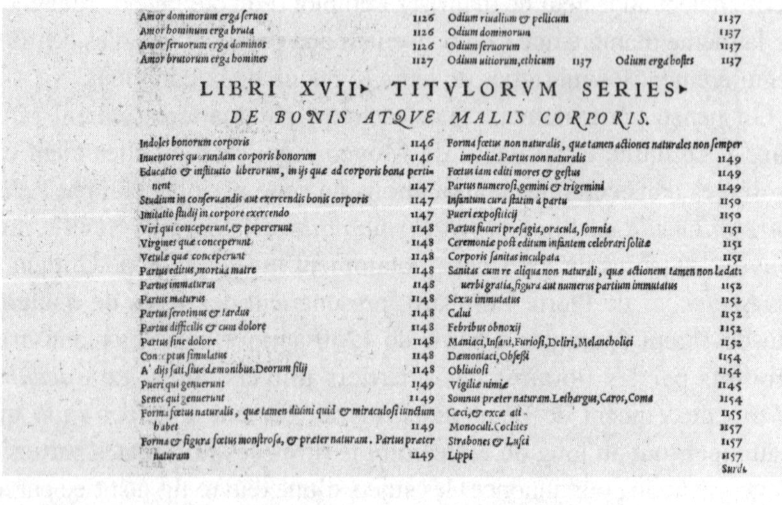

Amor dominorum erga seruos 1126
Amor hominum erga bruta 1126
Amor seruorum erga dominos 1126
Amor brutorum erga homines 1127
Odium riualium & pellicum 1137
Odium dominorum 1137
Odium seruorum 1137
Odium uitiorum, ethicum 1137 Odium erga hostes 1137

LIBRI XVII. TITVLORVM SERIES.

DE BONIS ATQVE MALIS CORPORIS.

Indoles bonorum corporis 1146
Inuentores quorundam corporis bonorum 1146
Educatio & institutio liberorum, in ijs quæ ad corporis bona pertinent 1147
Studium in conseruandis aut exercendis bonis corporis 1147
Imitatio studij in corpore exercendo 1147
Viri qui conceperunt, & pepererunt 1148
Virgines quæ conceperunt 1148
Vetulæ quæ conceperunt 1148
Partus editus, mortua matre 1148
Partus immaturus 1148
Partus maturus 1148
Partus serotinus & tardus 1148
Partus difficilis & cum dolore 1143
Partus sine dolore 1148
Conceptus simulatus 1148
A' dijs sati, siue dæmonibus. Deorum filij 1148
Pueri qui genuerunt 1149
Senes qui genuerunt 1149
Forma fœtus naturalis, quæ tamen diuini quid & miraculosi iunctum habet 1149
Forma & figura fœtus monstrosa, & præter naturam. Partus præter naturam 1149
Forma fœtus non naturalis, quæ tamen actiones naturales non semper impediat. Partus non naturalis 1149
Fœtus iam editi mores & gestus 1149
Partus numerosi, gemini & trigemini 1149
Infantum cura statim à partu 1150
Pueri expositicij 1150
Partus futuri præsagia, oracula, somnia 1151
Ceremoniæ post editum infantem celebrari solitæ 1151
Corporis sanitas inculpata 1151
Sanitas cum re aliqua non naturali, quæ actionem tamen non lædat: uerbi gratia, figura aut numerus partium immutatus 1152
Sexus immutatus 1152
Calui 1152
Febribus obnoxij 1152
Maniaci, Insani, Furiosi, Deliri, Melancholici 1152
Dæmoniaci, Obsessi 1154
Obliuiosi 1154
Vigiliæ nimiæ 1145
Somnus præter naturam. Lethargus, Caros, Coma 1154
Cæci, & excæcati 1155
Monoculi. Coclites 1157
Strabones & Lusci 1157
Lippi 1157
Surdi

FIGURE 3.1. Extrait de la *series titulorum* ou liste des titres dans leur ordre d'apparition dans le *Theatrum vitae humanae* de Theodor Zwinger (Bâle, 1565). Cette partie comprend la rubrique *« obliviosi »* (ceux qui souffrent de manque de mémoire) à la page 1154. Reproduit avec la permission de la Houghton Library, Harvard University *2000-512F.

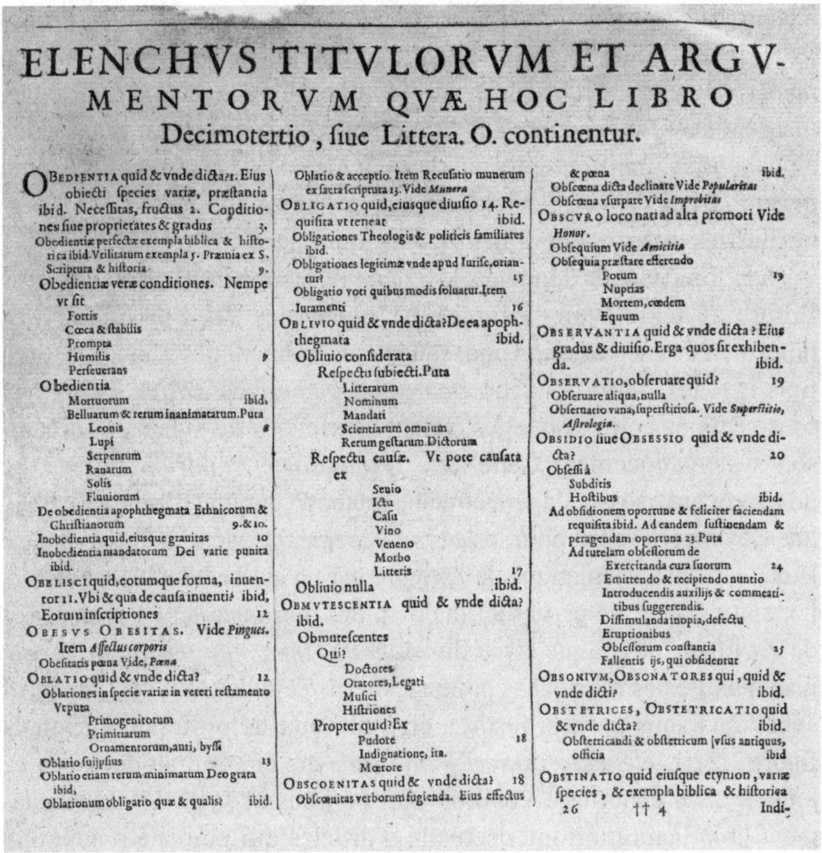

ELENCHVS TITVLORVM ET ARGVMENTORVM QVÆ HOC LIBRO

Decimotertio, ſiue Littera. O. continentur.

OBEDIENTIA quid & vnde dicta? 1. Eius obiecti ſpecies variæ, præſtantia ibid. Neceſſitas, fructus 2. Conditiones ſiue proprietates & gradus 3.
Obedientiæ perfectæ exempla biblica & hiſtorica ibid. Vtilitatum exempla 5. Præmia ex S. Scriptura & hiſtoria 9.
Obedientiæ veræ conditiones. Nempe vt ſit
Fortis
Cœca & ſtabilis
Prompta
Humilis 9
Perſeuerans
Obedientia
Mortuorum ibid.
Belluarum & rerum inanimatarum. Puta
Leonis 8
Lupi
Serpentum
Ranarum
Solis
Fluuiorum
De obedientia apophthegmata Ethnicorum & Chriſtianorum 9. & 10.
Inobedientia quid, eiusque grauitas 10
Inobedientia mandatorum Dei varie punita ibid.
OBELISCI quid, eorumque forma, inuentor 11. Vbi & qua de cauſa inuenti? ibid.
Eorum inſcriptiones 12
OBESVS OBESITAS. Vide *Pingues*. Item *Affectus corporis*
Obeſitatis pœna Vide, *Pœna*
OBLATIO quid & vnde dicta? 12
Oblationes in ſpecie variæ in veteri teſtamento Vt puta
Primogenitorum
Primitiarum
Ornamentorum, auri, byſſi
Oblatio ſuijpſius 13
Oblatio etiam rerum minimarum Deo grata ibid.
Oblationum obligatio quæ & qualis? ibid.
Oblatio & acceptio. Item Recuſatio munerum ex ſacra ſcriptura 13. Vide *Munera*
OBLIGATIO quid, eiusque diuiſio 14. Requiſita vt teneat ibid.
Obligationes Theologis & politicis familiares ibid.
Obligationes legitimæ vnde apud Iuriſc. oriantur? 15
Obligatio voti quibus modis ſoluatur. Item Iuramenti 16
OBLIVIO quid & vnde dicta? De ea apophthegmata ibid.
Obliuio conſiderata
Reſpectu ſubiecti. Puta
Litterarum
Nominum
Mandati
Scientiarum omnium
Rerum geſtarum. Dictorum
Reſpectu cauſæ. Vt pote cauſata ex
Senio
Ictu
Caſu
Vino
Veneno
Morbo
Litteris 17
Obliuio nulla ibid.
OBMVTESCENTIA quid & vnde dicta? ibid.
Obmuteſcentes
Qui?
Doctores
Oratores, Legati
Muſici
Hiſtriones
Propter quid? Ex
Pudore 18
Indignatione, ira.
Mœrore
OBSCOENITAS quid & vnde dicta? 18
Obſcœnitas verborum fugienda. Eius effectus & pœna ibid.
Obſcœna dicta declinare Vide *Popularitas*
Obſcœna vſurpare Vide *Improbitas*
OBSCVRO loco nati ad alta promoti Vide *Honor*.
Obſequium Vide *Amicitia*
Obſequia præſtare efferendo
Potum 19
Nuptias
Mortem, cædem
Equum
OBSERVANTIA quid & vnde dicta? Eius gradus & diuiſio. Erga quos ſit exhibenda. ibid.
OBSERVATIO, obſeruare quid? 19
Obſeruare aliqua, nulla
Obſeruatio vana, ſuperſtitioſa. Vide *Superſtitio, Aſtrologia*.
OBSIDIO ſiue OBSESSIO quid & vnde dicta? 20
Obſeſſi à
Subditis
Hoſtibus ibid.
Ad obſidionem oportune & feliciter faciendam requiſita ibid. Ad eandem ſuſtinendam & peragendam oportuna 23. Puta
Ad tutelam obſeſſorum de
Exercitanda cura ſuorum 24
Emittendo & recipiendo nuntio
Introducendis auxilijs & commeatibus ſuggerendis.
Diſſimulanda inopia, defectu
Eruptionibus
Obſeſſorum conſtantia 25
Fallentis ijs, qui obſidentur
OBSONIVM, OBSONATORES qui, quid & vnde dicti? ibid.
OBSTETRICES, OBSTETRICATIO quid & vnde dicta? ibid.
Obſtetricandi & obſtetricum vſus antiquus, officia ibid.
OBSTINATIO quid eiuſque etymon, variæ ſpecies, & exempla biblica & hiſtorica 26
†† 4
Indi-

FIGURE 3.2. Extrait de la liste de rubriques dans Laurentius Beyerlinck, *Magnum theatrum vitae humanae* (Cologne, 1631) dont la caractéristique importante est d'avoir jusqu'à cinq niveaux d'alinéas pour mettre en évidence la hiérarchie des sous-parties dans une seule entrée. Les entrées sont classées par ordre alphabétique, mais les contenus dans chacune d'entre elles conservent de nombreuses subdivisions systématiques présentes dans le *Theatrum* de Zwinger auquel Beyerlinck emprunta énormément. Cette partie inclut la rubrique sur l'oubli (*« oblivio »*) subdivisée en définition, étymologie du terme, et apophtegmes à son sujet ; oubli de quoi (lettres, noms, etc.) ; et causes de l'oubli (comme la vieillesse, un coup, une chute, etc.) Reproduit avec la permission de la Widener Library, Harvard College Library CYC 25.

correspondaient à chacun d'eux et sur quelle page ils étaient situés dans le volume. C'était évidemment un précieux outil de recherche pour les lecteurs qui souhaitaient extraire des données sur un thème précis parmi les 4 300 expressions réunies par Érasme. Mais à sa première parution, cette liste fournie par Érasme fonctionnait elle-même comme les miscellanées : elle pouvait être parcourue mais pas consultée. Un lecteur frustré ajouta ainsi à la main dans son exemplaire sa propre liste alphabétique de ces rubriques, complétée par un repère créé en numérotant chaque rubrique. Dans l'édition suivante (en 1515), l'imprimeur ajouta effectivement à la liste désordonnée de rubriques un index alphabétique, mais cette forme de référence n'était pas aussi élégante puisqu'elle renvoyait les lecteurs aux colonnes numérotées dans lesquelles les diverses rubriques étaient imprimées[85].

Theodor Zwinger donna en 1565 une liste simple de rubriques dans l'ordre du texte (voir la figure 3.1). Dans les éditions ultérieures, il introduisit une variation conséquente en ajoutant des alinéas jusqu'à trois niveaux de profondeur, pour mettre en évidence les sections et sous-sections entre lesquelles étaient distribuées ses rubriques organisées systématiquement. Cette série, ou *catalogus titulorum*, livrée avec un renvoi aux pages, s'avéra être une méthode durable d'accès au texte, que Beyerlinck reprit pour le *Magnum theatrum*. Même s'il a remplacé le classement systématique de Zwinger par un classement alphabétique, il maintint des sous-parties à l'intérieur des rubriques, souvent inspirées de Zwinger, et chaque livre du *Magnum theatrum* s'ouvrait sur un plan détaillé des rubriques commençant par cette lettre-là de l'alphabet avec leurs sous-parties, jusqu'à cinq niveaux de profondeur (voir la figure 3.2). L'*elenchus* ou *series titulorum* qui en résultait devint assez long, mais c'était aussi l'endroit où l'on pouvait saisir le plus facilement la structuration intellectuelle d'articles qui pouvaient atteindre jusqu'à 100 pages in-folio. À la fois dans le classement systématique de Zwinger et dans le classement alphabétique de Beyerlinck, les alinéas donnaient une vue d'ensemble efficace des subdivisions d'une entrée, comparable à une liste PowerPoint de Microsoft sans les puces. Avec l'ajout des références aux pages des textes, ces *elenchi* servaient à la fois d'outil de recherche et de plan[86].

L'index alphabétique de rubriques

La liste des rubriques dans l'ordre d'apparition suffisait comme index alphabétique pour les livres classés par ordre alphabétique, comme la *Polyanthea* ou le *Magnum theatrum*. Mais quand les rubriques étaient organisées systématiquement, une liste alphabétique supplémentaire de celles-ci permettait d'éviter au lecteur d'avoir à dépouiller du début à la fin leur inventaire systématique pour trouver ce qui correspondait le plus à ses centres d'intérêt. Vincent de Beauvais a peut-être été le premier à proposer une liste alphabétique de rubriques, qui ne couvrait cependant que les huit premiers livres de son *Speculum historiale*[87]. Ce type d'index était le plus facile à concevoir puisqu'il nécessitait seulement de reclasser le contenu de la liste de rubriques par ordre d'apparition (d'où le fait que c'est un index de ce genre qui fut confectionné dans l'urgence à cause de la peste pour la 1re édition du *Theatrum*). Néanmoins, comme pour toute autre utilisation de rubriques, cet index souffrait de l'absence d'un ensemble de termes précis pour couvrir quantité de thèmes et de concepts. L'un des attraits du latin comme langue érudite était sa capacité supposée à offrir un ensemble de termes plus précis et plus stable que toute langue vernaculaire. Cependant, même en latin, les titres potentiels (*tituli*) pouvaient être nombreux et variés, et comprenaient non seulement des termes de latin classique mais aussi des expressions employées par la théologie chrétienne médiévale ou issues de pratiques pédagogiques plus récentes, qui n'avaient pas ou que peu d'antécédents classiques.

Zwinger était bien conscient que des titres différents pouvaient être employés pour des concepts et des contenus identiques ou très proches. Dans une préface à son index alphabétique des rubriques, il demandait aux lecteurs de ne pas s'attendre que chaque synonyme d'un titre y fût inclus :

> Si les choses [que vous cherchez] ne se présentent pas sous une entrée, cherchez-les sous un synonyme. Ainsi pour gloire et honneur, richesse et biens, magistrat et prince, tromperie et fraude, astuce et perspicacité ; bien qu'ils soient équivalents dans la réalité, ils diffèrent en terminologie, et vont souvent échapper à l'attention de celui qui les étudie, à moins de rechercher le secours d'un titre synonyme. Nous n'avons pas recherché scrupuleusement les plus petites subdivisions, de peur que, par une diligence excessive, nous ne favorisions la négligence ou plutôt l'inaction des autres. Il y aura ceux qui se plaindront de nombre de choses superflues, ou de nombreux défauts. Ce que je ne nie pas. Bien plus, comme nous jugeons que rien d'humain n'est étranger à notre projet, nous l'avouons franchement : qu'ils se souviennent qu'ils sont hommes eux aussi et qu'ils ne montrent pas moins de bienveillance dans le pardon que de dextérité dans le savoir[88].

Zwinger cherchait par là à prévenir la critique de ceux qui, comme Drexel quelques décennies plus tard, se plaindraient de ne pouvoir trouver ce qu'ils cherchaient dans les index, si ce n'est une multitude d'autres éléments sans utilité[89]. En s'excusant du caractère inadéquat des index, Zwinger en faisait même une vertu : impossible au lecteur de rester paresseux, il lui fallait exercer son attention et son intelligence pour utiliser l'index efficacement, en cherchant des synonymes et des termes liés quand une recherche s'avérait infructueuse.

Zwinger donnait un conseil supplémentaire explicite au lecteur sur la manière d'exploiter ensemble les deux outils de recherche fournis dans la 1re édition – les *series titulorum,* et les index alphabétiques de rubriques.

> Nous répétons ici ce que nous avons dit au début : nous n'avons pas, dans cet index, suivi exactement les plus petites sous-parties. Cependant si quelqu'un en recherche une, et sans être forcé de lire la totalité de l'ouvrage, qu'il consulte la *series titulorum* [dans l'ordre de leur apparition] en employant le numéro [de page] comme guide. Si par exemple il recherche *"medici legati"* ["ambassadeurs médicaux"] et n'en voit aucune mention sous *"medici"*, qu'il consulte le *titulus "legati"* ("ambassadeurs") et il trouvera ce qu'il recherche[90].

Même si Zwinger était conscient des problèmes que les renvois pourraient résoudre, il n'en fournissait pas dans l'index, mais seulement au début des sections dans le texte. Il en était de même dans les éditions de la *Polyanthea* (après le milieu du XVIe siècle), qui offraient des renvois à la fin de quelques rubriques mais pas dans la liste de titres de rubriques (par exemple, à la fin de l'article « déraison » : « voir plus bas à "folie" et "stupidité" »). Mais Nani Mirabelli lui-même ne proposait pas de renvois dans les premières éditions, bien que Thomas d'Irlande et d'autres sources médiévales l'aient fait[91].

Les index alphabétiques de noms propres

En 1571, Zwinger ajouta pour la première fois un *index exemplorum*, c'est-à-dire un index des noms propres (surtout de personnes mais parfois de lieux ou de peuples) évoqués dans chaque *exemplum.* Les exemples indexés ne renvoyaient pas à des thèmes ou à des leçons morales, mais aux gens eux-mêmes dont les mœurs et le destin pouvaient instruire le lecteur, même si l'index comportait quelquefois des entrées thématiques, telles que « mémoire, emploi de la » situées entre les entrées « Memnon, statue miraculeuse de » et « Memphis, acteur médiocre »[92]. La première apparition d'un nom était signalée en lettres majuscules, les suivantes en minuscules. Certaines entrées concernant une même personne étaient regroupées, d'autres non, pour des raisons obscures, mais un numéro de page était attribué à chacune. Là aussi, un argumentaire introduisant l'index évoquait les difficultés qu'il y avait à « constamment garder de l'ordre dans une si grande variété de choses et dans une aussi grande diversité de noms ». D'une part, Zwinger se plaignait de ce que l'ordre alphabétique ne respectait pas l'ordre chronologique : « Si les mêmes choses sont classées par ordre alphabétique, les choses qui sont apparues en premier viendront au milieu ou en dernier dans l'ordre des lettres. » D'autre part, il conclut que c'était la solution la plus pratique : « Il sera certainement plus approprié de retenir une méthode alphabétique dans un classement grammatical[93]. »

Zwinger abordait aussi le problème de la « diversité des noms propres adoptés par les différents auteurs [ce qui] accroît la difficulté ». Les personnages pouvaient être connus par leurs *nomen*, *praenomen*, *cognomen* ou *agnomen* (approximativement : patronyme, prénom, nom de la *gens*, surnom). Il y avait aussi les graphies et les versions alternatives de nombreux noms, comme Zwinger l'illustre de quelques exemples avant de conclure :

> Pour cette raison, les *exempla* peuvent souvent être classés sous des lettres différentes : cependant, pour éviter de nous répéter, nous avons voulu les mettre en un endroit, en laissant seulement des notes dans les autres pour orienter vers la source[94].

Il signale ainsi l'utilité des renvois, bien qu'il ait le plus souvent résolu les problèmes sans y avoir recours, en entrant à l'index toutes les graphies ou les variantes de noms (par exemple par prénom, nom ou surnom), chacune associée à la référence de la page. La variabilité des noms faisait que nombre de livres « auto-indexés » classés par ordre alphabétique comprenaient un index complémentaire qui donnait la liste des diverses formes d'un même nom. Par exemple, dans l'*Appendix* de 1555, supplément à la *Bibliotheca* de Gessner, une table des noms classés par noms de famille donnait les prénoms sous lesquels les entrées apparaissaient dans le texte pour aider les lecteurs « qui ne les connaissaient pas ou ne pouvaient pas s'en souvenir » (par exemple Luther, voir : Martin)[95]. Étant donné la plus grande variabilité des noms dans les langues vernaculaires, François Grudé, sieur de La Croix du Maine (qui publiait aussi sous le nom latinisé de Grucithanius), incluait dans l'index de sa *Bibliothèque françoise* (1584) des entrées séparées pour les graphies différentes et pour quelques prénoms et noms de famille (par exemple « Crenne Elisenne » et « Helisenne de Crenne », « Seve » et « Sceve », Maurice), renvoyant ainsi les lecteurs directement à la bonne page. L'index du *Magnum theatrum* (1631) continuait à privilégier le classement des personnes par prénoms avec quelques renvois sous le nom de famille (mais pas systématiquement), mais à la fin du XVIIe siècle, les dictionnaires biographiques privilégiaient plutôt les noms de famille[96]. Malgré les incertitudes à propos de certains noms, je trouve qu'aujourd'hui les index de noms propres constituent un outil de recherche particulièrement efficace dans ces volumes, sans doute en partie parce qu'ils ont traversé les siècles jusqu'à nos jours en subissant moins de changements que les catégories conceptuelles.

Les index alphabétiques généraux

Les ouvrages les mieux indexés comportaient de plus un index général « de mots et de choses mémorables » contenus dans les diverses entrées, et qui n'étaient pas pris en charge par l'index des rubriques ou celui des noms propres. Pour le *Theatrum* de Zwinger, cet index était le seul ajout à l'édition posthume établie par son fils, Jacob Zwinger (1604). Dans la succession des éditions des *Adages* d'Érasme, un index général fut ajouté à l'édition de Froben (1550) pour compléter les index présents depuis 1508 qui présentaient les adages par ordre alphabétique (du premier mot de l'adage) et par titres de lieux communs (d'abord sans puis avec un index alphabétique de ces titres), et ce juste avant l'ajout du « quatrième index » des auteurs cités en 1551. Ce « troisième index » était un index « de choses notables non contenues dans le premier » :

> Ami lecteur vous trouverez ici noté tout ce qui se présente dans cet ouvrage qui n'est pas mentionné dans le premier index, en une telle profusion que vous vous plaindrez plutôt du superflu que de ce qui manque. Rien n'a été omis sauf s'il se trouve dans le premier index[97].

Le *Theatrum* de Zwinger et les *Adages* d'Érasme cumulaient chacun quatre index séparés, conçus pour se compléter, en évitant de se répéter. De ce fait, utiliser exhaustivement les index dans les ouvrages de référence de l'époque moderne exigeait des consultations répétées – avec des mots-clés différents, dans des index différents, voire dans des index d'index.

Un certain nombre de compilateurs reconnaissaient le caractère éprouvant de cet exercice de consultation des index. Conrad Gessner par exemple, tout en encourageant l'indexation des livres et en louant les Allemands pour avoir indexé plus que d'autres, se plaignait de ce qu'« il est souvent déplaisant d'aller toujours à l'index pour rechercher quelque chose ». C'est ainsi qu'il justifiait le classement alphabétique de ses *Histoires naturelles*, qui, d'après lui, seraient indexées d'elles-mêmes et donc plus faciles d'utilisation surtout pour les lecteurs inexpérimentés, et plus généralement pour tout lecteur[98]. Chacune de ces *Histoires naturelles* était accompagnée d'index multiples, différenciés par espèces animales (par exemple, les poissons, les oiseaux, les reptiles) et par langues – latin, grec, hébreu et de nombreuses langues vernaculaires, dont certaines appelaient des polices de caractères différentes. De la même manière, l'*Ornithologie* d'Aldrovandi était accompagnée de dix-sept index distincts[99]. Les index multiples n'étaient pas non plus une spécificité de l'histoire naturelle, avec ses nombreux domaines et ses noms vernaculaires : l'édition de 1569 par Plantin de la *Secunda secundae* (la partie la plus lue de la *Somme théologique* de Thomas d'Aquin, à cause de son applicabilité à la morale pratique) contenait sept index, dont des index de titres de lieux communs, de citations bibliques, de doctrines mémorables et d'hérésies réfutées[100]. Mais dans le cas des index, le plus n'était pas forcément le mieux : dans son édition des sentences de Stobée de 1559, Gessner se vantait (comme s'il s'agissait là d'une innovation) de proposer un seul index réunissant les noms propres et les titres des sujets, ce qui permettait de réduire le nombre d'endroits où chercher[101].

Les index de Gessner furent parmi les meilleurs de son temps : ils parvenaient à rassembler toutes les références à un sujet donné en un seul endroit et respectaient un ordre alphabétique strict[102]. Nombre d'index du XVIe siècle proposaient seulement une liste vaguement alphabétique d'entrées, fondée sur des énoncés sommaires imprimés dans les marges d'ouvrages volumineux, avec peu ou même aucune vigilance quant à la consolidation des entrées liées entre elles. La *Margarita philosophica* de Gregor Reisch, par exemple, énumérait diverses entrées sur un même sujet les unes à côté des autres, ou parfois même séparées par d'autres termes, du fait du flou de l'ordre alphabétique[103].

Au début du XVIIe siècle le *Magnum theatrum* de 1631 et l'*Encyclopedia* d'Alsted comportaient tous les deux des index qui présentaient d'énormes avantages sur leurs antécédents du XVIe siècle. C'étaient des index généraux uniques, qui combinaient noms propres, rubriques, et « mots et choses mémorables » en une liste alphabétique stricte. Ces index subdivisaient aussi les entrées principales, fournissant des détails permettant à la fois de distinguer et de regrouper les diverses occurrences d'un terme ou d'un concept suivant le cas. Il est probable que Johann Heinrich Alsted ait façonné ou du moins conçu son propre index. Dans l'index, il attirait l'attention, de façon sans doute intentionnelle, sur des passages qui eussent été autrement enterrés dans d'obscures sous-sections du texte. L'hypothèse copernicienne, par exemple, apparaissait sous *« terra, an moveat »* (« terre, si elle se meut ») et faisait référence à une discussion placée non pas dans un des chapitres centraux sur la physique, mais plutôt dans les mélanges traités dans le dernier volume intitulé *« farrago disciplinarum »*. La valeur qu'Alsted attribuait aux index est attestée par la demande qu'il fit sur son lit de mort à son gendre d'indexer un livre qu'il était alors sur le point de publier, le *Prodromus religionis triomphantis*[104].

L'index du *Magnum theatrum* était une prouesse remarquable : 687 pages in-folio, compilées par un certain R. Princtius, licencié en théologie, « par un travail aussi abondant qu'il fut fastidieux ». Princtius expliqua qu'il avait rassemblé « des contenus, des choses, des mots expliqués et des exemples » par ordre alphabétique « dans un seul catalogue, de telle sorte que vous n'hésiterez pas sur l'endroit où chercher ». L'index employait une forme précise et efficace de référence : d'abord une lettre désignait le livre où figuraient les rubriques classées alphabétiquement, puis un numéro de page et une lettre (A-G) indiquaient la page et l'emplacement sur la page. Différentes polices de caractères distinguaient les titres (en italique) des noms propres (en majuscules) et des autres contenus. De plus, l'index recensait aussi des éléments sous des rubriques pertinentes autres que celles où les *exempla* étaient classés dans le texte. Ainsi l'exemple de Paracelse ayant été sanctionné pour avoir fait payer ses prestations médicales à un prix excessivement élevé était classé par Beyerlinck sous *« Avaritia »* – dans l'index il y apparaissait certes, mais également sous *« mercedis defraudatio punita »* (« la fraude commerciale punie »).

Cet index manifestait un travail de réflexion approfondie ainsi qu'une précision exigeante. Malgré les excuses habituelles pour les erreurs dues « au très grand amas [de contenus], aux délais et à la diversité des compilateurs », je n'y ai relevé que fort peu d'erreurs[105]. Cette « diversité des compilateurs » (*collectorum diversitas*) indique que Princtius ne travaillait pas seul mais qu'il avait vraisemblablement eu recours à d'autres pour indexer les 7 000 pages de texte. Nous ne pouvons qu'émettre des hypothèses sur la façon exacte dont les quelque 35 000 entrées (nombre d'entre elles comprenant de multiples sous-entrées) ont été coordonnées en une seule liste.

Cet exploit de Princtius indexant si bien un ouvrage aussi volumineux resta longtemps sans équivalent. La *Cyclopaedia* de Chambers offrit un index à partir de la 4e édition de 1741. L'*Encyclopédie* de Diderot et d'Alembert, terminée dans l'urgence et sous diverses pressions, ne comportait pas d'index mais proposait des renvois à l'intérieur des articles qui permettaient au lecteur de poursuivre ses recherches d'un sujet à un autre sujet voisin à travers les dix-sept volumes de texte. En 1780, l'éditeur Panckoucke mit en vente un index alphabétique indépendant en deux volumes des trente-trois volumes (en petit format) de l'*Encyclopédie* et son supplément[106]. Un index pour l'*Encyclopaedia Britannica* parut pour la première fois en 1824 avec le supplément de la 5e édition.

Dans les dernières décennies du XVIIe siècle, quelques-uns des meilleurs index de l'époque ont accompagné les éditions des classiques *ad usum Delphini* commandés à des érudits éminents par Pierre-Daniel Huet pour l'instruction du Dauphin, même si la collection attirait un public bien plus large. Ces index sont encore appréciés de nos jours par les chercheurs alors que les éditions elles-mêmes ne le sont plus. Huet les envisageait comme des concordances des mots employés par chaque auteur, que l'on pourrait combiner pour en faire un vocabulaire latin complet, mais ce projet n'a jamais été réalisé[107].

Les index étaient très appréciés des lecteurs – les imprimeurs les célébraient en page de titre ou bien s'excusaient de leur absence. Comme l'a observé Gessner, ils servaient au lecteur à la fois de moyen pour revenir à un passage déjà lu et de guide vers de nouveaux passages. Ce double emploi explique, d'une part, les corrections et addenda introduits à la main par les lecteurs dans les index pour en faciliter la réutilisation, et, d'autre part, l'irritation particulière de Drexel à l'égard des erreurs de pagination qui empêchaient la réussite initiale d'une recherche. Un des érudits de l'époque moderne assimilait si étroitement index et imprimerie qu'il niait qu'il y ait eu des index dans les premiers livres imprimés ou les manuscrits médiévaux[108]. Les index imprimés étaient plus fréquents que les index manuscrits et généralement plus faciles à utiliser. Les entrées imprimées apparaissaient toujours au début d'une nouvelle ligne, plutôt que d'être placées à la suite de la précédente afin de gagner de l'espace comme dans certains index de manuscrits. Les renvois aux numéros de pages et de folios (à condition qu'ils fussent exacts) permettaient probablement aussi de retrouver plus facilement le passage recherché. Surtout, les index imprimés accompagnaient chaque exemplaire de l'ouvrage qu'ils indexaient et n'étaient plus produits, comme au Moyen Âge, comme des suppléments à acheter séparément. Les index ont proliféré dans toutes sortes de livres imprimés, grands et petits, et permettaient aux lecteurs de traiter les livres de leur choix comme des ouvrages personnels de référence[109]. Mais ce sont les livres de référence imprimés qui d'abord ont répandu la pratique de la lecture de consultation et en particulier de l'index alphabétique.

Au début du XVIIIe siècle l'index était devenu un instrument si commun qu'il était considéré comme normal et manipulé de façon nouvelle. En 1749, Denis Diderot se servit de l'index pour nommer un auteur qu'il n'osait pas mentionner dans le corps du texte par crainte d'attirer l'attention des censeurs[110]. Ces derniers étaient apparemment moins attentifs aux éléments paratextuels que les chercheurs modernes ou les lecteurs les plus avisés de l'époque. De la même manière, les errata pouvaient être employés pour glisser des termes que les censeurs auraient autrement bannis[111]. « Un savoir d'index » devint un terme de mépris (inventé par Jonathan Swift), et au XVIIIe siècle certains auteurs refusaient catégoriquement d'indexer leurs œuvres de crainte que les lecteurs ne les lisent pas intégralement[112]. Ces nouvelles appréhensions au sujet de l'index attestent de la place éminente qu'il occupait dans les pratiques de lecture du XVIIIe siècle.

Le diagramme arborescent

L'un des traits les plus distinctifs de l'organisation des savoirs à l'époque moderne était le diagramme arborescent, qui se trouvait surtout dans les ouvrages pédagogiques mais aussi dans certains ouvrages de référence. Les contemporains le désignaient sous le terme de *tabula*, qui cependant brouille la distinction que je voudrais maintenir entre le diagramme arborescent et le tableau ordonné en lignes et colonnes. Les diagrammes arborescents sont souvent appelés « diagrammes ramistes » car Pierre de La Ramée [Petrus Ramus] (1515-1572) en promouvait l'usage dans son programme pédagogique afin d'enseigner une matière le plus rapidement possible en mettant en évidence l'organisation et la subdivision d'un sujet en ses éléments constitutifs, notamment par un diagramme. Toutefois, le diagramme arborescent était connu avant Ramus, et à l'époque moderne indépendamment de son influence. Le tableau, qui distribuait les contenus en lignes et colonnes, est d'origine plus ancienne, grâce à la diffusion continue depuis le IVe siècle des tableaux chronologiques d'Eusèbe de Césarée[113]. Les manuscrits médiévaux s'essayèrent aussi aux diagrammes arborescents[114]. Les « accolades » étaient courantes dans les manuels de sermons pour regrouper les passages consacrés à un mot particulier, et elles devinrent la norme pour les diagrammes arborescents imprimés, bien que quelques incunables aient réservé des espaces en blanc pour les accolades afin de les remplir à la main. Les similitudes de forme tendent à masquer la diversité d'usage des diagrammes arborescents – la plupart proposaient une subdivision conceptuelle du sujet, mais quelques-uns fonctionnaient aussi comme des instruments de recherche.

À partir de 1503, la *Polyanthea* proposa des diagrammes arborescents relatifs à seize rubriques qui restèrent inchangées dans les éditions suivantes ; on remarque leur présence disproportionnée dans la lettre « A » ; sans doute les énergies et les moyens financiers s'épuisèrent-ils au fur et à mesure de la progression de l'ouvrage[115]. Les entrées équipées de diagrammes arborescents étaient en général les plus longues, consacrées aux principaux vices et vertus religieux. Mais ces diagrammes ne fonctionnaient pas comme un sommaire du contenu de l'article. Ils apportaient plutôt une information supplémentaire faisant autorité, équivalente aux citations, et systématiquement attribuée à Thomas d'Aquin. La plupart des diagrammes renvoyaient à la *Secunda secundae,* deuxième partie du deuxième livre de la *Somme théologique,* consacrée aux vertus cardinales ; il est possible que Nani Mirabelli les ait copiés de présentations médiévales préexistantes de ces sujets. Les diagrammes arborescents de la *Polyanthea* présentaient de manière vivante et efficace les divisions faites par Thomas d'Aquin dans de multiples paragraphes en prose, même si certains diagrammes remplissaient une page entière dans la première édition (leur format fut réduit dans les éditions ultérieures). Ils pouvaient servir de plan pour un sermon sur le sujet et de ressource supplémentaire pour les prêcheurs ayant recours au florilège pour trouver des citations pertinentes. Nani Mirabelli les mettait en valeur dans le colophon comme outils de mémorisation : « [Vous avez] quelques contenus ramifiés en arbres pour que vous puissiez les placer plus facilement dans le coffre de la mémoire[116]. » L'idée que la subdivision aidait la mémoire n'était pas seulement le cœur de la pédagogie ramiste (développée dans la seconde moitié du XVIe siècle) ; elle avait une longue histoire, remontant au moins jusqu'à Hugues de Saint-Victor, qui conseillait de subdiviser les concepts pour les mémoriser[117]. L'idée que les *tabulae* de toutes sortes (tableaux et diagrammes) étaient auto-explicatifs, car ils donnaient à voir au lecteur les sujets sous forme résumée, était courante chez les pédagogues de l'époque moderne et ne fit jamais l'objet de contestations ni d'argumentation positive explicite[118].

Le *Theatrum* de Zwinger surpassait tous les autres ouvrages de référence par le nombre et la longueur de ses diagrammes arborescents, tous abandonnés dans la suite donnée par Beyerlinck. Zwinger agrémentait presque toutes ses publications de diagrammes arborescents et dans certains cas ils représentaient l'essentiel du volume[119]. (Voir un exemple dans la figure 3.3.) Un brouillon qui subsiste témoigne du soin qu'il apportait à ses diagrammes (voir la figure 3.4). Il les retravailla de façon substantielle dans chacune des trois éditions du *Theatrum*. Le premier diagramme arborescent du *Theatrum* définit la structure logique de toute l'œuvre et sa répartition en volumes et en livres, cités par numéro, mais sans indiquer les numéros de page. Dans sa volonté de représenter l'ouvrage dans son ensemble, Zwinger suivait l'exemple de Conrad Gessner, qui avait fourni un diagramme des divisions en livres de ses *Pandectae*. Mais le diagramme synthétique équivalent de Zwinger s'étendait sur quatre pages, reliées par de petits symboles (difficiles à localiser sur une page), et ainsi ne permettait ni de saisir d'un seul coup d'œil la structure de l'œuvre entière ni de trouver la page d'un sujet traité ; ce n'était pas un outil de recherche réussi (voir la figure 3.5).

Au début de chacun des livres du *Theatrum*, Zwinger proposait également un diagramme des sujets du livre (*dispositio titulorum*), qui pouvait couvrir jusqu'à dix pages et plus. Ces diagrammes ne comportaient pas de renvois au texte et ne pouvaient donc pas servir d'outils de recherche, mais ils représentaient le canevas logique qui sous-tendait les choix des rubriques et leur organisation. Zwinger procédait à travers six ou sept niveaux de subdivisions, du général au particulier, grâce à des oppositions binaires standard (par exemple matière/forme, interne/externe, général/particulier, tout/partie, négatif/affirmatif) et d'autres catégories (causes, accidents, sujets). Dans la marge de droite, les points d'arrivée du diagramme correspondaient plus ou moins exactement aux rubriques traitées dans le texte qui suivait. Quelques subdivisions énumérées dans le diagramme étaient absentes du texte, d'autres étaient formulées différemment, et certaines rubriques annoncées dans le diagramme restaient sans contenu, issues du schéma logique plutôt que de la matière accumulée sur le sujet par Zwinger. Ce graphique était destiné à mettre en évidence la logique des rubriques de l'ouvrage et l'ordre de leur présentation en proposant un traitement idéal du sujet (voir la figure 3.6).

Les diagrammes de Zwinger et leurs multiples réorganisations étaient motivés non seulement par le besoin d'ordonner ses contenus, mais surtout par la recherche d'un ordre vrai, dérivé de la nature des choses et qui pourrait se maintenir pour l'éternité. Zwinger se plaignait des rubriques arbitraires et inappropriées employées par nombre de ses prédécesseurs dans le genre – auteurs de *variae lectiones*, de lieux communs, et autres recueils d'*exempla* :

> Puisqu'ils travaillent tous dans une grande pénurie de rubriques et les entassent plutôt que de les relier, en partant de leur propre intérêt plutôt que de la nature de la réalité, un autre ordre devait être institué qui dépendrait non pas de la volonté de l'auteur, mais de l'art et qui pourrait ainsi être éternel. La méthode de cet art devait être déduite de l'essence des choses[120].

Comme Zwinger concevait ses graphiques sophistiqués comme une articulation des relations véritables entre les choses, il s'engageait à les réviser à chaque édition pour atteindre ce but.

Dans certains cas on peut percevoir le rôle moteur pour Zwinger de ces diagrammes dans la collecte des contenus. En 1565, le chapitre sur la fertilité des terres comprenait des rubriques laissées vides (sur le vin, le lait, le sel, et le plomb) ou pourvues de seulement un ou deux exemples (or et goudron). En 1586 les sections sur la fertilité des métaux (par exemple, le plomb et l'or, l'étain et le fer) avaient été beaucoup développées, mais le vin, le lait et le sel étaient encore vides, et comme en attente de révisions ultérieures[121]. Le *Theatrum* de Zwinger était un travail en cours, motivé par l'ambition abstraite de représenter toute l'expérience humaine et interrompu par la brièveté de la vie. Il y a des écarts entre le théâtre idéal présenté par les diagrammes de Zwinger et son accumulation réelle d'*exempla*, mais les niveaux élaborés de rubriques et de sous-rubriques et les diagrammes exceptionnellement complexes étaient particulièrement significatifs pour l'auteur.

Cependant, aussi porteurs de sens que ces diagrammes aient paru à Zwinger lui-même, on peut conclure qu'ils échouèrent à séduire ses contemporains. Ils furent retirés sans commentaire du *Magnum theatrum* de Beyerlinck, sans la mention que le glissement à l'ordre alphabétique avait méritée. De nombreuses subdivisions établies par Zwinger étaient maintenues dans les articles de Beyerlinck (particulièrement dans les plus longs) mais il n'y avait plus de diagrammes pour les cartographier. Bartholomaeus Keckermann (1573-1609), professeur de philosophie et de théologie à Heidelberg puis à Dantzig, lui-même auteur de nombreux manuels, condamna le dispositif de Zwinger comme logiquement déficient et presque inutilisable. Dans un court traité sur l'écriture de lieux communs, Keckermann évoquait divers schémas d'organisation pour des collections de *loci communes*, de l'ordre alphabétique à l'ordre imité du Décalogue, en passant par celui de Zwinger.

> Un autre ordre plus rempli, ou un volume plus étoffé, était prescrit par Zwinger dans le *Theatrum humanae vitae*, ordre par lequel cet homme a essayé d'inclure les titres de toutes les choses, par un énorme labeur, mais je ne suis pas persuadé que le résultat ait été à la hauteur de celui-ci. En vérité cet ordre n'est pas constitué correctement du point de vue logique et il n'est pas tel que vous puissiez mettre en relation toute chose grâce à lui, ni trouver ce que vous voulez sans grande difficulté, à moins de chercher refuge dans l'index alphabétique[122].

Pour Keckermann, les trois index de Zwinger (de rubriques, de noms propres, et de « choses et mots mémorables ») étaient les clés pour consulter le *Theatrum*. Ils épargnaient à l'usager le besoin de comprendre les schémas d'organisation complexes et changeants de Zwinger. Comme signe complémentaire de leur abandon relatif, je n'ai trouvé qu'un seul cas où les diagrammes faisaient l'objet d'annotations alors que ses index étaient régulièrement annotés (comme je l'évoque au chapitre 5).

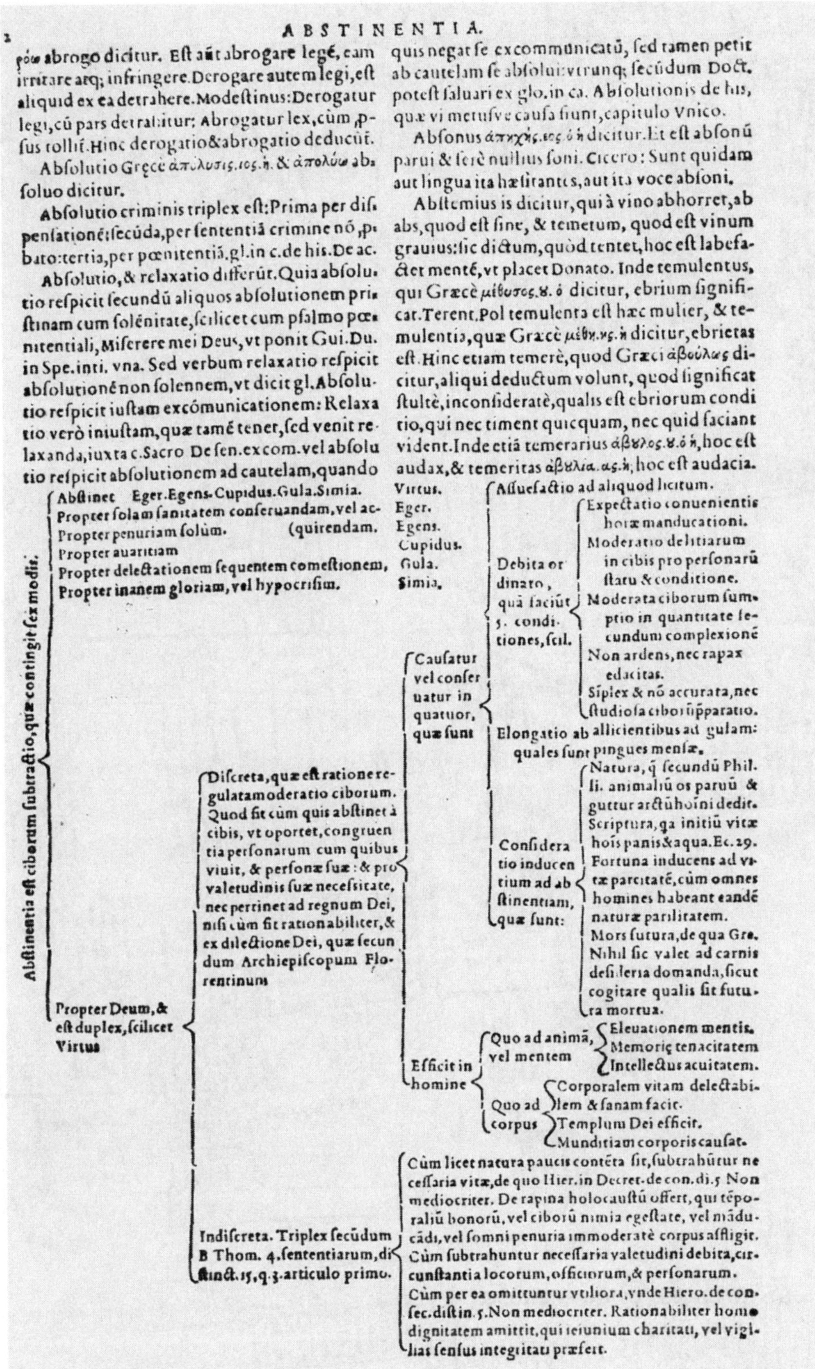

2 ABSTINENTIA.

ῥόω abrogo dicitur. Est aūt abrogare legē, eam irritare atq; infringere. Derogare autem legi, est aliquid ex ea detrahere. Modestinus: Derogatur legi, cū pars detrahitur: Abrogatur lex, cùm ꝓsus tollit. Hinc derogatio & abrogatio deducūt.

Absolutio Gręcè ἀπόλυσις.ιος.ἡ. & ἀπολύω abs soluo dicitur.

Absolutio criminis triplex est: Prima per dispensationē: secūda, per sententiā criminē nō ꝓbato: tertia, per pœnitentiā. gl. in c. de his. De ac.

Absolutio, & relaxatio differūt. Quia absolutio respicit secundū aliquos absolutionem pristinam cum solēnitate, scilicet cum psalmo pœnitentiali, Miserere mei Deus, vt ponit Gui. Du. in Spe. inti. vna. Sed verbum relaxatio respicit absolutionē non solennem, vt dicit gl. Absolutio respicit iustam excōmunicationem: Relaxatio verò iniustam, quæ tamē tenet, sed venit relaxanda, iuxta c. Sacro De sen. excom. vel absolutio respicit absolutionem ad cautelam, quando quis negat se excommunicatū, sed tamen petit ab cautelam se absolui: vtrunq; secūdum Doct. potest saluari ex glo. in ca. Absolutionis de his, quæ vi metusve causa fiunt, capitulo Vnico.

Absonus ἀπηχής.εος.ὁ ἡ dicitur. Et est absonū parui & ferè nullius soni. Cicero: Sunt quidam aut lingua ita hæsitantes, aut ita voce absoni.

Abstemius is dicitur, qui à vino abhorret, ab abs, quod est sine, & temetum, quod est vinum grauius: sic dictum, quòd tentet, hoc est labefactet mentē, vt placet Donato. Inde temulentus, qui Græcè μέθυσος.ȣ.ὁ dicitur, ebrium significat. Terent. Pol temulenta est hæc mulier, & temulentia, quæ Græcè μέθη.ης.ἡ dicitur, ebrietas est. Hinc etiam temerè, quod Græci ἀβούλως dicitur, aliqui deductum volunt, quod significat stultè, inconsideratè, qualis est ebriorum conditio, qui nec timent quicquam, nec quid faciant vident. Inde etiā temerarius ἄβουλος.ȣ.ὁ ἡ, hoc est audax, & temeritas ἀβουλία.ας.ἡ, hoc est audacia.

FIGURE 3.3. Diagramme arborescent de la *Polyanthea* (Cologne, 1567), pour *« abstinentia »* (« abstinence »). Ce diagramme ne propose pas un outil de recherche permettant d'accéder aux contenus de l'article, mais un schéma de la manière dont on pourrait donner un cours ou un prêche sur ce sujet. Il est adapté du traitement fait par Thomas d'Aquin, notamment dans son commentaire sur les *Sentences* de Pierre Lombard cité explicitement en bas de la seconde accolade. Reproduit avec la permission de la Bayerische Staatsbibliothek, Munich, cote 2 P Lat 1074, p. 2.

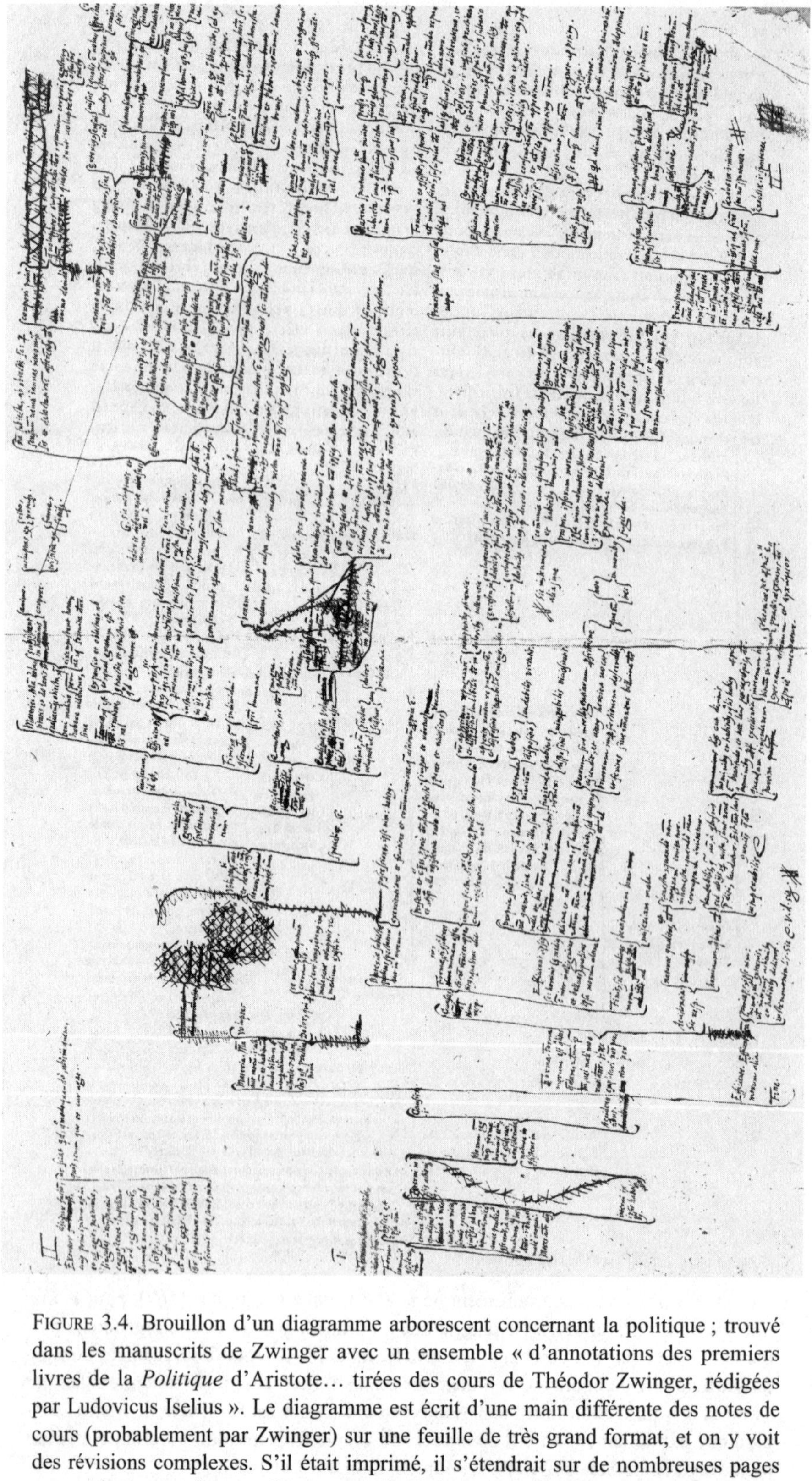

FIGURE 3.4. Brouillon d'un diagramme arborescent concernant la politique ; trouvé dans les manuscrits de Zwinger avec un ensemble « d'annotations des premiers livres de la *Politique* d'Aristote… tirées des cours de Théodor Zwinger, rédigées par Ludovicus Iselius ». Le diagramme est écrit d'une main différente des notes de cours (probablement par Zwinger) sur une feuille de très grand format, et on y voit des révisions complexes. S'il était imprimé, il s'étendrait sur de nombreuses pages comme beaucoup d'autres diagrammes de Zwinger. Reproduit avec la permission de l'Universitätsbibliothek Basel, Mscr F IX 7a.

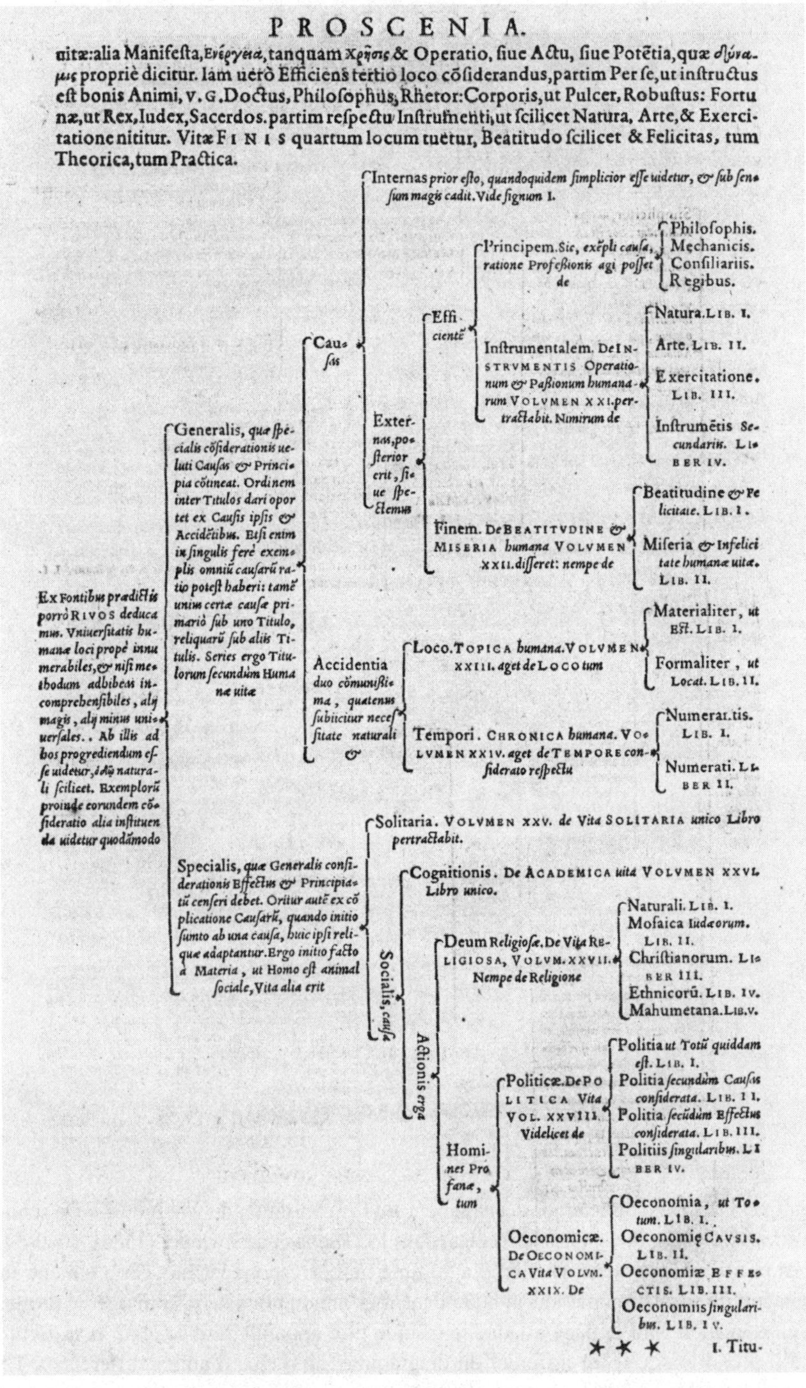

PROSCENIA.

uitæ: alia Manifesta, Ενέργεια, tanquam Χρῆσις & Operatio, siue Actu, siue Potẽtia, quæ δύναμις propriè dicitur. Iam uerò Efficiens tertio loco cõsiderandus, partim Per se, ut instructus est bonis Animi, v. G. Doctus, Philosophus, Rhetor: Corporis, ut Pulcer, Robustus: Fortunæ, ut Rex, Iudex, Sacerdos. partim respectu Instrumenti, ut scilicet Natura, Arte, & Exercitatione nititur. Vitæ FINIS quartum locum tuetur, Beatitudo scilicet & Felicitas, tum Theorica, tum Practica.

Ex Fontibus prædictis porrò RIVOS deducamus. Vniuersitatis humanæ loci propè innumerabiles, & nisi methodum adhibeas incomprehensibiles, alij magis, alij minus uniuersales. Ab illis ad hos progrediendum esse uidetur, ὁδῷ naturali scilicet. Exemplorũ proinde eorundem cõsideratio alia instituenda uidetur quodãmodo

- Generalis, quæ specialis cõsiderationis ueluti Causas & Principia cõtineat. Ordinem inter Titulos dari oportet ex Causis ipsis & Accidẽtibus. Etsi enim in singulis ferè exemplis omniũ causarũ ratio potest haberi: tamẽ unius certæ causæ primariò sub uno Titulo, reliquarũ sub aliis Titulis. Series ergo Titulorum secundùm Humanæ uitæ
  - Causas
    - Internas prior esto, quandoquidem simplicior esse uidetur, & sub sensum magis cadit. Vide signum I.
    - Externas, posterior erit, siue spectemus
      - Efficientẽ
        - Principem. Sic, ex̃pli causa, ratione Professionis agi posset de
          - Philosophis.
          - Mechanicis.
          - Consiliariis.
          - Regibus.
        - Instrumentalem. De INSTRVMENTIS Operationum & Passionum humanarum VOLVMEN XXI. pertractabit. Nimirum de
          - Natura. LIB. I.
          - Arte. LIB. II.
          - Exercitatione. LIB. III.
          - Instrumẽtis Secundariis. LIBER IV.
      - Finem. De BEATITVDINE & MISERIA humana VOLVMEN XXII. differet: nempe de
        - Beatitudine & Felicitate. LIB. I.
        - Miseria & Infelicitate humanæ uitæ. LIB. II.
  - Accidentia duo cõmunissima, quatenus subiicitur necessitate naturali &
    - Loco. TOPICA humana. VOLVMEN XXIII. aget de LOCO tum
      - Materialiter, ut Est. LIB. I.
      - Formaliter, ut Locat. LIB. II.
    - Tempori. CHRONICA humana. VOLVMEN XXIV. aget de TEMPORE considerato respectu
      - Numerantis. LIB. I.
      - Numerati. LIBER II.
- Specialis, quæ Generalis considerationis Effectus & Principiatũ censeri debet. Oritur autẽ ex cõplicatione Causarũ, quando initio sumto ab una causa, huic ipsi reliquæ adaptantur. Ergo initio facto à Materia, ut Homo est animal sociale, Vita alia erit
  - Solitaria. VOLVMEN XXV. de Vita SOLITARIA unico Libro pertractabit.
  - Socialis, causa
    - Cognitionis. De ACADEMICA uita VOLVMEN XXVI. Libro unico.
    - Actionis erga
      - Deum Religiosæ. De Vita RELIGIOSA, VOLVM. XXVII. Nempe de Religione
        - Naturali. LIB. I.
        - Mosaica Iudæorum. LIB. II.
        - Christianorum. LIBER III.
        - Ethnicorũ. LIB. IV.
        - Mahumetana. LIB. V.
      - Homines Profanæ, tum
        - Politicæ. De POLITICA Vita VOL. XXVIII. Videlicet de
          - Politia ut Totũ quiddam est. LIB. I.
          - Politia secundùm Causas considerata. LIB. II.
          - Politia secũdùm Effectus considerata. LIB. III.
          - Politiis singularibus. LIBER IV.
        - Oeconomicæ. De OECONOMICA Vita VOLVM. XXIX. De
          - Oeconomia, ut Totum. LIB. I.
          - Oeconomiæ CAVSIS. LIB. II.
          - Oeconomiæ EFFECTIS. LIB. III.
          - Oeconomiis singularibus. LIB. IV.

✶✶✶ I. Titu-

FIGURE 3.5. Une partie du diagramme arborescent de plusieurs pages dans lequel Zwinger donne le plan du *Theatrum* dans son ensemble (1586). Il couvre plus de dix pages reliées par des symboles de renvoi. Cette page propose un schéma des volumes 21-29, chacun étant lui-même divisé en un à quatre livres. Sur la première ligne « vide signum I » renvoie le lecteur au diagramme de la page suivante (étiqueté I) qui explicite les volumes 10-20. Reproduit avec la permission de la bibliothèque de l'université de Chicago, Special Collections Research Center, AE3.Z94.1587, sig. ***1v.

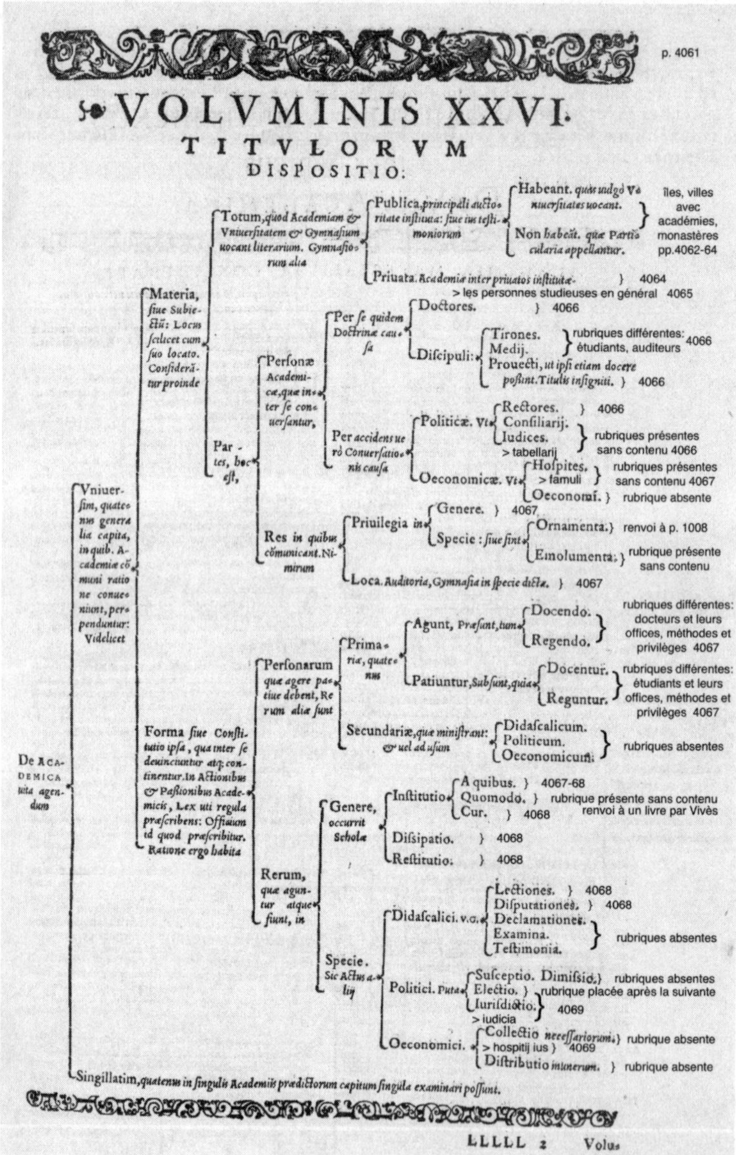

FIGURE 3.6. Diagramme arborescent annonçant l'organisation du volume 26 « De scholastica vita » (Sur la vie dans les écoles) dans le *Theatrum* de Zwinger (1586), 4060-69. Les chapitres annoncés dans ce diagramme ne correspondent pas parfaitement au contenu du texte, comme je l'indique dans mes annotations dans la marge de droite. Celles-ci indiquent la page à laquelle chaque titre apparaît dans le texte et la forme qu'il prend lorsqu'il est différent du diagramme, ainsi que d'autres différences. Le texte inclut des rubriques absentes du diagramme (indiquées par >), et omet certaines rubriques. Dans d'autres cas, le texte propose un titre sans contenu ou accompagné seulement d'un renvoi à une autre section de l'œuvre. Image reproduite avec la permission de la Bibliothèque de l'Université de Chicago, Special Collections Research Center, AE3.Z94.1587, vol.4, p. 4061, puis annotée en utilisant le logiciel Preview.

Même s'ils étaient peu consultés, les diagrammes avaient pourtant une utilité, pour les auteurs qui y consacraient tant d'attention, mais aussi pour les lecteurs, même ceux qui les parcouraient rapidement sans s'y attarder. Alors que les compilations devenaient monumentales, à force de descriptions détaillées et d'accumulation d'un grand nombre d'éléments, ces diagrammes témoignaient de la possibilité de maîtriser encore de telles masses d'informations, sinon en un coup d'œil, tout du moins en visualisant un seul ensemble d'interconnexions. Pour le *Theatrum* de Zwinger, ils étaient complémentaires à l'accumulation de textes à grande échelle, non pas comme outils de recherche, ni comme aides à la mémorisation, mais comme garantie que la maîtrise systématique de ce contenu complexe était possible. De la même manière, les ambitions encyclopédiques de Federico Cesi donnèrent lieu également à des diagrammes arborescents complexes (on pense à sa grande page sur les abeilles intitulée *« apiarium »*), juxtaposés à des centaines de pages de notes textuelles[123]. Bien que les livres de référence aient été pour l'essentiel constitués de textes, la *Polyanthea* et le *Theatrum* importèrent du domaine pédagogique de l'enseignement de la rhétorique et de la philosophie cet instrument graphique unique qui servait non d'outil de recherche, mais de guide conceptuel à des contenus complexes[124].

La mise en page

En plus de ces outils paratextuels, le texte lui-même, ou plutôt sa mise en page jouait un rôle pour faciliter la consultation d'un ouvrage de référence. Les contraintes du traitement de texte nous ont rendus conscients du rôle des espaces, de la position des mots, de la taille et des formats de polices (capitales, italique, gras) dans la mise en forme pour obtenir un effet optimal. Il est délicat d'évaluer l'impact de certaines caractéristiques de la page imprimée auxquelles nous ne sommes pas habitués sur les lecteurs du passé, surtout en l'absence de commentaires de leur part sur la mise en page. Mais beaucoup de caractéristiques qui aujourd'hui nous sont familières ont été développées dans les premiers livres imprimés, en particulier dans les livres de référence. Mon analyse de la lisibilité des pages à l'époque moderne sera influencée par mon point de vue d'observateur du XXIe siècle, mais au moins ce point de vue est-il redevable plutôt qu'étranger aux pratiques de mise en page de l'époque moderne.

Les décisions relatives à la mise en page étaient généralement prises chez l'imprimeur, même si à l'occasion les auteurs essayaient de les influencer[125]. Le développement de la mise en page n'est pas linéaire d'une édition à la suivante dans les ouvrages de référence que j'ai étudiés (surtout la *Polyanthea* et le *Theatrum*). Certains imprimeurs et éditeurs apportaient des innovations dans la mise en forme ou les outils de recherche, et d'autres les imitaient ou bien négligeaient de le faire. Cependant, de manière générale, les éditions du XVIIe siècle réussirent à faire tenir plus de texte sur une page, tout en en améliorant la lisibilité.

La facilité de lecture des manuscrits médiévaux de florilèges ou d'autres compilations, comme des index, était très variable. Les copies les plus luxueuses combinaient des couleurs avec des espaces et des titres courants pour mettre l'accent sur les rubriques et les citations successives ; mais certains manuscrits ne présentaient aucune de ces caractéristiques et un grand nombre seulement quelques-unes. Ainsi un manuscrit de Thomas d'Irlande, qui représente le moyen terme entre ces deux extrêmes, comportait des titres courants et une lettre initiale rouge pour signaler une nouvelle rubrique, mais chaque entrée de la rubrique ensuite était enchaînée avec l'entrée suivante, dont le début était signalé par une marque de paragraphe rouge. La source de chaque citation, généralement placée à la fin, n'était en aucune façon distinguée de la citation elle-même (voir la figure 3.7). Le lecteur pouvait donc assez facilement repérer un article par le titre, mais il devait lire ensuite l'article entier pour retrouver l'auteur ou la citation recherchés. De plus, les abréviations des scribes, qui permettaient de réduire la place qu'occupait le texte et le temps demandé pour le copier, étaient un obstacle supplémentaire pour le lecteur novice.

Avec l'imprimerie, l'usage de la couleur se perdit (même si un propriétaire de livre pouvait la faire ajouter à la main), et, à sa place, les espaces et la variation dans les polices de caractères devinrent les caractéristiques principales de la mise en page, particulièrement dans les ouvrages de référence. La plupart des livres de référence de grand format suivaient le modèle médiéval, commun aux manuscrits de la Bible et à d'autres grands ouvrages, de la division en deux colonnes de texte[126]. Ces colonnes introduisaient une marge centrale et créaient des morceaux de texte plus étroits qu'il était plus facile de parcourir à la recherche d'un mot ; elles encourageaient aussi la mise en paragraphe puisque moins d'espace serait perdu au début d'une nouvelle ligne. La marge centrale était un endroit idéal pour l'insertion de lettres-guides (A-G), comme dans les *Adages* d'Érasme ou le *Magnum theatrum* de Beyerlinck.

En 1503, la *Polyanthea* fut imprimée en caractères latins avec peu d'abréviations, suivant les modèles humanistes nouvellement établis ; les premières éditions imprimées dans l'aire germanique, comme à Strasbourg en 1517, étaient composées en caractères gothiques. Pour cette dernière édition et les suivantes, alors que la prose dans de nombreux genres du XVIe siècle était imprimée sans paragraphes (par exemple, la préface de Nani Mirabelli ou chacun des *Essais* de Montaigne), le texte de la *Polyanthea*, constitué de *sententiae* individuelles, utilisa de manière particulièrement efficace les espaces blancs pour délimiter les articles ainsi que les entrées individuelles que ces articles contenaient[127]. Localiser une entrée, en général déjà facile grâce à la rubrication dans les manuscrits médiévaux, ne l'était probablement pas plus dans la *Polyanthea* imprimée (voir la figure 3.8). Les rubriques étaient signalées de plusieurs façons : par une initiale ornée de taille variable, ou par un petit « alinéa saillant » (qui dépasse dans la marge) et/ou une police de caractères plus grande. Dans les éditions ultérieures, les rubriques étaient généralement délimitées avec moins de variations, ce qui permettait de les parcourir plus facilement. L'amélioration majeure apportée par les éditions imprimées par rapport à leurs antécédents médiévaux était la possibilité de parcourir plus aisément le contenu d'un article – ce développement coïncida aussi avec une expansion considérable de la longueur des articles, à mesure que Nani Mirabelli ajoutait de nouvelles citations à celles qu'il avait empruntées à Thomas d'Irlande. À la différence des manuscrits médiévaux, chaque citation dans une rubrique commençait à une nouvelle ligne. De plus, les références aux sources étaient souvent centrées sur la ligne et/ou signalées par un pied-de-mouche. Les extraits étaient généralement groupés par auteurs, et dans les premières éditions l'apparition de chaque nouvel auteur était soulignée par l'insertion de son nom dans la marge. Ces caractéristiques permettaient de parcourir plus facilement un article thématique pour trouver un auteur particulier, ou l'ensemble des extraits cités d'un auteur pour trouver une citation particulière.

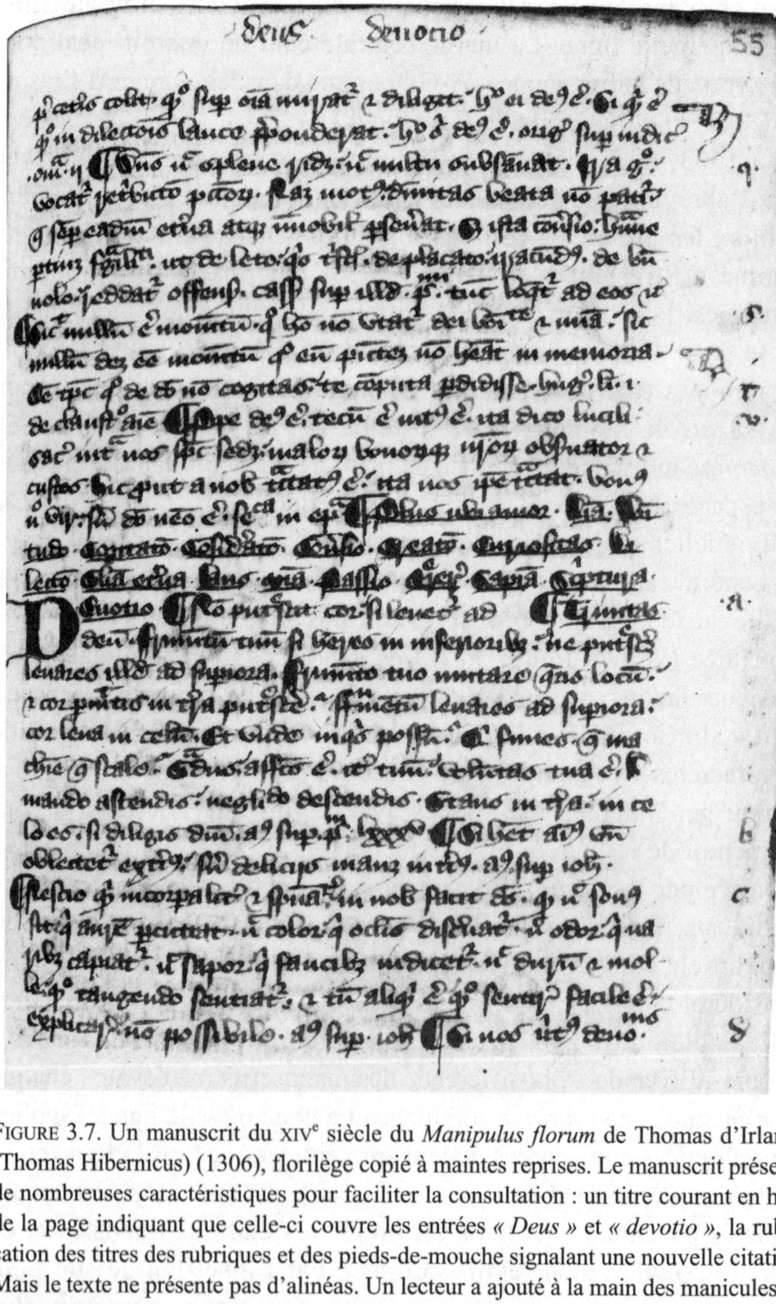

FIGURE 3.7. Un manuscrit du XIVe siècle du *Manipulus florum* de Thomas d'Irlande (Thomas Hibernicus) (1306), florilège copié à maintes reprises. Le manuscrit présente de nombreuses caractéristiques pour faciliter la consultation : un titre courant en haut de la page indiquant que celle-ci couvre les entrées *« Deus »* et *« devotio »*, la rubrication des titres des rubriques et des pieds-de-mouche signalant une nouvelle citation. Mais le texte ne présente pas d'alinéas. Un lecteur a ajouté à la main des manicules ou doigts pointés pour mettre en évidence des éléments intéressants et des lettres le long de la marge qui énumèrent les citations sous chaque titre (jusqu'à *u* dans la section sur Dieu, soit vingt et une citations et quatre sur cette page pour « dévotion »). Reproduit avec l'autorisation de la Bibliothèque de l'université de Cambridge, Ms ff. VI.35, f.55r.

Tout au long de la croissance de la *Polyanthea,* les marges ont été employées dans certaines éditions pour indiquer de nouvelles entrées ou pour ajouter des lectures alternatives ou occasionnellement un résumé du contenu de l'extrait. Vers 1600, après de nombreuses séries d'ajouts, les entrées étaient signalées par de petites majuscules (que l'on peut distinguer mais qui ne ressortent pas beaucoup), et les articles étaient constitués de longues listes de citations groupées, difficiles à parcourir par auteurs. La révision de 1604 opérée par Joseph Lange était un réaménagement de la mise en page aussi bien que du contenu. Lange améliora la lisibilité de chaque article en regroupant les auteurs par catégories, étiquetées en capitales au centre de la colonne : Bible, Pères de l'Église, poètes, philosophes, etc. La source était indiquée en italique à la fin de chaque entrée, les marges généralement laissées en blanc ; le personnage principal d'une anecdote ou d'un apophtegme était aussi mis en italique. Les éditions du XVIIe siècle de la *Polyanthea* combinaient de nombreuses tailles et polices, des lignes et des pieds-de-mouche pour faciliter la consultation, alors même que la quantité de texte par page était significativement plus importante que dans les éditions du début du XVIe siècle du fait du grand format des pages et de l'emploi de polices plus petites.

Tandis que la *Polyanthea* à son apogée présentait les citations sur deux niveaux de titres, le titre de l'article et un sous-titre indiquant le type de source cité, Zwinger s'efforça de présenter jusqu'à cinq niveaux de divisions et de subdivisions dans son *Theatrum*. Les titres principaux couvraient les deux colonnes avec leurs titres en capitales et leurs descriptions en italique, les sous-titres seulement une colonne, parfois mais pas toujours en lettres capitales de taille plus petite. Les niveaux de subdivisions supplémentaires n'étaient pas signalés en 1565. Mais dans l'édition de 1586 le texte était trois fois plus long et comprenait des éléments de mise en page nouveaux et utiles. La préface était divisée en sections avec des titres et des paragraphes (ces derniers pouvaient encore couvrir jusqu'à deux pages in-folio, en diminution par rapport aux cinq pages de 1565), et, pour le texte, différents types de lignes, de polices de caractères et symboles décoratifs (caractères spéciaux) signalaient les divisions entre les parties et indiquaient leur situation dans la hiérarchie. Zwinger employait trois types de caractères spéciaux pour marquer le contenu dans un ordre descendant d'importance. Tous sont proches en forme et en fonction de l'ancienne *hedera*, ou feuille de lierre, qui apparut dans l'Antiquité tardive comme une forme de ponctuation. Zwinger emploie le trèfle, l'*hedera* tournée vers la droite

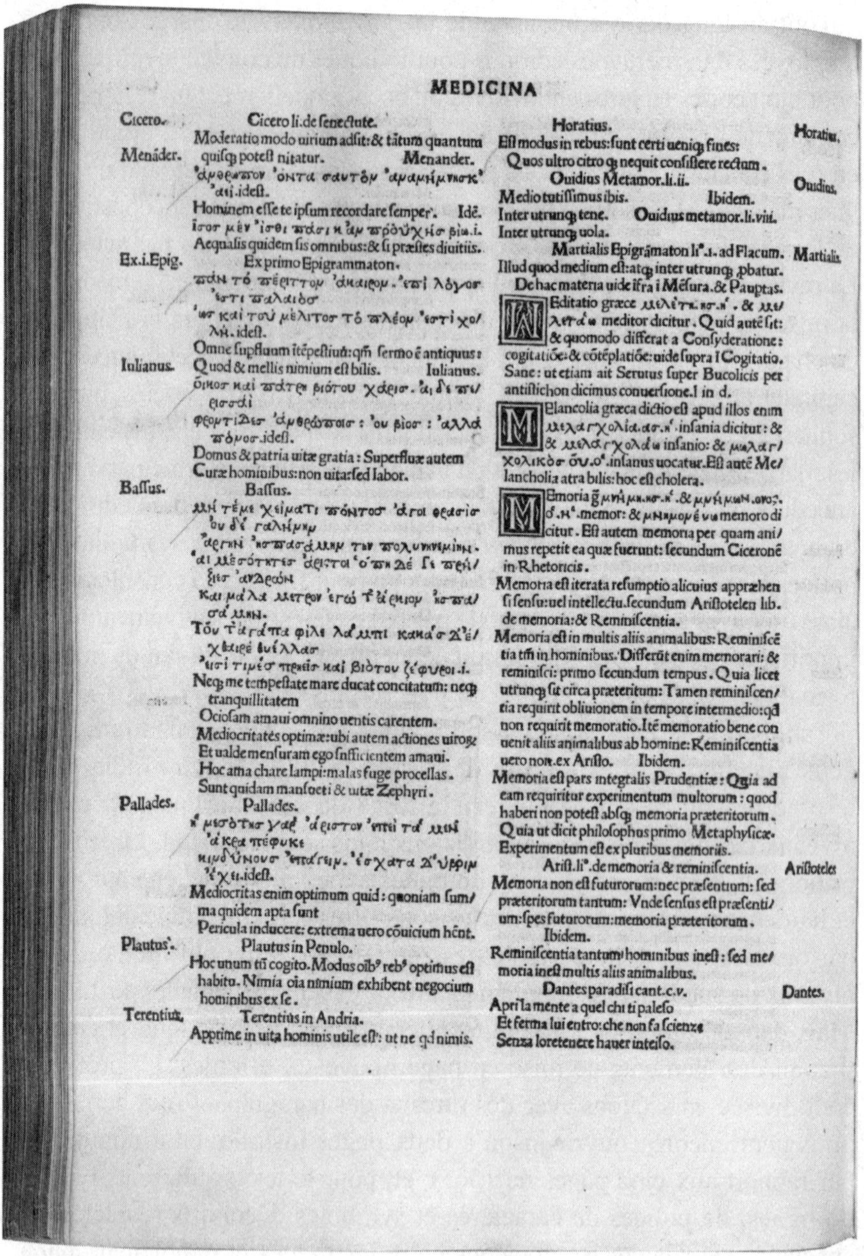

FIGURE 3.8. Une ouverture de pages dans la première édition de la *Polyanthea* de Domenico Nani Mirabelli (1503). Des capitales xylographiques (à noter que l'une d'entre elles a été composée accidentellement à l'envers) et de l'espace blanc définissent les différents articles. Les titres courants signalent la rubrique traitée au début de chaque page. Les auteurs des citations sont signalés dans la marge et dans le

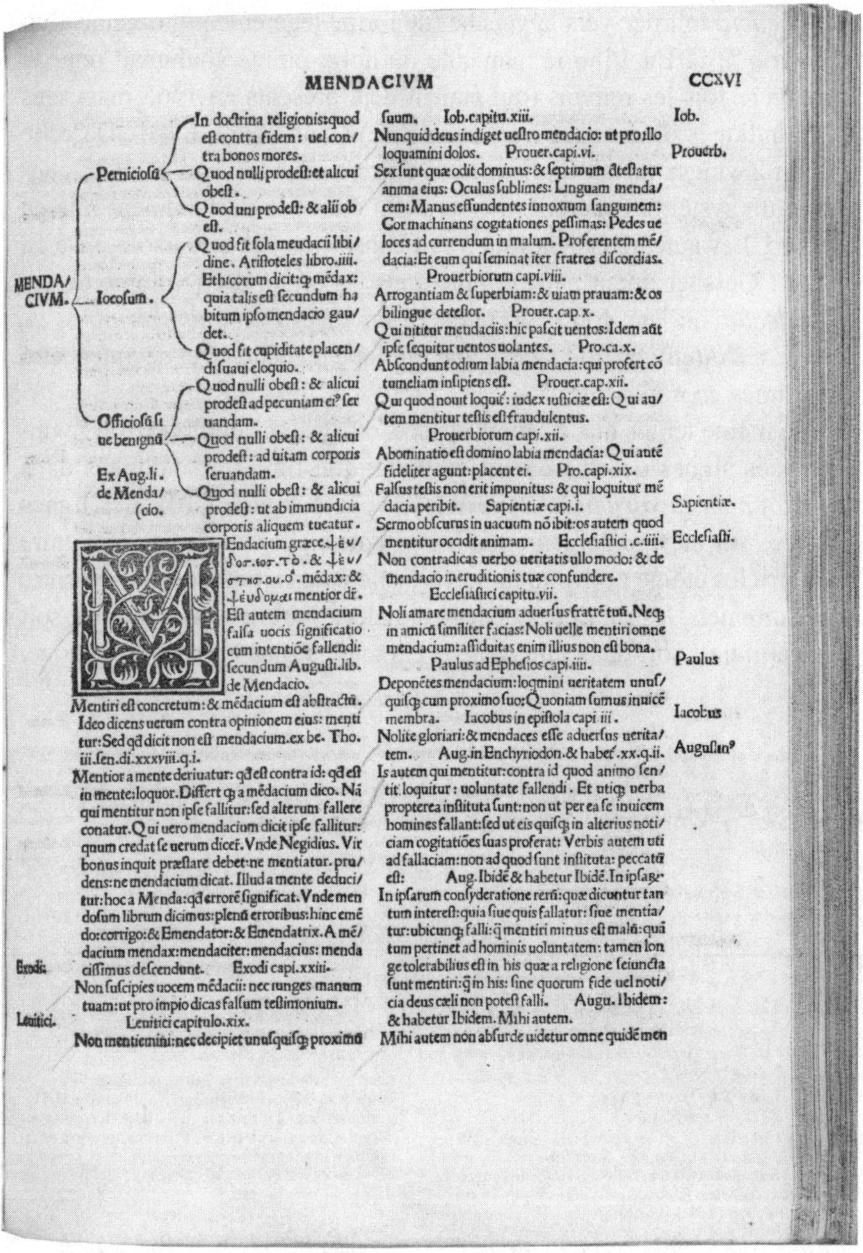

MENDACIVM CCXVI

MENDACIVM.
- Perniciosũ
  - In doctrina religionis: quod est contra fidem: uel contra bonos mores.
  - Quod nulli prodest: et alicui obest.
  - Quod uni prodest: & alii obest.
- Iocosum.
  - Quod fit sola mendacii libidine. Aristoteles libro.iiii. Ethicorum dicit: q̃ mēdax: quia talis est secundum habitum ipso mendacio gaudet.
  - Quod fit cupiditate placendi suaui eloquio.
- Officiosũ siue benignũ
  - Quod nulli obest: & alicui prodest ad pecuniam ei⁹ seruandam.
  - Quod nulli obest: & alicui prodest: ad uitam corporis seruandam.
  - Quod nulli obest: & alicui prodest: ut ab immundicia corporis aliquem tueatur.

Ex Aug. li. de Mendacio.

Mendacium græce ψεῦδος.τὸ. & ψεύστης.ου.ὁ. mēdax: & ψεύδομαι mentior dr̄. Est autem mendacium falsa uocis significatio cum intentiōe fallendi: secundum Augusti. lib. de Mendacio.

Mentiri est concretum: & mēdacium est abstractũ. Ideo dicens uerum contra opinionem eius: mentitur: Sed q̃d dicit non est mendacium. ex be. Tho. iii. sen. di. xxxviii. q. i.

Mentior a mente deriuatur: q̃d est contra id: q̃d est in mente: loquor. Differt q̃ a mēdacium dico. Nā qui mentitur non ipse fallitur: sed alterum fallere conatur. Qui uero mendacium dicit ipse fallitur: quum credat se uerum dicer̃. Vnde Negidius. Vir bonus inquit præstare debet: ne mentiatur. prudens: ne mendacium dicat. Illud a mente deducitur: hoc a Menda: q̃d errorē significat. Vnde mendosum librum dicimus: plenũ erroribus: hinc emēdo: corrigo: & Emendator: & Emendatrix. A mēdacium mendax: mendaciter: mendacius: mendacissimus descendunt. Exodi capi. xxiii.

Exodi. Non suscipies uocem mēdacii: nec iunges manum tuam: ut pro impio dicas falsum testimonium.

Leuitici. Leuitici capitulo. xix.

Non mentiemini: nec decipiet unusquisq; proximũ suum. Iob. capitu. xiii.

Iob. Nunquid deus indiget uestro mendacio: ut pro illo loquamini dolos. Prouer. capi. vi.

Prouerb. Sex sunt quæ odit dominus: & septimum d̃testatur anima eius: Oculus sublimes: Linguam mendacem: Manus effundentes innoxium sanguinem: Cor machinans cogitationes pessimas: Pedes ueloces ad currendum in malum. Proferentem mēdacia: Et eum qui seminat īter fratres discordias. Prouerbiorum capi. viii.

Arrogantiam & superbiam: & uiam prauam: & os bilingue detestor. Prouer. cap. x.

Qui nititur mendaciis: hic pascit uentos: Idem aũt ipse sequitur uentos uolantes. Pro. ca. x.

Abscondunt odium labia mendacia: qui profert cōtumeliam insipiens est. Prouer. cap. xii.

Qui quod nouit loquit̃: iudex iusticiæ est: Qui autem mentitur testis est fraudulentus. Prouerbiorum capi. xii.

Abominatio est domino labia mendacia: Qui autē fideliter agunt: placent ei. Pro. capi. xix.

Falsus testis non erit impunitus: & qui loquitur mēdacia peribit. Sapientiæ capi. i.

Sapientiæ. Sermo obscurus in uacuum nō ibit: os autem quod mentitur occidit animam. Ecclesiastici. c. iiii.

Ecclesiasti. Non contradicas uerbo ueritatis ullo modo: & de mendacio ineruditionis tuæ confundere. Ecclesiastici capitu. vii.

Noli amare mendacium aduersus fratrē tuũ. Neq; in amicũ similiter facias: Noli uelle mentiri omne mendacium: assiduitas enim illius non est bona.

Paulus. Paulus ad Ephesios capi. iiii.

Deponētes mendacium: loqmini ueritatem unusquisq; cum proximo suo: Quoniam sumus inuicē membra. Iacobus in epistola capi iii.

Iacobus. Nolite gloriari: & mendaces esse aduersus ueritatem. Aug. in Enchyriodon. & habet̃. xx. q. ii.

Augustin⁹. Is autem qui mentitur: contra id quod animo sentit loquitur: uoluntate fallendi. Et utiq; uerba propterea instituta sunt: non ut per ea se inuicem homines fallant: sed ut eis quisq; in alterius noticiam cogitatiōes suas proferat: Verbis autem uti ad fallaciam: non ad quod sunt instituta: peccatũ est: Aug. Ibidē & habetur Ibidē. In ipsa℞

In ipsarum consideratione rerũ: quæ dicuntur tantum interest: quia siue quis fallatur: siue mentiatur: ubicunq; falli: q̃ mentiri minus est malũ: quãtum pertinet ad hominis uoluntatem: tamen longe tolerabilius est in his quæ a religione seiuncta sunt mentiri: q̃ in his: sine quorum fide uel noticia deus cæli non potest falli. Augu. Ibidem: & habetur Ibidem. Mihi autem.

Mihi autem non absurde uidetur omne quidē men

texte avant la citation correspondante. « Mendacium » (mensonge) inclut un petit diagramme arborescent. Un lecteur anonyme a attiré l'attention sur nombre de citations par un trait dans la marge. Reproduit avec l'autorisation de la Houghton library, Harvard University, Typ 252.03.596, ff. 215v-216r.

et l'*hedera* tournée vers la gauche (de forme légèrement différente – un poivron ?)[128]. En 1586 le manicule ou doigt pointé soulignait pour la première fois les renvois (qui étaient déjà présents en 1565 mais sans être indiqués d'une manière particulière) (voir figure 3.9)[129]. De cette façon Zwinger faisait la distinction entre quatre niveaux de rubriques avec un système cohérent, même s'il n'était pas parfaitement mis en œuvre. Les auteurs étaient tout à fait conscients des erreurs de mise en page ; Gessner notait par exemple dans les errata d'un volume de ses *Pandectae* qu'« au folio 54c ligne 29 les mots *De bonis spiritibus*, *de malis spiritibus* appartiennent à une rubrique précédente et devraient être imprimés en minuscules[130] ».

En même temps que d'autres aspects du système complexe de Zwinger, ces signes de classement systématique furent abandonnés dans le *Magnum theatrum* de Beyerlinck (voir la figure 3.10). Les lignes tracées sur la page demeuraient importantes, elles apparaissaient entre les articles et une nouvelle ligne verticale était rajoutée au milieu entre les colonnes ; les rubriques étaient signalées sur une seule colonne, soit en capitales, soit dans un corps de caractères plus petit et en italique.

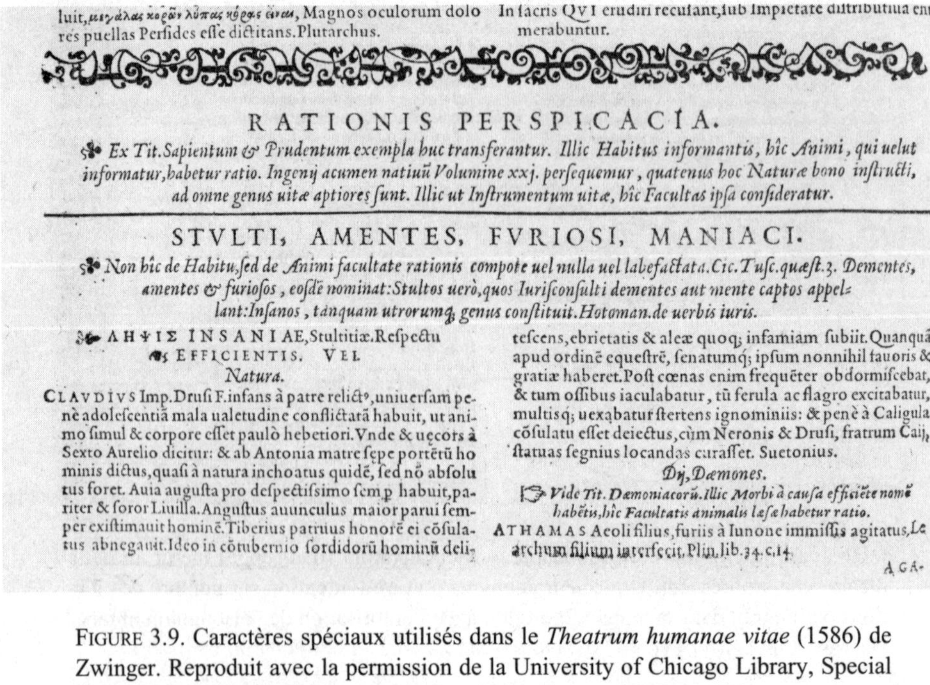
luit, μεγάλας κορῶν λύπας κόρας εἶναι, Magnos oculorum dolores puellas Persides esse dictitans. Plutarchus.

In sacris QVI erudiri recusant, sub impietate distributiua enumerabuntur.

RATIONIS PERSPICACIA.

Ex Tit. Sapientum & Prudentum exempla huc transferantur. Illic Habitus informantis, hîc Animi, qui uelut informatur, habetur ratio. Ingenij acumen natiuũ Volumine xxj. persequemur, quatenus hoc Naturæ bono instructi, ad omne genus uitæ aptiores sunt. Illic ut Instrumentum uitæ, hîc Facultas ipsa consideratur.

STVLTI, AMENTES, FVRIOSI, MANIACI.

Non hîc de Habitu, sed de Animi facultate rationis compote uel nulla uel labefactata. Cic. Tusc. quæst. 3. Dementes, amentes & furiosos, eosdẽ nominat: Stultos uerò, quos Iurisconsulti dementes aut mente captos appellant: Insanos, tanquam utrorumq; genus constituit. Hotoman. de uerbis iuris.

ΛΗΨΙΣ INSANIAE, Stultitiæ. Respectu EFFICIENTIS. VEL *Natura.*

CLAVDIVS Imp. Drusi F. infans à patre relict9, uniuersam penè adolescentiã mala ualetudine conflictatã habuit, ut animo simul & corpore esset paulò hebetiori. Vnde & uecors à Sexto Aurelio dicitur: & ab Antonia matre sępe portẽtũ hominis dictus, quasi à natura inchoatus quidẽ, sed nõ absolutus foret. Auia augusta pro despectissimo semp habuit, pariter & soror Liuilla. Augustus auunculus maior parui semper existimauit hominẽ. Tiberius patruus honorẽ ei cõsulatus abnegauit. Ideo in cõtubernio sordidorũ hominũ delitescens, ebrietatis & aleæ quoq; infamiam subiit. Quanquã apud ordinẽ equestrẽ, senatumq; ipsum nonnihil fauoris & gratiæ haberet. Post cœnas enim frequẽter obdormiscebat, & tum ossibus iaculabatur, tũ ferula ac flagro excitabatur, multisq; uexabatur stertens ignominiis: & penè à Caligula cõsulatu esset deiectus, cùm Neronis & Drusi, fratrum Caij, statuas segnius locandas curasset. Suetonius.

Dij, Dæmones.

Vide Tit. Dæmoniacorũ. Illic Morbi à causa efficiẽte nomẽ habẽtis, hîc Facultatis animalis læsæ habetur ratio.

ATHAMAS Aeoli filius, furiis à Iunone immissis agitatus, Learchum filium interfecit. Plin. lib. 34. c. 14.

AGA-

FIGURE 3.9. Caractères spéciaux utilisés dans le *Theatrum humanae vitae* (1586) de Zwinger. Reproduit avec la permission de la University of Chicago Library, Special Collections Research Center AE3.Z294.1587, vol. 1, p. 14. Page 211.

Les seuls symboles employés étaient des doigts pointés pour les renvois et des étoiles pour signaler des rubriques ajoutées depuis Zwinger. Le résultat, particulièrement dans certains articles qui s'étendaient sur des dizaines de pages (*« bellum »* était long de plus de cent pages),

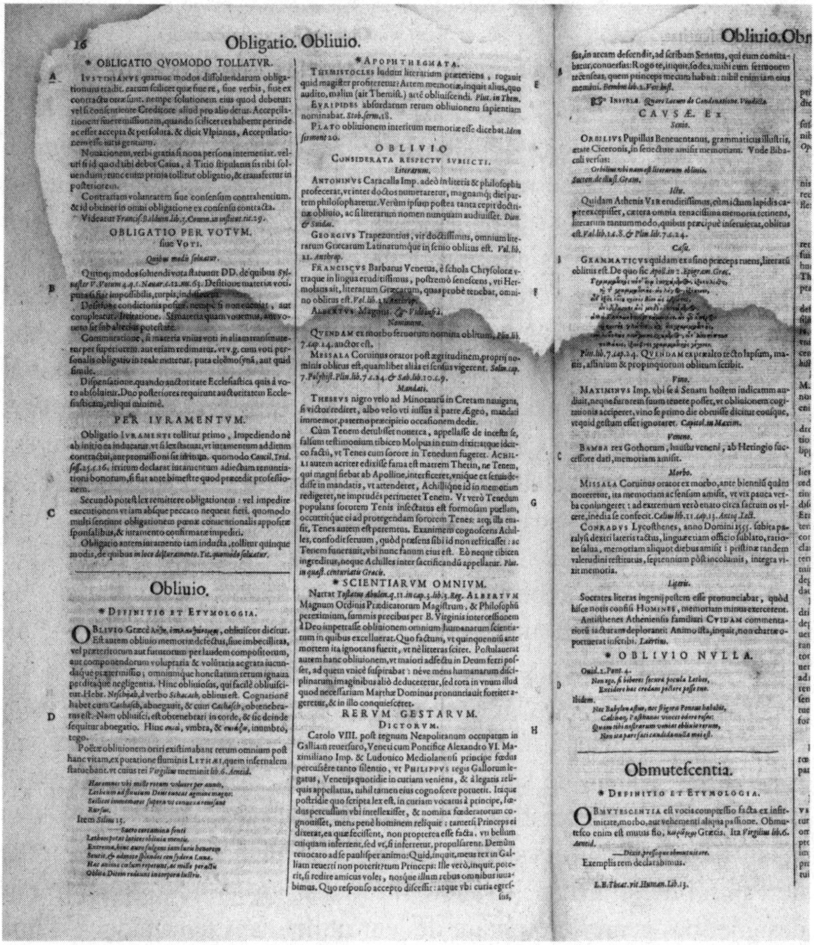
16 Obligatio. Obliuio.

Obliuio.

Obliuio.Ob

Obmutescentia.

FIGURE 3.10. Exemple d'une ouverture de pages du *Magnum theatrum* de Beyerlinck (1631), qui comprend l'article *« Oblivio »* dans son intégralité (sur deux colonnes sur la page de gauche et seulement une des deux colonnes de la page de droite). L'impression fait tenir beaucoup plus de mots sur la page qu'en 1503. Les lettres de A à H imprimées en marge désignent un endroit spécifique de chaque page ; les lignes tracées délimitent les entrées et les colonnes ; les changements de corps et de police de caractères et les espaces blancs mettent en évidence la hiérarchie des sous-titres et des exemples. Reproduit avec la permission de la Widener Library, Harvard College Library CYC25, p. O16-17.

ne semble pas aussi facile à parcourir que l'édition de 1586. Tandis que le *Theatrum* de Zwinger invitait à lire au hasard ou à feuilleter en raison de l'attrait visuel de sa mise en page, le *Magnum theatrum* privilégiait un accès efficace, par une indexation précise jusqu'aux sections « A » à « G » sur chaque page.

Scriptores bibliothecarii ou les livres sur les livres

Tous ces genres de référence généralistes en latin, proches l'un de l'autre au point de se recouper dans leur intérêt pour les informations sur la langue, la littérature et la culture antiques et les *exempla* historiques, étaient des moteurs de la *copia*, cette abondance que les auteurs, les orateurs et les publics de la Renaissance prisaient autant dans les écrits que dans les discours. Pourvus d'outils de recherche pour en faciliter l'accès, ces ouvrages proposaient en un seul endroit des extraits de livres que l'on n'avait pas le temps ni l'occasion de lire, ou que l'on avait lus mais que l'on ne maîtrisait plus. Ces genres furent les premiers à se développer, souvent à partir de modèles médiévaux, au début du XVIe siècle ; ils devinrent alors les plus largement réimprimés et distribués des grands ouvrages de référence en latin. Leur succès joua un rôle important dans la dissémination de la pratique de la consultation et des méthodes de gestion de l'information chez un grand public de lecteurs de latin.

Au début du XVIIe siècle, à ces genres s'en ajoutèrent des nouveaux destinés également à des non-spécialistes cultivés. Des livres sur les livres servaient de sources d'information à propos des livres et comme modèles de gestion de l'information, alors que le nombre et la taille des bibliothèques privées avaient rapidement augmenté du fait de l'imprimerie. Gabriel Naudé introduisit un terme pertinent pour désigner ces genres en traitant de leur utilité dans le catalogue d'une bibliothèque qu'il publia en 1643 : *scriptores bibliothecarii,* ou selon l'expression employée par d'autres, *scriptores bibliothecarum*, soit « écrivains à propos de livres » ou « écrivains de bibliothèques ». Ces genres aidaient à la connaissance des livres et comprenaient les catalogues de bibliothèques, les bibliographies, les catalogues de ventes et quelques *meta-genres* qui se développèrent à partir de la seconde moitié du XVIIe siècle, tels que des bibliographies de bibliographies, et des listes de bibliothèques[131]. Le catalogue de bibliothèque et la biobibliographie avaient des antécédents au Moyen Âge et dans l'Antiquité, mais à partir du milieu du XVIe siècle de nouveaux ouvrages importants furent publiés dans ces genres et de nouveaux genres se développèrent rapidement avec le marché du livre, dont les catalogues de libraires et de ventes aux enchères et les guides de bibliothèques.

Les catalogues de bibliothèques

À l'exception du catalogue collectif des collections des franciscains anglais, la plupart des catalogues de bibliothèques médiévaux étaient conçus pour un usage local par ceux qui s'occupaient d'une collection de livres. La plupart des catalogues de bibliothèques de l'époque moderne restaient manuscrits et suivaient des modèles médiévaux ; beaucoup d'entre eux penchaient pour un classement par disciplines, peut-être proche du classement physique des livres, avec ou sans un index alphabétique supplémentaire par auteurs ou par titres[132]. Au début du XVIIe siècle des catalogues de bibliothèques imprimés apparurent comme source nouvelle d'information sur les livres, au-delà du contexte local – Naudé recommandait aussi de transcrire les catalogues manuscrits afin d'avoir plus d'informations sur les livres disponibles[133]. La bibliothèque de l'université de Leyde fut la première institution à publier son catalogue en 1595, suivie par la Bodleian à Oxford en 1605 ; en 1679 la publication du catalogue de la célèbre bibliothèque de la famille de Thou contribua à établir son classement des disciplines en cinq parties comme une norme pour le catalogage français des livres[134]. La quête de réputation chez les collectionneurs privés fut aussi stimulée par la publication de livres qui décrivaient des bibliothèques remarquables dans toute l'Europe. La concurrence pour être cité dans ces livres était telle que l'auteur le plus connu dans le genre fut accusé d'avoir glissé dans la publicité mensongère, gonflant abusivement ses listes de bibliothèques remarquables[135].

Les bibliographies

Le genre de la bibliographie ou de la biobibliographie était un autre instrument précieux pour la recherche et la collection de livres puisqu'il énumérait des livres au-delà des limites d'une seule collection. C'est seulement au milieu du XVIIe siècle que le terme « bibliographie » apparut et fut appliqué aux listes de publications contemporaines, comme les commentaires de Naudé à propos d'ouvrages récents dans sa *Bibliographia politica* de 1633, ou bien la liste annuelle d'imprimés parisiens publiée par Jacob de Saint-Charles sous le titre *Bibliographia parisina* à partir de 1645. Plutôt que ce terme, celui de *Bibliotheca* (et ses équivalents dans les langues vernaculaires – bibliothèque, *libraria*) était un titre plus courant à l'époque moderne pour des bibliographies plus générales (pas seulement des recensements d'ouvrages récents). Au XVIIIe siècle ces termes désignaient aussi d'autres genres qui réunissaient de l'information livresque, tels que les périodiques ou les anthologies[136].

Les bibliographies ne sont pas nées avec l'imprimerie ou à l'époque moderne. On compte parmi les ouvrages bibliographiques antiques et médiévaux des autobibliographies (la liste de ses propres œuvres par Galien), des sources doxographiques (Diogène Laërce ou Jean Stobée, qui constituèrent des listes d'auteurs et de leurs œuvres), des listes d'œuvres citées ou conseillées (dès le XIIe siècle) et des listes d'auteurs ou d'œuvres d'une tradition religieuse spécifique ou régionale particulière. Dans la dernière catégorie, le *De viris illustribus* du Père de l'Église Jérôme (347-420) a été écrit pour célébrer les réalisations des auteurs chrétiens de son temps, puis copié et imité tout au long du Moyen Âge, notamment dès le XIIe siècle, par des bibliographies consacrées à des ordres religieux spécifiques. La première bibliographie imprimée, *De ecclesiastis scriptoribus* (1494) de Jean Trithème, abbé de Sponheim (1462-1516), appartenait à cette tradition – elle était consacrée à 963 auteurs ecclésiastiques, avec un penchant régional clair pour les auteurs allemands référencés dans des monastères proches de celui de l'auteur et déjà cités dans une bibliographie antérieure consacrée à la même région. Vers la même époque une bibliographie composée collectivement par les maisons de la congrégation de Windesheim (1470-1530), comprenait également des informations sur la localisation des livres dans les différentes maisons, illustrant la façon dont les catalogues de bibliothèques et les bibliographies pouvaient converger dans leur forme et leur fonction[137].

Conrad Gessner (1516-1565) s'éloigna significativement de ce modèle de la bibliographie locale avec sa *Bibliotheca universalis* (1545) dans laquelle il tenta de dresser une liste exhaustive d'ouvrages composés en latin, grec et hébreu, « qu'ils subsistent ou pas, antiques et plus récents jusqu'à nos jours, savants ou pas, publiés ou cachés [en manuscrit] dans les bibliothèques[138] ». Cette volonté d'exhaustivité était nouvelle et exigeait un certain travail de justification au regard de l'accusation d'inclure de « mauvais livres » :

> Je n'ai rejeté aucun auteur, non tant parce que je les considérais tous comme dignes d'être catalogués ou gardés en mémoire, mais plutôt pour satisfaire le plan que j'avais établi pour moi-même de simplement énumérer sans choisir tous les [écrits] qui étaient parus [...] Nous voulions seulement les énumérer, et en laisser la sélection et la critique à d'autres.

Le résultat était une liste alphabétique de quelque 5 000 auteurs et de 25 000 œuvres, avec des détails à propos de la publication et bien souvent des informations supplémentaires sur l'auteur et/ou le contenu des œuvres. Gessner y inséra comme il l'expliquait « des censures, des arguments, des préfaces, ou des titres de chapitres, soit tout, soit une partie de tout cela, quand cela pouvait être fait commodément », mais il ne donnait pas de jugement personnel[139].

Invoquant l'adage de Pline « il n'y a aucun livre si mauvais... », Gessner expliquait avoir intégré des livres censurés, pour prévenir contre eux les lecteurs et particulièrement les moins cultivés, et même des livres en prose barbare car ils pouvaient aussi enseigner des choses bonnes et utiles[140]. Il justifiait aussi la dimension exhaustive de sa bibliographie en faisant remarquer que les opinions sur les auteurs changeaient dans le temps et dans l'espace :

> Beaucoup d'auteurs courants et utiles en un lieu sont rares ou complètement inconnus en un autre ; et ceux qui étaient un jour très courants ne sont aujourd'hui d'aucune utilité pour les études [...] Beaucoup d'auteurs sont très bien connus de tous aujourd'hui, qui seront dans l'obscurité, connus de très peu dans cent ans.

Seule une liste exhaustive pouvait raviver la connaissance d'auteurs tombés dans l'oubli. Viser l'exhaustivité signifiait recueillir des informations à partir de sources comme la *Souda,* Athénée et Jean Stobée sur des auteurs « dont rien ne subsiste, ou seulement quelques préfaces ou même une seule, ou une seule lettre[141] ». Gessner espérait que le fait de savoir quelles œuvres avaient existé par le passé pouvait en accélérer la redécouverte. Mais il rassembla aussi des informations provenant des sources les plus récentes, y compris des catalogues d'imprimeurs et de libraires qu'il collectionnait « en de nombreuses régions », des catalogues de bibliothèques, et des lettres ou des suggestions de ses nombreux correspondants dans la République des Lettres[142].

La *Bibliotheca* de Gessner ne connut qu'une seule édition, et le projet du volume complémentaire, les *Pandectae* (1548), de proposer un index thématique des ouvrages de la *Bibliotheca* ne fut jamais pleinement réalisé. Celle-ci a eu cependant un impact plus large et plus durable que ne pourrait laisser penser cette unique édition : elle fut régulièrement citée en exemple et son usage et son acquisition furent recommandés par des manuels pendant les XVIIe et XVIIIe siècles[143]. Dans un premier temps, la *Bibliotheca* donna naissance à des abrégés et à des suppléments publiés à Zurich par des membres du même milieu, qui réduisaient l'information fournie sur chaque livre au strict minimum mais couvraient des milliers d'auteurs supplémentaires (jusqu'à 9 000 dans la continuation de Gessner publiée par Simler en 1583)[144]. Elle engendra ensuite très rapidement des bibliographies complémentaires, consacrées notamment à des ouvrages vernaculaires. La première bibliographie vernaculaire était le premier volume de la *Libraria* (1550) de Francesco Doni (1513-1574) qui recensait 159 auteurs italiens ; même si Doni assumait le principe de Gessner de ne pas sélectionner entre les bons et les mauvais auteurs, son choix était plutôt idiosyncratique qu'exhaustif. En 1548, John Bale (1493-1563) publia la première bibliographie d'auteurs anglais, son *Illustrium maioris Britanniae scriptorum summarium,* une liste chronologique d'auteurs britanniques (écrivant en latin), vraisemblablement inspirée par un contact direct avec Gessner lors de son premier séjour sur le continent de 1540 à 1547. En France, François Grudé, sieur de La Croix du Maine et Antoine du Verdier composèrent chacun une *Bibliothèque*, espérant faire concurrence à Doni en présentant de longues listes d'auteurs français. La Croix du Maine avait aussi proposé une classification de ses livres censés être répartis dans 100 meubles ou buffets ; l'objectif était de rivaliser avec les *Pandectae* de Gessner, mais cette classification n'eut pas d'influence à long terme. En revanche, ses volumes étaient appréciés pour leur information bibliographique et furent réimprimés de nouveau au XVIIIe siècle[145]. En 1625, Georges Draud (1573-1635) réalisa un catalogue des auteurs actifs du siècle précédent dans sa *Bibliotheca classica* et consacra une *Bibliotheca exotica* à diverses langues vernaculaires[146].

Au milieu du XVIIe siècle, le nombre de bibliographies disponibles, y compris les bibliographies consacrées à des sujets particuliers, inspira pour la première fois l'idée d'un guide, qui fut réalisé avec succès par le jésuite Philippe Labbé (1607-1667) dans sa *Bibliotheca bibliothecarum* (1653, avec en 1664 une nouvelle édition augmentée). Labbé établit une liste alphabétique de quelque 800 auteurs de bibliographies, pourvue de huit index par sujets pour aider le lecteur à identifier des bibliographies concernant un sujet donné. Mais ce genre ne fut développé que bien plus tard, en 1812, par Gabriel Peignot, qui semblait ignorer le travail de Labbé en présentant son *Répertoire bibliographique général* comme un genre complètement nouveau[147].

Les catalogues de vente

Un genre sans antécédent médiéval, mais d'importance croissante durant l'époque moderne, était le catalogue de vente de livres. Au Moyen Âge, la diffusion d'informations sur les ouvrages disponibles à la vente ou à la copie dépendait en premier lieu des contacts personnels : les boutiques pouvaient afficher un tableau présentant les manuscrits disponibles, mais les acheteurs se fiaient principalement à l'information échangée entre eux et obtenue d'autres intermédiaires. Les imprimeurs en revanche avaient un urgent besoin d'obtenir un retour sur ce qu'ils avaient investi dans les livres qu'ils imprimaient. C'est pourquoi ils consentaient, de même que les libraires, à la dépense supplémentaire représentée par la publication de catalogues de vente. Seule une petite fraction de ces imprimés bon marché et fonctionnels subsiste aujourd'hui – placards et petits pamphlets et plus tard des livres de centaines de pages –, mais ils étaient connus et utilisés par les contemporains[148]. Ainsi dès 1564, les catalogues de la foire bi-annuelle de Francfort recensaient les imprimés récents classés par langues (latin et allemand), et par domaines, « à l'usage des libraires étrangers et de tous ceux qui étudiaient les lettres[149] ». Comme les livres restaient disponibles de nombreuses années après leur publication, on imprima des éditions collectives de ces catalogues, dont une collection qui couvrait les années 1564-1592. Le grand collectionneur parisien Jacques-Auguste de Thou en possédait une copie annotée, signalant d'un astérisque les livres qu'il possédait déjà et d'une barre oblique ceux qu'il souhaitait acheter[150]. Ces catalogues diffusaient les actualités en matière de livres à des acheteurs potentiels dans des lieux éloignés, mais pouvaient aussi être utiles aux acheteurs locaux, par exemple à des libraires parisiens qui n'avaient pas assez de place pour présenter physiquement tous leurs livres[151]. Ces catalogues n'annonçaient pas les prix avant le milieu du XVIIe siècle, ceux-ci étaient communiqués oralement soit directement, soit par un agent. Les catalogues anglais trimestriels furent les premiers à publier systématiquement les prix à partir de 1668[152].

Un sous-groupe particulier de catalogues de vente apparut à la fin du XVIe siècle, avec le développement des ventes aux enchères permettant d'écouler les livres inclus dans la succession d'un propriétaire défunt. La première de ces ventes eut lieu aux Pays-Bas en 1596, et le premier catalogue de vente aux enchères conservé date de 1599. On estime que, parmi ces catalogues, ceux qui subsistent aujourd'hui représentent seulement 20 % des 25 000 à 30 000 ventes aux enchères tenues aux Pays-Bas aux XVIIe et XVIIIe siècles. Un observateur du XVIIIe siècle a décrit la propension singulière des héritiers néerlandais à se séparer des livres d'un parent défunt dans le but de se composer une bibliothèque à leur goût, un processus facilité à son tour par la fréquence de ces ventes, où l'on pouvait acheter des livres à bas prix[153]. En Angleterre, les ventes aux enchères débutèrent en 1676, et en France seulement vers 1700, en partie à cause de conflits entre les libraires et les commissaires-priseurs pour le contrôle de cette activité ; mais le phénomène atteignit des sommets au XVIIIe[154]. Il convient cependant d'être prudent en utilisant ces catalogues comme inventaires des livres appartenant à une bibliothèque personnelle : certains livres effectivement possédés pouvaient très bien ne pas apparaître dans un catalogue, car conservés par la famille ou vendus avant les enchères, et par ailleurs des libraires pouvaient ajouter des ouvrages à ceux qui étaient proposés aux enchères. De tels ajouts étaient sans doute faits pour faciliter la vente de ces livres en les associant aux qualités d'érudition du défunt dont la collection était vendue, que les catalogues vantaient d'ailleurs fréquemment. La meilleure preuve de cette pratique est l'existence de règles et de plaintes à propos de « l'imposition de vieux livres de camelot et de mauvaises éditions de livres sous couvert de bibliothèques d'hommes éminents[155] ». Pour ses 147 catalogues de vente, Gabriel Martin (1679-1761) conçut un plan de classement mais n'y associait que rarement un index – au lieu de cela il exhortait les usagers à lire le catalogue de bout en bout, sans doute dans l'espoir d'augmenter ses ventes[156]. Les catalogues de vente étaient souvent conservés, reliés par groupes et quelquefois annotés avec les prix auxquels les livres avaient été vendus[157].

Ces outils attiraient les collectionneurs de livres professionnels ou quasi professionnels. La Bodleian possède un ensemble presque complet et très annoté des catalogues publiés par les libraires d'Oxford, qui font de la publicité pour leurs importations du continent. Hans Sloane (1660-1753), dont la boulimie d'achats généra une énorme collection finalement léguée à la British Library, possédait 700 catalogues d'enchères[158]. Ces livres servaient aussi de guide pour les acheteurs plus occasionnels, comme l'étaient nombre de lettrés. John Evelyn, par exemple, possédait une vingtaine de ces catalogues[159]. Dans certains cas, quand un livre était difficile ou impossible à trouver, la consultation d'un catalogue ou d'une bibliographie pouvait se substituer à celle du livre lui-même. Ces catalogues servaient probablement de cette façon aux étudiants et aux professeurs dans les cours d'*historia litteraria* qui proposaient une introduction au monde des livres et des recensions de publications récentes. De fait, dans l'Allemagne de la fin du XVIIe siècle les bibliothèques d'université étaient petites et négligées ; les professeurs utilisaient plutôt leurs propres collections, et, lorsque c'était possible et permis, les bibliothèques de hautes personnalités locales[160].

Les livres sur les livres étaient utiles comme sources d'information, soit parce qu'une personne respectable les possédait ou les avait possédés (selon les catalogues de bibliothèques ou de vente), soit parce qu'ils étaient disponibles à la vente, du moins en théorie (catalogues de vente ou bibliographies). Annotés, ils pouvaient servir de registre des livres dont on disposait ou que l'on espérait acquérir. Par exemple, les catalogues imprimés étaient exploités aussi bien par des institutions que par des individus comme base de travail pour de nouveaux catalogues constitués à partir des annotations manuscrites ajoutées à ces catalogues imprimés. Ainsi l'édition de 1674 du catalogue de la Bodleian d'Oxford fut interfoliée et annotée pour servir de catalogue manuscrit de la Bibliothèque Mazarine à Paris[161]. De même, Conrad Gessner expliquait comment sa *Bibliotheca universalis* pouvait être annotée, avec des cotes et des ajouts dans les espaces blancs, pour servir de catalogue à une bibliothèque personnelle. C'est peut-être ce conseil de Gessner qui incita Philip Eduard Fugger (1546-1618), fils de Georg Fugger, à cataloguer sa bibliothèque en annotant un exemplaire de la continuation de 1574 de la *Bibliotheca* de Gessner[162].

Ces genres d'ouvrages proposaient également des modèles que le lecteur pouvait utiliser pour classer ses propres livres et listes de livres : ainsi le catalogue manuscrit d'une bibliothèque privée du XVIIIe siècle fut explicitement calqué sur le modèle d'un catalogue de vente[163]. De même, le système français de classification codifié par Jacques Charles Brunet en 1810 s'inspirait de classifications antérieures employées par des catalogues de bibliothèques (notamment celui du collège jésuite de Paris établi par Jean Garnier en 1678, et celui de la bibliothèque de Thou publié en 1679), et par le commerce du livre (dans les 147 catalogues de vente publiés par Gabriel Martin entre autres)[164]. Les projets sophistiqués de classification générale des connaissances, illustrés par le plan abstrait d'un musée (1565) par Samuel Quiccheberg, ou le *Théâtre de la mémoire* de Giulio Camillo (1550), ou encore dans d'autres genres de référence, par exemple dans le *Theatrum* de Theodor Zwinger ou l'*Encyclopedia* de Johann Heinrich Alsted, apparaissaient rarement sous la plume des très pragmatiques *scriptores bibliothecarii* ; ceux-ci privilégiaient le classement par disciplines, par langues et par formats.

Des genres nouveaux :
comptes rendus et historia litteraria

Les livres sur les livres, étant fonctionnels et polyvalents, ont pu passer sans grande difficulté d'une focalisation sur les cultures antiques à une orientation vers des sujets plus modernes (une transition que je traiterai au chapitre 5). Mais de nouveaux genres se sont aussi développés en même temps que cette transition culturelle. Le dictionnaire historique ou biographique et la recension de livres se sont intéressés plutôt aux auteurs récents qu'aux anciens et ont souvent été rédigés en langue vernaculaire. Un troisième genre, spécifique à l'environnement académique allemand, abordait l'*historia litteraria* (l'« histoire littéraire ») et la *notitia librorum* (la « connaissance des livres ») ; il consistait en une combinaison d'informations bibliographiques, de critiques de livres, et de conseils généraux pour la lecture et l'étude. Ces ouvrages étaient rédigés en latin et centrés sur des œuvres en latin, à cause de leur origine universitaire, et du développement moins rapide de la langue vernaculaire dans l'aire germanophone qu'en Angleterre et en France, mais ils se concentraient aussi sur des auteurs récents plutôt que sur l'Antiquité classique.

La naissance du périodique dans les dernières décennies du XVIIe siècle avait de nombreuses causes – entre autres l'apparition d'institutions qui commencèrent à en publier, par exemple la Royal Society ou l'Académie des sciences ; le développement de la publication par souscription ; et plus encore l'expansion d'un lectorat qui s'intéressait aux nouvelles de la République des Lettres, ce qui incitait les éditeurs à assumer les risques de ces publications[165]. L'une des caractéristiques communes des nombreux périodiques lancés à la fin du XVIIe siècle (dont certains n'ont eu qu'une existence très brève) était la recension de livres, qui présentait un résumé, parfois quelques extraits, et un jugement sur un livre publié récemment. Dans certains cas (les *Philosophical Transactions*, 1662) les recensions ne constituaient qu'une part relativement limitée du contenu du journal. D'autres périodiques en revanche étaient principalement consacrés à ces résumés et critiques de livres, dont le *Journal des sçavans* (qui fit son apparition en 1665), les *Nouvelles de la République des Lettres* (en 1684) de Pierre Bayle, les *Acta eruditorum* (Leipzig, en 1682) ou les *Weekly Memorials for the Ingenious* (en 1681), qui promettait explicitement de suppléer aux « Titres bruts des livres imprimés annuellement dans nos catalogues [de vente], [qui sont] choses un peu sèches[166] ».

Présentée comme une solution à la surabondance de livres, la critique de livres engendra à son tour sa propre surcharge. Presque simultanément à la naissance du genre surgit le soupçon qu'un livre aurait été critiqué sans avoir été lu, accusation lancée contre le *Jugemens des Sçavans* d'Adrien Baillet, en plusieurs volumes :

> S'il est donc vray que nous ne puissions pas lire tous les livres dont il nous parlera, il faut qu'il avoüe qu'il nous parlera de beaucoup de livres que lui-mesme n'aura pu lire[167].

Les faits d'armes en matière de critique de livres au XVIIIe siècle incluent par exemple les 9 000 recensions écrites par Albrecht von Haller (1708-1777) en trente et un ans pour le *Göttingische Zeitung von gelehrten Sachen* (en plus de la publication par le même auteur de douzaines d'autres volumes allant de la médecine à la poésie), ou bien la production de Giovanni Lami, éditeur florentin du *Giornale de' litterati d'Italia* et fondateur des *Novelle letterarie*, qui rendait compte d'énormes quantités de livres en se concentrant uniquement sur le début de chacun d'entre eux, et en recopiant la plupart du temps tout ou une partie de la préface[168]. La qualité des jugements n'était probablement pas toujours irréprochable dans des comptes rendus de livres produits en telles quantités, mais rien n'indique que les ventes ou les réputations de ces périodiques en ont souffert.

Bien que formellement le périodique ait été le contraire du livre de référence, du fait de sa publication en série dans un petit format et de ses caractéristiques éphémères, les éditeurs de périodiques cherchaient à mettre leur production sur un pied d'égalité avec les ouvrages de référence, et à la fin du XVIIe siècle, quelques index annuels ou regroupés pouvaient rendre utilisable à la consultation une série bien conservée de ces numéros[169]. Les *Acta eruditorum*, dès le premier numéro, comprenaient un index annuel *« auctorum ac rerum »* et au bout de dix ans, les éditeurs firent faire un volume de sept index pour tous les numéros existants de la revue ; huit auteurs au moins ont œuvré à cette entreprise importante, qui fut publiée en 1693. Ce volume et les suivants, publiés tous les dix ans, permettaient aux souscripteurs de maximiser l'intérêt de leur collection et permettaient aux nouveaux souscripteurs de prendre un nouveau départ en souscrivant à ce moment-là[170]. Même si le périodique lui-même ne publiait pas d'index, d'autres pouvaient le faire : le libraire Cornelis van Beughem publia un index au *Journal des sçavans* pour 1665-1681, puis un index collectif pour les « autres périodiques savants éminents » en quatre volumes séparés entre 1689 et 1701[171].

Les débats sur les publications récentes dans les milieux académiques étaient florissants dans les universités allemandes, et ils accompagnèrent l'essor de l'*historia literaria* entre 1660 et 1740[172]. L'ouvrage le plus complet et le plus influent dans le genre fut le *Polyhistor* de Daniel Georg Morhof (1639-1691), partiellement publié en 1688, puis dans une version posthume plus longue en 1708, avec des rééditions en 1714, 1732 et 1747. En partie manuel de méthodes de lecture et d'étude, en partie guide bibliographique, il contenait à la fois de longues citations et des jugements acerbes. Le *Polyhistor* avait son origine dans une pratique d'enseignement, et s'organisait comme un manuel, mais pouvait aussi être consulté à partir de deux grands index, par auteurs et par sujets. Les dictionnaires biographiques d'auteurs récents étaient également issus du milieu universitaire allemand. Le *Theatrum virorum eruditione clarorum* (1688) de Paul Freher (1611-1682) proposait des informations biobibliographiques et souvent un bref portrait d'auteurs dans de nombreuses disciplines. Une variante du genre était le dictionnaire des œuvres anonymes et pseudonymes, qui promettait d'identifier grâce à une recherche approfondie les noms d'auteurs que des œuvres imprimées et des manuscrits gardaient secrets. Vincent Placcius, utilisant probablement son armoire à fiches pour rassembler son information, publia en 1674 une brève liste de ce type d'œuvres, qui constitua le noyau du *Theatrum anonymorum et pseudonymorum* publié après sa mort en 1708 en deux volumes in-folio[173].

L'encyclopédie

À travers cette étude des genres référentiels de l'époque moderne, fondée surtout sur des catégories utilisées à l'époque, un terme dominant aujourd'hui a été particulièrement absent : celui d'encyclopédie. « Encyclopédie » ne désignait pas le genre que nous connaissons avant que la *Cyclopaedia* d'Ephraïm Chambers de 1728 et l'*Encyclopédie* de Diderot et d'Alembert (1751-1772) suscitent la popularité à la fois du terme et du genre associé (dont je traite au chapitre 5). Lorsque le terme latin *encyclopedia* fut inventé au début du XVIe siècle, il désignait l'idéal philosophique d'interconnexion entre disciplines ; ce sens persista durant tout le XVIIe siècle[174]. Les œuvres faisant référence à l'*encyclopedia* étaient donc le plus souvent des traités abstraits sur les disciplines, mais à partir de la fin du XVIe siècle *encyclopedia* commença parfois à apparaître comme sous-titre ou même comme titre dans des œuvres didactiques. Il est particulièrement difficile de définir *encyclopedia* pour une période pendant laquelle le terme circulait avec une grande diversité d'interprétations à une même époque (plus encore peut-être qu'à des périodes où le terme n'existait pas comme catégorie pour les acteurs eux-mêmes)[175]. Beaucoup d'œuvres de l'époque moderne couvraient de nombreuses disciplines et/ou en proposaient une classification, et pouvaient dès lors être considérées d'une façon ou d'une autre comme encyclopédiques. Dans sa tentative très complète de recensement des premières encyclopédies modernes, Alfredo Serrai intègre les genres référentiels que j'ai évoqués, mais aussi d'autres types de livres, tels que les livres de secrets, la poésie scientifique, les traités de méthode et de classification des disciplines[176]. D'autres études générales de l'encyclopédisme de l'époque moderne prennent en considération les récits encyclopédiques, les œuvres illustrées ou les collections d'objets (les bibliothèques, les musées et les cabinets de curiosités).

Une version du terme *encyclopedia* fit son apparition pour la première fois dans une œuvre didactique dans l'édition de 1583 de la *Margarita philosophica* (1503) du moine chartreux Gregor Reisch (mort en 1525), sous-titrée « très parfaite *cyclopaedia* de toutes les disciplines ». La *Margarita* (perle), un in-quarto de 600 pages, était un compendium de chacun des arts libéraux et de la philosophie naturelle et morale, avec une sous-partie sur les arts mécaniques, pour un total de douze livres[177]. Elle était accompagnée dès le début d'un index alphabétique, d'une table des matières et d'une mise en page claire des divisions et des subdivisions, de telle façon qu'elle pouvait être consultée ponctuellement aussi bien que parcourue avec facilité. À la différence des ouvrages de référence examinés jusqu'ici, qui compilaient des sélections, la *Margarita* fonctionnait en résumant l'essentiel de chaque discipline, à la façon d'un manuel. Cette *cyclopaedia* était consacrée non pas à la théorie des disciplines mais à leur contenu. C'était le cas aussi lorsque ce terme apparut dans le titre de la dernière édition imprimée du *Speculum maius* de Vincent de Beauvais en 1624. Les bénédictins de Douai vendirent l'émission de ce gros livre médiéval sous un titre rajeuni, qui assemblait nombre de nouvelles métaphores associées aux livres de référence :

> La Bibliothèque du monde, le Miroir à quatre faces (naturel, doctrinal, moral, historique) dans lequel l'histoire de toute la nature, l'Encyclopédie de toutes les sciences, le Trésor de la philosophie morale, le vaste Théâtre du temps et des actions humaines sont exhibées[178].

Les termes clefs *historia*, *encyclopedia, thesaurus* et *theatrum* (en rouge et en majuscules sur la page de titre) faisaient chacun référence à l'une des quatre sections de l'œuvre de Vincent de Beauvais. L'*encyclopedia* désignait le *Speculum doctrinale* consacré aux arts et aux sciences, mais en mettant l'accent sur la richesse des informations apportées par chacun d'entre eux plutôt que sur la théorie de leurs interconnexions. Dans tous ces cas le terme *encyclopedia* avait donc déjà été associé à un contenu encyclopédique.

L'*Encyclopedia septem tomis distincta* de Johann Heinrich Alsted (1630) fut le premier ouvrage de référence à s'intituler *Encyclopedia*, sans aucun qualificatif, ni terme d'accompagnement, ni métaphore.

Cet ouvrage en quatre volumes fut réimprimé une fois seulement en 1649, mais il avait une large réputation (comme la *Bibliotheca* de Gessner) et fut sans doute un catalyseur de l'usage croissant du terme *encyclopedia* dans les titres. Durant les décennies suivantes, ce terme apparut dans un certain nombre d'ouvrages, aussi bien spécialisés que multidisciplinaires[179]. L'*Encyclopedia* d'Alsted donna aussi naissance au terme « encyclopédiste » que John Evelyn utilisa pour décrire Alsted en 1651 et que Christian Liberius étendit (en latin), au-delà d'Alsted, à d'autres auteurs d'ouvrages de référence. Dans son avis de 1681 à propos des livres, Liberius se défendait d'avoir plagié les *compendia* existants, déclarant qu'il n'avait « ni le temps ni l'inclination de lire et encore moins de copier Zwinger, Rhodiginus, Alsted, Beyerlinck et autres, qu'ils soient diaristes ou encyclopédistes[180] ». Au XVIIIe siècle, « encyclopédistes » désignait plus précisément les auteurs de l'œuvre collective connue sous le titre de l'*Encyclopédie*[181].

Le modèle d'encyclopédie que proposa Alsted cent vingt-cinq ans après la *Margarita* de Reisch était un genre similaire de compendium organisé de toutes les disciplines, mais à plus grande échelle, et avec des informations plus détaillées pour chaque discipline (par exemple, l'article *« lexica »* incluait des glossaires de racines principales et de termes en hébreu, chaldéen, syriaque, arabe, grec et latin). Un nombre important d'autres disciplines étaient incluses, beaucoup d'entre elles n'étant traitées que dans cet ouvrage. Alsted tenait compte du sens premier du terme *encyclopedia* en exposant la hiérarchie et les subdivisions des disciplines dans de longs diagrammes arborescents regroupés au début de l'ouvrage et de petits graphiques qui parsemaient les chapitres. Mais son *Encyclopedia* était aussi un livre de référence des plus utiles, contenant des informations sur de nombreux domaines, doté d'une mise en page claire et d'un index unique détaillé, dans lequel les entrées correspondant à un même sujet étaient groupées et subdivisées comme elles le seraient aujourd'hui. L'ouvrage était constitué d'un compendium d'informations pour chaque discipline, avec des chapitres divisés généralement en préceptes et en règles numérotés de façon à en faciliter la mémorisation. Alsted ne citait pas souvent ses sources, mais l'analyse approfondie du texte a démontré qu'il avait composé l'*Encyclopedia* en s'inspirant d'un vaste choix de manuels et de traités de contemporains dont il avait extrait des sélections et des paraphrases à répartir tout au long de son ouvrage en fonction de son propre classement systématique[182]. Dans ce manuel des manuels, il gérait l'information par réduction et résumé plutôt que par une sélection de sources faisant autorité et mentionnées par nom.

Sans révéler l'étendue exacte de ses emprunts dans la composition du texte lui-même, Alsted reconnaissait volontiers sa dette envers dix-huit autres « grands hommes qui l'avaient précédé » dans le projet de « définir en un seul syntagme la vaste étendue du royaume philosophique ». La liste de ses prédécesseurs illustre la grande variété de notions contemporaines de ce qui constituait un projet encyclopédique[183]. Alsted cite un certain nombre d'œuvres provenant des universités allemandes dans lesquelles il avait fait carrière, par exemple des traités consacrés chacun à une discipline mais formant collectivement un projet encyclopédique (« Clemens Timpler et Bartholomaeus Keckermann dans leurs divers *systemata* ») ou un manuel ramiste pour enfants réduit à la collection la plus minimale de définitions dans tous les domaines (le *Paedagogus* de Thomas Freigius)[184]. Mais la liste d'Alsted s'étendait également à d'autres courants et à d'autres genres, de la *Bibliotheca selecta* jésuite d'Antonio Possevino à l'ésotérique *Macrocosmus et microcosmus* de Robert Fludd, des traités sur la classification du savoir aux vastes compilations tels que le *Theatrum* de Zwinger, en passant par les représentations purement tabulaires des disciplines, tel le *Theatrum philosophicum* de Lorhard[185].

La recherche d'une « première » encyclopédie moderne souffre de l'absence d'équivalent clair à notre catégorie d'aujourd'hui avant le XVIIIe siècle, mais aussi des nombreux axes distincts que même les contemporains incluaient dans ce qu'ils considéraient comme un projet encyclopédique. Les auteurs d'ouvrages encyclopédiques étaient partagés entre le traitement théorique de la hiérarchie correcte de toutes les disciplines et les difficultés pratiques qu'ils rencontraient en tentant de rendre accessibles de grandes quantités d'informations. Alsted a été le premier à donner le titre *Encyclopedia* à un ouvrage de référence, mais la compilation organisée de contenus de manuels qu'il proposa comme une encyclopédie demeura sans imitateurs directs. Par contre, le succès commercial avéré du dictionnaire alphabétique au XVIIe siècle et la facilité de son mode de classement à la fois pour les usagers intéressés par la consultation et pour les compilateurs ayant peu de prétentions théoriques, permettent d'expliquer le développement de cette forme qui devint caractéristique de l'encyclopédie au XVIIIe siècle.

Les tensions de l'encyclopédisme moderne, qui valorisait un système de connaissances minutieusement développé en même temps qu'une masse d'informations utiles, n'ont pas disparu dans cette nouvelle forme. Chambers se vantait que l'on pouvait lire sa *Cyclopedia* cursivement, en commençant par de longs articles bien organisés, puis en se déplaçant à travers les renvois afin de construire un savoir sur une discipline entière. Pour l'*Encyclopédie*, d'Alembert plaida pour l'ordre alphabétique et proposa un arbre de la connaissance qui mettait en évidence l'interconnexion entre les disciplines disséminées dans les entrées alphabétiques. Diderot mettait l'accent sur l'utilité des renvois à partir desquels le lecteur pouvait construire de nombreux liens à partir d'un seul point de départ[186].

La tension entre système philosophique et gestion effective de l'information a persisté dans les encyclopédies d'aujourd'hui. On compte dans les tentatives d'encyclopédies classées systématiquement l'*Encyclopedia metropolitana* de Coleridge, jamais menée à terme, et la 11e édition de la *Britannica* structurée autour de longues présentations des disciplines majeures. La 15e et dernière édition imprimée de la *Britannica* (1985) a abordé le problème des multiples objectifs de l'encyclopédie en offrant trois éléments séparés : la *Micropedia* pour des références rapides, la *Macropedia* pour des articles en profondeur et la *Propaedia* en un volume présentant un diagramme circulaire de la division du savoir en dix catégories, chacune étant connectée à une autre et au centre du cercle, suivant la fausse étymologie du terme, « cercle de la connaissance »[187]. La *Propaedia* n'a probablement jamais été très utilisée puisqu'elle ne correspond pas à nos méthodes actuelles de lecture d'une encyclopédie et elle a été supprimée de la *Britannica* numérique.

Le glissement des ouvrages de référence vers des plateformes numériques a commencé à modifier la façon de composer, d'entretenir et d'utiliser ces outils et continuera sans aucun doute à le faire. Le moteur de recherche a remplacé l'index alphabétique ; les hyperliens généralisés encouragent l'usage de renvois comme la meilleure façon pour se déplacer d'un sujet à un autre, comme Chambers et Diderot l'avaient recommandé ; la composition collaborative, depuis longtemps habituelle dans les œuvres imprimées, comprend aujourd'hui des possibilités de réactions et de contributions des lecteurs, au moins dans les wikis. En dépit de ces changements (et d'autres à venir), les ouvrages de référence d'aujourd'hui sont porteurs de l'héritage de développements des siècles antérieurs. La notion d'un ouvrage de référence compilé à partir d'une position neutre, créé pour le bien commun, afin de satisfaire à un large éventail de centres d'intérêt et produit par des contributeurs multiples travaillant de manière collaborative de façon aussi bien synchronique que diachronique, a été élaborée dans les premiers ouvrages de référence en latin tels que la *Polyanthea* et le *Theatrum,* comme je le montrerai dans le chapitre suivant.

Chapitre 4

Les compilateurs, leurs motivations et leurs méthodes

Un gros livre est difficile parce qu'il est gros.
Samuel Johnson,
préface au *Dictionary of the English Language.*

Les auteurs d'ouvrages de référence travaillent à la gestion d'informations de manière bien plus intensive que la plupart de leurs contemporains. Pour cette raison une étude de leurs motivations et de leurs méthodes de travail est féconde à plus d'un titre. D'une part les pratiques mises en œuvre par tout un chacun sont plus aisées à mettre en évidence pour ces ouvrages de grandes dimensions et de peu de prétention littéraire. D'autre part l'importance du volume à traiter dans un temps et avec des moyens limités a entraîné l'élaboration de méthodes de travail extraordinaires justifiées par des arguments originaux. En Europe moderne, la pratique du couper-coller à partir de livres imprimés pour former le manuscrit d'une compilation et l'accumulation massive d'extraits ont ainsi été assimilés à la constitution de « jardins publics », remplis de fleurs pour tous les goûts.

Seuls quelques auteurs de livres de référence ont fait l'objet d'études historiques approfondies, comme James Murray, auteur de l'*Oxford English Dictionary* (dont le premier fascicule parut en 1884) et Samuel Johnson, auteur du *Dictionary of the English Language* (1755). Ces études relatent souvent des faits héroïques empreints de persévérance et d'ingéniosité, soulignant le rôle joué par des collaborateurs (des centaines de contributeurs dans le cas de l'*Oxford English Dictionary,* six assistants pour le dictionnaire de Johnson), et détaillent l'apport des techniques, même les plus modestes, comme l'usage de la feuille ou fiche de papier. L'origine collaborative de ces ouvrages est souvent difficile à cerner. Ainsi il n'est toujours pas possible d'identifier plus de la moitié des 250 contributeurs de l'*Encyclopédie* de Diderot et d'Alembert ; et la plupart des interactions au cours de sa rédaction, le plus souvent orales, n'ont pas laissé de trace[1]. Nous n'avons généralement pas de brouillons ou de notes pour les livres de référence de cette époque : les papiers de travail furent souvent insérés directement dans le manuscrit confié à l'imprimeur pour éviter d'avoir à les recopier. Les imprimeurs ne cherchaient généralement pas à les conserver – les manuscrits étaient annotés pour préparer l'impression, puis détruits après emploi. On a retrouvé une page de ce type, provenant d'un manuscrit d'un dictionnaire de 1587, car elle fut insérée dans la reliure d'un autre livre. Du dictionnaire de Johnson demeurent quelques manuscrits de travail, parce qu'ils furent omis par erreur de l'édition à laquelle ils étaient destinés[2]. De même, certains manuscrits préparés pour l'impression mais restés inutilisés nous permettent d'étudier les méthodes de travail des grands compilateurs du XVIe siècle comme Conrad Gessner ou Theodor Zwinger.

Nos principales sources demeurent cependant les éditions imprimées, notamment les paratextes par lesquels auteurs, éditeurs (pour employer un vocabulaire moderne), ou imprimeurs s'adressent au lecteur, et les variations d'une édition à l'autre dans le contenu et les techniques de présentation textuelles. On peut trouver des éléments contextuels éclairants dans des observations et récits de l'époque, et dans ce que nous savons sur les méthodes de travail en équipe décrites au chapitre 2. Les auteurs de livres de référence se décrivaient souvent comme des preneurs de notes abondantes, et nombre de leurs publications eurent pour origine de gigantesques collections de notes personnelles – de l'*Histoire naturelle* de Pline au *Dictionary of Phrase and Fable* (1870) dont Ebezener Cobham Brewer (1810-1897) attribue la genèse à « son habitude d'enfant de prendre des notes, qu'il garda toute sa vie[3] ».

Cette tendance à accumuler des notes, nouvelle à la Renaissance, est fondamentale pour expliquer à la fois les origines et l'attrait des nombreux livres de référence. Ces compilations imprimées n'auraient pas été possibles sans la matière fournie par les notes d'un ou de plusieurs contributeurs ; elles n'auraient pas été publiées sans l'existence de nombreux lecteurs désireux d'acheter un stock de notes prêtes à l'emploi. Au chapitre 2, j'ai examiné quelques-unes des motivations et des méthodes des érudits modernes dans la prise de notes manuscrites et leur accumulation. Dans le présent chapitre, je me concentrerai sur les motivations et les méthodes de ceux qui composèrent des compilations de notes imprimées.

La position du compilateur et le développement de la *Polyanthea*

Michel Foucault montra brillamment l'historicité de la fonction d'« auteur ». Bien que sa périodisation puisse être mise en question, son œuvre a motivé quantité d'études sur divers contextes historiques, et de nombreuses interprétations de la notion d'auteur[4]. Dans la conception (typique de la période contemporaine) de l'auteur comme « génie inspiré », un texte fait d'extraits d'autres textes est l'œuvre d'un compilateur plutôt que d'un auteur, et considéré comme inférieur, car il engage peu de créativité. Par contre, dans la conception postmoderne de l'auteur, le processus de sélection est perçu comme mettant en jeu une interprétation des textes, si bien que le compilateur pourrait être réhabilité comme aussi important que l'« auteur ». Mais les connotations négatives fermement enracinées du terme « compilation » et la nature considérée comme fonctionnelle de ce genre d'ouvrage en ont détourné jusqu'à une date récente l'intérêt des chercheurs.

Les compilations offrent néanmoins l'opportunité d'examiner le discernement et la créativité à l'œuvre, mais surtout les méthodes de gestion de l'information impliquées dans cette pratique très répandue dans de nombreux contextes. Les compilateurs sélectionnaient, résumaient, classaient et présentaient du contenu textuel pour en faciliter l'usage pour autrui. Leurs motivations, la présentation qu'ils font d'eux-mêmes, et leurs méthodes sont des indices précieux pour comprendre la manière dont ils envisageaient l'information. La compilation à l'époque moderne était l'héritière d'une longue tradition médiévale, et les historiens qui se sont penchés le plus attentivement sur cette pratique sont les médiévistes[5].

En latin classique, le terme *compilare* avait la signification négative de pillage (surtout de peuples ou de bâtiments, sans référence spécifique au pillage de textes) ; mais au VIIe siècle, Isidore de Séville définit le *compilator*, en termes moralement neutres, « comme quelqu'un qui mélange les mots des autres avec les siens propres, tout comme ceux qui produisent des pigments pulvérisent beaucoup de [couleurs] différentes dans le mortier ». C'est au XIIIe siècle que *compilare* fut employé comme équivalent à d'autres termes (*excerpere, colligere, deflorare*) pour désigner la production d'extraits ou la sélection de « fleurs » (ou des meilleurs morceaux) à partir des sources textuelles. Durant le XIIIe siècle, parallèlement à une production croissante de compilations de différentes sortes (florilèges, collections encyclopédiques…), leurs auteurs exprimèrent leur conception de leur rôle dans des prologues ou préfaces. La tâche du *compilator* était de rapporter les mots d'un *auctor* (terme qui désignait à la fois auteur et autorité), sans prétendre à contribuer à l'acte autorial. Les compilateurs se déclaraient responsables seulement d'une présentation fidèle des extraits et non de la qualité de leurs contenus[6]. Vers 1250, Bonaventure, théologien de l'université de Paris distingua, dans un de ses prologues, les compilateurs des auteurs selon la proportion des mots originaux présents dans leurs écrits :

> Il y a quatre manières de faire un livre. L'un écrit [les mots] d'un autre sans rien ajouter ou changer, et on l'appelle simplement un scribe [*scriptor*]. Un autre écrit les mots d'un autre et en ajoute d'autres, mais non de sa propre composition, et l'on nomme celui-ci un compilateur. Un troisième écrit ses propres mots et ceux d'un autre, mais ces derniers comme propos principaux et les siens propres annexés comme preuve, et celui-ci est appelé un commentateur, non un auteur. Le dernier écrit en même temps ses mots et ceux d'un autre mais les siens comme propos principaux, ceux de l'autre annexés comme confirmation, et tel est celui qui doit être appelé auteur[7].

Dans ce commentaire de l'avant-propos des *Sentences* de Pierre Lombard, Bonaventure définissait ces distinctions pour aboutir à l'éloge de Pierre Lombard, un véritable « auteur » selon lui, situé au sommet de la hiérarchie de ces catégories. Mais, dans une économie littéraire où même l'auteur empruntait en partie ses mots aux autres, le compilateur n'était pas dévalorisé s'il mettait ensemble les mots des autres sans y ajouter les siens. La compilation était généralement vue au Moyen Âge et jusqu'à la Renaissance comme une activité littéraire et érudite. Les critiques qui lui furent opposées, motivées par une plus grande estime pour la créativité individuelle, commencent à se préciser au XVIIe siècle[8].

Les compilateurs médiévaux, surtout dans les florilèges et les encyclopédies, cultivaient une posture d'humilité, et restaient même quelquefois anonymes, pour mettre plutôt en valeur les auteurs dont ils proposaient des extraits. Ils n'étaient pourtant jamais de simples copistes, mais transformaient ces contenus en les disséminant[9]. En groupant des extraits sous des rubriques ou des chapitres par sujets, ils établissaient des parallèles entre les extraits de différents auteurs, issus de contextes divers, et invitaient ainsi une certaine interprétation de ces textes sans égard à leurs contextes d'origine. Les compilateurs aimaient citer des auteurs importants, et donnaient quelquefois le titre d'un ouvrage en particulier, mais rarement une référence plus précise (comme un numéro de livre ou de chapitre). Ils s'efforçaient aussi de faciliter l'insertion de ces sélections dans une œuvre généralement destinée à l'édification morale, en portant des modifications discrètes et silencieuses aux passages cités, intentionnellement ou non. Des passages d'auteurs païens par exemple pouvaient être présentés en éliminant les références aux dieux antiques et en changeant le pluriel « dieux » en « Dieu », pour en faciliter l'interprétation et l'emploi dans un cadre chrétien. Les compilateurs de florilèges assuraient un accès aisé et « sûr » aux auteurs païens, en omettant les passages difficiles, et en modifiant au besoin ceux qu'ils sélectionnaient.

Bien que les techniques élémentaires de la compilation soient restées remarquablement stables, la fonction et l'échelle de cette activité se modifièrent. Les premiers florilèges étaient courts, consacrés à quelques auteurs et à quelques thèmes, et dans certaines préfaces ils étaient présentés comme issus de notes prises pour un usage personnel puis mises en circulation pour autrui, ou pour une communauté (un ordre religieux par exemple). À partir du XIIIe siècle, les florilèges étaient plus longs (1 400 citations pour le *Florilegium oxoniense*), et certains s'adressaient à un lectorat plus large. Le prologue du *Florilegium duacense* (seconde moitié du XIIe siècle) se félicitait d'offrir quelque chose d'édifiant pour toutes sortes de conditions sociales et morales :

> Ainsi à travers cette [œuvre], l'esprit en friche peut s'éduquer lui-même, le prudent s'exercer, le tiède trouver la passion et le faible le confort ; ici le malade trouvera de quoi se guérir, celui en bonne santé de le rester, le fatigué de restaurer son énergie, l'affamé de manger, le studieux de lire, le paresseux d'être encouragé dans certains cas et enchanté dans d'autres ; le simple peut lire ce qu'il peut comprendre, le pauvre avoir ce qu'il vaut la peine d'écrire[10].

Cette volonté d'offrir des éléments pour tout un chacun devint un thème répété dans les florilèges imprimés, qui dépendirent, plus que les ouvrages médiévaux, de l'attraction opérée sur le plus grand nombre d'acheteurs.

À l'époque moderne la taille des compilations se développa massivement : les florilèges de taille moyenne passèrent de quelques dizaines de milliers de mots (chez Thomas d'Irlande), à 430 000 pour la *Polyanthea* de 1503 puis à 2,5 millions de mots dans les éditions du XVIIe siècle ; et les compilations exceptionnellement vastes grossirent des 4,5 millions de mots pour Vincent de Beauvais aux 10 millions de mots pour le *Magnum theatrum* de Beyerlinck (1631). Cette croissance fut rendue possible par la baisse des coûts de production due à l'imprimerie, mais elle fut aussi alimentée par la nécessité de vendre, du fait des coûts d'impression, en s'adressant aux multiples curiosités des acheteurs potentiels. Pour légitimer cette croissance, les compilateurs de l'époque moderne adoptèrent plus encore que leurs prédécesseurs une posture de rapporteurs neutres au service de tous. Ils annonçaient offrir des textes choisis pour des occasions et des goûts différents, de mauvais aussi bien que de bons exemples, et affirmaient refuser de juger la vérité ou la valeur de ce qu'ils présentaient. Par conséquent ils appelaient leurs lecteurs à exercer leurs capacités de discernement en évaluant et en choisissant ce qu'ils en retiraient. Les pages de titre et les propos liminaires exaltaient à chaque nouvelle édition le matériau le « plus correct et le plus abondant », signe que l'on jugeait ces messages efficaces pour inciter les acheteurs. « Plus on en faisait, mieux c'était », du moins c'était la perception qu'avaient les imprimeurs de l'attitude des lecteurs. La croissance de la taille de ces ouvrages fut également facilitée par des rééditions fréquentes comme dans le cas de la *Polyanthea*. Chaque édition bâtissait sur la précédente par une collaboration à la fois synchronique (de ceux qui travaillaient sur une édition donnée) et diachronique (de tous ceux qui avaient travaillé sur les éditions antérieures, dont certains furent nommés et d'autres pas).

Dans la première édition de la *Polyanthea*, Nani Mirabelli révélait des motivations familières qui trouvaient leur origine dans la pratique médiévale. Il déclarait avoir choisi le meilleur dans la littérature pour l'édification des jeunes et des vieux des deux sexes avec le souhait d'être « utile à autant de gens que possible ». Il consacrait son ode au lecteur à faire l'éloge de la censure et du tri réalisés pour cette sélection « qui extrayait l'or à partir d'ordures immondes » – probablement précisément parce qu'il avait jeté son filet plus largement que ses prédécesseurs, et craignait de ce fait des critiques. Il énumérait 163 auteurs qui avaient fait l'objet d'extraits, reconnaissant que certains d'entre eux avaient raillé les Saintes Écritures, et pris des positions contraires à la foi catholique[11]. Mais par une sélection soigneuse, il promettait d'emprunter un chemin sûr à travers les passages dangereux de la littérature païenne – de la sensualité d'Ovide et d'Horace à l'obscurité d'Aristote –, et il ajoutait certains auteurs récents, comme Dante et Pétrarque. Le thème de l'édification religieuse était mis en évidence par les gravures qui illustraient les deux premières éditions. La page de titre de la première édition figure l'auteur assis devant un autel ; il tend la main vers un panier de fleurs autour duquel sont rassemblées des figures religieuses et vénérables. L'image vient expliciter le titre grec que Nani Mirabelli expliquait également dans sa préface, pour montrer que *polyanthea* était synonyme de florilège[12].

S'il mettait l'accent sur les thèmes religieux, Nani Mirabelli identifiait les jeunes étudiants en rhétorique comme constituant son principal lectorat. Il était fier de leur fournir définitions et descriptions ; des traductions latines de toutes les expressions grecques ; des sentences de philosophes, d'historiens et de poètes, en latin et en grec ; et une présentation en table dichotomique des sujets les plus larges. La première *Polyanthea* était en partie un dictionnaire de mots difficiles, offrant, en plus des articles majeurs, de nombreux articles très courts composés d'une simple définition, une étymologie grecque et une citation (ou même aucune)[13]. Le double attrait de l'ouvrage comme auxiliaire de la rhétorique humaniste, et de la piété et du prêche, est visible dans les livres avec lesquels il a été relié – en effet l'acheteur était responsable dans cette période de relier un livre acheté neuf et épargnait dans cette dépense en reliant ensemble deux livres de même format. Lorsque la *Polyanthea* est reliée avec d'autres titres, c'est soit avec des vocabulaires et des guides à la lecture de la poésie d'une part, soit avec des collections de sermons de l'autre. Ces deux emplois de la *Polyanthea* sont visibles de cette façon pendant le XVIe siècle, avant que l'ouvrage ne devienne trop épais pour être relié avec d'autres[14].

La *Polyanthea* fut l'objet de révisions constantes, lors de ses rééditions, pour des raisons qui invitent à l'analyse. Grâce à sa forme d'une accumulation de citations classées en rubriques, il était certes facile d'y faire des additions, des réductions, et des changements dans les rubriques et les contenus. Cependant les œuvres présentant cette structure cumulative ne connurent pas toutes autant de révisions posthumes par tant de mains différentes. Érasme ajouta à ses *Adages* sa vie durant, mais dans les nombreuses éditions posthumes, on en modifia le paratexte, pas le texte lui-même. Dans ce cas la réputation internationale d'Érasme était sans doute à juste titre perçue comme un argument de vente majeur, de sorte qu'aucun éditeur ne se risqua à faire des changements ou des ajouts (bien que de nombreux abrégés en fussent publiés avec succès). Des rééditions de miscellanées et de *lectiones antiquae* d'auteurs de moindre importance restèrent fidèles à une édition jugée la plus complète, même si celle-ci pouvait être posthume comme dans le cas de Rhodiginus dont le neveu publia un deuxième volume contenant (affirmait-il) les notes du défunt laissées en manuscrit. La *Polyanthea*, à l'instar du *Calepino* (bien qu'il n'ait pas été aussi abondamment réédité) devint par contraste une sorte de marque. Les éditions successives gardaient le même titre et « auteur » alors que divers éditeurs y apportèrent des additions et modifications substantielles, souvent sans mentionner leurs interventions. Dans certaines éditions, le contenu nouveau pouvait être signalé par un symbole (souvent de façon intermittente), vraisemblablement pour venir certifier ce qu'annonçait la page de titre, notamment une « édition plus riche et plus correcte qu'aucune des précédentes[15] ». Le succès commercial de l'ouvrage et le système des privilèges, conçu pour protéger les investissements d'un imprimeur, peuvent expliquer les fréquentes rééditions de la *Polyanthea* et du *Calepino*.

En Europe continentale, où furent publiés tous ces livres de référence en latin, le système des privilèges régit la concurrence pendant toute l'époque moderne, attribuant pour quelques années à l'imprimeur qui le demandait (moyennant des frais) le monopole de l'impression d'une œuvre. La durée de ces privilèges varia selon les époques, les lieux, et le travail investi ; ils devinrent progressivement plus longs en France : de deux à trois ans au début du XVIe siècle, jusqu'à douze à quinze ans au milieu du XVIIe siècle. Les privilèges étaient valables seulement sous la juridiction qui les attribuait – comme le Saint Empire romain germanique, une cité-État, ou le royaume de France – et étaient accordés pour des œuvres nouvelles ou substantiellement augmentées. Comme George Hoffmann l'a montré dans son étude sur le rythme des nouvelles éditions de Rabelais et de Montaigne dans la France du XVIe siècle, lorsque le privilège d'une œuvre à succès venait à échéance, les imprimeurs avaient intérêt à en imprimer une nouvelle édition suffisamment augmentée pour s'assurer d'un nouveau privilège de crainte qu'un concurrent ne fût autorisé à imprimer l'ouvrage[16]. Ainsi, deux des rééditions des *Essais* de Montaigne furent imprimées peu de temps avant la fin du privilège de la précédente et annoncées comme nouvelles (il fallait selon les lois françaises les augmenter d'un tiers au moins). C'est ainsi que Simon Millanges de Bordeaux puis Abel L'Angelier de Paris conservèrent leur monopole sur l'impression des *Essais* pour trois cycles de privilèges en imprimant des éditions en 1580, 1588 et 1595. De même pour la *Polyanthea*, un imprimeur pouvait augmenter le texte pour renouveler son privilège après le succès d'une édition donnée ; le signe le plus clair qu'un livre de la Renaissance s'était bien vendu est que le même imprimeur en publiait une nouvelle édition avant que le privilège ne soit périmé.

Les imprimeurs n'étaient pas obligés de solliciter un privilège et ne s'en donnaient les frais et les difficultés que pour des titres dont ils voulaient assurer la protection contre la concurrence, soit parce qu'ils en attendaient de bonnes ventes (pour les manuels scolaires par exemple), soit parce qu'ils assumaient de lourdes dépenses (pour des livres illustrés ou de grande taille). Ces deux critères s'appliquaient à la *Polyanthea* dont le coût de production était élevé et les ventes solides ; nombre de ses éditions furent donc protégées par un privilège. Dans de nombreux cas, on ne trouve aucune preuve précise de l'existence d'un privilège : cette information était parfois donnée sur la page de titre ou, plus rarement, le texte complet du privilège pouvait figurer parmi les paratextes (s'il restait par exemple une page inutilisée dans le cahier). Rarissimes sont les archives d'imprimeurs conservées qui pourraient fournir des informations détaillées ; ainsi c'est l'histoire de l'impression d'un livre, reconstruite à partir des exemplaires conservés, qui est souvent notre meilleure source pour étudier les stratégies des imprimeurs concernant les privilèges et les partenariats[17]. L'histoire des éditions de la *Polyanthea* révèle que des séries d'éditions furent réalisées successivement en un temps relativement court et en un même lieu par le même imprimeur, sous un seul privilège ou par renouvellement de celui-ci, par exemple Cologne : Gennepaeus, 1546 et 1552, puis Cholinus 1567, 1574, 1575, 1585 ; et Francfort : Zetzner, 1607, 1612, 1613, 1627-1628, 1663[18].

TABLE 4.1. Une histoire simplifiée des éditions de la *Polyanthea*, 1503-1681

Année de publication	Lieu de publication	Imprimeur(s)	Nombre d'exemplaires trouvés	Changements majeurs dans le titre et le contenu	Nombre de mots (environ)
1503	Savone, Italie	de Silva	20	*Polyanthea opus*	430 000
1507	Venise	Liechtenstein	28		
1507/1508	Venise	Rusconi	11/9		
1512	Bâle	Alantsee	32		
1512	Paris	Petit et Bade	5		
1513	Lyon	Gueynard	10		
1514	Savone, Italie	Bibliaqua	16	Additions par Mirabelli, absentes des autres éditions	
1517	Strasbourg	Schürer/ Alantsee	20/17		
1518	Trino, Italie	Ferrari	2		
1522	Lyon	Gueynard	6		
1539	Solingen	Soter	35		
1546	Cologne	Gennepaeus	19		
1552	Cologne	Gennepaeus	29		
1567	Cologne	Cholinus	26	Additions attribuées à Amantius	
1574/1575	Cologne	Cholinus	5/16	Additions attribuées à Tortius	
1585	Cologne	Cholinus	17		1 million
1592	Venise	Ciolli	14		

Année de publication	**Lieu de publication**	**Imprimeur(s)**	**Nombre d'exemplaires trouvés**	**Changements majeurs dans le titre et le contenu**	**Nombre de mots (environ)**
1600	Paris	Douceur	2		
1600	Lyon/Genève	Vignon	10/1	Additions attri-buées à l'« anonyme de Lyon »	
1604	Lyon/Genève	Cardon/ Vignon	2/6		
1604	Lyon	Zetzner	15	*Polyanthea nova*, révisions et additions majeures par Joseph Lange	2 millions
1607	Francfort	Zetzner	42	*Polyanthea nova*	
1607/8	Venise	Guerilius	12/2	*Nova polyanthea*	
1612/13	Francfort	Zetzner	16/35	*Novissima polyanthea*	
1614	Lyon	Harsy	6	*Novissima polyanthea*	
1616	Venise	Guerilius	16	*Novissima polyanthea*	
1617	Francfort	Zetzner	38	*Novissima polyanthea*	
1619/20	Lyon	Harsy/ Ravaud	5/20	Additions par Sylvius : *Florilegium magnum*	2,5 millions
1621	Francfort	Zetzner	35	*Florilegium magnum*	
1622	Venise	Guerilius	9	*Novissimarum novissima polyanthea*	

Année de publication	Lieu de publication	Imprimeur(s)	Nombre d'exemplaires trouvés	Changements majeurs dans le titre et le contenu	Nombre de mots (environ)
1624	Strasbourg	Zetzner	11	*Florilegium magnum*	
1625/26	Lyon	Harsy/ Ravaud	7/5	*Florilegium magnum*	
1627/1628	Francfort	Zetzner	1/26	*Florilegium magnum*	
1630	Venise	Guerilius	19	*Novissimarum novissima polyanthea*	
1639	Strasbourg	Zetzner	2	*Florilegium magnum*	
1639	Cologne	Stoer	28	*Florilegium magnum*	
1645	Strasbourg	Zetzner	42	*Florilegium magnum*	
1648/49	Lyon	Ravaud/ Huguetan	29/1	*Florilegium magnum*	
1659	Lyon	Huguetan/ Ravaud	30	*Florilegium magnum*	
1669	Lyon	Huguetan	41	*Florilegium magnum*	
1681	Lyon	Huguetan	41	*Florilegium magnum*	

Histoire simplifiée des éditions de la *Polyanthea* – Cette table donne le décompte des exemplaires conservés aujourd'hui et qui peuvent être localisés dans les catalogues de bibliothèques en ligne. Elle mentionne seulement les éditions pour lesquelles au moins deux exemplaires subsistants sont attestés (une édition qui subsiste en un exemplaire unique dans ce genre d'ouvrage est plus probablement due à une erreur de catalogage). La table regroupe les exemplaires qui pourraient faire partie d'une édition partagée entre plusieurs imprimeurs, quelquefois dans différentes villes ou dans des années consécutives. Rendre compte de façon exacte des relations entre diverses impressions demanderait des comparaisons extensives entre les exemplaires conservés en différents lieux, tâche que je n'ai pas entreprise. Les résultats détaillés de cette recherche, y compris celle menée par Morgan Sonderegger au printemps 2006, sont disponibles depuis le site internet de l'auteure à Harvard, soit en 2019 : https://projects.iq.harvard.edu/ablair/too-much-know-supplements.

On peut également observer comment les imprimeurs travaillent ensemble et se succèdent dans la publication de la *Polyanthea* après acquisition ou héritage du délai restant pour le privilège. Ainsi l'édition de Lyon, Harsy 1614, est suivie de Harsy et Ravaud 1619, 1620, 1625, puis Ravaud 1626, 1648, et Ravaud et Huguetan 1649, 1659 et finalement Huguetan seul en 1669 et 1681. Les imprimeurs pouvaient aussi travailler en partenariat, entre différentes villes, juridictions, souvent à l'intérieur d'une même famille, comme des frères établis en divers lieux, qui mettaient à profit ces relations ; les frères Alantsee imprimèrent la *Polyanthea* à Vienne, Bâle, et Strasbourg en 1517 ; les Zetzner imprimèrent non seulement sept éditions à Francfort mais une aussi à Lyon (1604) et trois à Strasbourg (1627, 1639, 1645). La production de la famille Zetzner, qui couvrit presque soixante ans, dura plus d'une génération.

Le succès de la *Polyanthea* fut rapide. Presque immédiatement après la première édition, publiée au nord de l'Italie, en Ligurie, dans une ville (Savone) qui ne jouissait pas de réseaux commerciaux étendus, six éditions furent imprimées dans les dix années suivantes dans quelques-uns des principaux centres d'imprimerie, qui étaient des carrefours commerciaux pour l'Europe : Venise (1507 et 1508), Bâle (1512, en collaboration avec Vienne), Paris (1512), et Lyon (1513)[19]. Tandis que la majorité des exemplaires qui nous sont parvenus de la 1re édition se trouvent aujourd'hui dans les collections italiennes (avec trois exemplaires en Angleterre), la répartition dans les bibliothèques des exemplaires imprimés dans les centres majeurs est plus étendue géographiquement : les vingt-huit exemplaires imprimés à Venise en 1507 sont conservés aujourd'hui dans douze pays européens, et les vingt-cinq exemplaires de Bâle, 1512, dans onze pays différents. Nani Mirabelli publia ses propres additions à la *Polyanthea,* à Savone de nouveau, en 1514, accompagnées du texte intégral du privilège papal accordé pour sept ans. L'auteur expliquait qu'après avoir enseigné le droit canon à Rome et à Bologne il pensait « utile non seulement pour beaucoup mais aussi pour moi-même d'y ajouter des propositions universelles de la loi pontificale ainsi que quelques épigrammes, et quelques autres éléments tout à fait dignes d'être notés[20] ». Les additions de Nani Mirabelli tirées du droit canon comprenaient de nouvelles rubriques comme *« lex »* (« loi ») et *« papa »* (« pape »), et de nouvelles maximes juridiques intégrées aux rubriques existantes. Bien qu'aucune autre édition n'ait repris ces additions juridiques, elles eurent une influence inattendue : l'un des trois exemplaires que l'on a conservé de cette impression de Savone appartenait à Henri VIII d'Angleterre et porte ses annotations marginales, groupées dans les contenus juridiques sous « loi », « mariage » et « vœu » entre autres, ce qui laisse penser que le roi a consulté la *Polyanthea* alors qu'il envisageait de rompre son mariage contracté en 1533 avec Catherine d'Aragon. Ces annotations sont factuelles, et n'expriment aucun jugement ; elles attirent l'attention sur certains passages en notant la rubrique traitée dans la marge, en introduisant des manicules (ou doigts pointés), des soulignements et d'autres symboles marginaux destinés à mettre en évidence des points intéressants[21].

Après la mort de Nani Mirabelli, de nombreux éditeurs se vantèrent d'augmenter la *Polyanthea* non pas de maximes juridiques, mais en ajoutant plutôt des passages dans la même veine littéraire. L'édition de Strasbourg – Schürer, 1517 – annonçait des traductions de vers de Dante et de Pétrarque ; dans des éditions plus tardives viendraient s'ajouter des passages substantiels de Pétrarque en prose[22]. La plupart des éditions du XVIe siècle reprenaient les préambules de Nani Mirabelli : l'ode, la dédicace, et la liste d'auteurs. Mais certaines introduisaient de nouveaux paratextes qui pouvaient aussi être réutilisés dans des éditions ultérieures[23]. L'édition de Solingen (1539) (une petite ville catholique proche de Cologne) contenait une préface originale, réimprimée dans les éditions suivantes de Cologne, en 1546 et 1552, qui, en l'absence d'auteur identifié, pourrait être attribuée à l'imprimeur. Cette préface se glorifiait de nouveaux contenus et d'un texte plus riche et mieux corrigé. La plupart des éditions réimprimaient aussi la préface dans laquelle Nani Mirabelli affirmait le principe du compilateur qui était de rapporter les paroles des autres de façon neutre :

> J'ai ajouté des maximes de philosophes, d'historiens, de poètes grecs et latins, de telle façon que l'on puisse facilement savoir ce que chacun pensait sur une chose, si c'était vice ou vertu[24].

Tandis que les compilateurs médiévaux s'engageaient à rapporter des passages de haute tenue morale, les modifiant tacitement si nécessaire pour les rendre tels, les compilateurs modernes vantaient plutôt la grande diversité de ce qu'ils proposaient, à partir de quoi les lecteurs étaient libres de former leurs propres jugements.

En 1567, la *Polyanthea* passa sous le contrôle de Maternus Cholinus de Cologne, qui en publia au moins trois éditions en dix-huit ans ; les pages de titre de 1567, 1574 et 1585 annonçaient chacune un privilège impérial de dix ans, et chacune de ces éditions était dédicacée à un grand personnage différent. Cholinus expliqua qu'il avait choisi « la célèbre *Polyanthea* [...] pour employer ses presses à un projet qui serait un ornement pour ses affaires et une aide aux études littéraires[25] ». Il commença par ajouter à cette édition de 1567 les contenus d'un autre grand florilège récemment publié, en 1556, par Bartholomaeus Amantius. Il y ajouta une nouvelle introduction, qui comprenait des définitions des vices et des vertus et que l'on trouve dans toutes les éditions jusqu'à 1604. Il se félicitait des nouvelles dimensions de l'ouvrage, puisque les lecteurs « profiteraient de la sueur et du travail de deux auteurs pour le prix modique d'un seul livre ». Il nommait la personne probablement responsable de l'édition du texte, chargée de ne rien retirer du travail original de Nani Mirabelli mais d'éviter les répétitions : « M. Petrus Lynnerus, habile dans les deux langues [grec et latin], professeur de latin dans notre ville, m'a aidé dans tous ces travaux[26]. » À ce stade, la *Polyanthea* était plus de deux fois plus longue que l'original[27].

En 1585, Cholinus annonça une nouvelle extension de l'ouvrage à partir d'un autre florilège, celui de Franciscus Tortius. Mais cet auteur et cet ouvrage nous sont inconnus par ailleurs ; il est possible que ce texte n'ait existé qu'en manuscrit, possible aussi que l'annonce de cette addition ne fût qu'un moyen de promotion, inspiré par le succès des ajouts d'Amantius dans l'édition précédente. Dans sa nouvelle préface, Cholinus faisait l'éloge de ces collections qui choisissaient le meilleur des œuvres anciennes et modernes – « en vérité, comme Pline le disait justement, il n'y a aucun livre qui ne soit utile en quelque partie » – et qui transmettaient leur utilité à la société humaine, et leur réputation à la postérité. Ce florilège proposait une « plaisante et facile vue générale de toutes les sciences et disciplines » et un « refuge sûr » pour ceux qui menaient des recherches en philosophie, en médecine, en droit, ou en théologie[28]. On retrouve ici le thème de la sûreté des sélections, qui prédominait chez Nani Mirabelli, mais le thème qui domine pour Cholinus est plutôt l'éloge de la variété et de l'abondance des matières, provenant de nombreuses disciplines et de la prémisse plinienne que tout livre contient quelque chose d'utile.

Après trois éditions supplémentaires (Venise 1592, et Lyon/Genève, 1600 et 1604) qui vantaient leurs corrections et améliorations (qui n'étaient que mineures), un compilateur ambitieux, Joseph Lange (vers 1570-1615), entreprit une refonte complète de la *Polyanthea* ; son édition de Lyon (1604) fut la première d'une longue série d'impressions au XVIIe siècle. Lange introduisit beaucoup d'apports nouveaux, non seulement des citations d'auteurs respectés, mais aussi des textes de genres nouveaux provenant de collections d'emblèmes, de fables, d'*exempla* et de *hieroglyphica* (interprétations symboliques de termes). Pour faciliter la recherche à l'intérieur d'une rubrique, Lange subdivisa systématiquement chaque entrée en sections, par catégories de contenu (Bible, Pères de l'Église, poètes, orateurs, emblèmes, etc.). Il se justifiait d'intituler l'ouvrage *Polyanthea nova,* bien qu'il n'en fût pas le « premier inventeur », parce que la *Polyanthea* prenait une « apparence et une forme complètement nouvelles » conçues « pour que le lecteur, sans erreur ni fatigue, puisse choisir aisément entre telle ou telle catégorie [d'extraits] ce qu'il jugerait utile à son propos ». Lange expliquait que les apophtegmes, similitudes, adages, emblèmes, fables, et exemples qu'il avait ajoutés, si utiles pour enrichir un discours, épargneraient au lecteur l'effort de les chercher dans tant d'œuvres diverses[29]. Il avait aussi extrait des citations de type plus traditionnel d'une édition de 1553 des *Flores* de Thomas d'Irlande. Gilbert Hess a analysé la méthode de Lange pour intégrer ces contenus : il sélectionnait les trois premières *sententiae* de chaque rubrique dans la collection de 1553, en omettant toute citation de plus de trois lignes. Plutôt qu'un critère intellectuel ou idéologique, Lange suivait un critère pragmatique : il augmentait autant que possible le nombre de citations, sans en créer une masse trop importante. Hess observe aussi que certaines citations de la *Polyanthea nova* avaient une tonalité protestante, probablement parce que Lange les avait recueillies de ces ouvrages antérieurs – mais la plupart de ces citations furent éliminées des éditions suivantes[30].

Joseph Lange expliquait dans une préface datée de mars 1607 les circonstances de sa révision intégrale de la *Polyanthea* : en 1604 il avait quitté la religion de sa naissance à Kaysersberg, en Alsace, et s'était converti au catholicisme. De ce fait, il se trouva, avec une femme et cinq enfants, sans emploi et sans amis. L'édition de ce livre représentait un espoir de revenus[31]. Lange était bien préparé à cette tâche. Il avait déjà publié une collection intitulée *Loci communes* ou *Anthologia*, un épais in-octavo, qui présentait un choix de *sententiae* latines, d'apophtegmes et similitudes, classés dans des rubriques alphabétisées, c'est-à-dire beaucoup de matériaux qu'il ajouterait à la

Polyanthea[32]. Il révélait dans la préface de cette collection un détail important, le rôle joué par Philip Glaser, avocat strasbourgeois, qui était à l'origine du projet, et le soutint (comme je l'explique plus loin). Dans l'*Anthologia*, plus petite et moins coûteuse que la *Polyanthea*, Lange exprimait l'espoir de satisfaire toutes sortes de lecteurs. Il avait écrit pour les jeunes, pour alléger la difficulté qu'ils avaient à trouver les « fondements de la rhétorique », comme Glaser le lui avait fait remarquer. Lange dédia l'ouvrage au jeune Auguste, duc de Brunswick (mentionné au chapitre 2) et espérait aussi procurer aux « hommes éminents de la cour et de la noblesse » et « aux hommes politiques, occupés par les affaires d'État les plus pressantes » un accès rigoureux aux discours remarquables et aux actes des hommes les plus sages[33]. En proclamant l'utilité de l'œuvre pour toute la communauté chrétienne, Lange reprenait le thème de l'édification morale pour tous les âges et conditions, faisant écho au *Florilegium Duacense*. Il mettait également en exergue les qualités pratiques du livre, qui pouvait être lu ailleurs qu'en bibliothèque, porté sans difficulté, et gardé sous la main dans les aulas et les salles de classe, ou lors de devoirs effectués en présence d'un précepteur, et tout cela pour un prix modique[34].

La *Polyanthea*, au contraire, était volumineuse et son prix plus élevé – l'édition de Lange fut la plus importante jamais réalisée jusqu'alors, comptant quelque 2 millions de mots. Représentant un investissement plus lourd, elle offrait peut-être une possibilité de bénéfices plus importants[35]. Zetzner de Francfort et ses héritiers rééditèrent continûment la *Polyanthea* tout au long du siècle, sous un nouveau titre superlatif, *Novissima polyanthea*. En même temps la *Polyanthea nova* de Lange fut aussi imprimée à Venise, par Guerilius (cinq éditions de 1607 à 1630) sous le titre légèrement modifié de *Nova polyanthea,* et à Lyon, par Harsy, Ravaud puis Huguetan (dix éditions entre 1614 et 1681), sous le titre de *Florilegium magnum*. Une édition de Lyon (1619) introduisit de nouvelles additions – de nouvelles rubriques, quelques étymologies hébraïques et de nouvelles similitudes – attribuées à Fr. Sylvius Insulanus, soit François Dubois de Lille. Elle atteignait alors 2,5 millions de mots, plus de six fois la taille de l'original de Nani Mirabelli, et 978 entrées. Les pages de titre après 1619 créditaient sept compilateurs (en omettant beaucoup d'autres qui y avaient sans doute travaillé) : Nani Mirabelli, Amantius, Tortius, Cholinus (l'imprimeur de Cologne), l'« anonyme de Lyon » (responsable de l'édition de 1600), Lange, et Sylvius[36]. Observant la grande quantité et variété de matières, Sylvius proposait dans sa préface une nouvelle variation sur la métaphore traditionnelle de la fleur : en plus d'être jolies et de sentir bon (et, de ce fait, d'inciter les gens à un juste comportement) les fleurs de la *Polyanthea* possédaient des propriétés et usages médicinaux variés, quelquefois même opposés, comme chauffer ou rafraîchir, comprimer ou détendre[37]. Sylvius mettait ainsi en avant la diversité des besoins que ce livre pouvait combler.

Le propos moral ne disparut jamais de la *Polyanthea*, qui conserva ses thèmes premiers et ses contenus d'origine, même si de nouveaux y étaient ajoutés. Mais l'idée (implicite dans le florilège médiéval) que toutes les *sententiae* auraient le même impact édifiant sur tous les lecteurs fut abandonnée en faveur de l'argument selon lequel, quelle que fût la variété de leurs curiosités, les lecteurs pourraient y trouver ce qui leur serait utile. Le volume de matières toujours croissant et la diversité des lecteurs posaient des problèmes de gestion d'informations qui préoccupaient les compilateurs plus que les questions morales. Chaque édition ou presque comportait une liste alphabétique des auteurs cités, et une liste des rubriques dans leur ordre d'apparition (alphabétique). Mais le contenu des rubriques devenait de plus en plus difficile à explorer, quand les additions successives se trouvaient simplement ajoutées à la fin du texte d'une entrée ; par exemple de nouvelles citations d'Ovide pouvaient être séparées à la fois de citations d'Ovide ajoutées précédemment, et de celles que l'on trouvait en 1503. Lange s'attaqua en particulier à cette difficulté, remplaçant l'entassement du contenu de chaque entrée par un modèle structuré, qui sous-classait les citations : par philosophes, par poètes et ainsi de suite… Puisque les matériaux étaient clairement hiérarchisés, de la Bible et des Pères de l'Église aux poètes et aux philosophes, en terminant sur les emblèmes et les hiéroglyphes puisés dans des collections récentes, il est difficile de dire si l'addition de matériaux récents renforçait ou amoindrissait l'autorité des matériaux plus traditionnels[38]. De toute façon, confrontés à cette masse en expansion qu'était la *Polyanthea,* rédigée par des compilateurs qui cherchaient à grossir l'accumulation à chaque édition, les lecteurs devaient exercer à tout moment leur capacité critique et leur esprit de discrimination (en choisissant entre rubriques, sources et citations), de manière bien plus prononcée que leurs prédécesseurs médiévaux maniant des florilèges beaucoup plus petits et de contenu plus homogène.

Les compilateurs du XVIe siècle exprimaient leur « neutralité » dans le cadre d'autres genres aussi, en se portant garants de la qualité des citations, mais sans endosser les opinions ou les idées qui y étaient exprimées. Dans une préface particulièrement longue consacrée à la forme, aux buts, et aux sources de son travail de compilation d'exemples historiques, Theodor Zwinger déclinait toute responsabilité pour la véracité ou la teneur morale des paroles et des actions qu'il rapportait fidèlement :

> Nous ne disons rien qui n'ait été dit avant nous ; et si vous condamnez l'autorité de ceux que nous citons, cela est sans raison, dès lors que vous admettez que ces propos ont été rapportés fidèlement à partir d'autres [sources], c'est-à-dire produits par nous de bonne foi. Nous ne pouvons tous faire toutes choses. La tâche du collecteur est de rapporter de bonne foi les dits et les écrits d'autrui, et de veiller à la vérité de cette transmission, et de la suivre, comme je le dis, plus que celle de l'événement [lui-même][39].

Cette posture délibérée de « rapporteur neutre » a également été observée chez quelques compilateurs médiévaux, comme Vincent de Beauvais, mais ce dernier ne faisait pas référence à l'incompatibilité entre les diverses opinions des lecteurs. Zwinger, en revanche, attendait explicitement que ses lecteurs divergent quant à leurs jugements et à leurs choix : « Des choses qui semblent vraies pour une personne sembleront fausses à une autre ; ce qui semble bon pour vous semblera mauvais pour autrui[40]. » Zwinger (comme Gessner) adoptait le parti de tout intégrer, pour en remettre la sélection et le jugement entre les mains du lecteur.

La diversité procurait du plaisir, comme le répétaient de nombreuses préfaces, mais elle était aussi essentielle selon Zwinger à l'intérêt de sa compilation :

> Les Italiens aiment les [exemples] italiens, les Allemands les allemands, les Scythes les [exemples] scythes. Comme nous nous occupons des intérêts de tous, nous devons rassembler des exemples de toutes sortes. Des exemples que vous pouvez rejeter comme exotiques peuvent plaire à un autre. De même, ne retirez pas d'un jardin public des plantes qui ne vous plaisent pas, à moins que vous ne pensiez que toutes les autres aient poussé pour vous seul[41].

Zwinger reprenait la métaphore traditionnelle de la fleur en faisant référence à ces jardins botaniques publics nouvellement fondés à son époque dans les villes où se trouvait une faculté de médecine. Médecin lui-même, Zwinger en avait une connaissance précise (dans cette préface il mentionne le jardin de Padoue en particulier) et de leurs règlements, déclarant qu'il y était « interdit d'arracher des branches, des fleurs, ou des graines, ou de déraciner bulbes et racines[42] ». De telles règles étaient sans doute destinées à empêcher les visiteurs de voler des plantes de valeur pour leur propre usage, mais Zwinger les évoquait pour répondre à la critique selon laquelle son *Theatrum* ne présentait que des fleurs sans utilité ou excessivement exotiques, alors que chaque plante qu'il y faisait entrer pouvait être utile à quelqu'un. Il présentait donc le *Theatrum* comme un espace public, comme un jardin botanique, où des lecteurs aux goûts divers trouveraient du bon, et que tous devaient aborder dans un esprit civique et respectueux des autres.

En comparant sa collection d'*exempla* à un jardin botanique avec sa diversité de fleurs, exotiques et locales, grandes et humbles, Zwinger filait une élégante variation sur le motif de Pline. Pour les plantes comme pour les livres, il observait :

> Il n'y a pas d'herbe si vile qui ne contienne quelque chose d'utile.

Il en était de même pour les *exempla* : chaque exemple de comportement servait à une fin utile.

> Les *exempla* anciens par la prérogative due à leur ancienneté, sont d'un plus grand poids. Lorsque les exemples sont récents ils touchent mieux nos sens et nous émeuvent d'autant plus qu'ils nous sont proches. Ceux qui sont rares se recommandent de leur caractère inédit et étrange. Ceux qui sont communs, ou même proverbiaux, tiennent leur autorité de la coutume ou de l'usage.

Zwinger cherchait spécialement à établir l'intérêt d'inclure des exemples de mauvais comportements parallèlement aux bons exemples. Il maintenait que les deux étaient instructifs, les mauvais, comme exemples de ce qu'il faut fuir et détester, les bons, de ce qu'il faut imiter et admirer[43].

Zwinger continuait à exercer son jugement dans l'assignation d'exemples aux rubriques (en associant parfois un même passage à plusieurs d'entre elles) et par l'organisation systématique des rubriques à laquelle il apportait un soin tout particulier. Mais les grandes compilations réservaient au lecteur de nombreuses décisions – sur la véracité des exemples, et comment les choisir, les interpréter, et les employer. Dans le discours préliminaire à l'édition de 1586 Zwinger renforçait le message que ce « théâtre de papier portable » donnait au lecteur une grande liberté.

> Si vous désapprouvez l'arrogance du titre, le choix des exemples, la fidélité de l'histoire, l'ordre du classement, et que vous n'êtes ni muet ni sourd dans la maison publique : qui limiterait votre liberté vu la licence dans laquelle nous vivons aujourd'hui ? Qu'il en soit ainsi[44].

Zwinger était bien conscient qu'il ne contrôlait pas l'usage que les lecteurs feraient de son œuvre, et cette liberté devenait la justification même de sa propre liberté de compilateur.

Bien que le modèle de compilation sélective n'ait pas disparu (comme dans la *Bibliotheca selecta* de Possevino), l'intérêt de satisfaire la diversité des sensibilités des lecteurs devint un refrain parmi les compilateurs des ouvrages de référence modernes. Au XVIIIe siècle aussi des anthologies invitaient leurs lecteurs à développer leur esprit critique par contact avec un large corpus de textes littéraires présentés sans guide critique par le compilateur[45]. La *Cyclopaedia* de Chambers (1728) et l'*Encyclopédie* de Diderot (1751-1772) s'adressaient aussi à de multiples curiosités. Mais peu d'ouvrages modernes pratiquèrent la compilation encyclopédique dans le même esprit d'accumulation effrénée que les compilateurs latins des XVIe et XVIIe siècles. Les plus vastes de ces compilations (la *Polyanthea*, le *Theatrum* et son successeur le *Magnum theatrum*) atteignirent de telles proportions que le travail du compilateur engageait moins la sélection et le jugement (tâches qui furent progressivement déléguées au lecteur) et bien plus les problèmes de gestion du texte. Les motivations économiques et intellectuelles de ces compilateurs peuvent expliquer comment l'échelle de cette gestion devint si massive.

Motivations financières des compilateurs

Les raisons qui poussaient à publier des compilations étaient variables : d'une part, l'imprimerie offrait aux compilateurs la possibilité d'obtenir des revenus de leur travail ; d'autre part, nombre d'entre eux insistaient sur l'intérêt intellectuel d'une activité qu'ils assuraient ne pas poursuivre pour le profit. Ils débutaient pour la plupart comme des preneurs de notes abondants, obsessionnels pour certains. Quelques-uns d'entre eux fondaient leurs ouvrages sur des notes accumulées pendant de nombreuses années, probablement sans avoir initialement projeté de les publier. Domenico Nani Mirabelli publia par exemple sa *Polyanthea* après des décennies d'enseignement et de collecte de « fleurs » à partir de ses lectures, quand il avait plus de 50 ans. D'autres, exceptionnellement jeunes, avaient sans doute amassé des notes avec un projet en tête : Gessner avait 29 ans lorsqu'il publia la *Bibliotheca universalis* ; Theodor Zwinger, 32 pour la première édition du *Theatrum* ; et Caelius Rhodiginus, 22 ans quand il commença à rédiger ses *Lectiones antiquae* en 1491, bien que cette œuvre ne parût qu'en 1516[46].

Ces compilateurs travaillaient souvent à de nombreux projets similaires, dressant des listes, des collections diverses, et des index, et se félicitant du plaisir et des profits qu'ils retiraient du rassemblement et du classement de l'information[47]. Suite à sa bibliographie universelle, Gessner publia d'imposantes histoires naturelles – histoire des quadrupèdes, des serpents, des poissons, des oiseaux, et des plantes. Pour toutes ses compilations, il procédait en combinant des informations provenant de ses propres lectures et de ses activités (observations de spécimens naturels) mais aussi des contributions de dizaines de correspondants dans toute l'Europe, qu'il remerciait volontiers dans ses livres[48]. Dans de nombreux cas ces autres projets de compilation n'aboutirent pas à des publications, et donc nous en savons peu de choses.

Une source singulière nous donne une idée des activités obsessionnelles de compilation de Vincent Placcius (1642-1699), que nous avons déjà rencontré comme l'auteur de conseils sur l'*ars excerpendi* et l'armoire littéraire (au chapitre 2), et qui fut aussi l'auteur d'un dictionnaire des œuvres anonymes et pseudonymes (publié en 1674 et 1708). Dans une lettre placée en annexe de son *De arte excerpendi*, il décrivait ses trente ans de pratique de la compilation, pour éviter à d'autres les mêmes erreurs. À en juger par sa description, être compilateur pour Placcius était le résultat de certains traits de caractère. Il relatait qu'à l'âge de 8 ans, « conduit par une ardeur naturelle à la production d'extraits », il avait réclamé des livres à sa gouvernante pour en copier les mots dans l'ordre alphabétique ; mais, parvenu à l'âge adulte, il railla le manque de discernement révélé par ces exercices, et recommanda de ne pas pratiquer les extraits avant d'être à l'école, « à l'exception de phrases de latin et de grec ». À l'âge de 14 ans, une fois élève au gymnasium de Hambourg, « son attraction instinctive envers cette activité se réveilla telle une flamme d'autant plus active qu'elle a été longtemps contenue ». Il suggérait que son précepteur privé avait essayé de le refréner ; l'adolescent classa néanmoins des extraits d'arbres généalogiques tirés de divers ouvrages, comme les *Mythologies* de Natalis Comes. À la mort de son père, il se trouva sans précepteur (que son père payait sans doute) et sa passion pour les extraits ne connut dès lors plus de limites. Il lut l'*Aurifodina* de Drexel et étudia avec Michael Kirsten (1620-1678), disciple de Jungius et auteur d'un manuel sur la prise de notes, qui les reçut, lui et son frère, pour étudier pendant une heure deux fois par semaine. Durant cette période il rassembla sur des feuilles volantes « quelques éléments particuliers pour un futur thesaurus » et, en dépit des doutes émis par son nouveau maître à propos de sa maturité, il « commença à préparer un vaste volume alphabétique de format in-quarto » qu'il remplit de sentences et d'*exempla*, sur le modèle du *Florilegium* de Lange. Il copiait les sentences à l'intérieur de feuilles pliées par le milieu, et les *exempla* à l'extérieur, et attribuait un titre à chaque page ou à deux pages successives[49].

Bien qu'il n'éprouvât plus, une fois adulte, que « dégoût et nausée pour cette masse inutile », il se mit ensuite à produire des œuvres qu'il conserva et considéra comme valables. Il ferme cette séquence autobiographique par une description de soixante-douze de ses œuvres demeurées manuscrites, comme pour appeler à leur publication. Celles-ci étaient des listes et des collections de plusieurs sortes : « des phrases de poètes et d'orateurs en un volume » ; un sommaire et un index de l'*Aerium poeticum* de Weinrich en deux volumes ; des notes sur les écrits de femmes classés alphabétiquement sur des feuillets ; un index de mots rares absents du *Calepino* ; des ajouts à la bibliographie de Draud ; une table généalogique des dieux ; des observations sur les phrases italiennes, les phrases juridiques et les phrases françaises, et ainsi de suite… Cette liste de plus de trente pages se terminait par le seul de ces éléments qui fût publié : sa bibliographie des œuvres anonymes et pseudonymes[50].

Placcius signalait au passage un projet qu'il avait eu d'une encyclopédie sur tous les sujets, comportant des phrases latines pour écrire élégamment et abondamment : « Si j'écrivais pour la gloire ou le lucre, cet ouvrage aurait été de bonne vente[51]. » Faisant peut-être allusion au succès de la *Polyanthea*, Placcius indiquait que lui par contre n'avait rien écrit pour la gloire, ni pour le gain. Pourquoi alors compilait-il autant ? Il ne précisait pas ses motifs mais on peut supposer qu'il était poussé en grande partie par la recherche de l'ordre, d'un accès aux livres et aux savoirs, par le biais de meilleurs index, sommaires, sélections, et résumés. En 1689 il voulait alerter sur les écueils dont il avait fait l'expérience. Il déplorait surtout quatre risques dans la prise de notes : prendre trop de notes à la hâte et sans discernement, prendre des notes qui s'avéraient inutiles après coup, prendre des notes imparfaites (erronées ou excessivement brèves), prendre plus de notes sur les textes d'autrui que sur ses propres pensées[52]. Il n'avait certainement pas perdu foi en la valeur de l'accumulation de notes, d'index, et d'autres outils de recherche, mais il avançait ces mises en garde pour aider ses contemporains à pratiquer plus efficacement ces techniques.

Placcius était professeur de rhétorique à l'université de Hambourg, et comme la plupart de ses collègues il gagnait sa vie par son enseignement à l'université et dans des cours privés. Même s'il affirme s'être engagé dans la compilation non pour les revenus qu'elle procurait, mais pour l'enrichissement intellectuel qu'il en attendait pour lui-même et pour les autres, sa perception de la compilation comme source de revenus est probablement représentative des opinions et des pratiques de l'époque. Être auteur à la Renaissance ne procurait la plupart du temps que des gains minimes et incertains. Certains auteurs cédaient leur manuscrit à un imprimeur pour une somme modique ; d'autres espéraient en tirer une contrepartie d'un mécène ou d'un notable à qui ils le dédicaçaient. Les plus ambitieux et les plus aisés financièrement pouvaient investir leurs capitaux propres, souvent en partenariat avec l'imprimeur, dans une publication, et en retirer un pourcentage proportionnel des bénéfices, ou subir les pertes qui pourraient en résulter[53]. La compilation, par contre, pouvait être source de revenus plus sûrs. Elle était souvent commanditée par un imprimeur qui assumait les coûts de la préparation dans l'anticipation de profits tirés d'un ouvrage de référence de bonne vente. Les imprimeurs commanditaient de la même façon des index, des abrégés et des traductions. Certains compilateurs étaient poussés par le besoin, ainsi que Lange l'avouait dans sa préface – du fait de sa conversion récente, il était « misérablement préoccupé par [sa] femme et cinq enfants, [...] déserté par presque tous les mortels, recherchant une nouvelle condition, errant comme un vagabond[54] ».

Les préfaces offrent certains indices sur les aides apportées par les imprimeurs aux compilateurs travaillant pour eux. Lange décrivit par exemple les arrangements négociés pour sa première compilation, les *Loci communes sive florilegium*, publiés en 1598, alors qu'il était encore protestant. Dans cette préface, il expliquait que l'avocat Philip Glaser l'avait contacté alors qu'il enseignait la rhétorique au gymnasium de Strasbourg avec le projet d'un ouvrage qui rassemblerait à lui seul tous les « fondements de la rhétorique » : *sententiae*, apophtegmes, similitudes et exemples[55]. Glaser lui montra la valeur d'un tel livre et il remarqua que beaucoup d'auteurs « d'un savoir non négligeable avaient débuté des collections de ce genre ». Mais occupé quant à lui par des « affaires plus sérieuses », il demanda à Lange de prendre en charge le projet. Lange nous informe des conditions négociées alors :

> Pour cette raison que je devais pouvoir le faire aisément, sans aucun tracas quotidien ou frustration due au travail, il me promit très généreusement pour cette étude de grande valeur pour la République des Lettres, non seulement les livres nécessaires et des défraiements pour moi, mais aussi les frais et la publication par son beau-père, Josias Rihelius, un imprimeur des plus remarquables digne d'une renommée perpétuelle. Je fus très ému par le discours de cet homme généreux et excellent [et] par son attachement au bien public, mais aussi par l'utilité évidente du projet lui-même, de sorte que je me mis volontiers au travail[56].

Il envisageait ce programme comme un acte de charité publique de la part de Glaser, mais en réalité cet ouvrage bénéficia aussi aux imprimeurs de la famille de Glaser – dont le beau-père Rihelius publia au moins six éditions à la suite de la première, sous le titre *Loci communes*, et Wilhelm Christian Glaser (probablement un proche), le réédita en 1625 et en 1631 sous le titre *Anthologia sive florilegium*. Qu'ils fussent intéressés, désintéressés, ou les deux à la fois, ces Glaser et les imprimeurs couvrirent les dépenses de Lange. Celui-ci mentionne explicitement des livres et d'autres dépenses non spécifiées qui comportaient probablement des gages pour rémunérer son travail, ainsi que le coût de fournitures nécessaires, comme l'encre et le papier, et peut-être de quoi employer un assistant. Pour les *Loci communes* par exemple, un certain Johannes Philius « un jeune français très honorable (*ornatissimus*) » était crédité de l'index des « fables, emblèmes et symboles » de Camerarius et Alciat, qui n'avaient pas été intégrés dans la collection « car le tas de papiers était grand et le délai pour terminer le travail était court[57] ».

D'autres compilateurs faisaient également l'éloge de la générosité de leurs imprimeurs. Un certain I. D. Suentius édita la *Polyanthea* pour Ioannes Guerilius de Venise, qui l'imprima en 1607, puis en fit quatre autres éditions jusqu'à 1630. Suentius exprimait son admiration pour « le soin diligent et la singulière attention de l'imprimeur, qui n'épargna aucune dépense et recruta des hommes habiles pour composer et corriger [le texte]. Il est parmi les imprimeurs les plus célèbres de cette ville célèbre [Venise] et ses livres sont très recherchés, achetés et admirés[58] ». Quand les relations se déroulaient bien, le compilateur et l'imprimeur employaient les pages liminaires pour se féliciter l'un l'autre, vantant les mérites du livre en même temps, mais de tels éloges détaillés n'étaient pas la norme. La plupart des ouvrages restaient silencieux sur ces divisions du travail ; dans certains cas, l'une ou l'autre partie pouvait faire état de tensions dans les préambules ou les errata[59].

Tandis que le financement par les imprimeurs procurait la forme la plus fiable de soutien aux compilateurs, certains recherchaient des récompenses pour leur travail auprès d'un mécène haut placé. François Grudé, sieur de La Croix du Maine (1552-1592), noble lui-même, sollicita le patronage du roi et des grands du royaume dans les textes préliminaires à sa *Bibliothèque* (1584). Cette bibliographie de livres en français, qu'il disait avoir compilée seize ans durant, depuis son arrivée à Paris comme étudiant à l'âge de 17 ans, était conçue sur le modèle de la *Bibliotheca universalis* de Gessner. Comme Gessner, La Croix du Maine expliquait y avoir inclus tous les auteurs, ignorants comme savants, et, alors qu'il faisait l'éloge de certains d'entre eux, il n'en critiquait aucun « car nous récitons seulement leurs œuvres et compositions, nous reservant à en donner nostre iugement autre-part ». Dans sa dédicace au roi, La Croix du Maine citait quelques-unes de ses autres œuvres qu'il était prêt à publier parmi lesquelles une bibliographie des auteurs français écrivant en latin, et une liste des familles nobles de France comptant

20 000 noms « lesquels i'ay mis par ordre d'a, b, c. pour ne fascher aucun, quand ie les feray imprimer ». La Croix du Maine proposait aussi d'envoyer au roi une liste de ses œuvres en manuscrit, qu'il avait déjà fait circuler en 350 exemplaires parmi ses amis en France et à l'étranger. Nombre de ces œuvres étaient d'ordre historique, comme des énumérations de rois et de reines et de familles nobles. La Croix du Maine observait que personne encore n'avait « jamais écrit en particulier tant de livres pour la France », mais reconnaissait que « tout ce que i'avois mis en avant estoit encores plus reiecté que n'estoit l'offre que fist Chrestofle Coulon » de découvrir un nouveau monde. Il renouvela pour sa *Bibliothèque* sa demande de patronage royal, requête qui échoua probablement puisque aucune autre de ses œuvres ne fut publiée[60].

Les coûts de production des grands ouvrages suscitèrent des modes de financement novateurs. Pour lever les fonds en vue de la publication de sa *Cosmographia universalis* (1544), grande compilation d'informations géographiques, somptueusement illustrée, Sebastian Münster sollicita des contributions des villes qu'il y décrivait. Certaines acceptèrent, à des degrés divers, d'autres non. Le livre, qui devint un grand succès, connut de nouvelles éditions, suivant de près la première, mais Münster reçut seulement 60 guldens, tandis que la plus grande partie des profits revint à l'imprimeur, qui en avait assumé les coûts et les risques[61]. La publication par souscription vit le jour en Angleterre au début du XVIIe siècle, pour l'édition de l'*Etymological Dictionary of Eleven Languages* de John Minsheu de 1617, auquel était annexée la liste des souscripteurs[62]. Néanmoins plusieurs ouvrages de référence furent ruineux pour leurs éditeurs, depuis le *Thesaurus linguae graecae* (1572), qui poussa presque Henri Estienne à la faillite, jusqu'à l'*Oxford English Dictionary* (1884-1928) qui mit Clarendon Press à rude épreuve[63].

Les motivations intellectuelles des compilateurs et le développement du *Theatrum* de Zwinger

Les motivations d'ordre intellectuel semblent particulièrement visibles pour les ouvrages importants et complexes entrepris en dehors de la commande d'imprimeurs ou de mécènes. Theodor Zwinger est un excellent exemple d'un compilateur qui n'était pas poussé par des besoins financiers, mais plutôt par son ambition intellectuelle et une recherche de gloire. Bien que son père fût nouvellement installé à Bâle, il est issu de l'élite bâloise par sa mère, Christina Herbster, sœur de Johannes Herbster, imprimeur et professeur renommé connu sous le nom d'Oporinus. Après avoir étudié à l'école de Thomas Platter, puis à l'université de Bâle, il voyagea à Lyon où il travailla trois ans dans une imprimerie, puis à Paris, où il étudia le grec, l'hébreu et le syriaque, et enfin à Padoue où il obtint un diplôme de médecine. De retour à Bâle il devint professeur à l'université, d'abord en rhétorique, puis en éthique, et enfin en médecine théorique. En 1561 il épousa Valeria Rüdin, veuve d'un marchand et fille d'un maître de corporation (tous deux bien nantis), et acquit une grande maison où il recevait fréquemment des visiteurs[64]. Il était l'ami et le protégé de Basil Amerbach, auquel il était allié par son mariage, et qui, comme lui, collectionnait des peintures[65]. Zwinger est connu pour sa défense de Castellion et son intérêt pour les théories médicales de Paracelse, et il entretint une correspondance abondante avec plus d'une centaine d'érudits à travers l'Europe[66]. Il prit part à une période de fermentation culturelle exceptionnelle à Bâle, alimentée par des visiteurs internationaux et sous le régime d'une censure relativement souple (mais qui se raidit à partir de 1558), et contribua au développement, dans ce milieu d'imprimeurs et d'intellectuels, d'un humanisme tolérant et irénique[67].

Zwinger joua un rôle dans de nombreuses publications, il traduisait et éditait des textes, rédigeait des préfaces, et aidait des érudits d'ailleurs à publier leurs livres à Bâle[68]. Il publia lui-même abondamment sur l'éthique, la médecine, l'histoire et les voyages, et surtout l'imposant *Theatrum humane vitae*[69]. En 1565, ce fut Johannes Oporinus, son oncle maternel, qui en publia la première édition, en partenariat avec Ambrosius et Aurelius Froben, qui succédèrent à Johannes Froben, l'imprimeur d'Érasme. En 1571, l'atelier Froben en publia une seconde édition, considérablement augmentée et revue par Zwinger. Les deux éditions étaient à la fois sous privilège impérial et sous privilège du roi de France. La page de titre de 1571 spécifiait que ces privilèges protégeaient l'œuvre respectivement pour dix ans et pour sept ans ; l'édition de 1565 ne spécifiait pas la durée des privilèges, mais la parution d'une nouvelle édition en 1571 a pu coïncider avec la fin des privilèges, ou du moins de celle du privilège français, probablement plus court que le privilège impérial. Une autre édition fut publiée en 1571 à Paris, dépourvue des nouvelles révisions de Zwinger mais contenant des expurgations de l'édition de 1565 pour la rendre convenable à l'usage des catholiques. Elle parut sous un privilège de six ans chez deux imprimeurs, Nicolas Chesneau et Michael Sonnius. Nicolas Chesneau eut un succès remarquable comme imprimeur catholique militant, spécialisé dans de courtes œuvres polémiques durant les guerres de Religion des années 1560 ; à partir des années 1570, il publia de plus en plus d'œuvres érudites, poursuivant l'ambition humaniste qu'il annonçait en choisissant pour sa boutique l'enseigne de Johannes Froben (cette association symbolique ne signifiait pas pour autant de relations d'affaires avec les descendants de Froben). Chesneau collaborait souvent avec Sonnius, dont la participation financière dans la publication du *Theatrum* était probablement moindre, si l'on en juge par le plus grand nombre d'exemplaires conservés de cette édition portant la marque de Chesneau plutôt que celle de Sonnius. Cette édition parisienne contenait une lettre au lecteur « par le libraire ». Chesneau y critiquait les dépenses engagées dans l'édition de Bâle, promettait d'expurger les erreurs religieuses (bien qu'il reconnût que quelques lacunes dans ce travail étaient à prévoir pour un ouvrage si varié et si long), et il mettait en avant « un nouvel index de mots et de choses » (qui n'avait pas été inclus en 1565), rédigé par un étudiant industrieux et savant, Hieronymus Verrutius qui avait accepté la tâche que nombre d'autres avaient refusée. Comme les autres imprimeurs de compilations et de travaux érudits, Chesneau insistait sur son désir de travailler pour le « bien commun » :

> Profondément passionné par l'utilité commune et honnêtement disposé envers les affaires littéraires, j'ai décidé qu'il était injuste de refuser plus longtemps aux gens studieux le bénéfice [de ce volume][70].

En 1586, Theodor Zwinger publia une 3e édition, plus volumineuse encore du *Theatrum* (Bâle : Episcopius). Il mourut deux ans plus tard, et cette 3e édition fut réimprimée une fois par son fils Jacob en 1604 (Bâle : Henricpetri)[71].

En plus de ces éditions bien connues, subsistent quelques exemplaires d'une impression de Bâle : Froben, 1575, très proche de celle de Bâle, 1571, mais qui se déclarait « corrigée et approuvée par les censeurs des Flandres [Galliae Belgicae] » (voir la figure 4.1).

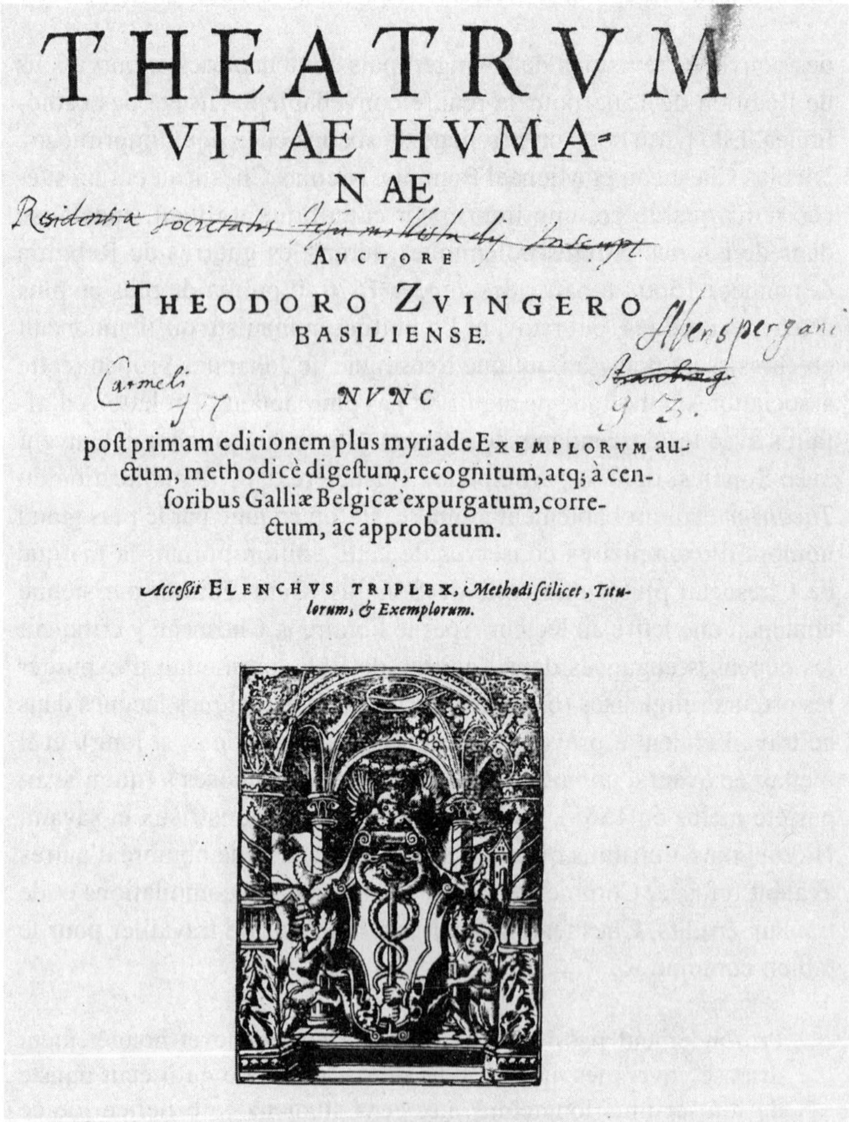

THEATRVM VITAE HVMANAE

AVCTORE THEODORO ZVINGERO BASILIENSE.

NVNC

post primam editionem plus myriade EXEMPLORVM auctum, methodicè digestum, recognitum, atq; à censoribus Galliæ Belgicæ expurgatum, correctum, ac approbatum.

Accessit ELENCHVS TRIPLEX, *Methodi scilicet, Titulorum, & Exemplorum.*

Cum priuilegio Cæsareo ad decennium, & Gallorum Regis ad septennium.

BASILEAE,

EX OFFICINA FROBENIANA.

M D LXXV.

FIGURE 4.1. Page de titre du *Theatrum vitae humanae* (1575) qui annonçait que le texte avait été « augmenté d'une myriade d'exemples » et « expurgé, corrigé, et approuvé par les censeurs des Flandres catholiques ». Les changements étaient assez mineurs pour permettre à cette édition de suivre la pagination de l'édition de Bâle 1571. Seuls trois exemplaires en ont été localisés. Reproduit avec l'autorisation de la Bayerische Staatsbibliothek Munich, shelfmark 2H misc 38c, vol. 1.

Les changements étaient mineurs, ce qui permettait une pagination presque identique à l'édition de 1571. Par exemple, était écartée de la préface de Zwinger une phrase qui louait les *Centuries de Magdebourg*, histoire ecclésiastique protestante en plusieurs volumes, comme un modèle d'étude et de diligence ; effectivement les expurgations catholiques enlevaient systématiquement les éloges de protestants[72]. Comme l'édition de Bâle de 1571, celle-ci parut avec un privilège de dix ans de l'empereur, et de sept ans du roi de France. Étant donné le petit nombre d'exemplaires conservés, l'édition de 1575 fut probablement publiée en moins d'exemplaires que les autres, et pourtant a fait l'objet d'un privilège, ce qui atteste à la fois du coût élevé de sa production et du profit potentiel qui aurait pu être tiré par une édition non autorisée (que le privilège interdisait explicitement). Quand Episcopius publia le *Theatrum* une fois encore en 1586, c'était juste après que le privilège impérial de dix ans accordé à Froben fut écoulé. Bien que le *Theatrum* n'ait pas été autant vendu que la *Polyanthea* son privilège fut scrupuleusement renouvelé dans les délais nécessaires.

Oporinus espérait sans doute tirer profit de la publication de la première édition du *Theatrum,* mais, dans une émouvante postface, il s'excusait pour les erreurs inévitables dans le texte et l'absence d'une page d'errata, insistant sur la grande difficulté à produire un ouvrage si volumineux, surtout dans le contexte de la peste qui frappa Bâle en 1563-1564 :

> Nous pouvons témoigner honnêtement que nous n'avons pas été motivés par l'attrait financier (ce dont quelques-uns pourraient nous accuser à tort) autant que par l'avantage pour la République des Lettres, pour entreprendre un ouvrage si difficile en cette période des plus calamiteuses, pendant que les autres délaissaient leurs travaux et pensaient à la mort plus qu'au bien de la cité, et pour la mener à bien par la grâce de Dieu[73].

Oporinus était sensible à l'accusation portée par nombre d'humanistes que les imprimeurs cherchaient leur seul profit, et produisaient à la hâte des textes de qualité médiocre. Pour sa part, il aspirait au statut d'imprimeur humaniste, respecté pour la qualité de ses éditions (dont le célèbre *De humani corporis fabrica* de Vésale, 1543) et pour sa maîtrise des langues antiques. Bien qu'il gardât sans doute le profit à l'esprit et imprimât aussi de petits travaux payés d'avance, il n'imprimait pas de livres en langues vernaculaires qui auraient atteint une tranche socialement plus large de lecteurs. Il cherchait plutôt une clientèle internationale d'érudits. Une édition bilingue grec-latin d'Isocrate et de Démosthène n'intéresserait, prédisait-il dans une lettre, ni l'élite des érudits ni les nobles (*grosse Herren*), mais « les maîtres d'école semi-érudits et les étudiants » pas encore initiés ; au contraire, une concordance était « trop chère et lourde » alors qu'elle devrait être maniable et abordable[74]. Ayant débuté dans la pauvreté, Oporinus se construisit une grande réputation – il rapporte dans une lettre qu'il appréciait ses réussites de publication plus que l'argent et le plaisir, et même plus que sa vie et sa santé – et il se maria deux fois parmi l'élite de Bâle. Mais il mourut très endetté bien qu'en possession de nombreux manuscrits et de livres qui furent vendus pour payer ses créanciers[75]. Le *Theatrum* ne le ruina pas, mais ne remplit pas ses coffres comme l'eût probablement fait la *Polyanthea.*

Le *Theatrum* était avant tout, à mon sens, une œuvre dont on attendait qu'elle contribue au prestige de ses producteurs – auteur, imprimeur, et la ville de Bâle elle-même. Zwinger s'émerveillait dans sa préface de 1586 des applaudissements qui avaient accueilli la 1re édition, bien qu'elle fût « si élémentaire et imparfaite[76] ». On peut se faire une idée de la fierté investie dans la production de cet ouvrage en lisant l'épitaphe d'un certain Daniel Ulhard, où il était identifié comme « un compositeur typographique des plus expérimentés de la troisième édition du *Theatrum humanae vitae* du grand Theodor Zwinger ». Il mourut en avril 1587, à l'âge de 37 ans, peu après la publication de l'ouvrage. Avoir participé à la production de cet ouvrage de 4 500 pages était pour lui un accomplissement insigne, rappelé sur sa tombe (sans doute disparue depuis) et, de façon plus durable, dans deux collections imprimées d'inscriptions de cette période[77]. La mort de Zwinger lui-même un an plus tard fut marquée par de nombreuses publications : Johannes Jacob Grynaeus, professeur de théologie et prêcheur à la cathédrale, publia le sermon qu'il prononça à ses funérailles, illustré d'un portrait en bois gravé et accompagné d'une élégie (par F. P., probablement Felix Platter, ami proche en âge de Zwinger) ; puis Paul Zinck, étudiant en médecine et Valentin Thilo, qui devint plus tard juriste, publièrent des feuilles commémoratives contenant le même portrait ainsi que des élégies de leur cru. Un volume de 1589 (qui comportait aussi des élégies par Thilo pour Caspar Bauhin) rassemblait ces autres poèmes d'éloges à Zwinger. Son épitaphe et les devises inscrites sur sa maison furent incluses encore longtemps après sa mort dans les collections des célèbres inscriptions de Bâle, imprimées jusqu'à 1661. Le *Theatrum* fut effectivement pour Theodor Zwinger la source d'une renommée durable, aidée sans doute aussi par ses descendants, dont deux érudits notables du même nom (un petit-fils théologien, 1597-1654, et deux générations plus tard un médecin, 1658-1724)[78].

Zwinger se disait motivé par sa foi, mais surtout par le souci de « l'utilité publique » dans la réalisation de ce projet d'une envergure remarquable[79]. De notre point de vue, Zwinger avait apporté à cette tâche une ambition et un acharnement exubérants à accumuler d'innombrables pépites d'informations. Le beau-père de Zwinger (deuxième époux de sa mère), Conrad Lycosthenes, avait laissé à sa mort en 1561 une grande collection d'*exempla* que Zwinger employa comme socle de la première édition du *Theatrum*, mais, pour les deux éditions ultérieures (aidé par ceux qui l'assistaient) il en avait triplé la taille. Il avait déployé une énorme activité pour élaborer cet ouvrage, compilation d'*exempla* sur une vaste échelle, dotée d'une organisation hiérarchique des rubriques par sujets d'une complexité exceptionnelle. Le texte fut radicalement remodelé et beaucoup augmenté à chacune des trois éditions réalisées par Zwinger. Pour chacune, la préface se faisait plus longue, où Zwinger expliquait les sources, la composition, ainsi que le classement et le propos de l'ouvrage.

Dans sa forme finale, la plus élaborée, la préface au *Theatrum* s'ouvrait par une théorie de la connaissance :

> La connaissance se tient sur deux jambes, s'appuyant plus sur l'une ou sur l'autre selon la nature du sujet [...] – l'histoire ou la connaissance des [exemples] singuliers par l'aide des sens, la théorie ou connaissance des universaux par l'aide de la raison[80].

La méthode de Zwinger dans le *Theatrum* était d'instruire par le singulier et les exemples, plutôt que par les préceptes, suivant ainsi l'adage de Sénèque : « Longue est la voie des préceptes, courte et infaillible est celle des exemples[81]. » Cette instruction servirait un double objectif aussi bien à la contemplation qu'à l'action.

> Les exemples de l'histoire humaine rassemblés dans les vingt-neuf volumes de ce théâtre servent *premièrement* pour eux-mêmes et pour la contemplation philosophique, [...] mais *deuxièmement* pour l'action : de telle façon que, instruits par ces exemples, [les lecteurs]

> soient conduits et enflammés par une sorte d'épilogisme à des actions similaires, en physique, médecine, mathématique, théologie, éthique, mécanique, et qu'ils se prononcent par là maîtres du bien et du mal. Ainsi, l'histoire humaine apporte de l'expérience à ce qu'il faut savoir et de l'art à ce qu'il faut faire. Là sont les deux buts, définis brièvement, mais très grands et larges dans leur usage[82].

Les milliers d'exemples du *Theatrum* pouvaient nourrir de nombreuses disciplines, comme Zwinger le reconnaissait, mais l'éthique était le domaine principal auquel il les destinait. Ces exemples servaient donc non seulement à la théorie éthique, mais aussi à inspirer des comportements moraux, par le raisonnement à partir des exemples accumulés sur un thème.

Zwinger légitimait (nous l'avons vu) l'accumulation d'exemples de toutes sortes, antiques et récents, obscurs et célèbres, légendaires et vrais, bons et mauvais. Il affirmait embrasser toute la gamme de comportements humains pour voir « non seulement ceux qui ont vécu [plus tôt], ceux qui vivent aujourd'hui, ceux qui vivront un jour, mais tous ceux-là ensemble ». Zwinger en comparait le résultat à ce que Dieu verrait au Jugement dernier :

> Ainsi, ayant réuni en un seul endroit toutes les actions et passions de tous les hommes qui auront vécu depuis la création du monde jusqu'à sa fin, nous pouvons nous permettre de désirer plutôt que d'espérer que ce *Theatrum*, finalement parfait, ressemblera d'une certaine façon à ce spectacle sévère devant le plus juste des Juges[83].

Zwinger ne montrait qu'une légère gêne à comparer son *Theatrum* à la vue que Dieu pouvait avoir sur le comportement humain. Il était fier de l'ambition et du succès de son désir d'information encyclopédique, et tout de même attentif à exprimer son humilité ici et là.

Zwinger dédia, en une page grandiloquente, imprimée en majuscules, la 3e édition de son *Theatrum* au « Dieu Un et Trine, auteur éternel, gouverneur et juge de toutes choses[84] ». Invoquer Dieu de cette façon était certes insolite ; Johann Heinrich Alsted ouvrait également son *Encyclopedia* de 1630 par une adresse à Dieu, formulée comme une prière, précédant une dédicace à un prince[85]. En dédicaçant son œuvre à Dieu, Zwinger dut se passer du bénéfice éventuel d'une dédicace adressée à un homme, dont il avait fait l'expérience auparavant. Il avait dédicacé les deux éditions précédentes du *Theatrum* aux trois frères Weitmoser, Johann, Christopher et Esaias/Elias, seigneurs de Winckel et Falckenstein, avec lesquels il avait étudié à Padoue « six ans auparavant », donc vers 1559, et leur exprimait aussi sa gratitude dans sa préface de 1586[86]. Mais en 1586 il recherchait une reconnaissance de nature différente. Cette dédicace à Dieu était destinée à signifier son désintéressement pour les avantages de nature terrestre, et son ambition affirmée de présenter, « humblement et plein de foi », comme l'affirme la dédicace, « une noble ressemblance à toute l'humanité » qui mériterait l'attention et l'appréciation de Dieu[87].

L'orgueil était manifeste dans d'autres représentations de Zwinger, particulièrement dans les esquisses réalisées par Hans Bock pour la décoration de la façade de la maison qu'il acquit en février 1572, et dans un portrait exécuté par le même Bock (datant au plus tard de 1587)[88]. Ces images, presque contemporaines de la publication de la 2e et de la 3e édition du *Theatrum* respectivement, évoquent des exemples classiques de l'homme en proie à l'*hubris*. Suivant les pratiques de l'élite bâloise (quelques fresques sont visibles aujourd'hui, grâce à des restaurations successives), Zwinger projetait de faire peindre des fresques sur l'extérieur de sa maison. Les esquisses de la façade (dont nous ne savons pas si elles furent mises en œuvre) représentent Phaéton et Icare, à côté d'une pièce centrale consacrée à Bellérophon, qui (après de multiples hauts faits) offensa les dieux en essayant de chevaucher Pégase jusqu'à l'Olympe, et fut terrassé. La morale est signifiée par un dicton allemand inscrit sur la façade : « Fais attention à ne pas monter trop haut, de peur de tomber[89]. » D'autres inscriptions sur les parois à l'intérieur de la maison, en latin, grec, hébreu et allemand, rapportées dans des collections d'épitaphes et d'inscriptions, exprimaient des exhortations à la piété et à la moralité[90]. Le beau portrait par Hans Bock (voir la figure 4.2) représente, à l'arrière-plan, la chute de Bellérophon, et à l'avant-scène des *memento mori* (le sablier et le crâne) et la couronne de laurier, symbole de gloire. Le message est donc composite : tout en attirant l'attention sur la mort et sur la chute résultant de l'*hubris*, ce portrait met en avant l'immense ambition de Zwinger et suggère qu'il connaîtra une renommée immortelle grâce à son œuvre. Dans ce portrait, l'humilité et l'*hubris* s'entrelacent, comme dans la dédicace du *Theatrum*[91].

Le *Theatrum* de 1586 était l'accomplissement d'une vie entière. C'était un projet de classification et de gestion de l'information singulier et ambitieux, inspiré par la volonté d'embrasser en entier le

FIGURE 4.2. Portrait de Theodor Zwinger (1533-1588) par Hans Bock l'Aîné, le plus célèbre peintre à fresques suisse de son temps. Zwinger est accompagné des symboles de la gloire littéraire (la couronne de laurier), du *memento mori* traditionnel (sablier et crâne), et, à l'arrière-plan, de la chute de Bellérophon frappé par les dieux pour son *hubris*. Reproduit avec l'autorisation du Kunstmuseum de Bâle, n° 1877, photo Martin P. Bühler.

« théâtre de la vie humaine », et d'accéder à une gloire immortelle, même en échouant dans ce but. Le livre ne fut pas un best-seller, mais il acquit une renommée considérable. Comme beaucoup de livres de référence, le *Theatrum* ne fut pas cité aussi souvent qu'il fut employé, mais nous pouvons apporter des preuves de son usage par Johannes Kepler et Michel Eyquem de Montaigne, entre autres[92]. Bien que l'œuvre fût pleine de références aux protestants, et d'éloges de ces derniers, les catholiques furent toujours désireux d'y avoir accès. Aldrovandi obtint une autorisation individuelle pour le lire, et nota qu'il l'avait lu de bout en bout (en écrivant *perlegi* « j'ai lu entièrement » sur une page de garde). Il dressa aussi ce qui semble être un index au *Theatrum* dans un manuscrit de deux volumes remplis de feuillets collés et classés par ordre alphabétique, chacun contenant un sujet et le numéro de page correspondant[93]. L'édition de Paris, 1571 (ainsi que l'émission de Bâle, 1575) fut conçue à l'usage des catholiques, bien que la tâche consistant à expurger un si vaste ouvrage n'ait pas été menée à bien – du moins aux yeux d'un lecteur qui ajouta des censures manuscrites à son exemplaire[94]. Un siècle après sa première publication, le *Theatrum* était encore cité comme un modèle pour un grand livre[95]. L'attrait persistant de ses contenus, spécialement pour un public catholique, pour lequel il n'avait pas été suffisamment adapté, est visible dans la publication, en 1631, du *Magnum theatrum vitae humanae,* encore plus long et de conception nettement catholique, qui connut quatre éditions jusqu'à 1707 (voir la table 4.2).

TABLE 4.2. Une histoire de l'impression du *Theatrum* de Zwinger et du *Magnum theatrum* de Laurentius Beyerlinck, 1565-1707

Année de publication	Lieu de publication	Imprimeur(s)	Nombre d'exemplaires trouvés	Changements majeurs dans le titre et le contenu	Nombre de pages de texte
1565	Bâle	Joannes Oporinus	60	*Theatrum vitae humanae*	1 428
1571	Bâle	Froben	42	Plusieurs additions dont l'*index exemplorum* ; nouvelle organisation	3 455
1571/2	Paris	Chesneau/ Sonnius	19/13	Éd. de 1565 avec additions et expurgations à l'usage des catholiques	2 316
1575	Bâle	Froben	3	Éd. de Bâle, 1571 avec expurgations catholiques	3 455
1586/87	Bâle	Episcopius/ Henricpetri	80/7	*Theatrum humanae vitae* (titre changé) Très élargi et réorganisé	4 373
1604	Bâle	Henricpetri	58	Éd. de 1586 avec un nouvel index, publiée par Jacob Zwinger	4 373
1631	Cologne	Hieratus	45	Suite très élargie et à usage catholique par Laurentius Beyerlinck *Magnum theatrum vitae humanae*	7 468 + index de 600 pages

Année de publication	**Lieu de publication**	**Imprimeur(s)**	**Nombre d'exemplaires trouvés**	**Changements majeurs dans le titre et le contenu**	**Nombre de pages de texte**
1656	Lyon	Huguetan + Ravaud	54	*Magnum theatrum vitae humanae*	*idem*
1665-66	Lyon	Huguetan + Ravaud	57	*Magnum theatrum vitae humanae*	*idem*
1678	Lyon	Huguetan	53	*Magnum theatrum vitae humanae*	*idem*
1707	Venise	Balleonius/ Pezzana	13/17	*Magnum theatrum vitae humanae*	*idem*

Le *Magnum theatrum*

Le *Magnum theatrum* fut probablement le plus grand livre de référence du XVIIe siècle. Il comportait huit volumes in-folio de 7 468 pages, accompagnés d'un index alphabétique de 600 pages, pour un total d'environ 10 millions de mots. Son origine fut une commande de deux frères, les imprimeurs Antonius et Arnoldus Hieratus de Cologne, qui le présentèrent comme le point culminant d'un long processus de travail collectif. La page de titre attribuait sans ambiguïté l'œuvre à Laurentius Beyerlinck « théologien, protonotaire, chanoine et archiprêtre d'Anvers » qui était cité comme le seul auteur[96]. Mais les préliminaires révélaient le rôle de nombreux autres acteurs qui avaient rendu l'œuvre possible[97]. Beyerlinck était mort en 1627, et Antonius Hieratus également avant que l'impression fût achevée, aussi les préliminaires (sauf la dédicace signée par les deux Hieratus) furent-ils probablement rédigés par Arnoldus. Parmi ceux-ci une section inhabituelle intitulée « *Theatri proscenium* » (« avant-scène du théâtre ») relatait l'élaboration de l'ouvrage, en partie pour rendre hommage aux contributeurs décédés :

> Cinq hommes, en différents lieux et temps (chacun à sa façon), menèrent cette œuvre à la perfection dans laquelle elle paraît aujourd'hui. Le premier, [Conrad Lycosthenes] posa les fondations ;

> le second [Theodor Zwinger] érigea et organisa le bâtiment lui-même ; le troisième [Jacob, fils de Theodor] n'ajouta rien mais le polit [en rédigeant un index]. Le quatrième et le cinquième enfin mirent les dernières touches et un colophon à ce si vaste travail[98].

Le quatrième contributeur était Beyerlinck, « qui créa un nouveau [livre] de l'ancien et doubla la taille du *Vitae humanae theatrum*, dans toutes ses parties ». Finalement l'imprimeur Antonius Hieratus, sénateur de la ville et libraire à Cologne, était nommé comme cinquième contributeur : « Il avait principalement dirigé la cinquième et dernière édition. » Antonius fut loué comme un homme « très industrieux et travailleur » qui pesait soigneusement les choses, et consultait consciencieusement des amis versés dans chaque sujet. Il imprima de nombreux ouvrages, souvent de grande taille « pour son grand bénéfice et celui de la République des Lettres », que son frère mit en évidence en dressant la liste d'une cinquantaine d'ouvrages qu'il avait publiés et qui étaient probablement encore disponibles à l'achat : dont des œuvres des Pères de l'Église et des ouvrages d'histoire sainte, des livres mathématiques de Christophe Clavius, les *Hieroglyphica* de Pierus Valerianus, et les mélanges de Laelius Bisciola intitulés *Horae subsecivae* (ou « heures perdues »)[99].

Après cette publicité pour les livres de Hieratus, son rôle de mécène pour le *Magnum theatrum* était exposé avec un détail inhabituel :

> Finalement, en ce qui concerne ce *Theatrum* en particulier, puisqu'il avait en partage par héritage quelque droit sur l'édition du *Theatrum* de Bâle, et voyait qu'à cause de certaines erreurs constatées par les catholiques, le *Theatrum* ne pouvait être diffusé en Espagne surtout et en Italie, il dispersa les exemplaires qui lui restaient à un imprimeur de Francfort, se réservant pour lui-même néanmoins (s'il le désirait) le droit d'imprimer un nouveau *Theatrum*. À cette époque, il en entreprit une nouvelle édition. Prenant conseil auprès de nombreux amis par conversations ou par lettres, il se mit d'accord avec Laurentius Beyerlinck pour commencer et terminer l'œuvre aux conditions suivantes : (1) que ce qui pourrait être préservé du vieux *Theatrum* sans risque d'erreur serait préservé ; (2) que les sujets seraient classés dans l'ordre alphabétique, dès lors que nombreux étaient ceux qui trouvaient l'ordre systématique moins bon pour les contenus historiques ; (3) que, pour éviter le pénible désagrément de recopier, les livres correctement imprimés seraient découpés, et les diverses parties destinées à la future édition seraient collées sur des feuilles de papier et assemblées sous la

> forme d'un grand volume. En cela, Antonius Hieratus se montra généreux et bienfaisant, prenant en charge diverses dépenses, et il n'épargna pas sa peine jusqu'à ce qu'enfin il vît que ce qu'il avait à l'esprit pour l'édition de ce *Theatrum* était complètement accompli et mené à bien. Et Antonius Hieratus eût excellé dans cette impression, pour son grand profit (comme je l'ai dit avant) et celui de la République des Lettres, si une vie plus longue lui avait été accordée. Entre-temps, aimable lecteur, employez ces travaux et prenez-y plaisir et souhaitez du bien à son âme qui servit si bien la République des Lettres[100].

Ce *proscenium* insolite, inspiré par le désir de célébrer l'imprimeur défunt, nous informe aussi sur les méthodes de production d'une œuvre nouvelle à partir d'un ouvrage existant.

Dans ce cas, Antonius Hieratus avait hérité de nombreux exemplaires du précédent *Theatrum*[101]. Il en vendit la plupart à un imprimeur de Francfort, mais en garda quelques-uns, et commandita un *Theatrum* nouveau et amélioré pour le marché catholique. Les protestants lisaient plus facilement des ouvrages catholiques, comme la *Polyanthea,* que les catholiques des livres protestants, comme le *Theatrum*. La censure catholique était plus centralisée et plus efficace (particulièrement en Espagne et en Italie comme Hieratus le mentionne) que la censure protestante, qui existait seulement au niveau local. De plus les protestants avaient été, dès les débuts, pragmatiques dans leur emploi des ouvrages catholiques, dès lors que sinon ils n'auraient eu que très peu de textes à lire, étant donné l'origine récente de la Réforme. Les calculs de Hieratus, qui pensait qu'il y avait un marché catholique inexploité pour le *Theatrum*, furent confirmés : le *Magnum theatrum* fut réimprimé quatre fois (avec de petites modifications) : à Lyon, par Huguetan et Ravaud, en 1656 et en 1666, puis Huguetan seul en 1678 ; et par Paulus Balleonius à Venise en 1707. Chaque fois, le *Magnum theatrum* donnait le texte des privilèges appropriés, les deux imprimatur délivrés pour la première édition par les chanoines catholiques à Cologne (le premier lieu de publication) et à Anvers (la ville de l'auteur). Ceux-ci louaient la disposition « plus commode et plus facile du texte », des expurgations soigneuses et des additions industrieuses, et conféraient la garantie que le texte ne contenait rien de contraire à l'orthodoxie catholique, mais qu'il était fait de « saine et solide doctrine pour des candidats, non seulement en théologie, mais aussi dans les autres facultés[102] ». Les expurgations de Beyerlinck étaient efficaces : je n'ai trouvé aucune censure ajoutée en manuscrit par un lecteur. Bien plus, le catholique Guy Patin, qui louait par ailleurs le *Theatrum humanae vitae* de Zwinger comme « un fort bon livre », se plaignait de ce que « la dernière édition de Cologne [1631] est toute châtrée de ce qu'il y avoit de çà et de là [dans l'original] contre les prêtres et les moines[103] ». De même que Zwinger était lu par les catholiques, comme Patin avide de critiques des ecclésiastiques, on trouve des exemplaires de Beyerlinck dans des institutions protestantes, comme les collèges de Cambridge et d'Oxford. Les ouvrages de référence traversèrent dans les deux sens les frontières religieuses plus aisément que d'autres genres.

En choisissant Beyerlinck (1578-1627) Hieratus s'assurait les services de celui qui était le censeur de la ville d'Anvers, mais également un compilateur expérimenté. Beyerlinck avait composé une collection d'apophtegmes chrétiens publiée chez Plantin en 1608, qui comportait quelques citations extraites (comme il l'indique explicitement) du *Theatrum* de Zwinger, et, en 1613, un *Promptuarium morale* publié également par Hieratus. Après ses études de théologie il avait été ordonné prêtre en 1602 puis occupa divers postes ecclésiastiques avant d'être nommé protonotaire dans une paroisse rurale, puis en ville. Il était célébré à sa mort pour son éloquence, aussi bien en langue vernaculaire qu'en latin, son intelligence, son inlassable assiduité dans l'étude, et sa générosité. À sa mort (de retour d'un voyage à Cologne, peut-être pour traiter avec Hieratus), il légua sa bibliothèque à l'université de Louvain, et fonda des bourses pour étudiants[104]. « Il avait complété le *Magnum theatrum* tout entier, sauf les index », mais laissa inachevés d'autres projets « dont un abrégé du *Theatrum* limité à un volume »[105].

L'énumération, dans le *proscenium*, des trois conditions posées par Beyerlinck pour accepter la commande ressemble aux clauses d'un contrat sur lequel les deux parties se mirent d'accord. Beyerlinck ne retirerait rien du précédent *Theatrum* sans nécessité. D'une part, cette façon de procéder minimiserait son travail, et, d'autre part, il autoriserait l'éditeur à promouvoir le nouveau *Theatrum* comme une version aussi complète de l'ancienne que l'autorisait la doctrine catholique. Le nouveau *Theatrum* serait classé par ordre alphabétique. On ne sait qui jugea que le classement systématique élaboré de Zwinger, avec ses tableaux et diagrammes, n'était pas approprié à un si vaste ouvrage, mais nous avons vu qu'un contemporain (Bartholomaeus Keckermann) partageait cette opinion. La troisième condition stipulait comment Beyerlinck travaillerait, non pas en recopiant des passages mais en découpant les vieilles pages imprimées du *Theatrum* de Zwinger, puis en assemblant ces passages découpés sur les pages à partir desquelles on imprimerait le *Magnum theatrum*. Sur ce point précis, le *proscenium* faisait l'éloge de Hieratus qui n'avait rechigné à aucune dépense. De même que Lange avait remercié Glaser de lui avoir fourni livres et subsides, nous voyons ici en quoi pouvait consister la « générosité des imprimeurs » envers les compilateurs. L'imprimeur fournissait des exemplaires de livres imprimés, de façon que le compilateur puisse découper des passages sélectionnés pour éviter de les copier. Cette méthode de travail requérait au moins deux copies de chaque ouvrage, pour permettre au compilateur d'utiliser les deux faces de chaque feuille. En plus des exemplaires du *Theatrum* de Zwinger, Beyerlinck coupa et colla probablement également les contenus d'autres livres imprimés, dont le *Catalogue des empereurs, rois et princes qui ont aimé l'astrologie* d'Heinrich Rantzau (1526-1599) qu'il cite explicitement comme source pour quelque vingt pages de son article « Astronomie, Astrologie »[106]. Cette méthode, rendue possible par les exemplaires invendus du Zwinger dans les stocks de Hieratus, permettait aux imprimeurs de créer un nouveau livre de valeur à partir d'un vieux livre. Le contrat entre Hieratus et Beyerlinck comprenait peut-être aussi, outre les livres et autres fournitures (papier, encre et colle…), les dépenses courantes du compilateur et de l'indexeur, un certain Caspar Princtius, diplômé en théologie.

Parmi les imprimeurs et les compilateurs de gros ouvrages on peut identifier plusieurs motivations. Les compilateurs étaient issus de divers métiers, origines géographiques et religieuses, et différaient par l'âge, mais ils avaient en commun une fierté de leur travail et des qualités qu'elle exigeait, soit de grandes capacités de lecture, un travail acharné et un jugement sûr. Quelques-uns, comme Placcius, étaient des preneurs de notes compulsifs et rassemblaient toutes les informations possibles sans grande attention au profit ni à la renommée. Nombreux étaient ceux qui compilaient pour publier, dans l'espoir de trouver un patron (La Croix du Maine), ou, plus fréquemment, sur la commande d'un imprimeur (Lange et Beyerlinck), car il était possible de retirer des bénéfices, autant pour l'imprimeur que pour le compilateur, d'un ouvrage à succès. Mais plusieurs affichaient avant tout l'ambition de servir la République des Lettres et d'y acquérir une réputation, comme Zwinger et Oporinus.

Méthodes de compilation

Un leitmotiv fréquent dans les préambules des compilations vantait la quantité de travail investie. Érasme créa un modèle pour ce thème, dans l'édition de 1508 de ses *Adages*, alors que l'ouvrage se dilatait de 600 à 3 000 adages ; sur la page de titre, il attirait l'attention sur les « très longues veilles » et les « très grands efforts » consacrés à cette œuvre. Pour l'édition de 1515, l'imprimeur d'Érasme, Froben, faisait l'éloge du « très grand talent engagé[107] ». Dans la *Polyanthea* de 1503 Mirabelli mentionnait son propre talent, mais par la suite les éditeurs insistaient surtout sur l'énorme travail et les nuits sans sommeil qu'ils y avaient consacrés[108]. Ce thème revenait dans toutes les éditions du *Theatrum*. En qualifiant sa peine de *labor improbus*, Zwinger faisait allusion à la sentence de Virgile : « Un labeur acharné vint à bout de tout. » En 1571 Zwinger qualifia son travail de « sisyphéen », et en 1586 il disait avoir consacré au *Theatrum* autant de sérieux et de travail que possible. L'auteur du *proscenium* de Beyerlinck (probablement l'imprimeur Hieratus) se félicitait des résultats de « tant de labeurs et de dépenses[109] ». De même, Gessner mettait l'accent sur l'étendue de sa tâche dans sa préface à la *Bibliotheca*, à laquelle, jeune homme, il avait travaillé intensivement durant trois ans. Il écrivit qu'en venir à bout, c'était comme refaire surface après un naufrage ou revenir de l'ascension d'une très haute montagne[110]. Ces compilations étaient sans doute parmi les entreprises les plus éprouvantes des écrivains de la Renaissance.

Nous n'avons pas de récits directs des compilateurs, mais nous disposons de quelques anecdotes sur les méthodes du « travail acharné » provenant de contextes similaires. Thomas Platter (1499-1582), qui dirigeait l'école que Zwinger fréquenta, mâchait « pendant la nuit, des navets crus, du sable même, avec de l'eau froide, pour se tenir éveillé » afin d'étudier plus longtemps[111]. Au XVIIIe siècle on rapportait d'autres ruses : garder son pied dans un bassin d'eau froide ou lire un seul œil ouvert pour laisser reposer l'autre ; la méthode adoptée par un érudit qui consistait à dormir une nuit sur deux ne s'avéra pas viable longtemps[112]. Les érudits parlaient régulièrement du dommage à leur vue et à leur santé en général dû à leur travail pénible. La femme d'Adrien Turnèbe (1512-1565), l'auteur d'un grand volume d'*Adversaria*, attribua sa mort à de trop nombreuses nuits sans sommeil passées sur les livres[113]. La mort de Louis Moréri (1643-1680) à l'âge de 37 ans fut liée par ses contemporains à son épuisement, en 1674, suite à son travail sur la seconde édition de son dictionnaire biographique ; celle-ci parut après sa mort en 1681 et fut suivie par dix-huit éditions (souvent augmentées) jusqu'à 1759[114]. Les compilateurs affrontaient en permanence des informations surabondantes, du fait des quantités de livres à lire et de textes à écrire, et donc cherchaient tous les raccourcis possibles pour alléger leur travail.

Les compilateurs étaient également confrontés à l'urgence. De nombreux érudits se plaignaient d'être pressés par le temps, et échangeaient des stratégies pour travailler au plus vite. Le médecin et auteur Jérôme Cardan, par exemple, recommandait de lire un livre, en utilisant l'index pour choisir certaines parties seulement et en marquant les passages difficiles d'un signe pour y revenir par la suite[115]. Les historiens ont identifié des indices de précipitation dans les œuvres de divers auteurs de la Renaissance, qui jonglaient souvent avec de nombreuses responsabilités. Un auteur français commit des erreurs dans la description des personnages d'un livre qu'il avait probablement lu trop vite ou de façon distraite. Jean Calvin, qui disposait de peu de temps pour préparer ses conférences ou ses sermons, lisait et dictait des lettres, allongé dans son lit pour préserver sa santé fragile. Ses commentaires bibliques étaient rédigés par son assistant Des Gallars, qui prenait en note ses enseignements et les rédigeait pour qu'il les révise ; quand Calvin rédigeait lui-même, il était rapide – il pouvait par exemple écrire un pamphlet en trois jours[116]. La Genève de Calvin imposait à la gestion du temps une pression peu commune, mais partout les érudits étaient confrontés aux pressions issues de la quête sans fin de savoir (sans parler de leurs autres activités lucratives) dans l'espace d'une vie humaine. Vincent de Beauvais exprimait cette difficulté avec éloquence, et, bien avant lui, Plutarque, par exemple, avait commenté la hâte avec laquelle il transmettait ses notes pour la publication[117]. En dépit de ces antécédents lointains, il est probable que la place prise par l'imprimerie dans la vie de nombreux érudits accrut de beaucoup ces pressions.

Dans son penchant pour l'autopromotion et pour écarter toute accusation de plagiat, La Croix du Maine exposa dans un survol fascinant le rythme effréné de la rédaction de sa *Bibliothèque*, bibliographie d'ouvrages en français, publiée en 1584. Chaque jour, une fois l'impression du livre commencée, il donnait à l'imprimeur

> un cayer de copie, qui sont [*sic*] douze pages d'escriture, ou bien (pour le mieux donner à entendre) trois feuilles de grand papier

> remplies de douze faces ou costez de minute escriture de ma main, contenant chacune page plus de quarante lignes, et chacune ligne plus de douze syllabes, pour fournir à deux compositeurs qui travailloient sur ce livre[118].

Tous les jours, il corrigeait également les épreuves, bien qu'il n'en donne pas de détails précis. Ce mode de production lui rendait impossible de réviser le début de son texte après en avoir atteint la fin, les pages précédentes étant déjà imprimées. Des correspondants du bibliographe italien Anton Doni disaient en s'en moquant qu'il rédigeait ses textes au moment où on commençait à les imprimer et qu'il les composait selon le nombre de pages et le prix de vente spécifiés par les imprimeurs[119]. De nombreux auteurs de l'Europe moderne œuvraient dans l'urgence, mais les compilateurs, particulièrement s'ils travaillaient sur commande, assujettis aux délais de l'imprimeur, éprouvaient des pressions constantes dues à la gestion dans un court laps de temps d'une grande abondance de contenus.

Les préfaces d'auteurs et d'imprimeurs présentaient souvent des excuses pour les erreurs résultant de la hâte dans laquelle le livre avait été rédigé et imprimé[120]. Dans la *Polyanthea* c'était un thème récurrent dans les paratextes qui affirmaient que les erreurs précédentes avaient bien été corrigées, ou présentaient des excuses pour les erreurs de l'édition présente. Pour la première édition de la *Nova Polyanthea,* considérablement révisée par Lange, Zetzner se montrait très conscient des possibilités de défauts :

> Reconnaissons ouvertement et confessons librement que, du fait de la taille de l'œuvre, et de la variété presque infinie du contenu, de la brièveté du temps, et des obstacles dus à de très nombreuses et grandes difficultés, nous n'avons pu tout faire de façon satisfaisante[121].

Une édition substantiellement nouvelle était particulièrement susceptible d'erreurs qui pourraient être corrigées dans des éditions ultérieures. De nombreuses pages de titre de livres de référence vantaient les corrections nombreuses apportées aux précédentes éditions, mais dans un cas, le compilateur troublé par la perte d'autorité qui pouvait en résulter pour la précédente édition demanda donc que cette annonce fût exclue : il s'agissait de la deuxième édition des *Centuries de Magdebourg*[122]. Quand les nouvelles éditions se vantaient de corrections, celles-ci étaient difficiles à déceler car elles n'étaient pas signalées (et, sans doute, dans certains cas, étaient-elles exagérées).

Des ouvrages fondés sur la juxtaposition d'une myriade de passages séparés étaient très faciles à modifier, intentionnellement ou pas. Au-delà des réorganisations et des additions, dans chacune des éditions du *Theatrum,* on trouve de nombreux changements au niveau des sources citées pour les anecdotes, qui variaient considérablement d'une édition à la suivante ; une référence se substituait à une autre, une référence était ajoutée ou retirée pour des raisons inconnues, parfois même au détriment d'une référence correcte[123]. Les contemporains étaient conscients de l'instabilité de ces collections dont les modifications pouvaient aisément passer inaperçues : Scaliger se plaignait, par exemple, de modifications opérées sans avertissement par certaines éditions italiennes dans les *Adages* d'Érasme. L'éditeur du *Calepino* de 1718 déplorait le chaos du contenu produit à travers les années par des « demi-lettrés » et par les imprimeurs eux-mêmes, qui avaient cherché à augmenter la masse de l'œuvre et à tromper des lecteurs crédules, et surtout les jeunes[124].

En dépit des plaintes contre leur travail, les compilateurs appuyaient leur travail tout naturellement sur les éditions précédentes, dans une sorte de collaboration diachronique avec leurs prédécesseurs dans cette tâche. Nombre de leurs sources n'étaient pas mentionnées, mais en général les compilateurs citaient d'autres œuvres de référence plus volontiers que les autres auteurs. Zwinger citait souvent les *Lectiones antiquae* de Caelius Rhodiginus et il mentionna dans chacune des préfaces du *Theatrum* des dizaines de compilations qu'il avait utilisées. Dans son *Anthologie* de 1598, Lange reconnaissait se fonder sur de nombreux florilèges, dont le *Theatrum* de Zwinger, et aussi sur de nombreuses sources que Zwinger avait mentionnées. De même, si l'on en juge par une feuille subsistant de la copie d'imprimeur, Thomas Thomas rédigea son dictionnaire latin-anglais de 1587 en annotant les pages d'un dictionnaire latin-anglais publié quatre ans auparavant[125].

Les compilateurs se fondaient sur le travail des autres non seulement de façon diachronique, mais aussi de manière synchronique, au moment de la rédaction. Nous avons peu d'informations à ce sujet, mais il est probable que la plupart des compilateurs avaient des assistants. Même Conrad Gessner, qui se plaignait régulièrement de ses difficultés financières, et dont on pensait qu'il avait travaillé seul (bien qu'il reconnût avoir reçu du matériau de nombreux correspondants), rapporte qu'il avait recours à des copistes (au pluriel), qu'il tenait pour responsables de la prolixité de certains passages de la *Bibliotheca* ; il demandait aussi dans une lettre de l'aide pour trouver un assistant[126]. Zwinger disait avoir travaillé quinze ans sur la troisième édition du *Theatrum*, comme un homme « de peu de talent et de santé peu solide » (il avait 53 ans quand il termina), en parallèle avec ses charges académiques, ses soucis domestiques et sa pratique médicale. Dans ce passage de la préface, il mentionnait « son unique assistant, Basilius Lucius, mon très cher cousin » qu'il « employa trois ans et plus à copier d'une main fidèle et élégante, et à coller des textes qui devaient être rassemblés ». Mais au début de la même préface, il mentionnait aussi un autre proche, le jeune Johannes Luca Iselius (Iselin), son « très cher beau-fils », pour lequel il avait rédigé une méthode d'étude à son départ pour des études en France et en Italie. Iselin était le fils du premier mariage de son épouse Valeria Rüdin ; il publia quelques-unes des conférences de Zwinger à partir des notes qu'il en avait prises et devint lui-même professeur à l'université de Bâle[127]. De tels assistants étaient sans doute généralement jeunes : ils ne demandaient pas à être bien payés, et apportaient à la tâche une énergie plus grande. Une édition tardive du *Calepino* reconnaissait par exemple « l'aide d'un jeune homme très fort » qui travailla sur cette édition pendant quatre ans, mais sans l'apport nécessaire de livres[128]. Joseph Lange ne nous dit rien à propos du concours qu'il a pu recevoir, mais son épouse et ses cinq enfants viennent à l'esprit comme aides possibles pour les tâches comme celles que Zwinger mentionnait – copier ou couper et coller. Les exemples du chapitre 2 confirment la propension des érudits de l'époque moderne à s'appuyer si possible sur leur famille proche ou étendue, bien qu'une telle aide fût rarement reconnue dans leurs ouvrages. Les imprimeurs qui rédigeaient des préfaces nommaient quelquefois ceux qui leur apportaient de l'aide, que ce soit pour de l'argent, en échange de services, ou par amitié. Cholinus, par exemple, reconnut l'aide de Petrus Lynnerus (professeur de latin à Cologne) pour l'édition de 1567 et mentionnait en 1574 « un ami, qui ne manque pas d'érudition » qui avait aidé à corriger les citations grecques de Nani Mirabelli corrompues par le temps. Dans sa préface à la seconde édition de l'*Onomasticon*, Conrad Gessner révélait que des amis (qu'il ne nommait pas) avaient compilé le contenu de son dictionnaire de noms propres pour toutes les lettres sauf « A », « B », « R », « S », « V », « X » et « Z » qu'il avait réalisées lui-même. Bien sûr dans ces cas les amis, comme les copistes, pouvaient être responsables d'erreurs, et Gessner ne manquait pas de le signaler[129].

L'emploi de feuillets dans la compilation

Les opérations élémentaires de la compilation n'avaient pas changé de longtemps. Les compilations médiévales et de l'époque moderne étaient habituellement établies en sélectionnant un passage dans une source, puis en assignant ce passage à une rubrique par sujets, sous laquelle il serait conservé pour qu'on puisse le retrouver par la suite. Mais des techniques nouvelles de compilation se généralisèrent, ou émergèrent, à la Renaissance, en particulier l'usage de feuillets, et du couper-coller de manuscrits et de livres imprimés.

Les quelques documents de travail qui subsistent du Moyen Âge montrent que la principale méthode de compilation, aux XIIIe et XIVe siècles, était de réserver un espace où des contenus pourraient être ajoutés au fil du temps, sous une rubrique thématique ou définie par une lettre de l'alphabet (voir la figure 4.3). La concordance dominicaine de la Bible du XIIIe siècle fut conçue de la sorte. De même, certains manuscrits de compilations historiques du XIVe siècle présentaient des contenus issus d'une source principale, copiés sur une page, suivis par des entrées provenant de diverses sources et de plusieurs mains, laissant un espace vacant destiné à des additions ultérieures, signe que des contributeurs multiples travaillaient ensemble à partir de sources diverses[130]. Cette méthode de mise en ordre alphabétique avait pour résultat des listes classées selon la première ou les deux premières lettres, où les éléments de même source étaient souvent juxtaposés. L'ordre alphabétique strict était rare dans les textes médiévaux (le *Catholicon* de Balbi en est l'exemple le plus notable) ; il pouvait être réalisé par ce procédé, mais exigeait alors de multiples étapes de copie, ou des étapes intermédiaires réalisées sur tablettes de cire[131]. Une récente édition de la *Tabula libri ethicorum*, la concordance de l'*Éthique* d'Aristote conçue par Thomas d'Aquin avant 1304 (sans doute avec l'aide d'assistants), propose que cet index ait été dressé par l'emploi de feuillets mobiles, en donnant pour preuve la forme du texte et de ses erreurs. Mais le fait que le même passage, contenant les mêmes erreurs, apparaissait dans deux différentes sections de l'index n'est pas une preuve forte témoignant de l'usage de feuillets ; la répétition pouvait aussi bien être le fait d'un copiste créant deux entrées sous le même chapitre, dans un temps court. Certes, il n'y a probablement pas de façon de prouver à partir du texte achevé si des feuillets ont

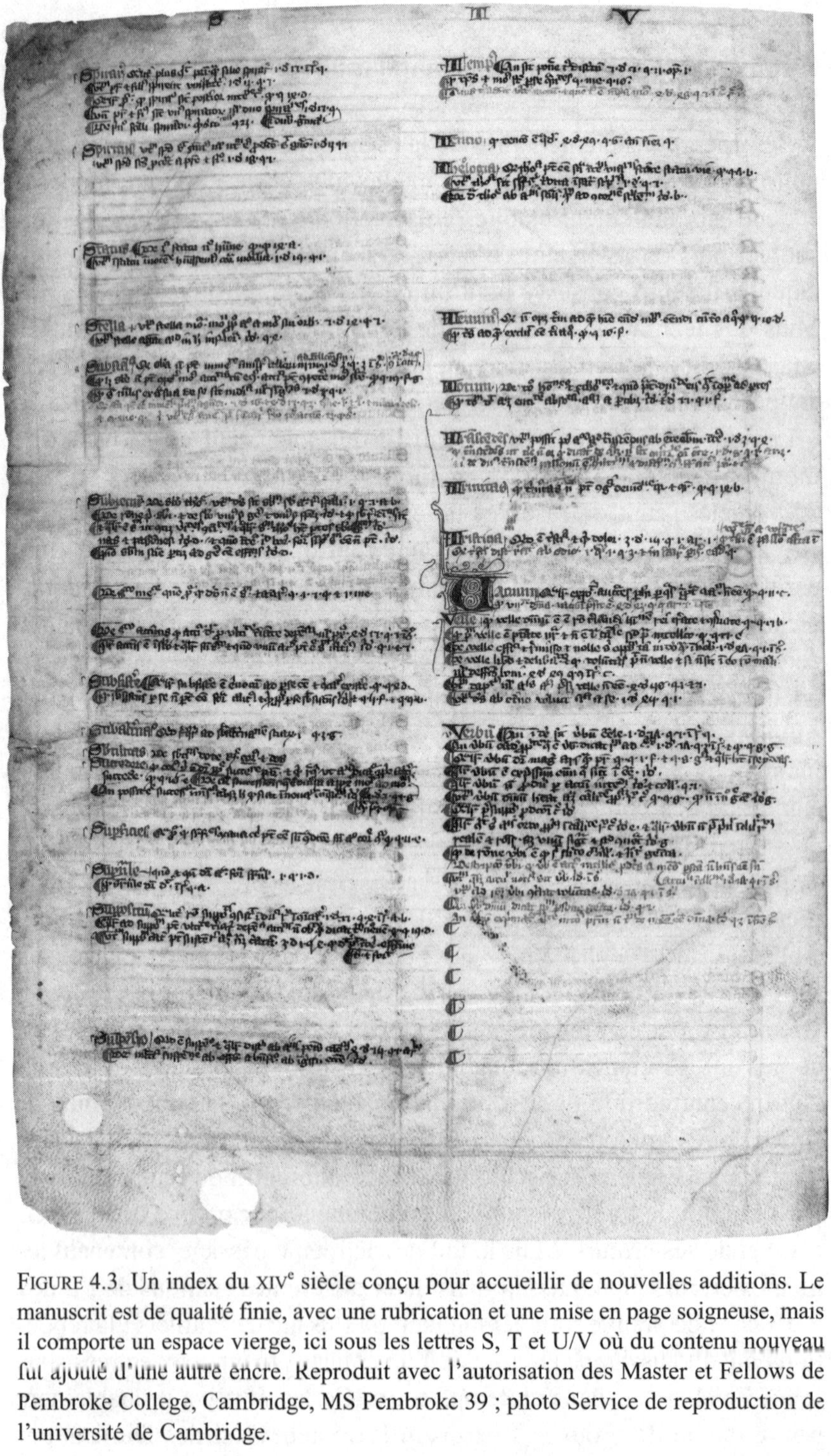

FIGURE 4.3. Un index du XIVe siècle conçu pour accueillir de nouvelles additions. Le manuscrit est de qualité finie, avec une rubrication et une mise en page soigneuse, mais il comporte un espace vierge, ici sous les lettres S, T et U/V où du contenu nouveau fut ajouté d'une autre encre. Reproduit avec l'autorisation des Master et Fellows de Pembroke College, Cambridge, MS Pembroke 39 ; photo Service de reproduction de l'université de Cambridge.

été ou non employés dans le processus de mise en ordre alphabétique, ou plus généralement dans la composition[132].

Des preuves claires de l'usage de feuillets viennent plutôt de discussions explicites sur cette pratique dans des publications ou des correspondances, et de manuscrits présentant des feuillets collés. Par exemple, des lettres relatent que Du Cange (1610-1688) employait de « petits billets » et des « demi-feuilles volantes » pour composer son dictionnaire du latin médiéval[133]. Mieux encore, grâce à la préservation croissante de collections de papiers personnels dès la Renaissance, nous avons des exemples de feuillets conservés dans des manuscrits de travail et des brouillons. Un manuscrit employé pour imprimer une compilation subsiste rarement, car les manuscrits étaient habituellement annotés et endommagés en cours d'impression, puis détruits. Ce qui subsiste plutôt sont des manuscrits préparés pour l'impression mais qui ne furent jamais utilisés soit parce qu'ils furent oubliés, intentionnellement ou non, soit parce qu'ils représentaient un stade précédent du travail, tels un brouillon ou des notes préparatoires. Par exemple, un manuscrit des *Lectiones antiquae* de Caelius Rhodiginus est conservé rempli de manière si dense (onze lignes du manuscrit correspondent à treize lignes et demie du texte imprimé), avec des marges étroites si pleines d'annotations que des insertions supplémentaires furent opérées à l'aide de feuillets collés sur la page. Cet usage de feuillets pour faire des ajouts fut rendu célèbre bien plus tard par Marcel Proust, qui collait de nombreux feuillets l'un à l'autre pour former une longue chaîne ou « paperolle » qu'il insérait dans ses manuscrits[134].

On utilisa plus communément des feuillets au XVIe siècle pour répartir l'information en un schéma organisationnel complexe, alphabétique ou systématique. Conrad Gessner décrivit en détail sa méthode d'indexation à l'aide de feuillets mobiles, sûrement parce qu'il pensait que c'était une nouveauté pour ses lecteurs ; il l'expliquait aussi volontiers à ses visiteurs et à ses correspondants (parmi lesquels figurait Zwinger à partir de 1560)[135]. Ulisse Aldrovandi prenait aussi des notes sur des feuillets pour les classer par ordre alphabétique, comme je le mentionne au chapitre 2. Bien que Gessner les associât à l'ordre alphabétique, les feuillets pouvaient aussi servir à ordonner des contenus dans un ordre systématique. Le *Nachlass* de Theodor Zwinger conservé à la Bibliothèque de l'université de Bâle contient, outre des centaines de lettres, quelques feuillets manuscrits, de deux écritures différentes. Ces feuillets ont subsisté parce qu'ils ne furent pas utilisés dans le manuscrit à partir duquel le *Theatrum* fut imprimé[136]. Zwinger reconnut toujours

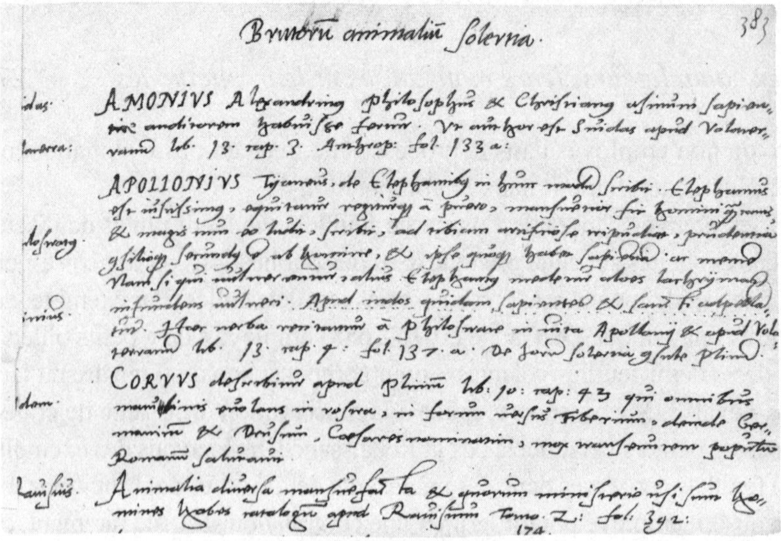

FIGURE 4.4. L'un des quelques feuillets qui subsistent parmi les manuscrits de Zwinger : #383 « sur l'ingéniosité des animaux sauvages » ; le « 174 » au bas de la page est une addition postérieure faite en cataloguant l'élément ; mais juste au-dessus on distingue un renvoi au « Tom 2, fol. 392 ». La forme des entrées, groupées sous un sujet et avec le nom propre en majuscules et la source citée à la fin de la plupart des entrées est semblable au *Theatrum* imprimé. Les sources sont aussi énumérées dans la marge mais elles ont été coupées. Le feuillet est probablement de la main de Conrad Lycosthenes (1518-1561), le beau-père de Zwinger. Reproduit avec l'autorisation de la Bibliothèque de l'université de Bâle, Frey Mscr I, 13 #174.

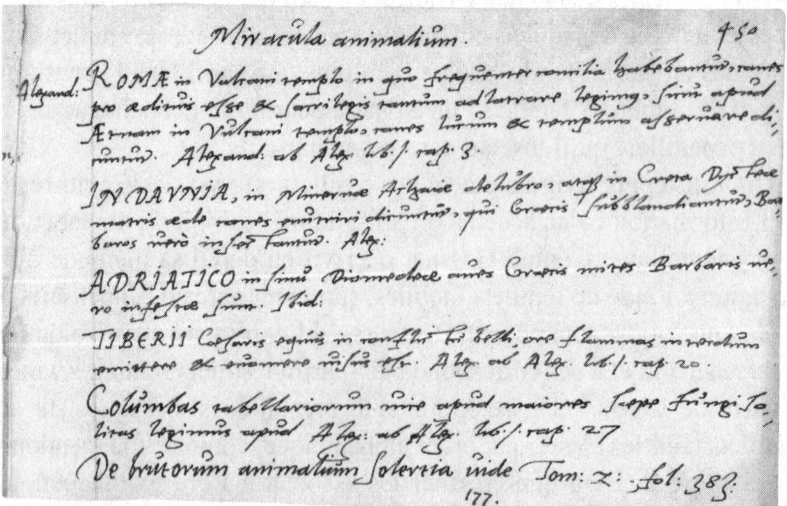

FIGURE 4.5. Un autre feuillet de Lycosthenes, #450 « sur les merveilles des animaux », qui se termine avec un renvoi au tome 3 folio 383 « sur l'ingéniosité des animaux » (c'est-à-dire le feuillet reproduit dans la figure 4.4). Cette référence implique que les feuillets étaient groupés en volumes d'une certaine manière (Placcius offre une illustration de feuillets conservés en volumes ; Placcius [1689] planche 2.) Toutes les entrées sur ce feuillet sont attribuées à Alexander ab Alexandro, auteur de la compilation de mélanges intitulée *Dies geniales*, publiée d'abord en 1522 puis souvent réimprimée. Reproduit avec l'autorisation de la Bibliothèque de l'université de Bâle, Frey musc I, 13#177.

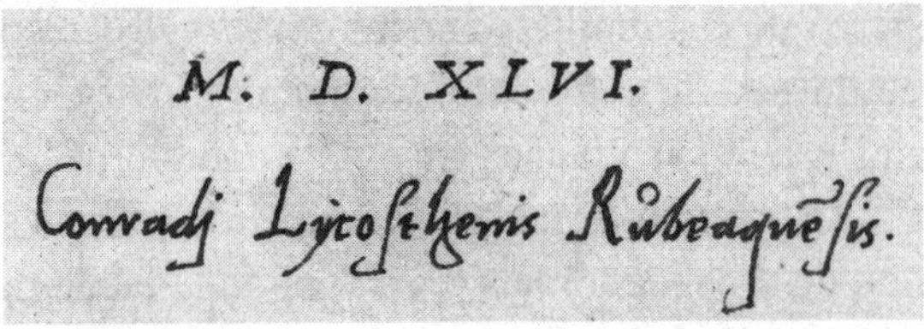

FIGURE 4.6. Ex-libris de Conrad Lycosthenes dans un livre qui lui appartenait : *Historia vera de morte Sancti viri Ioannis Diazij Hispani* (Bâle : Oporinus, 1546). L'écriture ressemble à celle des figures 4.4 et 4.5. Reproduit avec l'autorisation de la Bibliothèque de l'université de Bâle Cote Aleph E XI 53.1.

le rôle séminal des notes accumulées par son beau-père, Conrad Lycosthenes (Wolffhart) (1518-1561), mais s'attribuait l'organisation complexe qu'il élabora pour le *Theatrum humanae vitae*. Lycosthenes était lui-même un compilateur éminent : il publia une collection de prodiges qui fut souvent réimprimée, composée de quelque 7 000 apophtegmes ; il édita aussi un *Épitomé* de la *Bibliotheca universalis* de Gessner en 1551, dans lequel il résumait l'information procurée par Gessner pour chaque ouvrage signalé et y ajouta un millier d'auteurs nouveaux, et tout cela dans un volume plus mince. Il conçut aussi des index, notamment pour la *Cosmographie* de Sebastian Münster et la *Géographie* de Ptolémée dans une édition de 1552 à Bâle[137]. Quand il mourut d'apoplexie à l'âge de 43 ans, il laissait ce que Zwinger décrivit comme « un chaos ou une masse non digérée d'*exempla* collectés sur quinze ans », sans avoir établi de forme ou d'organisation pour ces papiers[138].

Parmi les manuscrits de Zwinger, on trouve quelques feuillets assez grands portant des notes de la main de Lycosthenes, des restes sans doute d'une série plus importante de notes sur feuillets, bien qu'aucune preuve ne subsiste de la façon dont elles furent conservées au XVIe siècle (c'est au XIXe siècle probablement qu'elles furent attachées dans les volumes de correspondance)[139]. Les *exempla* sont rédigés sur ces feuillets exactement sous la même forme que les *exempla* dans le *Theatrum* imprimé – commençant par le nom de la personne concernée en lettres majuscules, finissant avec la citation de la source (voir la figure 3.10 pour un exemple de ce format). Les feuillets écrits de la main de Lycosthenes contenaient plus d'une entrée sous la rubrique indiquée en haut de la feuille, avec un numéro de feuillet sur la droite ; au bas de certains feuillets on trouve aussi un renvoi à d'autres feuillets, par sujets, numéros de page et de volumes (voir les figures 4.4, 4.5, 4.6). Cette notation suggère que ces feuillets étaient conservés dans des volumes, peut-être avec un peu de cette colle temporaire dont Conrad Gessner recommandait l'usage, ou attachés ensemble en volumes, comme Placcius le décrit[140]. On ne trouve pas de signe de trou (pour les conserver à l'aide de fils ou de crochets), mais les traces de la façon dont les feuillets étaient gardés à l'origine ont pu se perdre dans les siècles depuis.

Outre ces feuillets à entrées multiples, un second type de feuillets subsiste dans le fonds Zwinger, portant une seule entrée sur un feuillet plus étroit (chaque entrée ayant probablement été découpée d'une feuille entière, comme le décrit Gessner). L'écriture est peu soigneuse et difficile à lire, et le feuillet indique un mot clé dans la marge, sans numérotation – les seuls chiffres présents sur ces feuilles furent ajoutés par la suite par les bibliothécaires (voir la figure 4.7). Ces feuillets présentent probablement des contenus rassemblés par Zwinger lui-même (ou ses assistants). Les feuillets de Lycosthenes formaient la première étape dans le groupement des *exempla* par rubriques, mais les feuillets de Zwinger n'avaient pas encore été regroupés de cette façon. Le feuillet était un outil pour économiser du travail, car le contenu qu'il présentait pouvait être déplacé tant que l'ordre n'était pas fixé, sans nécessiter de copie supplémentaire. Cela entraînait des dépenses de papier, puisque les feuilles ne pouvaient être remplies que d'un côté si on devait les couper, mais les économies de temps et d'erreurs dans la transcription compensaient cet inconvénient. Un travail de copie supplémentaire s'avérait probablement nécessaire si le même extrait apparaissait en plusieurs endroits dans le texte définitif, puisque le manuscrit destiné à l'imprimeur consistait en feuillets qui avaient été collés dans leur position définitive.

Couper et coller à partir de manuscrits et d'imprimés

En amont, une étape de cette tâche pouvait être évitée si la feuille n'avait pas été faite par copie mais en découpant une autre source. Conrad Gessner, actif dans la région de Zurich dans la génération antérieure à Zwinger, mit ce principe supplémentaire en pratique de façon particulièrement efficace. Tandis que les feuillets du *Nachlass* de Zwinger consistent en extraits copiés sur papier pour les compiler, les feuillets subsistant dans le *Nachlass* de Gessner comptent de nombreux éléments coupés dans des œuvres d'autrui – dans des lettres, aussi bien envoyées que reçues, des manuscrits utilisés dans le

FIGURE 4.7. D'autres feuillets parmi les papiers de Zwinger, d'une écriture et d'un format différents des illustrations précédentes. Écrits à la hâte et difficiles à lire, ils ne rassemblent pas des entrées reliées entre elles mais ils présentent chacun un seul *exemplum* avec un mot clé indiqué dans la marge ; les chiffres ont été ajoutés par les bibliothécaires cataloguant cette matière bien plus tard. Reproduit avec l'autorisation de la Bibliothèque de l'université de Bâle, Frey Mscr I, 13#167-169.

processus d'impression et qui auraient normalement été jetés, et aussi à partir de livres imprimés. Gessner avait recommandé explicitement de découper et coller les passages de livres imprimés pour les indexer : « Là où c'est possible, beaucoup de besogne peut être épargnée de cette façon[141]. » Bien sûr, découper des livres n'était pas toujours possible, mais Gessner était bien placé, vu ses liens étroits avec des imprimeurs, notamment Froschauer, avec qui il publia régulièrement, ainsi que ses cousins Andreas et Jacob Gessner. Les imprimeurs pouvaient fournir à des compilateurs comme Gessner des exemplaires de livres employés au cours de l'impression, annotés par le compositeur, et qui ne pouvaient être vendus, ou des livres de peu de valeur ou sans valeur pour d'autres raisons (des livres soldés dirait-on aujourd'hui). Des livres sans valeur commerciale pouvaient être raisonnablement utilisés de la manière destructrice que Gessner employait pour ajouter à une collection de notes, ou pour servir à élaborer l'index d'un nouveau livre.

Gessner découpait et collait à partir de manuscrits et d'imprimés non seulement pour fabriquer des index, mais aussi pour assembler des notes pour des compilations prêtes à être publiées. Parmi les papiers de Gessner on trouve aujourd'hui une telle collection précisément parce qu'elle ne fut jamais publiée ; des notes de Gessner furent rassemblées en volumes et apprêtées à la publication après la mort de Gessner par Caspar Wolf (1525-1601), l'exécuteur testamentaire de ses manuscrits. Les trois volumes du *Thesaurus medicinae practicae* (Thesaurus de médecine pratique) furent réalisés ainsi que Wolf le précise dans sa préface à partir « de feuillets (*scheda*) autographes de lettres et de conseils de médecins fort célèbres de son temps, et à partir de ses propres expériences et observations[142] ». Ces volumes consistaient en feuillets collés sur des pages in-folio, organisés par maladie selon des rubriques classées par ordre alphabétique. Nous ne pouvons savoir comment Gessner avait conservé ces feuillets avant qu'ils ne soient collés dans ces volumes, mais il gardait vraisemblablement ces notes sous la même rubrique, soit en liasses, soit dans des casiers, des paniers, ou autres. Chaque feuillet contenait une recette, une définition, une observation ou une description concernant la maladie annoncée dans la rubrique, et pouvait prendre une variété de formes. Quelques feuillets étaient constitués de notes classiques – faits notés par Gessner à partir de ses lectures sur des feuilles qui étaient découpées ensuite en feuillets. Quelquefois il prenait des notes sur des supports d'écriture inhabituels mais disponibles au moment voulu. Ainsi on trouve une note prise sur le papier épais bleu dont on enveloppait les livres non reliés quand on les vendait – c'est de là que provient le terme de « bibliothèque bleue » pour les petits imprimés peu chers qui restaient souvent sous cette forme sans être reliés (voir la figure 4.8).

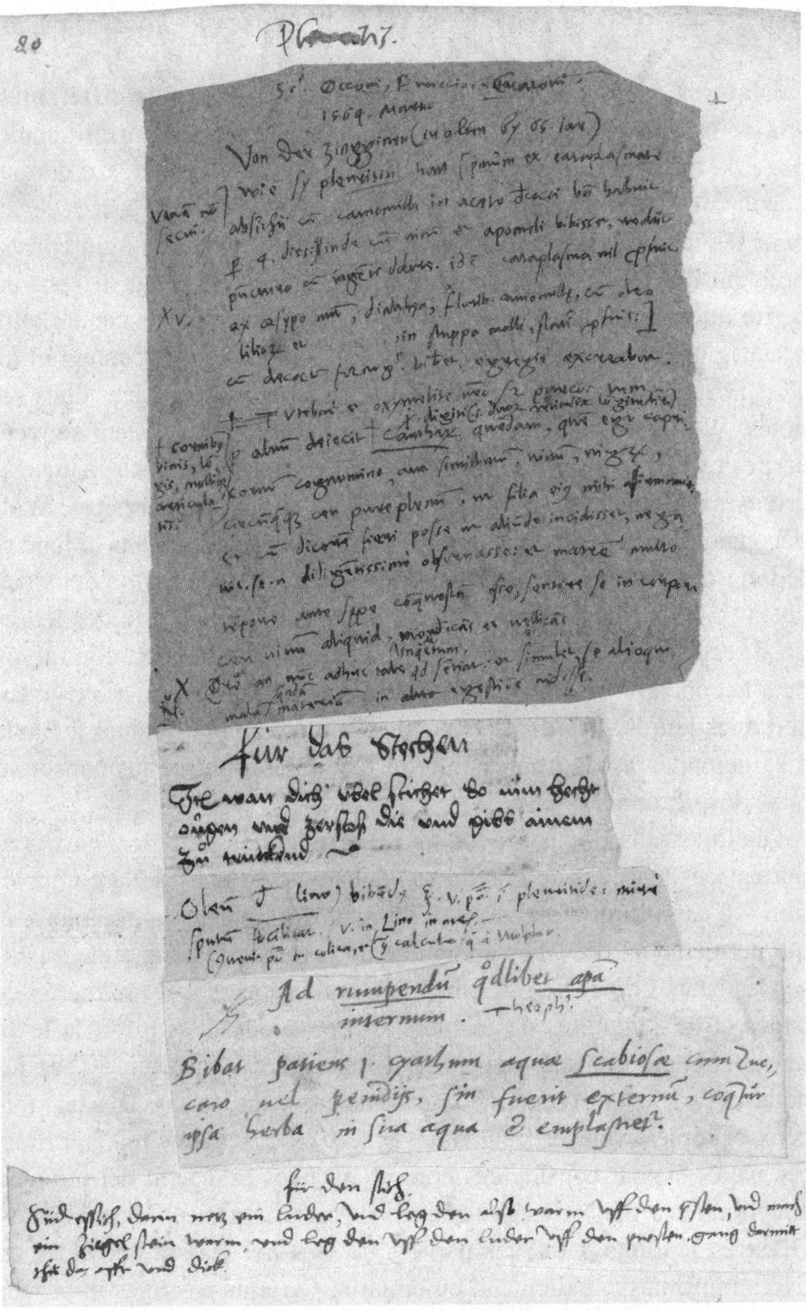

FIGURE 4.8. Une page du *Thesaurus medicinae practicae* (Trésor de médecine pratique) compilé en 1596, après la mort de Gessner par Caspar Wolf à partir de feuillets que Gessner avait rassemblés. Gessner accumula probablement ces feuillets sur une longue période sous les mêmes mots-matière (par maladie) sous lesquels ils furent collés dans le manuscrit. Les feuillets collés contenaient du matériau en latin et en allemand ; sur cette page on voit une entrée écrite sur le papier bleu utilisé dans les ateliers des imprimeurs pour envelopper les livres. Reproduit avec l'autorisation de la Bibliothèque centrale de Zurich, MS 204 b. f.80r.

D'autres pages contenaient des manuscrits de mains différentes, soit de la main d'un copiste de Gessner, soit, comme le mentionne la page de titre, de la main d'un correspondant de Gessner. Ce dernier découpait régulièrement les passages utiles des lettres qu'il recevait pour les répartir dans ses notes. Ainsi Gessner expliqua à un correspondant qui lui demandait de se référer à une lettre qu'il lui avait écrite quelque temps auparavant qu'il ne le pouvait pas car la lettre n'était plus intacte, il l'avait découpée[143]. Lorsque Wolf intégrait au *Thesaurus* des passages de lettres que Gessner avait gardées dans ses notes, Wolf fut confronté à un problème : les lettres étaient souvent écrites recto verso sur une feuille de papier, et les coller sur le manuscrit aurait caché le contenu d'un côté de la feuille. Dans ces cas, Wolf découpait une fenêtre dans la page et attachait la lettre dans la fenêtre le long des marges, de telle façon que le texte reste lisible des deux côtés[144]. Un siècle plus tard, Pierre Bayle intégra lui aussi des lettres qu'il recevait dans les manuscrits envoyés à l'imprimeur, comme on peut le conclure des instructions à l'imprimeur que Bayle inscrivit sur certaines lettres. Ces dernières étaient apparemment rendues à Bayle à sa demande après impression, de façon qu'il puisse les conserver (sans les découper)[145].

Quelques-uns des passages manuscrits collés dans le *Thesaurus* portent ces marques au crayon rouge caractéristiques de la composition – c'est-à-dire la préparation du manuscrit par le typographe – et qui permettaient d'évaluer l'étendue du texte sur la page et de localiser les sauts de pages. Les compositeurs indiquaient les numéros de pages et de signatures des cahiers, et pouvaient aussi biffer le texte une fois composé, une pratique qui a peut-être son origine chez les notaires du Moyen Âge qui faisaient une croix sur les passages une fois ceux-ci copiés (voir les figures 4.9 et 4.10). Le livre une fois imprimé, ces pages étaient considérées comme gâchées et étaient détruites ou abandonnées, mais Gessner réutilisait certains de ces matériaux[146]. D'autres feuillets parmi les papiers de Gessner étaient découpés de livres imprimés, en allemand ou en latin. Certains passages imprimés portaient des traces au crayon rouge, dues à la composition, indiquant qu'ils avaient été utilisés dans la production d'une nouvelle édition de cette œuvre déjà imprimée (voir les figures 4.11 et 4.12). Comme il était bien plus facile d'imprimer à partir d'un livre imprimé que d'un manuscrit, les imprimeurs se procuraient des livres pour composer les nouvelles éditions, quand cela était possible[147]. Un exemplaire imprimé

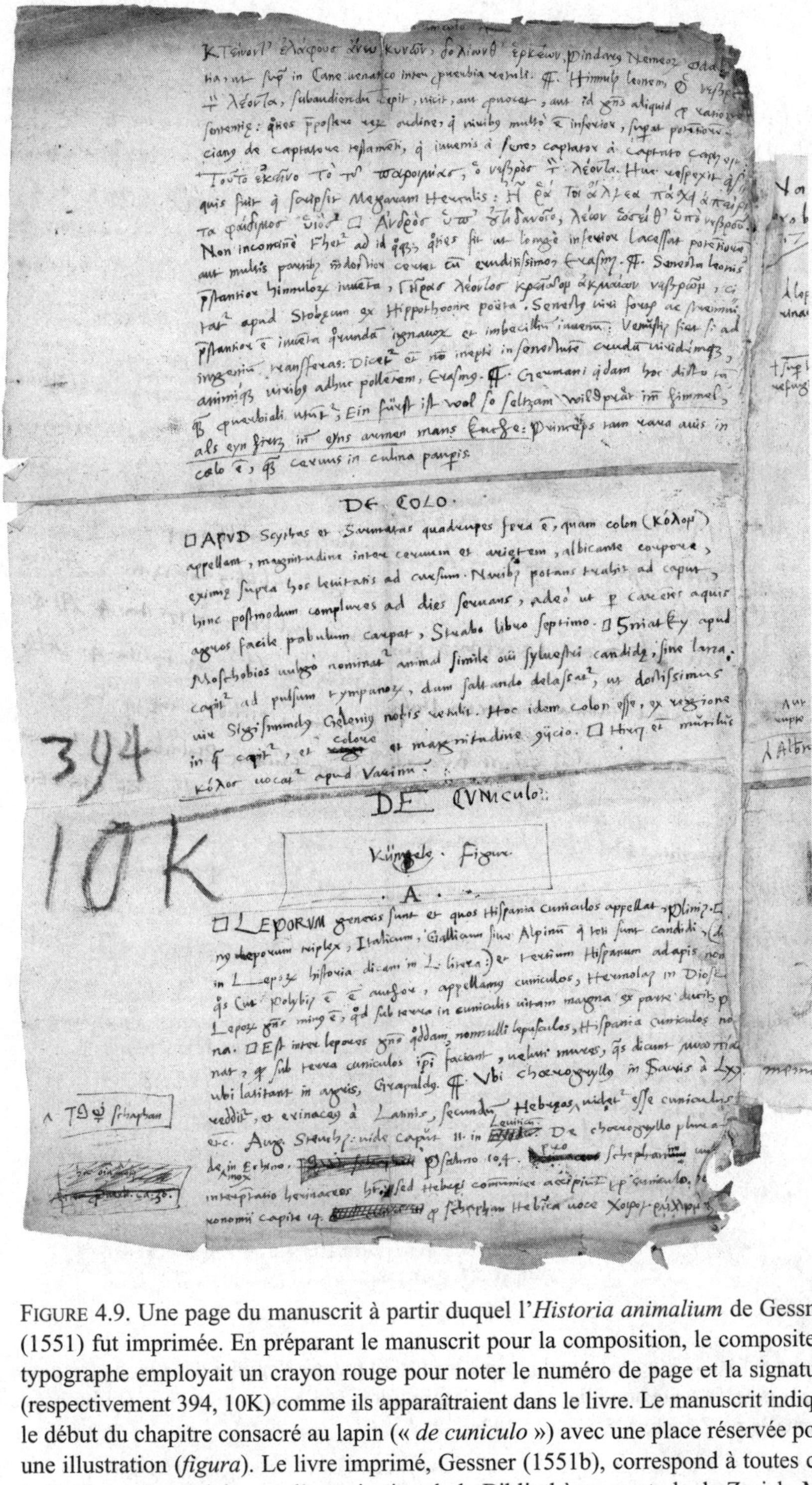

FIGURE 4.9. Une page du manuscrit à partir duquel l'*Historia animalium* de Gessner (1551) fut imprimée. En préparant le manuscrit pour la composition, le compositeur typographe employait un crayon rouge pour noter le numéro de page et la signature (respectivement 394, 10K) comme ils apparaîtraient dans le livre. Le manuscrit indique le début du chapitre consacré au lapin (« *de cuniculo* ») avec une place réservée pour une illustration (*figura*). Le livre imprimé, Gessner (1551b), correspond à toutes ces indications. Reproduit avec l'autorisation de la Bibliothèque centrale de Zurich, MS C 50a, f.355v.

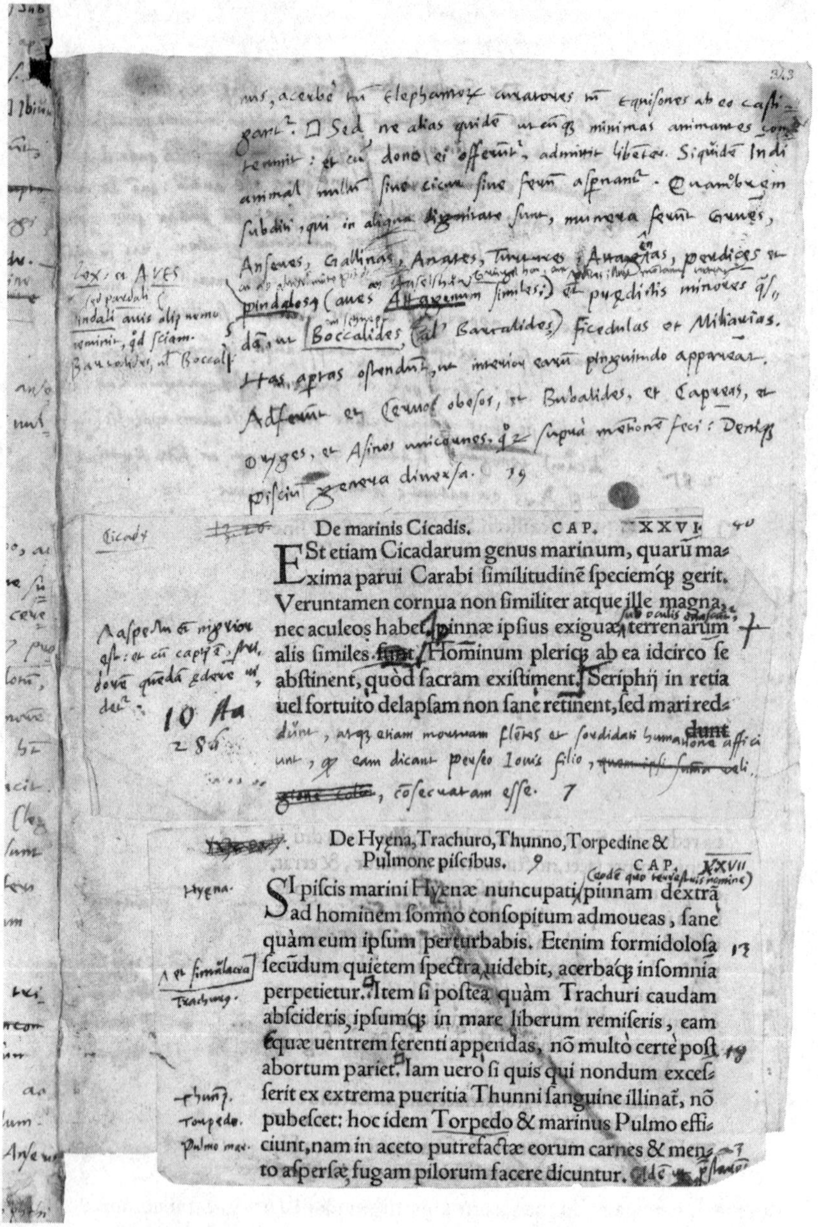
De marinis Cicadis. CAP. XXVI

Est etiam Cicadarum genus marinum, quarũ maxima parui Carabi similitudinẽ speciemq; gerit. Veruntamen cornua non similiter atque ille magna, nec aculeos habet, pinnæ ipsius exiguæ, terrenarum alis similes sunt. Hominum pleriq; ab ea idcirco se abstinent, quòd sacram existiment. Seriphij in retia uel fortuito delapsam non sane retinent, sed mari reddunt

De Hyena, Trachuro, Thunno, Torpedine & Pulmone piscibus. CAP. XXVII

Si piscis marini Hyenæ nuncupati pinnam dextrã ad hominem somno consopitum admoueas, sane quàm eum ipsum perturbabis. Etenim formidolosa secũdum quietem spectra uidebit, acerbaq; insomnia perpetietur. Item si postea quàm Trachuri caudam absciderís, ipsumq; in mare liberum remiseris, eam equæ uentrem ferenti appendas, nõ multò certè post abortum pariet. Iam uero si quis qui nondum excesserit ex extrema pueritia Thunni sanguine illinat, nõ pubescet: hoc idem Torpedo & marinus Pulmo efficiunt, nam in aceto putrefactæ eorum carnes & mento aspersæ, fugam pilorum facere dicuntur.

FIGURE 4.10. Une autre page du même manuscrit montre l'emploi du crayon gras rouge pour rayer le texte une fois imprimé. Reproduit avec l'autorisation de la Bibliothèque centrale de Zurich, MS C50a, f.343r.

utilisé pour la production d'une nouvelle édition restait gâché, et Gessner réemployait ce matériel pour ses notes. Étant donné ses difficultés financières, des textes qui pouvaient être complètement gratuits comme les défets de l'imprimeur étaient sans doute spécialement utiles, mais Gessner découpait probablement aussi des livres qui n'étaient par ailleurs pas destinés à être jetés, comme il le suggère dans ses recommandations pour l'indexation. Cependant, je n'ai trouvé aucun livre mutilé par cette sorte de prise de notes, ce qui laisse à penser qu'une fois qu'un livre avait été découpé de cette façon il était jeté, si ce n'est immédiatement, du moins par des possesseurs ultérieurs, comme inutile.

Découper et coller pour créer de nouveaux textes à partir d'anciens fut probablement d'abord une pratique d'imprimeurs, appliquée surtout à la manipulation de manuscrits. Les imprimeurs découpaient fréquemment l'exemplaire d'impression au cours du processus, par exemple pour que différents compositeurs puissent travailler en même temps sur différentes parties du texte, mais aussi pour éditer un texte. Ainsi, Oporinus à Bâle demanda à un auteur de soumettre son manuscrit écrit seulement d'un seul côté de la page de façon que l'œuvre puisse être mise dans un meilleur ordre en découpant et en collant les passages[148]. Cette pratique fut également mise en œuvre par des auteurs prolifiques : Jérôme Cardan recommandait de découper et coller des passages de textes existants (de sa propre production, ou de celle d'autres auteurs) afin de réorganiser ou de composer un livre, et Robert Boyle indiqua qu'il découpait et collait ses notes pour composer un texte à publier[149]. On coupait-collait aussi à l'étape de la correction des épreuves. Ainsi l'exemplaire personnel de Gessner (*Handexemplar*) de sa *Bibliotheca* diffère, en une ouverture de pages, des autres exemplaires imprimés et porte une correction de dernière minute par laquelle deux passages ont été découpés d'une autre feuille pendant l'impression (même mise en page, et même police de caractères) et collés dans la marge au bas de la page. Ces passages furent alors intégrés à ces pages dans les autres exemplaires du livre (à la place de passages biffés par Gessner). Le *Handexemplar*, que Gessner enrichit aussi d'onglets pour faciliter la consultation et de nombreuses annotations marginales de sa main, doit ainsi être plutôt considéré comme un exemplaire du livre dans une étape de correction proche du produit final, que Gessner conserva pour son propre usage. De ce fait il ne privait pas l'imprimeur d'un seul exemplaire d'auteur[150].

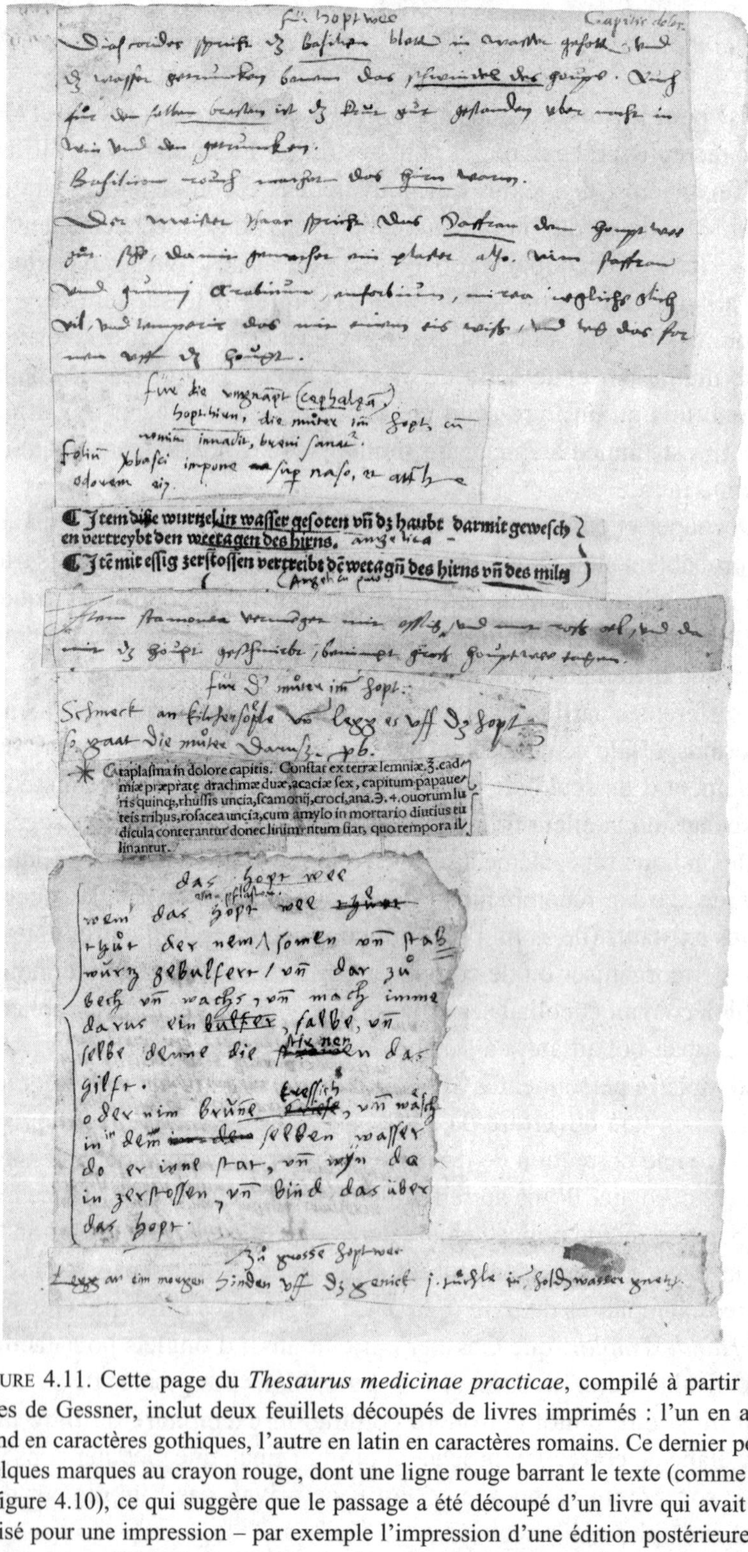

Jtem dise wurtzel in wasser gesoten vñ dz haubt darmit gewesch en vertreybt den wetagen des hirns.
Jtē mit essig zerstossen vertreibt dē wetagē des hirns vñ des milts

Cataplasma in dolore capitis. Constat ex terræ lemniæ, ℥. cadmiæ præpratę drachmæ duæ, acaciæ sex, capitum papaueris quinq, thussis uncia, scamonij, croci, ana. ℈. 4. ouorum luteis tribus, rosacea uncia, cum amylo in mortario diutius eudicula conterantur donec linimentum fiat, quo tempora illinantur.

FIGURE 4.11. Cette page du *Thesaurus medicinae practicae*, compilé à partir des notes de Gessner, inclut deux feuillets découpés de livres imprimés : l'un en allemand en caractères gothiques, l'autre en latin en caractères romains. Ce dernier porte quelques marques au crayon rouge, dont une ligne rouge barrant le texte (comme sur la figure 4.10), ce qui suggère que le passage a été découpé d'un livre qui avait été utilisé pour une impression – par exemple l'impression d'une édition postérieure du même ouvrage. Le texte imprimé marqué par le compositeur aurait normalement été jeté mais Gessner en découpa des passages pour les garder pour ses notes. Reproduit avec l'autorisation de la Bibliothèque centrale de Zurich MS 204a. f.47r.

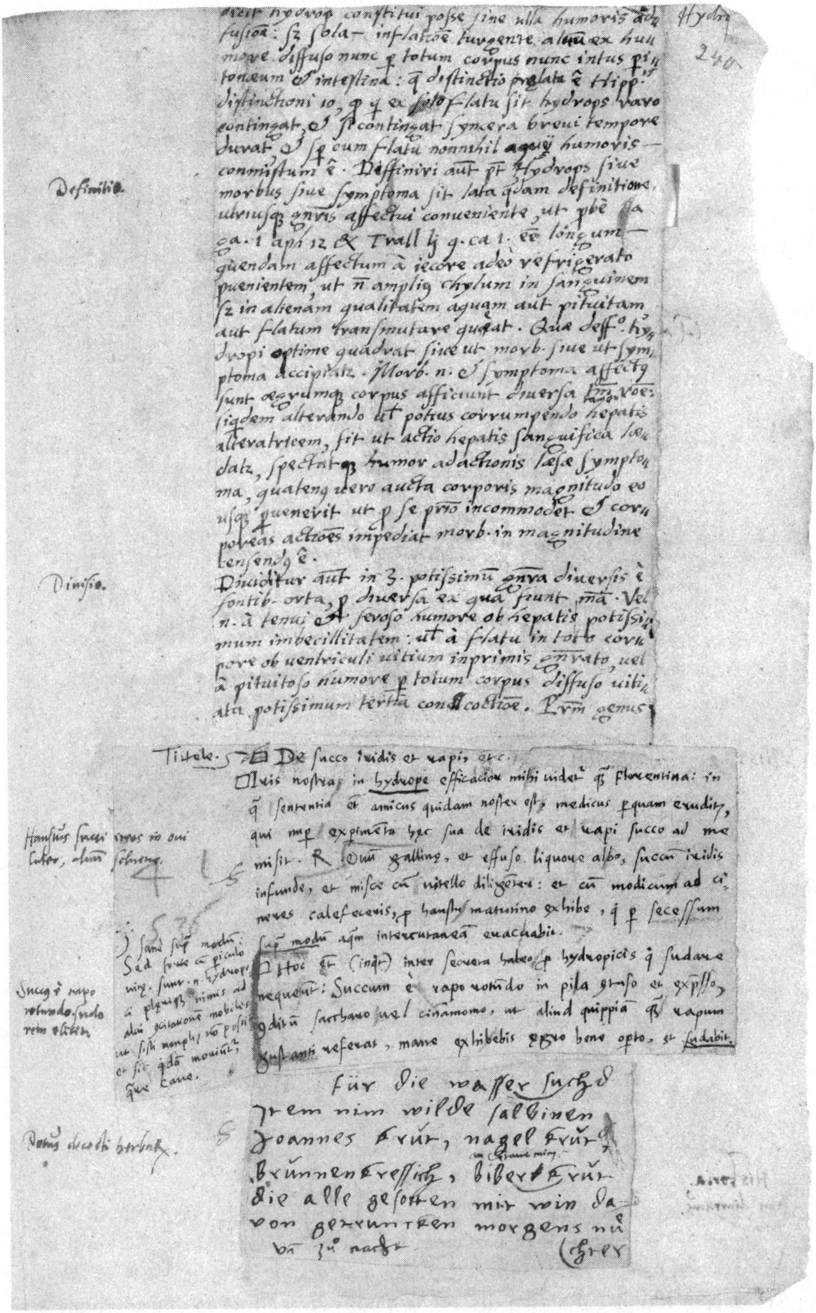

FIGURE 4.12. Ce passage du *Thesaurus medicinae practicae* comporte un extrait d'un manuscrit employé dans l'impression (à noter les marques au crayon rouge indiquant signature et numéro de page). Gessner récupéra des parties du manuscrit employé pour le conserver dans ses notes. Reproduit avec l'autorisation de la Bibliothèque centrale de Zurich, MS 204b, f.240r.

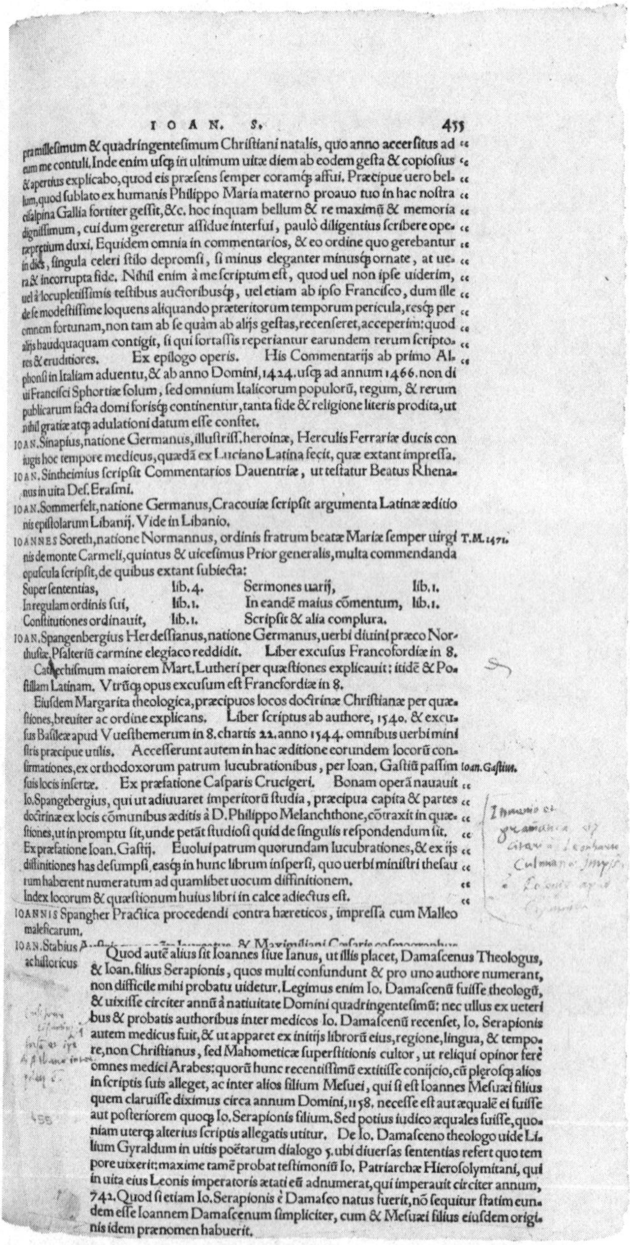

IOAN. S. 455

pra millesimum & quadringentesimum Christiani natalis, quo anno accersitus ad eum me contuli. Inde enim usq; in ultimum uitæ diem ab eodem gesta & copiosius & apertius explicabo, quod eis præsens semper coramq; affui. Præcipue uero bellum, quod sublato ex humanis Philippo Maria materno proauo tuo in hac nostra cisalpina Gallia fortiter gessit, &c. hoc inquam bellum & re maximũ & memoria dignissimum, cui dum gereretur assidue interfui, paulò diligentius scribere operæpretium duxi. Equidem omnia in commentarios, & eo ordine quo gerebantur in dies, singula celeri stilo depromsi, si minus eleganter minusq; ornate, at uera & incorrupta fide. Nihil enim à me scriptum est, quod uel non ipse uiderim, uel à locupletissimis testibus auctoribusq;, uel etiam ab ipso Francisco, dum ille de se modestissime loquens aliquando præteritorum temporum pericula, resq; per omnem fortunam, non tam ab se quàm ab alijs gestas, recenseret, acceperim: quod alijs haudquaquam contigit, si qui fortassis reperiantur earundem rerum scriptores & eruditiores. Ex epilogo operis. His Commentarijs ab primo Alphonsi in Italiam aduentu, & ab anno Domini, 1424. usq; ad annum 1466. non diui Francisci Sphortiæ solum, sed omnium Italicorum populorũ, regum, & rerum publicarum facta domi forisq; continentur, tanta fide & religione literis prodita, ut nihil gratiæ atq; adulationi datum esse constet.

IOAN. Sinapius, natione Germanus, illustriss. heroinæ, Herculis Ferrariæ ducis coniugis hoc tempore medicus, quædã ex Luciano Latina fecit, quæ extant impressa.

IOAN. Sintheimius scripsit Commentarios Dauentriæ, ut testatur Beatus Rhenanus in uita Des. Erasmi.

IOAN. Sommerfelt, natione Germanus, Cracouiæ scripsit argumenta Latinæ æditionis epistolarum Libanij. Vide in Libanio.

IOANNES Soreth, natione Normannus, ordinis fratrum beatæ Mariæ semper uirginis de monte Carmeli, quintus & uicesimus Prior generalis, multa commendanda opuscula scripsit, de quibus extant subiecta: T.M. 1471.

Super sententias,	lib. 4.	Sermones uarij,	lib. 1.
In regulam ordinis sui,	lib. 1.	In eandẽ maius cõmentum,	lib. 1.
Constitutiones ordinauit,	lib. 1.	Scripsit & alia complura.	

IOAN. Spangenbergius Herdessianus, natione Germanus, uerbi diuini præco Northusiæ, Psalteriũ carmine elegiaco reddidit. Liber excusus Francofordiæ in 8.

Catechismum maiorem Mart. Lutheri per quæstiones explicauit: itidẽ & Postillam Latinam. Vtrũq; opus excusum est Francfordiæ in 8.

Eiusdem Margarita theologica, præcipuos locos doctrinæ Christianæ per quæstiones, breuiter ac ordine explicans. Liber scriptus ab authore, 1540. & excusus Basileæ apud Vuesthemerum in 8. chartis 22. anno 1544. omnibus uerbi ministris præcipue utilis. Accesserunt autem in hac æditione eorundem locorũ confirmationes, ex orthodoxorum patrum lucubrationibus, per Ioan. Gastiũ passim suis locis insertæ. Ioan. Gastius. Ex præfatione Casparis Crucigeri. Bonam operã nauauit Io. Spangebergius, qui ut adiuuaret imperitorũ studia, præcipua capita & partes doctrinæ ex locis cõmunibus æditis à D. Philippo Melanchthone, cõtraxit in quæstiones, ut in promptu sit, unde petãt studiosi quid de singulis respondendum sit. Ex præfatione Ioan. Gastij. Euolui patrum quorundam lucubrationes, & ex ijs diffinitiones has desumpsi, easq; in hunc librum inspersi, quo uerbi ministri thesaurum haberent numeratum ad quamlibet uocum diffinitionem. Index locorum & quæstionum huius libri in calce adiectus est.

IOANNIS Spangher Practica procedendi contra hæreticos, impressa cum Malleo maleficarum.

IOAN. Stabius A[...] & Maximiliani Cæsaris cosmographus ac historicus

Quod autẽ alius sit Ioannes siue Ianus, ut illis placet, Damascenus Theologus, & Ioan. filius Serapionis, quos multi confundunt & pro uno authore numerant, non difficile mihi probatu uidetur. Legimus enim Io. Damascenũ fuisse theologũ, & uixisse circiter annũ à natiuitate Domini quadringentesimũ: nec ullus ex ueteribus & probatis authoribus inter medicos Io. Damascenũ recenset, Io. Serapionis autem medicus fuit, & ut apparet ex initijs librorũ eius, regione, lingua, & tempore, non Christianus, sed Mahometicæ superstitionis cultor, ut reliqui opinor ferè omnes medici Arabes: quorũ hunc recentissimũ extitisse conijcio, cũ plerosq; alios in scriptis suis alleget, ac inter alios filium Mesuei, qui si est Ioannes Mesuæi filius quem claruisse diximus circa annum Domini, 1158. necesse est aut æqualẽ ei fuisse aut posteriorem quoq; Io. Serapionis filium. Sed potius iudico æquales fuisse, quoniam uterq; alterius scriptis allegatis utitur. De Io. Damasceno theologo uide Lilium Gyraldum in uitis poëtarum dialogo 5. ubi diuersas sententias refert quo tempore uixerit; maxime tamẽ probat testimoniũ Io. Patriarchæ Hierosolymitani, qui in uita eius Leonis imperatoris ætati eũ adnumerat, qui imperauit circiter annum, 742. Quod si etiam Io. Serapionis è Damasco natus fuerit, nõ sequitur statim eundem esse Ioannem Damascenum simpliciter, cum & Mesuæi filius eiusdem originis idem prænomen habuerit.

FIGURE 4.13. Exemplaire de la *Bibliotheca universalis* (1545) de Conrad Gessner ayant appartenu à l'auteur. Cet exemplaire personnel (*Handexemplar*) contient de nombreuses annotations de la main de Gessner tout au long du texte. Gessner employa cet exemplaire (auquel il ajouta des onglets pour en faciliter la consultation) pour garder de nouvelles informations sur ces sujets. Gessner pouvait aussi avoir à l'esprit de préparer une 2e édition (il n'y en aura pas). Outre les annotations manuscrites, cette page contient un paragraphe imprimé, dans le même caractère typographique, découpé probablement d'une autre page du même livre et collé dans la marge du bas. Dans d'autres exemplaires de la *Bibliotheca*, ce paragraphe apparaît dans le corps du texte imprimé, ce qui indique que cet exemplaire fut employé pour des corrections à l'atelier, puis retiré de la circulation en tant qu'exemplaire personnel de Gessner. Reproduit avec l'autorisation de la Bibliothèque centrale de Zurich Dr M 3, f. 455r.

Finalement, les imprimeurs pouvaient aussi retirer un volume de leur stock et y intercaler des pages vierges à chaque ouverture de page, afin de noter les ajouts et changements qui seraient introduits dans une édition ultérieure. Le *Nachlass* de Gessner contient un exemplaire interfolié de la *Bibliotheca* de 1583, qui survit car il n'y en eut plus d'autre édition ; les feuilles interfoliées portent des ajouts manuscrits, mais aussi une feuille imprimée portant la table des matières d'un volume par François Hotman, tenant ainsi l'information prête à être insérée dans une édition future de la *Bibliotheca*[151].

Le couper-coller fut largement pratiqué ensuite par les compilateurs. Gessner le recommandait explicitement, et le préambule du *Magnum theatrum* révélait que cette méthode était une des conditions posées par Beyerlinck pour accepter ce travail (« 3. Que, pour éviter le désagrément épuisant de copier, des livres imprimés correctement seraient utilisés »). Samuel Hartlib conclut que Zwinger devait avoir fait de même, en remarquant dans son journal de 1641 (ou peut-être avait-il à l'esprit la préface du *Magnum theatrum*) :

> Zwinger fit ses extraits en employant de vieux livres et en déchirant des pages entières de ces derniers ; sinon il eût été impossible d'avoir tant écrit si chaque chose avait dû être écrite ou copiée[152].

Beyerlinck aussi bien que Zwinger ont probablement tous deux employé cette technique pour intercaler de longues séquences de livres imprimés, comme ils reconnaissent discrètement l'avoir fait[153]. Je n'ai pas de preuves manuscrites de rédaction de la *Polyanthea,* mais il est facile d'imaginer comment un exemplaire dans la série pouvait être transformé en copie destinée à une nouvelle édition.

En dehors de ce milieu de compilateurs, des lecteurs de l'époque moderne utilisèrent diverses formes de couper-coller de manuscrits et d'imprimés, à différentes fins, pour piller de jolis morceaux, ou suivre les instructions de l'auteur, ou garder ou voler de l'information. La plus répandue de ces pratiques, tolérées jusqu'au XIXe siècle, était de découper des enluminures, des initiales ornées, ou d'autres éléments décoratifs de manuscrits médiévaux et de livres imprimés, pour enrichir d'autres manuscrits ou livres, ou simplement pour les collectionner. Autour de 1500, l'imprimerie entraîna une chute générale de la valeur des manuscrits médiévaux, qui étaient souvent considérés comme obsolètes dès lors qu'une édition imprimée du même texte était disponible. Bien sûr, quelques manuscrits restaient appréciés pour leurs contenus exceptionnels, ou leur provenance, mais un grand nombre d'entre eux furent détruits (notamment de façon très spectaculaire lors de la dissolution des monastères en Angleterre), et les parchemins qui leur servaient de support furent employés comme couvercles de jarres ou dans la reliure de livres. C'est surtout au XVIIIe siècle qu'émergea un marché du livre rare et que la valeur des manuscrits commença à remonter[154]. Les manuscrits médiévaux étaient parfois découpés avant l'invention de l'imprimerie, pour transférer des enluminures d'un vieux manuscrit à un nouveau. Cette pratique s'intensifia après l'apparition de l'imprimerie. Découper des enluminures était même une activité pour enfants (dans des familles très privilégiées seulement) au début du XIXe siècle[155]. La disponibilité des manuscrits médiévaux avait si longtemps semblé pratiquement infinie que les bibliothécaires, libraires, et bibliophiles avaient peu de scrupules à les découper. De même pour les livres imprimés dont on trouve des images et initiales ornées, découpées et collées dans des cahiers de lieux communs ou journaux tenus par des aristocrates anglais, mais aussi dans un cas exceptionnel par un travailleur français du textile[156]. Parmi les livres imprimés, découper un frontispice ou une gravure pour les coller dans un autre exemplaire fut longtemps conçu comme une manière d'améliorer ce dernier (un des sens de la « sophistication » en français et en anglais), et d'accroître sa valeur marchande. En Angleterre, aux XVIIIe et XIXe siècles, les collectionneurs confectionnaient des exemplaires « extra-illustrés » en insérant de la matière relative au sujet provenant d'autres sources (surtout des images, mais aussi des textes, manuscrits ou imprimés), et collée sur des feuilles intercalées ; quelques-uns de ces volumes acquirent une valeur et un prestige considérables, et sont devenus des objets de collection prisés[157].

Dans certains imprimés, les auteurs enjoignaient à leurs lecteurs de découper et coller des pages du livre, pour introduire des corrections ou compléter un livre à l'aide de feuillets mobiles. Par exemple le mathématicien français Oronce Finé (1494-1555) corrigea une illustration fautive dans un livre qu'il fit imprimer sur l'astronomie en insérant l'image correcte dans les errata, et en demandant au lecteur de la découper puis de la coller sur l'image imprimée par erreur dans le corps du texte[158]. Dans un exemplaire d'une édition de 1705 de la *Souda* les errata imprimés à la fin du volume furent découpés par un lecteur en feuillets, et chacun collé à l'endroit approprié du texte[159]. D'autres genres demandaient au lecteur ou bien à un professionnel du livre (un relieur ou un rubricateur) de couper et coller pour donner au livre sa forme finale. Les livres d'astronomie contenant des volvelles imprimaient (d'un seul côté de la page) des disques de papier pour qu'on les découpe et les attache par une ficelle à une autre image imprimée dans le livre pour simuler le mouvement des corps célestes relatifs les uns aux autres lorsqu'ils tournaient autour de la ficelle centrale. Certains livres d'anatomie étaient conçus avec des rabats à coller après l'impression que l'on pouvait soulever pour dévoiler les organes du corps. Un manuel de confession de 1682 fut produit avec des languettes qui pouvaient être tirées et remises en place, pour garder en mémoire les péchés à confesser et les absolutions reçues. Dans le cas de la *Bilder-Akademie für die Jugend* (Académie d'images pour les jeunes) de Johann Sigmund Stoy (1784) les lecteurs devaient découper les images et les coller sur des fiches pour servir à l'instruction morale des enfants[160].

Plus généralement, l'imprimerie, en réduisant le prix d'achat d'une quantité croissante d'ouvrages, ouvrit la voie à une manipulation plus désinvolte des livres. Joachim Ringelberg (1499-1531) décrivit comment durant ses nombreux voyages, ne pouvant emporter tous ses livres avec lui, il emportait seulement les pages qui contenaient des notes marginales et jetait le reste du livre[161]. À la fin du XVIIe siècle, le bibliophile Jean-Nicolas de Tralage conservait des références à des livres intéressants sur des feuillets manuscrits qu'il collait dans un cahier in-folio ; mais il insérait parmi ceux-ci quelques éléments imprimés, dont par exemple la page de titre du *Pieux Pèlerin* de Bernardin Surius, qui n'était pas forcément découpée du livre, mais pouvait être un prospectus publicitaire pour le livre[162]. Les cahiers de notes de Johann Joachim Winckelmann (1717-1768) comportent quelques pages découpées d'un dictionnaire polyglotte[163]. Ainsi, le mélange de manuscrits et d'imprimés se pratiquait non seulement dans les annotations manuscrites dans les livres, mais aussi par l'insertion de contenu imprimé dans les manuscrits[164]. Vers la fin du XVIIe siècle, on conçut des systèmes de rangement pour faciliter ces mélanges, comme l'armoire à notes de

Placcius ou les « porte-feuilles » ou dossiers utilisés par un érudit ecclésiastique parisien[165].

Même si l'on acceptait le découpage dans de nombreuses situations, la mutilation de livres appartenant à autrui fut considérée comme criminelle tout au long de la période moderne. Les règles de 1572 édictées par la Herzog August Bibliothek à Wolfenbüttel (celle du duc de Brunswick, personnage déjà plusieurs fois rencontré) interdisaient aux lecteurs d'entrer avec des couteaux ou des ciseaux et de porter de longs habits dans lesquels de tels objets pouvaient être cachés ; les bibliothécaires devaient examiner tous les livres à leur retour, pour s'assurer de leur intégrité. Toutes ces règles dénotent la crainte qu'un lecteur puisse découper un livre pour en dérober une partie. Melchior Goldast (1578-1635) se comporta ainsi, et apparemment impunément : il défendit le découpage de parties de manuscrits médiévaux qu'il avait effectué dans de nombreuses bibliothèques, soutenant qu'en les publiant il les avait mis en valeur. Matthias Flacius Illyricus (1520-1575), par contre, fut l'objet d'attaques cinglantes de la part de ses contemporains, pour le vol et l'amputation de livres, lors de son voyage de monastère en monastère déguisé en moine ; mais l'accusation est considérée comme diffamatoire par les chercheurs les plus récents[166]. Cet exemple est en tout cas la preuve que les contemporains considéraient ce genre d'agissements comme plausibles et hautement répréhensibles. La mutilation et le vol par découpage de livres rares (notamment pour en subtiliser des cartes ou des illustrations et les revendre au détail) furent un problème récurrent pendant toute la période moderne et le demeurent aujourd'hui[167].

Dans la plupart des cas les auteurs et lecteurs de l'époque moderne coupaient et collaient des livres à des fins utilitaires, pour créer de nouveaux ou de meilleurs livres en s'exemptant de les copier. Parfois des érudits conseillaient de découper un livre pour le détruire totalement ou en partie. La censure occasionna la suppression de pages ou de cahiers entiers. Et les inquiétudes éveillées par la surinformation poussèrent quelques-uns à militer pour une purge radicale des livres existants, en sélectionnant seulement les passages intéressants, ou bien une petite quantité de livres dignes de passer à la postérité. Mais de telles propositions étaient si drastiques précisément parce que le risque qu'elles fussent adoptées un jour était minime[168].

Les expédients conçus à la Renaissance restèrent en usage aux époques suivantes. Jusqu'à une date récente les érudits et écrivains ont continué à découper et coller leurs notes manuscrites et leurs brouillons dans le processus de composition[169]. D'autres encore coupaient des passages de livres imprimés pour les insérer dans leurs notes, lettres ou textes ; un auteur du XXe siècle rapporte qu'il avait déchiré les parties qu'il n'aimait pas dans les livres qu'il lisait[170]. Au XIXe siècle, les *scrapbooks* personnels, et, à partir de 1900 environ, des services de presse, rassemblaient des passages découpés dans les journaux et les magazines. William Smellie qui compila la plus grande partie de la 1re édition de l'*Encyclopaedia Britannica* (trois volumes, 1768-1771) décrivait probablement sa méthode de travail quand il « avait coutume de dire en plaisantant qu'il avait établi un *Dictionnaire des arts et des sciences* avec une paire de ciseaux, en extrayant de divers livres un *quantum sufficit* de matière pour l'imprimeur[171] ». Les termes « couper » et « coller » dans les logiciels de traitement de texte, peut-être choisis pour créer un sentiment de continuité avec les méthodes de travail pré-électroniques, sont devenus des métaphores pour des pratiques très physiques d'écrivains qui avaient parmi leurs outils – à côté du papier, des plumes et de l'encre – des ciseaux et de la colle.

L'usage de feuillets, dont les passages coupés-collés de sources imprimées, se perpétua bien après Gessner et Beyerlinck. Samuel Johnson compila son dictionnaire sur des feuillets et en combinant passages imprimés et manuscrits, mais, curieusement, il dut de nouveau inventer quelques-unes des complexités de ces méthodes – son premier brouillon fut rédigé sur les deux côtés des feuilles et dut être transcrit sur des feuilles écrites d'un seul côté pour que celles-ci puissent être découpées en fiches. Six assistants travaillaient sur le projet, copiaient les passages signalés par Johnson sur des feuilles (d'un seul côté), les classaient par ordre alphabétique, et les collaient sur le manuscrit du dictionnaire. Johnson révisa son dictionnaire jusqu'à sa mort, motivé en partie par le besoin de revenus, car seule une nouvelle édition pouvait assurer de nouvelles ressources à l'auteur[172]. Dans l'Angleterre du XVIIIe siècle, en dépit de la nouvelle législation sur la propriété intellectuelle, ni les pressions exercées sur les compilateurs pour réviser et augmenter leurs œuvres, ni les méthodes qu'ils employaient pour le faire, n'avaient radicalement changé depuis l'époque de Gessner.

C'était encore le cas plus d'un siècle plus tard à la rédaction et à la distribution de l'*Oxford English Dictionary.* Ce dictionnaire était composé à partir de fiches conservées dans des casiers. Le projet fut lancé par Herbert Coleridge (1830-1861) qui conçut une grille de cinquante-quatre casiers pour intégrer les fiches des 100 000 citations qu'il espérait recevoir de lecteurs volontaires ; il mourut deux ans après le début du projet, qui était parvenu seulement à la moitié de la lettre « A ». Avec James Murray (1837-1915) l'échelle de gestion de l'information s'accrut à 1 029 casiers qui accueillirent des millions de fiches. L'*Oxford English Dictionary* fut vendu en tranches par souscription sous la houlette de multiples éditeurs entre 1884 et 1928[173].

Le couper-coller de textes (manuscrits ou imprimés) était une technique ingénieuse, qui épargnait la tâche de copier, ainsi que les erreurs que la copie pouvait aisément entraîner (bien que cet argument ne fût pas employé à ma connaissance à l'époque moderne). En facilitant des emprunts de masse aux compilations existantes et à d'autres sources, le couper-coller permettait de produire plus rapidement des compilations plus grandes, en exigeant moins des efforts de travail et de jugement dont les compilateurs s'étaient longtemps vantés. Aujourd'hui, les outils électroniques offrent de nouveaux outils de rédaction automatique. Ainsi un « auteur » a compilé par recherche internet plus de 200 000 livres couvrant un vaste éventail de sujets. Les méthodes mécaniques de rédaction mettent en question les limites des notions actuelles de la propriété intellectuelle, fondées sur l'originalité et la créativité, même si ces notions jouèrent un rôle minime dans les premiers développements du copyright. La loi originaire du copyright, le Statut d'Anne de 1710, permettait de copier des éléments d'un livre (des scènes ou des personnages d'un roman par exemple) ainsi que de faire des abrégés, anthologies, imitations et révisions. Ainsi à l'époque moderne les différentes sortes de compilation « mécanisée » ne posèrent aucune difficulté juridique. Avec l'explosion d'ouvrages de référence en langues vernaculaires au XVIIIe siècle (sur laquelle je reviendrai au prochain chapitre), les compilateurs employèrent de nombreuses tactiques pour tenter d'empêcher leurs rivaux de travailler, mais souvent sans succès[174]. Pour la rédaction d'ouvrages de référence, l'usage de fiches et du couper-coller favorisa la délégation de certaines tâches (classement, collage) à des assistants considérés comme sans qualifications (serviteurs, femmes, ou enfants), mais l'usage de ces outils n'a pas eu pour conséquence une conception mécanique des tâches intellectuelles impliquées. Celles-ci continuèrent d'inspirer des travaux ambitieux de compilation.

Chapitre 5

L'influence des premiers livres de référence imprimés

Il est particulièrement difficile de mesurer l'influence des livres de référence dans l'Europe de l'époque moderne. Ces livres étaient onéreux et appartenaient souvent à des institutions, si bien que nous n'avons que peu de traces des individus qui s'en servaient réellement. De tels livres étaient aussi moins largement annotés que ceux relevant d'autres genres, en partie parce qu'ils appartenaient à des bibliothèques, qui décourageaient l'annotation des livres par les usagers, et en partie probablement à cause des modes de lecture qu'ils suscitaient. Lorsqu'un livre de référence contient des annotations, celles-ci signalent souvent un passage, ou bien par des traits dans la marge, ou par de simples symboles (une étoile, un doigt pointé) sans nous donner d'indication sur la manière dont le lecteur comptait en tirer profit. Ces annotations ne permettent pas d'identifier l'écriture d'un lecteur, et il est donc impossible de savoir si elles ont été laissées par des lecteurs différents – et combien – et si elles le furent au cours de multiples séances de lecture. Enfin, à l'époque comme aujourd'hui, les livres de référence ne font pas partie des sources que les auteurs aiment citer expressément ; beaucoup de ceux qui les utilisaient niaient l'avoir fait, et il est difficile de prouver ces dires. En même temps, nous avons des indications claires sur la large diffusion et l'usage fréquent de ces ouvrages, à travers le nombre de titres et d'éditions publiés, le grand nombre d'exemplaires encore conservés, et les commentaires contemporains sur leur utilisation, y compris des plaintes sur le déclin du savoir qu'ils entraînaient. L'utilisation des outils de consultation caractéristiques des livres de référence dans d'autres genres et manuscrits est un autre indice.

Une large distribution géographique, chronologique et sociale

Même si les livres de référence étaient surtout publiés dans les principaux centres d'imprimerie de l'Europe occidentale (Bâle, Strasbourg et Cologne sur le Rhin, ainsi que Lyon et Venise), ceux qui avaient le plus de succès, tels que la *Polyanthea*, circulaient largement à travers toute l'Europe, traversant les frontières religieuses, politiques et linguistiques. Une preuve indirecte permettant de mesurer l'importance à l'époque de l'utilisation d'un livre est l'étendue de la zone géographique dans laquelle on trouve encore des exemplaires aujourd'hui. Bien sûr, nombre de livres rares se trouvent de nos jours en des lieux éloignés de ceux où ils étaient utilisés à l'époque moderne – c'est le cas de la majorité des exemplaires présents dans les bibliothèques nord-américaines, asiatiques ou australiennes. Mais les livres de référence en latin possédés actuellement par des bibliothèques européennes étaient généralement acquis non pas sur le marché du livre rare, mais « naturellement », à partir de legs, confiscations et fusions réalisées le plus souvent localement, si bien que leur emplacement actuel fournit une indication plausible sur l'endroit où ils ont été utilisés par le passé (sur le lieu de résidence du dernier possesseur à les avoir eus entre les mains avant qu'ils ne rejoignent l'institution en question). La stabilité spatiale de ces exemplaires est de plus favorisée par le fait que ces livres n'étaient pas associés à des auteurs célèbres ou à des premières éditions de valeur, et ils n'étaient pas non plus considérés comme des fleurons du patrimoine national, tous facteurs qui ont motivé en règle générale les acquisitions modernes par les institutions européennes. Certes, ces livres ont pu beaucoup voyager à l'époque moderne, via des circuits commerciaux ou du fait de mouvements de population – étudiants revenant chez eux après des études à l'étranger, ou des réfugiés religieux –, mais l'emplacement actuel du livre nous permet en général de savoir où il avait été utilisé à l'époque moderne. Les ex-libris et autres preuves de propriété individuelle confirment que la *Polyanthea* et le *Theatrum* se sont répandus de l'Angleterre à l'Europe centrale et du Nord au Sud.

Les réseaux de distribution ne sont pas simples à mettre en évidence, étant donné la pauvreté des archives d'imprimeurs subsistant pour cette époque, mais de récentes études ont mis l'accent sur le rayonnement international de ces imprimeurs, qui participaient à des entreprises communes et à des échanges de livres sur de grandes distances géographiques, linguistiques et religieuses. Ainsi des règlements de dettes, effectués sous la pression d'une faillite ou d'un décès, avaient pour conséquence des échanges d'imprimés que le destinataire n'aurait pas *a priori* choisi d'acquérir, mais qu'il cherchait naturellement à vendre dès qu'il les avait en stock[1]. Une telle transaction entre des libraires italiens et anglais peut expliquer pourquoi trois exemplaires de la *Polyanthea* de Savone (1503), et quatre exemplaires de la *Polyanthea* de Savone (1514), ont abouti à Londres, Oxford et Cambridge alors que tous les autres exemplaires dont nous connaissons l'emplacement aujourd'hui se trouvent en Italie ou en Espagne.

Les imprimeurs commerçaient librement entre eux par-delà les divisions religieuses, mais les Églises et les États tentaient de réguler la production et la circulation de livres considérés comme dangereux pour des raisons religieuses, morales ou politiques. La censure sévissait dans les régions aussi bien catholiques que protestantes, mais il est plus facile d'étudier l'exemple catholique car il donna lieu à des listes imprimées de livres condamnés. La censure protestante existait localement, surtout avant la publication et ne générait pas de condamnations observables après publication. Les catholiques s'ingéniaient à rendre acceptables certaines œuvres écrites par des protestants, mais d'autres ouvrages étaient totalement bannis. Les livres de référence en particulier, par l'utilité qu'on leur reconnaissait, étaient des ouvrages que les index catholiques de livres interdits autorisaient après en avoir expurgé certains passages : par exemple, les éloges de doctrines ou de personnages protestants. Pendant les périodes de censure intense comme celle des années 1590, une autorisation spéciale pour se procurer et consulter une œuvre comme le *Theatrum* était accordée à des individus dignes de confiance dans le domaine religieux, et dont le besoin affiché d'avoir recours au livre (souvent dans un but polémique, mais dans ce cas précis sans doute avec des objectifs encyclopédiques) était censé mériter considération ; c'est de cette façon que l'on rencontre Ulisse Aldrovandi comme lecteur autorisé du *Theatrum*[2]. Même les clercs trouvaient le *Theatrum* utile, si bien qu'il figurait dans les fonds de la bibliothèque du séminaire de Fiesole en 1646. Le *Theatrum* eut d'autres propriétaires catholiques, en France entre autres, si l'on en juge par les exemplaires censurés dans l'optique catholique, soit par un lecteur guidé par son propre sens de la bienséance, soit en accord avec des directives publiques[3]. À l'inverse, les protestants étaient prêts à utiliser la *Polyanthea* en dépit de son orientation généralement catholique ; par exemple, en 1610 un groupe d'étudiants de Strasbourg offrirent à leur maître un exemplaire de la *Polyanthea* de Lange, alors même que l'auteur, originaire de Strasbourg, s'était converti au catholicisme et avait depuis quitté la ville (voir *infra* p. 315).

Un livre de référence pouvait être particulièrement utile là où l'accès aux livres était limité. Même en Europe, les vertus du florilège en tant que substitut étaient reconnues. Par exemple, lorsque Jean Gruter composa un livre de lieux communs à l'usage des réfugiés religieux, il le conçut comme une « bibliothèque pour les exilés afin de l'emporter avec eux ». Gruter en avait ressenti lui-même la nécessité en tant que réfugié après le sac de Heidelberg en 1622, au cours duquel sa propre bibliothèque ainsi que la grande Bibliothèque du Palatinat où il travaillait avaient été détruites[4]. Pour des raisons semblables, les livres de référence en latin furent appréciés des Européens hors d'Europe. Un document d'archives espagnol témoigne d'une requête en provenance d'un camp militaire aux Philippines qui demandait l'autorisation d'obtenir un exemplaire du *Theatrum* de Zwinger[5]. Dès 1618, la mission jésuite en Chine possédait un exemplaire du *Theatrum* de 1586. Relié en sept volumes, l'ouvrage se trouvait parmi les livres apportés par un certain Hubert de Saint-Laurent, de Douai, qui devait rejoindre la mission à Pékin. Hubert mourut en route, mais ses livres terminèrent le voyage, et furent intégrés aux collections de la mission, marqués d'un ex-libris expliquant qu'Hubert avait hérité ces volumes de son frère Jean, professeur de grec à l'académie de Douai, et portant une mise en garde à propos des auteurs hérétiques qui y étaient cités : « À lire avec précaution [...] et les noms [des auteurs condamnés] ne doivent être cités ou mentionnés que très peu[6]. » Il existe des preuves aussi bien directes qu'indirectes de la présence d'exemplaires du *Magnum theatrum* en Amérique espagnole. Les volumes 2 et 6 d'une édition (probablement de l'édition de 1656 ou 1666 citée par erreur comme étant de 1665) figuraient parmi les livres importés par un libraire mexicain en 1683 ; en 1802, une des plus grandes bibliothèques rassemblées par un fonctionnaire des douanes provincial comportait les huit volumes de l'édition de 1707 parmi ses 900 volumes. Plus indirectement, huit exemplaires de la *Polyanthea* et cinq du *Magnum theatrum* présents dans les bibliothèques d'Amérique latine aujourd'hui ont pu provenir de propriétés coloniales[7]. Dans les colonies nord-américaines, Cotton Mather faisait l'éloge de l'*Encyclopedia* d'Alsted qu'il qualifiait de « passage du Nord-Ouest » vers toutes les sciences, mais l'exemplaire du *Magnum theatrum* (1707) actuellement conservé à la Bibliothèque de Boston ne date pas de la période coloniale – il figure au nombre des premières acquisitions de la Bibliothèque en 1840[8].

Les livres de référence en latin restèrent en usage longtemps après leur première édition si l'on en juge par les ex-libris et les annotations substantielles faites sur certains exemplaires un siècle ou plus après leur publication. Ces livres étaient plus chers et plus volumineux que ceux de la plupart des autres genres et devaient être reliés pour être utilisables, si bien qu'ils ne se détérioraient pas facilement et ils avaient plus de chances de survivre longtemps. En plus d'être résistants physiquement, ils conservaient aussi leur valeur bien après leur publication. Par exemple, un *Theatrum* de 1565 fut offert comme cadeau d'étrennes de 1666, selon une inscription manuscrite sur la page de titre. Ainsi plus d'un siècle après sa publication le livre était assez précieux pour être offert le jour le plus important de l'année pour l'échange de cadeaux[9]. Un autre exemplaire était considérablement annoté même encore au XVIIIe siècle[10]. Les ex-libris attestent d'acquisitions tardives du *Theatrum*. En 1793 par exemple, les carmélites d'Abensparg, en Bavière, achetèrent un exemplaire de l'édition de 1575 qui avait appartenu aux jésuites de Millestadt ; un exemplaire du *Theatrum* de 1586 était étiqueté propriété des jésuites de Heidelberg en 1746 avant de devenir celle du lycée de Heidelberg (probablement à la dissolution de la Compagnie de Jésus quelques années plus tard) puis d'être vendu et de terminer son parcours à l'université de Chicago[11]. Ces exemples viennent confirmer l'observation d'un chercheur qui conlut que le *Theatrum* fut utilisé activement pendant deux siècles[12].

De la même manière, des *Polyantheas* étaient lues et annotées bien après leur date de publication. Une édition de 1613 le fut par un étudiant d'Oxford qui y entra en 1693[13]. Une *Polyanthea* de 1567 fut achetée par Andreas Felix Oeffele en 1734. Bien que celui-ci fût un bibliophile, il ne collectionnait pas sans s'intéresser au contenu, et ajouta un grand nombre d'annotations à son exemplaire ; parmi celles-ci un proverbe allemand relatif à la rubrique *« munera »* (« cadeaux ») et, sous « loi », un long exemple latin intitulé *« lex dura »* et tiré d'une histoire de l'Italie datant du XVIIIe siècle[14].

La longue durée de vie sur les rayons d'un livre de référence en latin rend d'autant plus impressionnante la production régulière de nouvelles éditions jusqu'à la fin du XVIIe siècle, puisque celles-ci devaient se vendre en concurrence avec les anciennes qui étaient toujours disponibles. Bien que certains propriétaires (le plus souvent des institutions) aient possédé de multiples éditions du même livre de référence, en général, l'existence de nouvelles éditions laisse à penser que ces ouvrages touchaient sans cesse plus d'acheteurs et d'usagers, que ce soit directement ou indirectement par la revente d'éditions anciennes par ceux qui mettaient à jour leur collection en en achetant de nouvelles.

Il est difficile de trouver des indications sur les prix de ces livres à l'état neuf car les catalogues de vente ne comportaient pas en général les prix et les inscriptions sur les ex-libris ne mentionnaient que rarement le prix d'achat. Les prix pouvaient varier considérablement pour le même ouvrage. Dans le cas de trois exemplaires du *Catholicon* d'Augsbourg de 1469, la richesse de l'acheteur joua sûrement un rôle dans l'établissement du prix de ces tout premiers produits de l'imprimerie, à une époque où il n'y avait pas de concurrence et où les prix étaient encore plutôt arbitraires. De fait, la cathédrale de Bamberg acheta deux de ces exemplaires à un prix très élevé, l'un sur parchemin pour 48 florins or et un autre sur papier pour 47 florins ; alors que sensiblement au même moment, les dominicains de la même ville en acquirent un exemplaire pour 16 florins seulement[15]. Avec le temps, les foires de Francfort et la multiplication des centres d'imprimerie contribuèrent à la réduction de telles disparités de prix, mais à l'époque moderne les prix étaient toujours l'objet de marchandages et de pressions dus à des conjonctures spécifiques (y compris la rareté ou l'abondance d'un ouvrage à telle ou telle époque ou dans un endroit donné). Les livres de référence in-folio étaient naturellement chers à l'état neuf : l'inventaire d'un libraire espagnol en 1556 rapporte le prix d'une *Polyanthea* de 1539 estimé à 408 maravédis, l'un des livres les plus chers de sa liste[16]. À dimension constante, le prix d'un ouvrage déclina entre le milieu du XVIe siècle et le milieu du XVIIe siècle, mais de nouveaux records de taille comme de prix pour un livre de référence furent établis par le *Magnum theatrum*. En 1638, Drexel notait que le *Magnum theatrum* se vendait pour 70 florins, sans compter le prix de la reliure, et en encourageait l'achat : « Si le livre vous plaît, achetez-le » (*Si placet, eme*)[17].

Ces livres perdaient de la valeur, quelquefois brutalement, lorsqu'ils étaient des exemplaires d'occasion, si l'on en juge par des estimations dans des inventaires après décès et dans des catalogues de vente, qui sont parfois annotés des prix de vente. Même parmi les ouvrages de référence in-folio en latin, on peut constater une fourchette de prix considérable. La *Polyanthea* constituait le bas de l'échelle ; elle était évaluée à un prix étonamment bas, 16 pence pour chacun des deux exemplaires enregistrés dans l'inventaire de 1581 de la bibliothèque de l'évêque Richard Cox[18]. Elle était également suffisamment portable pour être reliée à bon marché, avec une couverture de parchemin souple, comme pour l'exemplaire qui appartenait à Edward Sylvester d'Oxford (que j'évoque plus loin) ; une *Polyanthea* appartenant aux jésuites de Munich était reliée dans un manuscrit musical du XIVe siècle, ce qui permettait une économie supplémentaire (en évitant la dépense d'un nouveau parchemin)[19]. Un exemplaire du catalogue de vente de la bibliothèque de Thomas Bartolinus de 1691 donne les prix de plusieurs ouvrages de référence, illustrant l'échelle des valeurs qui leur étaient attribuées. D'une part, quelques-uns des plus grands et des plus récents ouvrages atteignaient des prix élevés. Le *Magnum theatrum* (aucune date spécifiée) était parmi les plus chers de cette vente, à 17 livres. Ce prix n'était dépassé que par peu d'ouvrages, dont une *Histoire de France* de 1685 en plusieurs volumes de Mézeray qui se vendit 22 livres 4s. 8d., et était assez proche des prix d'une édition récente des *Opera* de Cardan en plusieurs volumes (1663, 13 livres 2s.), ou des œuvres combinées d'Hippocrate et de Galien (1679, 18 livres 0s. 2d.). Les prix constatés dans ce catalogue indiquent que l'on accordait plus de valeur aux éditions récentes, mais ils dépendaient aussi des intérêts des individus qui participaient à cette vente. D'autre part, d'autres livres de référence se vendaient beaucoup moins cher. Un *Calepino* de 1656 se vendit pour 5 livres, les *Lectiones antiquae* de Rhodiginus (probablement dans l'édition de 1666) pour 2 livres 1s, et le catalogue de 1674 de la Bodleian pour 2 livres 1s. 2d. Dans ce catalogue de 1691 des œuvres plus anciennes furent vendues encore beaucoup moins cher, par exemple la *Bibliotheca* de Gessner et ses suppléments pour seulement 3s. 8d., ou les *Adversaria* de Turnèbe (1604) pour 3s. 1d. Une collection de proverbes de 1646 (auteur et format inconnus) fut vendue dans la même fourchette de prix pour 4s. 2d.[20].

De nombreux exemplaires parvenus jusqu'à nous portent les ex-libris d'institutions religieuses ou éducatives, et auraient été accessibles à ceux de leurs membres qui jouissaient de droits d'accès à la bibliothèque (généralement seulement aux membres, et non aux étudiants d'un collège). Les bibliothèques d'universités et de collèges à l'époque moderne s'accroissaient habituellement non par acquisitions mais par dons et legs, surtout de la part de membres ou d'anciens étudiants. Ces livres légués entraient souvent dans une bibliothèque des années ou des dizaines d'années après leur achat. Un exemplaire du *Theatrum* fut ainsi annoté par un père puis son fils avant d'être légué à leur collège de Cambridge[21]. Il est de ce fait difficile de savoir si ces annotations étaient le fait du premier propriétaire d'un livre, d'usagers postérieurs ou des deux. En revanche, les ordres religieux catholiques, et particulièrement les nombreuses nouvelles maisons religieuses nées de la Contre-Réforme, avaient plus de chances de disposer de fonds affectés à l'acquisition pour les bibliothèques. Dans un exemplaire de la *Polyanthea* de 1539 appartenant aux chartreux de Buxheim, en Bavière, une note explique qu'un parchemin manuscrit des *Décrétales*, dont ils possédaient plus d'exemplaires que ce dont ils avaient besoin, avait été vendu pour 3 florins, qui furent employés à acheter d'autres livres considérés comme nécessaires, dont la *Polyanthea* en question[22]. Curieusement, cette congrégation possédait également une *Polyanthea* de 1507 ; les deux exemplaires se trouvent aujourd'hui à la bibliothèque de l'université Cornell. Apparemment, les chartreux estimaient utile de posséder des éditions multiples et sans cesse plus volumineuses de la *Polyanthea*, assez du moins pour ne pas se débarrasser de cet exemplaire supplémentaire. De même, les jésuites de Munich possédaient de multiples exemplaires de la *Polyanthea,* souvent achetés peu après leur publication : une *Polyanthea* de 1604 fut acquise cette année-là et la *Novissima polyanthea* de 1617 fut acquise en 1618 pour leur collège ; ils possédaient aussi une *Polyanthea* de 1552 (date d'acquisition non précisée)[23].

Les ouvrages de référence en latin étaient utilisés par une grande variété de lecteurs de latin. Si l'on en juge par les ex-libris, le *Magnum theatrum* était surtout possédé par des institutions, mais on trouve la trace de nombreux particuliers propriétaires de la *Polyanthea* et du *Theatrum*, y compris des médecins, des avocats, des clercs, des professeurs et des nobles[24]. La *Polyanthea* rencontra un public particulièrement large pour un livre en latin de cette taille. Un exemplaire de l'édition de Strasbourg (1517) porte un ex-libris en écriture hébraïque (non daté) apposé peut-être par un juif converti de la communauté de cette région, ou plus probablement, par un propriétaire chrétien désireux de montrer sa maîtrise des lettres hébraïques[25]. Un exemplaire de la *Polyanthea* de 1669 porte l'ex-libris d'une aristocrate, l'électrice Adelaïde ; un autre, de 1585, celui d'un couvent de femmes, les carmélites déchaussées de Prague[26].

Les types d'emplois

L'un des arguments de vente utilisés dans les préfaces des ouvrages généraux de référence en latin était leur capacité à apporter « quelque chose à chacun ». Il est certain que des œuvres telles que le *Calepino*, la *Polyanthea* et le *Theatrum* étaient utilisées dans des contextes divers, bien que les preuves que nous en ayons restent souvent limitées et incomplètes. Les préfaces et dédicaces destinées tout naturellement aux princes et aux hommes d'affaires nantis dont l'auteur pouvait attendre une gratification mettaient souvent en exergue l'utilité de ces compilations pour les hommes d'action, trop occupés pour beaucoup lire eux-mêmes. Un exemple parfait d'une telle utilisation est l'exemplaire de la *Polyanthea* de 1514 annoté par Henri VIII d'Angleterre sur des sujets personnels et politiques particulièrement intéressants pour lui (par exemple, « loi », « mariage », « pape ») (voir ci-dessus p. 242).

Comme moteurs de la *copia,* les compilations de citations et d'exemples étaient utilisées par tous ceux qui rédigeaient en latin et cherchaient à briller par leur maîtrise de la culture textuelle, aussi bien antique que biblique. On peut citer l'exemple d'un avocat parisien de la fin du XVIe siècle qui copiait à partir de florilèges imprimés (les collections d'épigrammes grecs d'Estienne et un livre de lieux communs historiques), rédigeant des arguments pour s'entraîner dans ses carnets de notes[27]. Les prédicateurs constituaient le public d'origine des florilèges médiévaux et continuaient à se servir de la *Polyanthea*. Le sermon catholique baroque adoptait ce qui a été qualifié de « style thesaurus », en empilant de nombreux exemples et citations, et une information encyclopédique dont les séminaristes étaient incités à commencer à faire collection dès le début de leurs études. Cette *copia* pouvait aisément être obtenue à partir des florilèges imprimés si les notes personnelles s'avéraient inadéquates[28]. La Bibliothèque du séminaire de Fiesole, par exemple, formée après que le concile de Trente décréta que chaque diocèse devait avoir un séminaire pour former des prêtres, et devait posséder une *Polyanthea*, un *Calepino*, et un *Theatrum* comme principaux ouvrages de référence[29]. Les médecins ont aussi puisé dans des compilations pour trouver des citations ou des exemples. Le médecin italien Girolamo Mercuriale demanda à plusieurs reprises à Zwinger de lui envoyer un exemplaire du *Theatrum* de 1586, bien qu'il possédât déjà un exemplaire de l'édition de 1571 ; mais dans un cas au moins où il eût pu le faire, il ne s'appuya pas sur ce livre pour un exemple[30]. Comme Zwinger avait étudié la médecine et qu'il la pratiquait, son *Theatrum* est particulièrement riche en exemples médicaux, et son réseau de correspondants comportait de nombreux praticiens de la médecine.

Les principaux usagers de ces ouvrages étaient sans doute des professeurs et des étudiants des facultés des arts. Il n'y avait pour ainsi dire pas un collège d'Oxford ou de Cambridge qui ne possédât une *Polyanthea*, habituellement parmi un certain nombre d'autres outils de référence. Beaucoup de livres de référence vantaient leur utilité pour des jeunes studieux, mais seuls quelques ex-libris identifient clairement des exemplaires comme ayant appartenu à des étudiants, qu'ils aient été acquis neufs ou d'occasion[31]. Mais d'autres indices confirment que les étudiants en faisaient usage. Les propriétaires de *Calepinos* étaient particulièrement nombreux. Ainsi, les vingt jésuites entrant au noviciat de Toulouse entre 1547 et 1587 y apportèrent des dictionnaires allant du texte élémentaire de petit format (le *Dictionarium puerorum* de Robert Estienne, ou les *Epitheta* de Ravisius Textor, une sorte de thesaurus d'adjectifs dans nos catégories modernes), jusqu'à des volumes plus grands et plus chers tels que le *Thesaurus Ciceronianus* de Nizolio et le *Calepino* que « tout connaisseur de la littérature classique » avait en sa possession[32]. Leurs contemporains plus âgés considéraient ces dictionnaires comme une nouveauté propre à cette génération. Robert Estienne (1503-1559) évoque des souvenirs de sa jeunesse dans la préface de son édition du *Calepino* (1553) : « Quand nous étions étudiants [vers 1520], nous vîmes à quel point il était besoin de disposer de dictionnaires corrects et complets. » En satisfaisant ce besoin, il affirmait que son dictionnaire aiderait spécialement les *studiosi* à identifier des mots qui avaient été corrompus dans les textes qu'ils utilisaient[33].

Dans ce cas, comme dans d'autres, nous pouvons identifer des livres de référence ayant été utilisés (comme ils le sont encore de nos jours) pour vérifier ou corriger d'autres sources. L'imprimeur humaniste Plantin d'Anvers, par exemple, acheta de nombreux ouvrages de référence à l'usage de ses correcteurs : il dépensa 60 florins en 1563 pour quatre thesaurus, sept dictionnaires, deux concordances de la Bible, une bible latine, et un Nouveau Testament grec, et effectua ultérieurement d'autres achats de ce genre[34]. On peut supposer que ces livres servaient à vérifier et corriger les citations, l'orthographe et les références dans les œuvres latines et grecques pour lesquelles l'imprimerie Plantin était célèbre. Malheureusement, nous ne savons rien des choix que Plantin a pu faire entre les diverses options pour ces achats, et s'il préféra certaines éditions à d'autres, les considérant comme plus correctes et fiables.

Je n'ai pas trouvé de commentaires contemporains sur l'utilisation de livres de référence aux fins de vérification ; le genre d'utilisation le mieux documenté, bien que fréquemment critiqué et qu'il valait donc mieux cacher, était de se tourner vers les livres de référence pour chercher des citations et de l'information sur l'Antiquité. Les professeurs peuvent être identifiés comme de grands usagers de livres de référence ; par exemple à Bergame au XVIe siècle un maître d'école possédait plusieurs dictionnaires et florilèges, dont la *Polyanthea*[35]. Dans l'Antiquité, Juvénal raillait les parents qui attendaient des professeurs de leurs enfants qu'ils répondent à toute allure à des questions obscures. Les professeurs humanistes à la Renaissance subissaient les mêmes pressions lorsqu'il s'agissait d'impressionner les parents et les mécènes, et rivalisaient dans la course à la célébrité et aux clients[36]. La source principale de leur réputation était le commentaire savant de textes classiques diffusé dans les enseignements, les conversations et les publications. Gabriel Naudé illustra de manière frappante la manière dont les professeurs employaient les livres de référence comme des raccourcis pour créer ces commentaires, dans la description suivante qu'il nous donne d'un professeur à l'œuvre à l'université de Paris, aux environs de 1627 :

> D'où vient que l'on dit communément que le Calepin, qui se prend pour toutes sortes de Dictionaires, est le gaignepain des Regens, et quand je diray de beaucoup d'entre les plus fameux personnages, ce ne sera pas sans raison, puis qu'un des plus celebres entre les

> derniers en avoit plus d'une cinquantaine [de repertoires] où il estudioit perpetuellement, et que le mesme ayant trouvé un mot difficile à l'ouverture du livre des Equivoques, comme il luy fut presenté, il eut incontinent recours à l'un de ces Dictionaires, et transcrivit d'iceluy plus d'une page d'escriture sur la marge dudit livre, et ce en presence de l'un de mes amis et des siens, auquel il ne se peut garder de dire que ceux qui verroient cette remarque croiroient facilement qu'il auroit esté plus de deux jours à la faire, combien qu'il n'eust eu que la peine de la descrire[37].

Naudé déclarait rapporter cette scène telle qu'elle avait été observée par un ami commun mais tous les acteurs restent anonymes, et seul le texte commenté est cité ; le « Livre des équivoques » dénote probablement un court texte attribué à Xénophon sur des noms propres ayant des sens différents[38]. Le maître, « parmi les plus renommés », était décrit comme « étudiant » dans sa vaste collection de plus de cinquante « dictionnaires ». Dans le sens où il est employé ici, ce terme embrassait probablement plus que les seuls dictionnaires de langue et englobait une variété de livres de référence organisés par ordre alphabétique. La bonne connaissance que le maître avait de ces sources (lisait-il d'autres sortes de textes ?) lui permettait de se tourner immédiatement vers celle qui livrerait le bon commentaire savant lui permettant de se forger une réputation de zèle et d'érudition. Le maître cherchait à cacher l'utilisation de ce raccourci, sans pouvoir pour autant résister à l'envie de se flatter d'un gain si facile, puisqu'il ne se donnait que la peine de copier sa source. En se moquant gentiment du maître pour sa tricherie, Naudé négligeait de commenter l'habileté du maître dans sa connaissance experte de livres de référence qui lui permettait d'aller droit au meilleur passage à recopier. Cette habileté était plus facilement acquise à l'époque moderne grâce à la disponibilité et l'usage croissants de livres de référence.

Nous retrouvons quelqu'un de très semblable à ce maître parisien anonyme travaillant à Oxford à la même période. À sa mort, Edward Sylvester légua au Balliol College un exemplaire du *Theatrum* de 1586, copieusement annoté. Il était entré comme étudiant à Balliol en 1604 ou 1605, puis dirigea une école secondaire (*scola grammaticalis*) privée prospère, où il préparait des garçons à l'université ; il fut fait bachelier en théologie en 1642, et vécut au collège sans en être membre jusqu'à sa mort en 1653. Il annota les cinq volumes de son exemplaire du *Theatrum* de bout en bout de croix et de signes marginaux et ajouta sur de nombreuses pages un système de numérotation qui servait d'outil de recherche, lié peut-être à un système de prise de notes. Quand il rencontrait un contenu intéressant, il numérotait les citations de Zwinger consécutivement, avec quelques omissions, sur les deux pages d'une ouverture, de 1 à 15 ou jusqu'à 25 selon le nombre de citations incluses dans la séquence. La numérotation de Sylvester ne tenait aucun compte des divisions se trouvant dans l'ouverture en question, ni des rubriques ou sous-rubriques de Zwinger. Son système personnel de référence procédait uniquement par page et par numéro de citation, court-circuitant l'organisation hiérarchique complexe de Zwinger, et il était probablement plus facile d'utilisation étant donné la plus grande simplicité des chiffres par rapport aux multiples couches de rubriques et de sous-rubriques (Zwinger lui-même ne numérotait que les grandes divisions du texte en volumes et en livres).

La pratique précise et soigneusement documentée du *Theatrum* par Sylvester peut être utilement comprise à la lumière de la description dont il est l'objet dans un catalogue des clercs *alumni* d'Oxford publié en 1691 :

> [Sylvester] fut le tâcheron commun de l'université pour rédiger, corriger, ou réviser les sermons latins de certains théologiens ennuyeux avant qu'ils soient prononcés à l'église de Sainte-Marie : comme aussi les vers grecs ou latins de certains autres (aussi ennuyeux que les précédents) que l'on devait insérer ou mettre en exergue dans des livres qui étaient quelquefois publiés. Il vécut assez pour voir plusieurs de ses écoliers devenir chefs de collège dans cette université : parmi lesquels John Owen, Doyen de Christ Church, John Wilkins, Gardien de Wadham College, etc. ; ceux-ci avec d'autres de ses élèves, qui étaient médecins, bacheliers en théologie, en droit et en physique, et maîtres ès arts, faisaient ensemble une fête annuelle à laquelle leur maître était toujours convié ; installé en bout de table, il régalait leurs esprits de discours savants et de commentaires grammaticaux[39].

Cet utilisateur chevronné de Zwinger au deuxième quart du XVIIe siècle était loin d'être digne d'admiration pour Anthony Wood en 1691. Sylvester était un bastion de latinité et de savoir classique, tous deux de plus en plus démodés, du moins si l'on en croit l'évaluation ultérieure de Wood, mais toujours utiles aux collègues et étudiants qui avaient besoin de son aide pour passer des examens de latin et pour rédiger des sermons, des discours, et des poèmes de cérémonie en latin. Les allusions classiques dont il truffait sa conversation étaient considérées comme une source plaisante d'amusement lors des fêtes organisées par ses anciens étudiants, qui avaient bien mieux réussi que lui. « Le tâcheron commun de l'université » faisait bon usage du *Theatrum* (et probablement d'autres livres de référence) bien que son habileté à s'en servir (y compris l'invention de son propre système de référence) ne lui ait pas acquis les éloges de commentateurs plus tardifs.

L'existence d'autres utilisations de ces ouvrages peut être déduite de la manière dont elles sont moquées dans des textes littéraires. Dans les derniers vers d'une pièce de théâtre anglaise écrite en 1583, un poète pédant chargé de composer un épithalame (poème en l'honneur d'une mariée à ses noces) déclara que pour le faire, il resterait éveillé toute la nuit « en feuilletant les tableaux du Zwinger » (*pervolvendis tabulis Zwinggeri*)[40]. Même si le public ne connut jamais le résultat de ces efforts, la pièce avait déjà établi le personnage comme un ridicule incompétent. De même, une satire en prose intitulée *Orator ineptus* (« L'orateur inepte ») et publiée en latin en 1640 et en allemand en 1665 raillait le bavard malin qui pouvait tirer une anecdote de Lange (la *Polyanthea* ou une autre de ses compilations) en n'importe quelle occasion :

> Que votre pied heurte votre tête ou votre jambière, votre casque, ou la queue la crinière, quoi qu'il arrive [quelque absurde que ce puisse être], dites ce qui vous vient à la bouche. En tout cas ne restez pas silencieux. Que le florilège de Lange ne vous quitte jamais. Si vous devez discourir à propos d'un manteau déchiré ou de l'argent pour le bain, rapportez à partir du florilège toute l'antiquité des Athéniens. Dites-nous ce qui arrive avec les Indiens, ou racontez les mœurs des Scythes sauvages… et ces exemples mendiés à partir de tant de morceaux d'étoffe, vous pouvez les relier élégamment avec de jolis mots : “mais”, “de plus”, “alors”, “donc”, etc.[41].

Cette satire des conventions rhétoriques de l'époque se moquait de ceux qui réagissaient à toutes les situations en plaçant quelques conjonctions pour lier des morceaux de la *Polyanthea* aussi inutiles qu'inappropriés.

En dépit des nombreuses descriptions négatives, les livres de référence conféraient à leurs propriétaires un certain statut en dénotant un bon niveau de revenus et de savoir. Posséder des livres à des fins ostentatoires resta matière à railleries depuis Sénèque jusqu'à l'époque moderne ; en même temps, il s'agissait d'une forme de mécénat au bénéfice des livres et du savoir que les érudits s'efforçaient d'encourager[42]. Sans aucun doute, quelques exemplaires de ces livres, restés en parfait état (surtout les huit volumes du *Magnum theatrum*), devaient surtout servir de figure d'autorité sur une étagère. Pour les mêmes raisons, les livres de référence faisaient de bons cadeaux – ils avaient suffisamment de valeur et symbolisaient l'utilité et l'étude. En plus de l'exemplaire de 1556 du *Theatrum* cité plus haut offert en étrennes, une autre copie fut offerte en 1609 en cadeau en signe d'amitié par l'avocat Bartholomaeus Flusk à son compatriote Zacharias Firker[43]. En 1610 les étudiants du Predigerkollegium de Strasbourg offrirent un exemplaire de la *Polyanthea* de 1607 à leur professeur Mathias Bernegger (1580-1640). Celui-ci était encore jeune enseignant à l'époque (sinon il est probable qu'il en aurait déjà possédé un exemplaire) et il développa par la suite une vraie passion pour les outils de recherche, concevant un projet d'indexation d'inspiration luthérienne de tous les mots et de toutes les formes grammaticales peu courantes dans les textes antiques[44]. Il va sans dire aussi qu'un livre offert en cadeau pouvait aussi être lu et utilisé : au moins un de ces exemplaires offerts (le *Theatrum* de 1565) était annoté.

Utilisation de ces ouvrages par des auteurs publiés

La stigmatisation de l'emploi de *compendia* et de raccourcis, déjà nette dans la description du comportement du maître de Naudé, et qui s'était intensifiée à la fin du XVIIe siècle, a persisté dans bien des cas dans les jugements sur les méthodes de travail des érudits de la Renaissance. L'identification d'un ouvrage de référence utilisé par un auteur fut longtemps considérée comme un moyen de ternir sa réputation, augmentant ainsi les enjeux d'une telle détermination aussi bien pour attaquer que pour s'en défendre. Mon but ici n'est pas d'évaluer la qualité de l'érudition à la Renaissance à l'aune de quelque standard intemporel, ou d'un idéal présent ou passé de « vraie érudition », mais plutôt de mesurer l'influence des ouvrages de référence sur les méthodes de travail et les attitudes envers l'érudition aux XVIe siècle et XVIIe siècles. Les spécialistes de l'histoire intellectuelle, en étudiant la réception d'auteurs célèbres, ont souvent dû faire face au problème de la surabondance de citations de ces auteurs, citations dont seules quelques-unes provenaient d'un contact direct avec leurs textes, d'autres étant empruntées à des sources intermédiaires y compris les ouvrages de référence. En étudiant la réception des ouvrages de référence, l'historien fait face au problème inverse : peu d'utilisateurs, de la Renaissance à nos jours, reconnaissent qu'ils ont utilisé des livres de référence en les citant.

Les livres dans lesquels on trouve le plus de citations explicites des livres de référence étaient précisément des ouvrages de référence. Comme nous l'avons vu, les éditions plus tardives de ces ouvrages s'appuyaient sur les précédentes et empruntaient à d'autres du même genre ou d'un genre voisin. Ces emprunts étaient souvent implicites, mais les compilateurs reconnaissaient plus volontiers que la plupart des autres auteurs l'utilisation de compilations en les insérant dans les listes d'auteurs consultés et dans l'attribution de citations précises. Ils éprouvaient sans doute moins de scrupules à reconnaître l'emploi d'une compilation ; ils espéraient peut-être aussi bénéficier de la reconnaissance explicite de leurs confrères en reconnaissant leur dette envers les outils dont ils avaient disposé. Tandis que les ouvrages de référence devenaient de plus en plus disponibles, les compilateurs de l'époque moderne citaient aussi de plus en plus d'autres compilations parmi leurs sources. Par exemple, la première *Polyanthea* de 1503 citait seulement quelques compilations antiques et médiévales : Isidore de Séville, Valère Maxime et Varron, mais pas, par exemple, Diogène Laërce, Vincent de Beauvais ou Jean Stobée (qui n'était pas encore imprimé). Dès 1607, la *Polyanthea* citait tous ces auteurs en y ajoutant aussi d'autres références, publiées entre-temps, parmi lesquelles le *Theatrum* de Zwinger, les *Lectiones antiquae* de Rhodiginus et les *Dies geniales* d'Alexander ab Alexandro. En fournissant les sources de nombreuses citations (mais jamais de toutes), les compilations signalaient en général l'auteur ou l'auteur et le titre, mais quelques citations précisaient le livre, le chapitre ou la page. Dans certains cas peu nombreux, une référence offrait l'équivalent de notre « *in* » ou « cité par », et signalait la source intermédiaire avec la source originale telle qu'elle y était citée. Dans la *Polyanthea* de 1648, par exemple, sous l'entrée « famine », les exemples historiques incluaient une citation de Theodor Zwinger à propos de la chute de Tyr en 1124 due à la famine (sans mention d'autre source car Zwinger n'en donnait aucune), et une référence à la « famine épouvantable » de Jérusalem attribuée à « Caelius [Rhodiginus] provenant d'Hégésippe »[45].

Zwinger nommait Rhodiginus, Turnèbe et Érasme dans la liste des sources auxquelles il avait puisé et mentionnait dans sa préface quelque quarante compilateurs, dont « nous avons utilisé [l'œuvre] ici fréquemment et là avec plus de parcimonie dans ce *Theatrum* ». Il en donnait parfois les noms, mais probablement pas systématiquement, après certaines citations précises. Zwinger était conscient de travailler dans un genre dans lequel il y avait déjà de nombreux ouvrages ; s'il revendiquait l'organisation supérieure du *Theatrum,* il ne prétendait aucunement à une grande originalité en matière de contenu. La plupart des auteurs cités étaient des auteurs de compilations récentes, parmi lesquels Érasme, Pedro Mexia, Alexander ab Alexandro et Bartholomaeus Amantius, un contributeur reconnu de la *Polyanthea.* Nonobstant leurs divergences en matière religieuse, Beyerlinck reconnut explicitement Zwinger comme une source dans ses *Apophtegmata*, aux côtés d'autres compilations d'Érasme, de Lycosthenes, et de Baptista Fulgosus[46]. Mais au-delà de ces compilations, il est difficile de trouver des citations explicites de nos ouvrages de référence.

Même suivant les principes actuels de la citation érudite, les ouvrages de référence consultés au cours d'une recherche qui aboutit à une publication ne sont souvent pas mentionnés. Les chercheurs se servent d'ouvrages de référence pour trouver ou confirmer des connaissances générales qui n'ont pas besoin d'être attribuées pour être crédibles. Les ouvrages de référence servent aussi d'étape intermédiaire dans le cours d'un processus de recherche, dont seules les dernières étapes sont documentées par une note de bas de page ; ils fournissent par exemple les références bibliographiques menant aux sources qui seront véritablement citées. Bien sûr, une majorité des usages de livres de référence n'aboutit pas à une publication et a donc encore moins de chance de laisser une trace écrite. Les auteurs de l'époque moderne pouvaient déjà pour toutes ces raisons décider de ne pas citer les livres de référence qu'ils utilisaient, mais de plus, ils se sentaient en général moins obligés de désigner leurs sources, même celles qu'ils citaient directement. Ils citaient leurs sources avec des degrés de précision variés, et surtout lorsqu'ils attendaient de la citation qu'elle rajoute du poids à leur argumentation, notamment grâce à l'appui d'une autorité reconnue. Pour la plupart des auteurs de la Renaissance, la citation d'une source était une stratégie rhétorique plus qu'un acte d'honnêteté intellectuelle. John Selden donnait par exemple le conseil suivant :

> En citant des livres, citez les auteurs qui sont lus couramment ; vous pouvez en lire d'autres pour votre propre satisfaction, mais ne les nommez pas. On cite des auteurs surtout pour produire un fait, et j'écris donc leur nom comme je produirais un témoin, quelquefois pour user d'une expression libre, et je rends alors son dû à l'auteur et je gagne moi-même des éloges pour l'avoir lu.

Selon ce principe il fallait citer surtout des auteurs qui ajoutaient de l'autorité à une affirmation et de l'éclat à la réputation de celui qui écrivait[47].

Les contemporains connaissaient bien ces usages implicites de sources – certains étaient irrités de trouver un passage de leurs livres cité sans référence ; d'autres le notaient simplement. Conrad Gessner remarqua combien il était difficile de déceler les citations de l'anthologie de proverbes de Jean Stobée, dont il avait publié une sélection en latin en 1559, car certains de ces emprunts n'étaient pas reconnus.

> Beaucoup citent régulièrement les proverbes collectés de [Jean Stobée] quelques-uns nommément, d'autres en cachant d'où ils les ont pris parce qu'ils avaient le proverbe disponible caché dans un endroit du thesaurus. Phavorinus Camers, dont je possède le lexique grec, a traduit en latin quelques brefs proverbes tirés de ces collections [...] Volaterranus en transféra beaucoup dans ses livres[48].

Même si ces deux compilateurs ne citaient pas explicitement Jean Stobée, Gessner était sûr de lui lorsqu'il identifiait ces emprunts au compilateur antique. Les auteurs de l'époque moderne, imprégnés qu'ils étaient des maximes classiques dont ils agrémentaient leurs écrits, mais aussi des compilations qui les aidaient à le faire, étaient généralement mieux placés que les historiens pour déceler ces citations. De nombreux auteurs de l'époque empruntaient des passages à des œuvres anciennes ou modernes tout en condamnant cette pratique chez d'autres, surtout quand l'accusation s'insérait dans un autre débat plus large, sur des questions d'antériorité par exemple[49].

La citation tacite n'était pas en soi sujette à opprobre. Au contraire, citer ses sources était souvent considéré à la Renaissance comme inapproprié. Montaigne, par exemple, ne nommait pas les auteurs antiques qu'il citait, sans doute parce qu'il supposait ses lecteurs capables de les identifier ; et aucun de ses contemporains ne s'en est jamais plaint. Identifier l'auteur pouvait être considéré comme une insulte par les lecteurs cultivés, en les privant du plaisir de déceler l'allusion, et endommageait aussi la fluidité de la prose. Aujourd'hui, les éditeurs de ces textes de l'époque moderne s'efforcent généralement de repérer les citations et les allusions présentes dans des textes tels que celui de Montaigne, ce qui est d'une grande utilité pour le lecteur. Mais en identifiant les références aux auteurs antiques, les éditeurs ne passent pas toujours par la source utilisée par les auteurs de l'époque moderne eux-mêmes, que ce fût une édition humaniste d'un auteur antique ou bien une source intermédiaire tel qu'un livre de référence. Par conséquent, les livres de référence sont sans doute identifiés beaucoup moins souvent qu'ils ne devraient l'être comme sources de citations et d'allusions. Il est particulièrement difficile d'établir l'emploi d'une compilation lorsque celle-ci n'est pas explicitée.

Cependant ces emplois non reconnus d'un livre de référence peuvent être repérés, mais seulement lorsque le contenu emprunté à un ouvrage de référence peut être distingué de contenus puisés directement aux sources de celui-ci ou bien à une autre source intermédiaire. Des preuves convaincantes en sont par exemple la présence d'erreurs caractéristiques ou d'une juxtaposition particulière de contenus. Anthony Lane conclut par exemple qu'il n'y a pas de preuve claire que Calvin s'appuyait sur une anthologie d'écrits patristiques, la *Catena in Genesim* de Lippoman, puisque les passages suspects pouvaient aussi bien avoir été empruntés à d'autres sources intermédiaires[50]. Par contre, Fausta Garavini avance un argument de poids pour son hypothèse sur l'usage par Montaigne du *Theatrum humanae vitae* de Zwinger, au cours de son analyse des *Essais*, II.33 « L'histoire de Spurina[51] ». Le héros éponyme de cet essai est Spurina, un beau garçon étrusque, qui se défigura pour écarter des avances sexuelles non désirées, histoire que Montaigne prend comme exemple de la résistance au désir sexuel par le châtiment du corps. Bien que l'histoire de Spurina puisse être retrouvée dans diverses collections de textes antiques au XVIe siècle comme exemple de beauté, de modestie et de chasteté, l'histoire apparaît dans le *Theatrum* de Zwinger sous la rubrique « châtiment de la chair par la flagellation, les souffrances, etc. » et c'est précisément la façon dont elle est traitée par Montaigne, parallèlement à d'autres exemples intégrés dans le même essai[52].

On peut également plaider en faveur d'emprunts tacites à des livres de référence lorsque des particularités dans le détail de la narration se retrouvent dans un livre de référence spécifique et n'auraient pas été introduites si l'auteur avait consulté directement des éditions de la source. De cette manière, de solides arguments ont été formulés en faveur d'une utilisation par Edmund Spenser de deux manuels de mythologie antique : la *Genealogia deorum gentilium* de Boccace (1360-1374) et les *Mythologiae* de Natale Conti (1551)[53]. L'effort dépensé pour mettre au jour ces usages tacites de livres de référence est considérable, mais il n'en résulte pas toujours des résultats probants. Il a par conséquent seulement été tenté pour les auteurs les plus célèbres. Walter Ong a relié ainsi une succession d'adjectifs dans un sonnet de Shakespeare à une collection de lieux communs rhétoriques, en particulier (malgré la traduction qui fut nécessaire) à la collection latine d'adjectifs dans les *Epitheta* de Ravisius Textor[54]. D'autres ont retrouvé la trace de l'emploi des *Miscellanées* de Tottel (1557) par divers poètes anglais de la Renaissance, Shakespeare compris[55]. De même, le dramaturge espagnol Pedro Calderón de la Barca (1600-1681), éduqué par les jésuites, possédait un exemplaire du *Magnum theatrum* de Beyerlinck et des parallèles suggestifs ont été établis entre ses vers et le *Magnum theatrum*[56].

Se servir d'un livre de référence ne dénote pas d'emblée un manque d'inspiration ou d'originalité. La créativité d'un Montaigne, d'un Shakespeare, ou d'un Calderón était au contraire alimentée par un contact avec toutes sortes de sources ; les ouvrages de référence, eux-mêmes faits d'une accumulation de contenus de sources disparates, pouvaient être ainsi particulièrement attrayants. Mais ces auteurs les détournaient pour leur propre compte de manière si efficace que seule une analyse très pointue peut produire un argumentaire convaincant pour démontrer leur utilisation d'un ouvrage de référence. Bien sûr, de nombreux auteurs de réputation moindre se tournaient aussi vers des ouvrages de référence pour y trouver des informations, des exemples et des citations. L'influence du *Theatrum* de Zwinger a pu être identifiée dans deux traités de Bâle et de Zurich qui lui empruntaient des exemples. Un traité sur la chasteté paru à Bâle (1575) tirait la plupart de ses exemples de comportements féminins du *Theatrum* de Zwinger mais sans s'y référer précisément ; l'auteur reconnaissait avoir utilisé Zwinger dans la préface mais se justifia en faisant observer que cet ouvrage était difficile d'accès, même dans la ville où il avait été imprimé[57]. Un traité sur les temples de Rudolph Hospinianus (1547-1626) emprunte sa liste de bibliothèques antiques et ecclésiastiques à Zwinger[58].

Les affirmations selon lesquelles les plus grands humanistes ne recouraient jamais aux ouvrages de référence peuvent sembler plus crédibles mais sont parfois contredites par d'autres indications. Dans un propos de table qu'on lui attribue, Joseph Scaliger (1540-1609) niait avoir jamais utilisé de dictionnaire, sauf pour en corriger les erreurs :

> Jamais je ne me suis servi de Lexicon que d'un simple, non pour y chercher les mots, mais pour y mettre ce que je lisois.

Les *Scaligerana* soutiennent aussi que l'ami proche de Scaliger, Casaubon, n'employait pas de dictionnaire, et que Scaliger raillait un certain Guersenius car « il est aisé à voir par ses discours que son sçavoir luy est acquis per compendium[59] ». Travailler sans livres de référence était probablement la norme chez les érudits du début de la Renaissance lorsque les dictionnaires étaient encore rares. Guillaume Budé ne s'appuyait apparemment pas sur des lexiques grecs existants pour écrire ses commentaires dans les années 1510 : bien qu'il ne cite pas ses sources, ses commentaires ne reflètent pas les débats que l'on pouvait rencontrer dans les dictionnaires de l'époque[60]. Mais vers 1600, cette méthode de travail n'était plus défendable : contrairement à ceux qui « gambadaient » parmi des textes récemment découverts, l'érudit de 1600 « traînait une chaîne de plus en plus longue » de références érudites et tous les savants célèbres possédaient des ouvrages de référence[61]. Ainsi quand elle fut vendue en 1609, l'impressionnante bibliothèque de Joseph Scaliger en contenait une belle collection : une douzaine de dictionnaires et de livres de commentaires linguistiques, dont un *Calepino* (1598), Perotti, Budé, les *Adversaria* de Turnèbe (1581) et les *Adages* d'Érasme (1558), mais aussi une *Polyanthea* (1539), le *Theatrum vitae humanae* de Zwinger (1571), et des collections de moindre importance du même genre sans auteur spécifié : *Thesaurus vocum latinarum*, *Apophtegmata variorum authorum* et un *Promptuarium linguae latinae* (Anvers, 1571)[62].

Le père de Joseph, Julius Caesar Scaliger, tira une partie de son savoir de l'Antiquité de compilations telles les *Dies geniales* d'Alexander ab Alexandro et les *Lectiones antiquae* de Caelius Rhodiginus (dont il aurait été l'un des maîtres), et il puisa quelques passages rares de Tibulle et de Pétrone dans des florilèges, bien qu'il citât rarement ces sources-là[63]. Julius Scaliger défendit même l'indexation face aux attaques d'Érasme, comme un outil pour ceux dont la mémoire n'était pas aussi performante que celle de ce dernier lorsqu'il s'agissait de vérifier la correction d'une expression latine qu'ils souhaitaient employer. Mais cet exemple nous indique surtout que, dans un contexte polémique, Julius Scaliger était capable d'employer n'importe quel argument contre Érasme, y compris en faisant l'éloge d'un modeste outil de travail comme l'index[64].

Si l'on disait de Scaliger qu'il n'utilisait jamais de livres de référence, cela venait sans doute moins de sa posture et de sa manière de se présenter lui-même que d'une nostalgie qui se développa chez les lettrés de la seconde moitié du XVIIe siècle pour une époque d'érudition authentique qui leur semblait désormais révolue. Le neveu d'Isaac Casaubon, Méric, décrivit avec éloquence ce sentiment de déclin depuis les sommets atteints vers 1600 par son oncle Isaac Casaubon et ses contemporains, parmi lesquels son proche ami Joseph Scaliger. Méric dénonçait l'enthousiasme pour de nouvelles méthodes promettant des raccourcis dans l'apprentissage, qui étaient vantées par des écrivains modernes, y compris les disciples de Pierre de La Ramée (dont l'influence augmenta en Angleterre après sa mort en 1572), Jan Amos Comenius, René Descartes et Francis Bacon, entre autres. Méric s'irritait autant des méthodes expérimentales et mathématiques que de la pansophie et de la logique par divisions tabulaires. Dans un traité inédit de 1668, Méric Casaubon recommandait d'apprendre et de lire avec application plutôt que de débattre des meilleures méthodes à utiliser, le travail et l'assiduité étant les véritables clés de l'érudition[65]. Quand Scaliger, Casaubon, et d'autres savants de la Renaissance étaient érigés en modèles d'érudition et de sérieux (notamment à travers la publication de propos de table et de recueils des citations de ces auteurs) pour faire contraste avec les maigres performances d'imitateurs tardifs, il était impossible d'admettre que ces savants exemplaires aient pu employer des livres de référence. Pour Méric Casaubon et pour d'autres qui regrettaient le déclin de la grande érudition depuis la Renaissance, les ouvrages de référence étaient une cause majeure de ce déclin, car ils offraient des raccourcis à tous ceux qui ne voulaient pas faire les efforts nécessaires (voir plus de précisions *infra* p. 333-336).

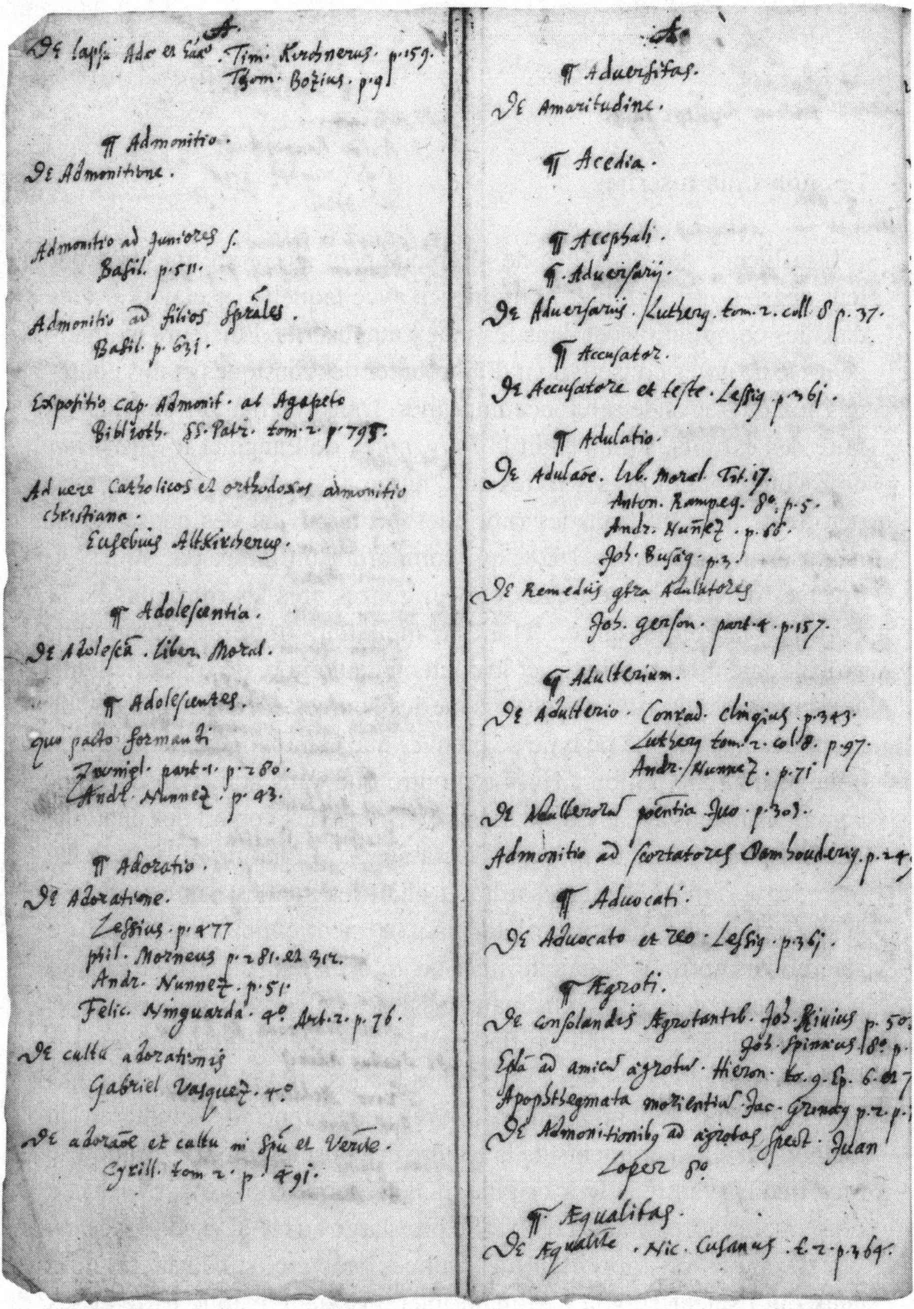

FIGURE 5.1. Un manuscrit anonyme de 1628 intitulé « Index de théologie » suit les rubriques de la *Polyanthea* en dressant une liste de passages dans des livres correspondant à chaque rubrique. La rubrique *« acedia »* est incluse bien qu'elle ne contienne aucune référence. Parmi les rubriques de cette page, seules *« acephali »* et *« adversarii »* ne figurent pas dans la *Polyanthea*. Un groupe de rubriques n'est pas dans l'ordre alphabétique, ajouté vraisemblablement plus tard dans l'espace blanc entre *« adversitas »* et *« adulatio »* en haut de la colonne de droite (noter qu'à l'époque le u et le v étaient interchangeables). Reproduit avec l'autorisation de la Bibliothèque de l'université de Cambridge MS Gg.i.128.

Les notes manuscrites

L'influence des ouvrages de référence peut aussi être mesurée par leur degré d'utilisation et la fréquence avec laquelle ils étaient imités dans les compilations et dans les index manuscrits. Plusieurs manuels de prise de notes conseillaient d'emprunter des rubriques et des contenus aux ouvrages de référence imprimés. Dans son manuel sur l'art de faire des extraits, Titius citait la *Polyanthea* de Lange et le *Theatrum* de Zwinger parmi les six livres qu'il nomma comme particulièrement pertinents pour en tirer des rubriques[66]. En suivant ces conseils, un manuscrit anonyme de 1628, qui comportait un index par sujets de diverses œuvres théologiques, suivait de très près les rubriques de la *Polyanthea* (voir la figure 5.1). Les compilations imprimées fournirent probablement les rubriques et le contenu de nombre de livres de lieux communs manuscrits, même lorsque les sources n'étaient pas citées. S'appuyant sur le même type de preuves que Garavini avait employées pour Montaigne, Gilbert Hess a montré que dans son livre de lieux communs manuscrit, le duc Auguste de Brunswick copiait des citations des *Illustrium poetarum flores* d'Octavianus Mirandula ; il suivait les mêmes rubriques, le même ordre et citait les mêmes sources, même si le florilège en question n'était jamais mentionné[67]. Les livres de référence imprimés jouaient ainsi un rôle majeur dans la diffusion non seulement du contenu, mais aussi des catégories utilisées pour collecter, classer et employer des contenus textuels, catégories que les lecteurs réemployaient dans leurs notes manuscrites et pour des usages ultérieurs. Plus généralement, les livres de référence disséminèrent la méthode et les instruments de la lecture de consultation. Ces pratiques, bien que n'ayant pas leur origine dans l'époque moderne, étaient de plus en plus accessibles à un public plus large aux XVIe et XVIIe siècles.

Les annotations apportent des indices précieux sur la façon dont ceux qui lisaient crayon à la main interagissaient avec le texte et ses attributs. La majorité des annotations consistait (par ordre décroissant de fréquence) à souligner le texte ou à le marquer dans la marge par des lignes verticales ou courbes, des *x*, des points ou des manicules (doigts pointés) ; s'y ajoutaient moins fréquemment des annotations écrites. Celles-ci étaient généralement portées à l'encre ; on peut néanmoins trouver sur des exemplaires anglais du XVIIe siècle des notes au crayon qui viennent contredire l'affirmation courante selon laquelle le crayon était rarement utilisé à l'époque moderne[68]. On ne peut évidemment pas conclure que les passages qui ne furent pas annotés ne furent pas lus par un lecteur enclin à l'annotation. Néanmoins des annotations sélectives sur un ouvrage de référence suggèrent une lecture de consultation, surtout lorsqu'elles sont combinées avec des signes de lecture de l'index et d'autres outils de recherche. Dans de très rares cas seulement les annotations font penser qu'un lecteur a tenté de se livrer à la lecture intégrale d'un livre de référence. Dans deux exemplaires des *Lectiones antiquae* de Rhodiginus (qui n'étaient pas conçus pour la seule consultation, mais faisaient miroiter au lecteur le plaisir de la variété par leur classement en miscellanées) les quarante à cinquante premières pages sont annotées très régulièrement puis les annotations disparaissent complètement – soit le signe d'un livre lu de manière continue (mais pas forcément jusqu'à la fin) plutôt que consulté[69]. Henri de Mesmes, président du Parlement de Paris et propriétaire d'une bibliothèque érudite (qui engagea Gabriel Naudé pour s'en occuper), prit des notes sur un document séparé lors de sa lecture de la *Souda* et du *Thesaurus linguae graecae* d'Henri Estienne, deux ouvrages de référence conçus pour la consultation ; de Mesmes extrayait sélectivement des passages (des définitions et des exemples) des entrées de dictionnaire, mais en suivant l'ordre alphabétique de l'original, ce qui laisse penser qu'il progressait de manière systématique dans sa lecture[70].

À l'inverse, une preuve solide d'une lecture de consultation est fournie par des annotations qui sont denses dans certains articles et absentes partout ailleurs, ou bien qui portent une attention particulière aux outils de recherche. Dans un exemplaire du Beyerlinck, les parties de l'index relatives aux Turcs sont soulignées et les pages correspondantes du texte dévoilent également des signes de lecture, par exemple des corrections bien fondées[71]. Dans d'autres cas où l'index était annoté, les passages correspondants du texte ne l'étaient pas ; on peut se demander alors si le lecteur avait d'abord repéré des sujets intéressants dans l'index, puis avait renoncé à poursuivre sa recherche dans le texte lui-même, ou bien l'avait fait, puis avait considéré que le contenu s'avérait sans intérêt. Mais certaines notes dans l'index étaient certainement effectuées après lecture du texte. En particulier, les ajouts et les corrections indiquent une volonté d'améliorer l'index en vue de consultations ultérieures[72].

Les annotations sur la *Polyanthea* révèlent les curiosités sélectives de divers lecteurs. Que ces lecteurs aient souvent manifesté un intérêt particulier pour des sujets religieux n'est guère surprenant, vu l'organisation de l'œuvre autour de vertus, de vices et de concepts religieux. Un exemplaire est abondamment annoté à *« Eucharistia »*, *« matrimonium »* et *« simonia »* et il porte des notes moins fournies sur quelques autres sujets surtout en lien avec la religion ; un autre comporte seulement des notes à *« Christi nativitas »* et *« humilitas »*[73]. Un exemplaire plus densément annoté contient aussi des notes à *« bellum »* (« guerre »), *« mendacium »* (« mensonge ») et *« mercatura »* (« commerce »), parallèlement à des catégories plus nettement religieuses[74]. Dans tous ces cas, les citations de la Bible et des Pères de l'Église sont privilégiées en termes de marquage. En revanche, un exemplaire de la 1re édition de la *Polyanthea* révèle un lecteur (anonyme et sans indication de date) intéressé par-dessus tout par les citations antiques, et qui rajoute quelques vers de la *Médée* de Sénèque sous la rubrique *« naufragium »*, par exemple ; ailleurs encore, un lecteur de l'édition de 1567 signala l'exemple de la fille qui a donné le sein à son père emprisonné pour le nourrir, parmi d'autres histoires antiques qui montrent des traces de lecture. Dans une *Polyanthea* de 1517 un lecteur ajouta une citation sous « ignorance » et nota aussi qu'il ne se souvenait pas de sa source[75].

Les annotations sur le *Theatrum* de Zwinger sont particulièrement variées. Herbert de Cherbury (1583-1648), baron et diplomate anglais auteur de textes sur la religion et l'histoire, classait ses exemplaires du Zwinger de 1604 et du *Magnum theatrum* parmi les ouvrages de théologie dans sa bibliothèque ; il est donc probable que son intérêt pour ces lectures était plutôt religieux[76]. Mais de nombreux lecteurs mettaient en valeur des informations encyclopédiques de nature diverse. Un lecteur répète dans ses notes marginales l'information centrale du chapitre sur les dirigeants hébreux (« le prophète Samuel donne aux Hébreux le roi David ») mais aussi une information fournie en passant et qui n'était pas centrale dans la sélection de Zwinger (« la Judée est divisée en cinq parties égales »)[77]. Mais l'attrait de l'ouvrage de Zwinger n'était probablement pas uniquement de nature informative. Un lecteur prit particulièrement note des histoires de cruauté et de mort, telles que des exemples de gens enterrés vivants, ou qui étaient morts d'excès de nourriture ou de boisson, ou de morts qui revenaient à la vie[78]. Zwinger cherchait à édifier en proposant un large éventail d'histoires excitantes et divertissantes, avec beaucoup de violence et un peu de sexe, tandis que pour la *Polyanthea*, plus respectable, édifier signifiait d'abord citer les hommes illustres bibliques, ecclésiastiques ou antiques. Bien qu'onéreux et coûteux à produire, le *Theatrum* apportait à ses lecteurs les mêmes types de plaisirs que les collections de prodiges qui circulaient en latin et dans les langues vernaculaires, souvent dans un format plus petit et meilleur marché (y compris un ouvrage du beau-père de Zwinger, Lycosthenes, dont Zwinger peut avoir tiré une partie de sa matière)[79]. Les mots d'esprit qui y étaient proposés ne rencontraient pas toujours la faveur des lecteurs. L'un d'eux jugea « ridicule » le mot attribué à une vieille femme qui, voyant le joueur de cithare Stratonicus quitter Corinthe, lui dit : « Je me demande par quel miracle le ventre de ta mère t'a porté dix mois quand ta ville ne peut te retenir un jour » (*Adages* d'Érasme, du livre 8 d'Athénée)[80]. Pour finir, Zwinger intéressait certains lecteurs en tant qu'auteur individuel dont la voix était bien reconnaissable (contrairement aux contributeurs de la *Polyanthea*), si l'on en juge par les annotations des préfaces et des présentations des différents chapitres du *Theatrum*[81].

Au-delà de l'emploi des outils de recherche imprimés, les lecteurs de la *Polyanthea* et du *Theatrum* déployaient également leurs propres stratégies pour en gérer l'information, même si nous ne pouvons pas toujours reconstruire leurs procédés organisationnels. Un lecteur du *Theatrum,* ne se contentant apparemment pas de l'« index exemplorum » qui se trouvait dans son édition, repéra des renvois entre exempla présentant les mêmes figures historiques, mais cessa de le faire après seulement quelques notes, en se rendant compte peut-être de l'immensité de cette tâche[82]. Le même exemplaire comporte aussi des onglets ajoutés pour chacun des vingt-neuf volumes de l'ouvrage, marquant le souhait de consulter l'ouvrage non seulement de manière linéaire, mais aussi par volume (bien qu'aucun des index de Zwinger ne se réfère aux numéros de volume). Dans leurs systèmes de référence personnels, certains lecteurs ajoutaient des numérotations, remarquablement absentes de l'ouvrage de Zwinger (si ce n'est pour les numéros de pages). Un lecteur, vraisemblablement Roger Goode, membre du King's College, Cambridge, numérota les citations qu'il jugeait dignes d'intérêt dans une entrée particulière, par exemple, 1, 2, 3 sous *« mendacium »* dans une *Polyanthea* de 1539[83]. De même, Edward Sylvester numérota dans l'ordre les citations intéressantes dans chaque ouverture de page. Dans la *Polyanthea* de Samuel Hilliard (évoqué plus haut), qui se trouve maintenant à Balliol College, Oxford, les citations intéressantes sont signalées par des chiffres (3.168 ou 2.103 mais aussi 7, 73, 473) ; ces chiffres servaient probablement de clés thématiques soit pour un livre de lieux communs, soit pour un autre système de prise de notes[84]. Un lecteur, qui avait numéroté de 1 à 4 diverses citations dans le chapitre sur l'usage de la musique, fournit aussi le seul exemple que j'ai trouvé d'une annotation d'un des diagrammes arborescents de Zwinger : en ajoutant une rubrique (« potiers ») et le numéro de page associé sur un tableau dans le tome consacré aux arts mécaniques, ce lecteur faisait de ce diagramme un outil de recherche sur ce sujet-là[85]. Dans tous ces cas, les lecteurs utilisaient leurs annotations pour améliorer leur capacité à retrouver un passage intéressant, selon leurs méthodes de travail et de prise de notes.

Si l'on en juge par la variété de ces traces de lecture, les livres de référence imprimés propagèrent la connaissance des outils de recherche et des méthodes de consultation que les lecteurs imitaient et développaient à leur tour dans leurs notes manuscrites ou leurs annotations. Mais c'est en s'intéressant aux plaintes amères suscitées à l'époque moderne par les ouvrages de référence que l'on peut rassembler les preuves les plus significatives de l'usage que l'on en faisait.

Les plaintes à propos des livres de référence

Dans bien des contextes, la diffusion de ces livres de référence proposant des recueils d'extraits ou de résumés suscita des craintes dont certaines ressemblent aux inquiétudes exprimées aujourd'hui face aux nouvelles méthodes de travail, de Google Books à *Wikipédia* ou l'extraction de données. Comme celles d'aujourd'hui, les plaintes d'alors étaient remplies de critiques normatives et offrent à l'historien des indices précieux des angoisses de ceux qui les exprimaient – angoisses souvent déclenchées par des phénomènes plus larges que les simples circulation et utilisation d'un certain type d'ouvrages. Les plaintes concernant les ouvrages de référence à l'époque moderne européenne comprenaient aussi des thèmes déjà présents à des époques antérieures (ce dont leurs auteurs n'étaient souvent pas conscients) et d'autres, nouveaux ceux-là, qui mettaient en relief des développements spécifiques à l'Europe des XVIe et XVIIe siècles. Les plaintes avaient probablement peu d'impact tant qu'il s'agissait de réduire l'emploi d'outils de référence – au contraire, elles sont plutôt la preuve d'un recours important à ceux-ci –, mais elles avaient bien un impact intellectuel en contribuant à forger de nouveaux concepts et idéaux de l'érudition en réaction aux pratiques courantes de l'époque. De même qu'au XIIIe siècle l'inquiétude face à la dépendance excessive aux extraits contribua à la formation de la notion d'« original », de même au XVIIe siècle les plaintes sur l'influence des compilations renforcèrent des idéaux, encore en devenir à l'époque, de citation précise et de respect du contexte original de celle-ci[86].

Accuser les résumés de conduire à la perte des originaux qu'ils abrégeaient est une plainte qui s'insère dans une histoire particulièrement longue ; elle était déjà exprimée par les érudits islamiques du Xe siècle (Ali ibn Ridwan) et par des humanistes européens (Érasme, entre autres) actifs dans la transmission et la redécouverte de textes antiques[87]. À partir du XVIIe siècle en Europe, cette peur semble moins aiguë. Dans ses conseils pour l'étude, le professeur d'histoire anglais Degory Wheare (1573-1647) reconnaissait que « les *compendiums* avaient quelquefois occasionné beaucoup de désordre dans le monde, et avaient amené à la ruine quelques-uns des meilleurs auteurs antiques » mais il poursuivait en conseillant ce genre comme un point de départ utile : « Aussi ne dénigrerons-nous pas ces *épitomés* qui sont faits d'abrégés raisonnables. » En 1685 Adrien Baillet conclut que les é*pitomé*s, en fait, n'étaient pas à blâmer pour quelque perte que ce soit[88].

Une doléance plus complexe et plus durable était que, se fiant à des compilations, les lecteurs se détournaient des originaux et seraient alors trompés par des erreurs textuelles et des contresens plus graves induits par les extraits. Vincent de Beauvais par exemple observait que les « fleurs » extraites des écrits d'Aristote modifiaient l'ordre et la forme des mots présents dans les originaux, et que, même lorsque ces extraits étaient fidèles au sens de l'auteur, ils abrégeaient le texte original ou y inséraient des commentaires[89]. Quatre cents ans plus tard, Pierre Bayle approuvait le projet de la *Polyanthea,* mais se plaignait qu'il ne pouvait être utile, notamment pour des étudiants, que si les citations y étaient corrigées d'après les originaux au lieu d'être aussi remplies d'erreurs[90]. De manière plus large, d'autres érudits tenaient les compilations pour responsables de l'essor de nouvelles écoles de pensée qu'ils réprouvaient. Jean de Salisbury (1120-1180) pensait peut-être aux florilèges quand il se plaignait que ses ennemis, les cornificiens, s'appuyaient sur des raccourcis et des résumés d'auteurs au lieu d'enseigner correctement la logique et l'éloquence. Plus directement, un cartulaire du XIIIe siècle de l'université de Paris attribuait l'essor du nominalisme en philosophie à l'utilisation de collections de *sententiae* classées par ordre alphabétique[91]. Dans les deux cas, ces charges étaient polémiques et nettement destinées à soulever l'indignation du lecteur contre le comportement d'une nouvelle école philosophique plutôt que de lui proposer un jugement mesuré sur les origines de celle-ci. Cet angle d'attaque perdura. Dans un passage souvent cité, John Locke se plaignait en 1707 que

> les [Épîtres de Paul] sont si hachées et émincées [...] que non seulement les gens du commun prennent habituellement les versets pour des aphorismes distincts, mais que même des hommes de grand savoir, en les lisant, perdent beaucoup du pouvoir et de la force de cohérence [de ces textes].

Ce jugement de Locke découlait plus de la polémique qu'il menait contre les positions religieuses des sectaires et des fanatiques parmi ses contemporains que d'une observation soigneuse de leurs habitudes de lecture. Selon Locke, leurs conclusions erronées résultaient d'une méthode de lecture défectueuse, alors que sa propre interprétation de la Bible tenait compte de la vraie « cohérence » de ce livre[92]. De même, dans la Chine du XIIe siècle, les plaintes de Zhu Xi, selon lesquelles une lecture fragmentée empêchait la vraie compréhension des classiques, peuvent également être interprétées dans un contexte de concurrence entre écoles philosophiques[93].

Les critiques que les Européens à l'époque moderne formulaient contre une dépendance excessive aux collections d'extraits prirent également des tournures plus précises, comme de se lamenter sur la tendance à amasser des citations mal choisies empruntées sans indication de leur source ou de leur contexte original. Dans cet ordre d'idées, qui s'étend de Pétrarque jusqu'au XVIIIe siècle, choisir un extrait n'avait de valeur que si ce choix s'appuyait sur le jugement informé de celui qui voulait en faire usage. S'appuyer sur les extraits choisis par d'autres, c'était s'engager dans une production mécanique de littérature, plus facile et plus rapide, mais dénuée de réflexion personnelle suffisante. Aussi les pédagogues insistaient-ils sur la nécessité pour chacun de prendre ses propres notes de lecture plutôt que de compter sur les collections imprimées de celles-ci dans les ouvrages de référence[94].

Malgré ces critiques, certains pédagogues étaient disposés à en envisager l'utilisation. Jan Amos Comenius (1592-1670), par exemple, critiquait les livres de lieux communs imprimés en général mais faisait une exception pour Lange, dont il tira lui-même des citations, et il y eut sans doute encore plus de pédagogues pour s'en servir en secret, à l'instar du fameux « maître régent » de Naudé[95].

D'autres accusaient l'accumulation de notes d'encourager les auteurs à écrire pour ne rien dire. Cette critique évolua à partir de son expression espièglement autoréférentielle chez Montaigne et Robert Burton (« nous ne faisons que nous entregloser » ou « on ne dit rien qui n'a déjà été dit »), pour aboutir aux attaques mordantes d'auteurs ultérieurs. Jonathan Swift se moquait par exemple de ceux qui écrivaient « avec des têtes vides mais avec des livres de lieux communs pleins », se considérant clairement lui-même comme innocent de ce délit[96]. De même, Malebranche condamnait la culture de la citation par laquelle des auteurs citaient constamment d'autres auteurs sans autre but que de paraître avoir lu des livres qu'ils n'avaient pas lus[97]. La critique de la pratique de l'extrait, comme étant nuisible pour la pensée libre et propice à l'imitation servile et au plagiat, se maintint pendant longtemps dans l'Allemagne du XVIIIe siècle, en parallèle avec la pratique elle-même[98].

Les livres de référence imprimés étaient aussi la cible de critiques parce qu'ils accumulaient des extraits sans égard pour leur contexte. Gabriel Naudé, qui recommandait pourtant de les employer, comptait la « polymathie » ou la collecte indiscriminée de contenus dans de vastes volumes comme une des trois principales causes d'erreurs[99]. De la même manière, Bernard Lamy (1640-1715), auteur de commentaires bibliques et d'un traité de mécanique, se plaignait que les compilations semaient la confusion en rassemblant des citations contradictoires et sorties de leur contexte[100]. Adrien Baillet était en général favorable aux livres de référence dans son chapitre sur « les préjugés contre les abrégés, les résumés, les extraits, les collections et les compilations d'auteurs antiques » ; il rejetait notamment l'accusation selon laquelle ils conduisaient à la perte des originaux antiques. Mais il prévenait lui aussi que ces ouvrages étaient surtout utiles à ceux qui les avaient rédigés et devaient être évités par les lecteurs qui ne connaissaient pas eux-mêmes les textes originaux, comme les jeunes pour qui ils étaient souvent conçus :

> Ceux qui lisent ces pièces décousuës dans ces grands Repertoires ne peuvent sçavoir le dessein de leur propre Auteur et il est difficile qu'ils ne les appliquent mal, et contre l'usage pour lequel elles ont été faites. […] C'est ce qui nous devroit donner de l'éloignement et de l'aversion pour toutes ces grosses Compilations que nous avons sous le nom de *Theâtre de la vie humaine*, de *Polyanthée*, de *Parterre des Orateurs*, et plusieurs autres dont les beaux Titres ne servent qu'à nous éblouïr[101].

Pour Baillet, le défaut le plus grave du livre de référence était d'accumuler des contenus dissociés de et sans référence à leur contexte d'origine.

Cette accusation peut sembler étrange, étant donné la régularité avec laquelle les auteurs du XVIIe siècle nous semblent avoir employé des sources sans prêter attention à leur contexte original, mais Baillet n'était pas le seul à se plaindre ainsi. Ce nouvel argument contre un genre très critiqué a pu découler en partie du développement du raisonnement historique, mais peut-être plus encore, à mon avis, de la recherche de critères pour distinguer le vrai savoir d'une simple apparence de savoir[102]. Le florilège médiéval opérait précisément à partir du présupposé qu'une *sententia* d'autorité, particulièrement si elle était extraite de la Bible ou d'un groupe choisi de sources antiques et chrétiennes, pouvait être utile dans n'importe quel contexte, sans égard à leurs premiers objectifs. Les collections de citations, d'exemples et d'anecdotes de l'époque moderne promettaient une même versatilité pour leur contenu, mais alors que de plus en plus de textes devenaient disponibles en extraits, le simple usage d'une citation ne constituait plus une preuve d'érudition. En revanche, faire preuve de la connaissance du contexte original d'une citation, souvent absent ou mal précisé dans une compilation, devint le signe de reconnaissance de ceux qui avaient lu la source d'origine. Ou plutôt, l'absence d'une telle preuve de maîtrise des textes devint le fondement de critiques par les lettrés, ces critiques étant fréquemment motivées par des rivalités personnelles ou corporatistes[103].

À l'origine des critiques adressées aux livres de référence par les érudits, on trouve souvent la conscience plus ou moins explicite d'un changement de statut du savoir en latin, parmi un vaste ensemble de changements culturels aux XVIe et XVIIe siècles. L'essor des langues vernaculaires alla de pair avec une augmentation de l'alphabétisation, du public des universités et de la mobilité sociale (ou du moins la perception d'une mobilité sociale accrue). De la même façon que Hieronymo Squarciafico regrettait en 1477 que « l'imprimerie permît à chacun de se prétendre lettré », de même les compilations étaient condamnées car elles permettaient à tous de se donner des airs de savant. L'humaniste Conradus Mutianus Rufus se plaignit des *Adages* d'Érasme, qu'ils « n'étaient rien qu'un florilège aidant les étudiants à montrer un savoir qu'ils n'avaient pas réellement[104] ». Ceci devint un véritable leitmotiv, car les érudits, souvent avec raison, ne se sentaient plus assurés de leur statut social. En Angleterre, Richard Montagu (1577-1641), évêque et théologien anglican, observait :

> Les abrégés qui ont été faits depuis longtemps, et de plus fraîche date, sont tenus pour être l'un des fléaux majeurs contre le savoir et contre les lettrés. Cela rend les hommes paresseux, et en même temps dogmatiques, et imbus d'eux-mêmes[105].

À la fin du XVIIe siècle, en France, le statut de l'érudit avait subi un déclin radical : il était raillé régulièrement au théâtre comme pédant, et l'apprentissage en latin n'était valorisé ni dans les salons ni à la cour, où l'on admirait plutôt les mots d'esprit de *l'honnête homme*[106].

Dans ce contexte, les latinistes se plaignaient vivement du niveau de connaissances peu élevé de leurs contemporains. Les *Menagiana* (1715), les propos de table attribués à Gilles Ménage (1613-1692), comparaient les dictionnaires aux loteries, comme des amusements pour le peuple : « Les Dictionnaires, & les Lotteries qu'on voit multiplier de jour en jour font pour le siècle une marque sûre d'ignorance & de gueuserie[107]. » De même, bien qu'il ait connu une carrière ecclésiastique et littéraire couronnée de succès comme évêque de Soissons puis d'Avranches, et comme membre de l'Académie française et éditeur d'une série de classiques latins *ad usum Delphini* (« à l'usage du Dauphin ») connus pour leurs index détaillés, Pierre-Daniel Huet (1630-1721) méditait amèrement « sur les causes de la décadence des lettres ». Comme Méric Casaubon, Huet considérait la fin du XVIe siècle comme l'apogée du savoir. Il estimait que la principale cause du déclin des lettres observé depuis était « le trop grand soin que l'on a pris de les faire fleurir : de sorte que les nouveaux moyens dont on s'est avisé pour rendre les hommes savans leur ont été un obstacle à le devenir ». Le savoir à la Renaissance était difficile à acquérir, « l'imprimerie n'avait pas encore multiplié les livres à l'infini », aussi étaient-ils chers et difficiles à lire. Les textes qui étaient imprimés « paraissoient dans une forme simple et destituez de tous ces accompagnements méthodiques, qui en rendent l'usage aisé, de traductions, de préfaces, d'avertissemens, de divisions, de notes, de commentaires et de tables. Les Grammaires et les Dictionnaires qui sont les clefs de l'érudition, étoient alors fort rares ». Ceux qui pouvaient surmonter tous ces obstacles s'avéraient nécessairement des érudits de haut niveau. Ils cherchèrent naturellement à partager avec leurs contemporains et leurs descendants le résultat de leur dur labeur et de raccourcir et aplanir le chemin vers le savoir, mais cela conduisit au déclin :

> Le succès de leur travail a été trop heureux et une bonne cause a produit un très mauvais effet, la facilité des études en a produit le relâchement, et l'on s'est arrêté à la fausse érudition qui est au pied de la montagne [aujourd'hui] pour s'épargner la peine de monter au sommet, où l'on trouve la véritable érudition. Tant d'abrégés, tant de nouvelles méthodes, tant de dictionnaires ont ralenti cette vive ardeur qui faisait les Savants ; et l'on a cru savoir sans étude, ce que l'on croyait être assuré de pouvoir apprendre par un médiocre travail […]. Toutes les Sciences se réduisent aujourd'hui principalement en Dictionnaires, et on ne cherche plus d'autres clefs pour les pénétrer[108].

Aucun des éléments considérés par Huet comme sources du déclin du savoir à son époque n'était aussi nouveau qu'il le disait au XVIIe siècle. Mais il est certain que les index, les compilations et les instruments de référence de toutes sortes avaient proliféré depuis qu'ils avaient été conçus au XIIIe siècle, et ils étaient largement perçus par les érudits comme un nouveau fléau apporté par l'imprimerie et par les ambitions de la multitude désireuse d'imiter les lettrés.

Ces ouvrages destinés à faciliter l'émulation des lettrés avaient été mis en vente en version imprimée dès les années 1500, mais ce qui était réellement nouveau à la fin du XVIIe siècle était une prise de conscience aiguë de la perte de statut des études latines. Cette perte s'était faite progressivement sur quelque cent cinquante ans, mais à la fin du XVIIe siècle il était devenu impossible d'ignorer ses manifestations. Huet et d'autres érudits désignaient les livres de référence comme les sources majeures de cette érosion de statut et les accusaient de rendre trop largement accessibles les attributs du savoir et de discréditer l'idée même de chercher conseil dans les meilleurs passages des autorités reconnues. En réalité de nombreuses forces culturelles étaient à l'œuvre, qui déplacèrent la culture latine de sa position hégémonique chez les humanistes pour en faire un champ de spécialistes universitaires, bien que les cursus scolaires aient persisté pendant deux siècles encore à transmettre les rudiments des langues et cultures anciennes à des générations de jeunes gens cultivés.

Plutôt que d'en attribuer la raison aux ouvrages de référence, les spécialistes d'histoire intellectuelle de notre époque considèrent l'influence de René Descartes comme le coup fatal porté aux méthodes humanistes, mais, curieusement, René Descartes lui-même employait les arguments de base des érudits pour les critiquer. Tandis que Méric Casaubon et d'autres voyaient en Descartes encore un partisan d'une méthode sans valeur promettant de rapides bénéfices sans apprentissage et sans effort, Descartes se plaignait que le fait de s'appuyer sur une autorité textuelle, comme le faisaient les humanistes, plutôt que de penser par soi-même, était le vrai raccourci. Au lieu de cette méthode textuelle, il défendait une méthode commençant par les premiers principes pour édifier un système philosophique nouveau et regrettait que ses contemporains ne veuillent pas s'y employer :

> Et certes je m'estonne qu'entre tant de rares esprits, qui s'en fussent acquittez beaucoup mieux que moy, il ne se soit trouvé personne, qui se soit voulu donner la patience de les desmeler et qu'ils ayent presque tous imité ces voyageurs, lesquels, ayant laissé le grand chemin pour prendre la traverse, demeurent égarés entre des espines et des precipices[109].

Ainsi les deux camps adverses dans la querelle des Anciens et des Modernes au cours des dernières décennies du XVIIe siècle s'accordaient dans leur critique des expédients et préconisaient d'emprunter un chemin plus long et plus ardu, mais ils avaient des idées opposées de ce qu'était un expédient. Les Anciens (c'est-à-dire ceux qui défendaient au XVIIe siècle la supériorité de l'Antiquité) dénonçaient les livres de référence comme des raccourcis illégitimes qui s'attaquaient aux fondements de la vraie érudition humaniste, et en appelaient à une étude approfondie et sans médiation des textes antiques. Pour Descartes, du camp des Modernes, le fait même de s'appuyer sur les autorités antiques était un raccourci illégitime ; il préconisait de construire la vérité philosophique par le seul raisonnement à partir des premiers principes. Il n'était donc pas mieux disposé envers les livres de référence que ne l'étaient les érudits du camp des Anciens. Il estimait acceptable d'employer des compilations pour se rafraîchir la mémoire des œuvres que l'on avait déjà lues, mais il décourageait l'étude de « pensées détachées » qui procuraient seulement une apparence du savoir et ne conduisaient nullement à la sagesse[110].

Le passage des Anciens aux Modernes

De nombreux facteurs peuvent être évoqués pour expliquer la transition intellectuelle complexe de l'humanisme tardif aux Lumières et l'abandon des valeurs anciennes en faveur de nouvelles. La querelle des Anciens et des Modernes en France (qui commença avec le *Parallèle des Anciens et des Modernes* de Perrault en 1687) et la « Bataille des livres » (*Battle of the Books*), qui fut son pendant en Angleterre (1690-1704), furent deux épisodes pendant lesquels la comparaison entre les réalisations antiques et modernes fut formalisée dans les domaines de la littérature, de l'art, des sciences et des techniques. Les Anciens s'indignèrent des assertions des Modernes pour qui des auteurs récents avaient surpassé les auteurs de l'Antiquité. D'autres débats, aux implications similaires, s'ajoutèrent à celui-ci, en France par exemple, sur le choix de la langue à employer pour les documents officiels et les traités (latin ou français ?), ou sur la philosophie naturelle à enseigner à l'université (Aristote ou Descartes ou Newton ?). Bien que l'on n'ait commencé à enseigner Newton dans les universités françaises qu'à partir des années 1730, l'enseignement d'Aristote y fut abandonné dans les années 1690[111].

Il y a maintenant quatre-vingts ans, Paul Hazard identifia les années 1680 à 1715 comme décisives pour cette fermentation culturelle. Bien qu'il fût critiqué pour avoir négligé les antécédents de la modernité qu'il identifiait à cette période, et pour s'être concentré sur quelques figures célèbres, la recherche entre-temps a généralement conforté sa périodisation. Durant ces décennies l'intérêt des lettrés était passé du commentaire de la culture et de la tradition antiques à des controverses autour de nouvelles théories, autour d'observations issues de champs scientifiques variés et de voyages, facilitées par la circulation des personnes et des livres dans la République des Lettres[112]. Mon étude des ouvrages de référence en latin correspond à cette thèse aussi. Entre 1666 et 1707 les ouvrages de référence en latin que j'ai étudiés furent imprimés mais pour la dernière fois : les *Lectiones antiquae* de Rhodiginus en 1666, la *Polyanthea* en 1681, et le *Magnum theatrum* de Beyerlinck en 1707[113]. Parmi les livres de référence majeurs en latin, seul le *Calepino* fut encore publié au XVIIIe siècle, en douze éditions jusqu'à 1779, toutes, sauf une, par le séminaire de Padoue, probablement dans ce cadre à l'usage des étudiants[114]. Bien sûr, des exemplaires des grands ouvrages de référence en latin continuaient à être disponibles, des exemplaires d'occasion furent achetés, lus et annotés pendant le XVIIIe siècle, mais après 150 à 200 ans de réimpressions régulières de ces œuvres, personne ne se risqua à une nouvelle édition. Même si la disparition de la culture humaniste ne suivait pas partout le même rythme, les ouvrages de référence conçus pour alimenter la rhétorique, le commentaire, et l'argumentation en latin, ne rencontraient plus un public suffisant en Europe au XVIIIe siècle.

Cependant les contemporains commentèrent à la même période l'abondance croissante de dictionnaires imprimés, comme le remarquait une préface de dictionnaire de 1690 :

> À peine pourroit-on compter tous les Dictionaires ou reimprimez, ou composez depuis quinze ou vingt ans, dont la plus-part ont été, et sont encore d'un débit extraordinaire[115].

Tandis que les ouvrages de référence facilitant la maîtrise de la culture classique, majoritairement en latin, étaient imprimés pour la dernière fois, d'autres genres de livres de référence (souvent nouveaux) se vendirent bien pendant les mêmes décennies ; ils étaient rédigés dans les langues vernaculaires, centrés sur l'actualité plutôt que sur l'Antiquité. Vers 1750, Jean Le Rond d'Alembert décrivit ces nouveaux genres prédominants comme trois sortes différentes de dictionnaires, soit : dictionnaires linguistiques, dictionnaires historiques, et dictionnaires des arts et des sciences[116]. Bien que les dictionnaires linguistiques vernaculaires ne fussent pas nouveaux, ils devinrent bien plus nombreux et plus volumineux en cette fin du XVIIe siècle, et certains imitaient explicitement leurs prédécesseurs latins. Les dictionnaires historiques et biographiques et les dictionnaires d'arts et des sciences, par contre, étaient des genres nouveaux, qui ne mentionnaient pas d'antécédents latins, mais eux aussi, à mon sens, étaient indirectement redevables au succès des livres de référence latins. Ces derniers leur avaient ouvert la voie en démontrant la viabilité commerciale des ouvrages de référence, en expérimentant la rédaction collaborative, les méthodes de compilation, et des formes variées de présentation et d'instruments de recherche, et plus fondamentalement en répandant la pratique de la consultation parmi les lecteurs.

Les genres de référence en latin ne disparurent pas complètement mais prirent de nouvelles formes qui couvraient des domaines réduits, destinées à des publics plus ciblés. Le florilège, conçu pour un vaste public, disparut, mais des manuels proposaient des listes de synonymes, des informations sur la prosodie, et des exemples célèbres d'usages antiques, pour aider à la rédaction en latin, exercice obligé pour les lycéens jusqu'à la fin du XIXe siècle. Le *Gradus ad Parnassum* de Paul Aler (1691) fut imprimé jusqu'à 1862, son usage fut plus ou moins directement reconnu par des figures littéraires telles que Stendhal (1783-1842) et Jules Vallès (1832-1883)[117]. Parallèlement la pratique d'extraire des citations de sources qui intéressaient un large public s'étendit dans le vernaculaire, avec la parution d'anthologies d'extraits de romans anglais du XVIIIe siècle, formées implicitement sur le modèle des florilèges latins[118]. En 1855 un libraire américain, John Bartlett, publia la 1re édition de ses « Citations familières » (*Familiar Quotations*) dont la 18e édition parut en 2012. À son origine cette collection de citations de « classiques » anciens et modernes était destinée à des publics qui connaissaient déjà ces textes. Au cours des éditions successives cette marque de florilège fut conçue de plus en plus pour amener les lecteurs vers des auteurs qui leur étaient peu familiers, comme les classiques anciens, ces derniers étant de moins en moins connus, mais aussi, dans les éditions les plus récentes, des auteurs provenant de nombreuses cultures. En français les « pages roses » des dictionnaires Larousse ont joué une fonction similaire, depuis leur première parution en 1856 avec des citations latines seulement, puis « latines et étrangères » dès 1876. Le but de Pierre Larousse était de diffuser la compréhension de ces expressions « parce que leur emploi fréquent ne permet plus à personne de les ignorer aujourd'hui[119] ». Outre ce but éducatif on trouve aussi parmi les compilations de nos jours les motivations plus actives typiques des florilèges de l'époque moderne, qui procurent des citations à réutiliser pour montrer sa culture ou son sens littéraire (« Rafraîchissez votre Shakespeare ! ») ou des exemples d'où tirer des leçons pratiques et morales pour aujourd'hui (« Leçons pour les affaires provenant d'Alexandre le Grand, Jules César et des chefs illustres de la Grèce et de la Rome antiques »)[120].

Les « diverses leçons » (pour reprendre le terme de Naudé) devinrent un genre spécialisé, adressé aux experts en études classiques. Ces ouvrages, au XIXe siècle, perpétuèrent sous le titre de *variae lectiones* la tradition de l'édition savante et des commentaires sous forme de mélanges[121]. Parallèlement l'ordre des miscellanées et le modèle des collections d'apophtegmes et des *exempla* anciens inspirèrent des mélanges et des *-anas* qui rassemblaient des mots d'esprit et des comportements notables, non plus de figures de l'Antiquité mais de savants et de célébrités plus récents[122].

Les dernières œuvres intitulées *loci communes* (centrées sur la Bible et le droit) parurent au début du XVIIIe siècle. Mais la prise de notes sous forme de lieux communs persista beaucoup plus tard dans les langues vernaculaires, tout au long du XIXe siècle et au-delà[123]. Ce genre fut aussi perpétué, sous une forme renouvelée, par les dictionnaires d'arts et des sciences qui parurent dans la première moitié du XVIIIe siècle, et qui, comme Richard Yeo l'a montré de façon convaincante, étaient commercialisés comme des livres de lieux communs tout faits, pour aider leurs lecteurs soit à se ressouvenir de lectures qu'ils avaient déjà faites, soit à s'aventurer hors de leurs connaissances habituelles[124]. Ces ouvrages étaient organisés par ordre alphabétique, à l'instar de nombreux livres de lieux communs, mais consacrés à des développements récents, surtout dans les sciences, plutôt qu'aux citations classiques ou aux informations culturelles caractéristiques des genres décrits par Naudé.

Des nouveaux genres en langue vernaculaire, le dictionnaire de langue offre la plus grande continuité avec ses antécédents en latin. Antoine Furetière, qui publia le premier d'une nouvelle vague de dictionnaires linguistiques français en 1690 (suivi par le *Dictionnaire de l'Académie française* en 1694 et le *Dictionnaire de Trévoux* en 1704), comparait sa tâche à celle des auteurs de dictionnaires latins, et citait parmi eux des antécédents comme Robert et Henri Estienne. Furetière reconnaissait qu'il était plus facile de maîtriser le lexique de sa langue maternelle que celui d'une langue morte, mais notait aussi le devoir supplémentaire du dictionnaire d'une langue moderne qui devait rendre compte de toute la langue, y compris du discours familier, ce que l'on ne demande pas au dictionnaire d'une langue morte[125]. Dans la lignée du dictionnaire latin dominant, le *Calepino*, Furetière mettait aussi en avant l'intérêt encyclopédique de son dictionnaire. Il promettait un dictionnaire sans sécheresse, d'une grande diversité, avec des exemples tirés de l'histoire, la citation des sources, et « une centaine de curiosités intéressantes tirées de l'histoire naturelle, de la physique expérimentale, et de la pratique des arts » :

> Ce ne sont pas de simples mots qu'on nous enseigne [ici], mais une infinité de choses, les principes, les règles et les fondemens des Arts et des Sciences[126].

Le nouveau dictionnaire de langue n'était pas moins encyclopédique que le *Calepino*. En suivant cette vision encyclopédique, les jésuites produisirent un ouvrage rival, connu comme le *Dictionnaire de Trévoux*, mais qui purgeait le *Furetière* de toute trace de sympathie pour le protestantisme ou l'hérésie[127].

Les nouveaux dictionnaires biographiques étaient redevables aux dictionnaires de noms propres centrés sur l'Antiquité qui furent souvent réimprimés jusqu'à 1686, date de la dernière édition du *Dictionarium historicum* de Charles Estienne. Mais les dictionnaires biographiques vernaculaires qui commencèrent à paraître au milieu du XVIIe siècle étaient consacrés aux personnalités contemporaines et tiraient leur contenu des collections d'éloges de grandes figures dans une profession, une discipline, ou une région[128]. Le *Grand Dictionnaire historique* de Louis Moréri (1674) fut le premier dictionnaire biographique rédigé dans une langue vernaculaire ; il consacrait plus d'une page à citer ses prédécesseurs, dont Charles Estienne. Le *Moréri*, comme le *Calepino*, devint une marque, imprimé dans toute l'Europe, avec plusieurs augmentations jusqu'à une 24e édition en 1759 ; il demeure encore une source d'informations biographiques incontournable sur la période moderne[129]. Plus célèbre de nos jours, le *Dictionnaire historique et critique* (1696) de Pierre Bayle commença comme une correction aux erreurs du *Moréri* et d'autres ouvrages. Bayle s'éloigna de son plan initial en publiant une œuvre singulière, aussi bien du point de vue du contenu que du format. Les articles souvent courts et factuels couvraient une large diversité de personnages bibliques et antiques, et d'auteurs plus récents (parmi lesquels des choix inattendus, comme Spinoza). Dans un premier registre de notes, qui étaient bien plus importantes que le texte principal, Bayle jugeait, souvent de façon critique, le comportement et les interprétations existantes de la personnalité traitée, puis il citait ses sources dans un deuxième registre de notes marginales[130]. Alors que le *Moréri* proposait une quantité toujours croissante d'informations biographiques, l'originalité du traitement pratiqué par Bayle explique probablement la stabilité du texte dans ses multiples éditions, et son succès extraordinaire dans la France du XVIIIe siècle où Bayle fut lu comme un précurseur des philosophes. Les lecteurs de la Bibliothèque Mazarine rivalisaient entre eux pour avoir accès à ses volumes en 1715, et il fut un des livres les plus largement possédés, selon une étude portant sur les registres d'inventaires de 500 bibliothèques parisiennes de 1750 à 1780[131].

Les dictionnaires des arts et des sciences, de la *Cyclopaedia* d'Ephraïm Chambers (1738) à l'*Encyclopédie* de Diderot et d'Alembert (1751-1772), sont considérés comme les modèles directs de l'encyclopédie imprimée que nous connaissons aujourd'hui. Le succès des deux volumes de description des champs scientifiques d'Ephraïm Chambers, en des articles longs ou courts, inspirèrent un éditeur français à en commander une traduction à Denis Diderot, jeune écrivain à la recherche de travail. Ce qui en résulta, de nombreuses années plus tard, fut de beaucoup plus ambitieux et volumineux qu'une traduction de Chambers : dix-sept volumes in-folio de texte, onze de planches, comprenant les contributions de 140 auteurs identifiés et un plus grand nombre encore anonymes aujourd'hui. L'*Encyclopédie* établit une norme durable du livre de référence en plusieurs volumes, rédigé par plusieurs auteurs, illustré, et classé par ordre alphabétique. À l'époque elle ne se fit pas remarquer pour ce nouveau format, mais plutôt pour son contenu. Bien que l'*Encyclopédie* présentât un mélange d'articles éclectiques, conformistes pour certains et copiés de quelque part, nombre d'entrées furent signées par des philosophes des Lumières importants, non seulement Diderot et d'Alembert, mais aussi Montesquieu, Turgot et Voltaire entre autres. Ces articles entreprenaient une critique de l'Église et de l'État, selon le projet des philosophes qui voulaient réformer par la persuasion des élites. L'*Encyclopédie* fut imprimée en dépit de ses prises de positions risquées grâce à diverses manœuvres pour les voiler : en les noyant dans des articles apparemment inoffensifs, en omettant de nommer des auteurs considérés comme dangereux, même si leurs idées étaient adoptées par le texte, en employant des renvois pour susciter des associations d'idées partisanes. Bien que l'*Encyclopédie* n'ait pas été ouvertement imprimée ou vendue dans la

France d'Ancien Régime, elle y fut largement lue car la censure était peu efficace pour plusieurs raisons dont notamment la sympathie du responsable de la censure pour le projet et l'existence à l'étranger de réseaux de production et de commerce bien organisés et capables de les faire pénétrer en France[132].

Le succès et la renommée de l'*Encyclopédie* entraînèrent en Europe une multiplication formidable d'encyclopédies, aussi bien spécialisées que générales, parfois idéologiquement engagées pour ou contre les philosophes, mais pour la plupart plutôt informatives[133]. En suivant le modèle de Diderot, les encyclopédies devinrent plus longues et engagèrent plus souvent de nombreux contributeurs et des illustrations : quelques-unes parurent en grand format jusqu'à 1800, mais après cette date elles furent presque toutes imprimées dans des formats plus petits[134]. Parmi celles-ci, l'*Encyclopaedia Britannica,* publiée en trois volumes in-quarto (1768-1771) par William Smellie, revenait aux modèles antérieurs, sa compilation étant réalisée par un seul auteur. Mais, seule de toutes les entreprises du XVIIIe siècle, la *Britannica* devint une marque qui publia des éditions successives, chacune issue de la précédente, mais modifiée de manière significative. La *Britannica* resta le modèle principal de l'encyclopédie entre environ 1850 et la fin du XXe siècle.

La classification tripartite des dictionnaires de d'Alembert ne tenait pas compte du plus grand ouvrage de référence du XVIIIe siècle, l'*Universal-Lexicon* de Johann Heinrich Zedler, publié en soixante-quatre volumes de 1732 à 1750, qui comportait des entrées biographiques, géographiques, historiques, scientifiques et technologiques, et linguistiques, combinant ainsi les trois genres que d'Alembert considérait comme séparés. Zedler imposa le silence à ses contributeurs, aussi n'en connaissons-nous pas le nombre ni l'identité, mais il engagea, après 1738, Carl Gunther Ludovici, qui publia quatre volumes supplémentaires (1751-1754) après la mort de Zedler. Avec environ 67 millions de mots, l'*Universal-Lexicon* ne fut pas republié, bien qu'il soit consulté aujourd'hui encore dans des éditions en fac-similé et sur internet. Contrairement au *Magnum theatrum* de Beyerlinck, les plus grands ouvrages de référence du XVIIIe siècle, l'*Universal-Lexicon* et l'*Encyclopédie* (qui totalisait à peu près 25 millions de mots), furent payés par souscription et publiés par tranches ou en séries, des décennies durant[135]. Cette méthode de production rendait difficile une planification précise de ce qui figurerait dans les volumes ultérieurs, et empêchait de réviser les volumes précédents pour les accorder avec les suivants. Ces deux ouvrages produisirent des volumes de suppléments presque immédiatement après publication pour pallier en partie ce problème, mais ne procuraient pas toutefois de liste exhaustive de leurs entrées, comme Beyerlinck le faisait au début de chaque volume.

Les dictionnaires vernaculaires des arts et des sciences ne se reconnaissaient généralement aucune filiation avec les genres publiés en latin[136]. Néanmoins, il est difficile d'imaginer des ouvrages d'une telle ampleur et si complexes être publiés sans les expériences de la production et vente d'ouvrages similaires auparavant. Les entrées alphabétiques, les rubriques par sujets, les mises en page facilitant la consultation, avec des colonnes et des titres courants, tout cela remontait aux innovations médiévales. Dans les livres de référence modernes ces méthodes furent affinées et adaptées à l'imprimé, et d'autres innovations développées pour faciliter leur composition et leur consultation. Parmi les nombreux outils de recherche introduits dans les premiers livres de référence imprimés, les renvois furent les seuls outils à être adoptés sans exception par leurs descendants au XVIIIe siècle, mais beaucoup d'autres éléments furent repris par un ouvrage ou l'autre. D'Alembert employa une table arborescente, ressemblant à celles de Zwinger et d'Alsted, pour présenter un survol des divisions et de la hiérarchie des connaissances, mais sa table était centrée sur les relations entre disciplines, tandis que Zwinger et Alsted exploraient les subdivisions spécifiques à chaque sujet. Les encyclopédies du XVIIIe siècle ne comportaient généralement pas de listes d'auteurs, de liste de rubriques ou d'index généraux. Mais un index de l'*Encyclopédie* fut publié séparément en 1780 par Pierre Mouchon, sans l'autorisation de Diderot (en deux minces volumes) et de tels index devinrent courants au XIXe siècle[137]. Malheureusement, nous n'avons pas d'études (à ma connaissance) sur le processus de rédaction des encyclopédies du XVIIIe siècle, sur la méthode pratiquée par Diderot pour gérer ses propres notes et les écrits de ses très nombreux contributeurs, ni sur la façon dont les imprimeurs transmirent leur savoir-faire pour la gestion de si grands projets.

Les arguments par lesquels les éditeurs d'encyclopédies au XVIIIe siècle justifiaient leur travail étaient très semblables à ceux que l'on trouve dans les ouvrages de référence en latin. Les préfaces vantaient l'utilité pour le bien commun d'ouvrages contenant tant d'informations pertinentes aux intérêts très diversifiés de leurs lecteurs. La rédaction collaborative était la norme, que ce soit à petite échelle – un auteur et quelques assistants – ou à l'échelle de centaines de contributeurs, mais on faisait rarement mention de la collaboration à travers les éditions successives d'un seul ouvrage. Quand de nombreux contributeurs étaient engagés, les encyclopédies du XVIIIe siècle ne suivaient pas une politique constante : Zedler essaya de cacher l'existence de ses contributeurs, et ne les identifia jamais, tandis que Diderot envisageait que chaque article soit signé *via* un système de symboles dont il fournirait la clé. Il se voyait lui-même semblable aux compilateurs médiévaux, et aux compilateurs de l'époque moderne, rapportant les propos des autres sans en assumer la responsabilité. En pratique, la censure compliqua son projet de rédaction et de responsabilité collectives. Lorsque la publication de l'ouvrage fut suspendue en France après parution du premier volume, de nombreux contributeurs ne voulurent plus être identifiés, et il est peu probable que Diderot ait recensé précisément, comme il le promettait dans sa préface, les articles qu'il avait lui-même rédigés en y apposant un astérisque. S'il l'avait fait les lecteurs auraient vu qu'il était responsable de la majorité des entrées des derniers volumes[138]. L'identification des contributeurs est en outre compliquée par le fait que certains polygraphes avaient des assistants, auxquels ils déléguaient tout ou une partie de leur tâche[139]. L'emploi tacite tout autant que la critique explicite des ouvrages de référence se perpétuèrent au XVIIIe siècle. Montesquieu, qui disait pourtant détester les compilations, puisa chez Jean Stobée de nombreuses citations dans son *Discours sur la sincérité* (1717)[140]. Voltaire regrettait la multiplication des dictionnaires, bien qu'il ait lui-même publié de nombreuses éditions d'un dictionnaire à succès, le *Dictionnaire philosophique*, et il coupa et colla tant et plus à partir de sa propre prose, et de celle d'autrui, tout au long de ses multiples écrits[141].

Plus encore, les genres de référence en latin avaient répandu l'usage des outils et des méthodes de consultation au-delà des cercles de spécialistes, chez un lectorat éduqué plus large. Au XVIIIe siècle on ne trouve plus les paragraphes, souvent présents au XVIe siècle, expliquant comment utiliser un index. Les ouvrages de référence généralement auto-indexés du XVIIIe siècle présumaient des lecteurs versés dans l'usage de rubriques alphabétiques et de renvois. Bien sûr, ils ne prescrivaient pas leur usage aux lecteurs – un exemplaire annoté de l'*Encyclopédie* qui a été étudié montre qu'il fut lu autant de manière cursive que par consultation, à différents moments, par le même lecteur, sur plus de trente ans[142]. On peut aussi tracer la diffusion de la consultation à travers les termes utilisés pour la décrire. Tandis que Conrad Gessner devait expliquer en 1551 son usage du mot *consulere*, ce terme et ses équivalents dans les langues vernaculaires ne posaient aucune difficulté de compréhension au XVIIe siècle. En 1653, le poète allemand Georg Philipp Harsdörffer avouait sans honte qu'il ne lisait pas les livres de bout en bout, observant que les livres autres que les livres d'école étaient souvent conçus pour la consultation – ce faisant il employait le terme toujours en usage aujourd'hui : *nachschlagen*. On crédite Anthony Wood du premier emploi de *look up* comme synonyme pour consulter un livre en 1692. Le *Furetière* de 1690 fut le premier des grands dictionnaires français à inclure cette notion de consultation (des livres) sous « consulter[143] ».

Au milieu du XVIIIe siècle Samuel Johnson décrivait ses méthodes de travail comme redevables en grande partie aux catalogues de bibliothèques et aux index lorsqu'il cherchait, sans lire un livre en entier, à en extraire ce qui pouvait lui être utile :

> La connaissance est de deux espèces. Nous connaissons nous-mêmes un sujet, ou nous savons où trouver de l'information à son propos. Quand nous enquêtons à propos d'un sujet quelconque, la première chose que nous devons faire est de trouver quels livres en ont traité. Cela nous conduit aux catalogues, et aux dos (ou fins) des livres [*Backs of Books*] dans les bibliothèques[144].

Johnson pensait soit aux index trouvés à la fin des livres, soit aux titres inscrits sur les dos des livres sur une étagère de bibliothèque, et peut-être à tous deux, selon le sens que l'on donne aux *Backs of Books*. Lorsque Johnson conseille ce genre de recherche par le survol des livres, il rejoint les conseils de Daniel Georg Morhof dans le *Polyhistor*, un livre que Johnson aurait apprécié. Ainsi Johnson rejetait le conseil d'un certain révérend Herbert Croft de « lire jusqu'à la fin tous les livres qu'on commence à lire » comme un principe inadapté et inutile. Johnson remarquait au contraire : « Un livre peut n'être bon à rien, ou il peut contenir seulement une chose digne d'être connue. Devons-nous le lire tout du long[145] ? » En rédigeant son *Dictionnaire,* comme nombre d'auteurs de livres de référence avant lui, il s'appuyait sur des ouvrages de référence ; on trouve un cas où il suivit un index de *Clarissa* (un roman de Samuel Richardson), plutôt que sur l'original, et un historien a appelé la *Cyclopaedia* de Chambers « son livre de référence de premier recours[146] ». Johnson, bien sûr, n'était pas un lecteur ordinaire, mais ses activités et ses réussites extraordinaires firent de lui l'objet d'une admiration particulière de la part de ses contemporains. Parmi eux, la poètesse anglaise Mary Knowles (1733-1807) commentait par exemple : « Il sait lire mieux que quiconque ; il va directement à la substance d'un livre ; il en extrait le cœur[147]. »

Les méthodes de lecture extensive et de consultation de Johnson peuvent servir d'exemple de la cristallisation des méthodes modernes de gestion de l'information. Elles paraissent aujourd'hui familières à ceux qui effectuent des recherches dans les livres aussi bien que dans les ressources électroniques, compte tenu des nouveaux médias et des nombreux raffinements des outils de référence, des techniques de stockage et de recherche, qui se sont développés pendant les derniers 250 ans. Il serait illusoire de procurer une explication unique à l'émergence des pratiques, des concepts, et des termes associés à la gestion de l'information, mais les grands ouvrages de référence en latin de 1500 à 1700 jouèrent un rôle important dans la transmission et la transformation des techniques médiévales pour les adapter aux compilateurs, imprimeurs et lecteurs de l'époque moderne.

Épilogue

De nombreuses évolutions dans la gestion de l'information, qui sont capitales aujourd'hui pour notre culture de l'information, se produisirent dans le sillage de la stabilisation de la forme de l'encyclopédie moderne du XVIIIe siècle. Les historiens ont repéré quelques étapes clés dans les secteurs du commerce et de la bureautique, entre 1870 à 1910, dont l'idéal d'un contrôle impersonnel sur les processus de l'information, les nouvelles techniques de polycopie, le classement vertical, et les nouveaux genres d'écriture (comme celle du mémorandum)[1]. Des innovations dans les outils de référence furent aussi stimulées par l'accumulation continue de nouvelles publications, surtout dans des domaines pour lesquels la recherche nécessitait un emploi extensif de la littérature antérieure. La chimie, domaine dans lequel des chercheurs pouvaient « retourner soixante ans en arrière et trouver immédiatement de l'information utile », fut un des premiers champs de la recherche scientifique à développer les instruments aujourd'hui disponibles dans la plupart des disciplines académiques. Le *Bulletin de la société chimique de Paris* commença par exemple en 1863 à inclure des « analyses » (ou *abstracts* comme on dirait aujourd'hui) de travaux français et étrangers ; parmi les ouvrages de bibliographie, le *Handbuch* de Gmelin, publié pour la première fois en 1817-1819, atteignit dix volumes en 1870. Les index cumulatifs de périodiques firent une première apparition au XVIIIe siècle mais devinrent des outils systématiques et reconnus comme essentiels à la recherche scientifique au XIXe siècle[2]. L'indexation de citations démarra pour les sciences dans les années 1950 et fut mise sur le marché dès ses débuts pour son apport aussi bien sociologique et historique que scientifique dans l'espoir d'en élargir les ventes[3]. Les ramifications professionnelles de ces technologies continuent à s'étendre aujourd'hui avec l'usage de l'indice h (ou indice de Hirsch) indice bibliométrique pour calculer automatiquement le niveau d'un chercheur dans certains domaines.

L'histoire des instruments de référence modernes n'est pas seulement celle des outils qui continuent à être utilisés de nos jours sous de nouvelles formes et appellations, mais aussi celle d'expérimentations qui n'eurent pas de suite en dépit de grands investissements en ressources matérielles et humaines. De 1910 à 1934, Paul Otlet et Henri La Fontaine fondèrent à Bruxelles le Mundaneum, qui conservait de l'information sous la forme de quelque 12 millions de fiches à partir desquelles le personnel devait répondre aux questions envoyées par correspondance[4]. En 1945, Vannevar Bush conçut un système mécanique destiné à réduire, conserver, et rechercher de l'information, le « Memex ». Beaucoup considèrent aujourd'hui l'internet comme la réalisation de ce projet, mais les références fréquentes à Vannevar Bush tiennent plus d'une généalogie de l'internet formulée par la suite que d'une explication de ses origines[5]. Le seul résultat tangible de la vision de Bush fut le « sélecteur rapide » que Ralph Shaw construisit en 1949 et qui recherchait automatiquement des documents sur microfiches à l'aide d'une cellule photoélectrique identifiant la congruence entre un code de requête entré par l'utilisateur et le code sujet du microfilm. Après avoir essayé de classer à l'aide du « sélecteur rapide » de vastes quantités de documents déclassifiés après guerre, Shaw considéra que c'était un échec et fit au contraire l'éloge des livres « comme l'outil encore aujourd'hui le plus efficace pour conserver et rechercher de l'information ». Mais l'idée visionnaire qu'il avait eue, consistant à suivre le chemin des connexions associatives personnelles de chaque utilisateur plutôt que des rubriques préétablies, s'est réalisée plus efficacement dans la recherche sur internet[6]. Le microfilm ne s'est pas révélé être la solution qu'on avait espérée, dans les années 1920, aux problèmes de gestion et de stockage de l'information. Et, depuis, nous avons pu nous rendre compte des difficultés de sa préservation à long terme. Pourtant les gros investissements effectués dans le microfilmage ont facilité de façon inattendue la réussite de grands projets de numérisation comme Early English Books Online (EEBO) dans les années 1990[7].

L'évolution rapide des technologies au cours des dernières décennies ont mis en relief, souvent de façon dramatique, l'extraordinaire engagement humain investi dans des entreprises qui furent bientôt rendues obsolètes par l'arrivée des ordinateurs. De nombreux et gigantesques projets d'indexation lancés dans la première moitié du XXe siècle furent achevés au moment même où les ordinateurs devenaient largement répandus : la bibliographie cumulative des publications en histoire des sciences jusqu'en 1965 fut achevée en 1984 par exemple, après des décennies de travail collectif[8]. Pour ne prendre qu'un seul exemple du contraste entre l'indexation manuelle et l'indexation par ordinateur, les index des premières éditions du *Bartlett's Quotations*, un florilège de citations commencé en 1855, avaient nécessité six mois du travail de vingt personnes (soit environ 19 200 heures de travail) alors qu'une édition informatisée est indexée en quelques heures[9]. Les ouvrages de référence sont particulièrement sujets à l'obsolescence par leurs contenus et par leurs méthodes de composition. Nos pratiques et les résultats auxquels nous aboutissons aujourd'hui ne feront sans doute pas exception.

Pourtant les outils de référence rédigés par les générations précédentes furent et restent encore utiles de différentes façons. Dans leur contexte d'origine, ces instruments de travail rendaient possibles ou facilitaient de nombreuses tâches et servaient de modèles de gestion de l'information que leurs usagers pouvaient imiter dans leur propre pratique de conservation et d'organisation de contenu. De plus, ils démontraient l'existence d'une demande qui a motivé la recherche de nouvelles solutions aux divers problèmes de gestion de l'information (du « sélecteur rapide » aux derniers développements dans la recherche informatisée d'information)[10]. Pour l'historien les outils de référence sont comme de grands et riches vestiges d'un système culturel passé, où les savoirs, les idéaux et les méthodes de travail de leurs auteurs restent plus clairement visibles que dans d'autres sources.

La recherche historique livre rarement des leçons claires pour le présent. L'histoire de la gestion de l'information textuelle dans les notes privées et les livres de référence entre 1500 et 1700 pourrait être présentée comme le récit d'un déclin, en partant du savoir de haut niveau du Moyen Âge pour en arriver à l'emploi croissant de substituts ; ou au contraire comme le récit triomphant de nouvelles méthodes démocratisées et de plus en plus sophistiquées. De même, parmi ceux qui réfléchissent aux évolutions en cours aujourd'hui et à venir, les Cassandres d'une part, et les info-fanatiques de l'autre, semblent souvent être les voix les plus fortes. J'ai essayé de me tenir à distance de ces positions extrêmes, bien que je suis consciente de pencher plutôt vers l'optimisme. Dans chaque contexte, la technologie contribue aux problèmes mais aussi aux solutions à ces problèmes. Nos nouvelles technologies de même peuvent, d'une part, nous aider à développer de manière intelligente des capacités de recherche, et, d'autre part, procurer un accès au savoir à des publics plus larges. L'antienne du déclin, hantée plus souvent par des angoisses imprécises que suscitée par de réels changements, fut récurrente durant des siècles ; son pouvoir d'attraction perdure. Mais, étant donné la longue histoire de cette position, elle ne semble pas plus appropriée à notre contexte qu'à celui de la Renaissance ou du Moyen Âge, où elle fut si intensément employée[11].

La technologie présente également des limites. Dans mon domaine de travail il n'y a pas d'outil qui remplace la maîtrise personnelle d'un sujet et la capacité de discernement, nourri par une compréhension du contexte. L'attention est un de nos plus précieux atouts, et de nombreuses forces rivalisent pour la capter, avec une gamme toujours croissante d'outils logiciels et matériels. Même si la conservation de l'information est déléguée à un autre médium, la mémoire humaine joue encore un rôle décisif pour rappeler ce à quoi il faut porter attention, quand et où. De même, la faculté du jugement reste plus importante que jamais pour sélectionner, évaluer et synthétiser l'information, et pour produire des connaissances de manière responsable. Les occasions pour accepter des informations fausses ou partiales, se fier à des pépites d'information trouvées sur internet sans se préoccuper de leur contexte, n'ont jamais été aussi abondantes[12]. Tandis que les premiers livres de référence modernes étaient critiqués pour leur incapacité à fournir des réponses à certaines questions, une recherche sur internet offre invariablement des résultats. Que ces résultats soient pertinents ou non dépend de nos capacités à les évaluer. Ces capacités exigent elles-mêmes une autoformation constante aux évolutions des logiciels et du matériel disponibles. Tandis qu'un usager averti des premiers livres de référence modernes devait se familiariser avec un corpus relativement stable d'auteurs cités et d'outils de recherche, un utilisateur chevronné d'internet doit évaluer en permanence la gamme toujours en croissance de contenus susceptibles d'apparaître dans une liste de résultats – sites d'achat en ligne, blogs, agences gouvernementales… et maintes escroqueries. Avec la numérisation de quantités massives d'imprimés il sera utile (et peut-être de plus en plus difficile pour les jeunes générations) de comprendre les outils et les catégories du monde de l'imprimé – livres de référence, catalogues de bibliothèques, index, entre autres genres dont les conventions sont opacifiées par leur présentation sous forme électronique.

En tant qu'historienne je tiens beaucoup à notre capacité à reprendre contact avec des sources laissées dans l'obscurité pendant une génération ou plus. Des redécouvertes de ce type se sont avérées fructueuses pour les humanistes de la Renaissance, pour les généticiens lisant les œuvres de Mendel des décennies après leur publication, et pour les historiens. En transférant nos modes de conservation au numérique, qui exige une mise à jour régulière, nous risquons d'empêcher la transmission de ce qui semblera inutile à une génération. Si nous espérons maintenir pour une longue durée la chaîne de transmission des textes, si chère aux humanistes de la Renaissance, nous devons consacrer des moyens financiers et techniques pour assurer l'accessibilité de matières qui n'auront qu'un intérêt historique. Les historiens s'efforcent de poser de nouvelles questions à des contenus anciens qui peuvent sembler à d'autres inutiles et déjà suffisamment explorés. Les instruments de référence des XVIe et XVIIe siècles, par exemple, rédigés dans des langues mortes, dans un contexte culturel éloigné, tournés vers une culture encore plus lointaine, ont longtemps été explorés pour des informations utiles – les dictionnaires de langue pour les définitions et les exemples intéressants, les dictionnaires historiques pour rédiger les entrées des dictionnaires modernes, les florilèges et les livres de lieux communs dans une moindre mesure, car ils n'ont pas engendré de rejetons directs.

Les premiers livres de référence imprimés sont, encore aujourd'hui, des instruments de travail efficaces. Ceux qui éditent des textes connaissent l'importance de la consultation d'éditions et d'outils de travail datant de la même période, plutôt que des versions plus récentes, pour interpréter une œuvre dans son contexte. Les historiens des idées peuvent également bénéficier d'une meilleure connaissance des méthodes et des outils de travail des auteurs qu'ils étudient. Les ouvrages de référence et leurs divers points d'accès permettent de parcourir le paysage mental d'une époque passée de multiples façons. Dans les livres de référence en latin de l'époque moderne, on trouve des notes collectives sur les textes anciens et des commentaires accumulés par plusieurs générations de compilateurs, et adressés à la diversité des goûts des lecteurs pour le bien commun. Au-delà de leur contenu spécifique, ces ouvrages ont développé et diffusé, face à une explosion de publications, des méthodes de gestion de l'information textuelle à laquelle nos propres méthodes de lecture et de traitement de l'information sont encore redevables.

Méthode éditoriale

Notes

Par économie de place, les citations originales en langues autres que le français sont omises ici. Le lecteur pourra les consulter sur le site internet de l'auteure à Harvard University : https://projects.iq.harvard.edu/ablair/publications-0

On y trouve aussi un pdf de citations correspondant à la parution originale en anglais.

Pour réduire le nombre de notes, nous avons regroupé les références par phrase ou paragraphe.

Dans les citations les numéros correspondent aux divisions dans un texte par ordre décroissant de généralité, finissant sur le numéro de page ou de folio (sans « p » ou « f »). Les numéros de sections sont séparés par des points alors que le numéro de page ou de folio est précédé d'une virgule (ainsi Morhof I.1.21., sec 50, 247, renvoie au volume I, livre 1, chapitre 21, section 50, p. 247). Les signatures sont utilisées comme point de référence dans l'absence de pagination ou foliotage – c'est le cas surtout pour les paratextes présents avant et après le texte principal dans les livres imprimés de l'époque moderne.

Orthographe

Quelques citations françaises ont été légèrement modernisées pour en faciliter la lecture, mais il reste des tournures et des graphies de l'époque. En traduisant depuis d'autres langues nous avons parfois préféré notre traduction à une traduction française existante ; dans ce cas nous en donnons la référence mais indiquons « notre traduction ».

En traduisant du latin nous avons souvent préféré rendre l'adresse au lecteur par « vous » plutôt que le « tu » latin (et nous suivons en ceci le choix de traducteurs de l'époque).

Ann Blair

Notes

PRÉFACE
Entre la perte et l'excès

1. « Information overload is not unique to digital age », Conversation avec Tony Cox, *Talk of the Nation*, NPR, 20 novembre 2010 ; Michael Dirda, « Review of Ann Blair's *Too Much to Know* », *The Washington Post*, 12 janvier 2011 ; Lily Karlin, « A Year's Reading. Reviewers' favorites from 2011 », *The New Yorker*, 19 et 26 décembre 2011.

2. Ann Blair, « Humanist Methods in Natural Philosophy : the Commonplace Book », *Journal of the History of Ideas*, 53, 1992, 541-551.

3. Ann Blair, *The Theater of Nature. Jean Bodin and Renaissance Science*, Princeton, Princeton University Press, 1997.

4. Ann Blair, « Reading Methods for Coping with Information Overload, ca. 1550-1700 », *Journal of History of Ideas*, 64, 2003, 11-28, « Note-Taking as Art of Transmission », *Critical Inquiry*, 31, 2004, 85-107, et avec Peter Stallybrass, « Mediating Information », in *This Is Enlightenment*, Clifford Siskin et William Warner (éd.), Chicago, Chicago University Press, 2010, 139-163. À ce jour, quarante-quatre articles et essais d'Ann Blair sont accessibles sur le site DASH Digital Access to Scholarship at Harvard :
https://dash.harvard.edu/

5. C'est à ces aides invisibles qu'Ann Blair a consacré les « Rosenbach Lectures » qu'elle a données à l'université de Pennsylvanie en 2012 sous le titre *Hidden Hands. Amanuenses and Authorship in Early Modern Europe*. Leur enregistrement est accessible sur le site : http://repository.upenn.edu/rosenbach/8/

INTRODUCTION

1. Au chapitre 3, j'évoque ce terme ainsi que des termes semblables (comme « répertoire ») en usage avant la période moderne. Par livre de référence, j'entends

une importante collection d'informations textuelles conçue pour être consultée plutôt que lue de bout en bout.

2. Voir Moss (1996) sur les livres de lieux communs ; sur les encyclopédies, voir plus loin chap. 3.

3. *Dictionnaire de l'Académie française* (1740), I, p. 865 ; comparer avec les éditions de 1694 et 1718 ; de même, Furetière ne donne que le sens juridique : Furetière (1690), 347. *Oxford English Dictionary*, s.v. « information », pour l'étymologie venue du français, puis les sens anglais : juridique, puis « instruction, enseignement » (sens I.1a datant du XIVe siècle) et « savoir concernant un fait » (sens I.2a datant du XIVe siècle). Sur le terme au XVIIIe siècle, voir Duguid (2015).

4. Sur l'information dans les sciences de la vie, voir Wright (2007), chap. 1 ; dans les sciences de l'information, voir Shannon (1948) ; Gleick (2015).

5. Machlup (1962) est considéré comme le créateur de ce terme ; voir Beniger (1986), 21.

6. Mon analyse de l'information s'inspire de Nunberg (1996) et de Brown et Duguid (2000), 118-120.

7. Pour d'autres applications de ce terme dans le passé, voir Hobart et Schiffman (1998) ; Darnton (2000) ; Soll (2009) ; Edwards *et al.* (2011). Sur *res* et *verba* à la Renaissance, voir Kessler et Maclean (2002).

8. Hilbert (2012).

9. Les 300 000 articles de la quincaillerie McGuckins, par exemple, sont plus nombreux que le nombre d'entrées dans la plupart des dictionnaires ; Norman (1993), 168. La 9e édition du *Dictionnaire de l'Académie française* compte 60 000 mots et *Oxford English Dictionary* environ 171 500 mots.

10. Sutton (2002).

11. Pour l'observation selon laquelle chaque génération perçoit la surinformation comme un phénomène nouveau, voir Rosenberg (2003), 2.

12. Pour quelques récents travaux dans ces différentes directions : Park et Daston (2006), chap. 2 sur les espaces dédiés au savoir ; Te Heesen et Spary (2002) sur la collecte d'informations ; Soll (2009), Blair et Stallybrass (2010) sur les pratiques commerciales administratives. Corens *et al.* (2016), Friedrich (2018), Peters *et al.* (2018), Head (2019) sur les archives.

13. Sur les livres pratiques, voir Long (2001) ; sur les livres de secrets : Eamon (1994) ; Leong et Rankin (2011).

14. Descartes (1996), 10: 497-498.

15. Sur Gibbon, voir Yeo (2001), 90-91 ; d'Alembert, *Mélanges de littérature, d'histoire et de philosophie*, 2 vol. (Berlin, 1753), 2: 3-4, cité par Desormeaux (2001), 61.

16. Hertz (1985), 40-60.

17. Voir les conseils du jésuite Antonio Possevino in *Bibliotheca selecta* (1606) ; cette opposition est traitée dans Zedelmaier (1992).

18. Amory (1996), 51.

19. Sur la critique génétique, voir Espagne (1990), de Biasi (1998), Grésillon (2000) ; sur les méthodes scolastiques voir Rouse et Rouse (1991a), Weijers (1996) et Hamesse (2002).

20. Voir l'article fondateur de Shapin (1989) ; sur les carnets de notes scientifiques, voir Holmes *et al.* (2003) ; sur le contexte domestique du travail scientifique, voir Harkness (1997), Algazi (2003) et Cooper (2006).

21. Voir, par exemple, Thornton (1997) et Grafton (1997). Pour une histoire des méthodes de travail plus étendue, voir Jacob (2011) et Waquet (2015).

22. Sur les divers types de lecture discontinue, voir Stallybrass (2002).

23. Pour l'historiographie des faits, voir Poovey (1998), Shapiro (2000), Daston (2001), Mulsow (2012).

24. Voir Eisenstein (1979), Johns (1998), et Eisenstein et Johns (2002).

25. Voir Grafton (1980) et Needham (1980).

CHAPITRE 1

La gestion de l'information dans une perspective comparative

1. Voir par exemple Grafton (1992). Je précise que le terme « moderne » est employé dans deux sens. Dans l'expression « Europe moderne » ou « période moderne », il désigne la période 1492-1789 qui est au centre de mon propos. « Moderne » désigne aussi une série de caractéristiques associées à la modernité du monde contemporain. Je m'intéresse en particulier aux parallèles et aux liens généalogiques entre la gestion textuelle de la période moderne et nos pratiques actuelles.

2. Sur le Japon à l'époque moderne, voir Berry (2006) ; sur l'Inde et la Perse, voir Scholberg (1986), Vessel (1986), Colas et Richard (1996).

3. Ogilvie (1997) et (2006), 230 ; et Cooper (2007).

4. Sur le terme et son histoire, voir De Rijk (1965), Dierse (1977), Céard (1991), Fowler (1997) ; le volume *Propaedia* de l'*Encyclopaedia Britannica* (1985) invoque la métaphore du cercle dès les premières lignes.

5. Il est difficile d'évaluer cette perte. En 1494 Pietro Bembo estimait que seul un ouvrage ancien sur cent avait été transmis à son époque ; Bembo (2003), 36-37. Je suis reconnaissante à Aaron Shapiro pour cette référence. Les estimations modernes ne sont pas beaucoup plus optimistes ; voir Bardon (1952), 13, ou Reynolds (1983).

6. *Dicere etiam solebat nullum esse librum tam malum ut non aliqua parte prodesset*, Lettre III. v (à Baebius Macer) *in* Pline le Jeune (2009), I, 77.

7. Needham (1986), 3 ; voir aussi Eisermann (2006).

8. Une bible avec des commentaires multiples et des appendices semble être l'incunable qui compte le plus grand nombre de pages (1 571 pages) (Venise, 1481), *Gesamtkatalog der Wiegendrucke* #4286. Merci à Falk Eisermann de son aide à ce sujet.

9. Voir Daly (1967), 93 ; Posner (1972), 6 ; Kilgour (1998), 16.

10. Pour la notion d'une relation causale entre l'écriture et le développement de la pensée logique (« l'hypothèse de littératie » ou *literacy thesis*), voir Goody (1986) et la critique d'Halverson (1992). Pour la démonstration inverse, sur l'exemple d'un marché de bétail nigérien opérant de façon complexe mais sans traces écrites, voir Finnegan (1988), 146.

11. *Phèdre*, 275-77 *in* Platon (1954), 89-90. Mais dans le *Timée* 23 Critias fait l'éloge des Égyptiens pour leur maîtrise de l'écriture ; l'écriture est également la clef de la transmission de l'histoire de l'Atlantide dans *Critias*, 113.

12. *Aphorismes*, I.1, *in* Hippocrate (1945), 39-40 ; en anglais, Hippocrate (1953), 98-99.

13. *De brevitate vitae*, I.2 *in* Sénèque (1994), II, 47.

14. *Ad Lucilium epistulae morales*, 2.3 *in* Sénèque (1985), 6 ; voir aussi son *De tranquillitate animi*, IX.4 *in* Sénèque (1927), 89-90.

15. Voir par exemple Giovanni Battista Caccialupi, *Tractatus de modo studendi* (Pavie 1510), 2v. Le gentilhomme anglais William Drake partageait cet avis, bien qu'il ne l'observât pas, étant donné ses vastes lectures ; voir Sharpe (2000), 181. L'auteur espagnol d'un manuel de conseils sur les bibliothèques, Francisco Araoz, employait l'aphorisme de Sénèque pour justifier l'exclusion des livres de poésie et des romans car « ces ouvrages inutiles et pernicieux ne faisaient que rendre l'art plus long » Araoz (1631), 10r. Sur la nécessité d'établir un canon, principalement comme réponse à la surabondance, voir Most (1990).

16. Bacon (1991), l.2, 124.

17. Schniedewind (2004), 166, 235 n4.

18. La *Glossa ordinaria* ne commente pas Ecclésiaste (ou Qohelet) 12:12 ; voir l'édition de Migne (Paris, 1879). Rashi (v. 1040-1105), dont le commentaire de la Bible et du Talmud faisait particulièrement autorité chez les juifs, commenta brièvement ce verset : « Si nous tentions d'écrire, nous serions incapables de le faire. » D'après la traduction anglaise disponible sur le site www.sefaria.org ; pour un commentaire juif moderne, voir Fox (2004), 85 : « Écrire des livres de sagesse continue sans fin et on peut être submergé par toutes leurs idées. » Merci à Adina Yoffie et Magda Teter pour leur aide sur ce point.

19. Vincent de Beauvais (1964) col. 1 (prol. 1) ; Richard de Bury (2001) XVI, 103 ; Hugues de Saint-Victor (1096-1141) cita ce vers pour conseiller la modération dans l'étude dans son *Didascalicon* (1991), V.7, 201-202.

20. Jacob (1996), 58-59 ; MacLeod (2004), 8-10, 102 ; Raven (2004), 12-18.

21. Daly (1967), 22-23 et Holtz (1997), 473.

22. Daly (1967), 94 ; Blum (1991), 226-239, 22-24 (Aristote), 46 (Théophraste). Voir aussi Witty (1958) ; et sur l'ordre adopté par les *Pinakes*, Schmidt (1922), 90-91.

23. Daly (1967), 85-90.

24. Irigoin (2003).

25. Callimachus (1949-1953), I #465.

26. La production de Didymus Chalcenterus est évaluée à 4 000 volumes dans Sénèque (1985), 170 (*Lettres*, 88.37) et à plus de 3 500 dans Athénée, *Deipnosophistae*, 4.139. Sur le sens du terme « livre », voir Grafton et Williams (2006), 10-12.

27. Diogène Laërce V, 42-50 (Théophraste) et VII, 180-202 (Chrysippe) *in* (1938), I, 246, et II, 114. Pour des mentions de ces polygraphes de l'époque moderne, voir Jeremias Drexel (1638), 65 ; Liberius (1681), 7-8.

28. « Préface », 17, *in* Pline (1950), I, 52. Sur la réception de Pline, voir Borst (1994), chap. 2, 4, et 6. Sur l'encyclopédisme antique, voir König et Whitmarsh (2007), Doody (2009).

29. Pline le Jeune, lettre III. v (à Baebius Macer), *in* Pline le Jeune (2009), I, 77.

30. Doody (2001). Sur les débuts des rouleaux, voir Holtz (1997), 472.

31. Sur Aulu-Gelle, voir Holford-Strevens (2003) et Howley (2018) ; sur les *tituli*, Petitmengin (1997) et Schröder (1999).

32. Ainsi par exemple Pline est impressionné de voir un écrit datant de presque deux cents ans (1956), XIII.26, §§. 83, 45.

33. Athénée cite entre autres textes perdus les *Gloses* de Séleucos, de Nicandre, de Glaucon, de Pamphile, de Cleitarque, les *Gloses crétoises* d'Hermon ou les *Noms*

attiques de Philémon ; voir Jacob (2001), LXXXVIII. Parmi les auteurs de *lexica* publiés au IIIe siècle on compte Pollux de Naucratis, Phrynichus, Moeris, Herodian, présentés par Johnson (2006), 185-195.

34. Stobée (1884-1912). Sur les florilèges byzantins et leurs sources, voir Wachsmuth (1971).

35. Sur Eusèbe de Césarée et la production de livres dans ce milieu, voir Arns (1953) ; Grafton et Williams (2006). Plus généralement sur la pratique des extraits dans de nombreux contextes anciens et médiévaux, voir Morlet (2015).

36. Murphy (2004), 195-196, 212.

37. *Adages*, III.1.1 (« *Herculei labores* », Les travaux d'Hercule) dans Érasme (2011), adage 2001, III.6. Sur Florus, voir Leclant (2005), 911-912.

38. Pour une critique, voir Baillet (1685), I.11, 453, 457-458. Pour une conclusion moderne concernant la perte d'une œuvre par sa mise en anthologie, voir Bowie (1997), 66.

39. *Oxford Classical Dictionary* (1996) s.v. « Hypothesis », « periocha », « epitome », et « Clément d'Alexandrie » pour ses *Stromateis* (ou *Miscellanées*, vers 200-202) ; sur ce dernier voir aussi Leclant (2005), 505. Merci à Christopher Jones pour ses conseils sur ce point. Sur l'hypothèse (ou résumé) de la pièce d'Eschyle, *Agamemnon*, voir Witty (1973), 195.

40. Holford-Strevens (2003), 28, citant Quintilien 1.8.18-21 et Sénèque, *Lettres*, 88.37.

41. Johnson (2006), chap. 2 et 86-89.

42. Roby (2000).

43. Keaney (1973) et Blum (1983).

44. Gessner (1545), 160r-v.

45. Gessner (1559), sig. b2v.

46. Sur la différence entre patrimoine (anglais : *heritage*) et héritage (anglais : *inheritance*), voir Buckland (1999).

47. Bloom (2001), 204-205. Pour une critique du IXe siècle concernant les inconvénients du parchemin (notamment son poids excessif et sa tendance à retenir l'humidité), voir Al-Jahiz (1969), 211-212.

48. Wilson (1983).

49. Cité et traduit par Lemerle (1966), 605.

50. Constantin Porphyrogénète, *Opera* (Leiden, 1617) ; sur la préférence des Byzantins pour la lecture intensive (pour une définition voir *supra*, p. 85), voir Cavallo (2006), 70-71.

51. Photius (1959), 1 ; Treadgold (1980), 97.

52. Baldwin (2006). Mon décompte des mots de la *Souda* (1986) : 5 755 pages de quinze lignes par page de texte latin avec une moyenne de dix-huit mots par ligne.

53. Mangenot (1899), col. 901. Je n'ai pas trouvé d'autre référence à cet ouvrage. Sur une encyclopédie spécialisée composée dans ce contexte, voir Trombley (1997).

54. Dionisotti (1990). McEvoy (2000), 115-116. Suidas, *Lexicon graecum* (Milan : Johannes Bissolus et Benedictus Mangius, pour Demetrius Chalcondylas, 1499). Photius, *Bibliotheca*, éd. David Hoeschel (Augsbourg, 1601), et traduite en latin par le jésuite Andreas Schott (Augsbourg, 1606). Gessner (1545), 562r-v, 604v-605r.

55. Schoeler (2009). Sur les habitudes d'enseignement et d'apprentissage, voir Rosenthal (1947), chap. 2, 6-7 ; Makdisi (1990), 202-216. J'entends par « publication » le sens premier d'une diffusion publique, qui peut se faire par oral et/ou par manuscrit

dans les contextes comme celui-ci qui n'utilisaient pas de reproduction mécanique ; dans cette optique l'imprimerie est une technique de publication parmi d'autres.

56. Makdisi (1981), 104 ; Makdisi (1990), 214.

57. Makdisi (1990), par exemple 88, 217 et suiv., 67-68. L'historiographie dans les langues européennes sur les encyclopédies musulmanes comporte : Pellat (1966), Chapoutot-Remadi (1991), Guesdon (1996), Marzolph (1997), van Berkel (1997), van Gelder (1997), Bisterfeldt (2002), Endress (2006), Muhanna (2018).

58. Rosenthal (1947), 60.

59. Voir les 200 pages d'index biographique d'Ibn al-Nadīm (1970). Mon décompte des mots est de 217 000 pour la traduction anglaise : 868 pages de vingt-cinq lignes, et dix mots par ligne. Voir Wellisch (1986), 11 (survie), 31 (livres obscurs), 9 (livres non vus), 37 (Hésychios).

60. Rosenthal (1947), 20 (bibliographie), 37 (Mohammed) ; sur les dictionnaires biographiques, voir Al-Qadi (2006), 67 et suiv. ; sur les dictionnaires, voir Blachère (1975), 21-30.

61. Rosenthal (1947), 39-40 ; Makdisi (1990), 214.

62. Al-Juzajani (1974), 69 ; je dois cette référence à Mottahedeh (1985), 88-89.

63. Exemples : œuvres d'Al-Nuwayrī (1279-1333) ou Zakariyya al-Qazwini (v. 1203-1283) ; voir van Gelder (1997) et, en anglais, Al-Nuwayrī (2016). Sur Ibn Khaldoun, voir Cheddadi (2006).

64. Van Berkle (1997), 167-168. Sur les couleurs d'encre, voir Orsatti (1993), 282.

65. Merci à Jonathan Bloom et Sheila Blair pour cette observation. Orsatti (1993), 325, remarque que les innovations dans la mise en page des manuscrits apparurent d'abord dans les aires orientales du monde musulman et s'étendirent ensuite à l'ouest.

66. Voir Pedersen (1984) ; Atiyeh (1995) ; Schwartz (2017).

67. Rosenthal (1947), 2.

68. Ce fut l'un des premiers ouvrages imprimés à Istanbul ; mon décompte pour Kâtip Çelebi (1835-1858) : 3 724 pages en six volumes de texte de dix-neuf lignes par page et de douze mots par ligne.

69. Birnbaum (1997). Merci à Cemal Kafadar pour cette référence.

70. Rosenthal (1947), 61 (Ibn Ridwan) ; Meyerhof (1984), 3:172, 174, merci à William R. Newman pour cette référence.

71. Voir Rosenthal (1947), 61 ; Ibn Khaldoun (2005), 414-416 ; en français (2013), VI.36, 272.

72. Rosenthal (1947), 20. Sur cette interdiction, voir Hanebutt-Benz *et al.* (2002), 230. Pour la crainte du manque en Europe, voir Yeo (2001), 93-94.

73. Je m'aligne sur Rosenthal (1947), 2, et Makdisi (1990), 214.

74. Il n'y a pas à ce jour d'inventaire des manuscrits arabes subsistants dont on peut déduire systématiquement la distribution et le nombre de copies des différentes œuvres.

75. Chapoutot-Remadi (1991), 267-280. Les œuvres d'Ibn Qutayba, d'Ibn 'Abd Rabbih, Al-Qazwini, Al-Nuwayrī, et d'autres sont publiées aujourd'hui dans des éditions modernes à bon marché. Ces textes sont accessibles à un large public du fait de la stabilité de la langue arabe et peuvent atteindre plus de lecteurs aujourd'hui que lors de leur publication initiale.

76. Burke (1996), 202 ; McDermott et Burke (2017).

77. Les caractères mobiles européens nécessitaient par contre un investissement financier plus important qui devait être récupéré à travers l'impression en une fois

d'autant d'exemplaires de l'ouvrage que l'on espérait pouvoir vendre. Pour une excellente analyse de ces contrastes, voir Brokaw et Chow (2005), 3-54.

78. Sur les *biji*, voir Fu (2007).

79. Loewe (1987), 6.

80. Sur les « encyclopédies » chinoises, voir Bauer (1966), Diény (1991), Monnet (1996a, 1996b, 1996c), Bretelle-Establet et Chemla (2007). Sur la perte des textes chinois, voir Dudbridge (2000).

81. McDermott (2006), 49.

82. Bauer (1966), 681 ; Kurz (2007).

83. Bauer (1966), 686 ; Drège (2007), 31-32, 686.

84. *Encyclopaedia Britannica* (1985), Index volume A-K, « préface » ; Guy (1987).

85. Loewe (1987), 12-16 ; Monnet (1996b), 350.

86. Bauer (1966), 672-676 ; Monnet (1996a, 1996b) ; Bottéro (1996). Le plus ancien dictionnaire chinois, compris parmi les classiques confucéens, groupait les mots selon leur signification en dix-neuf sections thématiques.

87. Monnet (1996a), 345-346. Pour plus de détails sur les examens, voir Elman (2000).

88. Drège (2007), 21.

89. Cherniack (1994).

90. Heijdra (2006), 20-21. Pour une initiation au livre chinois, voir une exposition de la BnF en ligne : http://expositions.bnf.fr/chine/reperes/2/index3.htm. Une différence clé d'avec le codex européen est que l'on n'imprime que sur un côté de chaque page (comme le papier est très fin), puis en pliant la feuille sur elle-même on forme un recto-verso similaire aux pages européennes. Le pli devient le bord externe où on indique le titre de l'ouvrage et le numéro de page. Merci à Bridie Andrews et Lucille Chia de m'avoir initiée au livre chinois dans la Bibliothèque Yenching de Harvard.

91. Bol (1996), Elman (2007), De Weerdt (2007b).

92. McDermott (2005), 59, 78, et 94 n15.

93. Elman (2007), 138.

94. Notre traduction du texte cité par Wagner (1997), 36-37.

95. Notre traduction de Zhu Xi (1990), 131-133, 139. Sur Zhu Xi, voir De Weerdt (2007a), chap. 5.

96. Cité par Wagner (1997), 36. Voir aussi Peterson (1968).

97. Sur le foliotage au Moyen Âge, voir Saenger (1996), 258, 275-276, et Stoneman (1999), 6. Saenger remarque néanmoins que l'imprimerie créa le contexte dans lequel la numérotation de feuilles (foliotage) ou de pages (des deux côtés d'une feuille) devint la norme dans les imprimés et les manuscrits.

98. Voir Ribémont (2001) ; Cassiodore (2003), 105-110.

99. Isidore de Séville (2006), 413 (dédicace d'Isidore), 24 (manuscrits subsistants). Mon estimation de la taille du texte se fonde sur cette traduction : 367 pages de quarante-quatre lignes en deux colonnes par page, et huit mots par colonne. Sur les méthodes de travail d'Isidore de Séville, voir Fontaine (1959) 2: 763-781 ; Henderson (2007), 19-21 ; sur sa réception, voir Bischoff (1966).

100. Par exemple le livre 18 sur la guerre et les jeux était divisé en soixante-neuf chapitres intitulés, entre autres : guerre, triomphes, étendards militaires, trompettes de guerre, noms des jeux de dés, distribution des dés, déplacement des jetons, interdiction des jeux de dés, jeux de balle. Voir Isidore de Séville (2006), 37. La littérature sur

les encyclopédies médiévales est vaste. Outre ce que je cite plus bas sur Vincent de Beauvais, voir de Gandillac (1966), Becq (1991), Picone (1994), Binkley (1997b), Meyer (2000) et (1991), Meier (2001), Ribémont (2001), Meier (2002), Stammen et Weber (2004), et de multiples articles dans les *Cahiers d'histoire mondiale* (1966).

101. Mejor (1994), 651. Voir Rouse et Rouse (1982), 165-168 pour les titres médiévaux de florilèges et leurs métaphores, dont le *Liber scintillarum* (Livre des étincelles) ou *pharetra* (« carquois »).

102. Pour des références antiques à cette pratique, voir Cicéron, *Brutus*, XII.47, cité par Carruthers (1990), 256. Reynolds (1983), 327, citant Sénèque, *Lettres*, 33.7 et Jérôme, *Épîtres*, 107.8. Moss (1996), 24 n1 (sur l'absence d'exemplaires médiévaux).

103. Rouse et Rouse (1982), 167.

104. Munk Olsen (1979), 52, 57 et suiv., 99 et suiv.

105. Munk Olsen (1980), 153-154.

106. Reynolds (1983), 422.

107. Munk Olsen (1982), 164.

108. Ullman (1928), 174. Voir aussi Ullman (1929, 1930a, 1931, 1932) et Ullman (1930b), 145-154 (sur Dousa et Scaliger). Sur le rôle des florilèges dans la transmission de Martial, voir Martial (2006), XXI-XXV. Merci à Kathleen Coleman pour nos conversations éclairantes sur les problèmes de transmission.

109. Clanchy (1993).

110. Notre traduction du latin cité dans Rouse et Rouse (1982), 174, 167-168.

111. Munk Olsen (1982), 164. Munk Olsen note la suppression de quelques noms anciens et le remplacement de dieux par Dieu, ou de Jupiter par Conditor (Créateur). Sur les transformations par les copistes Reiter (1996) ; et pour une mention contemporaine de ce phénomène Masai (1967), 93-94.

112. Ma traduction du latin dans Goddu et Rouse (1977), 520. Sur la portabilité des livres, voir Munk Olsen (1982), 163.

113. Munk Olsen (1979), 49, 52 ; Munk Olsen (1982), 153. Sur l'indexation, voir Rouse et Rouse (1979), 14.

114. Voir Rouse et Rouse (1991a, 1991b).

115. Sur Bernard de Clairvaux, voir Leclercq (1953) ; sur les ordres mendiants, voir Verger (1998), chap. 5 ; sur les méthodes de travail dans les premières universités, voir Weijers (1996).

116. Goddu et Rouse (1977), 519. Mais pour un index par sujets particulièrement précoce en droit canon, voir l'index du cardinal Deusdedit en 1087 ; Rouse et Rouse (1991a), 194-195, et Somerville et Brasington (1998), 122-129, 125.

117. Cette estimation vient d'un décompte opéré sur la traduction en ligne du texte http://www.ccel.org/ccel/aquinas/summa.html (décompte fait le 7 avril 2008).

118. Parkes (1976) ; Rouse et Rouse (1991a), chap. 6 ; Carruthers (2002), 350 et suiv. Sur les chiffres arabes, voir Rouse (1981), 129-131. Sur le développement des *marginalia* dans les manuscrits y compris des citations de sources, voir Hamesse (2002).

119. Rouse et Rouse (1974a), 37 ; d'Avray (1985), 72-75 ; Bataillon (1993), IV, 200-205 ; Delcorno (2000), 471.

120. Rouse et Rouse (1974b). Pour d'autres outils conçus pour faciliter l'accès aux textes philosophiques, voir Hamesse (1996a). Sur le système de la *pecia*, Rouse et Rouse (1991a), 303-320 ; Barbier (2006), 73-76.

121. Diverses divisions de la Bible en chapitres apparurent entre 1190 et 1230 ; Smalley (1952), 222-224. Sur le rôle de la concordance dominicaine, voir Rouse et Rouse (1974b), 10. La numérotation des versets de la Bible fut utilisée d'abord par Sante Pagnini (1470-1541) dans une édition de Lyon, 1528 ; voir Engammare (2002). Mais la numérotation des versets dans l'édition de Robert Étienne en 1551 fut plus influente, diffusée dans la Bible de Genève de 1560 ; voir Armstrong (1986).

122. Rouse et Rouse (1974b). Pour les autres usages de lettres pour localiser les passages, voir le cas de Grosseteste plus loin ou l'index anonyme des *Derivationes* de Huguccio décrit par Daly et Daly (1964), 235-236.

123. Weinberg (1997), 324-325, traitant par exemple d'un manuscrit de Tolède (1272) reproduit dans Garel (1991), 44-45, *item* 31. Pour une chronologie générale, voir Weinberg (1999), 114. Bien que la numérotation soit présente dans quelques manuscrits massorétiques de la Bible, les juifs se réfèrent généralement aux passages de la Bible par les premiers mots de la partie concernée.

124. Wellisch (1985-1986). Sur l'histoire complexe de la numérotation juive des chapitres et versets, voir Penkower (1998) et (2000). Merci à David Stern de ces références.

125. Harvey (2000b). Sur l'impact des méthodes scolastiques sur un philosophe juif, voir Sirat (2003).

126. Théry (1935), 443 n99.

127. Rouse et Rouse identifient la *Summa confessorum* de Jean de Fribourg, écrite vers 1297-1298, comme le premier exemple d'un auteur concevant un index pour faire partie intégrante d'une œuvre de sa composition. Rouse et Rouse (1979), 23.

128. Hunt (1953), 242. Hunt ajoute que, dans quelques manuscrits qui appartenaient à Grosseteste, les pages étaient divisées en deux sections marquées de A à D pour le recto, et de E à H sur le verso. Ce système ressemble à la division A-G des chapitres de la Bible, mais il n'était pas indépendant de la mise en page du manuscrit. La table est éditée *in* Grosseteste (1995), 235-320. Merci à John Flood pour cette référence.

129. MacKinney (1938), 253-255 ; Rouse et Rouse (1974b), 24.

130. Daly et Daly (1964), 233-237. Balbi (1971), 127.

131. Powitz (1996).

132. Delcorno (2000), 518. Delcorno étudie les inventaires de bibliothèques principalement des XIVe et XVe siècles en Italie.

133. Bériou (1989), 89 et Roberts (1998), 327 : les étudiants parisiens étaient critiqués à l'époque pour « aimer les messes courtes et les leçons et controverses longues ».

134. Rouse et Rouse (1979), 23.

135. De Ghellinck (1939) et Guenée (1981). Je remercie Brigitte Bedos-Rezak pour ces références.

136. « Que tu ne dédaignes pas, sur la foi de ces modestes butinages, le champ fertile des textes originaux. Il est en effet imprévoyant celui qui, ignorant le feu, s'efforce de se réchauffer à de petites étincelles et celui qui méprisant la fontaine essaie d'étancher sa soif avec des gouttes de rosée. » Notre traduction du *Manipulus florum* de Thomas d'Irlande, cité par Rouse (1965), 249-250. Pour un précédent, voir Ralph Niger, *Commentary on Kings*, achevé en 1191, cité dans Smalley (1952), 226 et Rouse et Rouse (1982), 171. Sur la transmission des listes de sources, voir Rouse (1965), 245.

137. Voorbij (2000), 39, 42. Mon décompte des mots est plus bas que celui de Voorbij (6,5 millions de mots) mais plus élevé que l'estimation de « plus de 3 millions de mots » par Guzman (1996), 705 ; elle est fondée sur l'édition de 1624 : 8 226 colonnes de soixante-dix lignes et huit mots par ligne. Vincent de Beauvais a été l'objet de nombreuses et excellentes recherches. Voir particulièrement Paulmier-Foucart *et al.* (1990), Lusignan *et al.* (1997), et Paulmier-Foucart (2004) Pour une bibliographie et le texte sous forme digitale, voir le site tenu par Hans Voorbij : http://www.vincentiusbelvacensis.eu/ (12 septembre 2018).

138. Vincent de Beauvais (1964), col. 1 (prologue, 1). Sur le prologue, voir Wingell (1990). Pour la version définitive et deux versions précédentes de ce prologue, voir respectivement von den Brincken (1978) et Lusignan (1979).

139. Sur l'usage de Cantimpré par Vincent de Beauvais, voir Wingell (1990), 52, et Roy (1990) ; sur les autres sources de Vincent de Beauvais, voir Schuler (1995) et Verger (1997).

140. Borst (1994), 280.

141. Lusignan (1997). Sur cette circulation interne, voir Tugwell (1997), 56.

142. Paulmier-Foucart (2002), 245-246, 253. Sur l'accès à la Bibliothèque royale, voir Minnis (1979), 399 ; sur sa lettre de dédicace à Louis IX, voir Guzman (1990).

143. Vincent de Beauvais (1964), col. 3 (prologue, 4).

144. *Ibid.*, col. 15 (prologue, 18).

145. *Ibid.*, col. 4 (prologue, 4).

146. Wingell (1990), 45.

147. « J'admets que pour une large part, selon moi, je suis allé au-delà de la méthode des objectifs de ma profession, particulièrement en recherchant et en décrivant ces choses qui ne sont pas nommées dans les livres divins. Dès lors en agissant avec curiosité j'ai encouru le vice de curiosité. En vérité, les docteurs promettent ce qui est approprié aux docteurs, les artisans traitent de choses artisanales. Ainsi moi aussi, un petit représentant d'une profession sublime dont toute l'étude et l'œuvre doivent tendre vers le salut des âmes, j'aurais dû m'occuper dans cette œuvre surtout des sujets qui concernent ma profession. Cependant en ce qui concerne toutes les choses que contient cet ouvrage, je confesse qu'elles me contrarient. Non qu'elles ne soient pas bonnes en elles-mêmes et utiles à ceux qui s'appliquent aux études, mais parce que, comme je l'ai dit il ne convenait pas à ma profession de m'occuper si diligemment à investiguer et décrire les choses de cette façon. » Vincent de Beauvais (1964), col. 15 (prologue, 18).

148. Vincent de Beauvais (1964), col. 4 (prologue, 4).

149. Voir Guzman (1997), 321-322 et Voorbij (2000) et (1996). Le *Speculum naturale* fut imprimé en 1473, 1476, 1478, 1481, et 1494 ; le *Speculum morale* en 1476, 1477, 1485, et 1493 ; le *Speculum historiale* en 1473, 1474, 1483, et 1494 et en français en 1495 et 1532 ; le *Speculum doctrinale* en 1477 et 1486. Le *Speculum quadruplex* fut imprimé en 1591 (Venise : D. Nicolinus) et 1624 (Douai : Balthazar Bellère).

150. Barthélemy l'Anglais (2007). Premières éditions Bâle, 1470 ; Lyon, 1480 ; Strasbourg, 1480, 1485, et 1491 ; Cologne, 1483 ; Nuremberg, 1483 et 1492 ; Heidelberg, 1488 ; Strasbourg, 1505. Ce texte fut publié en traduction en espagnol, trad. Vicente de Burgos, Toulouse, 1494 ; en français, trad. Jean Corbichon, Lyon, 1491, Paris, 1510, 1522 et 1556 ; en néerlandais, Haarlem, 1485 ; et en anglais, trad.

John Trevisa, Westminster, 1495, et Londres, 1535, et éd. Stephen Batman, Londres, 1582.

151. Binkley (1997b), 84-86.

152. Rouse et Rouse (1979), 225. Voir aussi von den Brincken (1972) et Paulmier-Foucart (1980-1981), 20-30, qui montrent comment de Hautfumey indexa quelques chapitres de façon exhaustive comme une succession de sources faisant autorité, et d'autres plus légèrement.

153. Vincent de Beauvais (1964), col. 3 (prologue, 3).

154. Albrecht (2000), 55-57.

155. Sur l'aspect collaboratif du *Speculum maius*, sur lequel je reviendrai dans le prochain chapitre, voir Congar (1980) et Bataillon (1997). Outre ces exemples dominicains, les franciscains furent actifs dans des projets semblables, comme le *Registrum Angliae* (catalogue collectif des bibliothèques franciscaines en Angleterre) et des index aux Pères de l'Église dressé par Kilwardby et un groupe de franciscains d'Oxford au XIIIe siècle. Voir Callus (1948) et Rouse (1965), 250 n29. Barthélemy l'Anglais était un franciscain ; voir aussi Roest (1997).

156. Vincent de Beauvais (1964), col. 1 (prologue, 1).

157. Minnis (1979), 403.

158. Paulmier-Foucart (1997). Plus généralement Le Goff (1994) propose une date plus tardive pour l'impact d'Aristote, vers 1260-1270.

159. Hugues de Saint-Victor (1991), VI.3, 212 et III.13, 146 (notre traduction de ce passage). Voir aussi Michel (2004), 259. Pour d'autres prologues, voir Nadeau (1997), 82.

160. En expliquant le mouvement encyclopédique médiéval, Le Goff parle de la nouveauté de la notion de participer à l'œuvre de Dieu par le travail intellectuel ; Le Goff (1994), 39.

161. Rouse (1981), 135.

162. Vincent de Beauvais (1964), col. 7 (prologue, 8).

163. Voir par exemple Hobbins (2009), 8-10.

164. Melville (1980), 62.

165. Sur les encyclopédies médiévales tardives, voir Meier (1984), Sandler (1990).

166. Febvre et Martin (1958), chap. 8 ; Barbier (2006). Eisenstein (1979) et les réactions de Grafton (1980), Needham (1980), Johns (1998), Eisenstein et Johns (2002). Pour une perspective allemande, voir Zedelmaier (2010).

167. Voir Eisenstein (2011).

168. Pour ceci et d'autres exemples, voir McKitterick (2003), 100-101, 49.

169. Commentaire par Henricus Salmuth (b. 1592) dans Pancirolli (1629-1631), II, 252.

170. Gessner (1551a), sig. [a4]v-b1r.

171. En 1468 le cardinal Andrea de Bussi rapporta qu'un texte qui aurait coûté 100 guilders pouvait être acquis pour 20 une fois imprimé, cité par Hirsch (1974), 1, 69. Ceux-ci et d'autres exemples dans Gilmont (2003), 49-50, et Richardson (1998), 139-141. Sur la critique de Squarciafico, voir Lowry (1979), 15, et le chapitre 5, plus loin. Voir aussi Trithème qui se plaignait que les livres et le papier sur lequel ils étaient imprimés étaient de basse qualité et peu durables ; Trithème (1974), 34-35, 64-65.

172. Richardson (1998), 141 ; de même Gessner (1551a).

173. Hirsch (1978), Monfasani (1988), Davies (1995).

174. Labarre (1975).

175. Sur le développement du livre moderne, voir Febvre et Martin (1958), chap. 3, et Martin (2000), 31 sur le noircissement de la page. Sur les errata, voir Lerer (2002), Blair (2007b, 2008a) ; sur la page de titre, Smith (2000) et Gilmont et Vanautgaerden (2008) ; sur les index, Blair (2000).

176. Sur ces transitions, voir Saenger et Heinlen (1991), 250-256. Il y a peu d'études sur les rubricateurs, dont Stoneman (1994). Les copistes professionnels continuèrent mais en plus petit nombre ; voir Beal (1998).

177. Sur cette évolution, voir Janssen (2005), 24-27.

178. Riffaud (2011), 23-26.

179. Smith (1988). Pour un traitement de cette question de l'époque, voir Caramuel y Lobkowitz (1664), art. VIII, 192.

180. Citation et discussion fondées sur Saenger (1996), 276-277.

181. Maclean (2007). Henri Estienne, par exemple, fut ruiné par la publication des cinq volumes de son *Thesaurus Graecae linguae* (1580), bien que l'ouvrage fût d'une telle qualité qu'il continue à être en usage aujourd'hui (voir l'édition de Naples : La Scuola di Pitagora, 2008) ; voir Pattison (1949), 25. Sur les déboires financiers d'Oporinus à Bâle, voir Steinmann (1969).

182. Stallybrass (2007).

183. Pour une critique détaillée des essais de quantification, voir Dane (2003), 41-51 ; sur Gutenberg, Ing (1988).

184. Burmeister (1963), 119-120.

185. Sur les *scriptoria* commerciaux, voir Rouse et Rouse (2000).

186. Outre le cas de Vincent de Beauvais, traité plus haut, voir Hillgarth (1992), 3-4 sur la prépondérance de copies partielles des œuvres de Thomas d'Aquin.

187. D'où le paradoxe que les textes produits mécaniquement offrent plus d'informations sur leur production que la plupart des œuvres de copistes ; voir Beal (1998), 18-19. Sur la présence de quelques pages de titre avant le XIIIe siècle, voir Derolez (2008).

188. Une deuxième édition d'un pamphlet de Jean Calvin annonçait par exemple qu'il était renouvelé comme s'il était un nouveau livre alors qu'en fait les révisions effectuées étaient peu nombreuses et superficielles ; Engammare (2002), 36-37.

189. McKitterick (2003), 148 ; Riffaud (2011), chap. 4. Pour une étude des variations du premier in-folio de Shakespeare, voir Hinman (1996).

190. Identifier une deuxième émission demande de trouver une correspondance parfaite dans la mise en page et l'impression de chaque page entre les deux émissions ; voir Riffaud (2011), 147-149. Une ressemblance générale n'est pas suffisante car les éditions ultérieures miment souvent par commodité la mise en page d'une édition précédente. Charles Hinman a conçu une machine pour comparer la correspondance entre deux pages en un seul coup d'œil (le collationneur Hinman). Sur l'existence de nouvelles émissions parmi les volumes commémoratifs de l'époque moderne, voir Maclean (2002). Pour un exemple dans un ouvrage de référence, la *Bibliotheca bibliothecarum* de Philippe Labbé, voir Taylor (1955), 24-39.

191. Blair (2000). Pour plus de développements sur les index, voir le chapitre 3.

192. Neddermeyer (1998) ; Needham (1999) ; Dane (2003), chap. 2. Sur les tirages, voir aussi Neddermeyer (1996).

193. Pettegree (2010), XV-XVI.

194. Balayé (1988), 210. Pour une étude quantitative sur cette base, voir Le Roy Ladurie *et al.* (1996).

195. Raven (2007), 8, 20.

196. Le marché des livres d'occasion est difficile à étudier mais peut être entrevu par exemple à travers les achats de Gian Vincenzo Pinelli (1535-1601) qui achetait des livres principalement pour les préserver « conduit par le rêve de ne jamais rien jeter » ; Nuovo (2007), 43. Les catalogues de ventes aux enchères sont une autre source dont je parle au chapitre 3.

197. Comparer Charon-Parent (1988), 88, et Mandelbrote (2000), 358 ; pour un exemple, voir Blair (2003), 15.

198. Voir McKitterick (2003), 205, qui désigne cette plainte comme un lieu commun, et Châtelain (2008). Werle distingue la *copia librorum* connotée favorablement de la *multitudo librorum* généralement employée comme péjoratif ; Werle (2010).

199. Brant (1497), 1r (« des livres inutiles »).

200. Bodin (2013), 104 (chap. 2) ; traduction Bodin (1941), 7.

201. Érasme (2011), adage 1001, II, 10-11.

202. Calvin à Vermigli (5 septembre 1554) in *Opera* XV (1876), col. 220, traité par Gilmont (1997b), 274.

203. *« Multitudo voluminum facilitatem inveniendi aufert »* Giovanni Nevizzano, *Inventarium librorum* (Lyon, 1522), sig. a[1]r (« préface ») ; *« Si doctor non habet libros necessarios ad artem suam non gaudet privilegio doctoreo »* sig. b[8]r. Sur cette bibliographie de livres de droit, voir Balsamo (1990), 31.

204. Doni (1551), 4r.

205. Gessner (1545), sig. *3v-*4r.

206. Gessner (1548), sig. *2v ; voir Müller (1998), 295, 303.

207. Araoz (1631), sig. [¶¶¶ 8r ; annotation dans l'exemplaire de la BnF ; sur Araoz, voir Géal (1999), 293-296. Sur la description par Lope de Vega de l'abondance des livres comme excessive et confuse, voir Chartier (2004), 140.

208. Naudé (1627), 29, 64-65 ou (1963), 26, 51-52. Je traite de ce passage plus en détail au chapitre 3. Voir aussi Araoz (1631), 4v.

209. Sanchez (1581), 92-93, 99.

210. Bacon (1991), II, § 14, 87.

211. La Mothe Le Vayer (1668), 113-114, 117.

212. Comme l'étudie Yeo (2001).

213. Waquet (1993), 116-117.

214. Henri Basnage de Beauval, *Histoire des ouvrages des savans* (juillet 1688), 339, cité par van Lieshout (1994), 134.

215. Leibniz (1890), 160 ; voir Yeo (2001), 88 ; Ernst (2002), 451. Sur les projets collaboratifs de Leibniz, voir Ramati (1996).

216. Baillet (1685), I, sig. avij v (« avertissement au lecteur »). Sur le contexte et la réception de cette œuvre, voir Waquet (1988).

217. Pour une critique contemporaine, voir [Boschet] (1691).

218. Voir Engelsing (1970) et Wittmann (2003).

219. DeMaria (1997a), 1-15.

220. Boswell (1934), 3: 332-333 et 4: 217.

221. Yeo (2001), 93-94.

CHAPITRE 2

La prise de notes comme gestion de l'information

1. Gessner (1559), sig. a6r. Comme « notes » Gessner mentionne spécifiquement « tous les exemples de vices et de vertus, et d'autres exemples communs de cette sorte, et les dits, et conseils qu'il observe chez les auteurs dans sa lecture quotidienne ».

2. Pour le monde islamique, voir Bloom (2001), pour l'Angleterre, Lyall (1989). Voir Dover (2007) sur la croissance de la correspondance diplomatique au XVe siècle au sein des bureaucraties papale et princières. Voir Davis (2004) sur l'exemple des archives de la famille Paston produites en Angleterre entre 1422 et 1509.

3. De Hamel (1992), 16. Sur les nouveaux moulins à papier, voir Weiss (1983), 62-69. Sur les choix entre parchemin et papier, voir Kwakkel (2003), Booton (2006). Pour l'emploi de restes de parchemin, moins chers, pour certains manuscrits médiévaux de petit format, voir Kwakkel (2012).

4. Sur la culture de la collection, voir Findlen (1994) ; Impey et MacGregor (1985).

5. Pour des traitements généraux, voir Blair (2004), Daston (2004), Cevolini (2006).

6. Sur les notes prises à partir d'événements oraux, voir Jaeger (1934), 317 et *passim* ; Leclercq (1953) ; Blair (2008).

7. Voir Rouse et Rouse (1989), 149-151 ; Brown (1994) ; Chartier (2007). Une cache remarquable de tablettes de bois (mais sans cire, donc non réutilisables) fut découverte en 1973 à Vindolanda, site d'une garnison romaine sur la frontière britannique (actuellement Chesterholm) ; voir Bowman et Thomas (1983).

8. Stallybrass *et al.* (2004). Pour des tablettes similaires en Espagne, voir Chartier (2007), chap. 2.

9. Sur les tableaux d'ardoise, voir Dooley (1984), 129, et Owens (1997), chap. 5, 74-107. Sur les plateaux de sable, voir Bloom (2001), 129, et Beal (2008), 356 ; merci à Peter Beal d'avoir attiré mon attention sur ce phénomène.

10. Birnbaum (1997), 245. Baillet rapporte, mais sans spécifier de source, qu'Érasme brûla ses brouillons pour des raisons similaires, voir Baillet (1685), II.2, 150.

11. MyLifeBits, un projet d'archivage personnel total ou « lifelog » (journal de tous les événements de sa vie par un individu), voir Wilkinson (2007). Les entreprises détruisent généralement aujourd'hui 96 % de leurs documents ; Hodson (1972), 9.

12. Sur l'oubli, voir Cevolini (2006, 2016) ; Goeing *et al.* (2013) ; Weinrich (1996) ; Eco (1988). Pour un des rares traitements de l'oubli dans les traités sur la mémoire à l'époque moderne, voir Carruthers et Ziolkowski (2002), 251.

13. Hunter (1998b), 11, 130.

14. Pierre des Maizeaux (1666-1745), biographe contemporain de Bayle, fit cette observation à l'époque et elle fut reprise par Labrousse (1963), 48 n97. Voir aussi Nedergard (1958) et van Lieshout (2001), 99-100, 103, 297.

15. Voir Reddick (1996) et Johnson (2005). Merci à Allen Reddick pour des conversations fécondes.

16. Voir Beal (2007).

17. Victor Hugo fut le premier auteur à léguer ses archives à la Bibliothèque nationale ; voir Espagne (1998), 217 ; Grésillon (2000). Pour une typologie des brouillons, voir de Biasi (1998), 36.

18. Petrucci (1995), chap. 8 ; Chartier (2015), chap. 5. Sur l'étude des manuscrits de Pétrarque, voir Wilkins (1977) et Baron (1985). Hunter (1998a) fut le pionnier de l'étude de ces archives personnelles de l'ère moderne ; voir aussi Keller, Roos et Yale (2018).

19. Voir Gigante (1987) et Dorandi (2000), 45.

20. Pour quelques exemples, voir Glorieux (1931) ; Glorieux (1968), VI, 178 ; Hamesse (1994), 191 et suiv. Sur la culture du manuscrit médiéval plus généralement, voir Van Dussen et Johnson (2015).

21. Sur les miscellanées, voir Petrucci (1995), chap. 1, et Nichols et Wenzel (1996). Sur la *Glossa*, voir Smith (2009) ; et sur Gratien, Winroth (2000).

22. Rouse et Rouse (1974b), 11 ; Chartier (2005), chap. 1.

23. Voir Cécile (1981) ; Chiesa et Pinelli (1994), particulièrement Hamesse (1994) ; Petrucci (1995), surtout 148-150. Pour une bibliographie d'autographes médiévaux, voir Lehmann (1959), 359-390.

24. Voir Kerby-Fulton et Despres (1999), 75-81 ; Kerby-Fulton et Hilmo (2001). Merci à John H. Van Engen pour ces pistes.

25. Voir Hamesse (1986), Bériou (1989), et pour d'autres références Blair (2008).

26. Sur les *rapiaria*, voir Van Engen (1999) ; sur le journal, voir Fothergill (1974) ; sur le carnet de lecture, voir Minzetanu (2016).

27. Voir Boccaccio (1915), Vasari (1938), Dotson (1994), Vecce (1998), Branca (1999).

28. Sur les notes en médecine, voir Durling (1991), 195. Sur les notes de notaire comme modèles pour d'autres domaines au Moyen Âge, voir Petrucci (1995), 152-157. Sur les notes politiques, assez différentes, de Thomas Jefferson, voir Bilder (2015).

29. Voir Pepys (1994), 1 : CXXX ; Mendle (2006) ; Stewart (2018).

30. Voir Sacchini (1614), 91 (chap. 13) ; Bacon parle ici d'un *« Commentarius solutus sive pandecta » in* Bacon (1868) 11: 62 ; traité par Vickers (1996), XLIII. Aldrovandi évoque les usages des marchands pour justifier ses entrées alphabétiques : *« moreque mercatorum dividebam in ordinem alphabeticum quenlibet librum. »* Bologna MS Aldrovandi 21, II, 168-189, cité par Giudicelli-Falguières (1988), II, 247-248, 272 ; merci à l'auteure pour la permission de consulter sa thèse à la Bibliothèque de la Sorbonne. Voir aussi Meinel (1995), 172.

31. Sur *An essay on book-keeping* de William Webster, (1719) et sur la comparaison de Lichtenberg, voir Te Heesen (2005). Te Heesen note également un cas d'influence dans la direction opposée : un cabinet d'échantillons commerciaux imitant un cabinet de curiosités, voir Te Heesen (2002), 147. Zedelmaier avance l'idée que les méthodes de gestion de l'information érudite inspirèrent les méthodes bureaucratiques, voir Zedelmaier (2004), 203. Sur Lichtenberg, voir von Arburg (2003).

32. Chavigny (1920), 16. Cicéron différencie les *memoranda* à court terme du commerçant et ceux qui sont tenus plus soigneusement, conçus comme des registres de longue durée (pour l'éternité dit-il même) ; voir Cicéron, *Pro Roscio comoedo*, II, 7 *in* Cicéron (1921), 137.

33. Moss (1996), 54-55. Sur les méthodes de Guarino, voir le traité de son fils Battista *in* Guarino (2002) ; Érasme traite de la rédaction des livres de lieux communs dans *De copia* et *De ratione studii* (Bâle, 1512), tous deux *in* Érasme (1978), 605-606, 636-638, 672 ; pour le « plan d'étude » d'Érasme, voir Érasme (1976). Vives en fait de même dans *De tradendis disciplinis* (1531) *in* Vives (2013), livre III, 347.

34. Sacchini (1614). Les autres références à Sacchini correspondront à cette édition, merci à Helmut Zedelmaier de m'avoir donné une photocopie de celle-ci. Les éditions ultérieures comptent : Sammieli (Saint-Mihiel, Lorraine), 1615 ; Ingolstadt 1616 ; Bordeaux 1617 ; Dillingen 1621 ; Leipzig 1711 et 1738 ; et Venetiis Britonum (Vannes, Bretagne), 1866. Traductions française (Sacchini [1786]) et allemande : *Über die Lektüre, ihren Nutzen und die Vortheile sie gehörig anzuwenden, nach dem Lateinischen des Sacchini teutsch bearbeitet und mit einem Anhange begleitet von* Herrmann Walchner (Karlsruhe, 1832). Le *De ratione legendi* de Sacchini fut une source de l'*Ars bene scribendi* de Rainierio Carsughi (Rome, 1709), traité par Haskell (2003), 260. Pour un grand éventail des pratiques de prise de notes des jésuites (y compris les notes prises sous dictée), voir Nelles, (2007), merci à Paul Nelles pour des conversations fructueuses sur Sacchini ; voir aussi Dainville (1978), 224-227.

35. Drexel (1638), suivi d'éditions à Anvers 1641, 1642, 1657, 1658, 1691 ; Cologne 1638 et 1643 ; Munich 1642 ; Bratislava 1659 ; Francfort 1670 ; s.l. 1671 ; Lyon 1675 ; et Naumbourg 1695, traité par Zedelmaier (2003), 54. Voir aussi Pörnbacker (1965), 104-106 et Crowe (2013), 1-22. George Horne (1730-1792), pasteur anglican, séjourna de nombreuses années à Oxford, puis fut doyen de Canterbury et, peu avant sa mort, évêque de Norwich. Voir l'article de Nigel Aston dans le *Dictionary of National Biography*, et Horne (1814).

36. Drexel (1638), « dédicace », sig. A4r-v.

37. Voir Kergerus (1658) qui vantait une « méthode drexelienne plus succincte » ; Titius (1676) ; Philomusus (1684) ; Morhof (1688), qui consacre des chapitres à l'*ars excerpendi* ; Placcius (1689) ; voir Zedelmaier (2000), 75-92. Sur les méthodes d'étude, plus généralement, voir Alsted (1610), qui énumère les auteurs traitant ce sujet, Grotius (1645), Vossius (1658). Parmi les manuels en langues vernaculaires : La Mothe Le Vayer (1668) et Sorel (1671, 1673) en français ; Udenius (1684) en allemand ; et Wheare (1685) en anglais, et en latin (1625 et 1637). Pour une sélection des traductions en italien moderne des manuels de prise de notes, voir Cevolini (2006).

38. Nelles (2001). Professeur à l'université de Paris, Frey (1674, 1re édition en 1628) présente probablement un cours extra-curriculaire dans un collège de Paris ; voir Blair (1993). Morhof explique que quelques parties de son *Polyhistor* ont pour origine des cours privés, voir Morhof (1732), I.1.16, sec. 2, 171 ; Morhof (1731) fut rédigé à partir de notes de cours, d'après l'explication dans la préface.

39. Voir Fichet (1649) ; Sidelius (1713). Morhof (1732), I.1.15, sec. 29, 160-161.

40. Drexel (1638), 88-102 ; Sacchini (1786), 79-96.

41. À Alexandrie des parties du corpus hippocratique étaient annotées par des symboles qui servaient de mots clés : von Staden (1989), 501-505 ; Smith (1979), 199-201. Jérôme décrivit la pratique consistant à marquer avec des astérisques et des obèles les passages bibliques qui nécessitaient différentes sortes de corrections. Jérôme, (2017), « préface à Job », 391 (et 68).

42. On estime que 60 à 70 % des incunables étaient annotés ainsi que 50 % des livres publiés dans les années 1590 ; mais à la Bibliothèque Huntington, formée par des acquisitions sur le marché du livre rare qui favorisa longtemps les exemplaires propres, seuls 20 % des livres étaient annotés ; voir Sherman (2002), 122-124.

43. Sur les notes de « non-lecture », voir Sherman (2002), 130, et plus généralement Sherman (2008). Un exemple curieux concerne une attestation quasi légale copiée dans une traduction de Sénèque sans doute pour la garder en lieu sûr, décrit par Orgel (2000), 95.

44. Sacchini (1614), 73-74. Sorel (1673).

45. Sur ce terme, voir Châtelain (1997b). Par exemple la cote « Adv » à la Bibliothèque de l'université de Cambridge désignait les ouvrages contenant des annotations marginales, voir Sherman (1995), 65-66.

46. Snow (1960), 372, et Bacon (2012), 208-209.

47. Drexel (1638), 83. Sur la prise de notes en voyage, voir Alsted (1616), 301 et Stagl (1995), 52-89.

48. Décultot (2003a), 18-19.

49. Sur Auden (1907-1973) et *A Certain World : A Commonplace Book* (1970), voir Havens (2001), 61. Plus généralement, Minzetanu (2016).

50. Sur les papiers d'un théologien, voir Overgaauw (2006) ; sur Politien, Maïer (1965) ; sur Budé, Grafton (1993), 753-755 et (1997), 169 ; sur Aldrovandi, Frati (1907) et Findlen (1994), 30 ; sur Fabri de Peiresc, Miller (2000), 2.

51. Meinel (1995), 166, 168.

52. Kirsten (1679), sig.)o(2r-v. Le *Nachlass* de Martin Fogel est conservé à la Bibliothèque Leibniz à Hanovre. Sur ce milieu, voir Mulsow (2012).

53. Voir Hunter (1998a), Yeo (2014) et Yale (2016). Sur Evelyn, voir Hofmann, Winterkorn, Harris et Kelliher (1995), Mandelbrote (2003) ; sur Locke, Yeo (2004a et 2014)

54. Sharpe (2000) ; Harkness (2007), chap. 5.

55. Pascal (2005), XI-XIV ; sur Aubrey, voir Bennett (2000).

56. Foucault (1994b), 403-407 (première publication en 1983) ; Van Hulle et Van Mierlo (2004), 2.

57. Small (1997), 130 ; Carruthers (2002), 24-25.

58. Drexel (1638), 9 ; sur Scaliger et Érasme, voir Neumann (2001), 52.

59. Il existe depuis quelques années plusieurs championnats nationaux de mémoire annuels, notamment en France.

60. Malebranche (1684), II.X.13, 196.

61. Cité dans Mulligan (1992), 49 ; de même Montaigne (1988), I.9, 34 : « [I]l se voit par experience plustost au rebours, que les memoires excellentes se joignent volontiers aux jugemens debiles. » Voir Yeo (2007b), 5, 30- 31 ; (2007a), 37 ; et (2014).

62. Voir, par exemple, Mencke (1937) et le chapitre 5, plus loin, sur les plaintes à propos des livres de référence.

63. Chavigny (1920), 35.

64. Yates (1975), 14 n2, citant Cicéron, *De oratore*, II, LXXXVI, 351-354. Pour des équivalents aujourd'hui, voir les livres de Tony Buzan.

65. Blair (2008), 63-65. Sur les tables et les images au Moyen Âge et à l'époque moderne, voir respectivement Murdoch (1984) et Siegel (2009).

66. *De ratione studii*, *in* Érasme (1976), 280. Aldrovandi, « *Maior est apparatus quam emolumentum* », *in* Bologna, MS Aldrovandi 21, II, cité par Giudicelli-Falguières (1988), 236. Voir Naudé (1627), 133 ou (1963), 99, et sur Keckermann, Hotson (2000), 83. Morhof ne nie pas l'utilité des arts de mémoire, voir Morhof (1732), I.2.6, sec. 96, 384, mais accorde plus d'attention à la prise de notes.

67. Meinel (1995), 185-186.

68. Reproduit par Braun (1990), 143. Sur la « main guidonienne » médiévale d'abord développée pour la théorie musicale, voir Murdoch (1984), 76, 81. Voir aussi Sherman et Lukehart (2000).

69. Watts (1782), 310 (chap. 17). Voir Carruthers (2002), chap. 7.

70. Sacchini (1614), 74 ; Drexel (1638), 56. De même, Vives fait l'éloge de l'acte de copier car il préserve de pensées légères ou scabreuses ; Moss (1996), 300, citation #125. Voir aussi Richard Steele : « L'écriture de toute chose la fixe plus profondément dans l'esprit » *in* « What Are the Hindrances and Helps to a Good Memory in Spiritual Things ? » (1683), 428, cité par Knoles et Knoles (2003), 57.

71. Sacchini (1614), 77 et chap. 6 ; Drexel (1638), 60 ; Wheare (1685), 323.

72. Drexel (1638), 65, 72. John Evelyn annotait des livres de dévotion avec des observations sur la façon de se préparer (soi-même et ses domestiques) pour un sacrement ; voir Mandelbrote (2003), 87-88.

73. Pour ce mot d'ordre, voir Drexel (1638), 1, 10, 45, 48, etc. ; Sacchini (1614), 67-68.

74. Sacchini (1614), 71. Drexel (1638), 68-69.

75. Drexel (1638), 69.

76. Sacchini (1614), 71-73. Pour un emploi similaire de l'anecdote sur Antisthène, voir Mapheus Vegius, *De educatione liberorum* (1541), 237-238, cité par Châtelain (2003), 170. Drexel (1638), 69.

77. Sacchini (1614), 75. Drexel (1638), 3. L'historien et prêcheur Thomas Fuller (1608-1661) mettait en garde contre les risques de perdre sa mémoire par la maladie ; cité par Yeo (2004a), 12.

78. Sacchini (1614), 26, 41.

79. Drexel (1638), 87, 103, 165 (séparation du profane et du sacré), 85 (carnets pour des domaines séparés).

80. Drexel (1638), 75 (citant Sacchini), 66-67 (mémoire).

81. Locke (1686). Pour une histoire et une analyse de cette publication, voir Yeo (2004a), 2-3, 13 et suiv. La grille de l'index de Locke (sans aucun texte d'accompagnement) fut intégrée avec un résumé de Drexel dans Horne (1814). Le théologien calviniste Jean Le Clerc (qui publia l'article de Locke en 1686) en fit l'éloge aussi dans son *Ars critica* (Amsterdam, 1712 ; 1re éd. en 1696-1697), 99-100, cité par Zedelmaier (2003), 61.

82. Cité par Ferrer (2004), 9. Ferrer soupçonnait cette citation, attribuée à Bernardin de Saint-Pierre, d'être apocryphe. L'emploi par Poe de la citation parut dans la *Democratic Review* (novembre 1844), 483. La citation originale peut être trouvée dans Bernardin de Saint-Pierre (1840), 473. Sur le glissement vers la note comme permission d'oublier, voir Yeo (2007b), 30-31 ; (2007a), 34 et suiv., et (2014), et également Cevolini (2006a et 2016).

83. Voir le projet « Keeping Found Things Found » et Jones (2007).

84. Dorandi (2000), chap. 2. Dorandi y voit cinq étapes (31-32), tandis qu'une étude précédente en identifiait trois ; voir Skydsgaard (1968), 115. La principale source de ces deux études est Pline le Jeune, lettre III. v (à Baebius Macer), *in* Pline le Jeune (2009), I, 76-79.

85. *Ibid.*

86. *Ibid.*, Dorandi (2000), 50.

87. Detlefsen (1899), 22. Locher (1986), 20-29.

88. Porphyre, *Vie de Plotin*, 8, 4, cité par Hadot (1992), 48 n35. Quintilien observait qu'il fallait revoir les textes composés sous dictée et Jérôme que la dictée favorisait une écriture hâtive, imprudente et inélégante. Voir Quintilien, *Institutio oratoria*, X, 3, 18-22, cité par Arns (1953), 47-48, et Dorandi (2000), 68. De même, Ambroise

au IVe siècle, remarqua que composer soi-même permet d'avoir plus de temps de réflexion ; Dekkers (1952), 133-134.

89. Pour une introduction à cette littérature, voir McDonnell (1996) et Johnson (2000).

90. Cicéron, *De inventione*, livre 2, II, 4. Sur Varron : Skydsgard (1968). Sur Plutarque : Theander (1951) et Helmbold et O'Neil (1959). Prentice (1930) juge que l'*Histoire* de Thucydide est inachevée, rassemblée à partir de feuilles laissées à l'abandon en paquets à la mort de l'auteur. Sur Diogène Laërce, voir Mejer (1978).

91. Aulu-Gelle (1967) « préface » #2, 1. Skydsgard (1968), 103, prend l'affirmation d'Aulu-Gelle pour argent comptant tandis que Holford-Strevens (2003), 35 et suiv. a mis l'accent sur la construction complexe du texte.

92. Hadot (1992), 45-49 ; Hadot mentionne aussi les *Hypomnemata*, aujourd'hui perdus, de Pamphila, une femme cultivée du Ier siècle de notre ère. Skydsgard (1968), 107-109, pense que *hypomnemata* est l'équivalent grec de *commentarii.*

93. Drexel (1638), 42. Je m'appuie pour cette analyse sur Dondaine (1956). Voir aussi Gils (1992).

94. Sur la *« littera inintelligibilis »*, voir Hamesse (1994), 196. La difficulté de la copie peut avoir présenté d'autres avantages : sur l'emploi de mains secrètes dans les contextes non diplomatiques et notamment scolaires, voir Bischoff (1981).

95. Dondaine (1956), 20 n19.

96. Dondaine (1956), 10-11, 17, 19 ; sur le compagnon le plus constant de Thomas d'Aquin, Raynald de Piperno, voir Torrell (1993), 399-403. Les prouesses de Jules César pour dicter plusieurs lettres à la fois sont rapportées par Pline l'Ancien, *Histoire naturelle*, VII, chap. 25, 91 et Plutarque, *Vie de César*, XVII.4. On les trouve répétées à l'époque moderne, par exemple par le gentilhomme anglais Abraham Tucker (1705-1774), *in* Tucker (1768), II.2 (théologie), chap. 22, 72. Sur Churchill, voir Ball (2003), 122-124 ; Churchill dictait en séquences de 500 mots à la fois selon « Old Man, New Policy », *Time* (14 octobre 1946).

97. Parmi les excellentes études des méthodes scolastiques, voir Weijers (1990b), Hamesse (1990, 1994), Sirat *et al.* (2003).

98. Screech (1998), 4. Montaigne (1988), II.10, 409, 413 et II.18, 666. Sur Montaigne et les livres de sa bibliothèque, voir Montaigne (1988), III.12, 1056b ; Villey (1933), 1: 59-271 ; de Botton et Pottiée-Sperry (1997) ; et Millet (2004). Merci à George Hoffmann pour ses conseils experts sur ces points.

99. Compagnon (1979), 300-301 et Goyet (1986), 18 et suiv.

100. Villey (1933) 2: 28, 38. Sur l'indépendance de Montaigne par rapport à ses lectures, voir Tournon (2000), XVIII, et Goyet (1986-1987). Montaigne faisait peut-être allusion à son manque de prise de notes lorsqu'il écrivit « Je suis un homme de nulle rétention », Montaigne (1988), II.10, 408. Sur l'emploi que Montaigne a fait d'ouvrages de référence, voir le chapitre 5.

101. Voir Bayle (1740), I, « Barthius », note T citant « Barthius in Statium, Tom. III, pag. 466 » ; voir Barthius (1624). Un manuscrit de *Grotiana* (paroles attribuées à Grotius) affirme que Barthius publiait « par charretées » et déduisait qu'il avait « plein de charrettes de recueils », cité par Wild (2001), 27.

102. Drexel (1638), 95 et 88-95 (larmes), 95-96 (résurrection) ; 96-98 (amour des ennemis) ; 98-99 (dances et sauts) ; 99-101 (bacchanales) ; 54-55 (sur le rythme de l'écriture). Drexel publia sermons et traités religieux à un rythme d'à peu près un par an de 1618 à 1638 ; voir Pörnbacher (1965).

103. Pour un exemple de sujet inattendu, la leçon inaugurale de Famiano Strada (1572-1649), professeur de rhétorique au Collegio Romano, traitait des réactions aux éternuements probablement pour provoquer un émerveillement sur sa capacité à composer sur un tel thème ; voir Neumann (2001), 56.

104. Sacchini (1614), 87 et Drexel (1638), 83, 103, 105 mettaient en garde contre la « curiosité malsaine ». Les deux citaient le passage d'Aulu-Gelle, livre XIV, chap. 6, *in* (1989), III, 138-140.

105. Sacchini (1614), 86-87. Drexel (1638), 83, sig. [A8] r.

106. Sur ces similarités, voir Blair (2012), 43.

107. Hess (2003) ; pour le *Liber amicorum* d'Auguste, voir Hess (2002).

108. Sharpe (2000), 192 ; Warkentin (2005), 238-239, 244 ; le développement personnel était un des motifs de Drake, selon Sharpe (200), 89.

109. Turnèbe (1581), sig.) :(2r-v.

110. Warkentin (2005), 238.

111. Gassendi (1992), livre VI, 295, 288. Sur les motivations de Gassendi à écrire cette biographie, voir Joy (1987), 50-61. Sur Peiresc et ses réseaux d'information, voir Miller (2015).

112. Gassendi (1992), livre VI, 293.

113. Parenty (2009) ; Grafton et Weinberg (2011), 14, 20-27.

114. Leibniz à Guillaume de l'Hospital (Hanovre, mi-mars 1693), *in* Leibniz (2003), lettre n° 138, 506 ; traité par O'Hara (1998), 160. Sur la méthode de Fogel, voir von Murr (1779), 211 ; Meinel (1995), 178.

115. Voir Hunter (1998b), 126-127, 133-134, et Hunter et Littleton (2001), 376-377. Les « journaux de travail » de Boyle sont disponibles sur internet, voir http://www.livesandletters.ac.uk/wd/index.html.

116. William Wotton à John Evelyn, 8 août 1699, British Library, Evelyn Collection MS 3.3.112, cité par Hunter (1998b), 123. Wotton reprenait une expression du poète Dryden : *« rude undigested mass [...] and justly Chaos nam'd. »*

117. Hall (1987), 111-116 ; Hunter et Davis (1996), 227.

118. Sorel (1673), 14.

119. Van Lieshout (2001), 74.

120. Placcius (1689), 134. Sur les renvois chez Grosseteste, voir Eisenstein (1980), 106 n202, et chez Thomas l'Irlandais entre autres exemples, voir Rouse et Rouse (1979), 32.

121. Sorel (1673), 7. Bartholinus (1676), 191 ; voir aussi Placcius (1689), 147. Dans une pratique similaire l'historien Christoph Schrader (1601-1680) recommandait de tenir un carnet de *dubia* contenant des questions auxquelles on répondrait ultérieurement. Brendecke (2004), 189.

122. Goyet (1987), 22-23.

123. Montaigne (1988), III.11.

124. Sorel (1673), 7.

125. Blair (1997), 74.

126. Érasme (1508) et Moss (1996), 109 et citations #113-114. Sur cet index, voir aussi Blair (2008a).

127. Placcius (1689), 139. Nelles (2007), 98. Sur Bacon, Snow (1960), 373 ou Bacon (2012), 210. Sur Harrison et Locke, Malcolm (2004), 216.

128. Sorel (1673), 8. Titius (1676), 102. Pour un exemple de rubriques copiées de la *Polyanthea*, voir la figure 5.1 p. 323 *infra*.

129. Voir Zedelmaier (2000), 86 (Gessner) et Zedelmaier (2001), 20 (Alsted).

130. Weimar (2003), 75-76. Sur le courant vers la singularité, voir Moss (1996), 261 et Décultot (2003a).

131. Drexel (1638), 135.

132. Sur Jungius, Meinel (1995), 166, 168. Sur Aldrovandi, Giudicelli-Falguières (1988), 255. Pour un exemple d'indexation de notes, voir les cahiers de Jean Daillé (1594-1670), pasteur français réfugié à Genève. Bibliothèque de Genève Ms Lat 128/1-4.

133. Sorel (1673), 14. Greengrass (1998), 44.

134. Yeo (2004a), 19, 23 et suiv., et (2014), 56-63 (Evelyn), et chap. 7 (Locke). Sur l'influence de Locke, voir Décultot (2003a), 15-16 ; sur Evelyn, voir Hofmann *et al.* (1995), 38. Pour une description du bureau de Locke, avec de nombreux casiers et tiroirs, voir Houghton (1979), I, 248. Je remercie Peter Beal pour cette référence.

135. DeMaria (1997), 58 ; Décultot (2003b), 96. Helmreich (2003), 194, et Weimar (2003), 74-75. Merci à Klaus Weimar pour des conversations et des correspondances concernant Hagenbuch. Sur la composition des index imprimés du *Thesaurus* de Gruter, composés par Joseph Julius Scaliger au cours de deux ans de dur travail, voir Grafton (1975).

136. Sur les premières formations au catalogage, voir Passet (1991). Sur le vocabulaire contrôlé et son emploi dans les outils modernes de recherche d'information, voir Taylor (1999). Pendant de nombreuses années l'annuaire Yahoo offrait un index du web édité par une équipe de leurs employés, suivi du Open Directory Project (DMOZ) administré par un réseau de volontaires, qui a fermé en 2017.

137. Leibniz (1966), 466, traité par Malcolm (2004), 220.

138. Von Murr (1779), 210 ; von Murr rapporte que Leibniz acheta l'armoire à la mort de Clacius, secrétaire à Hanovre, qui l'avait fait faire pour lui. On ne sait pas à quel point le meuble était connu ni s'il inspira d'autres sortes de mobilier. Sur le meuble à conserver des plantes de Carl von Linné (milieu du XVIIIe siècle), voir Müller-Wille (2002).

139. Voir Malcolm (2004). Malcolm conclut (voir sa note 58) que Placcius ne s'appuyait pas sur le manuscrit à la British Library mais sur une copie non identifiée de celui-ci ; je remercie William Newman d'avoir attiré le premier mon attention sur le manuscrit BL dans les papiers Kenelm Digby, MS Add 41,846, et à Noel Malcolm pour des conversations à ce sujet. Le manuscrit a été publié dans Placcius (1689), 121-149. En citant à partir de Placcius (1689), je me réfère à Harrison comme auteur de ces pages et à Placcius comme l'auteur du reste de l'œuvre et des notes. Voir aussi Yeo (2007b), 13 et suiv.

140. Placcius (1689), 145 ; Meinel (1995), 173.

141. Voir Tenner (1990) ; Krajewski (2011) ; Bert (2017).

142. Petschar *et al.* (1999) et Krajewski (2011), 90-102.

143. Chavigny (1920) et Heyde (1931). Merci à Noel Malcolm de m'avoir donné un exemplaire de ce dernier.

144. Rozier (1775), XI-XII ; Shackleton (1961), 181.

145. Zedelmaier (2003), 51 et suiv. J'ai pris connaissance des notes sur cartes de Lavater, conservées dans de petites boîtes ayant la forme de livres, lors d'une conférence non publiée de Klaus Weimar tenue à Harvard en 2005.

146. Krajewski (2011), 34-43 ; sur le *Bilder-Akademie für die Jugend* (1784) de Johann Sigmund Stoy, voir Te Heesen (2002).

147. Miniati (1989). Des exemplaires subsistent au musée d'histoire des sciences de Florence et à la Herzog August Bibliothek, voir Raabe et Schinkel (1979), 190-191 et Konrad *et al.* (1985), 202-203.

148. Georg Philipp Harsdörffer, *Delitiae philosophicae et mathematicae : Der philosophischen und mathematischen Erquickstunden dritter Teil* (Nuremberg, 1653), 57, traité dans Meinel (1995), 170 ; Zedelmaier (2004), 199.

149. John H. Van Engen, communication personnelle. Pour quelques autres exemples, tous datés d'après 1450, voir Honemann (2000b), 36-37 n27, 42 ; il note les frontières floues entre les placards, les affiches et les feuillets.

150. Gessner (1548), 20r ; pour une traduction en anglais, voir Wellisch (1981), 12. Wellisch présume que cette méthode était fréquemment employée (note 16).

151. Voir Germann (1994). Gessner décrivait Pellikan comme son précepteur et suivit sa méthode pour classer une bibliothèque, *in* Gessner (1548), 20v, 21v.

152. Le conseil de Gessner sur l'indexation fut souvent répété : sans l'appel au couper-coller dans Caramuel y Lobkowitz (1988), 30, et fidèlement reproduit dans Placcius (1689), 85-88.

153. Tournoy (1998), 163-164.

154. Daly (1967), 86. Voir le catalogue de la Bibliothèque Mazarine, Paris, MSS 4134-4137, composé de découpages de l'inventaire de la bibliothèque ; Gasnault (1988), 139. Voir aussi un index d'Ortelius du XVIIIe siècle dans le manuscrit BnF MSS Latin 14351-14353 *« Ad Abraham Ortelii Theatrum geographicum index a Gregorio Mariette concinnatus »* (sans date). Pour d'autres traitements de l'emploi de feuillets, voir Kraemer (2014) ; Yeo (2014) ; Fleming, Sherman et Smyth (2015) ; Zedelmaier (2015) ; Yale (2016) ; Décultot et Zedelmaier (2017) ; et les sources qui y sont citées.

155. Udenius, par exemple, mentionne des *codicilli reminiscentiae* (« petits feuillets de mémoire ») sur lesquels prendre rapidement des notes pour les copier plus tard ; Meinel (1995), 169.

156. Warkentin (2005), 240.

157. McLeod (2003), 94. Je remercie Noel Malcolm pour cette référence.

158. Keuntz (1985), 65-72 ; Pascal (1991), 26.

159. Meinel (1995), 181, et Mulsow (2012).

160. Meinel (1995), 168.

161. Placcius (1689), 133.

162. *Ibid.*, 71. Adrien Turnèbe comparait aussi ses notes à des feuilles sibyllines parce qu'elles manquaient d'ordre, en référence à la dispersion des livres sibyllins lors de l'incendie du temple de Jupiter où ils avaient été conservés en 83 av. J-C ; voir Turnèbe (1581), 2r-v.

163. Placcius (1689), 147.

164. *Ibid.*, 157-159.

165. Placcius (1689), 129, 145.

166. *Ibid.*, 146.

167. *Ibid.*, 148-149 ; Malcolm (2004), 215-216.

168. Placcius (1689), 161, 148.

169. Pour une vue des problèmes organisationnels posés par l'édition d'un périodique à cette période, voir Vittu (1997).

170. Placcius (1689), 162-163 ; il renvoie aussi aux discussions des sociétés savantes dans Morhof (1732 ; première édition 1688), I.1.14, sec. 46-49, 149-150.

Sur la *Poetica giessensis major per Academiae Giessenae, nonnullos Professores conscripta* (Giessen : J. D. Hampel, 1657), voir Schüling (1982), 71.

171. Placcius (1689), 162 (discorde), 156 (délégation).

172. Shapin (1989). Sur Montaigne, voir Montaigne (1988), III.3, 828 et Hoffmann (1998), chap. 2. Sur l'iconographie d'érudits au travail, voir Thornton (1997).

173. Webster (2002). Sur l'influence de Bacon en France, voir Le Dœuff (1984).

174. Harkness (2007).

175. Sur les *Centuries* publiées sous le titre *Ecclesiastica historia* (Bâle : Oporinus, 1559), voir Grafton (2001), Lyons (2003), et Bollbuck (2014). Pour une introduction à l'érudition catholique française, voir Neveu (1994), surtout le chap. 1.

176. Placcius (1689), 161. Sa référence détaillée *(« Cons. log. de adornandis locis com- munibus c.1.p. 3 columna 2 circa finem »)* correspond à une autre édition que la seule dans laquelle j'ai trouvé le texte : Keckermann (1614), col. 222-223 [numérotée de façon erronée 220-221]. Sur Keckermann, voir Freedman (1997).

177. Hotson (2000), 33 et suiv. sur le désir général d'Alsted de poursuivre le projet de Keckermann ; sur les *collegia*, Hotson (2007), 241-242.

178. Frey (1674), 25-26 ; Hoole (1969), 183.

179. Gingerich (2002), XIX-XXI.

180. Shapin (1989).

181. Algazi (2003). Voir entre autres : Harkness (1997) ; Cooper (2006) ; Terrall (2015) ; Yale (2019).

182. Turnèbe (1581), sig. Q2r ; voir Lewis (1998), 204. Les historiens ont aussi signalé que la veuve d'Isaac Casaubon « fit inlassablement pression pour la publication » de ses manuscrits ; Nuttall (2003), 144.

183. Findlen (1999), 29-57, 44 et n62. Sur l'usage de sacs de toile, voir Tugnoli Pattaro (1977), 15.

184. Littré (1992), 30-32.

185. Voir par exemple le commentaire par J. J. Scaliger dans une lettre à Casaubon (10 juin 1604) : « Je me réjouis avec vous de la santé retrouvée de votre épouse [...] Elle est tout à fait indispensable à votre famille, à vos études et à vos enfants », Scaliger (1927), 46.

186. Soll (1995) et Soll (2000).

187. Voir Bierlaire (1968) ; et Blair (2019b).

188. Vatican Ms Chigi R. VIII. 62 ; étudié par Michelini Tocci (1989), 39-49, figures 6-7 et Blair (2019b), 43-45.

189. Bierlaire (1968), 99-100 ; Cognatus [Cousin] (1535). Sur Cousin, voir Febvre (1907).

190. Grafton (1983), 101.

191. Scaliger (1927), 61. Sur Drake, voir Sharpe (2000), 273-274. Sur Milton, Mohl (1969), 8-9. Merci à Thomas Fulton pour des conversations utiles à propos de Milton ; pour une nouvelle évaluation du rôle des différentes mains qui ont contribué au livre de lieux communs de Milton, voir Fulton (2010), app. B.

192. Par exemple l'édition de Dioscoride, *De materia medica libri sex*, par Marcello Virgilio Adriani (352v), reconnaît la présence de fautes laissées par les *amanuenses* travaillant à la hâte à la correction de l'ouvrage ; voir Grafton (1991), 5 et n25, 305. Érasme s'excusait parfois pour des erreurs qu'il attribuait soit à ses assistants soit à lui-même ; Bierlaire (1968), 30 n43. Gessner mettait les passages excessivement longs de son œuvre sur le compte d'un secrétaire ; Gessner (1545), sig. *4r. Boyle

s'excusa pour des lettres qui avaient été brûlées par ses aides au laboratoire ; Hunter (1998b), 128-129. Une erreur spectaculaire d'un domestique provoqua la perte du manuscrit de *La Révolution française* de Thomas Carlyle en 1835, qui fut employé pour allumer un feu – Carlyle réécrivit l'œuvre ; voir Beal (2007), 3.

193. Voir la plainte d'Érasme à propos d'additions non autorisées : Bierlaire (1968), 29 et Érasme (1536), sig. [XX7] v, et Blair (2019b), 35-37. Sur la rançon, voir de Jonge (1977), 1, citant *Lettres françaises*, éd. Ph. Tamizey de Larroque (1879), 341. Sur Montaigne, voir Hoffmann (1998), 43, 56. Le passage perdu traitait de l'armure.

194. Le détournement de ce brouillon est relaté par Baillet (1685), II.2, 150. Sur ce vol évité, voir Bierlaire (1968), 93.

195. Hoffmann (1998), 42. Sur la naissance de la fonction de secrétaire à Milan au XVe siècle, voir Ianziti (1988), 10 ; et également Nigro (1995). Sur les domestiques d'Érasme, voir Bierlaire (1968), 24, et le tableau suivant la page 39.

196. Pétrarque, *Familiari,* XVIII.12. 3-10, cité par Hamesse (1994), 204 ; plus généralement, voir Blair (2016a).

197. Sur les assistants de Boyle et leur renouvellement fréquent, voir Boyle (1999-2000), 1 : CI, et Hall (1987), 113 ; sur leurs erreurs à la dictée et en orthographe, voir Hunter et Davis (1996), 220. Sur Montaigne, voir Hoffmann (1995) et Hoffmann (1998), 48 ; sur Calvin, voir Gilmont (1997a), 176-177, 180.

198. Le secrétaire le plus fidèle et le plus consciencieux de Peiresc était François Parrot, qui transcrivit des textes grecs, arabes et turcs ; Gassendi (1992), 295. Sharpe conclut qu'un copiste peut avoir copié dans des cahiers les annotations laissées par Drake dans ses livres ; Sharpe (2000), 273. Montesquieu faisait copier par son secrétaire du matériau sélectionné pour l'emploi sur des fiches ; Volpilhac-Auger (2003), 89.

199. D'Avray (2001), 26-27.

200. Cette hypothèse sur Naudé est proposée par Nelles (1994), 219. Sur Hartlib, voir Greengrass (1998), 43, 47.

201. Voir Beal (1998), et Knoles et Knoles (2003), 10. Sur le thème du travail « mécanique », voir Blair (à paraître).

202. Mais les lettrés chinois employaient également des copistes ; de Weerdt, communication personnelle.

203. Moss (1996), 54.

204. Drexel (1638), 58-59.

205. *Ibid.*, 72-73. Sur la critique des ouvrages de référence, voir le chapitre 5.

206. Morhof (1732), I.1.21, sec. 12, 239. Pour une étude de l'autorité intellectuelle relative au statut social dans l'Angleterre du XVIIe siècle, voir Shapin (2014).

207. Tite (1994), 55.

208. Bacon (1979), chap. 50 (« Des études »), 261. Snow (1960), 373, ou Bacon (2012), 210.

209. Jardine et Grafton (1990).

210. Naudé (1643) ; sur Heinse, voir Le Moël (2003), 206-207.

211. McKitterick (1992), 35. Sur Locke, voir Yeo (2004a), 19.

212. Caramuel y Lobkowitz (1664), art. VIII, 191 ou (1988), 30.

213. Scaliger (1627), 224 (27 juillet 1602) ; voir Grafton (1975), 109, et Grafton (1993a), 504-506.

214. Pour le latin du manuscrit original et une traduction allemande, voir Jordan (1897), 307 ; pour une traduction en anglais, voir Leibniz (1959), I, 181.

215. Daston (1994).

216. Chavigny (1920), 96-101 ; Price et Thurschwell (2005) et sur les *computers* féminins dont Mlle Henrietta Leavitt (1868-1921), voir Johnson (2005). Sur la transition aux aides électroniques, voir Krajewski (2018).

217. Pline le Jeune, lettre III. v (à Baebius Macer), *in* Pline le Jeune (2009), I, 78. Licinus était le gouverneur de l'Espagne vers 73 apr. J.-C., MacMullen (1974), 293-294. Je remercie John Bodel pour son aide sur ce sujet.

218. Placcius (1689), 185. Sur les notes de Conring dont on sait peu de choses, voir von Moeller (1915), 23-24. Je remercie Constantin Fasolt pour cette piste.

219. Érasme (2011), adage 1001 (*Festina lente*), II, 14. Sur le fait de prêter des notes, voir Décultot (2003a), 27.

220. Ribard (2002), 71.

221. Placcius (1689), 186-187.

222. Wellisch (1984), 24 ; Gessner (1987).

223. Sur les instructions de Jean Paul à son épouse, voir Helmreich (2003), 197. Voir aussi le cas d'un érudit musulman qui légua ses notes à un disciple de façon à éviter qu'elles ne tombent entre les mains d'un autre qui pourrait les détruire, George Makdisi (1990), 214. Sur l'attitude des contemporains sur la transmission de leurs papiers, voir Keller, Roos et Yale (2018).

224. Gassendi (1992), 295, mais je suis par endroits la traduction anglaise de 1657 lorsqu'elle me semble plus claire : Gassendi (1657), 199-200 (2e séquence de pagination).

225. De Jonge (1977), 4-5, citant F. F. Blok, *Nicolaas Heinsius in dienst van Christina van Zweden* (Delft, 1949), 125.

226. Sherman (1995), 84.

227. Martin (1706), V, 28.

228. Beal (1993), 134 ; Yeo (2004b), 9, référence au BL MS Add28273 (communication personnelle de l'auteur).

229. Warkentin (2005), 238-240. Merci à Germaine Warkentin d'avoir attiré mon attention sur cet exemple. De même Guillaume Budé fut introduit au monde du savoir à travers les livres annotés de son père ; voir Grafton (1997), 148. Pour une étude des rapports entre père et fils Godefroy au XVIIe siècle, voir Sherman (2008).

230. Franklin (1985), 2-6. Sur les notes d'étudiants de Harvard College, voir Knoles et Knoles (2003), 37.

231. Byrd (2001), 33.

232. Findlen (2017) ; pour un autre exemple, voir Yale (2016), chap. 6 sur John Aubrey.

233. Voir Perosa (1981), contenant une reproduction d'une page du manuscrit de la Bibliothèque du Vatican MS Lat. 3378 qui fut sa source ; voir Ginzburg (1999), 61.

234. Politien, *Opera omnia* (Venise, 1498), 1v, cité par Maïer (1965), 8.

CHAPITRE 3

Les genres référentiels et leurs outils de recherche

1. Comme critère de « vente régulière » Ian Green propose la publication de cinq éditions en trente ans, et pour un « best-seller » une édition par an pendant dix, vingt ans, voire plus. Voir Green (2000), 173, 175.

2. Gessner (1551b), sa préface *« candidis lectoribus »*, sig. β1v-2r.

3. Sur les genres juridiques, voir Coing (1973-1988) et Stinzing (1867), 69-71 (concordances), 121-148 (sur les collections classées alphabétiquement). Je remercie Thomas Duve, de Munich, qui m'a fait découvrir les premiers livres juridiques imprimés. Les ouvrages de référence en théologie incluaient les bibles polyglottes, les concordances, et les synopsis des quatre Évangiles souvent présentés sous forme tabulaire ; en médecine, les œuvres complètes et les index des grandes figures comme Galien, des *practica,* et des collections de *materia medica* et de recettes.

4. Littré (1874), IV, 1542. « Ouvrage de référence » figure dans le *Dictionnaire de l'Académie française* pour la première fois dans la 8e édition (1932-1935), sous « référence ». *Oxford English Dictionary* (2018), article *« reference »* sens #7 cite comme premiers exemples : *« books of references »* dans la *Penny Cyclopedia* (1836), V, 455 ; et *« reference books »* dans Edwards, *Memoirs of Libraries* (1859), II, 634. Le terme apparemment similaire de *book of references* y est attesté en 1612, voir Brinsley (1627), 188, mais dans le sens d'un cahier de notes contenant des références (sens #4).

5. La Boston Public Library a proposé une *reading room* [« salle de lecture »] contenant des usuels dès son ouverture en 1845. Sur les salles de référence parmi les nombreuses bibliothèques financées par Carnegie, voir Van Slyck (1991), 378-379.

6. Grafton (1993c), 40, figure 34. Pour les dates : Artier (1988), 46 ; Clark (1901), 261-266.

7. Desgraves (1988), 394. James (1986), IX. La liste des livres disponibles au Lincoln College d'Oxford en 1543 comportait un dictionnaire de Calepino, qui avait vraisemblablement été légué par un ancien membre en vue de le rendre empruntable. Ker (1986b), 479, 484, et (1986a), 456-457.

8. Hyde (1674), sig. [**4] r.

9. Meinel (1992), 66-67 ; Stoneman (1999), 6. Alsted donnait une place prééminente à la « didactique » comme « doctrine de l'étude des disciplines », *in* Alsted (1989), I, 89 et suiv.

10. Theodor Zwinger changea le titre de son *Theatrum* du *Theatrum vitae humanae* (en 1565, 1571 et 1575) en *Theatrum humanae vitae* (en 1586) ; j'utilise ce dernier titre comme le choix final de Zwinger, sauf quand je parle spécifiquement d'une édition antérieure.

11. Parmi les catalogues classés de manière systématique (ceux qui l'étaient alphabétiquement n'étant d'aucun intérêt sur ce point), j'ai consulté Dupuy (1679), Martin (1706), de Jonge (1977), Finch (1986), Kusukawa (1995), Leedham-Green et McKitterick (1997).

12. Naudé (1627), 64-65 ou (1963), 51-52. Sur le genre des traités sur l'organisation des bibliothèques, voir Werle (2007), 304-349.

13. Weijers (1990a), 204-205, et Weijers (1991). *« Repertorium : index seu commentarius, particulatim rerum recensitarum descriptionem continens »*, Calepino (1554), 171. *Dictionnaire de Trévoux* (1704) : « *Repertorium* pour répondre au terme plus familier d'inventaire ». Définitions pour "indices de livres", "tabella" et "lieux communs", tous comportent le mot "répertoire". Merci à Jean Céard pour ces observations. *Oxford English Dictionary* rapporte *repertory* dans le sens d'« index, liste, catalogue ou calendrier » avec des exemples tirés du XVIe au XVIIIe siècle et comme « entrepôt, magasin ou dépôt » du XVIe au XIXe siècle.

14. Étienne Molinier, *Mystère de la croix* (1635), sig. e1r-v cité par Bayley (1983), XX.

15. Araoz (1631), 4v. Géal (1999), 295-296, observe qu'Araoz donnait une place de choix aux ouvrages de référence.

16. Lomeier (1669), 331 ; Lomeier (1962), 1-2. Sur Zutphen, voir Renting et Renting-Kiupers (2008).

17. Weijers (1990a) ; Hamesse (1996b).

18. Je remercie Peter Burke pour avoir partagé avec moi la longue liste manuscrite de dictionnaires de l'époque moderne compilée par ses soins. Pour une étude récente, voir Considine (2008).

19. Voir Henri Estienne (1572). Sur les dictionnaires par sujets, voir Tonelli (2006).

20. Labarre (1975) ; Strada et Spini (1994) ; Bravi *et al.* (2002). Chaleureux remerciements à Christopher Carlsmith pour m'avoir mise en relation avec la Biblioteca Mai à Bergame et à l'équipe de cette dernière pour son aide efficace.

21. Voir Robert Estienne (1553) ; sur cette édition, voir Furno (2001).

22. Labarre (1975), 7-8. Voir aussi *Lexicon latino-iaponicum* (Rome : Typis S.C. de *propaganda fide*, 1870) ; *Calepinus latin-magyar*, éd. Melich János (Budapest : A Magyar Tudományos Akadémia, 1912).

23. Frey (1674), 2. Montaigne emploie l'expression « au bout de son calepin », dans les *Essais* (1988), III.13, 1069. Merci à Hans Ramminger pour nos conversations fructueuses sur *calepinare*.

24. Robert Estienne (1531) et Henri Estienne (1572) et les ressources électroniques du même titre. Voir aussi Jean Nicot, *Thrésor de la langue françoise* (Paris : Douceur, 1606) et le Trésor de la langue française informatisé (TLFI), soutenu par le CNRS.

25. Baillet (1685), I, sig. eiijr-v (« avertissement au lecteur »).

26. Voir Calepino (1554, 1616, 1718, 1746), s.v. *« terra »*.

27. Gessner (1544) et au moins dix-huit éditions jusqu'en 1627.

28. Pour une étude des filiations entre dictionnaires, voir Wooldridge (1977).

29. Robert Estienne (1541) et Charles Estienne (1693).

30. Gessner (1549), sig. ++4v *(« ad lectorem admonitio »*). Gessner faisait référence ici à sa traduction latine avec commentaire du *Discours contre les Grecs* de Tatien publié en appendice aux *Sententiarum [...] tomi tres per Antonium et Maximum monachos olim collecti* (Zurich : Froschauer, 1546). Tatien était un philosophe chrétien hellénophone de la fin du IIe siècle apr. J.-C. et son discours était plein de noms propres ; dans ses annotations, Gessner fait de nombreuses références à son *Onomasticon* récemment paru pour la première fois en 1544 (mais sans préface) ; voir par exemple les pages 370-371 (concernant Zéphyr) ou la page 378 (concernant Pélops). Sur l'habitude qu'avait Gessner de faire référence à ses propres publications, voir Blair (2017).

31. Mais Charles du Cange pour son *Dictionnaire de latin médiéval* fournissait aussi des index thématiques comme dispositif de recherche complémentaire aux entrées alphabétiques ; Considine (2008), 268.

32. L'argumentation pour ce chiffre n'est pas clairement présentée, mais c'est la conclusion de Vogel (1999), 186.

33. *Flores omnium pene doctorum qui tum in theologia tum in philosophia hactenus claruerunt.* Le Karlsruher Virtueller Katalog (KVK – catalogue collectif de bibliothèques sur internet) donne comme résultat au moins trente éditions entre 1553 et 1760 ; le *Flores Bibliae* fut aussi réédité durant cette période mais moins souvent. Voir Rouse et Rouse (1979), 110, et Hess (2008), 98.

34. *Catonis Disticha moralia* (Augsbourg : Otmar, Valentin, 1545), suivi par des douzaines de rééditions jusqu'au XVIIIe siècle inclus.

35. Voir Moss (1996), 67-73, 95-98.

36. Pour une riche bibliographie sur l'*« inventio »* en rhétorique de cette période, qui rassemble des œuvres que je distingue en florilèges et miscellanées selon leur organisation, voir Fumaroli (1980), 738-748. De même sur les œuvres conçues pour fournir du matériau à réutiliser, voir Cherchi (1998) et Lobbes (2000).

37. Pour un survol de l'histoire complexe de sa publication et des décomptes détaillés de mots, voir le chap. 4 et la table, *infra*, p. 238-240.

38. Il est mentionné pour la première fois lors de sa nomination comme recteur des écoles de Savone en 1485 ; la date de son décès est incertaine, mais postérieure à 1528. Je remercie le Dr Marco Castiglia des Archives d'État de Savone de cette information par courrier fournie en 2004. Domenico Nani Mirabelli fut formé au droit canon, servit comme archiprêtre à la cathédrale et comme secrétaire papal, il fut aussi poète et médecin, selon l'entrée des biographies SAURWBIS. Voir aussi *Li scrittori della Liguria, e particolarmente della maritime* de Raffaele Soprani (Gênes : Pietro Giovanni Calenzani, 1667), 84, qui signale qu'il écrivit aussi « une collection fondée sur les quatre Évangiles de toutes les sentences et de toutes les autorités parmi les philosophes, poètes et orateurs païens, intitulée *Harmonia evangeliorum* ».

39. Nani Mirabelli (1514), dédicace à Raphael Riarius, évêque d'Ostie.

40. Rouse et Rouse (1979), 206.

41. Gilbert Hess signale que Nani Mirabelli était plus ouvert aux sources humanistes que d'autres florilèges ; Hess (2015), 111.

42. Beyerlinck (1631) : *« ad normam Polyantheae universalis dispositum. »* Jean Gruter conçut son *Florilegium magnum seu polyanthea* (Strasbourg : Zetzner, 1624) à l'imitation de la *Polyanthea* de Lange, mais il préférait classer les extraits poétiques par type de versification. Voir Hess (2008), 100-102.

43. Voir par exemple Weinberger (2007).

44. Michel (2002).

45. Bartholomaeus Keckermann se plaignait de l'ordre du *Theatrum* et signalait qu'il se fiait à l'index pour utiliser ce livre, j'y reviendrai *infra* p. 202.

46. Aulu-Gelle (1967) « préface » #2, 1.

47. Sur la remarquable destinée de ce livre, voir Mexía (1989), I, 54-59. Sur les sources de Mexia, voir de Courcelles (2003a).

48. Baillet (1685), II.2, 202. Il se réfère ici à Turnèbe (1581). Turnèbe voulait intituler son livre *Observationes*, mais c'est son éditeur qui en choisit le titre. Lewis (1998), 200-201.

49. Parmi les travaux récents sur les miscellanées : Châtelain (1997), Mouren (2001), de Courcelles (2003b) et Mandosio (2003). La littérature sur le commentaire à la Renaissance est vaste ; pour quelques points d'entrée, voir Céard (1981), Most (1999), Goulet-Cazé (2000).

50. Morhof désigne Rhodiginus comme maître de Julius (Jules César) Scaliger ; voir Morhof (1732), I.1.21, sec. 50, 247. Son fils, Joseph Justus (Juste) Scaliger, prend ses distances avec le genre bien qu'il ne le désapprouve pas. « J'ai pris de nombreuses notes sur des auteurs aussi bien grecs que latins desquelles peut découler une vaste progéniture de *lectures variées*, *d'anciennes lectures, de miscellanées* et d'autres choses de cette espèce, par lesquelles l'ambition des philologues se manifeste aujourd'hui. Non que je pense cette espèce d'écriture sans utilité ou reproche à quelque écrivain de s'y livrer. Ce serait folie. Mais je préfère que d'autres publient de telles choses plutôt que moi », Scaliger (1627), 52 (traduction anglaise *in* Scaliger (1927), 32).

51. Voir Marangoni (1997) ; Marchetti (1989), 23-32. Sur le grammairien Caesellius Vindex, voir Aulu-Gelle (1967), « préface » 6 (vol. I, 2 et 228), et livre 6, chap. 2 (vol. II, 39-40)

52. Rhodiginus (1516), sig. AA4r.

53. *Ibid.*, XIII, chap. 18-27.

54. Rhodiginus (1516) réédité en 1517 ; Rhodiginus (1542) réédité à Bâle en 1550 et en 1566, à Lyon en 1560 et 1562, à Francfort en 1599, à Genève en 1620, à Francfort et Leipzig en 1666.

55. Rhodiginus (1516) et (1542), pages de début.

56. Voir les annotations marginales par un lecteur anonyme de l'*Universae Naturae Theatrum* de Jean Bodin (1597), 407 : « *de quo vide Caelium* l.13.c.17 ». La référence est exacte : voir Rhodiginus (1542), XIII.17, 485 ; voir Blair (1997), 199.

57. D'autres *lectiones* incluent Marc-Antoine Muret, *Variarum lectionum libri* VIII (Venise : Jordanus Zilletus, 1559, in-quarto), qui parut en neuf éditions jusqu'à 1600 puis en 1791, 1830, et 1888, et Piero Vettori, *Variarum lectionum XIII novi libri* (in-folio), publié en cinq éditions 1553-1609 ; voir aussi Blair (2006).

58. Les *Miscellanea* de Politien furent réimprimées à Paris, 1511 ; Bâle, 1522 et 1524 ; et dans les éditions des œuvres de Politien. Sur l'influence de Politien, voir Grafton (1983), 22-44 ; Mandosio (2001), 33-41.

59. Furno (1995), 133. Pour des illustrations, voir Hankins (1993), 56-57.

60. Gessner (1548), 19r (*titulus* XIII, pt. 1) ; Guillaume Budé publia ses *Commentarii linguae graecae* en 1529.

61. Furno (1995), 16. Pour une évaluation similaire, voir Morhof (1732), I.4, 9, sec. 9, 821-822. Érasme employait Perotti comme outil de référence : voir Charlet (1997), 603.

62. Perotti (1532), « Valentinus Curio au lecteur studieux ». Robert Estienne faisait référence à son *Dictionarium* (1536) comme à « une espèce de commentaire » (*hoc commentandi genus*), tandis qu'un *Calepino* de 1570 se référait à ce « type de commentaires que nous appelons dictionnaires » comme on peut le voir dans Céard (1997), 90 ; voir Gessner (1549), sig. ++4v *(« ad lectorem admonitio »)* cité en note 30.

63. Mouren (2001), 17-19.

64. La liste d'une page et demie de digressions était présentée dans le désordre et demandait à être lue intégralement ; Dolet (1536), II, préambule.

65. Pour l'histoire de l'impression, voir Vanautgaerden (2012).

66. Balavoine (1984) ; Michelini Tocci (1989), 39-49 ; Mandosio (2003), 22-23. Sur les emprunts entre Rhodiginus et Érasme, voir Céard (2012).

67. Maioli (1614), « préface », sig.) :(3v. La première édition des *Dies caniculares* (Rome, 1597) fut suivie de cinq éditions en latin jusqu'en 1691 et de traductions françaises en 1612 et 1643. Alexander ab Alexandro (1539) ; le Karlsruher Virtueller

Katalog donne dix-huit éditions d'Alexander ab Alexandro, *Dies geniales*, entre 1522 et 1667.

68. Des index apparurent en 1627 (en français), voir Sayce et Maskell (1983), 110, et en 1632 en anglais (comme c'est annoncé sur la page de titre). Sur Montaigne comme « œuvre mêlée », voir Garavini (2000).

69. Alsted (1653), 38-41 ; Mélanchthon, *Loci communes theologici* (Wittenberg, 1536). Voir Rehermann (1974).

70. Sur les façons de mourir par exemple, voir Zwinger (1586), 490 et suiv. Voir Moss (1996), 114-115, sur Ravisius Textor, et Ong (1976) sur Ravisius et Zwinger. Pour une belle étude récente voir Zedelmaier (2008).

71. Zwinger (1565), sig. ε[4]v (*typographus lectori*).

72. Sur les paratextes, voir Genette (1987), von Ammon et Vögel (2008).

73. Skydsgaard (1968), 101-116. Sur Justinien : Roby (2000), XXIV.

74. Vincent de Beauvais (1964), col. 3 (prologue, 3). Rouse et Rouse (1986), 148.

75. Rouse (1965) ; sur le *Catholicon* : Powitz (1996), 311.

76. Zwinger (1586), sig. YYyYY[7r].

77. Érasme (1530), liminaires en fin de volume.

78. Érasme (1551), sig. hh2r-5v. Jusqu'ici je n'ai trouvé qu'un autre index de ce type et qui a peut-être servi de modèle pour celui-ci : une édition des sentences de Stobée publiée en 1543 à Zurich par Conrad Gessner, grand théoricien et praticien d'index, et republié en une forme plus fournie en 1559. Voir Gessner (1543), sig. Tt4r ; Gessner (1559), sig. β4r ; Blair (2016b), 89-91.

79. Rhodiginus (1542). La liste des auteurs corrigés est particulièrement longue (dix-sept pages in-folio) dans Turnèbe (1581).

80. Dans *Stobaei collectiones* (Venise, 1536), British Library 653.a.7, un lecteur a rajouté des numéros de page à la liste des titres.

81. Minnis (1979), 394.

82. Cité par Melville (1980), 95.

83. Rouse et Rouse (1979), 29.

84. Les listes de titres étaient omises par exemple dans les éditions de 1539, 1546, 1567 et 1574. L'édition de Cholinus (1567) ajoutait la section sur les vices et les vertus maintenue jusqu'à l'édition de 1604 de Saint-Gervais mais elle fut omise dès celle de Lange de 1604.

85. Comparer l'exemplaire d'Érasme (1508) de la Houghton Library, et Érasme (1515). Pour des illustrations des annotations, voir Blair (2008a).

86. Comparer l'*elenchus titulorum* de Zwinger (1565, 1586) et Beyerlinck (1631). Zwinger a aussi introduit des alinéas dans le texte de sa préface en 1586.

87. L'index comportait de 260 à 450 entrées selon le manuscrit. Voir von den Brincken (1972), 903.

88. Zwinger (1586), sig. AAaAAr.

89. Drexel (1638), 73.

90. Zwinger (1586), sig. CCcCC[6v] (fin de l'*index titulorum*).

91. *Polyanthea* (1585), 56 (*« Amentia »* renvoyant à *« Insipientia »* et à *« Stultitia »*). Sur les renvois dans Thomas d'Irlande, voir Moss (1996), 41, et dans les collections d'*exempla* du XIVe siècle, voir Brémond *et al.* (1982), 61-62.

92. Zwinger (1586), *index exemplorum*, sig. QQqQQ3v.

93. *Ibid.*, sig. DDdDD1r (texte de présentation de l'*index exemplorum*).

94. *Ibid.*, sig. DDdDD1r.

95. Simler (1555), sig. *3v-[*8]v.

96. François Grudé, sieur de La Croix du Maine (1584), sig. oiiijv. Dans Beyerlinck (1631), vol. VIII : à Huss : « v. Jan Hus » ou Zwingli : « v. Huldrych Zwingli ». Mais à Iulius Caesar Scaliger : « v. Scaliger » et il n'y a pas d'entrée pour Scaliger. Beyerlinck (1631), vol. VIII.

97. L'index paraît pour la première fois dans Érasme (1550), sig. [dd6v]. Mais cette explication figure seulement dans l'édition suivante : Érasme (1551), sig. ff3r.

98. Gessner (1548), 19v (*titulus* XIII, pt. 2), sur les Allemands ; Gessner (1551b), première préface *« ad candidum lectorem »*, sig. b1v.

99. Pinon (2003), 66.

100. Thomas d'Aquin (1569), sig. a1r-o6v ; sur la *Secunda secundae*, voir Hillgarth (1992), 4.

101. Gessner (1559), sig. HHr.

102. Wellisch (1981), 15.

103. Reisch (1517 ; fac-similé 1973), index à la fin du livre.

104. En cachant la discussion de Copernic dans une section de mélanges (tout en attirant l'attention sur cet emplacement dans l'index), Alsted se conduisit comme le bibliothécaire de la Marciana à Venise qui classait les livres interdits par le Vatican sous la rubrique « divers » en 1624 ; Marcus (à paraître), chap. 6. Bien que protestant Alsted semble anticiper une réception difficile pour Copernic. Sur la requête à son gendre, voir Alsted, *Prodromus religionis triumphantis* (1641), sig. 5T6v. Merci à Howard Hotson pour cette information.

105. Princtius dans Beyerlinck (1631), vol. VIII, sig. (:)2r.

106. Mouchon (1780).

107. Pattison (1889), 278. Volphilhac-Auger (2000) et Furno (2000). Pour l'éloge récent d'un tel index, voir Holford-Strevens (2003), 342.

108. Gessner (1548), 19v. Drexel (1638), 73. Bartholinus (1676), 192.

109. Cahn (1994), 73 ; plus généralement, Blair (2000).

110. Dans sa *Lettre sur les aveugles* (publiées sous la fausse adresse de Londres, 1749) Diderot mentionnait Joseph Raphson (1648-1715) seulement dans l'index avec une référence au passage dans lequel il était cité de façon anonyme. Merci à Marian Hobson pour cette référence.

111. Notamment avec l'instruction de lire *fata* (un terme interdit) pour *facta* (un terme anodin). Voir Blair (2007b), 35.

112. Sur Swift et le Scriblerus Club, voir Lund (1998). Le professeur d'histoire à Iéna, Martin Schmeizel, refusa d'inclure un index dans son *Versuch zu einer Historie der Gelehrheit* (Iéna, 1728), cité dans Zedelmaier (1992), 101.

113. Sur les diagrammes ramistes, voir Höltgen (1965) ; Evans (1980) ; et Siegel (2009), 64-80. Sur le tableau chronologique, voir Brendecke (2004) et sur Eusèbe, Grafton et Williams (2006).

114. Sur les diagrammes médiévaux arborescents, voir Murdoch (1984) et O'Boyle (1998), 255.

115. Ces diagrammes apparaissaient dans les articles *« Abstinentia »*, *« Abusio »*, *« Acedia »*, *« Amicitia »*, *« Anima »* (en trois parties), *« Avaritia »*, *« Fides »*, *« Gloria »*, *« Humilitas »*, *« Invidia »*, *« Iustitia »*, *« Luxuria »*, *« Modestia »*, *« Superbia »*, *« Temperantia »*, *« Tribulatio »*. *Polyanthea* (1503) et (1648).

116. *Polyanthea* (1503), 339r (colophon).

117. Zinn (1974) et Rivers (1997).

118. Brendecke (2004), 177. Pour un exemple de professeur recommandant l'usage des diagrammes à l'université de Paris (dans un contexte où Pierre de la Ramée n'avait pas de disciples), voir Crassot (1630), sig. a9r.

119. Voir par exemple sa *Methodus apodemica* (Bâle, 1577). Zwinger a suivi les cours de Ramus lorsqu'il étudiait à Paris et demanda à Ramus d'être le parrain d'un de ses enfants ; Dufournier (1936), 325, et Rother (2001), 14-16, 25. Mais un travail récent a signalé que les tableaux de Zwinger étaient plus sophistiqués que ceux de Ramus et peuvent avoir été en partie influencés par d'autres contacts, tel Hugo Blotius ; voir Molino (2006), 49, 53, et Felici (2009).

120. Zwinger (1586), sig. **6r-v. Pour une analyse approfondie et d'autres reproductions des tableaux de Zwinger, voir Schierbaum (2008).

121. Comparer Zwinger (1565), 1313 et suiv. avec Zwinger (1586), 3969-3970.

122. Keckermann (1614), col. 225 (numérotée par erreur 211).

123. Freedberg (2002), 170-174.

124. Voir plus généralement Bolzoni (2005).

125. Martin (2000), par exemple 323-325, traite des instructions de Descartes sur la mise en page. Pour des débats quasi contemporains, voir Caramuel y Lobkowitz (1664), art. VII, 189-190.

126. L'exception fut les *Lectiones antiquae* de Rhodiginus dans lesquelles les chapitres (souvent très courts, de moins d'une page) remplissaient toute la largeur de la page. Sur l'apparition des colonnes dans les manuscrits du XIIIe siècle, voir de Hamel (2002), chap. 5.

127. Sur la mise en paragraphes, voir Laufer (1985) et Janssen (2005).

128. Sur l'*hedera*, Wingo (1972), 122-127, et Parkes (1992), 61. Sur l'ornementation graphique du XVIIIe siècle, voir Barchas (2003), chap. 5, 151.

129. Sherman (2008), chap. 2.

130. Gessner (1549b), 157v ; cette publication comprenait le livre XIX des *Pandectae,* absent de Gessner (1548).

131. Naudé (1643), 132-134. Pour le terme *Bibliothecarum scriptores* voir par exemple Israel Spach in *Nomenclator philosophorum et philologicorum* (1598) et Paulus Bolduanus, dans sa *Bibliotheca philosophica* (1616), traité par Taylor (1955), 13, 16.

132. Derolez (1979) ; Barbier, Dubois et Sordet (2015).

133. Naudé (1627), 27-28 ou (1963), 25.

134. Voir Pol (1975) ; James (1986), VII ; Neveu (2015), 68.

135. Jacob de Saint-Charles (1644) citait comme prédécesseur Claude Clément (1635) pour sa description de la Bibliothèque de l'Escorial. Pour les plaintes, voir Baillet, (1685), II.1, 273-274.

136. Sur « bibliographie » et *bibliotheca*, voir Balsamo (1990), 5, et Chartier (1994), chap. 3. Également Taylor (1941), Arend (1987).

137. Rouse et Rouse (1986), surtout 147, 152 ; Balsamo (1990), 7-15. La principale source de Trithème était le *De viris illustribus* écrit par Sigebert de Gembloux, à quelque 240 kilomètres de Sponheim, au XIIe siècle ; voir Mertens (1983).

138. Gessner (1545), titre complet et sig. *3r.

139. *Ibid.*, sig. *3r-v. Voir le décompte de Sabba (2012), 39.

140. *Ibid.*, sig. *3r-v.

141. Gessner, sig. *3v ; sur la forte conscience de Gessner de cette perte, voir Müller (2003), 80.

142. Gessner (1545), sig. *3r. ; Zedelmaier (1992), 24.

143. Voir Wilkins (1646), 32 ; Vogler (1691), 10-11 entre autres. Sur son usage au XVIIIe siècle, voir Zedelmaier (1992), 44-45.

144. Voir Wellisch (1984) ; Hejnic et Bok (1989).

145. Sur Doni, voir Chartier (1994), 72-73 ; Balsamo (1990), 56 ; Cherchi (1998), 143-165. Voir Bale (1971) ; pour le manuscrit autographe, Bale (1902). Bale a travaillé à partir d'un carnet sur lequel il compilait en ordre alphabétique de l'information sur les collections de nombreuses bibliothèques anglaises qui ont été plus tard dispersées. La Croix du Maine (1584) et du Verdier (1585) furent réimprimés sous le titre *Les Bibliothèques françaises de La Croix du Maine et du Verdier*, 6 vol. (Paris : Saillant et Nyon, 1772-1773).

146. Draud (1625a) et (1625b).

147. Taylor (1955), 24-39, 64.

148. Hirsch (1974), 63-65 ; Wittmann (1984), 8. Sur la survie des pamphlets et des placards, voir Mandelbrote (2000a), 55. Même les possesseurs de ces imprimés recommandaient de s'en débarrasser, par exemple lors de déménagements, voir Mandelbrote (2003), 73.

149. Fabian (1972-1978), I, 3 ; et aussi Pollard et Ehrman (1965), 70-84, et Flood (2007).

150. Coron (1988), 116.

151. Mandelbrote (2000a), 55.

152. McKitterick (1992), 35, 38.

153. Charon et Parinet (2000), 6 ; Lankhorst (2000), 20-21.

154. Lawler (1898). Même si depuis 1556, les commissaires-priseurs détenaient le monopole sur les enchères, les libraires se voyaient de plus en plus accorder des exceptions à condition qu'ils s'engagent à ne pas faire d'achats au cours des enchères ; voir Mandelbrote (2000a), 57.

155. Clavell, *The General Catalogue of Books* (1680) cité par Mandelbrote (2000b), 347. Pour l'éloge d'un propriétaire lettré, voir Martin (1711), sig. aijr-aiiijr. Pour les règlements aux Pays-Bas, voir Lankhorst (2000), 25 ; Charon et Parinet (2000), 7, et Masson (2000), 127.

156. Martin (1706), sig. ijv (#3) ; Martin (1711), sig. [av]r (#7) ; Martin (1746), VII. Martin inséra un index pour les 1 035 pages du catalogue de la *Bibliotheca bulteliana*, apparemment en réponse aux demandes de lettrés : Martin (1711), sig. [av] r (#6). Les catalogues d'enchères anglais ne comportaient pas d'index ; voir McKitterick (1992), 37.

157. McKitterick (1992), 36. Quelques prix recueillis de cette façon sont traités au chapitre 5.

158. Roberts (1997), 331 ; sur Sloane, voir Mandelbrote (2000b), 357-358 et Delbourgo (2017).

159. Hofmann *et al.* (1995), 32.

160. Grafton (1991), 161 ; Yeo (2001), 94 ; sur la Bibliothèque de Kiel, en Allemagne, voir Nelles (2000), 50.

161. Bibliothèque Mazarine, Paris, MSS 4138-4145.

162. Gessner (1545), 4v ; Balsamo (1990), 39. Sur Fugger : Widmann (1966), v.

163. Masson (1988), 264.

164. Brunet (1810). Voir Jolly (1988b), 379-383. Sur Quiccheberg et Camillo, voir Bolzoni (2005), Blair (2007a).

165. Voir Broman (2000), 225-238. Je traite des publications par souscription au chapitre 4.

166. McKitterick (1992), 38-39.

167. [Boschet] (1691), 22.

168. Sur Haller, voir Fabian (1976), 162 ; sur Lami, voir Dooley (1997).

169. Voir Yeo (2001), 70-75.

170. Laeven (1990), 73-76.

171. Ceux-ci étaient intitulés respectivement *La France sçavante, id est Gallia erudita* et *Apparatus ad historiam litterariam novissimam* (1689, 1694, 1699, et 1701) ; voir van Lieshout (2001), 209.

172. Gierl (2001).

173. Placcius (1674) et Placcius (1708), qui fut encore développé dans *la Bibliotheca anonymorum et pseudonymorum ad supplendum et continuandum Placcii Theatrum* (1740) de Christoph Heumann. Voir Lemcke (1925) ; Mulsow (2006) et (2007), 229. Sur Morhof, voir Waquet (2000).

174. *Oxford English Dictionary* en recense la première occurrence en anglais en 1531 pour signifier le *circle of doctrine*. En 1690 Furetière lui donna une définition semblable : « Encyclopédie : s. f. science universelle, recueil ou enchaînement de toutes les sciences ensemble », *Dictionnaire* (1690). Le terme n'apparaissait pas dans les dictionnaires philosophiques ou les dictionnaires latins de l'époque. Pour une histoire détaillée, voir Dierse (1977).

175. La littérature sur les premières encyclopédies de l'époque moderne est vaste, voir en particulier : Vasoli (1978), Schmidt-Biggemann (1983), Arnar (1990), Kenny (1991), Eybl (1995), Binkley (1997), Meier (2002), West (2002), Stammen et Weber (2004).

176. Serrai (1988) et (1991).

177. Reisch (1583) et l'introduction à Reisch (2010).

178. Voir Vincent de Beauvais (1964) : *Bibliotheca mundi Vincentii Burgundi, ex ordine praedicatorum venerabilis episcopi Bellovacensis, speculum quadruplex, naturale, doctrinale, morale, historiale. In quo totius naturae Historia, omnium scientiarum Encyclopedia, moralis philosophiae Thesaurus, temporum et actionum humanarum Theatrum amplissimum exhibetur*.

179. Les ouvrages spécialisés incluent : Johann Philipp, *Encyclopedia juris* (1640) ; Jacob Ravensperg, *Encyclopaedia mathematica* (1642) ; Johannes Dolaeus, *Encyclopaedia chirurgica* (1689) et *Encyclopedia medica* (1691). Des ouvrages plus généraux : *Encyclopédie des beaux-esprits* (Paris : Lamy, 1657 et 1659) ; Johannes Comenius, *Schola-ludus sive encyclopaedia viva* (1657) ; Johannes Gezellius, *Encyclopaedia synoptica in usum iuventutis* (1672). Mais parmi les références majeures avant l'*Encyclopédie* seul Chambers employa le terme dans son titre, voir Kafker (1981).

180. Evelyn, *Mémoires* (1857), I, 278 : « Curtius avait été un étudiant d'Alsted l'encyclopédiste. » *Oxford English Dictionary*, « encyclopedist ». Liberius (1681), sig. A2r.

181. *Oxford English Dictionary* date le premier emploi d'*encyclopedist* dans cette acception à 1796 (Hutton) ; celle-ci est toujours d'usage, voir Kafker (1988).

182. Voir Hotson (2000) et particulièrement Hotson (2007), chap. 5 et 6. Alsted a énuméré quelques sources qu'il recommandait et qu'il employait lui-même dans son chapitre sur les *Didactica*, chap. 5 dans *Encyclopaedia* (1630), I, 102. Je remercie

Howard Hotson de m'avoir communiqué sa thèse d'Oxford de 1991 et ses conversations et correspondances depuis lors.

183. Alsted (1989), I, sig. iiiv-iiijr ; pour une analyse de cette liste de prédécesseurs, voir Blair (2013).

184. Iohannis Thomas Freigius, *Paedagogus, hoc est libellus ostendens qua ratione prima artium initia pueris quam facillime tradi possint* (Bâle : Sebastian Henricpetri, 1582). Sur Keckermann, voir Hotson (2007) ; sur Timpler, Freedman (1988).

185. Jacob Lorhard, *Theatrum philosophicum in quo artium ac disciplinarum philosophicarum plerarumque omnium praecepta in perpetuis schematismis ac typis tanquam in speculo, cognoscenda obijciuntur* (Bâle : Conrad Waldkirch, 1613) et *Ogdoas scholastica continens diagraphen typicam artium* (Saint-Gall : Straub, 1606). Alsted avait probablement un souvenir erroné du dernier titre qu'il appelait plutôt *Heptas philosophica*. Les deux ouvrages consistaient en une collection de tables des connaissances, une pour chaque discipline, paginées de façon séparée, pour un total respectif de 450 et 380 pages.

186. Sur Chambers, voir Yeo (2000) ; Diderot et d'Alembert (1751-1772 ; 1966), XVIII-XIX, XXXVI (« discours préliminaire ») ; et 5: 642 (article « encyclopédie »).

187. Voir Céard (1991).

CHAPITRE 4
Les compilateurs, leurs motivations et leurs méthodes

1. Voir Reddick (1996), Kafker (1996), Quemada (1998) et Winchester (2003).

2. Sur la page du *Dictionarium linguae latinae et anglicanae* (1587) de Thomas Thomas, voir Stevenson (1958) ; sur Johnson, voir Reddick (1996), 4-5.

3. P. M. C. Hayman, « E. Cobham Brewer LLD : A Brief Memoir by His Grandson », in *Brewer's Dictionary of Phrase and Fable*, éd. Ivor Evans (1970), VII-XII, particulièrement IX-X, cité par Bunge (1992), 24.

4. Foucault (1994a). Parmi la vaste littérature sur l'auctorialité, voir particulièrement Ezell (1999), Love (2002) et Chartier (2003).

5. Voir Parkes (1976), Minnis (1979), Guenée (1983), Hathaway (1989) ; parmi les modernistes intéressés à ce thème, voir Smyth (2004a) et Knight (2013).

6. Isidore de Séville juxtapose cette définition à la riposte de Virgile accusé d'avoir commis un vol en réutilisant quelques vers d'Homère. Isidore de Séville (2006), 216 (mais je ne suis pas cette traduction qui rend *compilator* comme « plagiaire »). Sur le terme au XIIIe siècle, voir Guenée (1983), 60 et suiv. ; Minnis (1979), 387 et suiv. ; Roest (1997).

7. Bonaventure, *Commentaria in quatros libros Sententiarum* (1250-1252), « Questions sur le préambule du premier livre, question 4 » : « Quelle est la cause efficiente ou l'auteur de ce livre ? », cité et traité par Parkes (1976), 127-128.

8. Par exemple en 1696 le poète Longepierre critique le fait que l'esprit de Pierre Bayle était gaspillé dans son *Dictionnaire historique et critique* (1697), car cette activité demandait seulement du travail et de l'érudition ; cité par Nedergard (1958), 219. Sur le XIIIe siècle, voir Minnis (1979), 413 ; sur le XVIe siècle, Lobbes (2000), 127.

9. Ce paragraphe est redevable à Birger Munk Olsen (1982).

10. Notre traduction du latin cité dans Munk Olsen (1979), 56.

11. Nani Mirabelli (1503), *« Ad lectorem elegia »*, et lettre de dédicace.

12. Sur le frontispice, voir Gastert (2003), 307-308 et Hess (2008), 79-81.

13. Voir les courts articles au début de la lettre « A » : *« Ab »*, *« Abactor »*, *« Abacus »*, *« Abdicatio »*, *« Abyssus »*, *« Abiuratio »*, *« Abominatio »*, *« Abortivus »*, et *« Abrogatio »*. Dans quelques éditions ultérieures ces courtes entrées furent soit éliminées soit allongées dans des articles accompagnés de citations.

14. Les nombreux exemplaires de la *Polyanthea* de la Staatsbibliothek de Munich comprennent cinq exemplaires de la *Polyanthea* reliés avec d'autres œuvres : un exemplaire de l'édition de Venise, 1507, relié avec le *Vocabula suis locis et secundum alphabeticam ordinem collocata* de Dionysius Nestor (Venise, 1506) ; un de Strasbourg, 1517, relié avec les *Sermones et exhortationes ad monachos* de Jean Trithème (Strasbourg : Joannes Knoblouch, 1516) et avec *Pastoris nuntii poenitentiae visiones* (Strasbourg : Joannes Schottus, 1522). Les mêmes sortes d'œuvres étaient reliées avec les *Polyantheas* quelques décennies plus tard : un exemplaire de l'édition de Cologne de 1546 est relié avec le *Fabularum liber, ad omnium poetarum lectionem mire necessarius* de Julius Hyginus (Bâle : Ioannes Hervagius, 1549) et un exemplaire de l'édition de Cologne, 1552, avec *Homiliae de sanctis* de Henricus Helmesius (Cologne : Gennepaeus, 1552). Un exemplaire de Cologne, 1574, est relié avec une autre collection de sentences, *Sententiarum volumen absolutissimum* de Stephanus Bellengardus (Lyon : Ioannes Tornaesius, 1569).

15. La préface à la *Polyanthea* de 1514 annonçait que les nouvelles entrées seraient signalées par un « X » mais en fait quelques anciennes entrées étaient signalées ainsi et quelques nouvelles entrées (comme *« Abbatissa »*) ne l'étaient pas. L'édition de Cologne (1552) signalait les passages nouveaux par des pieds-de-mouche, celle de Venise, 1592, signalait avec le nom « Tortius » le matériau nouveau tiré de cette source par ailleurs non identifiée.

16. Par contraste le commerce des imprimeurs anglais était régi par la Stationers' Company de Londres. Mais l'Angleterre importait du continent les livres en latin et ceux dont je traite, car les imprimeurs d'Oxford et de Cambridge produisaient des livres en latin directement pour l'usage dans les cours universitaires de ces villes ; voir Roberts (2002). Sur les origines du système de privilèges, voir Armstrong (1990) ; sur son impact, voir Hoffmann (1993) et (1998), 106-129.

17. Sur les privilèges et le marché du livre savant, voir Maclean (1988), (1990) et (1991) ; sur les partenariats internationaux, voir Maclean (2007).

18. Sur Cholinus, voir Reske (2007), 446.

19. Parmi ceux-ci seuls Paris et Lyon partageaient la même juridiction de privilèges ; très probablement le second imprimeur concluait avec le premier un accord financier, mais un imprimeur pouvait aussi violer un privilège, quitte à ce que son détenteur demande réparation en justice.

20. *Polyanthea* (1514), *« ad rev. Riarium »*.

21. Onze exemplaires de cette édition subsistent en Italie et trois au Royaume-Uni (Londres et Cambridge). L'exemplaire appartenant à Henri VIII est le BL C.45.g.9 ; voir Alston (1993), 397. Pour le détail des localisations de la *Polyanthea*, voir le supplément d'informations sur le site internet de l'auteure à Harvard.

22. Voir *Polyanthea* (1517).

23. Je n'ai pas pu consulter toutes les éditions repérées dans le Karlsruher Virtueller Katalog sur internet et je n'ai pas pu comparer certaines éditions entre elles, cette recherche ayant été menée avant 2009 et les nombreuses numérisations accomplies depuis. Aussi mon bilan des changements dans la *Polyanthea* n'est pas destiné à être exhaustif mais plutôt indicatif de tendances générales dans les compilations de cette période.

24. *Polyanthea* (1552), « préface », sig. [a4] et aijv.

25. *Polyanthea* (1567), « préface », sig. +2r. L'édition de 1567 était dédicacée à Joannes Geyr, doyen du Collège des apôtres et conseiller du prince-électeur de Cologne ; l'édition de 1574 à Friedrich von Holdinghausen, directeur de l'école cathédrale de Spire et chanoine de Mayence et de Worms ; l'édition de 1585 à Burchard von Langen, doyen de la cathédrale de Minden et chanoine de Hildesheim.

26. *Polyanthea* (1567), « préface », sig. +2v. Voir Amantius (1556). Amantius était aussi l'auteur, avec Petrus Apianus, de la plus importante collection d'épigraphes de cette époque, les *Inscriptiones sacrosanctae vetustatis non illae quidem Romanae, sed totius fere orbis* (Inscriptions de l'Antiquité vénérable non seulement de Rome mais de presque le monde entier) (Ingolstadt : Apianus, 1534) ; voir Stenhouse (2005), 32 ; *Polyanthea* (Cologne : Cholinus, 1567), « préface ». Je n'ai rien trouvé sur Lynnerus.

27. Nani Mirabelli (1503) comprenait 339 folios (deux pages par in-folio), deux colonnes par page, cinquante-trois lignes par colonne, six mots par ligne, soit un total de 430 000 mots. L'édition de 1585 comptait 1 039 pages, deux colonnes par page, soixante-trois lignes par colonne, huit mots par ligne, soit un total d'environ un million de mots.

28. *Polyanthea* (1585), sig. ()2r-v. Hess (2015), 124, identifie Tortius comme François de Toehr mais celui-ci est tout aussi inconnu.

29. *Polyanthea* (1604b), sig.)(2r-3r.

30. Hess (2008), 99 et Hess (2015), 133. Langius peut être rendu en allemand par Lang ou Lange ; je suis Gilbert Hess en préférant cette dernière forme. Sur les révisions opérées par Lange, voir aussi Ullman (1973), Mejor (1994), et Moss (2003).

31. *Polyanthea nova* (1612), sig. 2r, dédicace à Joannes Adamus, abbé de Kempten (Bavière).

32. Le même texte parut sous divers titres : *Loci communes* (Strasbourg : haeredes Rihelij, 1598), avec des rééditions par Rihelius en 1621, 1622, 1625 et par Zetzner en 1624 ; et *Anthologia* (Strasbourg : Wilhelm Christian Glaser, 1625 et 1631 ; Strasbourg : Josias Stadelius, 1655, 1662, et 1674). Je cite l'édition de 1662 édition disponible sur microfilm, dans laquelle la préface est datée 3 Cal. Avril 1598.

33. Lange (1662), *« lectori candido »*, sig. +4v ; « dédicace », sig. +3r.

34. « Il mènera ceux qui n'ont pas de charge publique à la modestie, les paresseux à l'éveil ; il apportera la consolation aux affligés, ramènera à une modération digne de louanges ces esprits arrogants qui sont comme enivrés par la bonne fortune ; il instruira l'ignorant, ravira les savants, punira les esprits superficiels (*scioli)*, enseignera aux jeunes le respect, aux hommes le courage, aux vieux la sagesse, à tous la piété et la vertu. En bref il n'y a pas de condition ou d'âge de la vie qui ne tirera de ce florilège comme d'une source très abondante et saine des préceptes pour une vie honnête et une action prudente. » Lange (1662), sig. + 3v (« dédicace »), et 5v-6r (*« ad lectorem »*) sur les diversités des lieux où utiliser le livre.

35. Décompte des mots fondé sur 1 271 pages, deux colonnes par page, quatre-vingts lignes par colonne en tenant compte des titres et des lignes blanches, dix mots

par ligne. Sur la plus grande rentabilité des plus grands formats au XVIIIe siècle, voir Sher (2006), 82.

36. *Polyanthea* (1639), au lecteur, 2v. Dans cette édition 2 987 colonnes et soixante-quinze lignes par colonne (en tenant compte des nombreuses lignes incomplètes), douze mots par ligne, donnent un total d'environ 2 688 300 mots.

37. *Polyanthea* (1639), au lecteur, 2r.

38. Hess (2008), 100.

39. Zwinger (1586), sig. [**5]v. Zwinger insère un vers de Virgile dans son propos : *« non omnia possumus omnes »*, *Églogues*, VIII.63. Pour un traitement plus fourni de cette préface, voir Blair (2005).

40. Zwinger (1586), sig. [**5]v. De même Vincent de Beauvais suggère que ce qui est philosophie pour l'un peut être un poison pour un autre : Vincent de Beauvais (1964), prologue 8 ; traité par Minnis (1979), 389.

41. Zwinger (1586), sig. **3v.

42. Zwinger (1586), sig. **4v. Voir les règlements des jardins publics de Leyde (vers 1600), cités par Ogilvie (2006), 79-80.

43. Zwinger (1586), sig. **4v (herbe), sig. **4r et sig. ***6v (exemples).

44. Zwinger (1586), sig. *2v.

45. Baillet (1685), I, sig. a[9]r-v ; sur les anthologies, voir Benedict (1996).

46. Sur Rhodiginus, voir Marangoni (1997), 7.

47. Sur le plaisir de la compilation, voir Love (1993), 200 ; Sherman (1995), 64 ; Hunter (1998a), 13.

48. Sur les remerciements et les pratiques de Gessner, voir Blair (2017a) et (2017b).

49. Placcius (1689), 190-193. Sur Placcius et Kirsten, voir Mulsow (2006), 234-235 et (2012). Pour une liste des manuscrits que Kirsten laissa à sa mort, voir Kirsten (1679).

50. Placcius (1689), 193-194 (masse inutile), 194-226 (liste des ouvrages).

51. *Ibid.*, 199.

52. *Ibid.*, 226-227.

53. Sur la collaboration de Montaigne avec son imprimeur Millanges, voir Hoffmann (1998), chap. 3. Sur les modèles de carrière des écrivains en France au XVIIe siècle, voir Viala (1985) et parmi d'excellentes études plus récentes sur les rapports entre auteurs et imprimeurs : Furno (2009), Keller-Rahbé (2010), Ouvry-Vial et Réach-Ngô (2010), Pantin et Péoux (2013).

54. *Polyanthea nova* (1612), 2r (« dédicace »). Sur les abrégés, voir Ezell (1999), 91. Walter Ryff à Strasbourg par exemple était employé par des imprimeurs pour rédiger des abrégés et des compilations en médecine populaire ; voir Chrisman (1982), 52 et *passim*.

55. Sur la biographie de Lange, voir Gass (1918), 24-26. Merci à Annette Braun de la mairie de Kaysersberg (Haut-Rhin, Alsace) de m'avoir envoyé une copie de cet article.

56. Lange (1662), « au lecteur », sig. +5r.

57. Lange (1662), sig. CCCC1r. Sur Josias Rihelius et Wilhelm Christian Glaser, voir Reske (2007), 892-893 et 901.

58. *Nova Polyanthea* (1607), sig. [a3]v.

59. Pour des exemples de tensions entre auteur et imprimeur qui se reprochaient réciproquement des erreurs d'impression ou de choix orthographiques, voir Richardson (1994), 12 et *passim*.

60. La Croix du Maine (1584), sig. aijr, av-v et sig. aviiv-aviiir (« au lecteur ») ; et sig. aiiir-v (« dédicace »).

61. Burmeister (1963), 120.

62. Minsheu (1560-1627) était professeur de langues à Londres. Sur la publication par souscription, voir Clapp (1931) et (1933). Sur les souscriptions destinées à financer des projets intellectuels, voir Parry (2002) et Greengrass (1995).

63. Sur Estienne, voir Considine (2008), chap. 2, 93 ; sur l'*Oxford English Dictionary*, Murray (1977), 251. Clarendon Press est le nom communément utilisé pour Oxford University Press entre 1713 et le XXe siècle.

64. Voir Moréri (1759), « Zwinger » ; Dufournier (1936) ; Berchtold (1990) 2: 655-680 ; Jenny et Dill (2000) ; Gilly (2002) et (à paraître), app. 1.

65. Oporinus (l'oncle de Zwinger) épousa la sœur d'Amerbach en secondes noces. Sur Amerbach et Zwinger collectionneurs, voir Fischer (1936).

66. Voir Gilly (1977-1978) et (à paraître), qui inclut une liste des correspondants de Zwinger. Grand merci à Carlos Gilly de m'avoir communiqué ce manuscrit et pour son aide généreuse lors de ma visite à Bâle, et depuis. Pour plus d'éléments biographiques et contextuels, voir Hieronymus (2005) 1: 16-26 et Berchtold (1990) 2: 671-678.

67. Voir Berchtold (1990) 2: 517-523 ; mais la tolérance avait ses limites : Oporinus rapporte avoir été emprisonné deux fois par les censeurs, voir Steinmann (1969), 180.

68. Voir Gilly (1985), par exemple 64, 78, 166. Girolamo Mercuriale, entre autres, s'appuya sur l'aide de Zwinger pour faire imprimer ses ouvrages à Bâle, voir Siraisi (2008).

69. Sur le *Methodus apodemica* de Zwinger, voir Stagl (1995), 123 et suiv. et Stagl (2002), chap. 2 ; Molino (2006) et Felici (2009). Sur son éthique, voir Lines (2007). Sur le *Theatrum*, voir Gilly (2002), Blair (2005) et Schierbaum (2008).

70. Zwinger (1571b), sig. aijv-aiijr. Avec un mélange de noms propres et de thèmes cet index diffère de ceux des éditions réalisées à Bâle. Sur Chesneau, voir Racaut (2009), 25-26, 37-39.

71. Jacob Zwinger (1569-1610) était le plus jeune des deux fils de Zwinger ; son frère aîné Bonifacius mourut alors qu'il était étudiant à Padoue en 1588 ; voir Hieronymus (2005), 1: 29. Le *Theatrum* de 1565 comportait 1 428 pages, avec deux colonnes et soixante-dix lignes par page en moyenne, neuf mots par ligne pour un total d'environ 1,8 million de mots. L'édition de 1586 comptait 4 373 pages, avec deux colonnes et quatre-vingts lignes par page, neuf mots par ligne pour un total d'environ 6,3 millions de mots.

72. Zwinger (1575). Merci à Martin Mulsow de m'avoir signalé l'exemplaire de la Staatsbibliothek de Munich. Le KVK mentionne deux autres exemplaires : à l'Erzbischöfliche Diözesan-und Dombibliothek de Cologne et à l'Universitätsbibliothek de Fribourg-en-Brisgau. Walter Ong a mentionné un exemplaire en collection privée dont témoigne un libraire, Joseph van Matt, de Stans en Suisse ; Ong (1977), 171 n39. Pour les différences dans l'introduction comparer Zwinger (1575) et Zwinger (1571a), 13, et les différences dans la composition des pages 11-12. Puisque ces exemplaires ne semblent pas représenter une véritable édition, mais plutôt une réimpression de l'édition de Bâle, 1571, je continuerai de parler des trois éditions du *Theatrum* datant de 1565, 1571 (traitant ensemble, pour simplifier, les éditions de Paris et de Bâle) et 1586.

73. Zwinger (1565), sig. FFF[5]r. Sur cette épidémie de peste, voir Karcher (1956), 46-49.

74. Steinmann (1969), 104, 139, 183.

75. Oporinus fut interdit de crédit vers la fin de sa vie ; Steinmann (1967) et (1969), 189-190 ; Gilly (2001).

76. Zwinger (1586), sig. ***5r.

77. Tonjola (1661), 136, sous « Parochiae Sancti Petri ». Voir aussi Gross (1625), 140.

78. Hieronymus (2005) 3: 1994-2002. Une grande partie de ces textes et d'autres élégies funèbres pour Zwinger parurent dans Reusner (1589), sig. Aa2r-Cc5v (pour un total de trente-huit pages) ; pour l'épitaphe, voir Gross (1625), 131-132, et Tonjola (1661), 136-137.

79. Zwinger (1586), sig. ***5r.

80. *Ibid.*, sig. *3r.

81. *Ibid.*, vol. VI, livre 2, 1580, citant : *« Longum iter est per praecepta, breve et efficax per exempla »*, Sénèque, *Lettres*, I, 6 *in* (1985), 17-18.

82. *Ibid.*, sig. [***6]r. Italique ajoutée par l'auteure. L'épilogisme est une forme de raisonnement par induction empirique.

83. *Ibid.*, sig. **3v.

84. *Ibid.*, sig. *2r.

85. Une dédicace à Jésus de 1704 est mentionnée (avec moquerie) dans Mencke (1937), 74. Voir Alsted (1989), « invocation » : *« Deo uni et trino patria, [...] Amen, Amen. »* L'œuvre était dédiée à Gabriel, prince de Transylvanie.

86. Voir Zwinger (1565), 3, 30 ; Zwinger (1571a) et (1575), « dédicace » ; Zwinger (1586), sig. ***5r.

87. Zwinger (1586), page de dédicace.

88. Kunstmuseum Bâle (1984), 55-56, 79-81, 155-156.

89. *Ibid.*, 94 : *« Hast du vil/rum undt er/erjagt das/als weltt von/dier eracht/huett/ dich steig/nit gar/Zu hoch/das du/nit aber/falsst her/noch. »*

90. Une inscription (placée au-dessus d'un escalier en colimaçon dans le hall d'entrée) inclut une variante de la devise que Tycho Brahe rendit célèbre pour montrer les liens entre astronomie et alchimie : *Despiciendo suspicio ; suspiciendo despicio* (« En regardant en bas je regarde en haut » et vice versa). Pour cette épigraphe et d'autres, voir Tonjola (1661), 400-403, et Gross (1625), 475 et suiv. Dufournier (1936), 27, rapporte que la devise de Zwinger était *Remigio ventisque secundis* (« À force de rame et de vents favorables », Homère, *Odyssée*, XI. 640) ; voir Reusner (1589), #348.

91. Merci à Evelyn Lincoln pour d'utiles conversations sur le portrait. Geelhaar (1992), 23, reproduit un deuxième portrait datant de 1588 et rapporte qu'un troisième se trouve en collection privée.

92. Voir Grafton (1997), 198, citant Kepler, *Gesammelte Werke*, 13: 188-197. Je traite de Montaigne et d'autres exemples de la réception de Zwinger au chap. 5.

93. Merci à David Lines pour ces informations. Voir la description de MS Aldrovandi 33 à la bibliothèque de Bologne, dans Frati (1907), 31 et Mandosio (2002), 27. Sur les autorisations de lecture octroyées à certains catholiques, voir Marcus (à paraître), chap. 4.

94. Voir Zwinger (1571b) à la Bibliothèque de l'université du Minnesota.

95. Charles Spon remarquait que tous les travaux de Cardan feraient « autant de volumes que le *Theatrum vitae humanae* », lettre inédite de Charles Spon à Guy Patin (21 novembre 1656) *in* Pic (1911), 206, traité par Maclean (1994), 330-331.

96. Sur les frontispices, voir Remmert (2005). Le décompte des mots est fondé sur 7 468 pages, deux colonnes par page, soixante-dix-sept lignes par colonne et neuf mots par ligne, soit un total d'environ 10 350 000 mots.

97. Les préliminaires ne sont pas présents dans tous les exemplaires de 1631 (ils manquent des exemplaires à Harvard et à Cornell par exemple), mais sont inchangés dans les éditions ultérieures.

98. Beyerlinck (1631), sig.) :(5r. (*proscenium*). Les protestants qui ont contribué à l'ouvrage ne sont jamais mentionnés de nom, alors que les catholiques le sont, car pour obtenir une autorisation de l'Église il fallait éviter de faire l'éloge de protestants. Antonius et Arnold Hieratus, fils d'Antonius Hieratus l'Aîné (1597-1627), furent actifs de 1627 à1632 ; voir Reske (2007), 467-468.

99. Beyerlinck (1631), sig.) :(5v-6v.

100. Beyerlinck (1631), sig.) :(6v.

101. Un simple héritage de Henricpetri de Bâle qui imprima la dernière édition du *Theatrum* en 1604 est improbable car Henricpetri mourut en 1627, date à laquelle Beyerlinck avait déjà achevé son œuvre. Mais les Hieratus pouvaient avoir hérité de ces exemplaires par l'intermédiaire d'un autre imprimeur ; pour un aperçu de la complexité des échanges internationaux entre libraires, voir Maclean (2007).

102. Beyerlinck (1631), sig.) :([4]r. Les pages de titre des différentes éditions annonçaient l'imprimatur de l'Église et le privilège (dont la durée n'était pas spécifiée en 1631 ou 1707). Les éditions de Lyon étaient couvertes par des privilèges de vingt ans datés de septembre 1655 et février 1678 (reproduits dans le paratexte). Les exemplaires que j'ai pu examiner confirment qu'il s'agit bien d'éditions différentes, étant donné les différences dans la composition des pages. Les imprimaturs de 1631 étaient accordés par Francken Sierstorpffius de Cologne et Petrus Coens d'Anvers, probablement un collègue de Beyerlinck.

103. Patin (1846) 1: 196, 394.

104. La vie de Beyerlinck relatée dans l'introduction est notre source principale d'information ; pour des biographies modernes, voir Paquot (Louvain, 1768), 2: 22-24, et Ijsewijn (1987). Sur sa participation à un conflit sur la censure, voir Verbeke (2010). Pour les aphorismes pris de Zwinger, voir Beyerlinck (1608), 66, 67, 93, entre autres. Le *Promptuarium morale* de Beyerlinck (Cologne : Hieratus, 1613) fut réimprimé au moins quatre fois par Hieratus, jusqu'à 1634. Une collection de ses sermons parut l'année de sa mort : *Selectae conciones* (Cologne : Antonius Hieratus, 1627).

105. Beyerlinck (1631), sig.) :(7v.

106. Voir *ibid.*, « *Astronomia*, *Astrologia* ». L'article annonce deux sections A564-75 et A575-86 sur les « empereurs, rois et hommes illustres qui ont exercé l'astrologie » ; celles-ci contiennent beaucoup d'extraits de Rantzau (1584) qui est cité explicitement A564 et A575.

107. Érasme (1508), page de titre. Érasme (1515), 633.

108. Nani Mirabelli (1503), sig. Aiiiv ; *Polyanthea* (1567), dédicace, sig. ()2r-v et (1574), dédicace sig. ()2r ; Lange (1662), sig. [+7]r-v.

109. Zwinger (1565), sig. FFF[5]r ; cf. « *Labor omnia vicit improbus* », Virgile, *Géorgiques*, I, 145-146 *in* Virgile (1998), 12-13. Zwinger (1571a), sig. ⇨⇨⇨5v « dédicace ». Zwinger (1586), sig. ***5r. Beyerlinck (1631), *proscenium* sig.) :(5r.

110. « Je me réjouis et remercie Dieu l'Éternel d'avoir finalement émergé de ce labyrinthe qui me tint environ trois ans et d'être revenu au port comme après un naufrage en pleine mer où il n'y avait rien que la mer et l'air. Maintenant je me souviens

joyeusement de mes travaux comme celui qui redescend d'une montagne très haute et très escarpée », Gessner (1545), sig. [*6]r, et Müller (1998), 301.

111. Le Roy Ladurie (1995), 57.

112. Sur les stratégies de F. A. Wolf (1759-1824), voir Pattison (1908) 1: 342 et suiv. ; merci à Jonathan Sheehan pour cette référence. Sur le régime de sommeil tenté par Johann Lorenz Mosheim (1694-1755), voir Neumann (2001), 52 n13.

113. Robert Burton traite de la « Misère des hommes de lettres » aussi bien physique que psychologique dans son *Anatomie de la mélancolie* (2000), pt. 1, sec. 2, memb. 3, subs. 15, vol. I, 509-549. Sur les plaintes de Boyle à propos de ses yeux, voir Boyle (1661), sig. A3v. Sur Turnèbe : Lewis (1998), 313.

114. Voir Moréri (1759) 7: 778-789 (article « Moréri »).

115. Voir Cardan (1643), chap. 39, 187, et (1936), 110. Il recommandait aussi de couper et de coller des textes existants pour en composer de nouveaux comme je mentionne plus bas. La hâte était un thème régulier des manuels sur l'étude, voir par exemple Grotius *et al.* (1645) et Vossius *et al.* (1658) ; et Zedelmaier (1992), 53 n146.

116. Sur les erreurs de Dominique Bouhours, voir Bouhours (1988), lv. ; sur Calvin, Engammare (2004), 32-37.

117. Plutarque, *De la tranquillité de l'âme*, I, 464F cité par Hadot (1992), 47.

118. La Croix du Maine (1584), sig. [avii]r (l'original donne « escrite » que j'ai considéré comme une erreur pour « escriture ») ; et Balsamo et Simonin (2002), 194.

119. Voir les lettres de Pietro Mario Buoni da Rimini et Francesco Marcolini que Doni intégra dans son *I mondi e gli inferni* (Venise, 1562), 279, 281, cité par Bolzoni (2005), 294.

120. Voir Turnèbe (1581), II, sig. s2v (juste avant la page 417). Henri Estienne s'excusait pour la hâte avec laquelle il avait rédigé son *Apologie de la langue française* mais il promettait que le temps qu'il avait ainsi épargné avait été investi dans ses publications grecques et latines, qu'il considérait comme plus importantes ; voir Boudou (2002), 58, citant l'*Apologie*, I, x.

121. *Polyanthea* (1604b), typographe au lecteur, sig.)(3r. Pour des exposés similaires, voir aussi les préfaces de Lange *in* Lange (1662 ; 1re édition, 1598) et *Polyanthea* (1607) et (1612).

122. Steinmann (1969), 160.

123. J'ai examiné les modifications de références fournies dans le chapitre sur l'*oblivio* (« oubli »), en comparant Zwinger (1586), 35-36, et Zwinger (1565), 1154 et 18. Presque aucune référence n'est restée inchangée entre les deux éditions. Quelques références furent corrigées : dans (1565), 18, un exemple concernant Calvisius (qui ne pouvait se rappeler les noms d'Ulysse, d'Achille, ou de Priam) est attribué à Ravis[ius Textor] alors qu'il était en fait pris *verbatim* à Rhodiginus (1542), XIII.31, 505. L'édition de 1586 développait l'exemple et l'attribuait correctement à Rhodiginus, laissant de côté la référence à Ravisius qui était fautive. On peut comprendre l'origine de cette référence dans l'emploi que Zwinger a pu faire de l'index de Ravisius : *« Calvisius hebeto ingenio »* apparaissait dans l'index de Ravisius avec une référence au chapitre approprié sur les *obliviosi* (page 735), mais l'anecdote, en fait, ne s'y trouvait pas ; voir Ravisius (1552), sig. lll2r et 734-735. Dans Zwinger (1586) quelques références étaient abandonnées : un *exemplum* à propos des Thraces (dont on disait qu'ils ne pouvaient compter au-delà de quatre) était correctement attribué à Ravis[ius] dans (1565), 18, voir Ravisius (1552), 734-735 ; et dans (1586), 35, l'anecdote apparaît mais sans que la référence soit fournie. Quelques références étaient ajoutées : un

exemple concernant « un certain Athénien » (qui perdit son savoir après avoir été frappé par une pierre) était attribué à « Val[erius Maximus] lib 1 c 8 » dans (1565), 1154 ; et dans (1586), 34, à « Val. lib 1 c 8 et Plin. lib. 7. cap. 24 ». Dans d'autres cas les références étaient complètement modifiées. Un exemple concernant Melitides (qui ne pouvait compter au-delà de cinq) fut attribué correctement dans (1565), 18, à « Brusonius lib 3. Alex lib 2 cap. 25 » (Brusoni, *Facetiae et exempla*, 1re édition de 1518, et Alexander ab Alexandro, *Dies Geniales*, 1539) ; mais dans (1586), 36, à Plutarque. Cette forte variabilité dans la citation des sources me semble assez courante dans les ouvrages de référence de l'époque moderne et justifierait des investigations plus précises ; la recherche cependant est difficile étant donné la pauvreté ou l'absence des outils de recherche dans plusieurs des sources citées.

124. Scaliger (1695), 141. Calepino (1718), sig. a3r.

125. Zwinger (1565), 8, 14-16, et (1586), sigs. **r-**2r ; Lange (1662), sig.) :(5v ; Stevenson (1958).

126. Sur la façon de travailler seul de Gessner, voir Wellisch (1984), 18 ; et Braun (1990) qui mentionne seulement des aides dans la fourniture de spécimens. Mais voir Gessner (1545), sig. *4r, pour une mention de ses *amanuenses* au pluriel. Plus tard Gessner demanda aussi à Theodor Zwinger de lui trouver un « jeune homme passablement instruit dans les lettres, ayant des connaissances en médecine, pauvre, modeste et bon » ; voir Gessner (1577), 111v-112r (lettre du 8 avril 1565). Merci à Candice Delisle pour cette référence ainsi que pour des échanges utiles ; voir Delisle (2009), 84-85.

127. Voir Zwinger (1586), sigs. ***5r (Lucius) et *6r (Iselin) ; ils sont mentionnés dans Forster (1985), 24, 56, et Hieronymus (2005) 3: 1994. Voir les « Annotations sur les premiers livres d'Aristote issues des cours de Zwinger de la main de Ludovicus Iselin », Universitätsbibliothek Bâle Mscr F IX 7a. Iselin prit lui aussi des notes lors de ses voyages suivant les préceptes de Zwinger, voir Stagl (1995), 91.

128. Calepino (1718), sig. a3v.

129. *Polyanthea* (1574), « dédicace » sig. ()2v. Gessner (1616), sig. AAa1v ; déjà la page de titre de l'*Onomasticon* dévoilait qu'il était « compilé en partie par Conrad Gessner, et en partie par ses amis ».

130. Melville (1980), 67-68 et Melville (1988) ; sur les concordances : Rouse et Rouse (1974b).

131. Pour une référence à l'usage des tablettes de cire pour les compilations, voir Munk Olsen (1979), 52 n2, citant la préface du *Collectaneum* de Hadoard.

132. Thomas d'Aquin (1971), sig. B45-46 (« introduction »). Zedelmaier (2004), 197, met aussi en garde contre le fait de conclure pour ou contre l'usage de feuillets à partir du texte achevé ; Daly (1967), 86, associe l'usage de feuillets avec la disponibilité de papier.

133. Considine (2008), 270-271.

134. Voir le MS 306 de la Biblioteca Concordiana, Accademia dei Concordi, Rovigo, Italie. Merci à Michela Marangoni, de cette bibliothèque, de m'avoir envoyé des reproductions de pages du manuscrit autographe, particulièrement le f.145v, qui correspond à Rhodiginus (1516), X.27, 514, sur lequel il y a d'abondants ajouts dans la marge et sur des feuillets collés sur la page. Une paperolle de Proust a atteint 2 mètres de long, voir Brée (1963), 183. Merci à Virginie Greene sur ce point.

135. Outre ses conseils publiés (voir ci-dessus p. 132), Gessner répondait par courrier à des questions sur sa méthode de faire un index : voir Gessner (1577), 136v (Zurich, 29 août 1561). Merci à Laurent Pinon pour cette référence. Pour des lettres

de Gessner à Zwinger, de 1560 jusqu'à un mois avant son décès en décembre 1565, voir Gessner (1577), 104v-115r.

136. Des onze *exempla* sur les deux fiches sur les chiens, un seul est présent dans le *Theatrum* de 1586 et le texte ne reproduit pas la fiche mot à mot, donc semble provenir d'une autre fiche. Comparez à partir de la fiche : « *"A Delo ubi Dianae templum fuit canes arcebantur quod impurum et procax animal canis esset"*, Alex ab Alex lib 2. cap. 14 » avec Zwinger (1586), 66 : « *"Ab arce Atheniensium, ubi Minervae, et a Delo, ubi Dianae templum fuit, arcebatur canis quod impurum et procax animal esset"*, Alex Lib. 2. cap. 14. » (« Les chiens étaient écartés de Délos où était le temple de Diane [et de la citadelle d'Athènes où était celui de Minerve] parce que c'était un animal impur et impudent. ») Merci à Charles Drummond de son aide dans cette recherche.

137. Voir Lycosthenes (1998) et Lobbes (2013) ; Gessner (1551a) ; Burmeister (1963), 138 ; et *Geographiae Claudii Ptolemaei Alexandrini* (Bâle : Henricpetri, 1552).

138. Zwinger (1586), sig. ***4v.

139. Merci à Carlos Gilly pour son aide dans la localisation d'une signature de Lycosthenes qui permet de reconnaître son écriture sur ces feuillets.

140. Placcius (1689), gravure entre les pages 66 et 67.

141. Gessner (1548), sig. 20r. Voir ci-dessus, p. 132 et 376 n. 150.

142. Zentralbibliothek (ZB) Zurich, MS 204a (vol. I) sur les maladies de la tête ; MS 204b (vol. II), maladies de la poitrine et de l'abdomen ; MS 204c (vol. III), maladies du rein, de la vessie et des organes génitaux. Pour la traduction d'une page, voir Fischer *et al.* (1967), 118-119.

143. Gessner à Bauhin, 14 novembre 1563, dans Gessner (1976), 28, 71 ; merci à Brian Ogilvie pour cette référence, voir Ogilvie (2006), 180. Dans un cas, Gessner découpa également une de ses propres lettres (vraisemblablement la copie d'une lettre qu'il avait envoyée), voir ZB Zurich, MS 204b, f. 40v.

144. Voir ZB Zurich, MS 204b, f.93 pour un exemple.

145. Labrousse (1963), 47-48 n97.

146. Sur la composition, voir Hellinga (1962), 95-96 ; sur les notaires médiévaux, voir Petrucci (1995), 167.

147. Plantin effectua de tels achats, voir Voet (1985), 66.

148. Steinmann (1969), 127 ; Ing (1988), 73.

149. Sur le couper-coller lors de la rédaction, voir Cardan, *De subtilitate* (Bâle : Henricpetri, 1582), livre 17, 865, ou *Opera Omnia* (Lyon : Huguetan et Ravaud, 1663), III, 626, traité par Siraisi (1997), 18, et Grafton (1999), 4. « J'ai été obligé pour vous obéir non seulement de démembrer mais aussi de mutiler le traité que vous avez parcouru, en découpant avec une paire de ciseaux ici une page entière, là une moitié et ailleurs un quart de page », Boyle (1661), sig. A3r-v ; voir Hunter et Davis (1996), 215.

150. Gessner (1545), 434v-435r, *Handexemplar* à la Bibliothèque centrale de Zurich (Zentralbibliothek Zurich – ZB Zurich), cote Dr M3. Merci à Urs Leu pour son aide à la ZB Zurich. Sur cette correction qui enlevait une critique explicite d'un collègue de Bâle, voir Blair (2017b), 30-33. Sur les livres que Gessner possédait, voir Leu *et al.* (2008). Pour un autre cas de couper-coller au moment de la correction d'épreuves sur le placard *Apiarium* de Federico Cesi, voir Freedberg (2002), 170.

151. Gessner (1583), exemplaire de la Bibliothèque centrale de Zurich. Sur l'interfoliation, voir Brendecke (2005).

152. Hartlib (2002), *Éphémérides* (1641), *« ars excerpendi »*.

153. Zwinger reconnaît par exemple qu'il a emprunté « pas peu de choses » (« *non pauca* ») à Jacob Middendorp, auteur des *Officiorum scholasticorum libri duo* (1570) et *Academiarum orbis christiani libri duo* (1572), dans Zwinger (1586), XXVI, 4062. Sur l'usage de Rantzau par Beyerlinck, voir plus haut, p. 271.

154. Voir Myers et Harris (1996) et McKitterick (2018).

155. Voir de Hamel (1998). Pour un exemple d'enluminure médiévale collée dans une bible manuscrite du XVIe siècle, voir Sherman (1999), 130-131. Merci à Bill Sherman pour des conversations fécondes à travers les années.

156. Jammes (1997), 813-817. Le recueil manuscrit de Sir John Gibson (1606-1665) contenait des images découpées dans des livres imprimés, voir Smyth (2004a), 126. Pour d'autres exemples, voir Smyth (2004b). Un travailleur du textile sous Louis XIV découpait des images de pamphlets et les collait dans sa chronique personnelle où il copiait les textes qui les accompagnaient, voir Chartier (1985), 72. Pour des initiales imprimées découpées, voir par exemple l'index du XVIIIe siècle à Ortelius cité au chap. 2, BnF MS Latin 14351-14353. Une histoire des formes de lettres par Pepys et Sloane était faite d'un mélange de manuscrits et d'imprimés ; McKitterick (1992), 47.

157. Sur la « sophistication », voir Barker (2006). Voir par exemple l'exemplaire remarquable de *Johnsonian Miscellanies*, éd. George Birkbeck Hill (Oxford : Clarendon Press, 1897) imprimé en deux volumes mais étendu à neuf volumes par l'insertion d'innombrables portraits et manuscrits relatifs à Samuel Johnson ; Houghton Library MS Hyde 75. Merci à Susan Halpert de la Houghton Library de son aide dans ces matériaux.

158. Oronce Finé, *La Théorique des cieux et sept planètes* (Paris, 1557), merci à Annie Charon-Parent pour cette référence.

159. Voir l'exemplaire de Suidas (1705) *in* ECCO (ESTC #146666), vol. I, 82, 83, 92, merci à Kristine Haugen pour cet exemple.

160. Gingerich (1993) ; merci à Owen Gingerich pour son tutorat expert sur les volvelles. Sur les autres espèces de découpages, voir Lindberg (1979) ; Karr (2004). Sur les livres d'anatomie, Carlino (1999). Le manuel de confession est celui de Leutbrewer (1682) ; pour une description du catalogue, voir Petit (1997), 187. Sur Stoy et son livre *Bilder-Akademie für die Jugend*, voir Te Heesen (2002).

161. Ringelberg, *De ratione studii*, *in* Ringelberg (1967), 58-59 et Moss (1996), 137.

162. Bibliothèque Mazarine, MS 4299, *Recueil de catalogues de livres imprimés et de manuscrits*, par Jean-Nicolas de Tralage. La page de titre en question provient de Bernardin Surius, *Le Pieux Pèlerin ou Voyage de Jérusalem* (Bruxelles : Francois Foppens, 1666) – un important ouvrage sur les sites de la Terre sainte.

163. Décultot (2001), 35 n11.

164. Meinel appelle cette « contamination » la règle, voir Meinel (1995), 166. D'autres parlent d'une « fertilisation croisée », voir Hindman et Farquhar (1977), 101-156.

165. Sur le meuble à notes de Placcius, voir le chapitre 2 ; sur les « portefeuilles » du père Léonard de Sainte-Catherine, bibliothécaire des augustins déchaussés, place des Victoires à Paris (1695-1706), voir Neveu (1994), chap. 1.

166. Olson (1981), 115, et Mulsow (2001), 341.

167. Sur les activités de James Halliwell-Phillips (1820-1889), voir Schoenbaum (1993), chap. 3. Un découpeur de cartes géographiques rares a été appréhendé à l'université de Yale aux États-Unis en 2006.

168. Comme exemple de pulsion destructrice, voir ci-dessus p. 18 et Désormeaux (2001), 61-62, et Yeo (2001), 90-91.

169. Je remercie l'historien Peter Burke de m'avoir raconté comment il composait ses conférences en coupant-collant à partir de ses notes tapuscrites dans les années 1960, et à Malcolm Smuts pour ses souvenirs sur l'usage par Lawrence Stone de méthodes similaires. Voir aussi Collingwood (1972), 257-261.

170. Sur la pratique de découpage de nombreux livres, y compris la Bible, par Emily Dickinson, voir Smith (2004). *Le Bulletin des lettres* n° 14 (Lyon, 25 janvier 1933), 10-11, voir *Cahiers Céline*, 1, 1976, 52-54, cité par Compagnon (1979), 27. Voir aussi Blair (2003), 28.

171. Robert Kerr, *Memoirs of the Life, Writings and Correspondence of William Smellie,* 2 vol. (Édimbourg : John Anderson, 1811) 1: 362-363, traité par Yeo (2001), 180.

172. Reddick (1996), 43, 38, 4-5. Sur l'usage de fiches par Johnson, voir Samuel Johnson (2005), 419-425. Carl von Linné semble aussi avoir réinventé la fiche dans les années 1760 après avoir expérimenté d'autres techniques, voir Müller-Wille et Scharf (2009), 19 et suiv.

173. Sur la rédaction de l'*Oxford English Dictionary*, voir Murray (1977) ; Winchester (1998), 95-96.

174. Sur l'automatisation de la compilation, voir N. Cohen (2008) ; merci à Leah Price pour cette référence. Sur le contexte du XVIIIe siècle, voir Stern (2009), 73-75. Par exemple dans le monde germanophone, un rival utilisa des poursuites légales pour gêner la production et la distribution de l'*Universallexicon* de Zedler sur l'argument qu'une grosse encyclopédie ne pouvait être écrite sans plagier les œuvres d'autres, voir Quedenbaum (1977), 68 et suiv.

CHAPITRE 5

L'influence des premiers livres de référence imprimés

1. Pour un exemple de ces échanges, voir Maclean (2007).

2. Voir Firpo (1970) et Fragnito (2001). Le *Theatrum* de Zwinger fut condamné dans les listes de livres interdits à Anvers, 1570 ; Parme, 1580 ; au Portugal, 1581 ; les index espagnols de 1583 et 1584 demandaient quelque quatre-vingts expurgations, même pour l'édition de Paris de 1571-1572, qui avait été rédigée pour des lecteurs catholiques ; l'index de Rome, 1596, demandait la condamnation de toutes les éditions à moins qu'elles ne fussent corrigées, voir Bujanda (1984-2002), 4:461-462 (Portugal) ; 6:57, 265, 545, 867-868 (Espagne) ; 7: 233-234 (Anvers) ; 9: 179-180 (Parme) et 724 (Rome). Sur la permission accordée à Aldrovandi, voir le chap. 4 (p. 265).

3. Comerford (1999), 206-207, 213. Exemplaires de Zwinger (1586) à l'université de Californie à San Diego et de Zwinger (1571b) de l'université du Minnesota (l'édition de Paris conçue pour les catholiques) portent nombre de censures manuscrites. Pour un autre exemple, voir Hess (2015), 113. Nicolas-Claude Fabri de Peiresc

possédait aussi une liste manuscrite substantielle de corrections à effectuer dans le *Theatrum*. Je remercie Peter Miller pour cette information.

4. Jean Gruter, *Bibliotheca exulum* (Francfort-sur-le-Main, 1625), évoqué par Moss (1996), 240.

5. Décrit dans Gilly (1985), 430-431. Merci à Carlos Gilly d'avoir attiré mon attention sur ceci.

6. Verhaeren (1949), 918. Merci à Florence Hsia de m'avoir signalé cette source.

7. Leonard (1947), 431 ; Bernstein (1946), 180. Voir les collections des bibliothèques nationales du Brésil, de la Colombie et du Mexique.

8. Cité par Mather (1994), LXIV. Merci à l'équipe de la Rare Book Room de la Boston Public Library pour cette information de provenance.

9. Exemplaire de la Houghton Library. Sur les étrennes, voir Davis (2003), 39-42.

10. Exemplaire de l'Institut d'histoire de la Réforme de l'université de Genève. Merci à Max Engammare de m'avoir montré ce volume.

11. Voir l'exemplaire de Zwinger (1575) à la Munich Staatsbibliothek et de Zwinger (1586) à la Regenstein Library de l'université de Chicago.

12. Stagl (1995), 159-160.

13. *Polyanthea* (1613), exemplaire de Balliol College, Oxford, portant le nom de Samuel Hilliard, né en 1676 et inscrit au collège en 1693.

14. *Polyanthea* (1567), exemplaire de la Staatsbibliothek de Munich, 548. L'annotation manuscrite qu'il a ajoutée est une citation précise de *Rerum Italicarum scriptores* de Lodovico Antonio Muratori (1723-1751) ; voir l'édition fac-similé Bologne : Arnaldo Forni, 1975-1989), vol. XVI (publié en 1730), col. 1067.

15. Geldner (1950), 38-39, 42 (« post-scriptum »). Geldner signale que 48 florins étaient l'équivalent à l'époque du prix de treize bœufs.

16. Pettas (1995), 84.

17. Drexel (1638), 140. Le coût de la reliure a été estimé à un tiers du coût du livre, voir Aquilon (1988), 185. Par comparaison, le préfet des jardins de l'université de Leyde (une position universitaire de niveau moyen) recevait un salaire annuel de 400 florins dans les années 1590, voir Molhuysen (1913-1924) 1: 180. Merci à Brian Ogilvie pour son aide sur cette question.

18. Leedham-Green (1992), # 1.26 et 1.183.

19. *Polyanthea* (1552), exemplaire de la Munich Staatsbibliothek, relié dans des pages de manuscrits musicaux médiévaux ; pour une reliure similaire, voir l'exemplaire de Gessner (1583) de la Regenstein Library de l'université de Chicago.

20. Bartholinus (1691), exemplaire de la BnF annoté avec les prix, 45-46. Les exemplaires de Beyerlinck étaient appréciés à 40, 44, 60, et 68 thalers (variations probablement dues à la reliure choisie) dans Georgi (1742), 143-144.

21. La *Polyanthea* (1539) entra au King's College de Cambridge en 1592 par un don d'un de ses membres, Roger Goode. Le *Theatrum* (1586), Emmanuel College, Cambridge, porte un ex-libris de Thomas Bownest, Bachelor of Arts 1590-1591 et de William Bownest, Bachelor of Arts 1620-1621, qui était, je présume, son fils ou son neveu.

22. *Polyanthea* (1539), exemplaire de la Bibliothèque de l'université Cornell.

23. Exemplaires de la Staatsbibliothek de Munich.

24. Parmi les ecclésiastiques, Francis Dee, évêque de Peterborough, inscrivit son nom dans une *Polyanthea* (1617) en 1638 ; le Rév. Prés. Thomas Morton, évêque de Coventry et Litchfield (BA Cantab. 1586-1587) donna un exemplaire de Zwinger

de 1604 (tous deux au St John's College de Cambridge). Parmi les médecins : William Paddy, docteur en médecine et membre du collège, donna une *Polyanthea* de 1567 en 1602 (St. John's College, Oxford) ; Andreae Falcones, médecin à Lyon, inscrivit son nom sur un exemplaire du *Theatrum* (1565) (BnF). Des hommes de loi inscrivirent une *Polyanthea* (1507) au Brasenose College d'Oxford, et un exemplaire de Zwinger (1565) à la Staatsbibliothek de Munich.

25. Exemplaire de la British Library ; cet exemplaire contient des annotations en latin de différentes encres. Merci à Magda Teter d'avoir déchiffré l'inscription comme Casparus Keselmaichler (ou une variante proche), et Elisheva Carlebach, Debra Kaplan, et particulièrement Stephen Burnett pour leur aide dans l'identification du propriétaire. Celui-ci peut avoir été un certain Caspar Kessellmeyer, de Landau (une ville alors alsacienne et aujourd'hui allemande mais proche de Strasbourg) qui obtint un diplôme de droit à l'université de Heidelberg en 1540 ; voir Toepke (1889), 1: 574. Bien que les juifs ne fussent pas autorisés à étudier à l'université, il peut avoir été soit un juif converti, soit un chrétien qui savait l'hébreu. La communauté juive, dans l'Alsace de l'époque moderne, comptait environ 100 à 115 familles au XVIe siècle et Landau avait une population juive jusqu'à son expulsion en 1545, voir Weill (1971), 53-54. Merci à Charles Riggs pour cette référence.

26. Cette *Polyanthea* (1669) portait l'inscription *« ex libris serenissimae electricis Adelaidis »* (sans autre annotation), Staatsbibliothek de Munich. Henriette Adelaïde de Savoie (1636-1676) épousa Ferdinand Marie, électeur de Bavière à partir de 1651. Elle était connue pour avoir protégé les arts ; von Bary (1980). Merci à Charles Drummond pour cette identification. La *Polyanthea* de l'université Cornell (1585) est inscrite *« ex libris conventus Pragensis Carmelitarum Discalcatarum »*.

27. Houllemare (2004), 294. Sur l'importance des florilèges pour la classe des officiers en France, voir Vogel (2000).

28. Bayley (1983), X-XI.

29. Comerford (1999), 203, 213.

30. Voir Siraisi (2008), 89-90, et Agasse (2000), 239.

31. Un exemple probable en est la *Polyanthea* (1575) marquée par Thomas Underhill à l'âge de 16 ans, exemplaire de l'Emmanuel College de Cambridge.

32. Aquilon (1988), 154.

33. *Calepino* (1554), I, « préface », sig. ai-r.

34. Gerritsen (1991), 157.

35. Vittori (2001), 30, 47-53 ; merci à Christopher Carlsmith pour cette référence.

36. Juvénal, *Satires*, VII, 228-243 *in* Juvénal (1983), 97. Sur les professeurs humanistes, voir Grafton et Jardine (1986), chap. 1 et 4.

37. Naudé (1627), 65-66 ou (1963), 51-52.

38. Voir « Xenophon De aequivocis » *in* Giovanni Nanni (Annius de Viterbe), *Antiquitatum variarum autores* (Lyon : Gryphe, 1552), 64-68. Merci à Luc Deitz pour cette piste.

39. Wood (1691-1692), II, 705.

40. Fraunce (1906), V.8, 91, lignes 2707-2709. Merci à Carla Mazzio pour cette référence, voir Mazzio (2009), 8. Le terme *tabula* pouvait se référer aux diagrammes ou aux index chez Zwinger.

41. Schupp (1640), 11, et trad. Balthasar Kindermann, *in* Kindermann, *Der deutsche Redner* (Wittenberg, 1665), 2e partie, sig. Avi r-v, traité par Cahn (1994), 65-66. Merci à Gilbert Hess et Thomas Ertman de leur aide avec le texte allemand.

42. Voir Sénèque, *De tranquillitate animi*, IX.4 *in* Sénèque (1927), 89-90. Sur les querelles générées par ce passage, Nelles (1994), 134. Sur les caricatures courantes de la bibliothèque comme objet d'ostentation aux débuts de l'époque moderne en Espagne, voir Géal (1999), 269.

43. *Theatrum* (1565), Staatsbibliothek de Munich.

44. Gass (1918), 26, décrivant l'exemplaire de la *Polyanthea* de Kaysersberg *« in hübscher Goldschnittfassung »* – mais les tranches dorées furent probablement une modification ultérieure. Je remercie Annette Braun de la mairie de Kaysersberg (Haut-Rhin, Alsace). Sur Bernegger, voir Malcolm (2004), 216.

45. *Polyanthea* (1648), 1007 ; voir Zwinger (1586), 656, et Rhodiginus (1542), XIII.24, 494 (les citations de XXIII.4 ou XXIII.24 données pour ce passage dans les différentes éditions étaient fautives d'un ou deux chiffres). Hégésippe (que Rhodiginus nomme sans donner de citation précise) était un historien chrétien du IIe siècle apr. J.-C.

46. Zwinger (1586), sig. **1v-2r. Voir Beyerlinck (1608).

47. Selden (1689), 9-10. Pour un principe médiéval similaire, voir Goddu et Rouse (1977), 489. Sur le rôle des citations plus généralement, voir Compagnon (1979).

48. Gessner (1559), sig. a5v. Gessner nomme Gaurinus Favorinus Camers, humaniste italien, auteur d'une compilation d'apophtegmes (Cracovie, 1538) et Raffaelo Maffei, dit Volterranus, auteur d'une compilation encyclopédique : *Commentariorum rerum urbanarum libri XXXVIII* (Rome, 1506).

49. Sur la notion de plagiat au début de la modernité, voir Kewes (2003) et Cherchi (1998) ; pour un exemple de controverse, voir Jardine (1984). Ni le système des privilèges ni le copyright au XVIIIe siècle ne cherchaient à protéger l'originalité de l'expression ou des concepts, voir Stern (2009). Ils protégeaient plutôt l'investissement de l'imprimeur dans une édition.

50. Voir Lane (1999), chap. 1.

51. Garavini (1992) ; et également Garavini (1994), 75-81 ; sur l'emploi par Montaigne de compilations en général et de Zwinger en particulier, voir Villey (1933) 2: 27-32 et 1: 270-271.

52. Zwinger (1565), 447 ; Montaigne (1988), II.33, 728-735.

53. Voir Lotspeich (1932), 14-19. Je remercie Peter Lindenbaum pour cette piste.

54. Ong (1976), 122-123, qui se réfère à Ravisius Textor (1524).

55. Hammond (2003) ; Tottel (1965).

56. Voir Paterson (2000).

57. Hoeniger (1575), traité par Hieronymus (1997), II, #534.

58. Voir la remarque dans Nelles (1994), 209 ; cf. Hospinianus, *De templis* (1672), 369, et Zwinger (1586), 3816-3819.

59. Scaliger (1695), 170, 83, 179-180.

60. Grafton (1997), 153.

61. Mark Pattison, *Isaac Casaubon, 1559-1614* (Londres, 1875), 123, cité par Nuttall (2003), 146.

62. De Jonge (1977), 24-25, sig. B1r-B2r.

63. Voir J. C. Scaliger (1994), I, 55-56 et 283 n431, et III, 231 n837. Je remercie Luc Deitz pour ces références. Sur l'emploi des florilèges par Scaliger, voir Ullman (1928), 162. Sur Rhodiginus comme maître de Scaliger, voir Morhof (1732), I.1.21, sec. 50, 247.

64. J. C. Scaliger (1999), 116. Je remercie Michel Magnien pour cette référence.

65. M. Casaubon (1999), 177 ; voir aussi Feingold (2001), 162-164.

66. Titius (1676), 102 ; voir aussi Sorel (1673), 8, et Johannes Sturm cité par Moss (1996), 150 et citation #183.

67. Hess (2003), 143.

68. Brinsley recommandait l'emploi du crayon pour effacer facilement ; cité par Sherman (2008), 162. La première description connue d'un crayon à mine de graphite fut celle de Conrad Gessner en 1565 ; Stallybrass *et al.* (2004), 409. Pour les annotations au crayon, voir le *Theatrum* (1571a), Magdalen College, Oxford ; *Theatrum* (1586) et Gessner (1583) à Balliol College, Oxford ; Rhodiginus (1517) à la Bodleian ; notes au crayon rouge dans la *Polyanthea* (1617) de Jesus College, Oxford. Les notes préliminaires de John Evelyn étaient souvent repassées à l'encre par lui-même ou d'autres, probablement pour les rendre plus durables ; voir Evelyn, « Miscellaneous notes », British Library MS Add 15950, e.g. 78v et suiv., sur lequel Evelyn a repassé à l'encre une liste de livres d'abord écrite au crayon ; sur la reprise à l'encre par John Aubrey des notes manuscrites d'Evelyn, voir Yale (2016), 139.

69. Rhodiginus (1666) à Brasenose College, Oxford (tous les chapitres du livre 1 sont aussi cochés dans la table des matières), et Rhodiginus (1517) à St John's College, Oxford (annoté jusqu'à la page 55).

70. Henri de Mesmes, *Excerpta*, BnF MS Supp Lat. 8726, 105-139 (sur la *Souda*) et 139-162 (sur Estienne). Au XVIIIe siècle Winckelmann prit des notes systématiques sur Bayle et Zedler, voir Décultot (2003b), 94.

71. Par exemple le lecteur corrigea *« Me Sin »* en *« Muesin »* [muezzin, *N.d.A.*] en ajoutant *ue* sous la ligne. Voir Beyerlinck (1666), VII. T231 à la Regenstein Library, université de Chicago.

72. Voir Zwinger (1565), St. John's College, Cambridge, annotations dans l'index et le texte. Voir les annotations dans l'index de l'exemplaire d'Érasme (1508) à la Houghton Library, que j'évoque au chap. 3, p. 185-186 ; voir aussi l'exemplaire d'Érasme (1515) à la Houghton Library, Harvard, contenant une liste manuscrite de passages tirés d'Homère sur la page de garde.

73. *Polyanthea* (1514) à Trinity College, Cambridge, et *Polyanthea* (1575) à Emmanuel College, Cambridge.

74. *Polyanthea* (1539) à King's College, Cambridge.

75. *Polyanthea* (1503), CCXXXII verso à New College, Oxford. *Polyanthea* (1567), 353, à St John's College, Oxford. *Polyanthea* (Strasbourg, 1517), CVIII verso à la McLennan Library, université McGill.

76. Voir son legs à Jesus College, Oxford, voir Fordyce et Knox (1937), 27-28.

77. *Theatrum* (1575), 2860, à la Staatsbibliothek de Munich.

78. *Theatrum* (1565), 1208, 1213, 1243, à St John's College, Cambridge.

79. Voir l'in-quarto de Lycosthenes (1557) et un in-folio de Lycosthenes en allemand (2007). Voir Moss (1996), 197 : le *Theatrum* devint « presque aussi bas de gamme qu'un livre en latin pouvait l'être ».

80. *Theatrum* (1586), XV.2, 2978 à la Regenstein Library, université de Chicago.

81. *Theatrum* (1586), 86, 212, Emmanuel College. Le *Theatrum* (1565) à la Houghton Library porte des annotations tout au long de la préface.

82. *Theatrum* (1575), 17, à la Staatsbibliothek de Munich.

83. *Polyanthea* (1539), s.v. *« mendacium »* à King's College, Cambridge.

84. *Polyanthea* (1613). Hilliard s'inscrivit en 1693 (à Trinity College, Cambridge) et devint prêcheur d'une chapelle à Petticoat Lane en 1699 puis prébendier à Lincoln en 1704.

85. *Theatrum* (1571a), 288 et suiv., 3191 à Magdalen College à Oxford : le tableau du tome XIX est annoté avec le numéro de pages pour « potiers ».

86. Voir le chap. 1 sur l'évaluation des originaux au XIIIe siècle. Sur l'intérêt croissant porté au contexte aux XVIe et XVIIe siècles et les domaines multiples qui y contribuèrent (droit, théologie, historiographie, entre autres), voir Burke (2002), 154-158.

87. Sur Ridwan, Ibn Jumay et Érasme, voir le chap. 1. Voir aussi le récit par Antonio Augustin de la manière dont le résumé par Festus de Valerius Flaccus provoqua la destruction de tous les exemplaires de l'original sauf un ; Grafton (1983), 134-135.

88. Wheare (1685), 39 ; Baillet (1685), I.11, 453, 457-458.

89. Vincent de Beauvais (1964), col. 8 (prologue, 10).

90. Bayle (1740), III, 53 (« Langius »).

91. Jean de Salisbury (2009), I.2-6, par exemple 108-109, traité dans Birger Munk Oslen (1982), 160. *Chartularium Universitatis Parisiensis*, III, IX, éd. Denifle et Chatelain (1894), cité par Hamesse (1990), 228.

92. John Locke, *A Paraphrase and Notes on the Epistles of St Paul* (1733), VI-VII, cité par Stallybrass (2002), 50. Merci à mon collègue David Hall pour cette perspective.

93. Voir De Weerdt (2007a), chap. 5.

94. Pour la critique de Pétrarque sur l'emploi de « petits morceaux », voir Quillen (1998), 76. Pour des exemples du XVIIIe siècle, voir Byrd (2001), chap. 4. Voir aussi Roger Ascham, *The Scholemaster* (1570), 42v-43r, cité par Baldwin (1956), I.698 ; Drexel (1638), 58 ; Sorel (1673), 8-9, traité dans le chapitre 2.

95. *« De Latinae linguae studio perfecte instituendo didactica dissertatio », in* Comenius (1986), 366-367, traité par Mejor (1994), 658.

96. Voir Montaigne (1988), III.13, 1069, et Burton (2000), 32 (« Démocrite au lecteur »). Jonathan Swift, *Tale of a Tub* (1958 – 1re édition 1704), 148, cité par Yeo (2004a), 10.

97. Malebranche, *Recherche de la vérité* (1674), IV.8.3, cité par Compagnon (1979), 233.

98. Voir Décultot (2003a), 22-25.

99. Naudé, *Apologie des grands hommes* (1625), 641-642, traité dans Bianchi (2001), 44.

100. Moss (1996), 277. Moss remarque que Lamy exemptait l'*Encyclopaedia* d'Alsted de ses critiques.

101. Baillet (1685), I.11.467-468 et 466 (le chapitre 11 en question est numéroté 8 par erreur).

102. Sur le raisonnement historique à cette époque, voir Burke (1969) et Grafton (2007).

103. Pour un exemple d'une telle rivalité, voir Haugen (2011), chap. 4 (sur Temple).

104. *Der Briefwechsel des Mutianus Rufus*, éd. Carl Krause (Kassel : Freyschmidt, 1885), 392, cité par Grafton (2003), 39.

105. Richard Montagu, *Diatribe upon the First Part of the Late History of Tithes* (Londres, 1621), 415-416, cité par Feingold (2001), 163.

106. Sur la figure du pédant, voir Royé (2000).

107. Ménage (1715), I, 137.

108. Huet (1722), 171-173 (#74) : causes de la décadence des lettres. Sur Huet, voir Shelford (2007).

109. Descartes (1996) 10: 497-498 ; je cite la continuation de ce passage dans l'introduction (voir p. 356 note 14).

110. Baillet (1987), VIII.3, *in* 2: 469.

111. Sur la querelle des Anciens et des Modernes, voir Perrault (1964) ; Levine (1991) ; Fumaroli (2001) et Haugen (2011). Sur le programme des études à Paris, voir Brockliss (1987).

112. Hazard (1935). Pour une étude critique, voir Mesnard (1985) ; pour une interprétation plus récente, voir Israel (2001).

113. L'œuvre intitulée *Polyanthea hoc est florilegium seu opusculum continens suavissimos sententiarum flores... ab authore collectore congestum qui ex Thom. a Kempis amat nesciri* (Cologne : Johannes Petrus Muller, 1735) est une œuvre différente, anonyme et plus courte que la *Polyanthea* de Nani Mirabelli. Je remercie la Bibliothèque de l'université d'Illinois à Urbana-Champaign pour une copie de cet ouvrage.

114. Labarre (1975), 104-109.

115. Furetière (1690), « préface », sig. *3r.

116. Diderot et d'Alembert (1751-1772), 4: 958, article « Dictionnaire » (signé « O » pour d'Alembert) ; voir Kafker (1988), 2.

117. Sur la longue présence du latin dans les systèmes modernes d'éducation en Europe, voir Waquet (1998). Sur le *Gradus*, voir Compère et Pralon-Julia (1992), 98-108. Sur l'emploi par Stendhal d'un instrument comme le *Gradus*, voir Didier (1996), 14 ; sur son emploi par Jules Vallès, voir Waquet (1998), 171.

118. Voir Price (2000), 71.

119. Sur Bartlett, voir Cochrane (1992) et M. Cohen (2003). Voir Larousse (1856), XI ; pour un emploi des pages roses (par René Goscinny dans la série *Astérix*), voir Blair (2019a).

120. Michael Macrone, *Brush up your Shakespeare !* (New York : Harper, 1993). Thomas Figueira, *Wisdom from the Ancients : Enduring Business Lessons from Alexander the Great, Julius Caesar and the Ilustrious Leaders of Ancient Greece and Rome* (Cambridge (MA) : Perseus, 2001).

121. Des exemples modernes vont d'Andreas Birch, *Variae lectiones ad textum Evangeliorum* (1801) à Raphael Rabbinovicz, *Variae lectiones in Mischnam et in Talmud Babylonicum* (1867-1886).

122. Beugnot (1981) ; Wild (2001).

123. Sur la persistance au cours du temps des livres de lieux communs, voir Herrick (1998) et Havens (2001). Edith Wharton, E. M. Forster, Katherine Mansfield, et W. H. Auden tinrent des livres de lieux communs ; aux États-Unis le *scrapbook* éclipsa au XIXe siècle le livre de lieux communs. Sur les origines modernes du livre de lieux communs en langues nationales, voir Moss (2005), 47-48.

124. Yeo (2001), 116.

125. Furetière (1690), « préface », sig. *[4]r-v. Voir Merlin (2003).

126. Furetière (1690), « préface », sig. *3v.

127. Voir A. Miller (1994). Sur l'autre grand rival, le *Dictionnaire de l'Académie*, voir Quemada (1998).

128. Sur les vies françaises de philosophes, voir Ribard (2002), chap. 4. Sur la production des *Gelehrten-lexika* allemands à partir des oraisons funèbres, voir Nelles (2000), 56. Plus généralement, Yeo (1996) et Yeo (2001), 17-18. Déjà au Moyen Âge il y avait des collections de vies de saints, de docteurs de l'Église ou d'éminentes figures locales mais sans les outils de recherche caractéristiques d'un livre de référence.

129. A. Miller (1981), 15-24.

130. Van Lieshout (2001), 104, 256.

131. Gasnault (1988), 143. Sur les possesseurs de ce livre, voir Mornet (1910), 460. Sur le mode de lecture de Bayle par les Parisiens, voir Labrousse (1987).

132. Pour s'orienter dans l'immense littérature sur l'*Encyclopédie* et sur son contexte, voir Darnton (1983 et 2013) ; Kafker (1988 et 1996) ; également Leca-Tsiomis (1999). Sur les renvois, voir Darnton (1985), 185 ; sur l'usage implicite de Locke par Jaucourt, Edelstein (2009), 15-16 et app. C.

133. Voir Didier (1996). En 1762 un contemporain explique que le terme allemand *Enzyklopädie*, presque inconnu dix ans plus tôt, faisait rage. Friedrich Molter, *Kurze Encyklopädie oder allgemeiner Begriff der Wissenschaften* (Karlsruhe, 1762), « *Vorrede* » (« avant-propos »), cité par Dierse (1977), 4.

134. Rétat (1984), 189. Kafker (1994b), 391-392 : *L'Encyclopédie méthodique* (1782-1832) consistait en 158 volumes de texte et cinquante et un de planches ; l'*Oekonomische Encyklopädie* (1773-1858) comptait 242 volumes.

135. Zedler (1731-1754) consultable à l'adresse http://www.zedler-lexikon.de/ Quedenbaum (1977), 299 spécifie que l'*Universal-lexicon* comprenait 125 142 colonnes ; j'ai compté huit mots par ligne et soixante-sept lignes par colonne pour un total de mots de 67 076 112. Voir Carels et Flory (1981) ; Schneider (2004 et 2013). Pour l'*Encyclopédie* je remercie Matt Loy pour son décompte de 19 104 pages en vingt et un volumes de texte (dont les quatre volumes de suppléments) avec deux colonnes, soixante-quatorze lignes par page, et neuf mots par ligne.

136. Mais la *Deutsche Encyclopädie* (1778-1807) mentionnait Alsted ; voir Goetschel *et al.* (1994), 268.

137. Mouchon (1780).

138. Sur les compilateurs au XVIIIe siècle, voir Brot (2006), 87-93, Edelstein (2009), Denis et Lacour (2016) ; sur les auteurs de l'*Encyclopédie*, Schwab (1969) et Kafker (1988). Merci à Frank Kafker pour nos conversations sur ce point.

139. Le chevalier de Jaucourt à qui on attribue aujourd'hui 25 % de la rédaction de l'*Encyclopédie* employait un tel secrétaire anonyme ; voir Perla et Schwab (1971), 451.

140. Volpilhac-Auger (2003), 87.

141. Voltaire, « Livre » dans le *Dictionnaire philosophique*, cité par Désormeaux (2001), 61. Sur les méthodes d'écriture de Voltaire, voir Ferret *et al.* (2007).

142. Jouffroy-Gauja et Haechler (1997).

143. Georg Philip Harsdörffer, *Delitiae* (1653, repr. 1990), 57, cité par Zedelmaier (2001), 22. *Oxford English Dictionary*, *« to look up »* sens 2b. « Il faut que je consulte mes Livres. » Furetière (1690), « consulter. »

144. Boswell (1934) 2: 365 traité par Kernan (1987), 213-214.

145. Boswell (1934) 4: 308. Sur la dette de Johnson envers Morhof, voir Boswell (1835), 2: 336-337, appendice 2, comportant la réimpression d'un compte rendu du *New Monthly Magazine,* décembre 1818, traité par Evans (1977), 143.

146. DeMaria (1997a), 89, 100 ; il cite W. R. Keats, « Two Clarissas in Johnson's Dictionary », *Studies in Philology* (1957) : 429-439.

147. Boswell (1934) 3: 284-285, traité par Lipking (1991), 159.

ÉPILOGUE

1. Sur les progrès technologiques avant le télégraphe, voir Headrick (2000) ; du télégraphe aux puces de silicium, aux satellites et à la technologie cellulaire, voir Feather (2004). Sur le management de l'information au bureau, voir Beniger (1986) et Yates (1989). Sur le mémo, voir Guillory (2004).

2. Schofield (1999), 96 ; Csiszar (2018).

3. Trolley et O'Neill (1999) et Wouters (1999).

4. Levie (2006) et Rayward (2010). Merci à Alex Csiszar pour ses conseils sur Otlet.

5. Bush (1945) ; voir Buckland (2004). Sur les origines d'internet, voir Gillies et Cailliau (2000) et le site web de son principal fondateur, Tim Berners-Lee : http://www.w3.org/People/Berners-Lee/ (consulté en septembre 2018).

6. Sur le *« rapid selector »* et la citation de Shaw, voir Varlejs (1999), 53. Et Yeo (2007a), 40 et suiv.

7. Cady (1999).

8. Whitrow (1999).

9. Cochrane (1992), 13. Mon chiffre pour les heures travaillées est peut-être une sous-estimation car il est fondé sur les normes plus récentes de huit heures par jour et cinq jours de travail par semaine.

10. Voir (parmi une très grosse littérature sur les développements récents) Gleick (2015).

11. Voir Starn (1975).

12. Sur l'attention, voir Levy (2001), 101-103 ; Citton (2014) ; sur la décontextualisation, Mayer-Schönberger (2009), 78.

Bibliographie

Abréviations

BnF	Bibliothèque nationale de France, Paris
ECCO	Eighteenth Century Collections Online
EEBO	Early English Books Online
OED	Oxford English Dictionary
KVK	Karlsruher Virtueller Katalog (KVK – catalogue collectif sur internet)
ZB	Zentralbibliothek, Zurich

Sources primaires – manuscrits

Bâle, Universitätsbibliothek :
Theodor Zwinger. *Nachlass*, Frey Mscr I 13, Mscr F IX 7a.

Cambridge, Cambridge University Library :
Anon. Index (XIVe siècle) en appendice à Robert Kilwardby, « *Tabulae super originalia* » et « *Tabula super sententias.* » Pembroke College MS 39.
Anon. Index à diverses œuvres théologiques, 1628. MS Gg.i.28.
Thomas d'Irlande. *Manipulus florum*, MS Ff. vi.35.

London, British Library :
John Evelyn. *Miscellaneous notes*, MS Add 15950.

Paris, Bibliothèque Mazarine :
Catalogues de la Bibliothèque Mazarine, MSS 4134-4137 et MSS 4138-4145.
Jean-Nicolas de Tralage, notes MS 4299.

Paris, Bibliothèque nationale de France (BnF) :
Anon. « *Ad Abraham Ortelii Theatrum geographicum index a Gregorio Mariette concinnatus* », MS Latin 14351-14353.

Henri de Mesmes. « *Excerpta* », MS Add Lat. 8726.
Jean de Hautfumey. Index au *Speculum historiale* de Vincent de Beauvais, MS Lat 14355 et 14356.

Zurich, Zentralbibliothek :
Conrad Gessner. *Nachlass*, MS C 50a : divers manuscrits. MS S 204a, 204b, 204c : « *Thesaurus medicinae practicae e Conradi Gesneri schedis autographis et celeberrimorum sui aevi medicorum epistulis, consiliis scriptis propriaque experientia et observatione collectus a Casparo Wolphio Phys. Prof. et archiatro Zuriceri.* » 1596.

Sources primaires – imprimés

Jean Le Rond d'Alembert. 1753. *Mélanges de littérature, d'histoire et de philosophie*. 2 vol., Berlin.
Alexander ab Alexandro. 1539. *Genialium dierum libri sex*. Paris : Joannes Roigny.
Al-Jahiz. 1969. *The Life and Works of Jāhiz*, éd. et trad. de Charles Pellat. Berkeley : University of California Press.
Al-Juzajani. 1974. *The Life of Ibn Sina*, éd. et trad. de William E. Gohlman. Albany : State University of New York Press.
Al-Nuwayrī. 2016. *The Ultimate Ambition in the Arts of Erudition. A Compendium of Knowledge from the Classical Islamic World, édition et traduction d'Elias Muhanna*. New York : Penguin.
Johann Heinrich Alsted. 1610. *Consiliarius academicus et scholasticus, id est methodus formandorum studiorum*. Strasbourg : Lazarus Zetznerus.
–. 1616. *Orator, sex libris informatus*. Herborn : Corvinus.
–. 1653. *Loci communes theologici perpetuis similitudinibus illustrati*. Francfort-sur-le-Main : Ioannis Pressius.
–. 1989. *Encyclopedia septem tomis distincta* (Herborn, 1630). Fac-similé : Stuttgart-Bad Cannstatt : Frommann-Holzboog.
Bartholomaeus Amantius. 1556. *Flores celebriorum sententiarum Graecarum et Latinarum*. Dillingen : Mayer.
Franciscus Araoz. 1631. *De bene disponenda bibliotheca*. Madrid : ex officina Francisci Martinez.
Athénée. 2001. *I deipnosofisti*, éd. et trad. de Luciano Canfora. 4 vol., Rome : Salerno Editrice.
Aulu-Gelle. 1967-1989. *Les Nuits attiques*, trad. René Marache, 3 vol., Paris : Les Belles Lettres.
Francis Bacon. 1868. *The Works of Francis Bacon*, éd. de James Spedding, Robert Leslie Ellis et Douglas Denon Heath, 14 vol., Londres : Longmans, Green.
–. 1979. *Essais*, trad. Maurice Castelain. Paris : Aubier Montaigne.
–. 1991. *Du progrès et de la promotion des savoirs*, trad. Michèle Le Dœuff. Paris : Gallimard.
–. 2012. *Early Writings 1584-1596*, éd. d'Alan Stewart et Harriet Knight. Oxford : Clarendon Press.

Adrien Baillet. 1685. *Jugemens des sçavans sur les principaux ouvrages des auteurs*. Paris : Antoine Dezallier.

–. 1987. *La Vie de Monsieur Descartes (Paris, 1691)*. 2 vol. Fac-similé : New York : Garland Publishing.

Giovanni Balbi. 1971. *Catholicon*. Westmead (Royaume-Uni) : Gregg International.

John Bale. 1902. *Index Britanniae scriptorum... John Bale's Index of British and Other Writers*, éd. de Reginald Lane Poole et Mary Bateson. Oxford : Clarendon Press.

–. 1971. *Scriptorum illustrium Maiores Brytanniae catalogus : Basle 1557, 1559*. Farnborough, Hampshire (Royaume-Uni) : Gregg International Publishers.

Caspar Barthius. 1624. *Adversariorum commentariorum libri lx*. Francfort-sur-le-Main : Wechel, Daniel et David Aubry, et Clement Schleichius.

Thomas Bartholinus. 1676. *De libris legendis dissertationes VII*. Copenhague : Daniel Paul.

–. 1691. *Catalogus librorum... Thomae Bartholini*. Copenhague : Bockenhoffer.

Anglicus Bartholomaeus. 2007. *De proprietatibus rerum*, éd. Christel Meier *et al.* Turnhout : Brepols.

Pierre Bayle. 1740. *Dictionnaire historique et critique*. 3e éd., Amsterdam : Brunel *et al.*

Laurentius Beyerlinck. 1608. *Apophthegmata christianorum*. Anvers : Plantin.

–. 1631. *Magnum theatrum vitae humanae... ad normam Polyantheae universalis dispositum*. 8 vol., Cologne : Antonius et Arnoldus Hieratus.

Giovanni Boccaccio. 1915. *Lo zibaldone boccaccesco Mediceo Laurenziano plut. XXIX-8*. Fac-similé, éd. Guido Biagi. Florence : Leo Olschki.

Bodin, Jean. 1597. *Universae naturae theatrum*. Francfort-sur-le-Main : Wechel.

–. 1941. *Méthode pour faciliter la connaissance de l'histoire*, trad. Pierre Mesnard. Paris : Les Belles Lettres.

–. 2013. *Methodus ad facilem historiarum cognitionem*, éd. et trad. Sara Miglietti. Pise : Edizioni della Normale.

[Antoine Brochet.] 1691. *Réflexions sur les jugemens des sçavans, envoyées à l'auteur par un académicien*. La Haye : Arnout Leers.

James Boswell. 1835. *The Life of Samuel Johnson... to which are added anecdotes... by various hands*. 10 vol., Londres : John Murray.

–. 1934. *Boswell's Life of Johnson*, éd. de G. B. Hill. 6 vol., Oxford : Clarendon Press. Dominique Bouhours. 1988. *La Manière de bien penser dans les ouvrages de l'esprit*, éd. Suzanne Guellouz. Toulouse : Atelier de l'université de Toulouse-Le Mirail. (1re publication, 1687.)

Robert Boyle. 1661. *Some Considerations Touching the Style of the H. Scriptures*. Londres : Henry Herringman.

–. 1999-2000. *Works of Robert Boyle*, éd. Michael Hunter et Edward B. Davis. 14 vol., Londres : Pickering et Chatto.

Sebastian Brant. 1497. *La Nef des fols du monde*. Paris : Geoffroy de Marnef.

John Brinsley. 1627. *Ludus literarius : or, The grammar schoole*. Londres : Felix Kyngston pour John Bill.

Jacques-Charles Brunet. 1810. *Manuel du libraire*. Paris : Brunet, Leblanc.

Robert Burton. 2000. *Anatomie de la mélancolie*. 2e éd., trad. Bernard Hoepffner et Catherine Goffaux. Paris : Corti.

Richard de Bury. 2001. *Philobiblion : excellent traité sur l'amour des livres*, trad., Bruno Vincent. Paris : Parangon-Aventurine.
William Byrd. 2001. *The Commonplace Book of William Byrd II of Westover*, éd. de Kevin Berland, Jan Kirsten Gilliam et Kenneth A. Lockridge. Chapel Hill : University of North Carolina Press for the Omohundro Institute of Early American History and Culture.
Giovanni Battista Caccialupi. 1510. *Tractatus de modo studendi*. Pavie : Jacob de Burgofranco.
Ambrogio Calepino. 1554. *Ambrosii Calepini dictionarium*. Genève : Robert Estienne. (1re publication, 1503.)
–. 1616. *Dictionarium undecim linguarum*. 2 vol., Bâle : Henricpetri.
–. 1718. *Septem linguarum Calepinus hoc est lexicon latinum, variarum linguarum interpretatione adjecta*, éd. Jacobus Facciolatus. Padoue : ex typographia Seminarii.
–. 1746. *Septem linguarum Calepinus*. Padoue : ex typographia Seminarii.
Callimaque. 1949-1953. *Callimachus*, éd. Rudolf Pfeiffer. 2 vol., Oxford : Clarendon Press.
Juan Caramuel y Lobkowitz. 1664. *Theologia praeterintentionalis... Est theologiae fundamentalis*, t. 4. Lyon : Ph. Borde, L. Arnaud, P. Borde, Barbier. [Réimprimé *in* V. Romani, *Il « syntagma de arte typographica » di Juan Caramuel ed altri teste secenteschi sulla tipografia e l'edizione*. Manziana : Vecchiarelli editore, 1988].
Jérôme Cardan. 1643. *De propria vita liber*. Paris : Jacobus Villery.
–. 1936. *Ma vie*, trad. Jean Dayre. Paris : Honoré Champion.
Méric Casaubon. 1999. *Generall Learning : A Seventeenth-Century Treatise on the Formation of the General Scholar by Meric Casaubon*, éd. Richard Serjeantson. Cambridge : RTM Publications.
Cassiodorus. 2003. *Institutions of Divine and Secular Learning, and On the Soul*, trad. James Halporn. Liverpool : Liverpool University Press.
Paul Marie Victor Chavigny. 1920. *Organisation du travail intellectuel : Recettes pratiques à l'usage des étudiants de toutes les facultés et de tous les travailleurs*, 5e éd., Paris : Librairie Delagrave.
Cicéron. 1921. *Discours, Pour P. Quinctius, Pour Sex. Roscius d'Amérie. Pour Q. Roscius le comédien*. Paris : Les Belles Lettres.
Claude Clément. 1635. *Musei sive bibliothecae tam privatae quam publicae extructio, instructio, cura, usus*. Lyon : sumptibus Jacobi Prost.
Gilbert Cousin. 1535. *Οικετης sive de officio famulorum*. Paris : Wechel.
Ioannis Colle. 1618. *De idea, et theatro imitatricium et imitabilium ad omnes intellectus, facultates, scientias et artes : Libri aulici*. Pesaro : Ioannis Boatius.
Ianus Comenius. 1986. *Opera omnia*. Prague : Academia Praha.
Jean Crassot. 1630. *Institutiones absolutissimae, in universam Aristotelis Philosophiam*. Paris : Denys Thierry. (1re publication, 1617.)
Norman Davis. Édition de 2004. *Paston Letters and Papers of the Fifteenth Century*. Oxford : Oxford University Press.
René Descartes. 1996. « Recherche de la vérité par la lumière naturelle ». In *Œuvres de Descartes*, éd. de Charles Adam et Paul Tannery, vol. 10 : 495-532. Paris : Vrin.

Dictionnaire de l'Académie française. 1740. 3e éd., Paris : Coignard.

Denis Diderot et Jean Le Rond d'Alembert. 1966. *Encyclopédie 1751-1780*. 35 vol., fac-similé : Stuttgart-Bad Cannstatt : Frommann.

Diogène Laërce. 1965. *Vie, doctrines et sentences des philosophes illustres*, trad. Robert Grenaille. 2 vol., Paris : Garnier-Flammarion.

Étienne Dolet. 1536. *Commentariorum linguae latinae tomus primus*. 2 vol., Lyon : Gryphius.

Anton Francesco Doni. 1551. *La secunda libraria del Doni*. Venise : Doni.

John E. Dotson, tr. et intr. 1994. *Merchant Culture in Fourteenth-Century Venice : The Zibaldone da Canal*. Binghamton (NY) : Medieval and Renaissance Texts and Studies.

Georg Draud. 1625a. *Bibliotheca classica*. Francfort-sur-le-Main : Balthasar Ostern.

–. 1625b. *Bibliotheca exotica*. Francfort-sur-le-Main : Balthasar Ostern.

Jeremias Drexel, SJ. 1638. *Aurifodina artium et scientiarum omnium ; excerpendi sollertia*. Anvers : vidua Ioannis Cnobbari.

Pierre Dupuy, Pierre et Jacob Dupuy. 1679. *Catalogus Bibliothecae Thuanae*. Paris : s.n. Antoine du Verdier. 1585. *La Bibliothèque*. Lyon : Barthelemy Honorat.

Encyclopaedia Britannica. 1985. 15e éd., Chicago : Encyclopaedia Britannica.

Desiderius Érasme. 1508. *Adagiorum chiliades tres*. Venise : Aldus.

–. 1515. *Adagiorum chiliades tres*. Bâle : Froben.

–. 1530. *Adagiorum omnium, tam graecorum quam latinorum aureum flumen, per Theodoricum Cortehoevium selectum*. Anvers : Martinus Caesar.

–. 1536. *Adagiorum chilides*. Bâle : Froben.

–. 1550. *Adagiorum chiliades quatuor*. Bâle : Froben.

–. 1551. *Adagiorum chiliades quatuor*. Bâle : Froben.

–. 1976. « Un maître ouvrage de pédagogie humaniste : le plan des études d'Érasme (1512) », trad. Jean-Claude Margolin. *Bulletin de l'Association Guillaume Budé*, n° 3, 273-299.

–. 1978. *Collected Works of Erasmus*, vol. 24 : *Literary and Educational Writings 2*, éd. et trad. de Betty Knott et Brian McGregor. Toronto : University of Toronto Press.

–. 2011. *Les Adages*. Jean-Christophe Saladin (dir.), 5 vol., Paris : Les Belles Lettres.

Charles Estienne. 1553. *Dictionarium historicum ac poeticum*. Paris : Charles Estienne.

–. 1693. *Dictionarium historicum, geographicum, poeticum*. Genève : de Tournes.

Henri Estienne. 1572. *Thesaurus Linguae Graecae*. Genève : Henri Estienne.

Robert Estienne. 1531. *Dictionarium seu latinae Linguae thesaurus*. Paris : Robert Estienne.

–. 1536. *Dictionarium*. 2e éd., Paris : Robert Estienne.

–. 1541. *Dictionarium propriorum nominum virorum, mulierum, populorum, idolorum, urbium, fluviorum, montium caeterorumque locorum*. Paris : Robert Estienne.

–. 1553. *Ambrosii Calepini dictionarium quarto et postremo ex R. Stephani latinae linguae thesauro auctum*. Genève : Robert Estienne.

Bernhard Fabian. 1972-1978. *Die Messkataloge des sechzehnten Jahrhunderts, 1564-1592*. 4 vol., Hildesheim : Olms.

Alexander Fichet, SJ. 1649. *Arcana studiorum omnium methodus et bibliotheca scientiarum librorumque earum ordine tributorum universalis*. Lyon : Guillelmus Barbier.

Benjamin Franklin. 1985. *Autobiography*, éd. de J. A. Leo Lemay et de P. M. Zall. New York : W. W. Norton.

Abraham Fraunce. 1906. *Victoria : A Latin Comedy*, éd. G. C. Moore Smith. Louvain : Uystrpruyst.

Iohannis Thomas Freigius. 1582. *Paedagogus, hoc est libellus ostendens qua ratione prima artium initia pueris quam facillime tradi possint*. Bâle : Sebastian Henricpetri.

Jean-Cécile Frey. 1674. *Via ad divas scientias artesque linguarum notitiam, sermones extemporaneos, nova et expeditissima*. Arnstad : typis Meurerianis. (1re publication, 1628.)

Antoine Furetière. 1690. *Dictionaire universel, contenant generalement tous les mots françois tant vieux que modernes, et les termes de toutes les sciences et des arts*. La Haye : Arnout & Renier Leers.

Jean Garnier. 1678. *Systema bibliothecae Collegii Parisiensis Societatis Jesu*. Paris : Cramoisy.

Gassendi, Pierre. 1657. *The Mirrour of True Nobility and Gentility Being the Life of the Renowned Nicolaus Claudius Fabricius Lord of Peiresk*, trad. W. Rand. Londres : J. Streater for Humphrey Moseley.

–. 1992. *Peiresc 1580-1637 : Vie de l'illustre Nicolas-Claude Fabri de Peiresc, conseiller au Parlement d'Aix*, trad. Roger Lassalle avec Agnès Bresson. Paris : Belin.

Theophilus Georgi. 1742. *Europäisches Bücherlexikon*. Leipzig : Theoph. Georgi.

Conrad Gessner. 1543. *Stobaeus, Sententiae ex Thesauris Graecorum*. Zurich : Froschauer.

–. 1545. *Bibliotheca universalis*. Zurich : Froschauer.

–. 1548. *Pandectarum sive partitionum universalium… libri XXI*. Zurich : Froschauer.

–. 1549a. *Onomasticon propriorum nominum virorum, mulierum, sectarum etc., in* Calepino, 1549. Bâle : Henricpetri.

–. 1549b. *Partitiones theologicae*. Zurich : Froschauer.

–. 1551a. *Elenchus scriptorum omnium*, éd. de Conrad Lycosthenes. Bâle : Oporinus.

–. 1551b. *Historiae Animalium lib. I de Quadrupedibus viviparis*. Zurich : Froschauer.

–. 1559. *Ioannis Stobaei sententiae ex thesauris Graecorum delectae*. Zurich : Froschauer.

–. 1577. *Epistolarum medicinalium libri III*. Zurich : Froschauer.

–. 1583. *Bibliotheca instituta et collecta*, éd. Iohannes Iacobus Frisius. Zurich : Froschauer.

–. 1976. *Vingt lettres à Jean Bauhin fils, 1563-1565*, trad. Augustin Sabot. Saint-Étienne : Publications de l'université de Saint-Étienne.

–. 1987. *Conradi Gesneri historia plantarum : Gesamtausgabe*, éd. Heinrich Zoller et Martin Steinmann. 2 vol. Dietikon-Zurich : Urs-Graf Verlag.

Johann Georg Gross. 1625. *Urbis Basil. Epitaphia et inscriptiones*. Bâle : J. J. Genathi.

Grosseteste. 1995. *Opera Roberti Grosseteste Lincolniensis*, éd. de Philip W. Roseman, vol. 1. Turnhout : Brepols.

Hugo Grotius *et al.* 1645. *Dissertationes de studiis instituendis*. Amsterdam : Elzevir.

Jean Gruter. 1624. *Florilegium magnum seu polyanthea*. Strasbourg : Zetzner.

Battista Guarino. 2002. « *De ordine docendi et studendi* », in *Humanist Educational Treatises*, éd. et trad. de Craig Kallendorf, 260-309. I Tatti Renaissance Library. Cambridge : Harvard University Press. (1re publication, 1459.)

Samuel Hartlib. 2002. *The Hartlib Papers. A Complete Text and Image Database of the Papers of Samuel Hartlib (c. 1600-1662)*, Sheffield University Library. Sheffield : Online Humanities Research Institute.

Johannes Erich Heyde. 1931. *Technik des wissenschaftlichen Arbeitens. Zeitgemässe Mittel und Verfahrensweisen : Eine Anleitung, besonders für Studierende*, 3e éd. Berlin : Junker und Dünhaupt.

Hippocrate. 1945. *Aphorismes*, trad. Ch. Daremberg. Angers : Éditions de l'Ouest.

–. 1953. *Aphorisms*, trad. W. H. S. Jones. Cambridge : Harvard University Press.

Nicolas Hoeniger. 1575. *Propugnaculum, castitatis et pudicitiae... tam virginum quam uxorum*. Bâle : Henricpetri.

Charles Hoole. 1969. *A New Discovery of the Old Art of Teaching Schoole, 1660*. Fac-similé : Menston (Royaume-Uni) : Scolar Press.

Pierre-Daniel Huet. 1722. *Huetiana ou pensées diverses de M. Huet*. Paris : Jacques Estienne.

Hugues de Saint-Victor. 1991. *Didascalicon. L'art de lire*, intr., trad. et notes de Michel Lemoine. Paris : Cerf.

Hyde, Thomas, éd. 1674. *Catalogus impressorum librorum Bibliothecae Bodleianae in Academia Oxoniensi*. Oxford : e Theatro Sheldoniano.

Ibn 'Abd Rabbih. 2006. *The Unique Necklace*, trad. Issa Boullatta. Reading (Royaume-Uni) : Garnet Publishing.

Muhammad ibn Isḥāq Ibn al-Nadīm. 1970. *The Fihrist of al-Nadīm : A Tenth-Century Survey of Muslim Culture*, éd. et trad. de Bayard Dodge. New York : Columbia University Press.

Ibn Khaldoun. 2005. *The Muqaddimah : An Introduction to History,* trad. Franz Rosenthal, éd. abrégée par N. J. Dawood. Princeton : Princeton University Press.

– 2013. *Nouvelles du Maghreb au XIVe siècle : extraits de la Muqaddima*, éd. et trad. par Mohamed Saouli. Alger : El Othmania.

Isidore de Séville. 2006. *The Etymologies of Isidore of Seville*, trad. avec introduction et notes par Stephen A. Barney, W. J. Lewis, J. A. Beach, Oliver Berghof. Cambridge : Cambridge University Press.

Louis Jacob de Saint-Charles. 1644. *Traicté des plus belles bibliothèques publiques et particulières, qui ont esté et qui sont à present dans le monde*. Paris : Rolet le Duc.

Jean de Salisbury. 2009. *Metalogicon*, trad. François Lejeune. Québec : Presses de l'Université Laval.

Jérôme. 2017. *Préfaces aux livres de la Bible*, trad. dirigée par Aline Canellis. Paris : Cerf.

Samuel Johnson. 2005. *Samuel Johnson's Unpublished Revisions to His Dictionary of the English Language*, éd. Allen Reddick, avec Catherine Dille et l'assistance de Regula Bisang et Antoinina Bevan Zlatar. Fac-similé : Cambridge : Cambridge University Press.

Juvénal. 1983. *Satires*, trad. Pierre de Labriolle et François Villeneuve. Paris : Les Belles Lettres.

Mustafa bin Abdallah Kâtip Çelebi. 1835-1858. *Lexicon bibliographicum et encyclopaedicum*, éd. et tr. de Gustavus Fluegel. 7 vol., Londres : R. Bentley for the Oriental Translation Fund of Great Britain and Ireland.

Bartholomaeus Keckermann. 1614. « Consilium logicum de adornandis et colligendis locis communibus, rerum et verborum », *in Opera omnia*, vol. 2, col. 220-242. Genève : Aubertus.

Martinus Kergerus. 1658. *Methodus excerpendi drexeliana succinctior*. Anvers : Cnobbari.

Michael Kirsten. 1679. *Catalogus librorum*. Hambourg : Georgius Rebenlinus.

François Grudé, sieur de La Croix du Maine. 1584. *Premier volume de la bibliothèque*. Paris : L'Angellier.

François de La Mothe Le Vayer. 1668. *Observations diverses sur la composition et sur la lecture des livres*. Paris : Louis Billaine.

Lange, Joseph. Voir *Polyanthea*, 1604 et suivantes.

–. 1662. *Anthologia sive Florilegium rerum et materiarum selectarum*. Strasbourg : Wilhelm Christian Glaser. (1re publication : *Loci communes sive florilegium rerum et materiarum selectarum praecipuarum sententiarum, apophthegmatum, similitudinum, exemplorum, hieroglyphicorum*. Strasbourg : Rihelius, 1598.)

Larousse, Pierre. 1856. *Nouveau Dictionnaire de la langue française*. Paris : Larousse et Boyer.

Leibniz, Gottfried Wilhelm. 1890. « Préceptes pour avancer les sciences », in *Die philosophischen Schriften*, éd. C. I. Gerhardt. VII, 157-173. Berlin : Weidmannsche Buchhandlung.

–. 1959. « Leibniz on His Calculating Machine », trad. Mark Kormes, in *A Source Book in Mathematics*, éd. David Eugene Smith, 1: 173-181. New York : Dover.

–. 1966. *Nouveaux Essais sur l'entendement humain*. Paris : Garnier-Flammarion.

–. 2003. *Sämtliche Schriften und Briefe*, éd. Berlin-Brandenburgische Akademie et Akademie der Wissenschaften in Göttingen. Série III : *Mathematischer Naturwissenschaftlicher und Technischer Briefwechsel*, vol. 5.

Christoph Leutbrewer. 1682. *La Confession coupée ou la Méthode facile pour se préparer aux confessions particulières et générales*. Paris : chez Denys Thierry.

Christian Liberius. 1681. *Bibliophilia sive de scribendis, legendis et aestimandis libris exercitatio paraenetica*. Utrecht : Franciscus Halma.

Émile Littré. 1992. *Comment j'ai fait mon dictionnaire*, éd. Jacques Cellard. Arles : Éditions Bernard Coutaz.

John Locke. 1686. « Nouvelle méthode de dresser des recueils ». *Bibliothèque universelle et historique*, 2: 315-359.

Johannes Lomeier. 1669. *De bibliothecis liber singularis*. Zutphen : Henricus Beerren.

–. 1962. *A Seventeenth-Century View of European Libraries : Lomeier's De bibliothecis, Chapter X*, éd. et trad. de John Warwick Montgomery. University of California Publications in Librarianship, vol. 3. Berkeley : University of California Press.

Jacob Lorhard. 1606. *Ogdoas scholastica continens diagraphen typicam artium*. Saint Gall : Straub.

–. 1613. *Theatrum philosophicum in quo artium ac disciplinarum philosophicarum plerarumque omnium... praecepta in perpetuis schematismis ac typis tanquam in speculo, cognoscenda obijciuntur*. Bâle : Conrad Waldkirch, 1613.

Conrad Lycosthenes. 1551. *Elenchus scriptorum omnium*. Bâle : Oporinus.

–. 1557. *Prodigiorum ac ostentorum chronicon*. Bâle : Petri.

–. 1998. *Apophthegmata et son annotation manuscrite*, éd. et introduction par Étienne Ithurria. 2 vol., Genève : Slatkine Reprints. (1re publication, 1555.)

–. 2007. *Wunderwerck*, édition de Pia Holenstein Weidmann et Paul Michel. Zurich : Olms. (1re publication, 1557.)

Nicolas Malebranche. 1684. *Traité de morale*. Rotterdam : Reinier Leers.

Simon Maiole. 1614. *Dies caniculares, hoc est colloquia tria et viginti physica*. Mayence : Joannes Theobaldus Schönwetter.

Martial. 2006. *Valerii Martialis liber spectaculorum*, éd. Kathleen M. Coleman. Oxford : Oxford University Press.

Gabriel Martin. 1706. *Bibliotheca Bigotiana*. Paris : Jean Boudot, Charles Osmont, Gabriel Martin.

–. 1711. *Bibliotheca Bultelliana seu catalogus librorum Bibliothecae Caroli Bulteau*. Paris : Pierre Giffart et Gabriel Martin.

–. 1738. *Catalogus librorum bibliothecae... Comitis de Hoym*. Paris : Gabriel Martin.

–. 1746. *Catalogue des livres de feu M. l'abbé d'Orléans de Rothelin*. Paris : Gabriel Martin.

Cotton Mather. 1994. *The Christian Philosopher*, éd. Winton U. Solberg. Urbana : University of Illinois Press. (1re publication, 1721.)

Philippe Mélanchthon. 1536. *Loci communes theologici*. Wittenberg : P. Seitz. (1re publication, 1521.)

Gilles Ménage. 1715. *Menagiana ou bons mots et remarques critiques, historiques, morales et d'érudition de Monsieur Ménage, recueillies par ses amis*, éd. Antoine Galland *et al.* 3e éd., 4 vol., Paris : Delaulne.

Johann Burkhard Mencke. 1937. *The Charlatanry of the Learned. De charlataneria eruditorum, 1715*, trad. Francis E. Litz, éd. H. L. Mencken. New York : Alfred A. Knopf.

Pedro Mexía. 1570. *Diverses leçons de Pierre Messie*. Lyon : Gabriel Cotier.

–. 1989. *Silva de varia lección*, éd. Antonio Castro. 2 vol., Madrid : Catedra.

Michel Eyquem de Montaigne. 1988. *Essais*, éd. Pierre Villey. 3 vol., Paris : Presses universitaires de France. (1re publication, 1580, puis 1588, 1595...)

Louis Moréri. 1759. *Grand Dictionnaire historique*. Paris : Les libraires associés.

Daniel Georg Morhof. 1731. *De legendis, imitandis et excerpendis auctoribus : Libellus posthumus*. Hambourg : chez Christian Wilhelm Brandt.

–. 1732. *Polyhistor*, 3e éd. Lübeck : Petrus Boeckmannus. (1re publication 1688.)

Pierre Mouchon. 1780. *Table analytique et raisonnée des matières contenues dans les XXXIII volumes du Dictionnaire des sciences, des arts et des métiers*. Paris : Panckoucke.

Marc-Antoine Muret. 1559. *Variarum lectionum libri VIII*. Venise : Jordanus Zilletus.

Domenico Nani Mirabelli. 1503. *Polyanthea*. Savone : Da Silva.

–. 1514. *Polyanthea*. Savone : Bibliaqua. Voir *Polyanthea* pour d'autres éditions.

Gabriel Naudé. 1627. *Advis pour dresser une bibliothèque*. Paris : Targa.

–. 1643. *Bibliothecae Cordesianae catalogus*. Paris : Vitray.

–. 1963. *Advis pour dresser une bibliothèque*. Leipzig : Édition Leipzig.

Guido Pancirolli. 1629-1631. *Rerum memorabilium sive deperditarum pars prior commentariis illustrata*. Francfort-sur-le-Main : Godefridus Tampachius.

Jean Noël Paquot. 1768. *Mémoires pour servir à l'histoire littéraire des Pays-Bas*, vol. 2. Louvain : Imprimerie académique.

Blaise Pascal. 1991. *Pensées*, éd. Philippe Sellier. Paris : Bordas.

–. 2005. *Pensées*, éd. Roger Ariew. Indianapolis : Hackett.

Guy Patin. 1846. *Lettres de Gui Patin*, éd. J.-H. Reveillé-Parise. 3 vol., Paris : J.-B. Baillière.

Samuel Pepys. 1994. *Journal I, 1660-1664*, éd. publiée sous la direction de Robert Latham et William Matthews, trad. André Dommergues. Paris : Robert Laffont.

Niccolò Perotti. 1532. *Cornucopiae*. Bâle : Valentin Curio.

Charles Perrault. 1964. *Parallèle des Anciens et des Modernes (1688)*, éd. H. R. Jauss. Fac-similé : Munich : Eidos Verlag, 1964.

Philomusus [pseudonyme pour l'imprimeur Labhart]. 1684. *Industria excerpendi brevis, facilis, amoena a multis impedimentis quibus adhuc tenebatur, exsoluta*. Constance : Joannis Jacobus Labhart.

Photius. 1606. *Bibliotheca*, trad. latine par Andreas Schott. Augsbourg : Pinus.

–. 1959. *Bibliothèque,* tome 1, trad. René Henry. Paris : Les Belles Lettres.

Vincent Placcius. 1674. *De scriptis et scriptoribus anonymis syntagma*. Hambourg : Christian Guthius.

–. 1689. *De arte excerpendi, vom Gelährten Buchhalten liber singularis quo genera et praecepta excerpendi*. Stockholm et Hambourg : Gottfried Liebezeit.

–. 1708. *Theatrum anonymorum et pseudonymorum*, éd. Matthias Dreyer. Hambourg : Vidua Gothofredi Liebnernickelii.

Platon. 1954. *Œuvres complètes*, t. 4, 3e partie : *Phèdre*, trad. Léon Robin. Paris : Les Belles Lettres.

Pline l'Ancien. 1950. *Histoire naturelle, livre I*, trad. Jean Beaujeu. Paris : Les Belles Lettres.

–. 1956. *Histoire naturelle, livre XIII*, trad. A. Ernout. Paris : Les Belles Lettres.

Pline le Jeune. 2009. *Lettres, livres I-III*, éd. et trad. Hubert Zehnacker. Paris : Les Belles Lettres.

Edgar Allan Poe. 1844. « Marginalia ». *New Democratic Review* (novembre).

Polyanthea. Voici les éditions que je mentionne (pour une liste plus complète voir la table 4.1) :

–. 1503. Savone : Da Silva.

–. 1514. Savone : Bibliaqua.

–. 1517. Strasbourg : Schürer.

–. 1552. Cologne : Gennepaeus.
–. 1567. Cologne : Cholinus.
–. 1574. Cologne : Cholinus.
–. 1585 Cologne : Cholinus.
–. 1604a. St Gervais [Genève] : Vignon.
–. 1604b. *Polyanthea nova*, éd. Joseph Lange. Lyon : Zetzner.
–. 1607. *Nova polyanthea*. Venise : Guerilius.
–. 1612. *Polyanthea nova*. Francfort-sur-le-Main : Zetzner.
–. 1639. *Florilegium magnum*. Genève : Jacob Stoer.
Constantinus Porphyrogenitus. 1617. *Opera*, éd. Ioannes Meursius. Leyde : Elzevir.
Antonius Possevinus. 1607. *Bibliotheca selecta de ratione studiorum*. Cologne : Ioannes Gymnicus.
Ptolémée. 1552. *Geographiae Claudii Ptolemaei Alexandrini*. Bâle : Henricpetri.
Heinrich Rantzau (Ranzovius). 1584. *Catalogus imperatorum regum et virorum illustrium qui artem Astrologicam amarunt, exercuerunt et ornarunt*. Leipzig : Georgius Defner.
Ravisius Textor, Johannes. 1524. *Epitheta*. Paris : Reginald Chaudière.
–. 1552. *Officina*. Bâle : N. Bryling.
Gregor Reisch. 1583. *Margarita philosophica*. Bâle : Henricpetri.
–. 1973. *Margarita Philosophica (Bâle, 1517)*. Fac-similé : Düsseldorf : Stern-Verlag, Janssen.
–. *Natural Philosophy Epitomised : A translation of book 8-11 of Gregor Reisch's Philosophical Pearl*, trad. et éd. d'Andrew Cunningham et Sachiko Kusukawa. Farnham (Royaume-Uni) : Ashgate, 2010.
Nicolaus Reusner. 1589. *Icones aliquot clarorum virorum... cum elogiis et parentalibus factis Theodoro Zwingero*. Bâle : Conr. Valdkirch.
Ludovicus Caelius Rhodiginus. 1516. *Lectionum antiquarum libri sedecim*. Venise : Aldus.
–. 1542. *Lectionum antiquarum libri XXX*. Bâle : Froben et Episcopius.
Joachim Ringelberg. 1967. *Opera (Lyon, 1531)*. Fac-similé : Nieuwkoop : de Graf.
François Rozier. 1775. *Nouvelle Table des articles contenus dans les volumes de l'Académie royale des sciences de Paris depuis 1666 jusqu'en 1770*. Paris : Ruault.
Francisco Sacchini. 1614. *De ratione libros cum profectu legendi libellus*. Ingolstadt : Ex typographeo Ederiano.
–. 1786. *Moyens de lire avec fruit*, trad. Durey de Morsan. La Haye [Paris : Guillot].
Bernardin de Saint-Pierre. 1840. *Œuvres de Bernardin de Saint-Pierre*, éd. L. Aimé. Paris : Ledentu.
Francisco Sanchez. 1581. *Quod nihil scitur*. Lyon : Gryphius.
Paul Scalich. 1559. *Encyclopaediae, seu Orbis disciplinarum, tam sacrarum quam prophanarum, Epistemon*. Bâle : Ioannes Oporinus.
Scaliger, Joseph Justus. 1627. *Epistolae omnes quae reperiri potuerunt*. Leyde : Bonaventura et Abraham Elzevir.
–. 1695. *Scaligerana ou bons mots, rencontres agréables et remarques judicieuses et sçavantes de Joseph Scaliger, avec des notes de Mr. le Fevre et de Mr. de Colomies*. Cologne : s.n.

–. 1927. *Autobiography of Joseph Scaliger*, trad. George W. Robinson. Cambridge : Harvard University Press.
–. 2012. *The correspondence of Joseph Scaliger*, éd. Paul Botley, Dirk van Miert. 8 vol., Genève : Droz.
Julius Caesar Scaliger. 1994. *Poetices libri septem*, éd. Luc Deitz et Gregor Vogt-Spira. Stuttgart-Bad Cannstatt : Frommann-Holzboog. (1re publication, 1561.)
–. 1999. *Oratio pro M. Tullio Cicerone contra Des. Erasmum (1531). Adversus Des. Erasmi Roterd. Dialogum Ciceronianum Oratio secunda (1537)*, éd. et trad. Michel Magnien. Genève : Droz.
Johann Balthasar Schupp. 1640. *Ineptus orator*. 3e éd., Marbourg : Casparus Chemlius.
John Selden. 1689. *Table-Talk, Being the Discourses of John Selden*. Londres : E. Smith.
Sénèque. 1985. *Lettres à Lucilius*, éd. François Préchac, trad. Henri Noblot. Paris : Les Belles Lettres.
–. 1994. *Dialogues*, tome 2 : *De la vie heureuse. De la brièveté de la vie*, éd. et trad. A. Bourgery. Paris : Les Belles Lettes.
–. 1927. *Dialogues*, tome 4. trad. René Waltz. Paris : Les Belles Lettres.
Fridericus Sidelius Fridericus. 1713. *Positiones XXXIV de studio excerpendi*. Iéna : Fickelscher.
Josias Simler. 1555. *Appendix Bibliothecae Conradi Gesneri*. Zurich : Froschauer.
Charles Sorel. 1671. *De la connaissance des bons livres*. Paris : Pralard.
–. 1673. *Supplement des traitez de la connoissance des bons livres*. Paris : Pralard.
Jean Stobée. 1884-1912. *Anthologion*, éd. Curtius Wachsmuth et Otto Hense. 5 vol., Berlin : Weidmann.
Souda. 1986. *Suidae lexicon : Graece et latine*, éd. Thomas Gaisford et Godofredus Bernhardy. Réimpression de l'édition de 1853. 5 vol., Osnabrück : Biblio.
–. 1705. *Suidae Lexicon*. Cambridge : typis academicis.
Thomas d'Aquin. 1569. *Summa theologica : Secunda secundae*. Anvers : Plantin.
–. 1971. *Opera omnia*, vol. 48 : *Sententia libri politicorum : Tabula libri ethicorum, cura et studio fratrum praedicatorum*, éd. René-Antoine Gauthier. Rome : ad Sanctae Sabinae.
Johannes Petrus Titius. 1676. *Manuductio ad excerpendum*. Gdansk : Mannsklapp.
Gustav Toepke. 1889. *Die Matrikel der Universität Heidelberg von 1386 bis 1662*, vol. 1. Heidelberg : auto-édition.
Johann Tonjola. 1661. *Basilea sepulta retecta continuata*. Bâle : E. König.
Richard Tottel. 1965. *Tottel's Miscellany, 1557-1587*, éd. Hyder Edward Rollins. Cambridge : Harvard University Press.
Jean Trithème. 1974. *In Praise of Scribes : De laude scriptorum*, éd. Klaus Arnold, trad. Roland Behrendt. Lawrence (États-Unis) : Coronado Press.
Abraham Tucker. 1768. *The Light of Nature pursued*. Londres : T. Payne.
Adrien Turnèbe. 1581. *Adversariorum tomi III*. Bâle : Thomas Guarinus.
Christoph Just Udenius. 1684. *Excerpendi ratio nova*. Nordhausen : J. Dauderstat.
Giorgio Vasari. 1938. *Lo zibaldone di Giorgio Vasari*, éd. Alessandro del Vita. Rome : Istituto d'archeologia e storia dell'arte.

Vincent de Beauvais. 1964. *Bibliotheca mundi Vincentii Burgundi*, vol. 1 : *Speculum naturale* (Douai : Balthazar Bellère, 1624). Fac-similé : Graz : Akademische Druck-und Verlaganstalt.

Virgile. 1998. *Les Géorgiques*, trad. Eugène de Saint Denis. Paris : Les Belles Lettres.

Juan Luis Vives. 2013. *De disciplinis = Savoir et enseigner*. Paris : Les Belles Lettres.

Valentin Henricus Vogler. 1691. *Introductio universalis in notitiam cujuscunque generis bonorum scriptorum.* Helmstedt : Georg Wolfgang Hammius.

Gerardus Vossius [Gerrit Janszoon Vos] *et al.* 1658. *Dissertationes de studiis bene instituendis.* Utrecht : Theod. Ackersdyk et Gisb. Zylai.

Isaac Watts. 1761. *The Improvement of the Mind*, 4e éd. Londres : T. Longman.

–. 1782. *La Culture de l'esprit, ou Directions pour faciliter l'acquisition des connoissances utiles*, tr. de l'anglais par D. de Superville. Lausanne : François Lacombe.

Degory Wheare. 1625. *De ratione et methodo legendi historias dissertatio*. Oxford : Lichfield et Turner.

–. 1637. *Relectiones hyemales, de ratione et methodo legendi utriusque historias, civiles et ecclesiasticas*. Oxford : Lichfield.

–. 1685. *The Method and Order of Reading Both Civil and Ecclesiastical Histories*, trad. Edmund Bohun. Londres : M. Flesher for Charles Brome.

John Wilkins. 1646. *Ecclesiastes, or a Discourse Concerning the Gift of Preaching*. Londres : Gellibrand.

Johann Heinrich Zedler. (1731-1754). *Universallexicon.* https://www.zedler-lexikon.de/

Zhu, Xi. 1990. *Learning to Be a Sage : Selections from the Conversations of Master Chu, Arranged Topically*, trad. et commentaire Daniel K. Gardner. Berkeley : University of California Press.

Theodor Zwinger. 1565. *Theatrum vitae humanae*. Bâle : Oporinus et Froben.

–. 1571a. *Theatrum vitae humanae*. Bâle : Froben.

–. 1571b. *Theatrum vitae humanae*. Paris : Nicolas Chesneau et Michael Sonnius.

–. 1575. *Theatrum vitae humanae*. Bâle : Froben.

–. 1586. *Theatrum humanae vitae*. Bâle : Episcopius.

Sources secondaires

Michel Agasse. 2000. « La bibliothèque d'un médecin humaniste : l'"*Index librorum*" de Girolamo Mercuriale », in *Les Cahiers de l'humanisme* 1: 201-253.

Eva Albrecht. 2000. « The Organization of Vincent of Beauvais' *Speculum maius* and of Some Other Latin Encyclopedias », *in* Harvey (2000b), 46-70.

Gadi Algazi. 2003. « Scholars in Household : Refiguring the Learned Habitus, 1480-1550 ». *Science in Context* 16: 9-42.

Wadad al-Qadi. 2006. « Biographical Dictionaries as the Scholars' Alternative History of the Muslim Community », *in* Endress (2006), 23-75.

R. C. Alston. 1993. *Books with Manuscript : A Short Title Catalogue of Books with Manuscript Notes in the British Library*. Londres : British Library.

Hugh Amory. 1996. « The Trout and the Milk : An Ethnobibliographical Talk ». *Harvard Library Bulletin* 7: 50-65.

Jennifer Andersen et Elizabeth Sauer (éd.). 2002. *Books and Readers in Early Modern England*. Philadelphie : University of Pennsylvania Press.

Pierre Aquilon. 1988. « Petites et moyennes bibliothèques, 1530-1660 », *in* Jolly (1988a), 181-205.

Elisabeth Arend. 1987. *« Bibliothèque » : Geistiger Raum eines Jahrhunderts. Hundert Jahre französischer Literaturgeschichte im Spiegel gleichnamiger Bibliographien, Zeitschriften und Anthologien, 1685-1789*. Bonn : Romanistischer Verlag.

Elizabeth Armstrong. 1986. *Robert Estienne, Royal Printer : An Historical Study of the Elder Stephanus*, éd. révisée Oxford : Sutton Courtenay Press.

–. 1990. *Before Copyright : The French Book-Privilege System, 1498-1526*. Cambridge : Cambridge University Press, 1990.

Anna Sigrídur Arnar. 1990. *Encyclopedism from Pliny to Borges*. Chicago : University of Chicago Library.

Evaristo Arns. 1953. *La Technique du livre d'après saint Jérôme*. Paris : E. de Boccard.

Jacqueline Artier. 1988. « Les bibliothèques des universités et de leurs collèges », *in* Jolly (1988a), 45-55.

George N. Atiyeh. 1995. *The Book in the Islamic World : The Written Word and Communication in the Middle East*. Albany : State University of New York Press ; [Washington D.C.] : Library of Congress.

Claudie Balavoine. 1984. « Bouquets de fleurs et colliers de perles : Les recueils de formes brèves au XVIIe siècle », in *Les Formes brèves de la prose et le discours discontinu, XVIe-XVIIe siècles*, éd. Jean Lafond, 54-71. Paris : Vrin.

Simone Balayé. 1988. « La Bibliothèque du roi, première bibliothèque du monde, 1664-1789 », *in* Jolly (1988a), 209-233.

Barry Baldwin. 2006. « Aspects of the Suda », in *Byzantion : revue internationale des études byzantines* 76: 11-31.

Thomas Whitfield Baldwin. 1956. *Shakespeare's Small Latine and Lesse Greeke*. Urbana : University of Illinois Press.

Stuart Ball. 2003. *Winston Churchill*. New York : New York University Press.

Jean Balsamo et Michel Simonin. 2002. *Abel L'Angelier et François de Lauron, 1574-1620*. Genève : Droz.

Luigi Balsamo. 1990. *Bibliography : History of a Tradition*, trad. William A. Pettas. Berkeley : Bernard M. Rosenthal.

–. 2001. « How to Doctor a Bibliography : Antonio Possevino's Practice », in *Church, Censorship and Culture in Early Modern Italy*, éd. Gigliola Fragnito, trad. Adrian Belton, 50-78. Cambridge : Cambridge University Press.

Frédéric Barbier *et al.* (éd.). 1997. *Le Livre et l'Historien. Études offertes en l'honneur du Professeur Henri-Jean Martin*. Genève : Droz.

–. 2006. *L'Europe de Gutenberg. Le livre et l'invention de la modernité occidentale, XIIIe-XVIe siècle*. Paris : Belin.

Frédéric Barbier, Thierry Dubois et Yann Sordet. 2015. *De l'argile au nuage : une archéologie des catalogues (IIe millénaire av. J.-C.-XXIe siècle)*. Paris : Bibliothèque Mazarine : Éditions des Cendres ; et Genève : Bibliothèque de Genève.

Janine Barchas. 2003. *Graphic Design, Print Culture and the Eighteenth-Century Novel*. Cambridge : Cambridge University Press.

Henry Bardon. 1952. *La Littérature latine inconnue*. Paris : Klincksieck.

Nicolas Barker. 2006. « Sophistication ». *The Book Collector* 55 (1) : 11-27.

Hans Baron. 1985. *Petrarch's Secretum : Its Making and Its Meaning*. Cambridge (États-Unis) : Medieval Academy of America.

Sabrina Alcorn Baron, Eric N. Lindquist et Eleanor F. Shevlin (éd.). 2007. *Agent of Change : Print Culture Studies after Elizabeth L. Eisenstein*. Amherst : University of Massachusetts Press, en association avec le Center for the Book, Library of Congress, Washington D.C.

Louis-Jacques Bataillon. 1993. « Les instruments de travail des prédicateurs au XIIIe siècle », in *La Prédication au XIIIe siècle en France et Italie. Études et documents* 4 : 200-205. Aldershot : Variorum, 1993. (1re publication in *Culte et travail intellectuel dans l'Occident médiéval*. Paris : Éditions du CNRS, 1981, 197-209.)

–. 1997. « L'activité intellectuelle des dominicains de la première génération », *in* Lusignan et Paulmier-Foucart (1997), 9-20.

Wolfgang Bauer. 1966. « The Encyclopedia in China ». *Cahiers d'histoire mondiale* 3: 665-691.

Peter Bayley (éd.). 1983. *Selected Sermons of the French Baroque, 1600-1650*. New York : Garland Publishing.

Peter Beal. 1993. « Notions in Garrison : The Seventeenth Century Commonplace Book », in *New Ways of Looking at Old Texts : Papers of the Renaissance English Society, 1985-1991*, éd. W. Speed Hill, 131-147. Binghamton (NY) : Medieval and Renaissance Text Studies avec la Renaissance English Text Society.

–. 1998. *In Praise of Scribes : Manuscripts and Their Makers in Seventeenth-Century England*. Oxford : Clarendon Press.

–. 2007. « "Lost" : The Destruction, Dispersal and Rediscovery of Manuscripts », *in* Myers *et al.* (2007a), 1-16.

–. 2008. *A Dictionary of English Manuscript Terminology, 1450 to 2000*. Oxford : Oxford University Press.

Annie Becq (éd.). 1991. *L'Encyclopédisme. Actes du colloque de Caen, 12-16 janvier 1987*. Paris : Klincksieck.

Barbara Benedict. 1996. *Making the Modern Reader : Cultural Mediation in Early Modern Literary Anthologies*. Princeton (États-Unis) : Princeton University Press.

James R. Beniger. 1986. *The Control Revolution : Technological and Economic Origins of the Information Society*. Cambridge (États-Unis) : Harvard University Press.

Kate Bennett. 2000. « Editing Aubrey », in *Ma(r)king the Text : The Presentation of Meaning on the Literary Page*, éd. Joe Bray, Miriam Handley et Anne C. Henry, 271-290. Aldershot : Ashgate.

Alfred Berchtold. 1990. *Bâle et l'Europe*. 2 vol., Lausanne : Payot.

Nicole Bériou. 1989. « La réportation des sermons parisiens à la fin du XIIIe siècle ». *Medievo e Rinascimento* 3: 87-123.

Harry Bernstein. 1946. « A Provincial Library in Colonial Mexico, 1802 », in *Hispanic American Historical Review* 26 (2) : 162-183.

Mary Elizabeth Berry. 2006. *Japan in Print : Information and Nation in the Early Modern Period*. Berkeley : University of California Press.

Jean-François Bert. 2017. *Une histoire de la fiche érudite*. Villeurbanne : Presses de l'ENSSIB.

Bernard Beugnot. 1981. « Forme et histoire : le statut des ana », in *Mélanges offerts à Georges Couton*, éd. Jean Jehasse, 85-102. Lyon : Presses universitaires de Lyon.

Lorenzo Bianchi. 2001. « Érudition, critique et histoire chez Gabriel Naudé, 1600-1635 », in *Philologie und Erkenntnis : Beiträge zu Begriff und Problem frühezeitlicher "Philologie"*, éd. Ralph Häfner, 35-55. Tübingen : Max Niemeyer Verlag.

Franz Bierlaire. 1968. *La familia d'Érasme*. Paris : Vrin.

Mary Sarah Bilder. 2015. *Madison's Hand : revising the Constitutional Convention*. Cambridge (États-Unis) : Harvard University Press.

Peter Binkley (éd.). 1997a. *Pre-Modern Encyclopaedic Texts : Proceedings of the Second COMERS Congress*, Groningen, 1-4 July 1996. Leyde : Brill.

–. 1997b. « Preachers' Responses to Thirteenth-Century Encyclopaedism », *in* Binkley (1997a), 75-88.

Eleazar Birnbaum. 1997. « Katib Chelebi (1609-1657) and Alphabetization : A Methodological Investigation of the Autographs of His Kashf al-Zunun and Sullam al-Wuṣūl », in *Scribes et manuscrits du Moyen-Orient*, édition de François Déroche et Francis Richard, 236-262. Paris : Bibliothèque nationale de France.

Bernhard Bischoff. 1966. « Die europäische Verbreitung der Werke Isidors von Sevilla », in *Mittelalterliche Studien* 1: 171-194. Stuttgart : Anton Hiersemann.

–. 1981. « Uebersicht über die nichtdiplomatischen Geheimschriften des Mittelalters », in *Mittelalterliche Studien* 3: 120-148. Stuttgart : Anton Hiersemann.

Hans Heinrich Bisterfeldt. 2002. « Arabisch-islamische Enzyklopädien : Formen und Funktionen », *in* Meier (2002), 43-84.

Régis Blachère. 1975. *Analecta*. Damas : Institut français de Damas.

Ann Blair. 1993. « The Teaching of Natural Philosophy in Early Seventeenth-Century Paris : The Case of Jean-Cécile Frey », in *History of Universities* 12: 95-158.

–. 1997. *The Theater of Nature : Jean Bodin and Renaissance Science*. Princeton : Princeton University Press.

–. 2000. « Annotating and Indexing Natural Philosophy », *in* Frasca-Spada et Jardine (2000), 69-89.

–. 2003. « Reading Methods for Coping with Information Overload, v. 1550-1700 ». *Journal of the History of Ideas* 64 (1) : 11-28.

–. 2004. « Note-Taking as an Art of Transmission ». *Critical Inquiry* 31: 85-107.

–. 2005. « Historia in Theodor Zwinger's Theatrum humanae vitae », in *Historia : Empiricism and Erudition in Early Modern Europe*, éd. Gianna Pomata et Nancy Siraisi, 269-296. Cambridge : MIT Press.

–. 2006. « The Collective Commentary as Reference Genre », in *Der Kommentar in der Frühen Neuzeit*, éd. Ralph Häfner et Markus Völkel, 115-131. Tübingen : Max Niemeyer Verlag.

–. 2007a. « Organizations of Knowledge », in *Cambridge Companion to Renaissance Philosophy*, éd. James Hankins. Cambridge : Cambridge University Press, 287-303.

–. 2007b. « Errata Lists and the Reader as Corrector », *in* Baron *et al.* (2007), 21-41.

–. 2008a. « Corrections manuscrites et listes d'errata à la Renaissance », in *Esculape et Dionysos : Mélanges en l'honneur de Jean Céard*, édition de Jean Dupèbe, Franco Giacone, Emmanuel Naya, et Anne-Pascale Pouey-Mounou, 269-286. Genève : Droz.

–. 2008b. « Textbooks and Methods of Note-Taking in Early Modern Europe », in *Scholarly Knowledge : Textbooks in Early Modern Europe*, édition d'Emidio Campi, Simone de Angelis, Anja-Silvia Goeing et Anthony Grafton, 39-73. Genève : Droz.

–. 2012. « Principes et pratiques de la pédagogie humaniste et réformée », in *Enseignement secondaire formation humaniste et société, XVIe-XXIe siècle*, éd. Charles Magnin, Christian Alain Muller avec Blaise Extermann, 39-67. Genève : Slatkine.

–. 2013. « Revisiting Renaissance Encyclopaedism », in *Encyclopaedism from Antiquity to the Renaissance*, éd. Jason König et Greg Woolf, 377-397. Cambridge : Cambridge University Press.

–. 2016a. « Early Modern Attitudes toward the Delegation of Copying and Note-Taking », in *Forgetting Machines : Knowledge Management Evolution in Early Modern Europe*, éd. Alberto Cevolini, 265-285. Leyde : Brill.

–. 2016b. « Conrad Gessner's Paratexts ». *Gesnerus*, 73/1, 73-123.

–. 2017a. « Conrad Gessner et la publicité. Un humaniste au carrefour des voies de circulation du savoir », in *L'Annonce faite au lecteur*, éd. Annie Charon, Sabine Juratic et Isabelle Pantin, coll. « L'Atelier d'Érasme », 21-55. Louvain : Presses universitaires de Louvain.

–. 2017b. « Printing and Humanism in the Work of Conrad Gessner », *Renaissance Quarterly* 70: 1, 1-43.

–. 2019a. « Les locutions latines dans Astérix », in *La Renaissance au Grand Large. Mélanges Frank Lestringant*, éd. Véronique Ferrer, Olivier Millet, et Alexandre Tarrête, 817-827. Genève : Droz.

–. 2019b. « Erasmus and his Amanuenses », *Erasmus Studies* 39: 1, 22-49.

–. (À paraître). « New Knowledge-Makers », in *New Horizons in Early Modern Europe*, éd. Ann Blair et Nicholas Popper. Baltimore : Johns Hopkins University Press.

Ann Blair et Peter Stallybrass. 2010. « Mediating Information, 1450-1800 », in *This Is Enlightenmen*t, éd. Clifford Siskin et William Warner. Chicago : University of Chicago Press.

Horst Blanck. 1992. *Das Buch in der Antike*. Munich : C. H. Beck.

Jonathan Bloom. 2001. *Paper before Print : The History and Impact of Paper in the Islamic World*. New Haven : Yale University Press.

Rudolf Blum. 1983. *Die Literaturverzeichnung im Altertum und Mittelalter : Versuch einer Geschichte der Biobibliographie von den Anfängen bis zum Beginn der Neuzeit*. Francfort-sur-le-Main : Buchhändler-Vereinigung.

–. 1991. *Kallimachos : The Alexandrian Library and the Origins of Bibliography*, trad. Hans H. Wellisch. Madison : University of Wisconsin Press.

Peter K. Bol. 1996. « Intellectual Culture in Wuzhou, v. 1200 – Finding a Place for Pan Zimu and the Complete Source for Composition », in *Proceedings of the Second Symposium on Sung History*, 738-788. Taipei.

Harald Bollbuck. 2014. *Wahrheitszeugnis, Gottes Auftrag und Zeitkritik : die Kirchengeschichte der Magdeburger Zenturien und ihre Arbeitstechniken*. Wiesbaden : Harrassowitz.

Lina Bolzoni. 2005. *La Chambre de la mémoire : modèles littéraires et iconographiques à l'âge de l'imprimerie*, trad. Marie-France Berger. Genève : Droz.

Diane Booton. 2006. « Notes on Manuscript Production and Valuation in Late Medieval Brittany ». *The Library : Transactions of the Bibliographical Society* 7 (2) : 127-152.

Arno Borst. 1994. *Das Buch der Naturgeschichte : Plinius und seine Leser im Zeitalter des Pergaments*. Heidelberg : Universitätsverlag C. Winter.

Françoise Bottéro. 1996. *Sémantisme et classification dans l'écriture chinoise : Les systèmes de classement des caractères par clés du Shuowen Jiezi au Kangxi Zidian*, Mémoires de l'Institut des Hautes Études chinoises, vol. 37. Paris : Collège de France, Institut des Hautes Études chinoises.

Bénédicte Boudou. 2002. « La place de la mémoire dans la composition chez Henri Estienne. » *Nouvelle revue du seizième siècle* 20: 57-72.

Jean Bouffartigue et Françoise Mélonio (éd.). 1997. *L'Entreprise encyclopédique*, *Littérales*, 21. Paris : Centre des sciences de la littérature, Paris-X Nanterre.

Mary Ellen Bowden, Trudi Bellardo Hahn et Robert V. Williams (éd.). 1999. *Proceedings of the 1998 Conference on the History and Heritage of Science Information Systems*. Medford (États-Unis) : Information Today.

Ewen Bowie. 1997. « The Theognidea : A Step toward a Collection of Fragments ? », in *Collecting Fragments : Fragmente sammeln*, éd. Glenn W. Most, 53-66. Göttingen : Vandenhoeck & Ruprecht.

Alan K. Bowman et J. David Thomas. 1983. *Vindolanda : The Latin Writing-Tablets*. Londres : Society for Roman Studies.

Vittore Branca. 1999. *Merchant Writers of the Italian Renaissance*, trad. Murtha Baca. New York : Marsilio Publishers.

Lucien Braun. 1990. *Conrad Gessner*. Genève : Slatkine.

Giulio Orazio Bravi, Maria Giuseppina Ceresoli et Francesco Lo Monaco (éd.), 2002. *Manoscritti e edizioni del Calpino nell civica bibliotheca "A. Mai"*. Numéro spécial de *Bergomum, Bollettino ella Civica Biblioteca Angelo Mai de Bergamo*, 97 (1).

Germaine Brée. 1963. « Les manuscrits de Marcel Proust ». *French Review* 37 (2) : 182-187.

Claude Brémond, Jacques Le Goff, et Jean-Claude Schmitt. 1982. *L'Exemplum*. Typologie des sources du Moyen Âge occidental, fascicule 40. Turnhout : Brepols.

Arndt Brendecke. 2004. « Tabellen in der Praxis der frühneuzeitlichen Geschichtsvermittlung », *in* Stammen et Weber (2004), 157-189.

–. 2005. « "Durchgeschossene Exemplare" : Ueber eine Schnittstelle zwischen Handschrift und Druck ». *Archiv für Geschichte des Buchwesens* 59: 50-64.

Florence Bretelle-Establet et Karine Chemla (éd.). 2007. *Qu'est-ce qu'écrire une encyclopédie en Chine ?* Numéro spécial (hors série) d'*Extrême-Orient, Extrême-Occident*.

Laurence W. B. Brockliss. 1987. *French Higher Education in the Seventeenth and Eighteenth Centuries : A Cultural History*. Oxford : Clarendon Press.

Cynthia Brokaw. 2005. « On the History of the Book in China », *in* Brokaw et Chow (2005), 2-54.

Cynthia J. Brokaw et Kai-Wing Chow (éd.). 2005. *Printing and Book Culture in Late Imperial China*. Berkeley : University of California Press.

Thomas Broman. 2000. « Periodical Literature », *in* Frasca-Spada et Jardine (2000), 225-238.

Muriel Brot. 2006. « Écrire sans écrire : les compilateurs au XVIIIe siècle », in *Écriture, identité, anonymat au XVIIIe siècle*, éd. Nicole Jacques-Lefèvre et Marie Leca-Tsiomis, 87-104. *Littérales* 37. Nanterre : université Paris X-Nanterre.

John Seely Brown et Paul Duguid. 2000. *The Social Life of Information*. Boston : Harvard Business School Press.

Michelle Brown. 1994. « The Role of the Wax Tablet in Medieval Literacy : A Reconsideration in Light of a Recent Find from York ». *British Library Journal* 20 (1) : 1-16.

Michael Buckland. 1999. « Overview », *in* Bowden *et al.* (1999), 3-7.

Jesus Martinez de Bujanda. 1984-2002. *Index des livres interdits*. 8 vol. Sherbrooke, Canada : université de Sherbrooke et Genève : Droz.

Charles Bunge. 1992. « An "Alms-Basket" of "Bric-a-Brac" : Brewer's Dictionary of Phrase and Fable », *in* Rettig (1992), 24-30.

Peter Burke. 1969. *The Renaissance Sense of the Past*. Londres : Edward Arnold.

–. 1996. « Reflections on the History of Encyclopedias », in *The Social Philosophy of Ernest Gellner*, éd. John A. Hall et Ian Jarvie, *Poznan Studies in the Philosophy of the Sciences and the Humanities* 48: 193-206.

–. 2000. *A Social History of Knowledge, 1500-1800 : From Gutenberg to Diderot*. Cambridge : Polity Press.

–. 2002. « Context in Context ». *Common Knowledge* 8 (1) : 152-77.

Karl Heinz Burmeister. 1963. *Sebastian Münster : Versuch eines biographischen Gesamtbildes*. Bâle et Stuttgart : Helbing und Lichtenhahn.

Vannevar Bush. 1945. « As We May Think ». *Atlantic Monthly* 176 (juillet) : 101-108.

Frank Büttner, Markus Friedrich et Helmut Zedelmaier (éd.). 2003. *Sammeln, Ordnen, Veranschaulichen : Zur Wissenskompilatorik in der Frühen Neuzeit*. Münster : LIT.

Susan A. Cady. 1999. « Microfilm Technology and Information Systems », *in* Bowden *et al.* (1999), 177-186.

Michael Cahn. 1994. « Hamster : Wissenschafts-und mediengeschichtliche Grundlagen der sammelnden Lektüre », in *Lesen und Schreiben im 17. und 18. Jahrhundert*, éd. Paul Goetsch, 63-78. Tübingen : Günther Narr.

Ida Calabi Limentani. 1987. « Note su classificazione e indici epigrafici dall Smetio al Morcelli : Antichità, retorica, critica ». *Epigraphica* 49: 177-202.

D. A. Callus. 1948. « The "Tabulae super originalia patrum" of Robert Kilwardby », in *Studia mediaevalia in honorem admodum Reverendi Patris Raymundi Josephi Martin*, 243-270. Bruges : de Tempel.

Peter Carels et Dan Flory. 1981. « Johann Heinrich Zedler's Universal Lexicon », *in* Kafker (1994b), 165-196.

James P. Carley et Colin G. C. Tite (éd.). 1997. *Books and Collectors, 1200-1700 : Essays Presented to Andrew Watson*. Londres : British Library.

Andrea Carlino. 1999. *Paper Bodies : A Catalogue of Anatomical Fugitive Sheets, 1538-1687*, trad. Noga Arikha. Londres : Wellcome Institute for the History of Medicine.

Mary Carruthers. 2002. *Le Livre de la mémoire. Une étude de la mémoire dans la culture médiévale*. Paris : Macula.

Mary Carruthers et Jan Ziolkowski (éd.). 2002. *The Medieval Craft of Memory : An Anthology of Texts and Pictures*. Philadelphie : University of Pennsylvania Press.

Guglielmo Cavallo. 2006. *Lire à Byzance*, éd. et trad. de P. Odorico et A. Segonds. Paris : Les Belles Lettres.

Guglielmo Cavallo et Roger Chartier (éd.). 1997. *Histoire de la lecture dans le monde occidental*, Paris : Seuil.

Céard, Jean. 1981. « Les transformations du genre du commentaire », in *L'Automne de la Renaissance, 1580-1630*, 22e colloque international de Tours, éd. Jean Lafond et André Stegmann, 101-115. Paris : Vrin.

–. 1991. « Encyclopédie et Encyclopédisme à la Renaissance », *in* Becq (1991), 57-67.

–. 1997. « Le commentaire ou l'encyclopédisme non méthodique de la Renaissance », *in* Bouffartigue et Mélonio (1997), 79-95.

–. 2012. « Emprunts croisés : Érasme et Coelius Rhodiginus », *Bibliothèque d'Humanisme et Renaissance* 74: 1, 7-17.

Monique Cécile. 1981. « Auteurs latins et autographes des XIe et XIIe siècles ». *Scrittura e civiltà* 5: 77-107.

Alberto Cevolini. 2006a. *De arte excerpendi. Imparare a dimenticare nella modernità.* Biblioteca dell' « Archivum Romanicum », série 1 : *Storia, Letteratura, Paleografia*, 333. Florence : Leo S. Olschki éd.

–. (éd.). 2016. *Forgetting Machines : Knowledge Management Evolution in Early Modern Europe*. Leyde : Brill.

Mounira Chapoutot-Remadi. 1991. « Les encyclopédies arabes à la fin du Moyen Âge », *in* Becq (1991), 267-280.

Jean-Louis Charlet. 1997. « Niccolò Perotti (1429/30–1480) », in *Centuriae latinae. Cent une figures humanistes de la Renaissance aux Lumières offertes à Jacques Chomarat*, éd. Colette Nativel, 601-605. Genève : Droz.

Annie Charon et Élisabeth Parinet. 2000. *Les Ventes de livres et leurs catalogues, XVIIe-XXe siècle*. Paris : École des Chartes.

Annie Charon-Parent. 1988. « Les grandes collections du XVIe siècle », *in* Jolly (1988a), 85-99.

Roger Chartier. 1985. *Pratiques de la lecture*. Marseille : Rivages.

–. 1992. *L'Ordre des livres : lecteurs, auteurs, bibliothèques entre XIVe et XVIIIe siècle*. Aix-en-Provence : Alinéa.

–. 2003. « Foucault's Chiasmus : Authorship Between Science and Literature in the 17th and 18th Centuries », in *Scientific Authorship : Credit and Intellectual Property in Science*, éd. Mario Biagioli et Peter Galison, 13-31. New York : Routledge.

–. 2004. « Languages, Books, and Reading from the Printed Word to the Digital Text ». *Critical Inquiry* 31 (1) : 133-152.

–. 2005. *Inscrire et effacer : culture écrite et littérature (XIe-XVIIIe siècle)*. Paris : Seuil.

–. 2015. *La Main de l'auteur et l'esprit de l'imprimeur XVIe-XVIIIe siècle*. Paris : Gallimard/Folio histoire.

Jean-Marc Châtelain. 1997a. « Encyclopédisme et forme rhapsodique au XVIe siècle », *in* Bouffartigue et Mélonio (1997), 97-111.

–. 1997b. « Les recueils d'adversaria aux XVIe et XVIIe siècles : Des pratiques de la lecture savante au style de l'érudition », *in* Barbier (1997), 169-186.

–. 2003. « Les lecteurs humanistes à la Renaissance », *in* Jacob (2003), 167-176.

–. 2008. « L'Excès des livres et le savoir bibliographique », in *Littératures classiques* n° 66, *L'Idée des bibliothèques à l'âge classique*, Jean-Marc Chatelain et Bernard Teyssandier (éd.), 145-160.

Abdesselam Cheddadi. 2006. « L'encyclopédisme dans l'historiographie : Réflexions sur le cas d'Ibn Khaldūn », *in* Endress (2006), 187-198.

Paolo Cherchi. 1998. *Polimatia de riuso : Mezzo secolo di plagio*, 1539-1589. Rome : Bulzoni.

Susan Cherniack. 1994. « Book Culture and Textual Transmission in Sung China » *Harvard Journal of Asiatic Studies* 54 (1) : 5-125.

Paolo Chiesa et Lucia Pinelli (éd.). 1994. *Gli autografi medievali. Problemi paleografici e filologici, Atti del convegno di studio della Fondazione Ezio Franceschini, Erice 25 Settembre-2 Ottobre 1990*. Spoleto : Centro Italiano di studi sull'alto medioevo.

Miriam Usher Chrisman. 1982. *Lay Culture, Learned Culture : Books and Social Change in Strasbourg, 1480-1599*. New Haven : Yale University Press.

Yves Citton. 2014. *Pour une écologie de l'attention*. Paris : Seuil, 2014.

Michael Clanchy. 1993. *From Memory to Written Record : England, 1066-1307*. 2e éd., Oxford : Oxford University Press.

Sarah Clapp. 1931. « The Beginnings of Subscription Publication in the Seventeenth Century ». *Modern Philology* 29: 199-224.

–. 1933. « The Subscription Enterprises of John Ogilby and Richard Blome ». *Modern Philology* 30: 365-379.

John Willis Clark. 1901. *The Care of Books : An Essay on the Development of Libraries and Their Fittings, from the Earliest Times to the End of the Eighteenth Century*. Cambridge : Cambridge University Press.

Kerry Cochrane. 1992. « "The Most Famous Book of Its Kind" : Bartlett's Familiar Quotations », *in* Rettig (1992), 9-17.

Michael David Cohen. 2003. « Bartlett's Familiar Quotations : "A Glancing Bird's Eye View" by a "Morbid Scholiast" ». *Harvard Library Bulletin* 14 (2) : 55-74.

Noam Cohen. 2008. « He Wrote 200 000 Books (But Computers Did Some of the Work) ». *New York Times* (14 avril).

Helmut Coing (éd.). 1973-1988. *Handbuch der Quellen und Literatur der neueren europäischen Privatrechtsgeschichte*. Munich : Beck.

Gérard Colas et Francis Richard. 1996. « Encyclopédisme en Inde et en Perse », *in* Schaer (1996), 146-153.

R. G. Collingwood. 1972. *The Idea of History*. Oxford : Oxford University Press.

Kathleen M. Comerford. 1999. « What Did Early Modern Priests Read ? The Library of the Seminary of Fiesole, 1646-1721 ». *Libraries and Culture* 34: 203-221.

Antoine Compagnon. 1979. *La Seconde Main ou le Travail de la citation*. Paris : Seuil.

Marie-Madeleine Compère et Dolorès Pralon-Julia (éd.). 1992. *Performances scolaires de Collégiens sous l'Ancien Régime : Étude d'exercices latins rédigés au collège Louis-le-Grand vers 1720*. Paris : Institut national de recherche pédagogique, Publications de la Sorbonne.

Yves Congar. 1980. « "In dulcedine Societatis Quaerere Veritatem" : Notes sur le travail en équipe chez S. Albert et chez les prêcheurs au XIIIe siècle », in *Albertus Magnus Doctor Universalis, 1280-1980*, édition de Gerbert Meyer et Albert Zimmermann, 47-57. Mayence : Matthias-Grünewald Verlag.

John Considine. 2008. *Dictionaries in Early Modern Europe : Lexicography and the Making of Heritage*. Cambridge : Cambridge University Press.

Alix Cooper. 2006. « Homes and Households », *in* Park et Daston (2006), 224-237.

–. 2007. *Inventing the Indigenous : Local Knowledge and Natural History in Early Modern Europe*. Cambridge : Cambridge University Press.

Liesbeth Corens, Kate Peters et Alexandra Walsham (éd.). 2016. *The Social History of the Archive : Record-Keeping in Early Modern Europe. Past and Present Supplement*. Oxford : Oxford University Press.

Antoine Coron. 1988. « *Ut prosint aliis* : Jacques-Auguste de Thou et sa bibliothèque », *in* Jolly (1988a), 101-125.

Nicholas J. Crowe. 2013. *Jeremias Drexel's "Christian Zodiac" : Seventeenth-Century Publishing Sensation. A Critical Edition, Translated. And with an Introduction and Notes*. Farnham, Surrey : Ashgate.

Alex Csiszar. 2018. *The Scientific Journal. Authorship and the Politics of Knowledge in the Nineteenth Century*. Chicago : University of Chicago Press.

François Dainville. 1978. « Ratio discendi et docendi de Jouvancy », in *L'Éducation des Jésuites, XVIe-XVIIIe siècle*, éd. Marie-Madeleine Compère, 209-266. Paris : Minuit. (D'abord publié in *Archivum Historicum Societatis Jesu*, 1951.)

Lloyd W. Daly. 1967. *Contributions to a History of Alphabetization in Antiquity and the Middle Ages*. Bruxelles : Latomus.

Lloyd W. Daly et B. A. Daly. 1964. « Some Techniques in Mediaeval Latin Lexicography ». *Speculum* 39 (2) : 229-239.

Joseph A. Dane. 2003. *The Myth of Print Culture : Essays on Evidence, Textuality and Bibliographical Method*. Toronto : University of Toronto Press.

Darnton, Robert. 2013. *L'Aventure de l'Encyclopédie 1775-1800 : un best-seller au siècle des Lumières*, trad. Marie-Alyx Revellat. Paris : Points (1re publication, 1979.)

–. 1983. *Bohème littéraire et Révolution : le monde des livres au XVIIIe siècle*. Paris : Gallimard-Éditions du Seuil.

–. 1985. « L'arbre de la connaissance : stratégie épistémologique de l'*Encyclopédie* », in *Le Grand Massacre des chats : attitudes et croyances dans l'ancienne France*, trad. Jean-Claude Zylberstein, 177-200. Paris : Hachette.

–. 2000. « An Early Information Society : News and the Media in Eighteenth-Century Paris », *American Historical Review* 105: 1-35.

Lorraine Daston. 1994. « Enlightenment Calculations ». *Critical Inquiry* 21 (1) : 182-202.

–. 2001. « Perché i fatti sono brevi ? », in *Fatti : storie dell'evidenza empirica*, éd. Simona Cerutti et Gianna Pomata, numéro spécial de *Quaderni Storici*, 108: 745-770.

–. 2004. « Taking Note(s) », *Isis* 95: 443-448.

Martin Davies. 1995. « Making Sense of Pliny in the Quattrocento ». *Renaissance Studies*, 9: 240-257.
Natalie Zemon Davis. 2003. *Essai sur le don dans la France du XVIe siècle*, trad. Denis Trierweiler. Paris : Seuil.
D. L. d'Avray. 1985. *The Preaching of the Friars : Sermons Diffused from Paris before 1300*. Oxford : Clarendon Press.
–. 2001. *Medieval Marriage Sermons : Mass Communication in a Culture without Print*. Oxford : Oxford University Press.
Pierre-Marc De Biasi. 1998. « Qu'est-ce qu'un brouillon ? Le cas Flaubert : Essai de typologie fonctionnelle des documents de genèse », in *Pourquoi la critique génétique ? Méthodes, théories*, éd. Pierre-Marc de Biasi *et al.*, 31-60. Paris : Éditions du CNRS.
Gilbert de Botton et Francis Pottiée-Sperry. 1997. « À la recherche de la "librairie" de Montaigne », *Bulletin du bibliophile*, 2: 254-280.
Dominique de Courcelles (éd.). 2001. *La Varietas à la Renaissance*. Paris : École des Chartes.
–. 2003a. « Le mélange des savoirs : Pour la connaissance du monde et la connaissance de soi au milieu du XVIe siècle dans la *Silva de varia lección* du Sévillan Pedro Mexía », *in* de Courcelles (2003b), 103-115.
–. (éd.). 2003b. *Ouvrages miscellanées*. Paris : École des Chartes.
Élisabeth Décultot. 2001. « Lire, copier, écrire. Enquête sur la bibliothèque manuscrite de Johann Joachim Winckelmann », in *Bibliothèques d'écrivains*, éd. Paolo D'Iorio et Daniel Ferrer, 29-50. Paris : Éditions du CNRS.
–. 2003a. « Introduction », *in* Décultot (2003c), 7-28.
–. 2003b. « L'art winckelmannien de la lecture. Reprise et subversion d'une pratique érudite », *in* Décultot (2003c), 91-110.
–. (éd.). 2003c. *Lire, copier, écrire*. Paris : Éditions du CNRS.
Élisabeth Décultot et Helmut Zedelmaier. 2017. *Exzerpt, Archiv, Plagiat. Untersuchungen zur neuzeitlichen Schriftkultur*. IZEA Kleine Schriften 8. Halle : Mitteldeutsch Verlag.
Maurice de Gandillac *et al.* 1966. *La Pensée encyclopédique au Moyen Âge*. Neuchâtel : Éditions de la Baconnière.
J. De Ghellinck, SJ. 1939. « "Originale" et "Originalia" », in *Archivum Latinitatis Medii Aevi* 14 (2) : 95-105.
Christopher de Hamel. 1992. *Scribes and Illuminators*. Toronto : University of Toronto Press.
–. 1998. *Cutting Up Manuscripts for Pleasure and Profit : The 1995 Sol M. Malkin Lecture in Bibliography*. Charlottesville (États-Unis) : Book Arts Press.
–. 2002. *La Bible : histoire du livre*, trad. Nordine Haddad. Paris : Phaidon.
H. J. De Jonge (éd.). 1977. *The Auction Catalogue of the Library of J. J. Scaliger*. Utrecht : HES Publishers.
E. Dekkers. 1952. « Les autographes des Pères latins », *in Colligere fragmenta : Festschrift A. Dold zum 70. Geburtstag*, éd. B. Fischer et V. Fiala, 127-129. Beuron : Beuroner Kunstverlag.
James Delbourgo. 2017. *Collecting the World : Hans Sloane and the Origins of the British Museum*. Cambridge (États-Unis) : Belknap Press of Harvard University Press.

C. Delcorno. 2000. « Medieval Preaching in Italy, 1200-1500 », in *The Sermon*, édition de Beverly Mayne Kienzle, 81-83, 449-560. Turnhout : Brepols.

Candice Delisle. 2009. « Establishing the Facts : Conrad Gessner's Epistolae Medicinales between the Particular and the General ». PhD dissertation, University College Londres.

Robert, DeMaria Jr. 1997a. « Johnson's Dictionary », in *The Cambridge Companion to Samuel Johnson*, éd. Greg Clingham, 85-101. Cambridge : Cambridge University Press.

–. 1997b. *Samuel Johnson and the Life of Reading*. Baltimore : Johns Hopkins University Press.

Vincent Denis et Pierre-Yves Lacour. 2016. « La logistique des savoirs. Surabondance d'informations et technologies de papier au XVIIIe siècle ». *Genèses*, 102, 1, 107-122.

L. M. De Rijk. 1965. « "Enkuklios paideia" : A Study of Its Original Meaning », *Vivarium : A Journal for Mediaeval Philosophy and the Intellectual Life of the Middle Ages*, 3 (1) : 24-93.

Albert Derolez. 1979. *Les Catalogues de bibliothèques*. Typologie des sources du Moyen Âge occidental, fasc. 31. Turnhout : Brepols.

–. 2008. « La page de titre dans les manuscrits », *in* Gilmont et Vanautgaerden (2008), 17-36.

Louis Desgraves. 1988. « La bibliothèque de l'abbaye de Saint-Victor et son inspection en 1684 » *in* Jolly (1988a), 394-395.

Louis Desgraves et Catherine Volpilhac-Auger. 1999. *Catalogue de la bibliothèque de Montesquieu à La Brède*. Naples : Liguori.

Daniel Desormeaux. 2001. *La Figure du bibliomane. Histoire du livre et stratégie littéraire au XIXe siècle*. Saint-Genouph : Nizet.

D. Detlefsen. 1899. *Untersuchungen zur Zusammensetzung der Naturgeschichte des Plinius*. Berlin : Weidmannsche Buchhandlung.

Hilde De Weerdt. 2007a. *Competition over Content : Negotiating Standards for the Civil Service Examinations in Imperial China, 1127-1279*. Cambridge : Harvard University Asia Center.

–. 2007b. « The Encyclopedia as Textbook : Selling Private Chinese Encyclopedias in the Twelfth and Thirteenth Centuries », *in* Bretelle-Establet et Chemla (2007), 77-102.

Béatrice Didier. 1996. *Alphabet et raison : Le paradoxe des dictionnaires au XVIIIe siècle*. Paris : Presses universitaires de France.

J.-P. Diény. 1991. « Les encyclopédies chinoises » *in* Becq (1991), 195-200.

Ulrich Dierse. 1977. *Enzyklopädie : Zur Geschichte eines philosophischen und Wissenschaftstheoretischen Begriffs. Archiv fur Begriffsgeschichte, Supplementheft* 2. Bonn : Bouvier Verlag Herbert Grundmann.

A. C. Dionisotti. 1990. « Robert Grosseteste and the Greek encyclopedia », in *Rencontres de cultures dans la philosophie médiévale. Traduction et traducteurs de l'Antiquité tardive au XIVe siècle. Actes du colloque international de Cassino, 15-17 juin 1989*, édition de Jacqueline Hamesse et Marta Fattori, 337-354. Louvain-la-Neuve et Cassino : Institut d'études médiévales de l'université catholique de Louvain.

Antoine Dondaine. 1956. *Secrétaires de Saint Thomas*. 2 vol., Rome : Commissio Leonina.

Aude Doody. 2001. « Finding Facts in Pliny's Encyclopaedia : The Summarium of the Natural History », in *Ramus : Critical Studies in Greek and Roman Literature*, vol. 30: 1-22.

–. 2009. « Pliny's Natural History : Enkuklios Paideia and the Ancient Encyclopedia ». *Journal of the History of Ideas* 70: 1, 1-21.

Brendan Dooley. 1984. « Science Teaching as a Career in Padua in the Early Eighteenth Century : The Case of Giovanni Poleni », in *History of Universities* 4: 115-151.

–. 1997. « Reading and Reviewing History in the Early Modern Period », *Storiografia : Rivista annuale di storia* 1 (1) : 51-68.

Tiziano Dorandi. 2000. *Le Stylet et la Tablette. Dans le secret des auteurs antiques*. Paris : Les Belles Lettres.

Paul Dover. 2007. « Deciphering the Diplomatic Archives of Fifteenth-Century Italy », in *Archival Science* 7 (4) : 297-316.

Jean-Pierre Drège. 2007. « Des ouvrages classés par catégories : Les encyclopédies chinoises », *in* Bretelle-Establet et Chemla (2007), 19-38.

Glen Dudbridge. 2000. *Lost Books of Medieval China*. Londres : the British Library.

B. Dufournier. 1936. « Th. Zwinger de Bâle et la scolastique de l'histoire au XVIe siècle », in *Revue d'histoire moderne* 9 (24) : 323-331.

Paul Duguid. 2015. « The Ageing of Information : From Particular to Particulate ». *Journal of the History of Ideas* 76(3) : 347-368.

Richard J. Durling. 1991. « Girolamo Mercuriale's De Modo Studendi », in *Renaissance Medical Learning : Evolution of a Tradition*, éd. Michael McVaugh et Nancy G. Siraisi. *Osiris*, 2e série, 6: 181-195.

William Eamon. 1994. *Science and the Secrets of Nature : Books of Secrets in Medieval and Early Modern Culture*. Princeton : Princeton University Press.

Umberto Eco. 1988. « An Ars Oblivionalis ? Forget It ! », in *Proceedings of the Modern Language Association* 103: 254-261.

Dan Edelstein. 2009. « Humanism, *l'Esprit philosophique*, and the Encyclopédie ». *Republics of Letters : A Journal for the Study of Knowledge, Politics, and the Arts*, 1 (1).

Paul Edwards, Lisa Gitelman *et al.* 2011. « AHR Conversation : Historical Perspectives on the Circulation of Information. » *American Historical Review* 116: 1392-1435.

Elizabeth Eisenstein. 1980. *The Printing Press as an Agent of Change*. Cambridge : Cambridge University Press.

–. 1991. *La Révolution de l'imprimé à l'aube de l'Europe moderne*, trad. Maud Sissung et Marc Duchamp. Paris : La Découverte. (Dérivé de *The Printing Press as an Agent of Change*. Cambridge : Cambridge University Press, 1979).

–. 2011. *Divine Art/Infernal Machine : the Reception of Printing in the West from First Impressions to the Sense of an Ending*. Philadelphie : University of Pennsylvania Press.

Elizabeth Eisenstein et Adrian Johns. 2002. « AHR Forum : How Revolutionary Was the Print Revolution ? » *American Historical Review* 107 (1) : 84-128.

Falk Eisermann. 2000. « Auflagenhöhen von Einblattdrucken im 15. und frühen 16. Jahrhundert », *in* Honemann (2000a), 143-178.

–. 2006. « The Indulgence as a Media Event : Developments in Communciation through Broadside in the Fifteenth Century », in *Promissory Notes on the Treasury of Merits : Indulgences in Late Medieval Europe*, éd. R. N. Swanson, 309-330. Leyde : Brill.

Benjamin Elman. 2000. *A Cultural History of Civil Examinations in Late Imperial China*. Berkeley : University of California Press.

–. 2007. « Collecting and Classifying : Ming Dynasty Compendia and Encyclopedias (Leishu) », *in* Bretelle-Establet et Chemla (2007), 131-158.

Gerhard Endress (éd.). 2006. *Organizing Knowledge : Encyclopaedic Activities in the Pre-Eighteenth-Century Islamic World*. Leyde : Brill.

Karl A. E. Enenkel et Wolfgang Neuber. 2005. *Cognition and the Book : Typologies of Formal Organisation of Knowledge in the Printed Book of the Early Modern Period*. Leyde : Brill.

Max Engammare. 2002. « Sante Pagnini, traducteur ad litteram et exégète secondum allegoriam de l'Écriture, 1520-1536 », in *Philologie et subjectivité*. Actes de la journée d'études organisée par l'École des Chartes, 2001, éd. Dominique de Courcelles, 41-52. Paris : École des Chartes.

–. 2004. *L'Ordre du temps : L'invention de la ponctualité au* XVIe *siècle*. Genève : Droz.

Rolf Engelsing. 1970. « Die Perioden der Lesergeschichte in der Neuzeit ». *Archiv für Geschichte des Buchwesens* 10: 946-1000.

Ulrich Ernst. 2002. « Standardisiertes Wissen bei Schrift und Lektüre, Buch und Druck. Am Beispiel des enzyklopädischen Schrifttums vom Mittelalter zur Frühen Neuzeit », *in* Meier (2002), 451-494.

Michel Espagne. 1998. *De l'archive au texte : Recherches d'histoire génétique*. Paris : Presses universitaires de France.

Michael Evans. 1980. « The Architecture of the Mind », *Architectural Association Quarterly* 12: 32-55.

R. W. J. Evans. 1977. « Learned Societies in Germany in the Seventeenth Century », *European Studies Review* 7: 129-152.

Franz M. Eybl. 1995. *Enzyklopädien der frühen Neuzeit : Beiträge zu ihrer Forschung*. Tübingen : Niemeyer.

Margaret J. M. Ezell. 1999. *Social Authorship and the Advent of Print*. Baltimore : Johns Hopkins University Press.

Bernhard Fabian. 1976. « Der Gelehrte als Leser », *Librarium* 19: 160-168.

John Feather. 2004. *The Information Society : A Study of Continuity and Change*, 4e éd., Londres : Facet.

Lucien Febvre. 1907. « Un secrétaire d'Érasme. Gilbert Cousin et la Réforme en Franche-Comté », *Bulletin de la Société française du protestantisme*, 56: 97-179.

Lucien Febvre et Henri-Jean Martin. 1958. *L'Apparition du livre*. Paris : Albin Michel.

Mordechai Feingold. 2001. « English Ramism : A Reinterpretation », in *The Influence of Petrus Ramus : Studies in Sixteenth and Seventeenth Century Philosophy and Sciences*, édition de Mordechai Feingold, Joseph S. Freedman et Wolfgang Rother, 127-176. Bâle : Schwabe.

Lucia Felici. 2009. « Theodor Zwinger's Methodus Apodemica : Observatory of the City as Political Space in the Late Sixteenth Century ». *Cromohs. Cyber Review of Modern Historiography* 14 : 1-18. http://www.cromohs.unifi.it/.

Daniel Ferrer. 2004. « Towards a Marginalist Economy of Textual Genesis ». *Variants : Journal of the European Society for Textual Scholarship*, 2/3:7-36.

Olivier Ferret, Gianluigi Goggi et Catherine Volphilhac-Auger. 2007. *Copier/Coller. Écriture et réécriture chez Voltaire. Actes du colloque international (Pise, 30 juin-2 juillet 2005)*. Pise : Edizioni Plus.

Jeremiah Finch. 1986. *A Catalogue of the Libraries of Sir Thomas Browne and Sir Edward Browne, His Son*. Leyde : Brill.

Paula Findlen. 1994. *Possessing Nature : Museums, Collecting and Scientific Culture in Early Modern Italy*. Berkeley : University of California Press.

–. 1999. « Masculine Prerogatives : Gender, Space, and Knowledge in the Early Modern Museum », in *The Architecture of Science*, éd. Peter Galison et Emily Thompson, 29-57. Cambridge : MIT Press.

–. 2017. « The Death of a Naturalist : Knowledge and Community in Renaissance Italy », *in* Gideon Manning et Cynthia Klestinec (éd.), *Professors, Physicians and Practices in the History of Medicine : Essays Honoring Nancy Siraisi*. Cham : Springer.

Ruth Finnegan. 1988. *Literacy and Orality : Studies in the Technology of Communication*. Oxford : Basil Blackwell.

Luigi Firpo. 1970. « The Flowering and Withering of Speculative Philosophy – Italian Philosophy and the Counter Reformation : The Condemnation of Francesco Patrizi », in *The Late Italian Renaissance*, éd. Eric Cochrane, 266-284. New York : Harper & Row.

Hans Fischer *et al.* 1967. *Conrad Gessner, 1516-1565 : Universalgelehrter, Naturforscher, Arzt*. Zurich : Orell Füssli.

Otto Fischer. 1936. « Geschichte der öffentlichen Kunstsammlung ». *Festschrift zur Eröffnung des Kunstmuseums*, 7-118. Bâle : Birkhäuser.

Juliet Fleming, William Sherman et Adam Smyth (éd.). 2015. *Renaissance Collage*, numéro spécial de *The Journal of Medieval and Early Modern Studies*, 45:3.

John Flood. 2007. « "*Omnium totius orbis emporiorum compendium*" : The Frankfurt Fair in the Early Modern Period », *in* Myers *et al.* (2007b), 1-42.

Jacques Fontaine. 1959. *Isidore de Séville et la culture classique dans l'Espagne wisigothique*. Paris : Études augustiniennes.

C. J. Fordyce et T. M. Knox. 1937. *The Library of Jesus College, Oxford*. Oxford : University Press. Repr. from *Proceedings and Papers of the Oxford Bibliographical Society*, vol. 5, pt. 2.

Leonard Forster. 1985. *Christoffel van Sichem in Basel und der frühe deutsche Alexandriner*. Amsterdam : North Holland Publishing.

Robert A. Fothergill. 1974. *Private Chronicles : A Study of English Diaries*. Oxford : Oxford University Press.

Michel Foucault. 1994a. « Qu'est-ce qu'un auteur ? », *Dits et Écrits*, vol. I : *1954-1969*. Paris : Gallimard (1re publication, 1969), coll. « Bibliothèque des Sciences humaines », 789-821.

–. 1994b. « À propos de la généalogie et l'éthique : un aperçu du travail en cours » (date de composition 1983), *Dits et Écrits*, vol. IV : *1980-1988*, 383-411. Paris : Gallimard, coll. « Bibliothèque des Sciences humaines ».

Robert L. Fowler. 1997. « Encyclopaedias : Definitions and Theoretical Problems », *in* Binkley (1997a), 3-29.

Michael V. Fox. 2004. *The JPS Bible Commentary : Ecclesiastes*. Philadelphie : Jewish Publication Society.

Gigliola Fragnito (éd.). 2001. *Church, Censorship, and Culture in Early Modern Italy*, trad. Adrian Belton. Cambridge : Cambridge University Press.

Tore Frängsmyr. 2001. *The Structure of Knowledge : Classifications of Science and Learning since the Renaissance*. Berkeley : Office for History of Science and Technology.

Marina Frasca-Spada et Nick Jardine (éd.). 2000. *Books and the Sciences in History*. Cambridge : Cambridge University Press.

Lodovico Frati avec Alessandro Ghigi et Albano Sorbelli. 1907. *Catalogo dei manoscritti di Ulisse Aldrovandi*. Bologne : N. Zanichelli.

David Freedberg. 2002. *The Eye of the Lynx : Galileo, His Friends and the Beginnings of Modern Natural History*. Chicago : University of Chicago Press.

Joseph S. Freedman. 1988. *European Academic Philosophy in the Late Sixteenth and Early Seventeenth Centuries : The Life, Significance, and Philosophy of Clemens Timpler*, 1563/4-1624. Hildesheim : G. Olms.

–. 1997. « The Career and Writings of Bartholomew Keckermann », *Proceedings of the American Philosophical Society* 141: 305-364.

Markus Friedrich. 2018. *The Birth of the Archive. A History of Knowledge*. Ann Arbor : University of Michigan Press.

Daiwie Fu. 2007. « The Flourishing of Biji or Pen-Notes Texts and Its Relations to History of Knowledge in Song China, 960-1279 », *in* Bretelle-Establet et Chemla (2007), 103-130.

Thomas Fulton. 2010. *Historical Milton : Manuscript, Print and Political Culture in Revolutionary England*. Amherst : University of Massachusetts Press.

Marc Fumaroli. 1980. *L'Âge de l'éloquence*. Genève : Droz.

–. 2001. « Les abeilles et les araignées », in *La Querelle des Anciens et des Modernes*, éd. Anne-Marie Lecoq, 7-218. Paris : Gallimard.

Martine Furno. 1995. *Le Cornucopiae de Niccolò Perotti : Culture et méthode d'un humaniste qui aimait les mots*. Genève : Droz.

–. 2000. « Indices vocabulorum », in *La Collection Ad Usum Delphini : L'Antiquité au miroir du Grand Siècle*, éd. Catherine Volpilhac-Auger, 253-260. Grenoble : ELLUG.

–. 2001. « Le mariage du Calepin et du Thesaurus sous l'olivier de Robert Estienne à Genève, en 1553 », *Bibliothèque d'Humanisme et Renaissance* 63: 511-532.

–. (éd.). 2009. *Qui écrit ? Figures de l'auteur et des co-élaborateurs du texte* XVe-XVIIIe *siècle*. Lyon : ENS Éditions/Institut d'histoire du livre.

Fausta Garavini. 1992. « Montaigne et le Theatrum vitae humanae », in *Montaigne et l'Europe. Actes du colloque international de Bordeaux, 21-23 mai 1992*, éd. Claude-Gilbert Dubois, 31-45. Mont-de-Marsan : Éditions InterUniversitaires.

–. 1993. « Montaigne rencontre Theodor Zwinger à Bâle ». *Montaigne Studies : An Interdisciplinary Forum* 5: 191-205.

–. 1994. « Au "sujet" de Montaigne : De la leçon à l'écriture du moi », *Carrefour Montaigne*, éd. Jules Brody *et al.*, 63-93. Pise : Edizioni ETZ et Genève : Slatkine.

–. 2000. « Les *Essais*, œuvre mêlée ? Montaigne lu par Charles Sorel (et revisité par André Tournon) », in *« D'une fantastique bigarrure ». Le texte composite à la Renaissance. Études offertes à André Tournon*, éd. Jean-Raymond Fanlo, 135-144. Paris : Champion.

Michel Garel. 1991. *D'une main forte. Manuscrits hébreux des collections françaises*. Paris : Seuil-Bibliothèque nationale.

Pierre Gasnault. 1988. « De la bibliothèque de Mazarin à la Bibliothèque Mazarine », *in* Jolly (1988a), 135-145.

Joseph Gass. 1918. *Berühmte Kaysersberger*. Colmar I. Els. : Oberelsaß Verlagsanst.

Sabine Gastert. 2003. « Der Autor im Bild, das graphische Autorenportrait in gedruckten Enzyklopädien des 16. Jahrhunderts », *in* Büttner *et al.* (2003), 301-324.

François Géal. 1999. *Figures de la bibliothèque dans l'imaginaire espagnol du Siècle d'Or*. Paris : Champion.

Christian Geelhaar. 1992. *Kunstmuseum Basel : The History of the Paintings Collection and a Selection of 250 Masterworks*. Zurich : Palladion.

Ferdinand Geldner. 1950. « Der Verkaufspreis des Günther Zainer'schen "Catholicon" von 1469 (GW 3183) », in *Festschrift für Eugen Stollreither zum 75 : Geburtstage gewidmet*, éd. Fritz Redenbacher, 37-42. Erlangen : Universitätsbibliothek.

Gérard Genette. 1987. *Seuils*. Paris : Éditions du Seuil.

Martin Germann. 1994. *Die reformierte Stiftsbibliothek am Grossmünster Zürich im 16. Jahrhundert und die Anfänge der neuzeitlichen Bibliographie : Rekonstruktion des Buchbestandes und seiner Herkunft, der Bücheraufstellung und des Bibliotheksraumes : mit Edition des Inventars 1532/1551 von Conrad Pellikan*. Wiesbaden : Harrassowitz.

Johan Gerritsen. 1991. « Printing at Froben's : An Eye-Witness Account », *Studies in Bibliography* 44: 144-162.

Luce Giard et Christian Jacob (éd.). 2001. *Des Alexandries I : Du livre au texte*. Paris : Bibliothèque nationale de France.

Martin Gierl. 2001. « Kompilation und die Produktion von Wissen im 18. Jahrhundert », *in* Zedelmaier et Mulsow (2001), 63-94.

Marcello Gigante. 1987. *La Bibliothèque de Philodème et l'Épicurisme romain*. Paris : Les Belles Lettres.

James Gillies et Robert Cailliau. 2000. *How the Web Was Born : The Story of the World Wide Web*. Oxford : Oxford University Press.

Carlos Gilly. 1977-1978. « Zwischen Erfahrung und Spekulation : Theodor Zwinger und die religiöse und kulturelle Krise seiner Zeit », *Basler Zeitschrift für Geschichte und Alterumskunde* 77 (1977) : 57-137 et 78 (1978) : 125-223.

–. 1985. *Spanien und der Basler Buchdruck bis 1600. Ein Querschnitt durch die Spanische Geistesgsechichte aus der Sicht einer europäischen Buchdruckerstadt, Basler Beiträge zur Geschichtswissenschaft* 151. Bâle et Francfort-sur-le-Main : Helbing & Lichtenhahn.

–. 2001. *Die Manuskripte in der Bibliothek des Johannes Oporinus. Verzeichnis der Manuskripte und Druckvorlagen aus dem Nachlass Oporins anhand des von Theodor Zwingers und Basilius Amerbach erstellten Inventariums*. Bâle : Schwabe.

–. 2002. « Theodor Zwinger's Theatrum humanae vitae : From Natural Anthropology to the "Novum Organum" of Sciences », in *Magia, alchimia, scienza dal '400 al '700 : L'influsso di Ermete Trismegisto*, éd. Carlos Gilly et Cis van Heertum, 253-273. Florence : Centro Di.

–. (À paraître) *Theodor Zwinger e la crisi culturale della seconda metà del Cinquecento*. Florence : Olschki.

Jean-François Gilmont. 1997a. *Jean Calvin et le livre imprimé*. Genève : Droz.

–. 1997b. « Réformes protestantes et lecture », *in* Cavallo et Chartier (1997), 249-278.

–. 2003. *Le Livre et ses secrets*. Genève : Droz.

Jean-François Gilmont et Alexandre Vanautgaerden (éd.). 2008. *La Page de titre à la Renaissance*. Turnhout : Brepols.

P. M. Gils, 1992. « St. Thomas écrivain », in *S. Thomae de Aquino Opera omnia iussu Leonis XIII P. M. edita* 50: 173-209. Rome : Commissio Leonina et Paris : Cerf.

Owen Gingerich. 1993. « Astronomical Paper Instruments with Moving Parts », in *Making Instruments Count : Essays on Historical Scientific Instruments presented to Gerard L'Estrange Turner*, éd. R. G. W. Anderson *et al.*, 63-74. Aldershot : Variorum.

–. 2002. *An Annotated Census of Copernicus' De revolutionibus (Nuremberg, 1543, and Basel, 1566)*. Leyde : Brill.

Carlo Ginzburg. 1999. « Lorenzo Valla on the "Donation of Constantine" », in *History, Rhetoric, and Proof*, 54-70. Hanover (États-Unis) : University Press of New England.

Patricia Giudicelli-Falguières. 1988. « Invention et mémoire : Aux origines de l'institution muséographique, les collections encyclopédiques et les cabinets de merveilles dans l'Italie du XVIe siècle », thèse de doctorat, Paris I (sous la direction de Daniel Roche).

James Gleick. 2015. *L'Information : l'histoire, la théorie, le déluge,* trad. Françoise Bouillot. Paris : Cassini.

Palémon Glorieux. 1931. « Un recueil scolaire de Godefroid de Fontaines (Paris, Nat. lat. 16297) », *Recherches de théologie ancienne et médiévale* 3: 37-53.

–. 1968. « L'enseignement au Moyen Âge. Techniques et méthodes. », *Archives d'histoire doctrinale et littéraire du Moyen Âge*, 65-186.

A. A. Goddu et R. H. Rouse. 1977. « Gerald of Wales and the Florilegium Angelicum », *Speculum* 52: 488-521.

Anja-Silva Goeing, Anthony Grafton et Paul Michel (éd.). 2013. *Collectors' knowledge : what is kept, what is discarded = Aufbewahren oder wegwerfen : wie sammler entscheiden*. Leyde : Brill.

Willi Goetschel, Catrion Macleod et Emery Snyder. 1994. « The Deutsche Encyclopädie », *in* Kafker (1994b), 257-333.

Jack Goody. 1986. *La Logique de l'écriture. Aux origines des sociétés humaines*. Paris : Armand Colin.

Marie-Odile Goulet-Cazé. 2002. *Commentaire entre tradition et innovation*. Paris : Vrin.

Francis Goyet. 1986-1987. « À propos de “ces pastissages de lieux communs” (le rôle des notes de lecture dans la genèse des *Essais*) ». *Bulletin de la Société des Amis de Montaigne* 5-6 (1986) : 11-26 et 7-8 (1987) : 9-30.

Anthony Grafton. 1975. « J. J. Scaliger’s Indices to J. Gruter’s Inscriptiones Antiquae : A Note on Leiden University Library Ms Scal. 11 ». *Lias : Sources and Documents Relating to the Early Modern History of Ideas* 2: 109-113.

–. 1980. « The Importance of Being Printed ». *Journal of Interdisciplinary History* 11: 265-286.

–. 1983. *Joseph Scaliger : A Study in the History of Classical Scholarship*, vol. I : *Textual Criticism and Exegesis*. Oxford : Clarendon Press.

–. 1991. *Bring Out Your Dead*. Cambridge : Harvard University Press.

–. 1992. *New Worlds, Ancient Texts : the Power of Tradition and the Shock of Discovery*. Cambridge : Harvard University Press.

–. 1993a. *Joseph Scaliger : A Study in the History of Classical Scholarship*, vol. II : *Historical Chronology*. Oxford : Clarendon Press.

–. (éd.). 1993b. *Rome Reborn : The Vatican Library and Renaissance Culture*, 3-45. New Haven : Yale University Press, et Washington D.C. : Library of Congress, en association avec la Biblioteca Apostolica Vaticana.

–. 1993c. « The Vatican and Its Library », *in* Grafton (1993b), 3-45.

–. 1997. *Commerce with the Classics : Ancient Books and Renaissance Readers*. Ann Arbor : University of Michigan Press.

–. 1999. *Cardano’s Cosmos : The Worlds and Works of a Renaissance Astrologer*. Cambridge : Harvard University Press.

–. 2001. « Where Was Salomon’s House ? Ecclesiastical History and the Intellectual Origins of Bacon’s New Atlantis », in *Die europäische Gelehrtenrepublik im Zeitalter des Konfessionalismus, Wolfenbütteler Forschungen* 96: 21-39.

–. 2003. « Les lieux communs chez les humanistes », *in* Décultot (2003c), 31-42.

–. 2007. *What Was History ? The Art of History in Early Modern Europe*. Cambridge : Cambridge University Press.

–. 2011. *The Culture of Correction in Renaissance Europe*. Londres : The British Library.

Anthony Grafton, Lisa Jardine. 1986. *From Humanism to the Humanities*. Cambridge : Harvard University Press.

Anthony Grafton, Joanna Weinberg. 2011. *« I have always loved the Holy Tongue » : Isaac Casaubon, the Jews, and a Forgotten Chapter in Renaissance Scholarship*. Cambridge (États-Unis) : Belknap Press of Harvard University Press.

Anthony Grafton, Megan Williams. 2006. *Christianity and the Transformation of the Book : Origen, Eusebius, and the Library of Caesarea*. Cambridge (États-Unis) : Belknap Press of Harvard University Press.

Ian Green. 2000. *Print and Protestantism in Early Modern England*. Oxford : Oxford University Press.

James N. Green et Peter Stallybrass. 2006. *Benjamin Franklin, Writer and Printer*. New Castle (États-Unis) : Oak Knoll Press, Philadelphie : Library Company of Philadelphia, et Londres : British Library.

Mark Greengrass. 1995. « The Financing of a Seventeenth-Century Intellectual : Contributions for Comenius, 1537-1541 », *Acta Comeniana*, 11: 71-87.

–. 1998. « Archive Refractions : Hartlib's Papers and the Workings of an Intelligencer », *in* Hunter (1998a), 35-47.

Almuth Grésillon. 2000. « Lire pour écrire : Flaubert lector et scriptor », in *Lesen und Schreiben in Europa, 1500-1900 : Vergleichende Perspektiven. Perspectives comparées. Perspettive comparate*, éd. Alfred Messerli et Roger Chartier, 593-608. Bâle : Schwabe.

Bernard Guenée. 1981. « "Authentique et approuvé" : Recherches sur les principes de la critique historique au Moyen Âge », in *La Lexicographie du latin médiéval et ses rapports avec les recherches actuelles sur la civilisation du Moyen Âge (Paris, 18-21 octobre 1978)*, 215-229. Paris : Éditions du CNRS.

–. 1983. « Lo storico e la compilazione nel XIII secolo », in *Aspetti della letteratura latina nel secolo XIII*, éd. Claudio Leonardi et Giovanni Orlandi, 57-76. Pérouse : Regione dell'Umbria, et Florence : La Nuova Italia.

Marie-Geneviève Guesdon. 1996. « Encyclopédies en langue arabe », *in* Schaer (1996), 118-135.

John Guillory. 2004. « The Memo and Modernity ». *Critical Inquiry* 31: 108-132.

Kent Guy. 1987. *The Emperor's Four Treasuries : Scholars and the State in the Late Ch'ien-Lung Era*. Cambridge : Council on East Asian Studies, Harvard University.

Gregory G. Guzman. 1990. « Vincent of Beauvais' Epistola Auctoris ad Regem Ludovicum : A Critical Analysis and a Critical Edition », *in* Paulmier-Foucart *et al.* (1990), 57-85.

–. 1996. « Encyclopedias », in *Medieval Latin : An Introduction and Bibliographical Guide*, éd. F. A. C. Mantello, 702-707. Washington D.C. : Catholic University of America Press.

–. 1997. « The Testimony of Medieval Dominicans Concerning Vincent of Beauvais », *in* Lusignan et Paulmier-Foucart (1997), 303-326.

Pierre Hadot. 1992. *La Citadelle intérieure : introduction aux « Pensées » de Marc Aurèle*. Paris : Fayard.

Trudi Bellardo Hahn et Michael Buckland (éd.). 1998. *Historical Studies in Information Science*. Medford (États-Unis) : Information Today.

Marie Boas Hall. 1987. « Boyle's Method of Work : Promoting His Corpuscular Philosophy ». *Notes and Records of the Royal Society* 41: 111-143.

John Halverson. 1992. « Goody and the Implosion of the Literacy Thesis », *Man* 27 : 301-317.

Jacqueline Hamesse. 1986. « Reportatio et transmission de textes », in *The Editing of Theological and Philosophical Texts from the Middle Ages*, éd. Monika Asztalos, 11-34. Stockholm : Almquist et Wiksell International.

–. 1990. « Le vocabulaire des florilèges médiévaux », *in* Weijers (1990b), 209-230.

–. 1994. « Les autographes à l'époque scolastique : Approche terminologique et méthodologique », *in* Chiesa et Pinelli (1994), 179-205.

–. 1996a. « Lexiques et glossaires philosophiques inédits », *in* Hamesse (1996b), 453-480.

–. (éd.). 1996b. *Les Manuscrits des lexiques et glossaires de l'Antiquité tardive à la fin du Moyen Âge. Actes du colloque international organisé par le Ettora Majorana Centre for Scientific Culture (Erice, 23-30 septembre 1994)*. Louvain-la-Neuve : Fédération internationale des instituts d'études médiévales.

–. 2002. « Les marginalia dans les textes philosophiques », in *Talking to the Text : Marginalia from Papyri to Print, Proceedings of a Conference Held at Erice, 26 septembre-3 october 1998 as the 12th Course of International School for the Study of Written Records,* éd. Vincenzo Fera, Giacomo Ferrarù et Silvia Rizzo. 2 vol. 1: 301-319. Messina : Centro Interdipartimentale di Studi Umanistici.

Paul Hammond. 2003. « Sources for Shakespeare's Sonnets 87 and 129 in Tottel's *Miscellany* (1557) and Puttenham's *The Arte of English Poesie* », *Notes and Queries* 50 (4) : 407-410.

Eva Hanebutt-Benz *et al.* (éd.). 2002. *Middle Eastern Languages and the Print Revolution : A Cross-Cultural Encounter.* Mayence : Gutenberg-Museum.

James Hankins. 1993. « The Popes and Humanism », *in* Grafton (1993b), 46-85.

Deborah Harkness. 1997. « Managing an Experimental Household : The Dees of Mortlake and the Practice of Natural Philosophy », *Isis* 88: 247-262.

–. 2007. *The Jewel House : Elizabethan London and the Scientific Revolution.* New Haven (États-Unis) : Yale University Press.

Steven Harvey. 2000a. « The Hebrew Translations of the Middle Ages », *in* Harvey (2000b), 468-519.

–. (éd.). 2000b. *The Medieval Hebrew Encyclopedias of Science and Philosophy.* Dordrecht : Kluwer Academic Publishers.

Geneviève Hasenohr. 1988. « L'essor des bibliothèques privées aux XIVe et XVe siècles » in *Histoire des Bibliothèques françaises I : Les Bibliothèques médiévales, du VIe siècle à 1530*, éd. André Vernet, 215-263. Paris : Promodis.

Yasmin Annabell Haskell. 2003. *Loyola's Bees : Ideology and Industry in Jesuit Latin Didactic Poetry.* Londres : British Academy.

Neil Hathaway. 1989. « Compilatio from Plagiarism to Compiling », *Viator* 20: 19-44.

Kristine Haugen. 2011. *Richard Bentley : Poetry and Enlightenment.* Cambridge : Harvard University Press.

Earle Havens. 2001. *Commonplace Books : A History of Manuscripts and Printed Books from Antiquity to the Twentieth Century.* New Haven (États-Unis) : Beinecke Rare Book and Manuscript Library, Yale University.

Paul Hazard. 1935. *Crise de la conscience européenne, 1680-1715.* Paris : Boivin.

Randolph Head. 2019. *Making Archives in Early Modern Europe : Proof, Information and Political Recordkeeping, 1400-1700.* Cambridge : Cambridge University Press.

Daniel Headrick. 2000. *When Information Came of Age : Technologies of Knowledge in the Age of Reason and Revolution, 1700-1850.* Oxford : Oxford University Press.

Martin J. Heijdra. 2006. « Tale of Two Aesthetics : Typography versus Calligraphy in the Premodern Chinese Book », in *The Art of the Book in China*, éd. Ming Wilson et Stay Pierson, 15-27. Londres : University of London, Perceival Davis Foundation of Chinese Art.

Josef Hejnic et Vaclav Bok. 1989. *Gesners europäische Bibliographie und ihre Beziehung zum Späthumanismus in Böhmen und Mähren.* Vienne : Böhlau.

Wytze Gs Hellinga. 1962. *Copy and Print in the Netherlands : An Atlas of Historical Bibliography.* Amsterdam : North-Holland Publishing.

William Clark Helmbold, William Clark et Edward N. O'Neil. 1959. *Plutarch's Quotations*. Baltimore (États-Unis) : American Philological Assocation.

Christian Helmreich. 2003. « Du discours érudit à l'écriture romanesque : Recherches sur les cahiers d'extraits de Jean Paul », *in* Décultot (2003c), 179-198.

John Henderson. 2007. *The Medieval World of Isidore of Seville*. Cambridge : Cambridge University Press.

George Herrick. 1998. *The Commonplace Book. A Presentation before the Club of Odd Volumes, January 12, 1998*. North Brookfield (États-Unis) : Sun Hill Press.

Neil Hertz. 1985. *The End of the Line : Essays on Psychoanalysis and the Sublime*. New York : Columbia University Press.

Gilbert Hess. 2002. *Literatur in Lebenszusammenhang : Text- und Bedeutungskonstituierung im Stammbuch Herzog August des Jüngeren von Braunschweig-Lüneburg, 1579-1666*. Francfort-sur-le-Main : Peter Lang.

–. 2003. « Fundamenta fürstlicher Tugend : Zum Stellenwert der Sentenz im Rahmen der voruniversitären Ausbildung Herzog August d. J. », *in* Frank Büttner *et al.* (2003), 131-174.

–. 2008. « Formen der Validierung in frühneuzeitlichen Florilegien und Enzyklopädien », in *Eule oder Nachtigall ? Tendenzen und Perspektiven kulturwissenschaftlicher Werteforschung*, éd. Marie Luisa Allemeyer, Katharina Behrens et Katharina Ulrike Mersch, 73-103. Göttingen : Wallstein Verlag.

–. 2015. « Florilegien. Genese, Wirkungsweisen und Transformationen frühneuzeitlicher Kompilationsliteratur », in *Wissensspeicher in der Frühen Neuzeit : Formen und Funktionen*, éd. Frank Grunert et Anette Syndikus, 97-138. Berlin : Akademie Verlag.

Frank Hieronymus. 1997. *1488 Petri-Schwabe 1988 : Eine traditionsreiche Basler Offizin im Spiegel ihrer frühen Drucke*. 2 vol., Bâle : Schwabe.

–. 2005. *Theophrast und Galen – Celsus und Paracelsus : Medizin, Naturphilosophie und Kirchenreform im Basler Buchdruck bis zum Dreissigjährigen Krieg*. 4 vol., Publikationen der Universitätsbibliothek, n° 36. Bâle : Universitätsbibliothek.

Martin Hilbert. 2012. « How to Measure "How Much Information ?" Theoretical, Methodological, and Statistical Challenges for the Social Sciences », *International Journal of Communication* 6: 1042-1055.

J. N. Hillgarth, 1992. *Who Read Thomas Aquinas ?* Toronto : Pontifical Institute of Mediaeval Studies.

Sandra Hindman et James Douglas Farquhar. 1977. *Pen to Press : Illustrated Manuscripts and Printed Books in the First Century of Printing*. College Park : University of Maryland Press.

Charlton Hinman (éd.). 1996. *The First Folio of Shakespeare*. New York : W. W. Norton.

Rudolf Hirsch. 1974. *Printing, Selling and Reading, 1450-1550*. Wiesbaden : Harrassowitz.

–. 1978. « Pre-Reformation Censorship of Printed Books », in *The Printed Word : Its Impact and Diffusion*. Londres : Variorum Reprints.

Michael E. Hobart et Zachary S. Schiffman, 1998. *Information Ages : Literacy, Numeracy, and the Computer Revolution*. Baltimore (États-Unis) : Johns Hopkins University Press.

Daniel Hobbins. 2009. *Authorship and Publicity before Print : Jean Gerson and the Transformation of Late Medieval Learning*. Philadelphie : University of Pennsylvania Press.

J. H. Hodson. 1972. *The Administration of Archives*. Oxford : Pergamon Press.

Friedrich Lorenz Hoffmann. 1855. « Martin Fogel », *Serapeum* 16: 97-110.

George Hoffmann. 1993. « The Montaigne Monopoly : Revising the *Essais* under the French Privilege System ». *Proceedings of the Modern Language Association* 108 (2) : 308-319.

–. 1995. « Writing without Leisure : Proofreading as Work in the Renaissance », *Medieval and Renaissance Studies Journal* 25: 17-31.

–. 2009. *La Carrière de Montaigne*, trad. Pierre Gauthier. Paris : Champion.

Theodore Hofmann, Joan Winterkorn, Frances Harris et Hilton Kelliher. 1995. *John Evelyn in the British Library*. Londres : British Library.

Leofranc Holford-Strevens. 2003. *Aulus Gellius : An Antonine Scholar and His Achievement*. Oxford : Oxford University Press.

Frederic L. Holmes, Jürgen Renn et Hans-Jörg Rheinberger (éd.). 2003. *Reworking the Bench : Research Notebooks in the History of Science*. Dordrecht : Kluwer Academic Publishers.

Karl Höltgen. 1965. « Synoptische Tabellen in der medizinischen Literatur und die Logik Agricolas und Ramus ». *Sudhoffs Archiv* 49: 371-390.

Louis Holtz. 1997. « Titre et incipit », in *Titres et articulations du texte dans les œuvres antiques*, *Actes du colloque de Chantilly*, éd. Jean-Claude Fredouille, Marie-Odile Goulet-Cazé *et al.*, 469-489. Paris : Institut d'études augustiniennes.

Volker Honemann *et al.* (éd.). 2000a. *Einblattdrucke des 15. und frühen 16 : Jahrhunderts. Probleme, Perspektiven, Fallstudien*. Tübingen : Max Niemeyer.

–. 2000b. « Vorformen des Einblattdruckes. Urkunden – Schrifttafeln – Textierte Tafelbilder – Anschläge – Einblatthandschriften », *in* Honemann (2000a), 1-43.

Howard Hotson. 2000. *Johann Heinrich Alsted, 1588-1638 : Between Renaissance, Reformation, and Universal Reform*. Oxford : Clarendon Press.

–. 2007. *Commonplace Learning : Ramism and Its German Ramifications, 1543-1630*. Oxford : Oxford University Press.

Arthur Amory Houghton, 1979. *Books and Manuscripts from the Library of Arthur A. Houghton, Jr.* Londres : Christie, Manson & Woods.

Marie Houllemare. 2004. « Un avocat parisien entre art oratoire et promotion de soi (fin XVIe siècle) ». *Revue historique*, 630 (2) : 283-302.

Joseph Howley. 2018. *Aulus Gellius and Roman Reading Culture : Text, Presence, and Imperial Knowledge in the Noctes Atticae*. Cambridge : Cambridge University Press.

R. W. Hunt. 1953. « Manuscripts Containing the Indexing Symbols of Robert Grosseteste ». *Bodleian Library Record* 4: 241-255.

Michael Hunter (éd.). 1998a. *Archives of the Scientific Revolution : The Formation and Exchange of Ideas in Seventeenth-Century Europe*. Woodbridge (Royaume-Uni) : Boydell Press.

–. 1998b. « Mapping the Mind of Robert Boyle : The Evidence of the Boyle Paper », *in* Hunter (1998a), 121-136.

Michael Hunter et Edward B. Davis. 1996. « The Making of Robert Boyle's Free Enquiry into the Vulgarly… (1686) », *Early Science and Medicine* 1: 204-271.

Michael Hunter et Charles Littleton. 2001. « The Work-Diaries of Robert Boyle : A Newly Discovered Source and Its Internet Publication », *Notes and Records of the Royal Society* 55: 373-390.

Gary Ianziti. 1988. *Humanist Historiography under the Sforzas ; Politics and Propaganda in Fifteenth-Century Milan*. Oxford : Clarendon Press.

Jozef IJsewijn. 1987. « Beyerlinck, Laurentius », in *Nationaal Biografisch Woordenboek* 12: 59-67. Bruxelles : Palais des Académies.

Oliver Impey et Arthur MacGregor. 1985. *The Origins of the Museum : The Cabinet of Curiosities in Sixteenth-and Seventeenth-Century Europe*. Oxford : Clarendon Press.

Janet Ing. 1988. *Johann Gutenberg and His Bible*. New York : Typophiles.

Jean Irigoin. 2003. « Lire c'est d'abord chercher à comprendre », *in* Jacob (2003), 197-206.

Jonathan Israel. 2001. *Radical Enlightenment : Philosophy and the Making of Modernity*. Oxford : Oxford University Press.

Étienne Ithurria. 1999. *Rencontres : De Lycosthenes aux* Essais *de Montaigne*. Saint-Pierre-du-Mont : Presses interuniversitaires.

Heather J. Jackson. 2001. *Marginalia : Readers Writing in Books*. New Haven : Yale University Press.

Christian Jacob. 1996. « Navigations alexandrines », in *Le Pouvoir des bibliothèques*, 47-83. Paris : Albin Michel.

–. 2001. *Introduzione. Athenaeus, I deipnosofisti*, trad. et éd. Luciano Canfora. 4 vol., 1: I-CXXI. Rome : Salerno Editrice.

–. (éd.). 2003. *Des Alexandries II : Les métamorphoses du lecteur*. Paris : Bibliothèque nationale de France.

–. (éd.). 2011. *Lieux de savoir*, vol. II : *Les Mains de l'intellect*. Paris : Albin Michel.

Werner Jaeger. 1997. *Aristote : fondements pour une histoire de son évolution*, trad. Olivier Sedeyn. Paris : l'Éclat.

Thomas James. 1986. *The First Printed Catalogue of the Bodleian Library, 1605 : A Facsimile*. Oxford : Clarendon Press.

André Jammes. 1997. « De la destruction des livres », *in* Barbier (1997), 813-817.

Frans A. Janssen. 2005. « The Rise of the Typographical Paragraph », *in* Enenkel et Neuber (2005), 9-32.

Lisa Jardine et Anthony Grafton. 1990. « Studied for Action : How Gabriel Harvey Read His Livy », *Past and Present* 129: 30-78.

Nicholas Jardine. 1984. *The Birth of History and Philosophy of Science : Kepler's A Defence of Tycho against Ursus with Essays on Its Provenance and Significance*. Cambridge : Cambridge University Press.

Sears Jayne. 1956. *Library Catalogues of the English Renaissance*. Berkeley : University of California Press.

Beat Rudolf Jenny et Ueli Dill. 2000. « Theatrum vitae Basiliensis : das Haushaltbuch des Basilius Amerbach von 1561-1563 », in *Aus der Werkstatt der Amerbach-Edition*, éd. Dill et Jenny (Schriften der Universitätsbibliothek Basel ; Bd. 2), 309-425. Bâle : Schwabe.

Adrian Johns. 1998. *The Nature of the Book : Print and Knowledge in the Making*. Chicago : University of Chicago Press.

George Johnson. 2005. *Miss Leavitt's Stars : The Untold Story of the Woman Who Discovered How to Measure the Universe*. New York : W. W. Norton.

Scott F. Johnson. 2006. *The Life and Miracles of Thekla : A Literary Study*. Washington D.C. : Center for Hellenic Studies.

William A. Johnson. 2000. « Toward a Sociology of Reading in Classical Antiquity », *American Journal of Philology* 121: 593-627.

Claude Jolly (éd.). 1988a. *Histoire des bibliothèques françaises : Les bibliothèques sous l'Ancien Régime, 1530-1789*. Paris : Promodis, Éditions du Cercle de la librairie.

–. 1988b. « Naissance de la "science" des bibliothèques », *in* Jolly (1988a), 379-383.

William Jones. 2007. *Keeping Found Things Found : The Study and Practice of Personal Information Management*. San Francisco : Morgan Kaufmann Publishers.

W. Jordan. 1897. « Die Leibniz'sche Rechenmaschine », *Zeitschrift für Vermessungswesen*, 26: 289-315.

Françoise Jouffroy-Gauja et Jean Haechler. 1997. « Une lecture de l'Encyclopédie : Trente-cinq ans d'annotations par un souscripteur anonyme », *Revue française d'histoire du livre*, 96-97 : 329-376.

Lynn Sumida Joy. 1987. *Gassendi the Atomist*. Cambridge : Cambridge University Press.

Frank A. Kafker (éd.). 1981. *Notable Encyclopedias of the Seventeenth and Eighteenth Centuries*. Oxford : Voltaire Foundation.

–. 1988. *The Encyclopedists as Individuals : A Biographical Dictionary of the Authors of the Encyclopédie*. Oxford : Voltaire Foundation.

–. 1991. « La place de l'*Encyclopédie* dans l'histoire des encyclopédies », *in* Becq (1991), 97-108.

–. 1994a. « The Influence of the *Encyclopédie* on the Eighteenth-Century Encyclopedic Tradition », *in* Kafker (1994b), 389-399.

–. (éd.). 1994b. *Notable Encyclopedias of the Late Eighteenth Century : Eleven Successors of the Encyclopédie*. Oxford : Voltaire Foundation.

–. 1996. *The Encyclopedists as a Group : A Collective Biography of the Authors of the Encyclopédie*. Oxford : Voltaire Foundation.

Johannes Karcher. 1956. *Zwinger und seine Zeitgenossen ; Episode aus dem Ringen der Basler Ärzte um die Grundlehren der Medizin im Zeitalter des Barocks*. Bâle : Helbing & Lichtenhahn.

Suzanne Karr. 2004. « Constructions Both Sacred and Profane : Serpents, Angels, and Pointing Fingers in Renaissance Books with Moving Parts ». *Yale University Library Gazette* 79: 101-127.

J. J. Keaney. 1973. « Alphabetization in Harpocration's Lexicon ». *Greek, Roman, and Byzantine Studies* 14: 415-423.

Vera Keller, Anna Marie Roos et Elizabeth Yale. 2018. *Archival Afterlives : Life, Death, and Knowledge-Making in Early Modern British Scientific and Medical Archives*. Leyde : Brill.

Edwige Keller-Rahbé (éd.). 2010. *Les Arrière-boutiques de la littérature : auteurs et imprimeurs-libraires aux XVIe et XVIIe siècles*. Toulouse : Presses universitaires du Mirail.

Neil Kenny. 1991. *The Palace of Secrets : Béroalde de Verville and Renaissance Conceptions of Knowledge*. Oxford : Oxford University Press.

–. 2000. « Books in Space and Time : Bibliomania and Early Modern Histories of Learning and "Literature" in France ». *Modern Language Quarterly* 61 (2) : 253-286.

N. R. Ker. 1986a. « The Provision of Books », in *The History of the University of Oxford*, vol. III : *The Collegiate University*, éd. James McConica, 440-477. Oxford : Clarendon Press.

–. 1986b. « Lincoln College Election Lists », in *The History of the University of Oxford*, vol. III : *The Collegiate University*, éd. James McConica, 479-486. Oxford : Clarendon Press.

Kathryn Kerby-Fulton et Denise L. Despres. 1999. *Iconography and the Professional Reader : The Politics of Book Production in the Douce Piers Plowman*. Minneapolis : University of Minnesota Press.

Kathryn Kerby-Fulton et Maidie Hilmo. 2001. *The Medieval Professional Reader at Work : Evidence from Manuscripts of Chaucer, Langland, Kempe, and Gower*. Victoria (Canada) : English Literature Studies.

Alvin Kernan. 1987. *Printing Technology, Letters, and Samuel Johnson*. Princeton (NJ, États-Unis) : Princeton University Press.

Eckhard Kessler et Ian Maclean (éd.). 2002. *Res et Verba in der Renaissance*. Wiesbaden : Harrassowitz in Kommission.

Pierre Keuntz. 1985. « Les ciseaux de Pascal », *in* Laufer (1985), 65-72.

Patricia Kewes (éd.). 2003. *Plagiarism in Early Modern England*. Houndmills : Palgrave Macmillan.

Frederick G. Kilgour. 1998. *The Evolution of the Book*. Oxford : Oxford University Press.

Jeffrey Todd Knight. 2013. *Bound to Read. Compilations, Collections, and the Making of Renaissance Literature*. Philadelphie : University of Pennsylvania Press.

Thomas Knoles et Lucia Zaucha Knoles. 2003. « "*In Usum Pupillorum*" : Student Transcribed Texts at Harvard College before 1740 », *in* Thomas Knoles, Rick Kennedy et Lucia Zaucha Knoles, *Student Notebooks at Colonial Harvard : Manuscripts and Educational Practice, 1650–1740*, 7-88. Worcester (MA, États-Unis) : American Antiquarian Society.

Jason König et Tim Whitmarsh. 2007. *Ordering Knowledge in the Roman Empire*. Cambridge : Cambridge University Press.

Ulrich Konrad, Adalbert Roth et Martin Staehelin. 1985. *Musikalischer Lustgarten, Ausstellung der Herzog August Bibliothek Wolfenbüttel*. Wolfenbüttel : Herzog August Bibliothek.

Fabian Kraemer et Helmut Zedelmaier. 2014. « Instruments of Invention in Renaissance Europe : The Cases of Conrad Gesner and Ulisse Aldrovandi ». *Intellectual History Review* 24, 3: 321-341.

Markus Krajewski. 2011. *Paper machines : About Cards and Catalogs, 1548-1929*. Cambridge (MA) : MIT Press, 2011 (1re publication en allemand, 2002).

–. 2018. *The Server. A Media History from the Present to the Baroque*. New Haven (CT) : Yale University Press.

Kunstmuseum Basel. 1984. *Spätrenaissance am Oberrhein : Tobias Stimmer, 1539-1584*. Bâle : Kunstmuseum.

Johannes Kurz. 2007. « The Compilation and Publication of the Taiping Yulan and the Cefu Yuagui », *in* Bretelle-Establet et Chemla (2007), 39-76.

Sachiko Kusukawa. 1995. *A Wittenberg University Library Catalogue of 1536*. Cambridge : LP Publications.

Erik Kwakkel. 2003. « A New Type of Book for a New Type of Reader : The Emergence of Paper in Vernacular Book Production ». *The Library : Transactions of the Bibliographical Society* 4: 219-248.

–. 2012. « Discarded Parchment as Writing Support in English Manuscript Culture », in *English Manuscript Studies 1100-1700*, vol. XVII : *English Manuscripts before 1400*, éd. A. S. G. Edwards et Orietta Da Rold, 238-261. Londres : the British Library.

Albert Labarre. 1975. *Bibliographie du dictionarium d'Ambrogio Calepino*, 1502-1779. Baden-Baden : Valentin Koerner.

Élisabeth Labrousse. 1963. *Pierre Bayle*, vol. I : *Du pays de Foix à la cité d'Érasme*. La Haye : Martinus Nijhoff.

–. 1987. « Reading Pierre Bayle in Paris », in *Anticipations of Enlightenment in England, France and Germany*, éd. Alan Kors et Paul J. Korshin, 7-16. Philadelphie : University of Pennsylvania Press.

Hubert Laeven. 1990. *The « Acta Eruditorum » under the Editorship of Otto Mencke, 1644-1707 : The History of an International Learned Journal between 1682 and 1707*, trad. Lynne Richards. Amsterdam : APA-Holland University Press.

Anthony N. S. Lane. 1999. *John Calvin : Student of the Church Fathers*. Édimbourg : T&T Clark.

Otto Lankhorst. 2000. « Les ventes de livres en Hollande et leurs catalogues, XVIIe-XVIIIe siècles », *in* Charon et Parinet (2000), 11-28.

Roger Laufer (éd.). 1985. *La Notion de paragraphe*. Paris : Éditions du CNRS.

J. Lawler. 1898. *Book Auctions in England in the Seventeenth Century, 1676-1700*. Londres : Elliot Stock.

Marie Leca-Tsiomis. 1999. *Écrire l'*Encyclopédie *: Diderot, de l'usage des dictionnaires à la grammaire philosophique*. Oxford : Voltaire Foundation.

Jean Leclant. 2005. *Dictionnaire de l'Antiquité*. Paris : Presses universitaires de France.

J. Leclercq. 1953. « Études sur S. Bernard et le texte de ses écrits ». *Analecta Cisterciensia*, 9: 45-67.

Michèle Le Dœuff. 1984. « Bacon chez les grands au siècle de Louis XIII », in *Francis Bacon : Terminologia e fortuna nel XVII Secolo*, éd. Marta Fattori, 155-178. Rome : Edizioni dell'Ateneo.

Elisabeth Leedham-Green. 1992. *Private Libraries in Renaissance England : A Collection and Catalogue of Tudor and Early Stuart Book-Lists*. Binghamton (NY) : Medieval and Renaissance Texts and Studies.

Elisabeth Leedham-Green et David McKitterick. 1997. « A Catalogue of Cambridge University Library in 1583 », *in* Carley et Tite (1997), 153-235.

Jacques Le Goff. 1994. « Pourquoi le XIIIe siècle a-t-il été plus particulièrement un siècle d'encyclopédisme ? », *in* Picone (1994), 23-40.

Paul Lehmann. 1959. « Autographe und Originale Nahmhafter Lateinischer Schriftsteller des Mittelalters », in *Erforschung des Mittelalters. Ausgewählte*

Abhandlungen und Aufsätze, 359-390. Stuttgart : Hiersemann. (Réimpression d'une publication de 1941.)

Johannes Lemcke. 1925. *Vincentius Placcius und seine Bedeutung für die Anonymen und Pseudonymenbibliographie*. Hambourg : Bibliothek.

Paul Lemerle. 1966. « L'encyclopédisme à Byzance ». *Cahiers d'histoire mondiale* 3: 596-616.

–. 1971. *Le Premier Humanisme byzantin : Notes et remarques sur enseignement et culture à Byzance des origines au xe siècle*. Paris : Presses universitaires de France.

Sylvie Le Moël. 2003. « Wilhelm Heinse et sa bibliothèque manuscrite », *in* Décultot (2003c), 199-218.

Irving Leonard. 1947. « On the Mexican Book Trade, 1683 ». *Hispanic American Historical Review* 27 (3) : 403-435.

Elaine Leong et Alisha Rankin (éd.). 2001. *Secrets and Knowledge in Medicine and Science, 1500-1800*. Farnham, Surrey : Ashgate.

Seth Lerer. 2002. *Error and the Academic Self*. New York : Columbia University Press.

Michel-Pierre Lerner. 1995. *Tommaso Campanella en France au XVIIe siècle*. Naples : Bibliopolis.

Emmanuel Le Roy Ladurie. 1995. *Le Siècle des Platter 1499-1628*, tome 1 : *Le Mendiant et le Professeur*. Paris : Fayard.

Emmanuel Le Roy Ladurie, Yann Fauchoise, Annette Smedley-Weill et André Zysberg. 1996. « L'édition francophone, 1470-1780 : Paris-Province- "Etranger" par tranches diachroniques ». *Histoire, économie et société* 15: 507-523.

Urs Leu, Raffael Keller et Sandra Weidmann. 2008. *Conrad Gessner's Private Library*. Leyde : Brill.

Françoise Levie. 2006. *L'Homme qui voulait classer le monde : Paul Otlet et le Mundaneum*. Bruxelles : Les Impressions nouvelles.

Joseph M. Levine. 1991. *The Battle of the Books : History and Literature in the Augustan Age*. Ithaca (NY) : Cornell University Press.

David Levy. 2001. *Scrolling Forward : Making Sense of Documents in the Digital Age*. New York : Arcade Publishing.

John Lewis. 1998. *Adrien Turnèbe, 1512-1565 : A Humanist Observed*. Genève : Droz.

Sten Lindberg. 1979. « Mobiles in Books : Volvelles, Inserts, Pyramids, Divinations, and Children's Games », trad. William S. Mitchell. *Private Library* 2: 49-82.

David Lines. 2007. « Theodor Zwinger's Vision of Ethics : Three Unpublished Writings », in *Ethik – Wissenschaft oder Lebenskunst ? Modelle der Normenbegründung von der Antike bis zur Frühen Neuzeit*, éd. Sabrina Ebbersmeyer et Eckhard Kessler, 243-265. Berlin : LIT.

Lawrence Lipking. 1991. « Inventing the Common Reader : Samuel Johnson and the Canon », in *Interpretation and Cultural History*, éd. Joan H. Pittock et Andrew Wear, 153-174. Basingstoke : Macmillan.

Émile Littré. 1874. *Dictionnaire de la langue française*. 4 vol., Paris : Hachette.

Louis Lobbes. 2000. « Les recueils de citations au XVIe siècle : Inventaire », in *La Transmission du savoir dans l'Europe des XVIe et XVIIe siècles*, éd. Marie Roig Miranda, 127-37. Paris : Champion.

–. 2013. *Des apophtegmes à la Polyanthée : Érasme et le genre des dits mémorables*. Paris : Champion.

A. Locher. 1986. « The Structure of Pliny the Elder's Natural History », in *Science in the Early Roman Empire : Pliny the Elder, His Sources and Influence*, éd. Roger French et Frank Greenaway, 20-29. Londres : Croom Helm.

Michael Loewe. 1987. *The Origins and Development of Chinese Encyclopedias*. Londres : China Society.

Pamela O. Long. 2001. *Openness, Secrecy, Authorship : Technical Arts and the Culture of Knowledge from Antiquity to the Renaissance*. Baltimore : Johns Hopkins University Press.

Henry Gibbons Lotspeich. 1932. *Classical Mythology in the Poetry of Edmund Spenser*. Princeton : Princeton University Press.

Harold Love. 1993. *Scribal Publication in Seventeenth-Century England*. Oxford : Clarendon Press.

–. 2002. *Attributing Authorship : An Introduction*. Cambridge : Cambridge University Press.

Martin Lowry. 1979. *The World of Aldus Manutius*. Ithaca (NY) : Cornell University Press.

Roger D. Lund, 1998. « The Eel of Science : Index Learning, Scriblerian Satire, and the Rise of Information Culture ». *Eighteenth-Century Life* 22 (2) : 18-42.

Serge Lusignan. 1979. « Préface au *Speculum maius* de Vincent de Beauvais : Réfraction et diffraction ». *Cahiers d'études médiévales* (Montréal) 5: 11-145.

–. 1997. « Vincent de Beauvais dominicain et lecteur à l'abbaye de Royaumont », *in* Lusignan et Paulmier-Foucart (1997), 287-302.

Serge Lusignan et Monique Paulmier-Foucart (éd.). 1997. *Lector et compilator : Vincent de Beauvais frère prêcheur*. Grâne, France : Creaphis.

R. J. Lyall. 1989. « Materials : The Paper Revolution », in *Book Production and Publishing in Britain, 1375-1475*, éd. Jeremy Griffiths et Derek Pearsall, 11-29. Cambridge : Cambridge University Press.

Gregory B. Lyons. 2003. « Baudouin, Flacius and the Plan for the Magdeburg Centuries ». *Journal of the History of Ideas* 64: 253-272.

Fritz Machlup. 1962. *The Production and Distribution of Knowledge in the United States*. Princeton (États-Unis) : Princeton University Press.

Loren C. MacKinney. 1938. « Medieval Medical Dictionaries and Glossaries », in *Medieval and Historiographical Essays in Honor of James Westfall Thompson*, éd. James Lea Cate et Eugene N. Anderson, 240-268. Chicago : University of Chicago Press.

Ian Maclean. 1988. « L'économie du livre érudit : Le cas Wechel, 1572-1627 », in *Le Livre dans l'Europe de la Renaissance. Actes du XXVIIIe colloque international d'études humanistes de Tours*, éd. Pierre Aquilon et Henri-Jean Martin, 230-239. Paris : Promodis.

–. 1990. « Philosophical Books in European Markets, 1570-1630 : The Case of Ramus », in *New Perspectives on Renaissance Thoughts : Essays in the History of Science, Education, and Philosophy*, éd. John Henry et Sarah Hutton, 253-263. Londres : Duckworth.

–. 1991. « The Market for Scholarly Books and Conceptions of Genre in Northern Europe, 1570-1630 », in *Die Renaissance im Blick der Nationen Europas*, éd. George Kauffmann, 17-31. Wiesbaden : Harrassowitz.

–. 1994. « Cardano and His Publishers, 1534-1663 », *in Girolamo Cardano : Philosoph, Naturforscher, Arzt*, éd. Eckhard Kessler, 308-388. Wiesbaden : Harrassowitz.

–. 2002. « Melanchthon at the Book Fairs, 1560-1601 : Editors, Markets, and Religious Strife », in *Melanchthon-Schriften der Stadt Bretten*, vol. VI, pt. 2 : *Melanchthon und Europa : Westeuropa*, éd. Günter Frank et Kees Meerhoff, 211-232. Stuttgart : Jan Thorbecke.

–. 2007. « Murder, Debt, and Retribution in the Italico-Franco-Spanish Book Trade : The Beraud-Michel-Ruiz Affair, 1586-1591 », *in* Myers *et al.* (2007b), 61-106.

Roy MacLeod (éd.). 2004. *The Library of Alexandria : Centre of Learning in the Ancient World*. Londres : I. B. Tauris.

Ramsay MacMullen. 1974. *Roman Social Relations, 50 B.C. to A.D. 284*. New Haven (États-Unis) : Yale University Press.

Ida Maïer. 1965. *Les Manuscrits d'Ange Politien*. Genève : Droz.

George Makdisi. 1981. *The Rise of Colleges : Institutions of Learning in Islam and the West*. Édimbourg : Edinburgh University Press.

–. 1990. *The Rise of Humanism in Classical Islam and the Christian West : With Special Reference to Scholasticism*. Édimbourg : Edinburgh University Press.

Noel Malcolm. 2004. « Thomas Harrison and his "Ark of Studies" : An Episode in the History of the Organization of Knowledge ». *Seventeenth Century* 19: 196-232.

Giles Mandelbrote. 2000a. « La nouvelle édition de Graham Pollard et Albert Ehrman, *The Distribution of Books by Catalogue from the Invention of Printing to AD 1800* : Bilan des travaux préparatoires : Catalogues français », *in* Charon et Parinet (2000), 49-76.

–. 2000b. « Scientific Books and Their Owners : A Survey to c. 1720 », *in Thornton and Tully's Scientific Books, Libraries, and Collectors : A Study of Bibliography and the Book Trade in Relation to the History of Science*, éd. Andrew Hunter, 4e éd., 333-366. Aldershot (Royaume-Uni) : Ashgate.

–. 2003. « John Evelyn and His Books », in *John Evelyn and His Milieu*, éd. Frances Harris et Michael Hunter, 71-94. Londres : British Library.

Jean-Marc Mandosio. 2001. « La "docte variété" chez Ange Politien », *in* de Courcelles (2001), 33-41.

–. 2002. « Méthodes et fonctions de la classification des sciences et des arts, XVe-XVIIe siècles » ; *Nouvelle revue du seizième siècle* 20 (1) : 19-30.

–. 2003. « La miscellanée. Histoire d'un genre », *in* de Courcelles (2003b), 7-36.

E. Mangenot. 1899. « Concordances de la Bible », in *Dictionnaire de la Bible*, éd. F. Vigouroux, col. 891-905. Paris : Letouzey et Ané.

Michela Marangoni. 1997. *L'armonia del sapere : i Lectionum Antiquarum libri de Celio Rodigino. Memorie, classe di scienza morali, lettere ed arti* 68. Venise : Istituto Veneto di Scienze, Lettere ed Arti.

Valerio Marchetti. 1989. « Detestanda libido : La sessualità nei "Lectionum antiquarum libri triginta" di Lodovico Ricchieri », in *Eresie, magia, societa nel Polesine tra '500 e '600*, éd. Achille Olivieri, 23-32. Rovigo : Associazione Culturale Minelliana.

Hannah Marcus. (À paraître). *Forbidden Knowledge : Medicine, Science, and Censorship in Early Modern Italy*. Chicago : University of Chicago Press.

Henri-Jean Martin. 2000. *La Naissance du livre moderne : Mise en page et mise en texte du livre français, XIVe-XVIe siècles*. Paris : Éditions du Cercle de la librairie.

Ulrich Marzolph. 1997. « Medieval Knowledge in Modern Reading : A Fifteenth-Century Arabic Encyclopaedia of *omni re scibili* », *in* Binkley (1997a), 407-419.

François Masai. 1967. « Fra Salimbene et la codicologie ». *Scriptorium* 21: 91-99.

Nicole Masson. 1988. « Catalogues de vente », *in* Jolly (1988a), 262-265.

–. 2000. « Typologie des catalogues de vente », *in* Charon et Parinet (2000), 119-137.

Viktor Mayer-Schönberger. 2009. *Delete : The Virtue of Forgetting in the Digital Age*. Princeton : Princeton University Press.

Carla Mazzio. 2009. *The Inarticulate Renaissance : Language Trouble in an Age of Eloquence*. Philadelphie : University of Pennsylvania Press.

Joseph McDermott. 2005. « The Ascendance of the Imprint in China », *in* Brokaw et Chow (2005), 55-104.

–. 2006. *A Social History of the Chinese Book : Books and Literati in Late Imperial China*. Hong Kong : Hong Kong University Press.

Joseph McDermott et Peter Burke (éd.). 2017. *The Book Worlds of East Asia and Europe 1450-1850. Connections and Comparisons*. Hong Kong : Hong Kong University Press.

Myles McDonnell. 1996. « Writing, Copying, and Autograph Manuscripts in Ancient Rome ». *Classical Quarterly*, n.s., 46 (2) : 469-491.

J. J. McEvoy. 2000. *Robert Grosseteste*. Oxford : Oxford University Press.

David McKitterick. 1992. « Bibliography, Bibliophily and the Organization of Knowledge », *in* David Vaisey et David McKitterick, *The Foundations of Scholarship : Libraries and Collecting, 1650-1750*, 31-61. Los Angeles : William Andrews Clark Memorial Library.

–. 2003. *Print, Manuscript, and the Search for Order, 1450-1830*. Cambridge : Cambridge University Press.

–. 2018. *The Invention of Rare Books : Private Interest and Public Memory, 1600-1840*. Cambridge : Cambridge University Press.

Randall McLeod. 2003. « Obliterature : Reading a Censored Text of Donne's "To His Mistress Going to Bed" », in *English Manuscript Studies, 1100-1700*, vol. 12 : *Scribes and Transmission in English Manuscripts, 1400-1700*, éd. Peter Beal et A. S. G. Edwards, 83-138. Londres : British Library.

Christel Meier. 1984. « Grundzüge der mittelalterlichen Enzyklopädik », in *Literatur und Laienbildung im Spätmittelalter und in der Reformationszeit. Symposion Wolfenbüttel 1981*, édition de Ludger Grenzmann et Karl Stackmann, 67-503. Stuttgart : J. B. Metzlersche Verlagsbuchhandlung.

–. 2001. « Tendenzen der neueren Forschung zur Enzyklopädie des Mittelalters », in *Jacob van Maerlants 'Der naturen bloeme' und das Umfeld*, éd. Amand Berteloot et Detlev Hellfaier, 29-47. Niederlande-Studien 23. Münster : Waxmann.

–. (éd.). 2002. *Die Enzyklopädien im Wandel vom Hochmittelalter bis zur frühen Neuzeit*. Munich : Wilhelm Fink.

Christoph Meinel. 1992. *Die Bibliothek des Joachim Jungius : Ein Beitrag zur Historia litteraria der frühen Neuzeit*. Göttingen : Vandenhoeck & Ruprecht.

–. 1995. « Enzyklopädie der Welt und Verzettelung des Wissens : Aporien der Empirie bei Joachim Jungius », *in* Eybl (1995), 162-187.

Jørgen Mejer. 1978. *Diogenes Laertius and His Hellenistic Background. Hermes Einzelschriften* 40. Wiesbaden : Frank Steiner Verlag.

Mieczyslaw Mejor. 1994. *Polyanthea nova* von Joseph Lange : Ein Exempel der neulateinischen Florilegia », in *Acta conventus neo-latini hafniensis*, éd. Ann Moss, 651-688. Binghamton, NY (États-Unis) : Medieval and Renaissance Texts and Studies.

Gert Melville. 1980. « Spätmittelalterliche Geschichtskompendien – Eine Aufgabenstellung ». *Römische historische Mitteilungen* 22: 51-104.

–. 1988. « Kompilation, Fiktion und Diskurs. Aspekte zur heuristischen Methode der mittelalterlichen Geschichtsschreiber », in *Historische Methode*, éd. Christian Meier et Jörn Rüsen, 133-153. Munich : DTV.

Michael Mendle. 2006. « The "Prints" of the Trials : The Nexus of Politics, Religion, Law, and Information in Late Seventeenth-Century England », in *Fear, Exclusion and Revolution : Roger Morrice and Britain in the 1680s*, éd. Jason McElligott, 123-137. Aldershot : Ashgate.

Hélène Merlin-Kajman (éd.). 2003. *Le Dictionnaire universel de Furetière. Littératures classiques* 47.

Dieter Mertens. 1983. « Früher Buchdruck und Historiographie », in *Studien zum stadtischen Bildungswesen des späten Mittelalters und der frühen Neuzeit : Bericht über Kolloquien der Kommission zur Erforschung der Kultur des Spätmittelalters, 1978-1981*, éd. Bernd Moeller *et al.*, 83-111. Göttingen : Vandenhoeck & Ruprecht.

Jean Mesnard. 1985. « La crise de la conscience européenne. Un demi-siècle après Paul Hazard », in *De la mort de Colbert à la révocation de l'Édit de Nantes : Un monde nouveau ?* éd. Louise Godard de Donville, 185-198. Marseille : Centre méridional de rencontres sur le XVIIe siècle.

Heinz Meyer. 1991. « Ordo Rerum und Registerhilfen in mittelalterlichen Enzyklopädiehandschriften ». *Frühmittelalterliche Studien* 25: 315-339.

–. 2000. *Die Enzyklopädie des Bartholomäus Anglicus : Untersuchungen zur Überlieferungs- und Rezeptionsgeschichte von "De proprietatibus rerum"*. Munich : W. Fink.

Max Meyerhof. 1984. « Sultan Saladin's Physician on the Transmission of Greek Medicine to the Arabs », in *Studies in Medieval Arabic Medicine : Theory and Practice*, éd. Penelope Johnstone. Londres : Variorum Reprints.

Paul Michel. 2002. « Ordnungen des Wissens : Darbietungsweisen des Materials in Enzyklopädien », in *Populäre Enzyklopädien. Von der Auswahl, Ordnung und Vermittlung des Wissens*, éd. Ingrid Tomkowiak, 35-83. Zurich : Chronos.

–. 2004. « "Nihil scire felicissima vita" : Wissens- und Enzyklopädiekritik in der Vormoderne », *in* Stammen et Weber (2004), 247-289.

Luigi Michelini Tocci. 1989. *In officina Erasmi : L'apparato autografo di Erasmo per l'edizione 1528 degli Adagia e un nuovo manoscritto del Compendium vitae*. Rome : Edizione di storia et letteratura.

Arnold Miller. 1981. « Louis Moréri's Grand Dictionnaire Historique », *in* Kafker (1981), 13-52.

–. 1994. « The Last Edition of the Dictionnaire de Trévoux », in Kafker (1994b), 5-50.

Peter N. Miller. 2000. *Peiresc's Europe : Learning and Virtue in the Seventeenth Century*. New Haven : Yale University Press.

–. 2015. *Peiresc's Mediterranean World*. Cambridge : Harvard University Press.

Olivier Millet. 2004. « Avatars du livre et expérience de la lecture », in *Désirs et plaisirs du livre : Hommage à Robert Kopp*, éd. Regina Boohalder Mayer *et al.*, 81-95. Paris : Champion.

Mara Miniati. 1989. « Les *cistae mathematicae* et l'organisation des connaissances au XVIe siècle », in *Studies in the History of Scientific Instruments*, 2e éd., Christiane Blondel, 43-51. Londres : Rogers Turner Books.

Alastair J. Minnis. 1979. « Late Medieval Discussion of *Compilatio* and the Role of the *Compilator* ». *Beiträge zur Geschichte der deutschen Sprache und Literatur* 101: 385-421.

Andrei Minzetanu. 2016. *Carnets de lecture. Généalogie d'une pratique littéraire.* Saint-Denis : Presses universitaires de Vincennes.

Ruth Mohl. 1969. *John Milton and His Commonplace Book*. New York : Frederick Ungar Publishing.

P. C. Molhuysen 1913-1924. *Bronnen tot de Geschiedenis der Leidsche Universiteit.* La Haye : Nijhoff.

Paola Molino. 2006. « Alle origini della Methodus Apodemica di Theodor Zwinger : la collaborazione di Hugo Blotius, fra empirismo ed universalismo ». *Codices Manuscripti, Zeitschrift für Handschriftenkunde*, 56/57: 43-68.

John Monfasani. 1988. « The First Call for Press Censorship : Niccolò Perotti, Giovanni Andrea Bussi, Antonio Moreto, and the Editing of Pliny's Natural History ». *Renaissance Quarterly* 41: 1-31.

Nathalie Monnet. 1996a. « Le classement des connaissances », *in* Schaer (1996), 348-350.

–. 1996b. « Les spécificités et la place de l'encyclopédie chinoise », *in* Schaer (1996), 344-347.

–. 1996c. « La tradition des grands projets éditoriaux de la Chine impériale », *in* Schaer (1996), 351-366.

Sébastien Morlet (éd.). 2015. *Lire en extraits. Lecture et production des textes de l'Antiquité à la fin du Moyen Âge*. Paris : Presses de l'université Paris-Sorbonne.

Daniel Mornet. 1910. « Les enseignements des bibliothèques privées, 1750-1780 ». *Revue d'histoire littéraire de la France*, 17: 449-496.

Ann Moss. 1996. *Printed Commonplace-Books and the Structuring of Renaissance Thought*. Oxford : Clarendon Press.

–. 2003. « Emblems into Commonplaces : The Anthologies of Joseph Langius », in *Mundus Emblematicus : Studies in Neo-Latin Emblem Books*, éd. Karl A. E. Enenkel et Arnoud S. Q. Visser, 1-16. Imago Figurata Studies 4. Turnhout : Brepols.

–. 2005. « Locating Knowledge », *in* Enenkel et Neuber (2005), 35-49.

Glenn W. Most. 1990. « Canon Fathers : Literacy, Mortality, Power ». *Arion*, 3e série, 1 (1) : 35-60.

–. (éd.). 1999. *Commentaries-Kommentare*. Göttingen : Vandenhoeck & Ruprecht.

Roy Mottahedeh. 1985. *The Mantle of the Prophet : Religion and Politics in Iran*. New York : Pantheon Books.

Raphaëlle Mouren. 2001. « La varietas des philologues au XVIe siècle », *in* de Courcelles (2001), 5-31.

Elias Muhanna. 2018. *The World in a Book : Al-Nuwayrī and the Islamic Encyclopedic Tradition*. Princeton : Princeton University Press.

Jan-Dirk Müller. 1998. « Universalbibliothek und Gedächtnis. Aporien frühneuzeitlicher Wissenskodifikation bei Conrad Gesner (Mit einem Ausblick auf Antonio Possevino, Theodor Zwinger und Johann Fischart) », in *Erkennen und Erinnern in Kunst und Literatur*. Colloque de Reisensburg, 4-7 janvier 1996, éd. Wolfgang von Frühwald *et al.*, 285-310. Tübingen : Max Niemeyer.

–. 2003. « Wissen ohne Subjekt ? Zu den Ausgaben von Gesners Bibliotheca universalis im 16. Jahrhundert », in *Zukunft der Literatur – Literatur der Zukunft : Gegenwartsliteratur und Literaturwissenschaft*, éd. Reto Sorg, Adrian Mettauer, et Wolfgang Pross, 73-91. Munich : Wilhelm Fink.

Staffan Müller-Wille. 2002. « Carl von Linnés Herbarschrank : Zur epistemischen Funktion eines Sammlungsmöbel », *in* Te Heesen et Spary (2002), 22-38.

Staffan Müller-Wille et Sara Scharf. 2009. « Indexing Nature : Carl Linnaeus (1707-1778) and His Fact-Gathering Strategies. » *Working Papers on the Nature of Evidence : How Well Do "Facts" Travel ?* n° 36/08 http://eprints.lse.ac.uk/47386/

Lotte Mulligan. 1992. « Robert Hooke's "Memoranda" : Memory and Natural History ». *Annals of Science* 49: 47-61.

Martin Mulsow. 2001. « Gelehrte Praktiken politischer Kompromittierung. Melchior Goldast und Lipsius' Rede *De duplici concordia* im Vorfeld der Entstehung der protestantischen Union », *in* Zedelmaier et Mulsow (2001), 307-347.

–. 2006. « Practices of Unmasking : Polyhistors, Correspondence, and the Birth of Dictionaries in Seventeenth-Century Germany », trad. Ulrich Groetsch. *Journal of the History of Ideas* 67 (2) : 219-250.

–. 2007. *Die unanständige Gelehrtenrepublik : Wissen, Libertinage und Kommunikation in der Frühen Neuzeit*. Stuttgart : Metzler.

–. 2012. « Entwicklung einer Tatsachenkultur. Die Hamburger Gelehrten und ihre Praktiken 1650-1750 », in *Hamburg. Eine Metropolregion zwischen Früher Neuzeit und Aufklärung*, éd. Johann Anselm Steiger et Sandra Richter. Berlin : Akademie Verlag.

Olsen Munk Birger. 1979. « Les classiques latins dans les florilèges médiévaux antérieurs au XIIIe siècle ». *Revue d'histoire des textes* 9: 47-121.

–. 1980. « Les classiques latins dans les florilèges médiévaux antérieurs au XIIIe siècle (suite) ». *Revue d'histoire des textes* 10: 115-64.

–. 1982. « Les florilèges d'auteurs classiques ». *Les Genres littéraires dans les sources théologiques et philosophiques médiévales. Actes du colloque international de Louvain-la-Neuve*, 151-64. Louvain-la-Neuve : Institut d'études médiévales.

John Murdoch. 1984. *Antiquity and the Middle Ages. Album of Science*. New York : Charles Scribner's Sons.

Trevor Murphy. 2004. *Pliny the Elder's Natural History : The Empire in the Encyclopedia*. Oxford : Oxford University Press.

Katherine Murray. 1977. *Caught in the Web of Words : James A. H. Murray and the Oxford English Dictionary*. New Haven (États-Unis) : Yale University Press.

Robin Myers et Michael Harris (éd.). 1996. *Antiquaries, Book Collectors, and Circles of Learning*. Winchester : St. Paul's Bibliographies, et New Castle (États-Unis) : Oak Knoll Press.

Robin Myers, Michael Harris et Giles Mandelbrote (éd.). 2007a. *Books on the Move : Tracking Copies through Collections and the Book Trade*. New Castle (États-Unis) : Oak Knoll Press, et Londres : British Library.

–. (éd.). 2007b. *Fairs, Markets, and the Itinerant Book Trade*. New Castle (DE) : Oak Knoll Press, et Londres : British Library.

Alain Nadeau. 1997. « Faire œuvre utile : Notes sur le vocabulaire de quelques prologues dominicains du XIIIe siècle », *in* Lusignan et Paulmier-Foucart (1997), 77-96.

Uwe Neddermeyer. 1996. « Möglichkeiten und Grenzen einer quantitativen Bestimmung der Buchproduktion im Spätmittelalter ». *Gazette du livre médiéval* 28: 23-32.

–. 1998. *Von der Handschrift zum gedruckten Buch : Schriftlichkeit und Leseinteresse im Mittelalter und in der frühen Neuzeit. Quantitative und qualitative Aspekte*. 2 vol. Wiesbaden : Harrassowitz.

Leif Nedergard. 1958. « La genèse du *Dictionnaire historique et critique* de Bayle ». *Orbis litterarum : Revue internationale d'études littéraires* 13: 210-227.

Paul Needham. 1980. Compte rendu du livre d'Elizabeth Eisenstein, *The Printing Press as an Agent of Change* [2 vol., Cambridge : Cambridge University Press, 1979], *Fine Print : The Review for the Arts of the Book* 6 : (1) : 23-35.

–. 1982. « Johann Gutenberg and the Catholicon Press ». *Papers of the Bibliographical Society of America* 76 (4) : 395-456.

–. 1986. *The Printer and the Pardoner : An Unrecorded Indulgence Printed by William Caxton*. Washington D.C. : Library of Congress.

–. 1999. « Counting Incunables : The IISTC CD-ROM ». *Huntington Library Quarterly* 61: 457-529.

Paul Nelles. 1994. « The Public Library and Late Humanist Scholarship in Early Modern Europe : Antiquarianism and Encyclopaedism ». PhD. Diss., Johns Hopkins University.

–. 2000. « Historia litteraria and Morhof : Private Teaching and Professorial Libraries at the University of Kiel », *in* Waquet (2000), 31-56.

–. 2001. « Historia litteraria at Helmstedt : Books, Professors and Students in the Early Enlightenment University », *in* Zedelmaier et Mulsow (2001), 147-176.

–. 2007. « Note-Taking Techniques and the Role of Student Notebooks in the Early Jesuit Colleges ». *Archivum Historicum Societatis Jesu*, 76: 75-112.

Florian Neumann. 2001. « Jeremias Drexels Aurifodina und die Ars excerpendi bei den Jesuiten », *in* Zedelmaier et Mulsow (2001), 51-62.

Bruno Neveu. 1994. *Érudition et religion aux XVIIe et XVIIIe siècles*. Paris : Albin Michel.

Valérie Neveu. 2015. « Catalogues et classifications à l'âge de l'imprimé », *in* Barbier, Dubois et Sordet (2015).

Stephen G. Nichols et Siegfried Wenzel (éd.). 1996. *The Whole Book : Cultural Perspectives on the Medieval Miscellany*. Ann Arbor : University of Michigan Press.

Salvatore Nigro, Salvatore. 1995. « The Secretary », in *Baroque Personae*, éd. Rosario Villari, trad. Lydia Cochrane, 82-99. Chicago : University of Chicago Press.

Donald Norman. 1993. *Things That Make Us Smart*. Reading (États-Unis) : Addison-Wesley.

Dorothy May Norris. 1939. *History of Cataloguing and Cataloguing Methods, 1100-1850*. Londres : Grafton.

Geoffrey Nunberg. 1996. « Farewell to the Information Age », in *The Future of the Book*, éd. Geoffrey Nunberg, 103-138. Berkeley : University of California Press.

Angela Nuovo. 2007. « The Creation and Dispersal of the Library of Gian Vincenzo Pinelli », *in* Myers *et al.* (2007a), 39-67.

A. D. Nuttall. 2003. *Dead from the Waist Down : Scholars and Scholarship in Literature and the Popular Imagination*. New Haven : Yale University Press.

Cornelius O'Boyle. 1998. *The Art of Medicine : Medical Teaching at the University of Paris, 1250-1400*. Leyde : Brill.

Brian W. Ogilvie. 1997. « Encyclopaedism in Renaissance Botany : From historia to pinax », *in* Binkley (1997a), 89-99.

–. 2006. *The Science of Describing*. Chicago : University of Chicago Press.

James G. O'Hara. 1998. « "A Chaos of Jottings That I Do Not Have the Leisure to Arrange and Mark with Headings" : Leibniz's Manuscript Papers and Their Repository », *in* Hunter (1998a), 159-170.

Oliver Olson. 1981. « "Der Bücherdieb Flacius" – Geschichte eines Rufmords ». *Wolfenbütteler Beiträge*, 4: 111-146.

Walter J. Ong. 1976. « Commonplace Rhapsody : Ravisius Textor, Zwinger and Shakespeare », in *Classical Influences on European Culture, 1500-1700*, éd. R. R. Bolgar, 91-126. Cambridge : Cambridge University Press.

–. 1977. *Interfaces of the Word : Studies in the Evolution of Consciousness and Culture*. Ithaca : Cornell University Press.

Stephen Orgel. 2000. « Margins of Truth », in *The Renaissance Text : Theory, Editing, Textuality*, éd. Andrew Murphy, 91-107. Manchester : Manchester University Press.

Paola Orsatti. 1993. « Le manuscrit islamique : caractéristiques matérielles et typologie », in *Ancient and Medieval Book Materials and Techniques*, édition de Marilena Maniaci et Paola F. Munafo, II, 269-331. Studi e Testi 357-358. Vatican : Biblioteca Apostolica Vaticana.

Brigitte Ouvry-Vial et Anne Réach-Ngô (éd.). 2010. *L'Acte éditorial : publier à la Renaissance et aujourd'hui*. Paris : Classiques Garnier.

Eef Overgaauw. 2006. « Die Autographen des Domikanertheologen Jakob von Soest (c. 1360 bis c. 1440) ». *Scriptorium*, 60: 60-79.

Jessie Ann Owens. 1997. *Composers at Work : The Craft of Musical Composition*. Oxford : Oxford University Press.

Oxford Classical Dictionary. 1996. Éd. Simon Hornblower et Antony Spawforth. Oxford : Oxford University Press.

Oxford English Dictionary. 2018. 3e édition, ressource électronique maintenue par Oxford University Press.

Isabelle Pantin et Gérald Péoux. 2013. *Mise en forme des savoirs à la Renaissance. À la croisée des idées, des techniques et des publics*. Paris : Armand Colin.

Hélène Parenty. 2009. *Isaac Casaubon, helléniste : des studia humanitatis à la philologie*. Genève : Droz.

Katharine Park et Lorraine Daston (éd.). 2006. *Cambridge History of Early Modern Science*. Cambridge : Cambridge University Press.

Malcolm B. Parkes. 1976. « The Influence of the Concepts of Ordinatio and Compilatio on the Development of the Book », in *Medieval Learning and Literature : Essays Presented to Richard William Hunt*, éd. J. J. G. Alexander et M. T. Gibson, 115-141. Oxford : Clarendon Press.

–. 1992. *Pause and Effect : An Introduction to the History of Punctuation in the West*. Aldershot : Scolar Press.

Graham Parry. 2002. « Patronage and the Printing of Learned Works for the Author », in *A History of the Book in Britain, IV : 1557-1695*, éd. John Barnard et D. F. McKenzie, 174-188. Cambridge : Cambridge University Press.

Jean Passet. 1991. « Entering the Professions : Women Library Educators and the Placement of Female Students, 1887-1912 ». *History of Education Quarterly* 31 (2) : 207-228.

Alan K. G. Paterson. 2000. « The Great World of Don Pedro Calderón's Theatre and the Beyerlinck Connection ». *Bulletin of Hispanic Studies* 77: 237-253.

Mark Pattison. 1889. *Essays*. 2 vol., Oxford : Clarendon Press.

–. 1949. *The Estiennes : A Biographical Essay*. San Francisco : Book Club of California.

Monique Paulmier-Foucart. 1980-1981. « Présentation et édition de la *Tabula super Speculum Historiale Fratris Vincentii* », *Spicae* 2 (1980) : 19-203 et 3 (1981) : 7-208.

–. 1997. « Les protecteurs séculiers de Vincent de Beauvais », *in* Lusignan et Paulmier-Foucart (1997), 215-231.

–. 2002. « Le plan et l'évolution du *Speculum maius* de Vincent de Beauvais. De la version bifaria à la version trifaria », *in* Meier (2002), 245-267.

–. 2004. *Vincent de Beauvais et le grand miroir du monde*. Turnhout : Brepols.

Monique Paulmier-Foucart, Serge Lusignan et Alain Nadeau (éd.). 1990. *Vincent de Beauvais : Intentions et réceptions d'une œuvre encyclopédique au Moyen Âge*. Montréal (Canada)-Paris, Bellarmin-Vrin.

Johannes Pedersen. 1984. *The Arabic Book*, trad. Geoffrey French. Princeton (États-Unis) : Princeton University Press.

Charles Pellat. 1966. « Les encyclopédies dans le monde arabe ». *Cahiers d'histoire mondiale* 3: 631-658.

Jordan Penkower, « The Chapter Divisions in RB 1525 », *Vetus Testamentum* 48 (1998) : 350-374.

–. « Verse Divisions in the Hebrew Bible », *Vetus Testamentum* 50 (2000) : 279-393.

George A. Perla et Richard N. Schwab. 1971. « The Authorship of the Unsigned Articles in the Encyclopédie ». *Eighteenth-Century Studies* 4: 447-457.

Alessandro Perosa. 1981. « L'edizione Veneta di Quintiliano coi commenti del Valla, di Pomponio Leto e di Sulpizio da Veroli », in *Miscellanea Augusto Campana* 2: 575-610. Padoue : Editrice Antenore.

Kate Peters, Alexandra Walsham et Liesbeth Corens. 2018. *Archives and Information in the Early Modern World, Proceedings of the British Academy*. Oxford : Oxford University Press.

Willard J. Peterson. 1968. « The Life of Ku Yen-wu, 1613-1682 ». *Harvard Journal of Asiatic Studies* 28: 114-156.

Nicolas Petit. 1997. *L'Éphémère, l'occasionnel et le non-livre à la bibliothèque Sainte- Geneviève (XVe-XVIIIe siècles)*. Paris : Klincksieck.

Pierre Petitmengin. 1997. « Capitula païens et chrétiens », *in Titres et articulations du texte dans les œuvres antiques. Actes du colloque de Chantilly*, éd. Jean-Claude Fredouille *et al.*, 491-507. Paris : Institut d'études augustiniennes.

Armando Petrucci. 1995. *Writers and Readers in Medieval Italy : Studies in the History of Written Culture*, éd. Charles M. Radding. New Haven : Yale University Press.

Hans Petschar, Ernst Strouhal et Heimo Zobernig. 1999. *Der Zettelkatalog : Ein historisches System geistiger Ordnung*. Vienne : Springer.

William Pettas. 1995. « A Sixteenth-Century Bookstore : The Inventory of Juan de Junta ». *Transactions of the American Philosophical Society* 85 (1) : 1-247.

Andrew Pettegree. 2010. *The Book in the Renaissance*. New Haven : Yale University Press.

Pierre Pic. 1911. *Guy Patin*. Paris : G. Steinheil.

Michelangelo Picone (éd.). 1994. *L'enciclopedismo medievale*. Ravenne : Longo editore.

Laurent Pinon. 2003. « Entre compilation et observation : L'écriture de l'ornithologie d'Ulisse Aldrovandi », *Genesis* 20: 53-70.

Elfriede Hulshoff Pol. 1975. « The Library », in *Leiden University in the Seventeenth Century*, éd. Lunsingh Scheurleer et G. H. M. Posthumus Meyjes, 394-459. Leyde : Brill.

Graham Pollard et Albert Ehrman. 1965. *The Distribution of Books by Catalogue from the Invention of Printing to AD 1800*. Cambridge : Roxburghe Club.

Mary Poovey. 1998. *A History of the Modern Fact : Problems of Knowledge in the Sciences of Wealth and Society*. Chicago : University of Chicago Press.

Karl Pörnbacher. 1965. *Jeremias Drexel : Leben und Werk eines Barockpredigers, Beiträge zur altbayerischen Kirchengeschichte* 24 (2). Munich : F. X. Seitz.

Ernst Posner. 1972. *Archives in the Ancient World*. Cambridge : Harvard University Press.

Gerhardt Powitz. 1996. « Le Catholicon – Esquisse de son histoire », *in* Hamesse (1996b), 299-336.

William K. Prentice. 1930. « How Thucydides Wrote His History », *Classical Philology* 25: 117-127.

Leah Price. 2000. *The Anthology and the Rise of the Novel from Richardson to George Eliot*. Cambridge : Cambridge University Press.

Leah Price et Pamela Thurschwell (éd.). 2005. *Literary Secretaries/Secretarial Culture*. Aldershot : Ashgate.

Gerd Quedenbaum. 1977. *Der Verleger und Buchhändler Johann Heinrich Zedler, 1706-1751*. Hildesheim : Olms.

Bernard Quemada (éd.). 1998. *Le Dictionnaire de l'Académie française et la lexicographie institutionnelle européenne. Actes du colloque international, 17, 18 et 19 novembre 1994*, Paris, Institut de France. Paris : Honoré Champion.

Carol Quillen. 1998. *Rereading the Renaissance : Petrarch, Augustine, and the Language of Humanism*. Ann Arbor : University of Michigan Press.

Paul Raabe et Eckhard Schinkel (éd.). 1979. *Sammler, Fürst, Gelehrter Herzog August zu Braunschweig und Lüneburg, 1579-1666*. Wolfenbüttel : Die Bibliothek.

Luc Racaut. 2009. « Nicolas Chesneau, Catholic Printer in Paris during the French Wars of Religion ». *Historical Journal* 52 (1) : 23-41.

Ayval Ramati. 1996. « Harmony at a Distance : Leibniz's Scientific Academies », *Isis* 87 (3) : 430-452.

James Raven. 2004. « Introduction : the Resonances of Loss », in *Lost Libraries : The Destruction of Great Book Collections since Antiquity*, éd. James Raven, 1-40. Houndmills : Palgrave Macmillan.

–. 2007. *The Business of Books : Booksellers and the English Book Trade*. New Haven (États-Unis) : Yale University Press.

W. Boyd Rayward. 2010. « Paul Otlet, encyclopédiste, internationaliste belge », in *Paul Otlet, fondateur du Mundaneum (1868-1944), architecte du savoir, artisan de paix*, 15-50. Bruxelles : Les Impressions nouvelles.

Allen Reddick. 1996. *The Making of Johnson's Dictionary, 1746-1773*, édition revue. Cambridge : Cambridge University Press.

Ernst Heinrich Rehermann. 1974. « Die protestantischen Exempelsammlungen des 16. und 17. Jahrhunderts. Versuch einer Übersicht und Charakterisierung nach Aufbau und Inhalt », in *Volkserzählung und Reformation : Ein Handbuch zur Tradierung und Funktion von Erzählstoffen und Erzählliteratur im Protestantismus*, éd. Wolfgang Brückner, 579-645. Berlin : Erich Schmidt Verlag.

Eric H. Reiter. 1996. « The Reader as Author of the User-Produced Manuscript : Reading and Rewriting Popular Latin Theology in the Late Middle Ages » *Viator*, 27: 151-70.

Volker Remmert. 2005. *Widmung, Welterklärung und Wissenschaftslegitimierung : Titelbilder und ihre Funktionen in der Wissenschaftlichen Revolution*. Wiesbaden : Harrassowitz.

A. D. Renting et J. T. C. Renting-Kuipers. 2008. *Catalogus van de Librije in de St Walburgiskerk te Zutphen*. Groningue : Philip Elchers.

Christoph Reske. 2007. *Die Buchdrucker des 16. und 17. Jahrhunderts im deutschen Sprachgebiet. Auf der Grundlage des gleichnamigen Werkes von Josef Benzing*. Wiesbaden : Harrassowitz.

Pierre Rétat. 1984. « L'âge des dictionnaires », in *Histoire de l'édition française*, vol. II : *Le Livre triomphant, 1660-1830*, éd. Henri-Jean Martin, Roger Chartier et Jean-Pierre Vivet, 186-198. Paris : Promodis.

James Rettig (éd.). 1992. *Distinguished Classics of Reference Publishing*. Phoenix (États-Unis) : Oryx Press.

L. D. Reynolds (éd.). 1983. *Texts and Transmission : A Survey of the Latin Classics*. Oxford : Clarendon Press.

Dinah Ribard. 2002. « La philosophie mise en recueils », in *De la publication entre Renaissance et Lumières*, éd. Christian Jouhaud et Alain Viala, 61-75. Paris : Fayard.

Bernard Ribémont. 1997. « On the Definition of an Encyclopaedic Genre in the Middle Ages », *in* Binkley (1997a), 47-61.

–. 2001. *Les Origines des encyclopédies médiévales : D'Isidore de Séville aux Carolingiens*. Paris : Champion.

Brian Richardson. 1994. *Print Culture in Renaissance Italy : The Editor and the Vernacular Text, 1470-1600*. Cambridge : Cambridge University Press.

–. 1998. « The Debates on Printing in Renaissance Italy ». *La bibliofilia* 100: 135-155.

Alain Riffaud. 2011. *Une archéologie du livre français moderne*. Genève : Droz.

Kimberly Rivers. 1997. « Memory, Division, and the Organisation of Knowledge in the Middle Ages », *in* Binkley (1997a), 147-158.

Julian Roberts. 1997. « Importing Books for Oxford, 1500-1640 », *in* Carley et Tite (1997), 317-333.

–. 2002. « The Latin Trade », in *A History of the Book in Britain, IV : 1557-1695*, éd. John Barnard et D. F. McKenzie, 141-173. Cambridge : Cambridge University Press.

Phyllis Roberts. 1998. « Medieval University Preaching : The Evidence in the Statutes », in *Medieval Sermons and Society : Cloister, City, University*, éd. Jacqueline Hamesse *et al.*, 317-328. Louvain-la-Neuve : Fédération internationale des Instituts d'études médiévales.

Henry John Roby. 2000. *An Introduction to the Study of Justinian's Digest*. Union (États-Unis) : Lawbook Exchange. (1re publication, 1884.)

Bert Roest. 1997. « Compilation as Theme and Praxis in Franciscan Universal Chronicles », *in* Binkley (1997a), 213-225.

Daniel Rosenberg. 2003. « Early Modern Information Overload : Introduction ». *Journal of the History of Ideas* 64 (1) : 1-9.

Franz Rosenthal. 1947. *The Technique and Approach of Muslim Scholarship*. Rome : Pontificium Institutum Biblicum.

Carl Roth. 1935. « Conrad Pfister, Basilius Iselin und die amerbachische Bibliothek », *in Festschrift Gustav Binz*, 179-200. Bâle : Schwabe.

Wolfgang Rother. 2001. « Ramus and Ramism in Switzerland », in *The Influence of Petrus Ramus*, éd. Mordechai Feingold, Joseph Freedman, et Wolfgang Rother, 9-37. Bâle : Schwabe.

Richard Rouse. 1965. « The List of Authorities Appended to the Manipulus Florum », in *Archives d'histoire doctrinale et littéraire du Moyen Âge*, 243-250.

–. 1976. « Cistercian Aids to Study in the Thirteenth Century ». *Studies in Medieval Cistercian History* II, éd. John R. Sommerfeldt, 123-134. Kalamazoo (États-Unis) : Cistercian Publications.

–. 1981. « L'évolution des attitudes envers l'autorité écrite : Le développement des instruments de travail au XIIIe siècle. » *Culture et travail intellectuel dans l'Occident médiéval*, éd. Geneviève Hasenohn et Jean Longère, 115-144. Paris : Éditions du Centre national de la recherche scientifique.

Richard Rouse et Mary Rouse. 1974a. « Biblical Distinctiones in the Thirteenth Century », *Archives d'histoire doctrinale et littéraire du Moyen Âge* 41: 27-37.

–. 1974b. « The Verbal Concordance to the Scriptures ». *Archivum Fratrum Praedicatorum*, 44: 5-30.

–. 1979. *Preachers, Florilegia and Sermons : Studies on the Manipulus Florum of Thomas of Ireland*. Toronto : Pontifical Institute of Mediaeval Studies.

–. 1982. « Florilegia of Patristic Texts », in *Les Genres littéraires dans les sources théologiques et philosophiques médiévales. Actes du colloque international de Louvain-la-Neuve*, 165-180. Louvain-la-Neuve : Institut d'études médiévales.

–. 1986. « Bibliography before Print : The Medieval De Viris Illustribus », in *The Role of the Book in Medieval Culture*, éd. Peter Ganz, 133-154. Turnhout : Brepols.

–. 1989. « The Vocabulary of Wax Tablets », in *Vocabulaire du livre et de l'écriture au Moyen Âge*, éd. Olga Weijers, 149-151. Turnhout : Brepols.

–. 1991a. *Authentic Witnesses : Approaches to Medieval Texts and Manuscripts*. Notre Dame (États-Unis) : University of Notre Dame Press.

–. 1991b. *Registrum Anglie de libris doctorum et auctorum veterum*. Londres : British Library en association avec la British Academy.

–. 2000. *Manuscripts and Their Makers : Commercial Book Production in Medieval Paris, 1200-1500*. Turnhout : Harvey Miller.

Bruno Roy. 1990. « La trente-sixième main : Vincent de Beauvais et Thomas de Cantimpré », *in* Paulmier-Foucart *et al.* (1990), 241-251.

Jocelyne Royé. 2000. « La figure du pédant et le pédantisme de Montaigne à Molière ». Thèse de doctorat, université de Paris-X Nanterre.

Fiammetta Sabba. 2012. *La « Bibliotheca universalis » di Conrad Gessner – monumento della cultura europea*. Rome : Bulzoni.

Paul Saenger. 1996. « The Impact of the Early Printed Page on the History of Reading ». *Bulletin du bibliophile*, 3: 237-301.

Paul Saenger et Michael Heinlen. 1991. « Incunable Description and Its Implication for the Analysis of Fifteenth-Century Reading Habits », in *Printing the Written Word : The Social History of Books, 1450-1520*, éd. Sandra Hindman, 225-258. Ithaca (NY) : Cornell University Press.

Lucy Freeman Sandler. 1990. « Omne Bonum : Compilatio and Ordinatio in an English Illustrated Encyclopedia of the Fourteenth Century », in *Medieval Book Production : Assessing the Evidence, Proceedings of the Second Conference of the Seminar in the History of the Book to 1500,* Oxford 1988, éd. Linda L. Brownrigg, 183-200. Los Altos Hills (États-Unis) : Anderson-Lovelace, Red Gull Press.

Richard A. Sayce et David Maskell. 1983. *A Descriptive Bibliography of Montaigne's Essays, 1580-1700*. Londres : Bibliographical Society, et Oxford : Oxford University Press.

Roland Schaer (éd.). 1996. *Tous les savoirs du monde*. Paris : Flammarion/Bibliothèque nationale de France.

Martin Schierbaum. 2008. « Paratexte und ihre Funktion in der Transformation von Wissensordnungen am Beispiel der Reihe von Theodor Zwingers *Theatrum Vitae Humanae* », *in* von Ammon et Vögel, 255-282.

Friedrich Schmidt. 1922. *Die Pinakes des Kallimachos*. Berlin : Emil Ebering.

Wilhelm Schmidt-Biggemann. 1983. *Topica universalis : Eine Modellgeschichte humanistischer und barocker Wissenschaft*. Hambourg : Meiner.

Ulrich Schneider. 2004. « Die Konstruktion des allgemeinen Wissens in Zedler's *Universal-Lexicon* », *in* Stammen et Weber (2004), 81-101.

–. 2013. *Die Erfindung des allgemeinen Wissens : enzyklopädisches Schreiben im Zeitalter der Aufklärung*. Berlin : Akademie Verlag.

William M. Schniedewind. 2004. *How the Bible Became a Book : The Textualization of Ancient Israel*. Cambridge : Cambridge University Press.

Gregor Schoeler. 2002. *Écrire et transmettre dans les débuts de l'Islam*. Paris : Presses universitaires de France.

S. Schoenbaum. 1993. *Shakespeare's Lives*, 2e éd. Oxford : Oxford University Press.

Helen Schofield. 1999. « The Evolution of the Secondary Literature in Chemistry », *in* Bowden *et al.* (1999), 94-106.

Henry Scholberg. 1986. *The Encyclopedias of India*. New Delhi : Promilla.

Bianca-Jeanette Schröder. 1999. *Titel und Text : zur Entwicklung lateinischer Gedichtüberschriften, mit Untersuchungen zu lateinischen Buchtiteln, Inhaltsverzeichnissen und anderen Gliederungsmitteln*. Berlin : Walter de Gruyter.

Stefan Schuler. 1995. « Excerptoris morem gerere : Zur Kompilation und Rezeption klassisch-lateinischer Dichter im "Speculum historiale" des Vinzenz von Beauvais », *Frühmittelalterliche Studien*, 29: 312-348.

Hermann Schüling. 1982. *Giessener Drucke, 1650-1700*. Giessen : Universitätsbibliothek.

Richard Schwab. 1969. « The Diderot Problem, the Starred Articles and the Question of Attribution in the Encyclopédie (Parts I and II) ». *Eighteenth-Century Studies* 2 (3) : 240-285 et 2 (4) : 370-438.

Kathryn A. Schwartz. 2017. « Book History, Print, and the Middle East ». *History Compass*, 15 (12) e12434.

Michael A. Screech. 1998. *Montaigne's Annotated Copy of Lucretius : A Transcription and Study of the Annotations, Notes and Pen-Marks*. Genève : Droz.

Alfredo Serrai. 1988. *Storia della Bibliografia*, vol. I : *Bibliografia e Cabala. Le Encicopledie rinascimentali (I)*, éd. Maria Cochetti. Rome : Bulzoni.

–. 1991. *Storia della Bibliografia*, vol. II : *Le Enciclopedie rinascimentali (II)*, éd. Maria Cochetti. Rome : Bulzoni.

Robert Shackleton. 1977. *Montesquieu : une biographie critique*, trad. Jean Loiseau. Saint-Martin-d'Hères : Presses universitaires de Grenoble.

Steven Shapin. 1989. « The Invisible Technician », *American Scientist* 77: 554-563.

–. 1991. « "The Mind Is Its Own Place" : Science and Solitude in Seventeenth-Century England ». *Science in Context* 4: 191-218.

–. 2014. *Une histoire sociale de la vérité*. Paris : La Découverte.

Barbara Shapiro. 2000. *A Culture of Fact : England, 1550-1720*. Ithaca (NY) : Cornell University Press.

Kevin Sharpe. 2000. *Reading Revolutions : The Politics of Reading in Early Modern England*. New Haven (États-Unis) : Yale University Press.

April Shelford. 2007. *Transforming the Republic of Letters : Pierre-Daniel Huet and European Intellectual Life, 1650-1720*. Rochester (NY) : University of Rochester Press.

Richard B. Sher. 2006. *The Enlightenment and the Book : Scottish Authors and Their Publishers in Eighteenth-Century Britain, Ireland and America*. Chicago : University of Chicago Press.

Caroline Sherman. 2008. « Resentment and Rebellion in the Scholarly Household : Son and Amanuensis in the Godefroy Family », in *Emotions in the Household, 1200-1900*, éd. Susan Broomhall, 153-169. New York : Palgrave Macmillan.

Claire Richter Sherman et Peter Lukehart (éd.). 2000. *Writing on Hands : Memory and Knowledge in Early Modern Europe*. Carlisle (États-Unis) : Trout Gallery, Dickinson College.

William Sherman. 1995. *John Dee : The Politics of Reading and Writing in the English Renaissance*. Amherst : University of Massachusetts Press.

–. 1999. « Impressions of Readers in Early English Printed Bibles », in *The Bible as Book*, éd. Paul Saenger et Kimberly van Kampen, 125-134. New Castle (États-Unis) : Oak Knoll Press, et Londres : British Library.
–. 2002. « What Did Renaissance Readers Write in Their Books ? », *in* Andersen et Sauer (2002), 119-137.
–. 2008. *Used Books : Marking Readers in Renaissance England*. Philadelphie : University of Pennsylvania Press.
Steffen Siegel. 2009. *Tabula : Figuren der Ordnung um 1600*. Berlin : Akademie Verlag.
Nancy Siraisi. 1997. *The Clock and the Mirror : Girolamo Cardano and Renaissance Medicine*. Princeton : Princeton University Press.
–. 2001. « The Physician's Task », in *Medicine and the Italian Universities, 1250-1600*, éd. Nancy Siraisi, 157-183. Leyde : Brill.
–. 2008. « Mercuriale's Letters to Zwinger and Humanist Medicine », in *Girolamo Mercuriale : medicina e cultura nell'Europa del Cinquecento. Atti del convegno « Girolamo Mercuriale e lo spazio scientifico e culturale del Cinquecento » (Forlì, 8-11 novembre 2006)*, éd. Alessandro Arcangeli et Vivian Nutton, 77-95. Florence : Olschki.
Colette Sirat, Sara Klein-Braslavy et Olga Weijers (éd.). 2003. *Les Méthodes de travail de Gersonide et le maniement du savoir chez les scolastiques*. Paris : Vrin.
Jens Erik Skydsgaard. 1968. *Varro the Scholar : Studies in the First Book of Varro's De Re Rustica*. Copenhague : Einar Munksgaard.
Jocelyn Penny Small. 1997. *Wax Tablets of the Mind : Cognitive Studies of Memory and Literacy in Classical Antiquity*. Londres : Routledge.
Beryl Smalley. 1952. *The Study of the Bible in the Middle Ages*. Oxford : Blackwell.
Lesley Smith (éd.). 2009. *The Glossa ordinaria : The Making of a Medieval Bible Commentary*. Leyde : Brill.
Margaret M. Smith. 1988. « Printed Foliation : Forerunner to Printed Page-Numbers ? », *Gutenberg-Jahrbuch* 63: 54-70.
–. 2000. *The Title-Page : Its Early Development, 1460-1510*. New Castle (États-Unis) : Oak Knoll Press, et Londres : British Library.
Martha Nell Smith. 2004. « Emily Scissorhands », *Variants : Journal of the European Society for Textual Scholarship* 2/3: 279-291.
Wesley Smith. 1979. *The Hippocratic Tradition*. Ithaca : Cornell University Press.
Adam Smyth. 2004a. *« Profit and Delight » : Printed Miscellanies in England, 1640-1682*. Detroit : Wayne State University Press.
–. 2004b. « "Rend and Teare in Peeces" : Textual Fragmentation in Seventeenth-Century England ». *Seventeenth Century* 19 (1) : 36-52.
Vernon F. Snow. 1960. « Francis Bacon's Advice to Fulke Greville on Research Techniques ». *Huntington Library Quarterly* 23: 369-379.
Jacob Soll. 1995. « The Hand-Annotated Copy of the Histoire du Gouvernment de Venise or How Amelot de la Houssaye Wrote His History ». *Bulletin du bibliophile* 2: 279-293.
–. 2000. « Amelot de La Houssaye (1634-1706) Annotates Tacitus ». *Journal of the History of Ideas* 61: 167-187.
–. 2009. *The Information Master : Jean-Baptiste Colbert's Secret State Intelligence System*. Ann Arbor : University of Michigan Press.

Robert Somerville et Bruce C. Brasington (éd. et trad.). 1998. *Prefaces to Canon Law Books in Latin Christianity : Selected Translations, 500-1245*. New Haven : Yale University Press.

Justin Stagl. 1995. *A History of Curiosity : The Theory of Travel, 1550-1800*. Coire (Suisse) : Harwood Academic Publishers.

–. 2002. *Eine Geschichte der Neugier, die Kunst des Reisens, 1550-1800*. Vienne : Böhlau.

Peter Stallybrass. 2002. « Books and Scrolls : Navigating the Bible », *in* Andersen et Sauer (2002), 42-79.

–. 2007. « "Little Jobs" : Broadsides and the Printing Revolution », *in* Baron *et al.* (2007), 301-314.

Peter Stallybrass, Roger Chartier, J. Franklin Mowery et Heather Wolfe. 2004. « Hamlet's Tables and the Technologies of Writing in Renaissance England ». *Shakespeare Quarterly* 55 (4) : 379-419.

Theo Stammen et Wolfgang E. J. Weber. 2004. *Wissenssicherung, Wissensordnung und Wissensverarbeitung : Das europäische Modell der Enzyklopädien*. Berlin : Akademie Verlag.

Randolph Starn. 1975. « Meaning-Levels in the Theme of Historical Decline ». *History and Theory* 14: 1-31.

Martin Steinmann. 1967. *Johannes Oporinus, ein Basler Buchdrucker um die Mitte des 16. Jahrhunderts*, Basler Beiträge zur Geschichtswissenschaft, vol. 105. Bâle et Stuttgart : Helbing & Lichtenhahn.

–. 1969. « Aus dem Briefwechsel des Basler Druckers Johannes Oporinus », *Basler Zeitschrift für Geschichte und Altertumsgeschichte* 69: 103-203.

–. 1997. « Sieben Briefe aus der Korrespondenz von Theodor Zwinger », in *Im Spannungsfeld von Gott und Welt. Beiträge zu Geschichte und Gegenwart des Frey- Grynaeischen Instituts in Basel, 1747-1997*, éd. Andreas Urs Sommer, 181-210. Bâle : Schwabe.

William Stenhouse. 2005. *Reading Inscriptions and Writing Ancient History : Historical Scholarship in the Late Renaissance*. Bulletin of the Institute of Classical Studies, Supplement 86. Londres : Institute of Classical Studies.

Simon Stern. 2009. « Copyright, Originality and the Public Domain in Eighteenth-Century England », in *Originality and Intellectual Property in the French and English Enlightenment*, éd. Reginald McGinnis, 69-101. New York : Routledge.

Allan Stevenson. 1958. « Thomas Thomas Makes a Dictionary ». *The Library : Transactions of the Bibliographical Society*, 5e série, 3: 235-246.

Alan Stewart. 2018. « Samuel Pepys's Life in Shorthand », in *The Oxford History of Life Writing*, vol. II : *Early Modern*. Oxford : Oxford University Press.

Roderich Stinzing. 1867. *Geschichte der populären Literatur des römischen-kanonischen Rechts in Deutschland*. Leipzig : G. Hirzel.

William Stoneman. 1994. « Georg Sparsgüt, Rubricator ». *Princeton University Library Chronicle* 55 (2) : 323-328.

–. (éd.). 1999. *Dover Priory. Corpus of British Medieval Library Catalogues*. Londres : British Library en association avec la British Academy.

Annalisa Strada et Gianluigi Spini. 1994. *Ambrogio da Calepio, « il Calepino »*. Trescore Balneario, Bergamo : Editrice San Marco.

Gerald Strauss. 1965. « Sebastian Münster's Cosmography and its Editions », in *From the Renaissance to the Counter-Reformation : Essays in Honor of Garrett Mattingly*, éd. Charles H. Carter, 145-163. New York : Random House.

John Sutton. 2002. « Porous Memory and the Cognitive Life of Things », in *Prefiguring Cyberculture : An Intellectual History*, éd. Darren Tofts, 130-141. Sydney, Australia : Power Publications.

Archer Taylor. 1941. *Renaissance Reference Books : A Checklist of Some Bibliographies Printed before 1700*. Berkeley : University of California Press.

–. 1955. *A History of Bibliographies of Bibliographies*. New Brunswick (États-Unis) : Scarecrow Press.

Arlene G. Taylor. 1999. *The Organization of Information*. Englewood (États-Unis) : Libraries Unlimited.

Anke Te Heesen. 2002. *The World in a Box : The Story of an Eighteenth-Century Picture Encyclopedia*, trad. Ann M. Hentschel. Chicago : University of Chicago Press.

–. 2005. « Accounting for the Natural World : Double-Entry Bookkeeping in the Field », in *Colonial Botany : Science, Commerce and Politics in the Early Modern World*, éd. Londa Schiebinger et Claudia Swan, 237-251. Philadelphie : University of Pennsylvania Press.

Anke Te Heesen et E. C. Spary (éd.). 2002. *Sammeln als Wissen : Das Sammeln und seine wissenschaftsgeschichtliche Bedeutung*. Göttingen : Wallstein.

Edward Tenner. 1990. « From Slip to Chip : How Evolving Techniques of Information-Gathering and Retrieval Have Shaped the Way We Do Mental Work », *Princeton Alumni Weekly* (21 novembre) : 9-14.

Mary Terrall. 2015. « Masculine Knowledge, the Public Good, and the Scientific Household of Réaumur », *Osiris* 30, 182-201.

Carl Theander. 1951. *Plutarch und die Geschichte*. Lund : C. W. K. Gleerup.

P. G. Théry. 1935. « Thomas Gallus et les concordances bibliques », in *Aus der Geisteswelt des Mittelalters. Studien und Texte Martin Grabmann... gewidmet*, éd. Albert Lang, Joseph Lechner, Michael Schmaus, 427-446. Münster : Verlag der Aschendorffschen Verlagsbuchhandlung.

Dora Thornton. 1997. *The Scholar in His Study : Ownership and Experience in Renaissance Italy*. New Haven : Yale University Press.

Colin G. C. Tite. 1994. *The Manuscript Library of Sir Robert Cotton*. Londres : British Library.

Giorgio Tonelli. 2006. *A Short-Title List of Subject Dictionaries of the Sixteenth, Seventeenth and Eighteenth Centuries*, éd. Eugenio Canone et Margherita Palumbo. Florence : Olschki.

Torrell, Jean-Pierre. 1993. *Initiation à St Thomas d'Aquin*. Fribourg : Éditions universitaires de Fribourg.

André Tournon. 2000. *Montaigne, la glose et l'essai. Édition revue et corrigée, précédée d'un réexamen*. Paris : Champion.

Gilbert Tournoy. 1998. « Abraham Ortelius et la poésie politique de Jacques van Baerle », in *Abraham Ortelius, 1527-1598 : Cartographe et humaniste*, 160-167. Turnhout : Brepols.

Warren Treadgold. 1980. *The Nature of the Bibliotheca of Photius*. Dumbarton Oaks, Washington D.C. : Center for Byzantine Studies.

Jacqueline Trolley et Jill O'Neill. 1999. « The Evolution of Citation Indexing – From Computer Printout to the Web of Science », *in* Bowden *et al.* (1999), 124-126.

Frank Trombley. 1997. « The Taktika of Nikephoros Ouranos and Military Encyclopaedism », *in* Binkley (1997a), 261-274.

Sandra Tugnoli Pattaro. 1977. *La formazione scientifica e il « discorso naturale » di Ulisse Aldrovandi, Quaderni di Storia e Filosofia della Scienza*, 7. Trente : Unicoop.

Simon Tugwell. 1997. « Humbert of Romans, "Compilator" in Lusignan et Paulmier-Foucart » (1997), 47-76.

Berthold Louis Ullman. 1928. « Tibullus in the Mediaeval Florilegia », *Classical Philology* 23: 128-174.

–. 1929. « Text, Tradition and Authorship of the Laus Pisonis », *Classical Philology* 24: 109-132.

–. 1930a. « Petronius in the Mediaeval Florilegia », *Classical Philology* 25: 11-21.

–. 1930b. « The Text of Petronius in the Sixteenth Century », *Classical Philology* 25: 128-154.

–. 1931. « Valerius Flaccus in the Mediaeval Florilegia », *Classical Philology* 26: 21-30.

–. 1932. « Classical Authors in Certain Mediaeval Florilegia », *Classical Philology* 27: 1-42.

–. 1973. « Joseph Lang and his Anthologies ». *Studies in the Italian Renaissance*, 2e éd., 383-399. Rome : Edizioni di Storia e Letteratura.

Maaike van Berkel. 1997. « The Attitude towards Knowledge in Mamlūk Egypt : Organisation and Structure of the Ṣubḥ al-a'shā by al-Qalqashandī, 1355-1418 », *in* Binkley (1997a), 159-168.

Alexandre Vanautgaerden. 2012. *Érasme typographe*. Genève : Droz et Bruxelles. Académie royale de Belgique.

Michael Van Dussen et M. Johnson (éd.). 2015. *The Medieval Manuscript Book : Cultural Approaches*. Cambridge : Cambridge University Press.

John H. Van Engen. 1999. « The Work of Gerlach Peters (d. 1411), Spiritual Diarist and Letter-Writer, a Mystic among the Devout ». *Ons geestlike erf* 73: 150-177.

Geert Jan van Gelder. 1997. « Compleat Men, Women and Books : On Medieval Arabic Encyclopaedism », *in* Binkley (1997a), 241-259.

Dirk Van Hulle et Wim Van Mierlo. 2004. « Reading Notes : Introduction ». *Variants : The Journal of the European Society for Textual Scholarship* 2/3: 1-6.

H. H. M van Lieshout. 1994. « Dictionnaire et diffusion du savoir », in *Commercium litterarium, 1600-1750. La communication dans la République des Lettres*, éd. Hans Bots et Françoise Waquet, 131-150. Amsterdam : APA-Holland University Press.

–. 2001. *The Making of Pierre Bayle's Dictionnaire historique et critique*. Amsterdam : APA-Holland University Press.

Abigail Van Slyck. 1991. « "The Utmost Amount of Effectiv [sic] Accommodation" : Andrew Carnegie and the Reform of the American Library ». *Journal of the Society of Architectural Historians* 50 (4) : 359-383.

Jana Varlejs. 1999. « Ralph Shaw and the Rapid Selector », *in* Bowden *et al.* (1999), 48-55.

Cesare Vasoli. 1978. *L'enciclopedismo del Seicento*. Naples : Bibliopolis.

Carlo Vecce. 1998. *Gli zibaldoni di lacopo Sannazaro*. Messina : Sicania.

Demmy Verbeke. 2010. « "Condemned by Some, Read by All" : The Attempt to Suppress the Publications of the Louvain Humanist Erycius Puteanus in 1608 », *Renaissance Studies* 24 (3) : 353-364.

Jacques Verger. 1997. « Conclusion », *in* Lusignan et Paulmier-Foucart (1997), 343-349.

–. 1998. *L'Essor des universités au* XIII*e siècle*. Paris : Cerf.

Hubert Verhaeren (éd.). 1949. *Catalogue de la Bibliothèque du Pé-T'ang*. Pékin : Imprimerie des Lazaristes.

Ziva Vessel. 1986. *Les Encyclopédies persanes. Essai de typologie et de classification des sciences*. Paris : Éditions Recherche sur les Civilisations.

Alain Viala. 1985. *Naissance de l'écrivain. Sociologie de la littérature à l'âge classique*. Paris : Minuit.

Brian Vickers (éd.). 1996. *Francis Bacon*. Oxford : Oxford University Press.

Pierre Villey. 1933. *Les Sources et l'Évolution des* Essais *de Montaigne*, 2e éd., 2 vol. Paris : Hachette.

Rodolfo Vittori. 2001. « Le biblioteche di due maestri bergamaschi del Cinquecento », *Bergomum* 96 (2) : 23-55.

Jean Pierre Vittu. 1997. « Le *Journal des savants* et la République des Lettres, 1665-1714 ». Thèse de doctorat, université Paris I.

Léon Voet. 1985. « Plantin et ses auteurs. Quelques considérations sur les relations entre imprimeurs et auteurs sur le plan typographique-littéraire au XVIe siècle », in *Trasmissione dei testi a stampa nel periodo moderno*, éd. Giovanni Crapulli, 61-76. Rome : Edizioni dell'Ateneo.

Sabine Vogel. 1999. *Kulturtransfer in der frühen Neuzeit. Die Vorworte der Lyoner Drucke des 16. Jahrhunderts*. Tübingen : Mohr Siebeck.

–. 2000. « Der Leser und sein Stellvertreter. Sentenzensammlungen in Bibliotheken des 16. Jahrhunderts », in *Lesen und Schreiben in Europa, 1500-1900. Vergleichende Perspektiven*, éd. Alfred Messerli et Roger Chartier, 483-501. Bâle : Schwabe.

Catherine Volpilhac-Auger (éd.). 2000. *La Collection Ad usum delphini. L'Antiquité au miroir du Grand Siècle*. Grenoble : ELLUG.

–. 2003. « L'ombre d'une bibliothèque. Les cahiers d'extraits de Montesquieu », *in* Décultot (2003c), 79-90.

Frieder von Ammon et Herfried Vögel (éd.). 2008. *Die Pluralisierung des Paratextes in der Frühen Neuzeit : Theorie, Formen, Funktionen*. Berlin : LIT.

Hans-Georg von Arburg. 2003. « Un homme obligé de commencer par se plonger dans ses extraits ou dans sa bibliothèque est à coup sûr un artefact : Lichtenberg, les cahiers de l'extrait et le problème de l'originalité », *in* Décultot (2003c), 111-133.

Roswitha von Bary. 1980. *Henriette Adélaide von Savoyen, Kurfürstin von Bayern*. Munich : Süddeutscher Verlag.

Anna-Dorothee von den Brincken. 1972. *« Tabula Alphabetica ». Festschrift für Hermann Heimpel*. 2 vol., 2: 900-924. Göttingen : Vandenhoeck & Ruprecht.

–. 1978. « Geschichtsbetrachtung bei Vincenz von Beauvais ». *Deutsches Archiv für Erforschung des Mittelalters* 34: 410-499.

Ernst von Moeller. 1915. *Hermann Conring, der Vorkämpfer des deutschen Rechts, 1606-1681*. Hanovre : Ernst Geibel.

Christoph Gottlieb von Murr. 1779. *Journal zur Kunstgeschichte und zur allgemeinen Litteratur*. 7e partie. Nuremberg : Johann Eberhard Zeh.

Heinrich von Staden (éd. et trad.). 1989. *Herophilus : The Art of Medicine in Early Alexandria*. Cambridge : Cambridge University Press.

Johannes B. Voorbij. 1996. « Gebrauchsaspekte des *Speculum maius* von Vinzenz von Beauvais », in *Der Codex im Gebrauch. Actes du colloque international (11-13 juin 1992)*, éd. Christel Meier, Dagmar Hüpper, et Hagen Keller, 226-239. Munich : Wilhelm Fink.

–. 2000. « Purpose and Audience : Perspectives on the Thirteenth-Century Encyclopedias of Alexander Neckham, Bartholomaeus Anglicus, Thomas of Cantimpré, and Vincent of Beauvais » *in* Harvey (2000b), 31-45.

Curt Wachsmuth. 1971. *Studien zu den griechischen Florilegien*. Amsterdam : Rodopi. (1re publication, 1882.)

Rudolf G. Wagner, 1997. « Twice Removed from the Truth : Fragment Collection in Eighteenth- and Nineteenth-Century China », in *Collecting Fragments. Fragmente sammeln*, éd. Glenn Most, 34-52. Göttingen : Vandenhoeck & Ruprecht.

Françoise Waquet. 1988. « Pour une éthique de la réception : *Les Jugemens des livres en général* d'Adrien Baillet (1685) », *Dix-septième siècle*, 159: 157-174.

–. 1993. « Les éditions de correspondances savantes et les idéaux de la République des Lettres », *Dix-septième siècle*, 178: 99-118.

– 1997. « La communication des livres dans les bibliothèques d'Ancien Régime », *in* Barbier (1997), 371-380.

–. 1998. *Le Latin ou l'Empire d'un signe*. Paris : Albin Michel.

–. (éd.). 2000. *Mapping the World of Learning : The Polyhistor of Daniel Georg Morhof*. Wiesbaden : Harrassowitz.

–. 2015. *L'Ordre matériel du savoir. Comment les savants travaillent. XVIe-XXIe siècle*. Paris : Éditions du CNRS.

Germaine Warkentin. 2005. « Humanism in Hard Times : The Second Earl of Leicester (1595-1677) and His Commonplace Books, 1630-1660 », in *Challenging Humanism : Essays in Honour of Dominic Baker-Smith*, éd. Ton Hoenselaars et Arthur Kinney, 229-253. Newark : University of Delaware Press.

Charles Webster. 2002. *The Great Instauration : Science, Medicine and Reform, 1626-1660*, 2e éd. Oxford : Peter Lang.

Olga Weijers. 1990a. « Les Dictionnaires et autres répertoires », *in* Weijers (1990b), 197-208.

–. (éd.). 1990b. *Méthodes et instruments du travail intellectuel au Moyen Âge. Études sur le vocabulaire*. Brepols : Turnhout.

–. 1991. *Dictionnaires et répertoires au Moyen Âge. Une étude du vocabulaire*. Turnhout : Brepols.

–. 1996. *Le Maniement du savoir : Pratiques Intellectuelles à l'époque des premières universités (XIIIe-XIVe siècles)*. Turnhout : Brepols.

Georges Weill. 1971. « Recherches sur la démographie des Juifs d'Alsace du XVIe au XVIIIe siècle », *Revue des études juives*, 130 (janviers-mars) : 51-89.

Klaus Weimar. 2003. « Les comptes savants de Johann Caspar Hagenbuch », *in* Décultot (2003c), 65-78.

Bella Hass Weinberg. 1997. « The Earliest Hebrew Citation Indexes ». *Journal of the American Society for Information Science* 48 (4) : 318-330. Repr. *in* Hahn et Buckland (1998), 51-63.

–. 1999. « Indexes and Religion : Reflections on Research in the History of Indexes », *Indexer* 21 (3) : 111-118.

David Weinberger. 2007. *Everything Is Miscellaneous : The Power of the New Digital Disorder*. New York : Times Books.

Harald Weinrich. 1996. *Gibt es eine Kunst des Vergessens ?* Bâle : Schwabe.

Wisso Weiss. 1983. *Zeittafel zur Papiergeschichte*. Leipzig : VEB Fachbuchverlag.

Hans H. Wellisch. 1978. « Early Multilingual and Multiscript Indexes in Herbals », *Indexer* 11: 81-102.

–. 1981. « How to Index a Book – Sixteenth-Century Style : Conrad Gessner on Indexes and Catalogs », *International Classification* 8: 10-15.

–. 1984. *Conrad Gessner : A Bio-Bibliography*. Zug (Suisse) : IDC.

–. 1985-1986. « Hebrew Bible Concordances, with a Biographical Study of Solomon Mandelkern », *Jewish Book Annual* 43: 56-91.

–. 1986. « The First Arab Bibliography : Fihrist al-'Ulum », Illinois University Graduate School of Library and Information Science, *Occasional Paper*, 175.

Dirk Werle. 2007. *Copia librorum : Problemgeschichte imaginierter Bibliotheken, 1580-1630*. Tübingen : Max Niemeyer Verlag.

–. 2010. « Die Bücherflut in der frühen Neuzeit – realweltliches Problem oder stereotypes Vorstellungsmuster ? », in *Frühneuzeitliche Stereotype : Zur Produktivität und Restriktivität sozialer Vorstellungsmuster*, éd. Mirosława Czarnecka, Thomas Borgstedt et Tomasz Jabłecki, 469-486. Berne : Lang.

William N. West. 2002. *Theatres and Encyclopedias in Early Modern Europe*. Cambridge : Cambridge University Press.

Magda Whitrow. 1999. « The Completion of the Isis Cumulative Bibliography, 1923-1965 », *in* Bowden *et al.* (1999), 285.

Hans Widmann. 1966. *« Nachwort » in Gessner Bibliotheca Universalis*, éd. facsimilé, vol. 2 : I-XI. Osnabrück : Otto Zeller.

Francine Wild. 2001. *Naissance du genre des Ana, 1574-1712*. Paris : Champion.

Ernest Hatch Wilkins. 1977. *The Making of the « Canzoniere » and other Petrarchan Studies*. Folcroft PA : Folcroft Library Editions (d'abord publié à Rome en 1951).

Alec Wilkinson. 2007. « Remember This ? », *New Yorker* (28 mai), 38-44.

Nigel G. Wilson. 1983. *Scholars of Byzantium*. Londres : Duckworth.

Simon Winchester. 1998. *The Surgeon of Crowthorne : A Tale of Murder, Madness and the Love of Words*. New York : Viking.

–. 2003. *The Meaning of Everything : The Story of the Oxford English Dictionary*. Oxford : Oxford University Press.

Albert Wingell. 1990. « Rhetorical Rules and Models for the *Libellus Apologeticus* of Vincent of Beauvais », *in* Paulmier-Foucart *et al.* (1990), 34-55.

E. Otha Wingo. 1972. *Latin Punctuation in the Classical Age*. La Haye : Mouton.

Anders Winroth. 2000. *The Making of Gratian's Decretum*. Cambridge : Cambridge University Press.

Reinhard Wittmann. 1984. « Bücherkataloge des 16.-18. Jahrhunders als Quellen der Buchgeschichte. Eine Einführung », in *Bücherkataloge als buchgeschichtliche*

Quellen in der Frühen Neuzeit, éd. Reinhard Wittmann, 7-18. Wiesbaden : Harrassowitz.

–. 1997. « Une révolution de la lecture à la fin du XVIIIe siècle ? », *in* Cavallo et Chartier (1997), 331-364.

Francis J. Witty. 1958. « The Pinakes of Callimachus », *Library Quarterly* 28: 132-136.

–. 1973. « The Beginnings of Indexing and Abstracting : Some Notes towards a History of Indexing and Abstracting in Antiquity and the Middle Ages », *Indexer* 8 (4) : 193-198.

Anthony Wood. 1691-1692. *Athenae oxonienses : An Exact History of All the Writers and Bishops Who Have Had their Education in the University of Oxford.* Londres : Thomas Bennet.

Terence R. Wooldridge. 1977. *Les Débuts de la lexicographie française*. Toronto : University of Toronto Press.

Paul Wouters. 1999. « The Creation of the Science Citation Index », *in* Bowden *et al.* (1999), 127-138.

Alex Wright. 2007. *Glut : Mastering Information through the Ages*. Washington D.C. : Joseph Henry Press.

Elizabeth Yale. 2016. *Sociable Knowledge : Natural History and the Nation in Early Modern Britain*. Philadelphie : University of Pennsylvania Press.

–. 2019. « A Letter is a Paper House : Home, Family, and Natural Knowledge », in *Working and Knowing with Paper : Towards a Gendered History of Knowledge*, éd. Carla Bittel, Elaine Leong et Christine van Oertzen, 45-59. Pittsburgh : University of Pittsburgh Press.

Frances Yates. 1975. *L'Art de la mémoire*, trad. Daniel Arasse. Paris : Gallimard.

JoAnne Yates. 1989. *Control through Communication : The Rise of System in American Management*. Baltimore : Johns Hopkins University Press.

Richard Yeo. 1996. « Alphabetical Lives : Scientific Biography in Historical Dictionaries and Encyclopaedias », in *Telling Lives in Science : Essays on Scientific Biography*, éd. Michael Shortland et Richard Yeo, 139-169. Cambridge : Cambridge University Press.

–. 2000. « Big Books of Science : Ephraim Chambers' Cyclopaedia as "The Best Book in the Universe" », *in* Frasca-Spada et Jardine (2000), 207-224.

–. 2001. *Encyclopaedic Visions : Scientific Dictionaries and Enlightenment Culture*. Cambridge : Cambridge University Press.

–. 2004a. « John Locke's "New Method" of Commonplacing : Managing Memory and Information », *Eighteenth-Century Thought* 2: 1-38.

–. 2004b. « A Philosopher and his Notebooks : John Locke (1632-1704) on Memory and Information », Griffith University Professorial Lecture Series n° 4 (2004). Lire en ligne à l'adresse : http://www.griffith.edu.au/ins/collections/proflects/content2.html.

–. 2007a. « Before Memex : Robert Hooke, John Locke and Vannevar Bush on External Memory », *Science in Context*, 20 (1) : 21-47.

–. 2007b. « Between Memory and Paperbooks : Baconianism and Natural History in Seventeenth-Century England ». *History of Science* 45 (1) : 1-46.

–. 2014. *Notebooks, English Virtuosi, and Early Modern Science*. Chicago : University of Chicago Press.

G. P. Zachary. 1997. *Endless Frontier : Vannevar Bush, Engineer of the American Century*. New York : Free Press.

Helmut Zedelmaier. 1992. *Bibliotheca universalis und Bibliotheca selecta. Das Problem der Ordnung der gelehrten Wissens in der frühen Neuzeit*. Cologne : Böhlau.

–. 2000. « De ratione excerpendi : Daniel Georg Morhof und das Exzerpieren », *in* Waquet (2000), 75-92.

–. 2001. « Lesetechniken : Die Praktiken der Lektüre in der Neuzeit », *in* Zedelmaier et Mulsow (2001), 11-30.

–. 2003. « Johann Jakob Moser et l'organisation érudite du savoir à l'époque moderne », *in* Décultot (2003c), 43-62.

–. 2004. « Facilitas inveniendi. Zur Pragmatik alphabetischer Register », *in* Stammen et Weber (2004), 191-203.

–. 2008. « Navigieren im Textuniversum. Theodor Zwingers *Theatrum vitae humanae* », in *Dimensionen der Theatrum-Metapher in der Frühen Neuzeit. Ordnung und Repräsentation von Wissen/Dimensions of the Theatrum-Metaphor. Order and Representation of Knowledge*, éd. F. Schock, O. Bauer et A. Koller, 113-135. Hanovre : Wehrhahn.

–. 2010. « Buch und Wissen in der frühen Neuzeit », in *Buchwissenschaft in Deutschland. Ein Handbuch*, éd. Ursula Rautenberg *et al.*, 503-533. Berlin : de Gruyter.

Helmut Zedelmaier. 2015. *Werkstätten des Wissens zwischen Renaissance und Aufklärung*. Tübingen : Mohr Siebeck.

Helmut Zedelmaier et Martin Mulsow. 2001. *Praktiken der Gelehrsamkeit in der frühen Neuzeit*. Tübingen : Niemeyer.

Grover Zinn Jr. 1974. « Hugh of St. Victor and the Art of Memory », *Viator* 5: 211-234.

Remerciements

Un des grands plaisirs d'arriver au terme d'un projet depuis longtemps en chantier est l'occasion de remercier les nombreuses personnes et institutions qui y ont contribué. Les provinces de la République des Lettres que je fréquente sont riches en historiens des sciences, des idées, et des livres qui communiquent leur créativité et leur érudition avec générosité à travers leurs publications et leurs conversations. Depuis plus de trente ans, Anthony Grafton est pour moi un interlocuteur de première importance qui m'a sauvée de nombreuses erreurs et a ouvert de nouvelles pistes de recherche. Ian Maclean a lu avec patience deux chapitres de mon manuscrit et David Bell m'a encouragée à réorienter mon propos à un moment crucial.

Mon projet a évolué pendant plus d'une décennie grâce aux échanges nés de nombreuses invitations : à Paris (grâce à Annie Charon-Parent, Christian Jacob, Christian Jouhaud, Isabelle Pantin, et Laurent Pinon), à Cambridge, en Angleterre (Richard Serjeantson), Munich (Martin Mulsow), Göttingen (Gilbert Hess), Berlin (Lorraine Daston, Nancy Siraisi, et Gianna Pomata) et Zurich (Anja-Silvia Goeing), et de nombreuses universités américaines. Un grand merci à Carlos Gilly de son accueil à Bâle et de son expertise concernant Theodor Zwinger, à Urs Leu de son aide à Zurich et à Ian Maclean à Oxford. J'ai beaucoup appris de mes échanges sur plusieurs sujets, dont la prise de notes, avec Peter Beal, Peter Burke, Alberto Cevolini, Jean-Marc Châtelain, John Considine, Candice Delisle, Elizabeth Eisenstein, Max Engammare, Gilbert Hess, George Hoffman, Howard Hotson, Noel Malcolm, Peter Miller, Paul Nelles, Brian Ogilvie, Allen Reddick, William Sherman, Peter Stallybrass, Françoise Waquet, Klaus Weimar, Richard Yeo, et Helmut Zedelmaier.

Ce projet m'a conduite dans des contextes bien éloignés de l'Europe moderne. Je suis particulièrement reconnaissante aux collègues qui m'y ont guidée. Hilde de Weerdt et Lucille Chia m'ont initiée à l'histoire du livre en Chine. Pour le contexte islamique, Jonathan Bloom, Roy Mottahedeh, Beatrice Gruendler, et Elias Muhanna m'ont beaucoup appris. Kathleen Coleman, Scott F. Johnson, et Brigitte Bedos-Rezak ont lu respectivement les passages concernant l'Antiquité gréco-romaine, Byzance, et le Moyen Âge. Nancy Siraisi, Beverly Kienzle, John H. Van Engen et les travaux de Richard et Mary Rouse ont de plus nourri mes lectures sur le contexte médiéval.

À Harvard j'ai pu bénéficier d'excellentes conditions de travail, entourée de collègues généreux, parmi lesquels James Hankins et Leah Price. Plusieurs étudiants m'ont aidée au cours d'une décennie à rassembler la matière et à résoudre un certain nombre de problèmes, dont Andrew Berns, Charles Drummond, John Gagné, Matt Loy, Charles Riggs, et Morgan Sonderegger.

Je remercie chaleureusement tous ceux qui m'ont aidée dans de nombreuses bibliothèques, notamment : Universitätsbibliothek à Bâle, Zentralbibliothek à Zurich, Herzog August Bibliothek à Wolfenbüttel, Staatsbibliothek à Munich, Universitätsbibliothek à Göttingen ; British Library, Bodleian Library, Cambridge University Library, et plusieurs bibliothèques de collèges à Oxford et Cambridge ; à Paris à l'ancienne BN, la nouvelle BnF, et la Bibliothèque Mazarine. J'ai correspondu avec les archives de Kaysersberg (Alsace) et Savone (Italie), la bibliothèque de l'Accademia dei Concordi à Rovigo (surtout Michela Marangoni), et la Biblioteca Universitaria à Bologne. Le personnel des bibliothèques de Harvard, particulièrement Houghton et Widener, facilite depuis longtemps mes recherches dans leurs collections.

Ce projet a bénéficié de plusieurs sources de soutien financier : j'ai passé l'année 1995-1996 à Paris grâce à une bourse de la National Endowment for the Humanities, 1998-1999 au Bunting Institute à Radcliffe, et le fonds MacArthur reçu en 2002 m'a permis de prolonger deux congés à Harvard pendant lesquels j'ai rédigé le manuscrit. Je suis profondément reconnaissante à toutes les personnes qui ont rendu possibles ces financements.

Je suis ravie que cette traduction me permette de partager mes recherches avec des lecteurs francophones et d'approfondir mes liens avec une langue et une culture qui constituent un fil conducteur de ma vie depuis mon premier séjour en France sous l'égide de mes parents en 1967-1968. Mais je n'aurais jamais pu entreprendre cette traduction moi-même. C'est l'engagement passionné de Bernard Krespine, conservateur à la BnF, qui a motivé et assuré le succès de ce gros projet. Je lui suis reconnaissante de son énorme travail et du plaisir de nombreux échanges intellectuels en cours de route.

En revoyant la traduction, j'ai apporté quelques améliorations à mon texte et introduit de nouvelles références bibliographiques, choisies parmi un très grand nombre d'excellents travaux récents. J'ai pu me rendre compte aussi des avancées de la numérisation dans la décennie depuis 2010, date de la parution du livre aux États-Unis, qui m'auraient ouvert de nouvelles pistes, mais je ne pouvais entreprendre qu'une légère mise à jour. J'ai ainsi fait l'expérience directe d'une des leçons de mon étude : comme les méthodes de travail évoluent sans cesse, on ne peut finir un livre avec les méthodes de demain, seulement avec celles d'hier. Une autre leçon qui me tient à cœur est combien le travail intellectuel est collaboratif. Dans mon travail de révision j'ai fait appel à plusieurs amis pour leurs expertises historiques et linguistiques : Karine Chemla, Max Engammare, Marie-Claude Felton, Malcolm Walsby et surtout Darla et Pierre Gervais qui y ont consacré une attention soutenue et experte. Je les remercie vivement de leur aide !

Un grand merci à Patrick Boucheron d'avoir accueilli mon livre dans sa collection et à toute l'équipe du Seuil, Séverine Nikel directrice éditoriale des sciences humaines, assistée de Caroline Pichon, et à Alain Bischoff, lecteur-correcteur. À Roger Chartier je dois non seulement trois décennies de bienveillance généreuse et de travaux inspirants mais aussi l'honneur de sa préface ici.

L'original américain est dédié à mon mari Jonathan et à mes fils Adam et Zachary Yedidia. Je dédie cette version française à un grand maître qui m'a prise sous son aile dès ma première année de recherches à Paris en 1988-1989 – pour Jean Céard, avec gratitude et amitié.

Index des principaux noms propres

Index des notions

Table

RÉALISATION : NORD COMPO À VILLENEUVE-D'ASCQ
IMPRESSION : NORMANDIE ROTO IMPRESSION S.A.S À LONRAI
DÉPÔT LÉGAL : MARS 2020. N°130847 (2000171)
Imprimé en France